CONTRATOS EXISTENCIAIS
pressupostos e consequências

CONTRATOS EXISTENCIAIS
pressupostos e consequências

RODRIGO SERRA PEREIRA

PREFÁCIO
SILMARA JUNY DE ABREU CHINELLATO

Copyright © 2024 by Editora Letramento
Copyright © 2024 by Rodrigo Serra Pereira

Diretor Editorial Gustavo Abreu
Diretor Administrativo Júnior Gaudereto
Diretor Financeiro Cláudio Macedo
Logística Daniel Abreu e Vinícius Santiago
Comunicação e Marketing Carol Pires
Assistente Editorial Matteos Moreno e Maria Eduarda Paixão
Designer Editorial Gustavo Zeferino e Luís Otávio Ferreira
Capa Luís Otávio Ferreira
Diagrmanação Gustavo Zeferino

Conselho Editorial Jurídico

Alessandra Mara de Freitas Silva
Alexandre Morais da Rosa
Bruno Miragem
Carlos María Cárcova
Cássio Augusto de Barros Brant
Cristian Kiefer da Silva
Cristiane Dupret
Edson Nakata Jr
Georges Abboud
Henderson Fürst
Henrique Garbellini Carnio
Henrique Júdice Magalhães
Leonardo Isaac Yarochewsky
Lucas Moraes Martins
Luiz F. do Vale de Almeida Guilherme
Marcelo Hugo da Rocha
Nuno Miguel B. de Sá Viana Rebelo
Onofre Alves Batista Júnior
Renata de Lima Rodrigues
Salah H. Khaled Jr
Willis Santiago Guerra Filho

Todos os direitos reservados. Não é permitida a reprodução desta obra sem aprovação do Grupo Editorial Letramento.

Dados Internacionais de Catalogação na Publicação (CIP)
Bibliotecária Juliana da Silva Mauro - CRB6/3684

P436c   Pereira, Rodrigo Serra
Contratos existenciais : pressupostos e consequências / Rodrigo Serra Pereira. - Belo Horizonte : Casa do Direito, 2024.
384 p. ; 23 cm.

Inclui bibliografia.
ISBN 978-65-5932-493-4

1. Contrato existencial. 2. Negócio jurídico. 3. Boa-fé objetiva. 4. Função social. 5. Equilíbrio econômico. I. Título.

CDU: 347.44
CDD: 342.144

Índices para catálogo sistemático:
1. Contratos 347.44
2. Contratos 342.144

LETRAMENTO EDITORA E LIVRARIA
Caixa Postal 3242 – CEP 30.130-972
r. José Maria Rosemburg, n. 75, b. Ouro Preto
CEP 31.340-080 – Belo Horizonte / MG
Telefone 31 3327-5771

É O SELO JURÍDICO DO
GRUPO EDITORIAL LETRAMENTO

DEDICATÓRIA

À minha esposa Tauanna e ao meu filho Paulo Afonso.

SUMÁRIO

9   **PREFÁCIO**

13   **INTRODUÇÃO**

13   1. O TEMA PROPOSTO E SUA ATUALIDADE

24   2. PLANO DO TRABALHO, DELIMITAÇÃO DO OBJETO E TESE

31   3. METODOLOGIA DA PESQUISA

39   **1. TEORIA GERAL DOS CONTRATOS**

39   1.1. A FORMAÇÃO DA CATEGORIA GERAL DO CONTRATO

49   1.2. CONTRATO E NEGÓCIO JURÍDICO

56   1.3. NEGÓCIO JURÍDICO: EXISTÊNCIA

71   1.4. NEGÓCIO JURÍDICO: VALIDADE

107   1.5. NEGÓCIO JURÍDICO: EFICÁCIA

119   1.6. AUTONOMIA PRIVADA E OS PRINCÍPIOS CONTRATUAIS CLÁSSICOS

132   1.7. NOVOS PRINCÍPIOS CONTRATUAIS

179   1.8. CAUSA, TIPOS E CLASSIFICAÇÕES CONTRATUAIS

207   1.9. INTERESSES PATRIMONIAIS E EXTRAPATRIMONIAIS NOS CONTRATOS

216   1.10. DIREITOS DA PERSONALIDADE E CONSENSO DO TITULAR DO DIREITO

234   **2. CONTRATOS EXISTENCIAIS: PRESSUPOSTOS**

234   2.1. ETIMOLOGIA E DEFINIÇÃO

250   2.2. PRESSUPOSTOS DE EXISTÊNCIA

254   2.3. ESSENCIALIDADE DOS BENS

272   2.4. LIMITAÇÃO VOLUNTÁRIA DE DIREITOS DA PERSONALIDADE

289   2.5. PRESSUPOSTOS DE VALIDADE

298	**3. CONTRATOS EXISTENCIAIS: CONSEQUÊNCIAS**
298	3.1. APLICAÇÃO DOS NOVOS PRINCÍPIOS CONTRATUAIS
304	3.2. BOA-FÉ OBJETIVA E SUA APLICAÇÃO AOS CONTRATOS EXISTENCIAIS
314	3.3. FUNÇÃO SOCIAL E SUA APLICAÇÃO AOS CONTRATOS EXISTENCIAIS
321	3.4. EQUILÍBRIO ECONÔMICO E SUA APLICAÇÃO AOS CONTRATOS EXISTENCIAIS
336	3.5. INEXECUÇÃO DAS OBRIGAÇÕES E RESPONSABILIDADE CIVIL
350	**CONCLUSÃO**
360	**REFERÊNCIAS BIBLIOGRÁFICAS**

PREFÁCIO

A Constituição da República elegeu a dignidade da pessoa humana como relevante princípio, no inciso III do artigo 1.º, embora às vezes aplicado com certo exagero ou de modo banal.

Como cláusula geral de interpretação de atos e negócios jurídicos coaduna-se com o princípio da eticidade, um dos pilares do Código Civil conforme bem ressaltou Miguel Reale, Coordenador da Comissão Revisora que elaborou o anteprojeto de Código Civil, Professor Catedrático da Faculdade de Direito da Universidade São Paulo.

Ressaltou o renomado jurista a relevância desse princípio ao lado dos demais prestigiados pelo Código: socialidade e operabilidade. Tais princípios, de grande relevância, esperamos sejam também acolhidos pelo novo Código Civil, em fase de estudos pela grande Comissão para tanto nomeada.

Reale frisa:

"O que importa numa codificação é o seu espírito: é um conjunto de ideias fundamentais em torno das quais as normas se entrelaçam, se ordenam e se sistematizam".

Ao tratar do princípio da eticidade enfatiza que seu *"fulcro fundamental é o valor da pessoa humana como fonte de todos os valores".* [1]

A perfeita harmonia entre a dignidade da pessoa humana e a eticidade reflete-se na valorização dos aspectos existenciais da obrigação – até então pouco prestigiados – e não só os patrimoniais.

Entre os juristas franceses, deve-se pôr em relevo a obra de Demogue que ressalta a importância de contratos sem fins econômicos[2] contestando a opinião dos que apenas vislumbram a natureza de contratos àqueles com tais fins. Na Itália, cite-se a crítica de Pietro Perlingieri ao viés econômico do artigo 1.321 do Código Civil de 1942 ao considerar contrato apenas relações jurídicas patrimoniais. [3]

---

1 . O Projeto do Novo Código Civil. 2. Ed. São Paulo: Saraiva, 1999. As citações encontram-se nas páginas 8 e 9.

2 DEMOGUE, René. Traité des obligations en général. Paris: A. Rousseau, 1923. t. 2. p. 563.

3 PERLINGIERI, Pietro. Il diritto civile nella legalità costituzionale secondo il sistema ítalo-comunitario delle fonti. Napoli: Edizioni Scientifiche Italiane, 2006. t. II. pp. 858-859.

Mister anotar a contribuição de Paolo Cendon e Patricia Ziviz à elaboração do conceito de *"danno esistenziale"* os quais contribuíram para criação do termo "existencial" contrapondo-se a patrimonial, conforme bem enfatiza Massimo Bianca. [4]

Entre nós, os ilustres civilistas Clóvis do Couto e Silva, Pontes de Miranda e Antonio Junqueira de Azevedo dedicaram-se a linhas básicas dos contratos existenciais, ao enfatizar-lhes o conceito, autores esses, bem como outros, estudados pelo autor Rodrigo Serra Pereira.

Clóvis do Couto e Silva alude a "atos existenciais" como espécie de ato-fato, conceituando-os:

"são os atos absolutamente necessários à vida humana", de modo que *"referem-se às necessidades básicas do indivíduo, tais como a alimentação, vestuário, água etc."*. [5]

Pontes de Miranda e Castro y Bravo entendem que os atos existenciais referidos por Clovis do Couto e Silva são na verdade negócios jurídicos, "contratos de adesão" ou "contratos de massa"[6].

Em doutrina mais recente, Antônio Junqueira de Azevedo, um de nossos maiores civilistas, utiliza o termo *contratos existenciais*, a significar aqueles que *"de uma maneira geral, dizem respeito à subsistência da pessoa humana"*, apartando contratos de lucro ou empresariais e contratos existenciais ou não empresariais.[7]

A obra de Rodrigo Serra Pereira origina-se de tese de Doutorado por mim orientada cujo mister prontamente aceitei, pela escolha do tema ainda pouco estudado e aqui muito bem tratado.

Da Banca de arguição que a aprovou por unanimidade participaram os Professores Associados da Faculdade de Direito da Universidade de São Paulo, Antônio Carlos Morato e Cláudio Luiz Bueno de Godoy,

---

4 BIANCA, Massimo. Diritto civile. 5: la responsabilità. 2. ed. Milano: Giuffrè, 2012. p. 199.

5 SILVA, Clóvis V. do Couto e. A obrigação como como processo. Rio de Janeiro: Editora FGV, 2006. pp. 77-78.

6 PONTES DE MIRANDA, Francisco Cavalcanti. Tratado de direito privado. Parte geral. 4. ed. São Paulo: RT, 1983. t. XXXVIII. p. 31; CASTRO Y BRAVO, Frederico de. El negocio jurídico. Introducción de Juan Vallet de Goytisolo. Madrid: Civitas, 1985. pp. 43-44.

7 Entrevista concedida à Revista Trimestral de Direito Civil, v. 9, n. 34, p. 299-308, abr./jun. 2008.

bem como os convidados externos Professores Doutores Débora C. Brandão, Rodrigo Xavier Leonardo e Atalá Correia.

A obra foi elaborada sob muito bom plano de desenvolvimento e analisa os seguintes temas:

Introdução. 1. O tema proposto e sua atualidade. 2. Plano do trabalho, delimitação do objeto e tese. 3. Metodologia da pesquisa. 1. Teoria geral dos contratos. 1.1. A formação da categoria geral do contrato. 1.2. Contrato e negócio jurídico. 1.3. Negócio jurídico: existência. 1.4. Negócio jurídico: validade. 1.5. Negócio jurídico: eficácia. 1.6. Autonomia privada e os princípios contratuais clássicos. 1.7. Novos princípios contratuais. 1.8. Causa, tipos e classificações contratuais. 1.9. Interesses patrimoniais e extrapatrimoniais nos contratos. 1.10. Direitos da personalidade e consenso do titular do direito. 2. Contratos existenciais: pressupostos. 2.1. Etimologia e definição. 2.2. Pressupostos de existência. 2.3. Essencialidade dos bens. 2.4. Limitação voluntária de direitos da personalidade. 2.5. Pressupostos de validade. 3. Contratos existenciais: consequências. 3.1. Aplicação dos novos princípios contratuais. 3.2. Boa-fé objetiva e sua aplicação aos contratos existenciais. 3.3. Função social e sua aplicação aos contratos existenciais. 3.4. Equilíbrio econômico e sua aplicação aos contratos existenciais. 3.5. Inexecução das obrigações e responsabilidade civil. Conclusão. Referências bibliográficas.

Segundo o conceito do autor:

"*Os contratos existenciais, conforme propugnamos, levam em conta como elemento definidor seu objeto: tanto aqueles que têm como objeto uma limitação voluntária de direito da personalidade (essência da pessoa) quanto aqueles que têm como objeto um bem essencial à existência material da pessoa (existência humana)*"

Acentua, ainda, com propriedade:

"*Entendemos que os contratos abarcam tanto interesses patrimoniais quanto não patrimoniais, considerando que o "objeto" (lato sensu) no artigo 104 do Código Civil de 2002 tem sentido de conteúdo (= objeto stricto sensu + causa), e o objeto, a prestação ou o próprio direito subjetivo que se cria, modifica ou extingue podem ter natureza não patrimonial. Por seu turno, a causa de atribuição deve assumir maior generalidade, de modo a abranger os negócios não patrimoniais, sendo adequado falar de "causa de atribuição de direitos". Nos contratos existenciais, estão presentes interesses não patrimoniais, seja quando o objeto é um bem essencial, posto ser a causa finalis do contrato a tutela da dignidade da pessoa, seja, mais diretamente, quando o objeto é um direito da personalidade, ou melhor, uma limitação deste*".

A excelente e laboriosa pesquisa, inclusive bibliográfica, fornece ao leitor o necessário embasamento para deslinde de múltiplas questões e não se cinge só às especificamente analisadas.

É de se louvar a preocupação do autor centralizada na pessoa humana e sua vulnerabilidade, bem como no direito existencial por tantas vezes não adequadamente valorizado. Relaciona-se com e prestigia a doutrina dos direitos da personalidade, sempre atual e em constante evolução, tema sempre enfatizado em meus estudos.[8]

Eis a louvável obra que apresento e tem meu aval.

São Paulo, 30 de novembro de 2023.

SILMARA JUNY DE ABREU CHINELLATO
Professora Titular da Faculdade de Direito da Universidade de São Paulo
Departamento de Direito Civil

---

[8] Código Civil interpretado artigo porartigo, parágrafo por parágrafo. Artigos 11 a 21. 15. Ed. Barueri: Manole. 2022. Consulte-se também Direitos da personalidade. A contribuição de Silmara J. A. Chinellato. Atalá Correia; Fábio Jun Capucho, coord. São Paulo: Manole, 2019.

INTRODUÇÃO

1. O TEMA PROPOSTO E SUA ATUALIDADE

Contrato é negócio jurídico bilateral ou plurilateral, na medida em que se aperfeiçoa com o consenso de duas ou mais partes, que visam constituir, modificar ou extinguir direitos pretensões, ações ou exceções[9]. Fala-se em autonomia da vontade[10], em autorregramento da vontade (*nomos* é lei), de modo que o agente determina as relações jurídicas em que há de figurar[11].

---

9 Nesse sentido: BETTI, Emilio. *Teoria geral do negócio jurídico*. Tradução Servanda Editora. Campinas: Servanda, 2008. p. 440; BIANCA, Cesare Massimo. *Diritto civile*: il contrato. 2. ed. Milano: Giuffrè, 2000. v. 3, p. 1-2; GOMES, Orlando. *Contratos*. Atualização de Antonio Junqueira de Azevedo e Francisco Paulo de Crescenzo Marino. 26. ed. Rio de Janeiro: Forense, 2008. p. 3-5; PONTES DE MIRANDA, Francisco Cavalcanti. *Tratado de direito privado*. Parte geral. 4. ed. São Paulo: RT, 1983. t. III, p. 3-4.

10 Emilio Betti utiliza o termo autonomia privada como poder de autorregulamentação dos interesses e relações, podendo ser reconhecida pela ordem jurídica com duas funções distintas: (i) como fonte de normas jurídicas, destinadas a fazer parte integrante da própria ordem jurídica, que a reconhece como fonte de direito subordinada e dependente; (ii) como pressuposto e causa geradora de relações jurídicas já disciplinadas, em abstrato e em geral, pelas normas dessa ordem jurídica. No que concerne aos negócios jurídicos, assevera: "Aqui só interessa considerar a autonomia privada. Esta autonomia é reconhecida pela ordem jurídica, no campo do direito privado, exclusivamente na segunda das indicadas funções. É, portanto, reconhecida como atividade e *potestas*, criadora, modificadora ou extintora de relações jurídicas entre particulares: relações cuja vida e cujas vicissitudes são, antecipadamente, disciplinadas por normas jurídicas preexistentes. A manifestação precípua desta autonomia é o negócio jurídico, o qual, precisamente, é concebido como um ato de autonomia privada, a que o direito liga o nascimento, a modificação ou a extinção de relações jurídicas entre particulares. Estes efeitos jurídicos produzem-se na medida em que são previstos por normas que, tomando por pressuposto de fato o ato de autonomia privada, os ligam a ele como sendo a *fattispécie* necessária e suficiente" (*Teoria geral do negócio jurídico*. Tradução Servanda Editora. Campinas: Servanda, 2008. p. 80-82).

11 Cf. PONTES DE MIRANDA, Francisco Cavalcanti. *Tratado de direito privado*. Parte geral cit., t. III, p. 3-4.

O negócio jurídico é, antes de ser uma criação doutrinária e teórica[12], uma criação do povo, um fato social, uma criação coletiva, a forma jurídica de os homens se relacionarem, existindo desde a pré-história[13]. As sociedades primitivas já apresentavam modelos de comportamento que são atitudes jurídicas – negócios jurídicos – e, como bem ilustra ANTÔNIO JUNQUEIRA DE AZEVEDO, o tipo primário de negócio jurídico foi o presente (*dom*), semelhante à doação com encargo na linguagem de hoje e idêntico à doação com encargo do direito romano (*do ut des*): "o homem primitivo, que recebe um presente, tem necessidade de retribuir; nessa situação, vislumbra-se a juridicidade; é o começo do negócio jurídico"[14].

---

[12] Moreira Alves leciona que "foram os juristas alemães que, a partir dos meados do século XVIII, com base nos textos romanos, iniciaram a elaboração da teoria geral do ato jurídico lícito. Em 1748, Nettelbladt, no *Systema Elementare Universae Iurisprudentiae Positivae*, utilizou-se dos termos *actus iuridicus* e *negotium iuridicum*, expressões que considerou como sinônimas. A designação *Rechtsgeschäft* (negócio jurídico) como espécie de ato jurídico é devida a Weber e a Hugo, no final do século XVIII" (O novo Código Civil brasileiro: principais inovações na disciplina do negócio jurídico e suas bases romanísticas. *Roma e America: Diritto Romano Comune: Rivista di Diritto dell'integrazione e Unificazione del Diritto in Europa e in America Latina*, Roma, v. 16, p. 11-28, 2003. p. 12-13). Como afirma Korkounov, Gustave Hugo foi o fundador da escola histórica do direito, encontrando-se nele os traços característicos da doutrina desta, tendo exercido grande influência sobre Savigny (KORKOUNOV, Nikolay Mikhailovich. *Cours de théorie générale du droit*. Traduit par M. J. Tchernoff. Paris: V. Giard e E. Brière, 1903. p. 157-162). Antônio Junqueira de Azevedo esclarece o tema: "A primeira formulação do negócio jurídico foi feita, ainda durante a época do Iluminismo, por Nettleblandt, em 1749: 'Actus iuridicus (e, em outros pontos, se lê *negotium iuridicum* como sinônimo) dicitur qui iura et obligationes concernit. Actuum iuridicorum praecipuae especies nudae assertiones, quae sunt declarationes de eo quod est, vel nos est, et dispositiones, quae sunt declarationes de eo quod fieri, vel non fieiri quis vult' ('Systema elementare universae jurisprudentiae positivae', Tomo I, sect. I, tit. V, de actibus juridicus, *apud* Calasso p. 340). (Cf. também Castro y Bravo, p. 20) A dogmática fundamental do negócio jurídico é devida, porém, a Savigny e aos pandectistas alemães do século passado" (AZEVEDO, Antônio Junqueira de. *Negócio jurídico e declaração negocial*: noções gerais e formação da declaração negocial. 1986. 244 f. Tese (Titular) – Faculdade de Direito, Universidade de São Paulo, São Paulo, 1986. p. 3). Nesse sentido: MIRABELLI, Giuseppe. Negozio giuridico (teoria del). *In*: CALASSO, Francesco. *Enciclopedia del diritto*: negozio – nunzio. Milano: Giuffrè, 1978. v. XXVIII, p. 1-3.

[13] Cf. AZEVEDO, Antônio Junqueira de. *Negócio jurídico e declaração negocial*: noções gerais e formação da declaração negocial cit., p. 3-4.

[14] AZEVEDO, Antônio Junqueira de. *Negócio jurídico e declaração negocial*: noções gerais e formação da declaração negocial cit., p. 4, em nota de rodapé, acrescenta: "Essa necessidade de retribuição, em que se misturam aspectos sociais (*opinio necessitatis*) e psicológicos – a coisa traria consigo uma força, *mana*, e o *accipiens* sente

Como exposto em outra oportunidade[15], no direito romano os contratos primitivos eram essencialmente formalistas (*e.g.*, *stipulatio* e *nexum*). Os primitivos acreditavam na eficácia dos ritos, de modo que o consentimento não era suficiente, podendo-se dizer, em verdade, que ele não tinha função alguma. Esse pensamento permeou o direito romano por toda a sua evolução, do início até o final. O simples acordo não gerava obrigação (*nuda pactio obligationem non parit*, Digesto 2.14.7.4). No período clássico, aparecem os contratos consensuais (*emptio venditio, locatio conductio, societas* e *mandatum*), sancionados pelas ações chamadas de boa-fé, assim como estavam sancionados por ações os contratos *verbis* (*stipulatio*), os contratos *litteris* (*expensilatio*) e os contratos reais (*mutuum*). Toda e qualquer outra convenção não enquadrada nos contratos supraenumerados eram chamados de pactos (*pactum*) e não tinham força coercitiva, pois o credor não dispunha de uma ação (*actio*)[16].

No decorrer da época clássica e do baixo império, sucedeu uma transformação contínua que fez estender os domínios do consensualismo. O desenvolvimento econômico do mundo romano, após as conquistas, conduziu não apenas ao aperfeiçoamento de algumas operações jurídicas, como à criação de outras. A necessidade de dispensa das formas, da contratação entre ausentes, da contratação por correspondência, fez o consensualismo ganhar espaço. Algumas criações foram admitidas pelo *ius civile*, outras foram obra do pretor. Temos aqui os *pacta adjecta*, os *pacta praetoria* e os *pacta legitima*[17].

A queda do império romano e as invasões bárbaras provocam um violento recuo da civilização, particularmente no domínio do direito. No campo dos contratos, a escrita e o consensualismo dão lugar às formas e aos símbolos. O consensualismo reaparecerá na baixa Idade Média, estreitamente ligado ao renascimento do direito romano e ao direito canônico, e triunfará na idade moderna como obra dos juristas

---

que, para aplacá-lo, deve retribuir – persiste no civilizado, fora do campo jurídico; o 'código' de boas maneiras manda retribuir o convite para jantar, enviando flores, ou convidando, por sua vez, para outra ocasião. Há quem, se não retribuir, se sinta pior do que o devedor inadimplente (cf. Carbonnier, 'Flexible Droit', p. 20)".

15 PEREIRA, Rodrigo Serra. *Estado de necessidade no direito civil brasileiro*. Belo Horizonte: Letramento, 2018. p. 261-264.

16 Cf. LÉVY, Jean-Philippe; CASTALDO, André. *Histoire du droit civil*. 2ᵉ éd. Paris: Dalloz, 2010. p. 687-782.

17 LÉVY, Jean-Philippe; CASTALDO, André. *Histoire du droit civil* cit., p. 783-800.

e filósofos da escola do direito natural (SUAREZ, GROTIUS, PUFENDORF, DOMAT, entre outros[18]).

A doutrina da autonomia da vontade, para afirmar toda a força da vontade humana, criadora de obrigações, consagrou no famoso artigo 1.134 do Código de Napoleão a expressão de que "as convenções legalmente constituídas têm lugar de lei para aqueles que as celebraram".

No fim do século XIX e começo do século XX, a sociedade e o direito estão transformados, e uma doutrina contrária aos exageros e excessos praticados em nome da noção de autonomia absoluta da vontade aparece.

A industrialização faz nascerem novas preocupações sociais. Vê-se o nascimento do direito do trabalho e do contrato de trabalho com todas as suas especificidades protetivas do trabalhador vulnerável. Verifica-se também a diminuição da função da vontade nos contratos, observada a propósito da especificidade dos contratos de adesão (expressão que JEAN-PHILIPPE LÉVY e ANDRÉ CASTALDO[19] atribuem a RAYMOND SALLEILES[20]).

As objeções à doutrina da autonomia da vontade foram frequentemente inspiradas pela ideologia política e social, seja de inspiração socialista ou socializante, seja pelo cristianismo social (na encíclica

---

[18] LÉVY, Jean-Philippe; CASTALDO, André. *Histoire du droit civil* cit., p. 801-825.

[19] LÉVY, Jean-Philippe; CASTALDO, André. *Histoire du droit civil* cit., p. 829.

[20] Saleilles, em memorável trabalho sobre a "declaração de vontade", na qual estuda a fundo essa teoria alemã, sob a ótica dos artigos 116 a 144 do recém-promulgado Código Civil (BGB), ao comentar o artigo 133, fornece-nos as seguintes ponderações: "Sans doute, il y a contrats et contrats; et nous sommes loins dans la realité de cette unité de type contractuel que suppose le droit. Il faudra bien, tôt ou tard, que le droit s'incline devant les nuances et les divergences que les rapports sociaux ont fait surgir. Il y a des prétendus contrats qui n'ont du contrat que le nom, et dont la construction juridique reste à faire; pour lesquels, en tous cas, les règles d'interprétation individuelle qui viennent d'être décrites dévraient subir, sans doute, d'importantes modifications; ne serait-ce que pour ce que l'on pourrait appeler, faute de mieux, les contrats d'adhésion, dans lesquels il y a la prédominance exclusive d'une seule volonté, agissant comme volonté unilatérale, qui dicte seule lui, non plus à un individu, mais à une collectivité indéterminée, et qui s'engage déjà par avance, unilatéralement, sauf adhésion de ceux qui voudront accepter la loi du contrat, et s'emparer de cet engagement déjà créé sur soi-même. C'est le cas de tous les contrats de travail dans la grande industrie, des contrats de transport avec les grandes compagnies de chemins de fer, et de tous ces contrats qui revêtent comme un caractère de loi collective et qui, les Romains les disaient déjà, se rapprocheraient beaucoup plus de la *Lex* que de l'accord des volontés" (SALEILLES, Raymond. *De la déclaration de volonté*. Contribution a l'étude de l'acte juridique dans le Code Civil allemand (arts. 116 a 144). Paris: F. Pichon, 1901. p. 229).

Rerum Novarum, de 1891, o papa Leão XIII proclamava que a justiça natural está acima da liberdade dos contratantes).

Na Alemanha, onde nascerá o dogma da autonomia da vontade, os juristas haviam passado para o lado oposto e diziam que era falso que a vontade seria a essência do ato jurídico[21]. Alguns procuraram substituir a busca da vontade interna das partes pela declaração de vontade (*willenserklärung*, termo usado pelo BGB) e outros, como JHERING[22], tentaram a reabilitação do formalismo. Na França, o ataque à doutrina da autonomia da vontade é obra de juristas como SALLEILES, LÉON DUGUIT, MAURICE HAURIOU e EMMANUEL GOUNOT[23].

Nesse contexto, em meados do século XX, o direito civil busca soluções para superar as concessões individualistas do século XIX, surgindo aí a oportunidade de redesenhar a teoria contratual e a autonomia

---

[21] Cf. LÉVY, Jean-Philippe; CASTALDO, André. *Histoire du droit civil* cit., p. 830.

[22] JHERING, Rudolf von. *L'esprit du droit romain*. Traduit sur la 3 éd. par O. de Meulenaere. 2 éd. Paris: A. Marescq Éditeur, 1877. t. III, p. 158: "*Ennemie jurée de l'arbitraire, la forme est la sœur jumelle de la liberté*. La forme est en effet le frein qui arrête les tentatives de ceux que la liberté entraîne vers la licence: elle dirige la liberté, elle la contient et la protège. Les forme fixes sont l'école de la discipline et de l'ordre et par conséquent de la liberté, elles sont un boulevard contre les attaques extérieures: – elles savent rompre; plier, jamais. Le peuple qui professe le vrai culte de la liberté comprend d'instinct la valeur de la forme, il sent qu'elle n'est pas un joug extérieur, mais *le palladium de sa liberté*".

[23] Nesse sentido, destacam Jean-Philippe Lévy e André Castaldo: "En France, Maxime Leroy en 1899 *De l'esprit de la législation napoléonienne* et, en 1904, *Code Civil et droit nouveau*. Il dénonce l'*illusion* qui s'attache à la *colonté créatrice du contrat*. L'attaque en règle se déclenche peu après. Elle est l'œuvre de R. Saleilles (1901), Léon Duguit (1901), Maurice Hauriou (1910) et, surtout, Emmanuel Gounot (1912). Celui-ci procède à une réfutation énergique de la théorie de l'autonomie de la volonté, d'abord quant à son point de départ individualiste, qualifié de '*robinsonisme social*', puis de la volonté comme fondement du droit. La volonté, dit-il, est au service du droit, ce n'est pas le droit qui est au service de la volonté. Ensuite, il critique la volonté comme *fondement* des contrats: leur force dérive de leur *fonction* dans le monde, en vue du *bien commun*. La liberté ne donne qu'une présomption de justice, mais non une certitude. En réponse à Fouillée, Gounot affirme que la justice n'existe que s'il existe une *équivalence des prestations*. Il relève, enfin, les dangers de la liberté contractuelle, qui peut devenir un instrument d'oppression; il note, à cet égard qu'il a fallu promulguer toute une législation du travail. Tout cela va alimenter les réflexions de civilistes français: certains, comme Larnaude, souhaitent une *révision* radicale du Code civil ; d'autres (M. Planiol, E. Gaudemet) sont partisans d'une réforme plus modérée" (*Histoire du droit civil* cit., p. 830-831).

da vontade sobre outras bases, levando em conta a solidariedade social e as limitações da autonomia privada pelo interesse público.

GUIDO ALPA[24] assinala que, em um período curto dos anos 1960-1970, nos escritos dos estudiosos do direito civil na Itália – com destaque para as preciosas lições de TULIO ASCARELLI – surgem as noções de concorrência, consumidor e de contraente débil.

Ademais, as cláusulas gerais – tais como a boa-fé objetiva e a função social do contrato – aparecem em cena como um instrumento de controle do comportamento das partes e, ao mesmo tempo, do próprio negócio jurídico, bem como da conformidade deste com os valores e princípios do ordenamento jurídico[25].

A "ascensão e queda da liberdade contratual"[26], a "morte do contrato"[27], são discursos a respeito da crise do contrato desenvolvidos a partir da análise da teoria clássica do contrato. Esse discurso, no entanto, como sustenta EROS ROBERTO GRAU[28], "é, na verdade, um discurso a favor da vida do contrato, na medida em que propõe a superação daquela teoria".

HUGH COLLINS pondera que, "para alguns autores, as alterações refletem meramente uma maior preocupação com a proteção dos consumidores, enquanto outros detectam uma reorientação mais fundamental dos valores expressos pela lei": passando de uma ênfase em direitos e liberdade para necessidades e dependência econômica[29].

Todavia, como bem sustenta ANTÔNIO JUNQUEIRA DE AZEVEDO, "hoje, diante do toque de recolher do Estado intervencionista, o

---

[24] ALPA, Guido. *Le stagioni del contrato*. Bologna: Il Mulino, 2012. p. 62.

[25] ALPA, Guido. *Le stagioni del contrato* cit., p. 71.

[26] ATIYAH, P. S. *The rise and fall of freedom in contract*. Oxford: Clarendon Press, 1979.

[27] GILMORE, Grant. *The death of contract*. 2 ed. Columbus: The Ohio State University Press, 1995.

[28] GRAU, Eros Roberto. Um novo paradigma dos contratos?. *Revista da Faculdade de Direito, Universidade de São Paulo*, v. 96, p. 426, 2001. Disponível em: http://www.revistas.usp.br/rfdusp/article/view/67510. Acesso em: 20 set. 2020.

[29] COLLINS, Hugh. *The law of contract*. 4 ed. Cambridge: University Press, 2003. p. 21: "For some authors the alterations reflect merely a greater concern for the protection of consumers, whereas others detect more fundamental reorientation of the values expressed by the law moving from emphasis on rights and freedom to a concern for needs and economics dependence".

jurista com sensibilidade intelectual percebe que está havendo uma acomodação das camadas fundamentais do direito contratual"[30].

Para SAN TIAGO DANTAS, a teoria dos contratos é "uma das partes mais estáveis e perfeitas do direito civil"[31]. Além de ser criação doutrinária que advém do rigor lógico jurídico, representa o termo de uma evolução, em que se consolidou a autonomia da vontade em oposição às formas e restrições sem fundamento racional, ao mesmo tempo que foram criados "princípios flexíveis, capazes de veicular as imposições do interesse público, sem quebra do sistema"[32].

Nada obstante, como bem sustenta LOUIS JOSSERAND[33], a ideia de que o direito das obrigações seria uma constante no tempo e no espaço, em todos os lugares e em todas as épocas, constituído por dogmas imutáveis[34] – e por consequência os contratos, como principal fonte das obrigações –, é extremamente simplista, artificial e falsa. Com efeito, sendo o direito uma ciência social, logo evolutiva[35]: "toda sociedade é um organismo em evolução incessante, em eterna transformação"[36].

Em uma época de hipercomplexidade como a que vivemos, os três princípios contratuais clássicos (liberdade contratual, força obrigatória dos contratos e relatividade dos efeitos contratuais) somam-se aos no-

---

30 AZEVEDO, Antônio Junqueira de. *Estudos e pareceres de direito privado*. São Paulo: Saraiva, 2004. p. 140.

31 DANTAS, San Tiago. Evolução contemporânea do direito contratual. *In*: DANTAS, San Tiago. *Problemas de direito positivo*: estudos e pareceres. 2. ed. Rio de Janeiro: Forense, 2004. p. 3.

32 DANTAS, San Tiago. Evolução contemporânea do direito contratual cit., p. 3.

33 JOSSERAND, Louis. L'essor moderne du concept contractuel. *Recueil d'Études sur les Sources du Droit em l'Honneur de François Gény*, Paris, t. 2, p. 333, 1934.

34 JOSSERAND, Louis. L'essor moderne du concept contractuel cit., p. 333: "ce *verum jus, esse lex et sempiterna et immutabilis* que Cicerón evoquait sur un plain différent lorsque, dans le *De Republica*, il entendait opposer le droit naturel au droit positif de chaque pays".

35 "Et c'est le cas de rapelller le mot de Jean Cruet qu' 'une loi indéformable ne peut se concevoir que dans une société immobile', ce que revient à dire qu'elle ne saurait se concevoir en aucune façon" (JOSSERAND, Louis. L'essor moderne du concept contractuel cit., p. 333).

36 JOSSERAND, Louis. L'essor moderne du concept contractuel cit., p. 333.

vos princípios contratuais (boa-fé objetiva, função social do contrato e equilíbrio econômico do contrato), com eles passando a conviver[37].

É nesse contexto que ANTÔNIO JUNQUEIRA DE AZEVEDO[38] formulou a distinção entre contratos existenciais e contratos de lucro. Em seu sentir, os contratos existenciais caracterizam-se por ter, ao menos, uma pessoa natural como parte, visando a sua subsistência, de modo que "os juízes têm que atender às suas necessidades fundamentais; é preciso respeitar o direito à vida, à integridade física, à saúde, à habitação etc., de forma que cláusulas contratuais que prejudiquem esses bens podem ser desconsideradas".

Ademais, referido autor asseverou naquela oportunidade, tendo em vista o âmbito restrito da entrevista em que falou a respeito do tema, não ter a possibilidade de desenvolvê-lo em toda a sua riqueza. Entre outros pontos, destaca que seria interessante "a exposição analítica das diferenças de efeitos entre as duas categorias de contrato, por exemplo, quanto à boa-fé, quanto à função social, quanto ao dano moral (a nosso ver, cabe dano moral nos contratos existenciais, mas não nos contratos de lucro) etc."[39].

---

37 Cf. AZEVEDO, Antônio Junqueira de. *Estudos e pareceres de direito privado* cit., p. 140.

38 Entrevista concedida à *Revista Trimestral de Direito Civil*, v. 9, n. 34, p. 299-308, abr./jun. 2008.

39 Nessa mesma perspectiva, Antônio Junqueira de Azevedo já havia se manifestado na atualização da obra de Orlando Gomes: "Na esteira da consagração da noção de empresa em nosso Código, uma nova dicotomia toma corpo. Há, de um lado, contratos empresariais, que são aqueles celebrados entre empresários, pessoas físicas ou jurídicas, ou, ainda, entre um empresário e um não empresário, desde que este tenha celebrado o contrato com o fim de lucro. E, de outro lado, há os contratos existenciais ou não empresariais, firmados entre não empresários ou entre um empresário e um não empresário, sempre que para este a contratação não tenha objetivo de lucro. Dentre os contratos existenciais, encontram-se todos os contratos de consumo, bem como os contratos de trabalho, locação residencial, compra da casa própria e, de uma maneira geral, os que dizem respeito à subsistência da pessoa humana. São exemplos de contratos empresariais os de agência, distribuição, fornecimento, transporte, *engineering*, consórcio interempresarial, franquia e os contratos bancários, dentre outros. Essa nova dicotomia, que defendemos e, a nosso ver, a verdadeira dicotomia contratual do século XXI. Por força da renovação dos princípios contratuais e da frequência da sua concretização, não se pode mais empregar a palavra 'contrato' sem consciência dessa classificação. Ademais, ela é operacional. Os contratos empresariais apresentam importantes peculiaridades de tratamento, v.g., no que diz respeito à interpretação (papel mais acentuado dos usos comerciais), à alteração das circunstâncias (menor possibilidade de revisão contra-

Semelhante entendimento fora esposado por TERESA NEGREIROS[40], que propôs o uso do paradigma da essencialidade para distinguir situações existenciais das situações patrimoniais, o que justificaria uma tutela qualitativamente diversa.

RUY ROSADO DE AGUIAR JR.[41] sustenta que a referida distinção é "válida e auxilia na aplicação do regime jurídico a ser aplicado a cada tipo de contrato". Outrossim, assevera tratar-se "de um processo de qualificação e de distinção entre os diversos contratos, não propriamente de uma classificação", e que a proposta "não é rígida (conforme as circunstâncias, um contrato pode ser classificado em um ou em outro tipo)".

Entendemos que a distinção entre contratos existenciais e contratos de lucro permite uma melhor conciliação entre os princípios clássicos do contrato e os novos princípios. Ademais, a ideia de privilegiar a pessoa em oposição ao patrimônio quando se analisam determinadas relações jurídicas vem ao encontro do espírito do Código Civil de 2002, socializante e focado na pessoa humana[42], tendo inclusive criado capítulo que regula os direitos da personalidade – ao contrário do Có-

---

tual) e à aplicação dos princípios da boa-fé e da função social do contrato" (GOMES, Orlando. *Contratos* cit., p. 100-101).

40 NEGREIROS, Teresa. *Teoria do contrato*: novos paradigmas. Rio de Janeiro: Renovar, 2002. p. 449-487.

41 AGUIAR JR., Ruy Rosado de. Contratos relacionais, existenciais e de lucro. *Revista Trimestral de Direito Civil: RTDC*, Rio de Janeiro, ano 12, v. 45, p. 109, jan./mar. 2011.

42 Como assevera Miguel Reale: "O 'sentido social' é uma das características mais marcantes do projeto, em contraste com o sentido individualista que condiciona o Código Civil ainda em vigor. Seria absurdo negar os altos méritos da obra do insigne Clóvis Beviláqua, mas é preciso lembrar que ele redigiu sua proposta em fins do século passado, não sendo segredo para ninguém que o mundo nunca mudou tanto como no decorrer do presente século, assolado por profundos conflitos sociais e militares. Se não houve a vitória do socialismo, houve o triunfo da 'socialidade', fazendo prevalecer os valores coletivos sobre os individuais, sem perda, porém, do valor fundante da pessoa humana" (Visão geral do projeto de Código Civil. *Revista dos Tribunais*, São Paulo, ano 87, n. 752, p. 22-30, jun. 1998). Na metade do século XX, já anunciava Savatier a pessoa como o centro do direito contemporâneo: "l'avènement de la personne au centre du droit contemporain" (*Les métamorphoses economiques et sociales du droit civil d'aujourd'hui*: approfondissement d'un droit renouvelé. Paris: Dalloz, 1959. 3.ª serie, p. 5).

digo Civil de 1916[43], que fora inspirado nos Códigos oitocentistas, tal como o Código Civil francês, liberal e individualista.

Outrossim, referida distinção cria mecanismos para a solução de problemas reais da complexa sociedade contemporânea. Com efeito, possibilita a adequação das respostas aos concretos conflitos de interesse, privilegiando a aplicação dos princípios contratuais clássicos ou dos novos princípios contratuais, a depender dos valores postos em debate.

Mais recentemente, duas revoluções do conhecimento provocaram impacto marcante na sociedade e têm produzido efeitos significativos sobre os contratos – em geral, no que concerne à formação do consenso –, merecendo estudo aprofundado, máxime quando se fala de contratos. Essas revoluções são a da informática e a biológica[44].

---

[43] Conforme relata Clóvis Beviláqua, em 1845, Euzebio de Queiroz, tomado pelas ideias da época de que urgia a codificação civil, devido à legislação numerosa, esparsa e antinômica existente, chegou a sugerir a adoção do *Digesto Portuguez* de Correa Telles. Passou-se então ao intento de se efetuar a consolidação do direito privado commum em vigor, tarefa confiada a Teixeira de Freitas, que em 1858 concluiu os trabalhos, sendo em seguida contratado para preparar um Projeto de Codigo Civil, tendo apresentado o seu *Esboço* em 1865. Após diversas discussões sobre o projeto, em 1872, sendo Ministro da Justiça Duarte de Azevedo, foi rescindido o contrato entre o governo e Teixeira de Freitas – Nabuco de Araújo foi o encarregado de substitui-lo. Iniciado o trabalho em 1873, acabou por falecer em 1878, antes de terminar a construção almejada. Felicio dos Santos tomou para si a tarefa de levar a cabo a codificação civil, tendo apresentado em 1881 os seus *Apontamentos* ao governo, que nomeou uma comissão para estudá-los e emitir um parecer. Esta comissão foi dissolvida por aviso de 27 de fevereiro de 1886 – em 1889 foi nomeada outra comissão, porém, com a queda da Monarquia em 15 de novembro a comissão foi novamente dissolvida. Em 1890 Coelho Rodrigues foi incumbido de preparar o Projeto do Codigo Civil (decreto de 15 de junho de 1890). O projeto de Coelho Rodrigues foi concluido em 1893, e não aceito pelo governo, tendo em vista o parecer contrário da comissão encarregada de revê-lo, o autor, representando o Estado do Piauí como Senador, apresentou seu trabalho ao Senado Federal, que, a 6 de novembro de 1896, resolveu fosse o governo autorizado a contratar um jurisconsulto ou comissão de juristas para revisão desse projeto. Assumindo a presidência em novembro de 1898, Campos Salles, através do ministro da justiça Epitacio Pessôa, contratou Clóvis Beviláqua para elaborar um novo projeto. Após ampla discussão no Congresso Nacional, o projeto foi sancionado no dia 1de janeiro de 1916, transformando-se na Lei n.º 3.071, de 1 de janeiro de 191" (*Código Civil dos Estados Unidos do Brasil comentado*. Edição histórica. Rio de Janeiro: Editora Rio, 1980. v. 1, p. 13-60).

[44] ALPA, Guido. *Le stagioni del contratto* cit., p. 137-138.

As novas tecnologias na área biológica suscitaram questões novas no debate jurídico. Com efeito, as manipulações do corpo, da saúde, da procriação, da vida e da morte colocam em primeiro plano do debate os direitos da personalidade, trazendo-se à baila conceitos como o do consentimento informado (*e.g.*, nos tratamentos médicos) e o da autodeterminação (*e.g.*, no testamento vital).

As novas tecnologias informáticas também trazem à tona as discussões acerca do consenso e da formação do acordo, consenso esse que deve ser requisitado para a coleta de dados pessoais, suscetíveis de definir, em termos algorítmicos, os caracteres físicos, psíquicos e ideais de cada pessoa.

Mais do que isso, haja vista que a sociedade contemporânea é centrada na informação – fala-se em sociedade da informação –, ao mesmo tempo que esse desenvolvimento das comunicações a distância, com a coleta, o tratamento e a comunicação de dados, principalmente via computador, representou um salto de qualidade nas possibilidades de conexões e acesso às informações, a pessoa passa a ser analisada e julgada pelos dados que lhe atribuem e a ela se referem, gerando preocupações no âmbito dos direitos da personalidade.

Com efeito, há de se ter em mente que os dados coletados em rede sobre as pessoas não são sempre corretos, completos, ou mesmo pertinentes, e essas informações, ademais, tornadas instrumento de lucro, não raramente podem gerar danos irreparáveis para tais pessoas.

Um exemplo extremado desse contexto e da problemática dos contratos existenciais verifica-se na série de ficção científica *Upload: realidade virtual*[45]. A história se passa em 2033, quando a humanidade

---

[45] UPLOAD: realidade virtual. Direção: Greg Daniels e Howard Klein. Culver City, CA: Amazon Studios, 2020. Disponível em: https://www.primevideo.com/detail/0NQ1QFP6B4R6TM8O2590IV5716/ref=atv_sr_def_c_unkc__1_1_1?sr=1-1&pageTypeIdSource=ASIN&pageTypeId=B084YBPV5H&qid=1599973429. Acesso em: 12 set. 2020. Esse tipo de utopia pode não estar tão longe quanto parece. Raymond Kurzweil sustenta que uma transformação radical da mente e do corpo já está em curso com os avanços da biotecnologia e a engenharia genética e que nas próximas duas décadas os métodos da nanoengenharia, como os nanorrobôs, serão usados para aumentar a capacidade dos nossos órgãos e até mesmo substituí-los. Ademais, acredita-se que, quando tivermos mecanismos hábeis a "arquivar e restaurar os milhares de trilhões de *bytes* de informação representados pelo padrão que chamamos de nosso cérebro" (por volta do final dos anos 2030), serão criados humanos baseados em *software*, "que viverão na *web*, projetando corpos quando precisarem ou quiserem, incluindo corpos virtuais em diversas zonas da realidade virtual, corpos projetados holograficamente, corpos projetados por foglets, e corpos

encontrou uma forma de manter a vida pós-morte por meio de um *upload* de consciência para um plano digital, o qual é monetizado, pois tudo lá é pago: desde a compra de um pacote para fazer um *upload* das pessoas após a morte até o pagamento dos confortos e manutenção da existência da pessoa nesse mundo virtual, particularmente no paraíso do local, um hotel chamado *Lakeview*.

Os contratos na sociedade da informação e das novas tecnologias caracterizam-se pelo forte traço não patrimonial, na medida em que têm como objeto central direitos da personalidade, de cunho existencial.

A dignidade da pessoa humana é o ponto inicial do ordenamento jurídico, exprimindo-o lapidarmente a Constituição alemã em seu artigo 1.º, ao dispor que a dignidade do homem é inviolável. Por sua vez, a Constituição brasileira assevera que a dignidade humana é um dos fundamentos da República Federativa do Brasil (artigo 1.º, III). Ela implica a atribuição de direitos a cada homem, de um mínimo no qual cada um poderá desenvolver sua personalidade, fundando-se, assim, os direitos da personalidade[46].

É nesse contexto que propomos a presente tese, que vislumbra a caracterização dos contratos existenciais tanto na hipótese em que o objeto da relação jurídica é um bem ou serviço essencial à subsistência da vida humana e sua dignidade quanto naquela em que o objeto é um direito da personalidade, circunstâncias que implicarão uma incidência mais intensa dos novos princípios contratuais.

2. PLANO DO TRABALHO, DELIMITAÇÃO DO OBJETO E TESE

Como há pouco referido, a proposta do presente trabalho é bastante específica. Consiste fundamentalmente no escopo de perquirir os pressupostos dos contratos existenciais e as consequências que resultam dessa categorização, realizando-se análise crítica sobre a doutrina nacional e estrangeira, visando consolidar entendimento para o desenvolvimento da problemática exposta.

---

físicos compreendendo enxames de nanorrobots e outras formas de nanotecnologia" (Kurzweil, Raymond. *A singularidade está próxima*: quando os humanos transcendem a biologia. São Paulo: Iluminuras, 2018. p. 515-516 e 556-667).

[46] ASCENSÃO, José de Oliveira. *Direito civil*: teoria geral. Introdução. As pessoas. Os bens. 3. ed. São Paulo: Saraiva, 2010. v. 1, p. 58-59.

Desde já elegeu-se uma linha de pesquisa a ser observada, tendo em conta a teoria do negócio jurídico e os novos fenômenos sociais, com a evolução dos contratos na sociedade da informação e das novas tecnologias – revoluções da informática e da biologia –, que se caracterizam pelo forte traço não patrimonial, na medida em que têm como objeto central direitos da personalidade, de cunho existencial, o qual informará todas as formas de detecção e de discussão das conclusões provenientes do estudo a ser empreendido.

Sublinha-se mais uma vez, portanto, que a densidade da dignidade da pessoa humana será considerada abstratamente tão somente na medida em que esse enfoque for necessário para melhor compreender seus traços conferidos pelo problema e pelo aplicador das normas jurídicas. Contudo, dar-se-á primazia à dimensão concreta suficiente a preencher sua substância[47].

Nessa precisa perspectiva, não se tem notícia de trabalhos acadêmicos no Brasil. Por óbvio, há estudos destinados à análise da distinção entre contratos existenciais e de lucro, tendentes a indicar suas notas características. De outro modo, também se encontraram pesquisas direcionadas a perquirir em termos gerais a dicotomia: contratos existenciais e contratos de lucro[48].

No entanto, como anteriormente exposto, nenhum desses trabalhos enfocou o estudo nos contratos existenciais, seus pressupostos e consequências jurídicas, considerados a teoria do negócio jurídico e os contratos diante das novas tecnologias[49], tampouco o fizeram a partir da análise centrada nos contratos existenciais.

---

[47] O uso pouco rigoroso e desenfreado do princípio da dignidade da pessoa humana acaba por torná-lo vazio, um termo irrelevante, que nada enuncia. Todavia, é princípio basilar do ordenamento jurídico, devendo guiar todas as nossas ações. Tentar resgatar seu conteúdo normativo é, por isso, fundamental.

[48] Patrícia Miyuki Hayakawa de Carvalho propõe a análise das diferenças entre contratos existenciais e contratos de lucro, conforme propugnado por Antônio Junqueira de Azevedo, delimitando "territórios em que intervenções judiciais assumiriam contornos nitidamente diferentes" (*Contratos existenciais e de lucro*: uma nova tipologia. 2018. 191 f. Dissertação (Mestrado) – Faculdade de Direito, Universidade de São Paulo, São Paulo, 2018, p. 13-15). Nessa mesma linha: VIANA, Raphael Fraemam Braga. *Contratos existenciais, de lucro e híbridos*: desdobramentos da classificação de Antônio Junqueira de Azevedo à luz do solidarismo jurídico. 2018. 136 f. Dissertação (Mestrado) – Faculdade de Direito, Universidade Federal de Pernambuco, Recife, 2018.

[49] Rafael Ferreira Bizelli sugere a análise do contrato existencial por uma perspectiva civil-constitucional, discutindo o contrato como modelo aplicável no que

O escopo primordial desta pesquisa circunscreve-se no propósito de indicar e analisar os pressupostos caracterizadores dos contratos existenciais. O intuito, portanto, é determinar as circunstâncias fáticas suficientes a propiciar a caracterização dessa nova tipologia, identificando os elementos que os compõem.

Para tanto, será necessário, primeiramente, proceder a uma imersão profunda na teoria contratual, seus princípios, e na evolução destes ao longo de séculos na tradição romano-germânica – incluídos o direito luso-brasileiro e o brasileiro –, para aportarmos nos paradigmas atuais que geram a centralidade da nova tipologia contratual proposta.

Trata-se, desse modo, de estabelecer, *a priori*, quais serão a concepção e os fundamentos que direcionarão o curso do estudo que se intenta realizar. Consistirá este, manifestamente, na determinação dos pressupostos caracterizadores dos contratos existenciais. Será necessário, por certo, dedicar atenção aos conceitos nucleares e às estruturantes que perfazem a teoria do negócio jurídico, haja vista que os contratos são negócios jurídicos bilaterais ou plurilaterais.

Preliminarmente, há de ressaltar que os contratos existenciais, como categorizados por ANTÔNIO JUNQUEIRA DE AZEVEDO e TERESA NEGREIROS, não têm contornos tão precisos, distinguindo-se principalmente pela essencialidade do bem objeto do contrato, que tem de ser necessário à existência humana. TERESA NEGREIROS[50] chega a propor o "paradigma da essencialidade" para reclassificação dos contratos a partir do parâmetro da utilidade existencial.

---

chama de três paradigmas da evolução do direito moderno, sob a luz do "Estado Liberal", do "Estado Social" e do que denomina "Estado Pós-Social". Com efeito, conforme o autor defende: "Quando propomos que a análise do instituto contrato será realizada tendo-se em vista as mudanças ocorridas na teoria do estado, a evolução da teoria dos direitos fundamentais, das diferentes técnicas legislativas e da evolução da jurisprudência, há uma compreensão implícita de que o contrato configura subsistema jurídico incluído no sistema jurídico global – portanto dele sofre as influências – que, por sua vez, também é um subsistema social dentro do sistema social global – e também sofre dele influências. Trata-se aqui da perspectiva funcionalista do direito" (BIZELLI, Rafael Ferreira. *Contrato existencial*: evolução dos modelos contratuais. Rio de Janeiro: Lumen Juris, 2018. p. 8). Ademais, conforme conclui seu trabalho, tem como pressuposto a distinção entre contrato existencial e contrato de lucro: "Adotamos, portanto, como modelos pós-modernos de contrato, o *contrato relacional existencial* e o *contrato relacional de lucro*" (Ibidem, p. 366).

50 NEGREIROS, Teresa. *Teoria do contrato*: novos paradigmas cit., p. 449.

Assim, necessário se faz o desenvolvimento preciso de seus elementos constitutivos, bem como das formas que lhe estruturam e consequentes alternativas de aplicabilidade. Essa empreitada demandará aplicação em conferir maior densidade e concretude a essas propostas apresentadas segundo uma visão bastante peculiar de compreensão do fenômeno jurídico.

Com efeito, cabe analisar aqui a questão referente aos contratos na sociedade da informação e das novas tecnologias que têm como objeto central direitos da personalidade, de cunho existencial, podendo proveitosamente enquadrar-se na categorização sob estudo, definidora de regime jurídico típico.

Como dito, a tarefa de definir com precisão os limites dos contratos existenciais não é simples, máxime quando se verifica o aumento da complexidade das relações sociais e jurídicas trazidas nos últimos dez anos pelas novas tecnologias, em constante ameaça aos direitos da personalidade.

Sob essa ótica, a categoria dos contratos existenciais se fortalece como apta a operacionalizar o tratamento de fenômenos jurídicos típicos do século XXI, mas também a fazer parte da reestruturação da regulação dos contratos, porquanto propicia evitar e reduzir desigualdades, colocando em destaque a proteção da dignidade da pessoa humana.

Sublinha-se, portanto, que nesta primeira e fundamental porção da pesquisa a ser empreendida o foco consistirá na identificação, precisão e delimitação dos elementos essenciais integrantes dos contratos existenciais, bem como na indicação de suas características estruturais.

Além do escopo há pouco mencionado, pretende-se, por esta pesquisa, precisar as consequências ou os efeitos da categorização de um contrato como existencial. Ressalta-se, desde logo, na linha do pensamento de ANTÔNIO JUNQUEIRA DE AZEVEDO, ao distinguirmos os contratos existenciais dos contratos de lucro, atribuindo aos primeiros situações existenciais – pessoas visando a sua subsistência, *e.g.* –, que um regime jurídico específico daí dimana.

Uma instituição jurídica se caracteriza pelo conjunto das disposições de direito correspondentes às relações jurídicas de certa classe. Como assevera ENNECCERUS[51], "estas disposições dão, assim, uma imagem do que é comum a todas as relações jurídicas desta classe, uma forma fundamental que determina todas elas".

---

[51] ENNECCERUS, Ludwig. Derecho civil (parte general). *In*: ENNECCERUS, Ludwig; KIPP, Theodor; Wolff, Martin. *Tratado de derecho civil*. Traducción da 39.ed. alemán. Barcelona: Bosch, 1953. v. 1, p. 280.

No caso dos contratos existenciais, verificamos o *topos*[52] da dignidade da pessoa humana – ponto fulcral do ordenamento jurídico – como elemento caracterizador do próprio negócio jurídico, devendo disso decorrer efeitos típicos.

Os efeitos dos fatos jurídicos podem ser os mais variados, mas consistem fundamentalmente em uma aquisição, modificação ou extinção de direitos. Em uma fórmula mais exaustiva, todos esses efeitos podem ser traduzidos na constituição, modificação ou extinção de relações jurídicas, tomando estas em sua acepção mais lata, de modo "a abranger todas e quaisquer situações da vida real a que a lei atribui qualquer espécie de relevância jurídica"[53].

Dessa maneira, o escopo imediato nessa segunda parte do desenvolvimento da pesquisa consiste em definir as consequências da categorização do negócio jurídico como existencial, ou seja, as particularidades na constituição, modificação ou extinção dessas relações jurídicas.

Partindo da teoria do negócio jurídico, analisaremos as repercussões nos planos da validade e da eficácia. Desde a formação, passando pelo desenvolvimento, até a extinção dos contratos, buscaremos investigar os efeitos eventuais em sua invalidade, interpretação e no cumprimento e descumprimento das obrigações.

Nessa toada, primeiramente, analisaremos os eventuais reflexos no campo da validade, tendo em mente principalmente a igualdade ou a desigualdade entre as partes e a integridade da vontade[54], na esteira do conceito de

---

[52] No plural, *topoi,* são "pontos de vista utilizáveis e aceitáveis em toda parte, que se empregam a favor ou contra o que é conforme a opinião aceita e que podem conduzir à verdade" (cf. VIEHWEG, Theodor. *Tópica e jurisprudência*: uma contribuição à investigação dos fundamentos jurídicos científicos. Tradução Kelly Susane Alflen da Silva. 5. ed. Porto Alegre: Fabris, 2008. p. 25-26).

[53] Cf. ANDRADE, Manuel A. Domingues de. *Teoria geral da relação jurídica.* Facto jurídico, em especial negócio jurídico. 4. reimp. Coimbra: Almedina, 1974. v. II, p. 13.

[54] Antônio Junqueira de Azevedo, tratando da questão da "vontade individual e igualdade real", observa: "Tradicionalmente, os problemas da formação da declaração são encarados sob o ângulo da vontade: para validade do negócio jurídico, a vontade deve existir, ser consciente e livre. Os institutos do erro, dolo e coação, por exemplo visam assegurar que a declaração negocial se forme de modo regular, evitando que alguém, sem querer, ou com uma vontade débil, se obrigue por sua declaração. As próprias incapacidades são encaradas, muitas vezes, sob o ângulo da vontade. O que é voluntário deve valer, porque ninguém quer o mal para si mesmo. Um certo contratualismo persiste: 'quem diz contratual diz justo'. Ora, esse modo

negócio jurídico lavrado por ANTÔNIO JUNQUEIRA DE AZEVEDO[55], a saber: "declaração de vontade que, acrescida de elementos particulares e, normalmente, também de elementos categoriais, é vista socialmente como destinada a produzir efeitos jurídicos em nível de igualdade".

Mais adiante, passaremos a investigar os aspectos característicos da interpretação de um contrato existencial, seu cumprimento e seu descumprimento, de acordo com os princípios basilares trazidos pelo Código Civil brasileiro de 2002.

O Código Civil brasileiro de 2002 contém disposições gerais de interpretação dos contratos, estabelecendo que "a liberdade de contratar será exercida em razão e nos limites da função social do contrato" e que os princípios de probidade e de boa-fé devem ser observados tanto na conclusão quanto na execução dos contratos[56], além de regular os contratos de adesão[57].

Identificamos aqui os princípios da função social do contrato[58] e da boa-fé objetiva[59], cuja aplicação típica aos contratos existenciais nas fases de formação e execução dos contratos devemos investigar.

---

de ver exige, naturalmente, a integridade da vontade" (*Negócio jurídico e declaração negocial*: noções gerais e formação da declaração negocial cit., p. 137).

55 Cf. AZEVEDO, Antônio Junqueira de. *Negócio jurídico e declaração negocial*: noções gerais e formação da declaração negocial cit., p. 27.

56 Artigos 421 e 422 do Código Civil brasileiro de 2002.

57 Artigos 423 e 424 do Código Civil brasileiro de 2002.

58 Claudio Luiz Bueno de Godoy assevera: "Ora, dúvida não pode haver de que a função social do contrato, hoje, e aliás desde a passagem, já descrita, do Estado Liberal para o Estado Social, em que se valoriza o interesse social, ao lado do interesse de cada qual dos indivíduos, seja um princípio jurídico, daqueles que dão fundamento não só à ordem econômica no Brasil (art. 170 da CF), como ainda à própria estruturação da República, assentada sobre o valor social da livre-iniciativa (art. 1.º, IV, da CF); mas, também, e antes, integra os próprios objetivos constitucionais (arts. 1.º, III, e 3.º, I, da CF) de estabelecimento de relações solidárias e de valorização da pessoa humana no trato entre os indivíduos. Mais: e por isso mesmo, princípio a que não se pode recusar pronta aplicação, reconhecendo-se-lhe evidente força normativa, impondo, outrossim, que o próprio instituto do contrato seja relido, à sua luz, por compor-lhe, verdadeiramente, o conteúdo, como adiante se verá (*Função social do contrato*: os novos princípios contratuais. 3. ed. São Paulo: Saraiva, 2009. p. 103-104).

59 Os direitos subjetivos são limitados pela boa-fé, como derivação do princípio da eticidade. A boa-fé gera deveres anexos de lealdade, colaboração e respeito às expectativas legitimamente criadas, que limitam inexoravelmente a liberdade individual. Com efeito, existem exercícios de direitos inadmissíveis pela violação da boa-fé objetiva.

Da mesma maneira, o artigo 187 do Código Civil brasileiro de 2002 dispõe que "também comete ato ilícito o titular de um direito que, ao exercê-lo, excede manifestamente os limites impostos pelo seu fim econômico ou social, pela boa-fé ou pelos bons costumes".

Tutelam-se aqui dois dos três princípios fundantes da ordem civil brasileira (o terceiro é a operabilidade), quais sejam: a socialidade (função social da propriedade, do contrato, finalidade social do exercício do direito) e a eticidade[60] (boa-fé e bons costumes). A cláusula geral de ilicitude prevista no artigo 187 impõe limites ao exercício dos direitos subjetivos, pelo seu fim econômico e social, pela boa-fé ou pelos bons costumes.

Por fim, avançaremos para a imprescindível investigação do princípio do equilíbrio econômico do contrato e de seu inadimplemento, bem como das obrigações que daí decorrem: a responsabilidade civil e a reparação dos danos, máxime dos danos extrapatrimoniais[61].

---

60 REALE, Miguel. Visão geral do projeto de Código Civil cit., p. 28-29: "O código atual peca por excessivo rigorismo formal, no sentido de que tudo se deve resolver através de preceitos normativos expressos, sendo pouquíssimas as referências à equidade, à boa-fé, à justa causa e demais critérios éticos. Esse espírito dogmático-formalista levou um grande mestre do porte de Pontes de Miranda a qualificar a boa-fé e a equidade como 'abecerragens jurídicas', entendendo ele que, no Direito Positivo, tudo deve ser resolvido técnica e cientificamente, através de normas expressas. Nós não acreditamos na geral plenitude da norma jurídica positiva, sendo preferível, em certos casos estabelecer normas genéricas que permitam chegar-se à 'concreção jurídica', conferindo-se maior poder ao juiz para encontrar-se a solução mais justa ou equitativa. O novo código, por conseguinte, confere ao juiz não só poder para suprir lacunas, mas também para resolver onde e quando for previsto o recurso a valores éticos, ou se a regra jurídica for deficiente ou inajustável à especificidade do caso concreto. [...] O que importa numa codificação é o seu espírito; é um conjunto de ideias fundamentais em torno das quais as normas se entrelaçam, se ordenam e se sistematizam. Em nosso projeto não prevalece a crença na plenitude hermética do Direito Positivo, sendo reconhecida a imprescindível eticidade do ordenamento. O código é um sistema, um conjunto harmônico de preceitos que exigem a todo instante recurso à analogia e a princípios gerais, devendo ser valoradas todas as consequências da cláusula *rebus sic stantibus*. Nesse sentido, é posto o princípio do equilíbrio econômico dos contratos como base ética de todo o Direito Obrigacional. [...] Como se vê, o novo código abandonou o formalismo técnico-jurídico próprio do individualismo da metade deste século, para assumir um sentido mais aberto e compreensivo, sobretudo numa época em que o desenvolvimento dos meios de informação vem ampliar os vínculos entre os indivíduos e a comunidade".

61 Como leciona Antônio Junqueira de Azevedo: "Na conceituação do que seja dano moral é preciso distinguir entre o *dano-evento* e o *dano-prejuízo*; o primeiro é a lesão a algum bem; o segundo, a *consequência* dessa lesão. Pode haver lesão à

3. METODOLOGIA DA PESQUISA

Adotamos neste trabalho a perspectiva da autonomia epistemológica do direito civil, na linha do sustentado por OTAVIO LUIZ RODRIGUES JR.[62]. A "distinção sistemática" entre direito privado e público, para além de mera formulação teórica, possibilita a melhor compreensão das relações jurídicas e ações humanas em que não há a participação do Estado.

Entendemos que o direito civil não deve abandonar a metodologia iniciada pela pandectística alemã do século XIX, mas sim continuar sua trajetória, atualizando-a para possibilitar que se faça perante os "desafios da hipercomplexidade, da fragmentariedade e das desigualdades sociais"[63].

Como bem formulado por HELMUT COING[64], a moderna ciência jurídica utiliza-se desde a antiga interpretação lógico-gramatical, passando pelo método sociológico e axiológico – "aquele reflete sobre o conteúdo de justiça de uma regra, e este sobre suas relações sociais" –, além das investigações históricas sobre o surgimento das normas positivas, bem como conta-se com o auxílio que um sistema amplo pode garantir. Por derradeiro, a ciência jurídica moderna usa os resultados de duas disciplinas auxiliares: a história jurídica e o direito comparado.

---

integridade física de uma pessoa e as principais consequências não serem de ordem pessoal, e sim patrimonial – por exemplo, se a vítima perdeu, total ou parcialmente, sua capacidade laborativa; ou, inversamente, a lesão pode ser a uma coisa, que está no patrimônio de alguém e a consequência ser principalmente um prejuízo não patrimonial (dano moral) – por exemplo, se o dono tinha, pela coisa valor de afeição. O dano-evento é, pois, o *dano imediato,* enquanto o dano-prejuízo é o *dano mediato*". Ora, *quando se fala em dano moral, é ao dano mediato que se tem em vista.* Portanto, a lesão, ou dano-evento, pode ser ao corpo ou ao patrimônio e, quer numa hipótese quer noutra, o dano-prejuízo ser patrimonial ou não patrimonial: um dano no corpo pode ter consequências patrimoniais ou não patrimoniais e um dano no patrimônio também pode ter consequências patrimoniais ou não patrimoniais. O dano moral vem a ser, por exclusão, o dano não patrimonial, mas é sempre mediato (é dano-prejuízo)" (*Estudos e pareceres de direito privado* cit., p. 291).

[62] RODRIGUES JR., Otavio Luiz. *Direito civil contemporâneo*: estatuto epistemológico, constituição e direitos fundamentais. Rio de Janeiro: Forense Universitária, 2019.

[63] RODRIGUES JR., Otavio Luiz. *Direito civil contemporâneo*: estatuto epistemológico, constituição e direitos fundamentais cit., p. 343.

[64] COING, Helmut. *Elementos fundamentais da filosofia do direito.* Tradução Elisete Antoniuk. 5. ed. Porto Alegre: Fabris, 2002. p. 366.

MARIO G. LOSANO[65] inicia o primeiro volume de sua obra *Sistema e estrutura no direito* com uma alusão à metáfora da procura infinita da ordem na "biblioteca de Babel" de JORGE LUIZ BORGES[66] e a elegante esperança de conseguir ordenar o objeto do saber (incluído o direito) que é infinito. O "sistema" – "coluna do pensamento ocidental" – é a ferramenta que possibilita a elegante esperança aludida por BORGES.

No que concerne às acepções do termo "sistema", MARIO G. LOSANO[67] faz a seguinte divisão: a) acepção técnica (válida para todas as ciências): (a.1.) que indica a estrutura do objeto estudado ("sistema interno"), isto é, uma ordem estruturada, organizada, que existe no interior do objeto analisado, tendo assim a estrutura como *terminus a quo*; (a.2.) um conjunto ordenado de estudos e conhecimentos científicos sobre determinado objeto do conhecimento, sendo-lhe externo, por isso chamado de "sistema externo", que tem sua estrutura como *terminus ad quem*; b) acepção atécnica, a significar um conjunto de partes reunidas por um elemento que as unifica, formando um todo, por exemplo, o "sistema jurídico" (conjunto de normas jurídicas = ordenamento jurídico).

A noção de unidade será ponto central da contribuição de IMMANUEL KANT. A ideia central, ou um único princípio, deverá reunir, deduzir todas as proposições de um sistema. Nas palavras do filósofo alemão[68], "a unidade sistemática é o que converte o conhecimento vulgar em ciência", ou seja, "transforma um simples agregado desses conhecimentos em sistema". Nessa esteira, aduz que "a arquitetônica

---

[65] LOSANO, Mario Giuseppe. *Sistema e estrutura no direito*. Tradução Carlo Alberto Dastoli. São Paulo: WMF Martins Fontes, 2008. v. 1, p. XXVII-XXVIII.

[66] BORGES, Jorge Luis. *Borges esencial*. Madrid: Alfaguara, 2017. p. 64: "Acabo de escribir *infinita*. No he interpolado esse adjetivo por una costumbre retórica; digo que no es ilógico pensar que el mundo es infinito. Quienes lo juzgan limitado, postulan que em lugares remotos los corredores y escaleras y hexágonos pueden inconcebiblemente cesar – lo cual es absurdo -. Quienes lo imaginan sin limites, olvidan que los tiene el número posible de libros. Yo me atrevo a insinuar esta solución del antiguo problema: *La biblioteca es ilimitada y periódica*. Si um eterno viajero la atravesara em cualquier dirección, comprobaría al cabo de los siglos que los mismos volúmenes se repiten em el mismo desorden (que, repetido, sería um orden: el Orden). Mi soledad se alegra com esa elegante esperanza".

[67] LOSANO, Mario Giuseppe. *Sistema e estrutura no direito* cit., v. 1, p. XIX.

[68] KANT, Immanuel. *Crítica da razão pura*. Tradução Manuela Pinto dos Santos e Alexandre Fradique Morujão. 7. ed. Lisboa: Fundação Calouste Gulbenkian, 2010. p. 657.

é, pois, a doutrina do que há de científico nos nossos conhecimentos em geral e pertence, assim, necessariamente à metodologia".

FRIEDRICH CARL VON SAVIGNY – fundador da Escola Histórica – cria um sistema construtivista, baseado num único princípio e na liberdade de uso das fontes romanas. MARIO G. LOSANO[69] sustenta que, para SAVIGNY, "o instituto e o sistema, a parte e o todo estão ligados por uma relação mais complexa, similar à de um organismo com as suas partes: as partes não só influem sobre o organismo, mas são, por sua vez, influenciadas".

A pandectística alemã, mediante métodos indutivos sobre o material antigo, buscou adaptá-lo à sociedade em curso no século XIX. Agregavam-se em institutos jurídicos os elementos comuns a cada norma e, a partir de abstrações posteriores e cada vez mais gerais, deveria surgir um sistema jurídico unido sob um único princípio.

RUDOLF VON JHERING foi um sistematizador na primeira parte de sua vida e um sociologista na segunda, tendo sido o primeiro a buscar de maneira efetiva o sistema interno do direito. Conforme assevera MARIO G. LOSANO[70], "o primeiro volume do Espírito do direito romano (1852) exprime um ideal de sistema interno". O sistema do direito não é "uma ordem que se introduz na coisa, mas uma ordem que se extrai dela". Esse sistema interno apresenta duas características: a) sua unidade advém da realidade; b) "o direito é caracterizado por um 'crescimento do interior' (quase uma referência a Kant e uma antecipação da autopoiese de Luhmann)"[71].

Verifica-se assim uma mudança de paradigma na concepção de sistema, que se volta agora para a relação interna unificadora das partes do objeto estudado. O nexo entre cada uma dessas partes, por ser vista agora como específico para a disciplina estudada, valeria somente para esta. MARIO G. LOSANO[72] sustenta que o fato de JHERING "ter posto o problema de um nexo interno e específico do direito abre caminho às mais modernas pesquisas, que encontrarão a mais completa expressão no sistema de Hans Kelsen".

---

[69] LOSANO, Mario Giuseppe. *Sistema e estrutura no direito* cit., v. 1, p. 336.

[70] LOSANO, Mario Giuseppe. *Sistema e estrutura no direito* cit., v. 1, p. 349.

[71] LOSANO, Mario Giuseppe. *Sistema e estrutura no direito* cit., v. 1, p. 349.

[72] LOSANO, Mario Giuseppe. *Sistema e estrutura no direito* cit., v. 1, p. 374-375.

HANS KELSEN desenvolveu um sistema de normas – objeto de estudo da ciência do Direito – cuja unidade é o fato de todas elas terem como fundamento de validade uma norma hipotética fundamental, da qual se deduziria a validade de todas as demais normas do ordenamento. Para ele, o sistema é constituído de normas jurídicas; a concatenação das normas jurídicas se dá pela norma fundamental, da qual se deduz a validade de todas as normas jurídicas; essas normas se caracterizam pelo dever-ser e diferencia o sistema de normas jurídicas (existente no interior do direito: um sistema interno) do sistema de proposições jurídicas, que é criado para descrever, distinguindo a ciência do direito, sistema externo[73].

Na passagem do século XIX para o século XX, sob a influência de pensadores como ARTHUR SCHOPENHAUER (1788-1860), FRIEDRICH NIETZSCHE (1864-1900) e SIGMUND FREUD (1856-1935), passa-se do primado da razão para o da vontade. Essa crítica ao racionalismo fez com que as decisões judiciais passassem a ser vistas como obra e resultado das vontades dos juízes, e não apenas de meras operações lógicas (juiz "bouche de la loi")[74].

RUDOLF VON JHERING, em sua segunda fase (sociológica), passa a estudar o direito pelo seu viés finalístico (teleológico), sem se importar com a noção de sistema. No início do século, antes da Primeira Grande Guerra Mundial, surgiram o Movimento do Direito Livre e a jurisprudência dos interesses, que buscavam uma maior liberdade com relação às normas jurídicas, sem uma vinculação total a elas.

Após a Segunda Grande Guerra Mundial, a "Jurisprudência dos Valores" defendeu um sistema baseado nos valores. Atribui-se aos juízes uma função criativa a partir do uso de princípios externos ao direito, como os valores, especialmente para preencher as lacunas[75].

KARL LARENZ sustenta um sistema interno "aberto", "no sentido de que são possíveis tanto mutações na espécie de jogo concertado dos princípios, do seu alcance e limitação recíproca, como também a descoberta de novos princípios"[76], nascendo estes tanto de mudanças

---

[73] KELSEN, Hans. *Teoria pura do direito*. Tradução J. B. Machado. 8. ed. São Paulo: Martins Fontes, 2011. pp. 215-243.

[74] Cf. LOSANO, Mario Giuseppe. *Sistema e estrutura no direito* cit., v. 2, p. 117.

[75] LOSANO, Mario Giuseppe. *Sistema e estrutura no direito* cit., v. 2, p. 248-254.

[76] LARENZ, Karl. *Metodologia da ciência do direito*. Tradução José Lamego. 6. ed. Lisboa: Fundação Calouste Gulbenkian, 2012.

na legislação quanto da descoberta de novos conhecimentos da ciência do direito ou de modificações na jurisprudência dos tribunais.

THEODOR VIEHWEG, por sua vez, desenvolveu os temas da argumentação e da tópica. Em seu sentir, o aspecto mais importante na análise da tópica, conforme os ensinamentos de ARISTÓTELES e CÍCERO, é "a constatação de que se trata de uma técnica do pensamento que está orientada para o *problema*"[77]. Ela "pretende proporcionar orientações e recomendações sobre o modo como se deve comportar numa determinada situação caso não se queira restar sem esperança"[78], é uma técnica argumentativa, e do pensar problematicamente[79].

Em um desenvolvimento do discurso da jurisprudência dos interesses, aplicada ao direito civil austríaco, o sistema móvel de WILBURG propõe um sistema aberto, mas que não é um sistema livre, pois os princípios aplicáveis devem estar no direito positivo, daí o termo móvel. Os valores só devem ser aplicados nos casos-limite, pois na maioria das circunstâncias, bastava a lei. Para ele, os valores perseguidos pelas normas jurídicas devem ser expressos e os princípios, se não estivessem expressos no direito positivo, não poderiam ser aplicados.

MARIO G. LOSANO define o sistema móvel de WILBURG[80] como "um compromisso entre as opostas exigências da adaptabilidade do direito e da certeza do direito". Se por um lado o legislador fixa os princípios que regem determinado instituto jurídico e o juiz está adstrito a eles, restando em segurança a certeza, por outro lado, o juiz é livre para escolher – entre os princípios fixados – "aquele que lhe pareça mais justo (ou também uma combinação de mais princípios): assim, pode adaptar melhor o direito ao caso concreto"[81].

CLAUS-WILHELM CANARIS, por sua vez, sustenta um sistema aberto em que as normas jurídicas não estão correlacionadas entre si, mas só a um valor superior: em primeiro lugar, os princípios gerais do

---

[77] VIEHWEG, Theodor. *Tópica e jurisprudência*: uma contribuição à investigação dos fundamentos jurídicos científicos cit., p. 33.

[78] VIEHWEG, Theodor. *Tópica e jurisprudência*: uma contribuição à investigação dos fundamentos jurídicos científicos cit., p. 33-34.

[79] Cf. VIEHWEG, Theodor. *Tópica e jurisprudência*: uma contribuição à investigação dos fundamentos jurídicos científicos cit., p. 34-46.

[80] WILBURG, Walter. *Entwicklung eines beweglichen Systems*. p. 22 *apud* LOSANO, Mario Giuseppe. *Sistema e estrutura no direito* cit., v. 2, p. 282.

[81] LOSANO, Mario Giuseppe. *Sistema e estrutura no direito* cit., v. 2, p. 282.

direito orientados pelos valores (do próprio sistema), seguidos dos institutos jurídicos, dos conceitos jurídicos gerais e pelo sistema de normas. Em seu sistema aberto, os princípios teriam hierarquia, ao passo que no sistema móvel de WILBURG, na opinião de CANARIS, não[82].

Para CANARIS, a abertura do sistema científico representa a própria provisoriedade do conhecimento científico, de modo que "cada sistema científico é, assim, tão só um projeto de sistema, que apenas exprime o estado dos conhecimentos do seu tempo". Dessa maneira, "ele nem é definitivo nem fechado, enquanto, no domínio em causa, uma reelaboração científica e um progresso forem possíveis"[83].

A cibernética[84] surge com as tentativas que o homem empreendeu para atribuir às máquinas alguma atividade humana (ideia dos autômatos), podendo ser definida como o estudo da estrutura das máquinas somado ao da fisiologia do homem. É a tentativa de ver as máquinas desenvolvendo uma atividade intelectual humana, especificamente o cálculo. O desenvolvimento da teoria dos *inputs* (impulso) e *outputs* (reação) leva à criação da ciência do comportamento e influencia o estudo das ciências sociais[85].

A cibernética utilizada no sistema político se vale dos *inputs* (querer dos cidadãos) com relação aos *outputs* (normas postas pelo Estado).

Outro conceito fundamental da cibernética, surgido da biologia, é o de regulação: "quando, por exemplo, um defeito impede que se chegue à finalidade do sistema, o próprio sistema transmite essa divergência

---

82 Cf. CANARIS, Claus-Wilhelm. *Pensamento sistemático e conceito de sistema na ciência do direito*. Tradução António Manuel da Rocha e Menezes Cordeiro. Lisboa: Fundação Calouste Gulbenkian, 2002. pp. 130-134.

83 CANARIS, Claus-Wilhelm. *Pensamento sistemático e conceito de sistema na ciência do direito* cit. p. 106.

84 Norbert Wiener esclarece que o nome *Cibernética* – com origem no grego Κυβερνητης – designa "o campo inteiro da teoria da comunicação e controle, seja na máquina ou no animal" (*Cibernética*: ou controle e comunicação no animal e na máquina. Tradução Gita K. Guinsburg. São Paulo: Perspectiva, 2017. p. 34). A palavra *cybernétique* foi utilizada em 1834 pelo físico André-Marie Ampère (1775-1836) para se referir às ciências de governo num sistema de classificação dos conhecimentos humanos (*Essai sur la philosophie des sciences, ou Exposition analytique d'une classification naturelle de toutes les connaissances humaines*. 2nde partie. Paris: Bachelier Libraire-éditeur, 1845. p. 140).

85 Cf. LOSANO, Mario Giuseppe. *Sistema e estrutura no direito*. Tradução Carlo Alberto Dastoli. São Paulo: WMF Martins Fontes, 2019. v. 3, p. 9-14.

entre fim e os meios atuais para alcançá-lo; esse sinal provoca uma série de reações que corrigem o erro"[86]. Trata-se de um sistema aberto, em que o próprio organismo se autorregula a partir da interação com o meio ambiente externo em um processo de *homeostase*.

KARL LARENZ[87] entende ser possível conceber uma ligação entre pensamento "tópico" e sistema interno, considerando como "válidos os pontos de vista (*topoi*) jurídicos admissíveis que sejam válidos a partir do sistema interno". Nesse sentido, sustenta que nem um pensamento lógico-formal e conceitual, nem uma argumentação tópica levam à descoberta do sistema interno, e sim "a descoberta e a concretização de princípios jurídicos, bem como a formação de tipos e conceitos determinados pela função", sendo estas as formas específicas de um pensamento simultaneamente orientado a valores e sistemático.

MIGUEL REALE[88], ao tratar da estruturação do Código Civil brasileiro de 2002, ressalta que os enunciados sobre os direitos da personalidade "representam verdadeiras vigas mestras do sistema, de tal modo que a hermenêutica de todas as disposições do Código fica subordinada aos fins éticos da pessoa humana, ponto de partida e de chegada do processo legislativo".

É nesse contexto que propomos a presente tese sobre os "contratos existenciais", seus pressupostos e as consequências da caracterização desse conceito. A proteção da pessoa é o valor fundamental a ser tutelado.

Como menciona no início desta introdução, na esteira das lições de COING[89], entendemos que a moderna ciência jurídica deve se utilizar de todas as ferramentas disponíveis na busca da elegante esperança do conhecimento, por meio do sistema. Sistema aberto, permeável aos valores e apto a enfrentar os desafios da hipercomplexidade[90], da fragmentariedade e das desigualdades sociais.

---

[86] LOSANO, Mario Giuseppe. *Sistema e estrutura no direito* cit., v. 3, p. 11.

[87] LARENZ, Karl. *Metodologia da ciência do direito* cit., p. 697.

[88] REALE, Miguel. *Direito natural/Direito positivo*. São Paulo: Saraiva, 2012. p. 31-32.

[89] COING, Helmut. *Elementos fundamentais da filosofia do direito* cit., pp. 366-368.

[90] Edgar Morin sustenta a necessidade de um pensamento complexo para "civilizar nosso conhecimento" e responde à questão "o que é complexidade: "A um primeiro olhar, a complexidade é um tecido (*complexus*: o que é tecido junto) de constituintes heterogêneas inseparavelmente associadas: ela coloca o paradoxo do uno e do múltiplo. Num segundo momento, a complexidade é efetivamente o tecido de

Visando desenvolver sistematicamente o tema, abordaremos no Capítulo 1 a teoria geral dos contratos, a fim de contextualizar a categoria geral do contrato, sob o espeque do negócio jurídico, destacando a evolução do tema com o cotejamento dos princípios clássicos do contrato e os novos princípios, localizando-se, ademais, a figura dos contratos existenciais e sua pertinência na quadra em que vivemos.

No Capítulo 2, adentraremos no cerne da presente tese, com a análise da etimologia do contrato existencial e sua definição, e no seguinte estabelecimento dos pressupostos de existência, validade e eficácia dos contratos existenciais, com a análise das duas vertentes aqui propostas: a) contratos que têm como objeto bens ou serviços essenciais à existência de uma das partes; b) contratos que têm como objeto a limitação voluntária de direitos da personalidade.

O passo seguinte será definir as consequências advindas da configuração de um contrato como existencial, o que será feito no Capítulo 3, com a análise da aplicação a esses contratos dos novos princípios contratuais – boa-fé objetiva, função social e equilíbrio econômico –, sua interpretação, desenvolvimento da relação obrigacional em casos de cumprimento e descumprimento, configuração de abuso de direito e a responsabilidade civil.

---

acontecimento, ações, interações, retroações, determinações, acasos, que constituem nosso mundo fenomênico. Mas então a complexidade se apresenta com os traços inquietantes do emaranhado, do inextricável, da desordem, da ambiguidade, da incerteza... Por isso o conhecimento necessita ordenar os fenômenos rechaçando a desordem, afastar o incerto, isto é, selecionar os elementos da ordem e da certeza, precisar, clarificar, distinguir, hierarquizar.... Mas tais operações, necessárias à inteligibilidade, correm o risco de provocar a cegueira, se elas eliminam os outros aspectos do *complexus*; e efetivamente, como eu o indiquei, elas nos deixaram cegos" (MORIN, Edgar. *Introdução ao pensamento complexo*. Tradução Eliane Lisboa. 5. ed. Porto Alegre: Sulina, 2015. p. 13-14).

1. TEORIA GERAL DOS CONTRATOS

1.1. A FORMAÇÃO DA CATEGORIA GERAL DO CONTRATO

A ideia de contrato como fonte das obrigações, tendo como fundamento exclusivo o acordo ou o consentimento das partes, decorre de uma lenta evolução histórica desde o direito romano[91]. Como assevera GIUSEPPE GROSSO[92], a tradicional[93] divisão quadripartite romana dos contratos (*res, verbis, litteris, consenso*) destaca a causa geradora da obrigação. Com efeito, as obrigações nascem pela entrega de uma coisa (*re*) – tal como é a obrigação de restituir no mútuo –, pela utilização de determinadas expressões ou palavras (*verbis*) – tal como na *stipulatio*, composta de uma pergunta e uma resposta –, pela *transcriptio* em livros contábeis (*litteris*) e por aquelas derivadas do *consensus*: os contratos conhecidos eram a compra e venda, o mandato, o arrendamento e a sociedade.

No período pós-clássico justinianeu, aparecem os contratos inominados, em matéria de convenções sinalagmáticas. Com sustenta PAUL FRÉDÉRIC GIRARD[94], trata-se de um sistema construído por um mo-

---

[91] Cabe anotar aqui as lições de Vittorio Scialoja sobre a natureza do direito romano e sua formação: "Certo nessun diritto positivo di popolo civile è adatto più del romano a studi generali, perchè il diritti romano non è il parto d'idee preconcette di questo o quel legislatore, il quale traduca un códice il proprio sistema; ma è il prodotto di più secoli di storia, nei quali si svolse un'intera civiltà, mentre un imenso e diverso territorio fu ordinato in un solo potentíssimo stato. Più che ad un tempio con bell'arte architettato, il diritto romano è paragonabile ad un alto monte formato dalla natura: lo studio della sua formazione e della sua struttura ci presenta tutto l'interesse vario ed inesauribile dello studio dei fatti naturali, e de leggi, che per mezzo di tale leggi di natura, purchè, bem s'intende, si tenga conto dell'indole storica di tutti i fenomeni social" (*Responsabilità e volontà nei negozi giuridici*: prolusione al corso di pandette nella r. Università di Roma. Roma: Stabilimento Tipografico Italiano diretto da L. Perelli, 1885. p. 6).

[92] GROSSO, Giuseppe. *Il sistema romano dei contratti*. 3. ed. Torino: G. Giappichelli, 1963. p. 6-8.

[93] GAIO. *Instituições*. Tradução J. A. Segurado e Campos. Lisboa: Fundação Calouste Gulbenkian, 2010. p. 334-335.

[94] GIRARD, Paul Frédéric. *Manuel élémentaire de droit romain*. Réimpression de la 8 édition de 1929. Réédition presenté par Jean Philippe Lévy. Paris: Dalloz, 2003. p.

vimento jurisprudencial que começou no começo do império com Labeão, levando a admitir que, "em caso de convenção sinalagmática não enquadrada nos novos contratos reais ou consensuais (permuta, partilha etc.) e executado por uma das partes, esta teria contra a outra uma ação para postular a contraprestação", chamada *actio praescriptis verbis* nas compilações de Justiniano.

Além dessas figuras, o direito romano conheceu o pacto (*pactum, pactio, conventio*). Trata-se de matéria que decorre da evolução da jurisprudência romana e da introdução de filosofias do direito natural (*jus gentium*)[95]. O pacto se caracterizava por não gerar obrigações e ser, desse modo, desprovido de ação (*nuda pactio obligationem non parit*), opondo-se, assim, ao contrato (*contractus*)[96].

ORTOLAN destaca que convenção (*conventio*) ou pacto (*pactum, pactio*) designam genericamente o concurso de duas ou mais pessoas sobre um mesmo objeto[97], e que, apesar de algumas hipóteses – geradas por circunstâncias diversas – em que o pretor ou lei imperiais mais tardias tenham tornado pactos ou convenções obrigatórios e munidos de uma ação, a regra estrita e rigorosa do direito civil era aquela em que os pactos não produziam obrigações[98].

GIUSEPPE GROSSO[99] assinala que, diante desse significado de *pactum*, contraposto a *contractus*, especial relevo denota-se na construção

---

470: "En matière de conventions synalagmatiques, il faut avant tout citer la formation progressive du système qu'on appelle le système des *contrats innommés*, système constitué par um movement de jurisprudence qui a commencé au début de l'Empire avec Labéon, mais qui ne s'est achevé que beaucoup plus tard et qui aboutit à faire admettre qu'au cas de convention synalagmatique quelconque ne rentrant pas dans les nouveaux contrats réels ou consensuels (échange, partage, etc.) et exécutée par l'une des parties, cette partie aurait contre l'autre une action contractuelle en exécution de la contre-prestation convenue appelée dans les compilations de Justinien du nom d'*actio praescripti verbis*".

[95] Cf. ORTOLAN, Joseph Louis Elzéar. *Explication historique des instituts de l'empereur Justinien*. 9. ed. Paris: Plon, 1857. t. III, p. 137.

[96] CHAMOUN, Ebert. *Instituições de direito romano*. 6. ed. Rio de Janeiro: Editora Rio, 1977. p. 388.

[97] Digesto 2.14. *De pactis*. I, § 2, Ulpiano: *Pactio, duorum pluriumve in idem placitum consensus*.

[98] ORTOLAN, Joseph Louis Elzéar. *Explication historique des instituts de l'empereur Justinien* cit., t. III.

[99] GROSSO, Giuseppe. *Il sistema romano dei contratti* cit., p. 189-190.

pretoriana ou na legislação imperial que passou a conceder eficácia positiva, obrigatória, aos pactos[100].

Com visão única e distinta sobre o tema, ANDRÉ MAGDELAIN[101] sustenta que todo o direito pretório estaria dividido (ao menos até o século II d.C.), em dois tipos: a) de direito estrito; b) de *buona fede*. Nesse sentido, para o romanista francês, os contratos consensuais

encontraram sua consagração nos éditos dos pretores referentes aos pactos, máxime pela amplitude que passaram a dar aos contratos de boa-fé[102].

O conceito de contrato do direito moderno difere daquele do direito romano. Modernamente, o contrato é uma categoria geral e abstrata, caracterizada pelo acordo de vontades de duas ou mais pessoas, com o intuito de constituir, regular ou extinguir uma relação jurídica. Nesse sentido, é encontrado não apenas no direito das obrigações, mas tam-

---

[100] Ebert Chamoun sintetiza essa evolução histórica relativa aos pactos e seus efeitos: "Os glosadores denominaram pactos pretorianos (*pacta praetoria*) os que o pretor sancionou, e legítimos (*pacta legitima*) os que os imperadores tornaram obrigatórios. O pretor declarara, no édito que protegia os pactos firmados entre as partes (*pacta conventa servabo*), desde que não fossem contrários à lei nem eivados de dolo ou fraude. Essa proteção não constituiu em provê-los de ação nem em retirar as ações oriundas dos contratos em que eles se incorporassem, mas simplesmente em anular a eficácia dessas ações por meio de uma *exceptio doli conventi*, que o réu opunha ao autor que lhe prometera não cobrar a dívida ou cobrá-la em circunstâncias diferentes, ou que lhe facilitara o exercício de um direito. Somente portanto os pactos acessórios a um contrato principal é que mereceram a proteção do pretor. Depois ela foi alargada aos casos em que o juiz devia julgar *ex fide bona* as obrigações assumidas pelas partes, pois que então a própria ação do contrato assegurava a execução do pacto assessório, quer quando extinguia ou restringia a eficácia do contrato, quer quando aumentava ou modificava, mas apenas quando deste fazia parte integrante, concluindo-se ambos simultaneamente (*in continenti, non ex intervalo*) (*pacta conventa inesse bonae fidae iudicis*). No direito pós-clássico ampliou-se sobremaneira o reconhecimento dos *pacta*, que o direito justinianeo chegou a permitir que se assimilasse a *stipulatio*, embora concluídos antes ou depois dela. Esses pactos que são protegidos pela ação do contrato, os intérpretes chamaram *pacta adiecta*. Os pactos pretorianos eram os *recepta*, o *receptum nautarum, cauponum et stabolariorum* e o *receptum argentarii*" (Instituições de direito romano cit., p. 388-389).

[101] MAGDELAIN, André. *Le consensualisme dans l'édit du Préteur*. Paris: Sirey, 1958. p. 159-176.

[102] MAGDELAIN, André. *Le consensualisme dans l'édit du Préteur* cit., p. 57.

bém em outros setores do direito privado, como o direito de família, ou mesmo no direito público, tanto o interno quanto o internacional[103].

MOREIRA ALVES[104], após distinguir o "contrato em sentido amplo", exposto no parágrafo interior – "visa a constituir, a regular, ou a extinguir uma relação jurídica em geral" –, do chamado "contrato obrigatório" (*contrato obbligatorio*, dos italianos; *Schuldvertrag* ou *obligatorischer Vertrag*, dos alemães), caracterizado este por consagrar-se apenas a criar, modificar, ou extinguir uma relação jurídica obrigacional, sintetiza as seguintes diferenças entre o conceito de contrato no direito moderno e no direito romano: a) na evolução do direito romano, apenas se enquadram entre os contratos os acordos de vontade destinados a criar relações jurídicas obrigacionais, sendo a concepção moderna mais ampla, a incluir além da criação de relações jurídicas em geral, também a regulação e extinção destas; b) nem todo acordo de vontade lícito em Roma gerava obrigações: o *contractus* (contrato) produzia obrigações, já o *pactum* (pacto), em regra, não. Ademais, nessa toada, destaca que no direito moderno contrato e convenção (acordo de vontade) não se confundem, pois aquele não se restringe a acordos de vontade tipificados rigidamente nas figuras legais, tratando-se de categoria geral.

Como bem observa MAURICE HAURIOU[105], toda vez que em determinado lugar, país ou região o comércio se desenvolve, os contratos também se propagam, como instrumento de mobilização das coisas – "o intercâmbio de consentimentos individuais, existente no contrato, se adapta troca individual, tem necessidade de ser validado juridica-

---

[103] Cf. ALVES, José Carlos Moreira. *Direito romano*. 15. ed. Rio de Janeiro: Forense, 2012. p. 469.

[104] Cf. ALVES, José Carlos Moreira. *Direito romano* cit., p. 469-470.

[105] HAURIOU, Maurice. *Principes de droit public à l'usage des étudiants en licence (3e année) et en doctorat ès-sciences politiques*. 2. ed. Paris: Recueil Sirey, 1916. p. 198.

mente por uma operação dando eficácia à vontade individual"[106]. Assim, a alienabilidade das terras[107] significa a hegemonia dos contratos.

Essa dinâmica podemos verificar durante a evolução dos contratos no direito romano, da predominância da forma na época pré-clássica para o crescente prestígio do consenso nos períodos clássico e pós-clássico, *pari passu* com o crescimento do império e do comércio na península itálica e em todo o mediterrâneo.

A concepção romana do contrato foi disseminada ao direito moderno pelos romanistas da Idade Média e do século XVI, dos grandes juristas dos séculos XVII e XVIII, sobretudo por POTHIER, passando ao

---

106 HAURIOU, Maurice. *Principes de droit public à l'usage des étudiants en licence (3e année) et en doctorat ès-sciences politiques* cit., p. 198. Tradução livre de: "l'échange des consentements individuels qu'il y a dans le contrat s'adapte exactement à l'échange des choses, parce que l'échange commercial, étant essentiellement affaire individuelle, a besoin d'être validé juridiquement par une opération donnant éfficacité à la volonté individuelle".

107 Hannah Arendt sustenta que um dos três grandes eventos – os outros dois são a descoberta da América, com a consequente exploração de toda a Terra e a invenção do telescópio, dando origem a uma nova ciência que antecedem e determinam o caráter da era moderna foi a Reforma Protestante, que considera a natureza da Terra do ponto de vista do universo (ponto arquimediano) – que antecedem e determinam o caráter da era moderna é a Reforma Protestante, "que, expropriando as propriedades eclesiásticas e monásticas, desencadeou o duplo processo de expropriação individual e acúmulo de riqueza social". Ademais, como observa, esses eventos não podem ser considerados eventos modernos como conhecemos desde a Revolução Francesa, e, "embora não possam ser explicados por cadeia alguma de causalidade, como nenhum evento pode sê-lo, continuam a desenrolar-se em uma incólume continuidade na qual existem precedentes e os predecessores podem ser nomeados. Nenhum deles tem o caráter peculiar de uma explosão de correntes subterrâneas que, tendo reunido sua força às ocultas, irrompessem subitamente. Os nomes ligados a esses eventos – Galileu Galilei, Martinho Lutero e os grandes navegadores, exploradores e aventureiros do tempo das descobertas – pertencem ainda ao mundo pré-moderno. Além disso, não se encontra em nenhum deles, nem mesmo em Galileu, o estranho *páthos* da novidade, a quase violenta insistência com que quase todos os grandes autores, cientistas e filósofos, desde o século XVII, declaravam ver coisas jamais antes vistas e ter pensamentos jamais antes pensados. Esses precursores não eram revolucionários e seus motivos e intenções estavam ainda firmemente arraigados na tradição" (*A condição humana*. Tradução Roberto Raposo. 13. ed. rev. Rio de Janeiro: Forense Universitária, 2020. p. 307-308).

Code Civil, e expresso nas codificações do século XIX, na Europa e na América[108].

Para LUIS DÍEZ-PICAZO e ANTONIO GULLÓN[109], a noção moderna de contrato surge quando a vontade humana se torna o "eixo da obrigação" – "se alguém se obriga é porque deseja obrigar-se" –, sendo fruto de múltiplos fatores, passando pela doutrina dos canonistas, que afirma o dever de cumprir a palavra dada (a mentira é um pecado)[110], pelas necessidades do tráfego mercantil (que já não se conforma mais aos formalismos da tipificação contratual romana) e, por fundamental, o pensamento da escola do direito natural racionalista, acompanhado das ideias do Iluminismo, que passam a conceber o homem como ser livre, sendo fundamento da sociedade, baseada nos acordos ou pactos[111].

---

[108] DUGUIT, Léon. *Traité de droit constitutionnel*. 3. ed. Paris, Fontemoing, 1927. t. 1, p. 381.

[109] DÍEZ-PICAZO, Luis; GULLÓN, Antonio. *Sistema de derecho civil*. 10. ed. Madrid: Tecnos, 2012. v. II, t. 1, p. 20.

[110] CAPITANT, Henri. *De la cause des obligations*. 3 éd. Paris: Éditions La Mémoire du Droit, 2012. p. 137: "Et en effet, c'est le droit canonique qui, le premier et bien longtemps avant le Droit Civil, a abandonné la tradition romaine en vertu de laquelle le simple pacte n'engendrait pas d'action. Les glossateurs avient fortement insisté sur la gravité de toute promesse, sur le devoir de sincérité qui s'impose à toute homme engagé par sa foi. Mais, attachés à la tradition romaine, ils affirment que le pacte nu n'engendre qu'une exception. Or, dans le même temps, l'Eglise s'efforce de sanctionner toutes les obligations de conscience. Toujours, elle avait puni comme un mensonge le manquement à la parole donnée. Pour mieux assurer la répréssion de cette faute, on avait recouru au serment promissoire, bien que l'on reconnût que Dieu ne voit aucune difference entre la simple promesse et la promesse jurée".

[111] A noção de direito subjetivo é uma das chaves do vocabulário jurídico e um dos fundamentos da ciência jurídica moderna consolidada após o jusracionalismo dos séculos XVII e XVIII. Para Michel Villey(*La formation de la pensée juridique moderne*. Paris: Presses Universitaires de France, 2003. p. 223, 240-241) trata-se de uma construção do nominalismo de Guilherme de Occam que foi legada à filosofia moderna, passando na Alemanha de Gabriel Biel a Lutero, e na Inglaterra a Bacon, Hobbes, Locke e Hume. Seguem-se os trabalhos de Grotius, Pufendorf, Thomasius, Domat, Pothier, entre outros, que as Codificações jusracionalistas do final do século XVIII (*e.g.*, Código Civil da Prússia de 1794) e início do século XIX (*e.g.*, Código Civil francês de 1804) adotaram. O que se consagra com a noção de direito subjetivo é o poder jurídico da vontade humana individual como decorrência dos ideais liberais e do individualismo.

POTHIER[112] sustenta que o contrato é uma espécie de convenção. Forte nas lições de DOMAT[113], entende por convenção – pacto é termo sinônimo – o consentimento de duas ou mais pessoas, para criar entre elas qualquer tipo de acordo, bem como para extinguir ou modificar uma anterior, enquanto o contrato se destina apenas a criar obrigações[114].

COLIN e CAPITANT[115] destacam que essa distinção é meramente terminológica, aplicando-se as mesmas regras tanto para uns quanto para os outros, sendo ilustrativo que o *Code Civil* utilize com indiferença uma e outra expressão.

Parte da doutrina[116] discute se somente há contrato ou convenção quando existem interesses opostos, propondo a distinção de tais acordos daqueles em que não há a oposição de interesses, designando-os de atos unilaterais coletivos ou atos complexos, tais como a associação, o contrato coletivo de trabalho e a assembleia geral de sociedades anônimas.

MAURICE HAURIOU[117] distingue os contratos das instituições: estes são atos de longa duração ou com caráter duradouro, enquanto aqueles "não são feitos para durar". Assevera que o contrato é um "ato jurídico", o que significa "uma operação atual, efêmera, transitória", à medida que a instituição é um "fato jurídico", "que pode durar indefinidamente". Em seu sentir, o fundamento consensual do contrato está no "acordo sobre as decisões executórias" (= "consentimentos em

---

[112] POTHIER, Robert. *Traité des obligations*. Preface de Jean-louis Halperin. Paris: Dalloz, 2011. p. 5.

[113] DOMAT, Jean. *Les loix civiles dans leur ordre naturel*. Paris: Nyon, 1777. t. 1, p. 28.

[114] Como dizia o célebre jurista francês Loysel: "On lie les boeufs par les cornes, et les hommes par les paroles" (*Institutes coutumières ou Manuel de plusieurs et diverses règles, sentences et proverbes tant anciens que modernes du Droit Coutumier et plus ordinaire de la France*. Paris: A. L'Angelier, 1607. p. 30).

[115] COLIN, Ambroise; CAPITANT, Henri. *Cours élémentaire de droit civil français*. 2. ed. Paris: Dalloz, 1920. t. 2, p. 257.

[116] Nesse sentido: DUGUIT, Léon. *Traité de droit constitutionnel* cit., p. 384-385; DEMOGUE, René. *Traité des obligations en general*. Paris: A. Rousseau, 1923. t. 1, p. 65.

[117] HAURIOU, Maurice. *Principes de droit public à l'usage des étudiants en licence (3e année) et en doctorat ès-sciences politiques* cit., p. 199-200.

ato"), ao passo que o fundamento consensual da instituição está "na adesão ao fato"[118].

RENÉ DEMOGUE[119] se opõe a essa posição restritiva do contrato adotada por HAURIOU, mas admite a engenhosidade da ideia. Com efeito, na hipótese da nomeação de um funcionário público, que supõe duas vontades, em sentidos opostos, assevera o civilista francês que caracterizado está o contrato, porém, mais do que um contrato, pelo ato estar dominado fortemente pela necessidade do serviço público ou, na terminologia do direito privado, pela ordem pública. Destaca que no direito privado encontramos alguns contratos desse tipo, tal como o de casamento, a adoção e, até certo ponto, a sociedade e a associação.

Ademais, RENÉ DEMOGUE[120] refuta a posição daqueles que defendem somente existir contrato quando presentes reflexos patrimoniais diretos. Assim, sustenta que convenções que têm apenas efeitos patrimoniais indiretos, tais como o casamento, a adoção e os contratos relativos às pessoas, são verdadeiros contratos.

No direito italiano, GIORGIO GIORGI sustenta – com esteio no artigo 1.098 do Código Civil italiano de 1865[121] – que o significado da

---

[118] Nessa esteira, entende que nesse caráter de atualidade do contrato estão ao mesmo tempo sua força e sua fraqueza: "S'il s'agit de produire des effets imédiat, le contrat a beaucoup de force et il faut remarquer qu'il est à la disposition des individus, tandis que l'institution n'y est pas. Pour qu'une institution crée des situations juridiques, il faut l'adhésion d'une majorité dans une groupe d'hommes génèralement nombreaux et, en outre, l'institution doit être en relation avec l'ensemble des choses sociales. Par un contrat, deux individus peuvent créer une situation juridique ou la détruire. Il est vrai que l'effet juridique produit ne sera opposable à tous, il sera relatif aux contractant, mais cela leur suffit et la multiplication des contrats finit, indirectement, par avoir une influence sur l'ensemble social par la masse des rapports juridique qu'elle engendre. Depuis la rédaction du Code Civil, la stipulation répétée de la société d'acquèts dans les contrats de mariage a fini pour ruiner l'institution de la communauté légale" (HAURIOU, Maurice. *Principes de droit public à l'usage des étudiants en licence (3e année) et en doctorat ès-sciences politiques* cit., p. 200).

[119] DEMOGUE, René. *Traité des obligations en general* cit., t. 1, p. 67-68.

[120] DEMOGUE, René. *Traité des obligations en general* cit., t. 1, p. 68.

[121] "Il contratto è l'accordo di due o più persone per costituire, regolare o sciogliere fra loro un vincolo giuridico" (GIORGI, Giorgio. *Teoria delle obbligazioni nel diritto moderno italiano*: esposta con la scorta della dottrina e della giurisprudenza. Firenze: Eugenio e Filippo Cammelli, 1877. v. 3, p. 6). "O contrato é o acordo de duas ou mais pessoas para constituir, regular ou resolver entre eles um vínculo jurídico" (tradução livre).

palavra contrato na ciência do direito privado é aquele de uma convenção destinada a criar uma obrigação, e considerando que, em seu sentir, obrigação tem uma natureza patrimonial, convenções tendo por objeto precípuo o estado da pessoa (como o casamento, a adoção, e em geral os atos consensuais), mesmo que façam nascer indiretamente "obrigações patrimoniais", não são contratos, e sim "atos de natureza mista"[122].

CUNHA GONÇALVES rechaça as distinções entre "contratos e instituições" de MAURICE HAURIOU, de "interesses opostos" de LÉON DUGUIT e RENÉ DEMOGUE, bem como aquela que entende existir contrato apenas quando versarem sobre obrigações patrimoniais – critério adotado pelo artigo 1.321 do Código Civil italiano de 1942[123] –, asseverando que, "mascaradas de modernismos, tais teorias são retrógradas, porque pretendem reconduzir o conceito do contrato à *stipulatio* do direito romano"[124]. Para o civilista português, o termo contrato é tão maleável quanto compreensivo, que se adapta a "todas as situações", abrangendo todos os tipos de convenções ou acordos que visem criar obrigações jurídicas, "ainda que sejam mais ou menos forçadas", incluídos os contratos de direito público[125].

---

122 GIORGI, Giorgio. *Teoria delle obbligazioni nel diritto moderno italiano*: esposta con la scorta della dottrina e della giurisprudenza cit., v. 3, p. 7-8.

123 "Il contratto è l'accordo di due o più parti per costituire, regolare o estinguere tra loro un rapporto giuridico patrimoniale." Tradução livre: "O contrato é o acordo de duas ou mais partes para constituir, regular ou extinguir uma relação jurídica patrimonial".

124 GONÇALVES, Luiz da Cunha. *Tratado de direito civil*. 2. ed. São Paulo: Max Limonad, 1956. v. 4, t. 1, p. 275: "Na associação e no contrato colectivo de trabalho há sempre *interesses opostos,* que acabam por se conciliar; e nega a evidência quem contesta tal posição numa assembleia geral, onde é raríssimo haver unanimidade de votos. Doutro lado, é também inexacto que nos contratos haja, sempre, oposição de interesses; pelo contrário, os interesses dos contratantes são convergentes ou justapostos, e pela comunhão de aspirações nunca um contrato poderá confundir-se com a deliberação duma assembleia, que, longe de ser uma acordo de vontades, é a *imposição da vontade da maioria à minoria*; mas, esta forma de exprimir a vontade da pessoa colectiva é estabelecida, antecipadamente, *pelo contrato social*, com apoio na lei; é um dos modos de cumprir o contrato de sociedade. Enfim, não é forçoso que os contratos sejam operações efêmeras, nem que só versem sobre assuntos patrimoniais; pois há e sempre houve contratos perpétuos e podem eles ter por objeto obrigações morais, como as que se assumem no casamento, na adopção etc.".

125 GONÇALVES, Luiz da Cunha. *Tratado de direito civil* cit., v. 4, t. 1, p. 275.

Outra distinção que pode ser feita é entre contratos e acordos. ANDREAS VON TUHR[126] – na mesma linha do pontificado por ENNECCERUS[127] – sustenta que os acordos prescindem de unanimidade consensual, diferentemente do contrato, bastando o voto da maioria, que "é norma para a minoria e para os ausentes", tal como ocorre em uma assembleia de acionistas, no acordo dos sócios e em uma assembleia de credores concursais. O contrato pressupõe vontades congruentes a veicular uma declaração de vontade criadora, modificadora ou exterminadora de relações jurídicas, enquanto os acordos "têm por função adotar decisões comuns em assuntos de interesse coletivo".

ENNECCERUS consigna que a distinção entre contratos e "convênios" não é recomendável. Aqueles que o fazem sustentam que nos convênios as partes não têm interesses opostos, que seria pressuposto dos contratos, mas, ao contrário, seguem um fim comum, como no contrato de fundação de uma sociedade. Nada obstante, esse não é um requisito de existência do contrato, mas, sim, "a identidade de conteúdo das declarações de vontade emitidas"[128].

Delineado esse cenário e tendo em vista as ponderações realizadas, entendemos que contrato é negócio jurídico bilateral ou plurilateral, constituído por declarações de vontade emitidas com identidade de conteúdo que visam criar, modificar ou extinguir direitos e obrigações[129].

---

[126] TUHR, Andreas von. *Tratado de las obligaciones*. Traducción Wenceslao Roces. Granada: Comares, 2006. p. 82.

[127] ENNECCERUS, Ludwig. Derecho civil (parte general). *In*: ENNECCERUS, Ludwig; KIPP, Theodor; Wolff, Martin. *Tratado de derecho civil*. Traducción da 39.ed. alemán. Barcelona: Bosch, 1981. v. 2, p. 91-92.

[128] ENNECCERUS, Ludwig. Derecho civil (parte general) cit., v. 2, p. 91. nota de rodapé 10. Tradução livre.

[129] Assim como o Código Civil brasileiro de 1916, o Código Civil de 2002 não define contrato, estando naquele disciplinado nos contornos gerais dos atos jurídicos – terminologia adotada na França –, e, neste, inserto na disciplina dos negócios jurídicos – teoria de origem germânica. No que concerne ao Código Civil de 1916, Clóvis Beviláqua (*Código Civil dos Estados Unidos do Brasil comentado*. Edição histórica. Rio de Janeiro: Editora Rio, 1980. v. 2, p. 194) – após fazer essa ressalva da inexistência de definição pela legislação – define o contrato como "o acordo de vontades para o fim de adquirir, resguardar, modificar ou extinguir direitos".

1.2. CONTRATO E NEGÓCIO JURÍDICO

Como ressalta EMILIO BETTI[130], a permuta, contrato que realiza sob a forma mais rudimentar a troca de mercadorias, é vista universalmente praticada, até por tribos selvagens. Nada obstante, mesmo não existindo qualquer vestígio de Estado, e mesmo inexistindo um "ordenamento superior", obtidos os acordos as partes mostram, ao concluírem o negócio, plena consciência de seu valor[131].

Contratos destinados a realizar funções comutativas de mercadorias, ou de serviços (*e.g.*, compra e venda, locação), ou fins de cooperação (*e.g.*, sociedade, mandato), nascem na vida social sem necessidade de qualquer tutela do direito[132]. Cada povo, de acordo com suas circunstâncias históricas e culturais, vai desenvolvendo padrões de comportamento que os membros do grupo veem como aptos a produzirem efeitos jurídicos, ou seja, seus negócios jurídicos[133].

---

[130] BETTI, Emilio. *Teoria geral do negócio jurídico* cit., p. 74.

[131] Heródoto, lembrado por Emilio Betti, relata uma dessas trocas: "Os carquedônios dizem ainda o seguinte: 'há um lugar na Líbia, habitado por homens, além das Colunas de Heraclés; chegando à terra desses homens, os carquedônios desembarcam suas mercadorias, depositam-nas bem arrumadas ao longo da praia e reembarcam em suas naus depois de acender fogueiras para fazer fumaça; vendo essa fumaça, os habitantes da região vêm para a beira-mar, depositam lá o ouro que oferecem em troca de mercadorias e se afastam até uma certa distância; os carquedônios voltam a desembarcar e examinam o ouro; se este lhes parece equivaler às mercadorias, eles o levam e vão embora; se não o acham equivalente, reembarcam em suas naus e ficam esperando; os nativos se aproximam novamente e adicionam mais ouro ao que já haviam deixado, até os carquedônios ficarem satisfeitos; nenhuma das partes frauda a outra; nem os carquedônios tocam no ouro antes dele ter atingido um valor equivalente ao das mercadorias, nem os nativos tocam nas mercadorias antes de os primeiros terem apanhado o ouro" (*História*. Tradução do grego, introdução e notas de Mário da Gama Kury. Brasília: Editora Universidade de Brasília, 1988. p. 254). Nessa esteira, Emilio Betti destaca narração extremamente similar feita por um navegador veneziano do século XV, Alvise de Cá da Mosto, a respeito do comércio de sal, que a tribo dos Tegazza fazia com outra tribo de negros (*Teoria geral do negócio jurídico* cit., p. 75).

[132] Cf. BETTI, Emilio. *Teoria geral do negócio jurídico* cit., p. 75.

[133] BETTI, Emilio. *Teoria geral do negócio jurídico* cit., p. 75.

A doutrina moderna construída pela pandectística germânica[134] vê o contrato como uma modalidade de negócio jurídico[135]. ANDREAS VON TUHR esclarece que "se dá o nome de negócio jurídico à manifestação de vontade de um ou vários particulares, que geralmente são qualificados, dirigida a produzir efeitos de direito, com o fim processual das partes: criar, modificar ou extinguir um direito ou uma relação jurídica"[136].

O termo negócio jurídico é uma tradução do alemão *Rechtsgeschaft*. O vocábulo *negotium* se encontrava nos textos romanos, usado, todavia, com uma variedade de sentidos tão grande que impedia uma utilização técnico-jurídica. Sua introdução na ciência jurídica não ocorre de forma imediata, mas, sim por intermédio da ideia de ato jurídico, empregando-se o termo negócio jurídico para indicar um tipo especial de ato jurídico ("negotium contractum, sinalagma"[137]).

CASTRO Y BRAVO[138] leciona que, em meados do século XVI, alguns autores, tendo em conta a clássica divisão do direito de Gaio, em pessoas, coisas e ações processuais, preocupados com uma sistemática mais eficaz, entenderam que melhor seria utilizar o termo ações no sentido de "atos ou fatos humanos". No século XVII, desenvolvendo essa ideia, Althusio trata do "negotium symbioticum" (= de cooperação humana) como "factum civile" (ou negócio deste mundo), caracterizado por ser atividade humana antecedente à criação dos direitos.

Isso posto, antes de adentrarmos no campo dos negócios jurídicos, devemos localizá-los na teoria dos fatos jurídicos, cabendo consignar

---

[134] Cf. CASTRO Y BRAVO, Frederico de. *El negocio jurídico*. Introducción de Juan Vallet de Goytisolo. Madrid: Civitas, 1985. p. 20: "La consagración del negocio jurídico como término técnico y figura básica de la dogmática del Derecho privado, se debe al esfuerzo de los pandectistas alemanes para sistematizar la ciencia jurídica (Hugo, Heise, Thibaut, Savigny). Puede destacarse como decisiva la obra de Savigny, que utilizando como sinónimos los términos declaración de voluntad y negocio jurídico, estudia unitaria y detalladamente la problemática del negocio jurídico; cuya distinción respecto del concepto de acto jurídico resultará desde entonces evidente (Puchta). De modo que, ya en la primera mitad del siglo XRX, el concepto de negocio jurídico puede considerarse generalmente recibido en las doctrinas alemana, austríaca y hasta en la belga de la época (Warkoenig)".

[135] TUHR, Andreas von. *Tratado de las obligaciones* cit., p. 81.

[136] TUHR, Andreas von. *Tratado de las obligaciones* cit., p. 81.

[137] CASTRO Y BRAVO, Frederico de. *El negocio jurídico* cit., p. 19.

[138] CASTRO Y BRAVO, Frederico de. *El negocio jurídico* cit., p. 19-20.

que, para a ciência jurídica[139], os fatos do mundo ou interessam ao direito ou não interessam. Interessando, entram no subconjunto do mundo a que se chama mundo jurídico, pela incidência das regras jurídicas que assim os assinalam[140].

A diferença entre esses diversos fatos jurídicos em geral está no conteúdo do suporte fático[141] da regra jurídica. Este se compõe de deter-

---

[139] Vittorio Scialoja observa que basta uma rápida verificação nos tratados sistemáticos de direito romano moderno para identificar uma "parte geral", destinada a ordenar cientificamente os pressupostos dos direitos, e que os princípios fundamentais têm sua aplicação nos variados institutos particulares. Nessa esteira, sobreleva: "In questa parte generale si trova sempre un capitolo, più importante di tuttigli altri per la scienza, nel quale si trata della nascita e della estinzione dei diritti. Lo studio dei fatti, che danno luogo a tale nascita e a tale estinzione, constituice l'oggeto speciale di quel capitolo; e di questi fatti i più notevoli, e quelli sui quali più a lungo si diffonde la trattazione, sono gli atti umani volontari. Questi si distinguono in due grandi categorie: atti leciti ed atti illeciti. Tra gli atti leciti occupano il primo posto quelli, che son chiamati *negozi giuridici*. Sopra tali negozi giuridici, o signori, io vorrei per breve tempo richiamare la vostra attenzione. 'Negozi giuridici sono le dichiarazioni di volontà dirette essenzialmente ad uno scopo giuridico, cioè a dar vita, a sciogliere od a mutare un rapporto di di dirito'. Questa è la definizione data a un ilustre pandettista ben noto anche in Italia, il quale rappresenta nei punti principal l'opinione dominante" (*Responsabilità e volontà nei negozi giuridici*: prolusione al corso di pandette nella r. Università di Roma cit., p. 7).

[140] Cf. PONTES DE MIRANDA, Francisco Cavalcanti. *Tratado de direito privado*. Parte geral. 4. ed. São Paulo: RT, 1983. t. I, p. 6; LEHMANN, Heinrich. *Tratado de derecho civil*. Parte general. Tradução José M.ª Navas. Madrid: Revista de Derecho Privado, 1956. v. I, p. 195-196.

[141] O termo suporte fáctico é utilizado por Pontes de Miranda (*Tratado de direito privado*. Parte geral cit., t. I, p. 19), derivando da tradução da expressão *Tatbestand* criada pela doutrina alemã. Enneccerus (Derecho civil (parte general) cit., v. 2, p. 89-90. p. 6) pontua que essa expressão foi criada pela ciência do direito penal (suporte fáctico do delito), sendo posteriormente trazida para o direito privado. A doutrina italiana utiliza o termo *fattispecie* (Cf. BETTI, Emilio. *Teoria geral do negócio jurídico* cit., p. 20; SANTORO-PASSARELLI, Francesco. *Teoria geral do direito civil*. Tradução Manuel de Alarcão. Coimbra: Atlântida, 1967. p. 79) – enquanto na língua espanhola adota-se o termo *supuesto de hecho*. Constitui um conceito do mundo dos fatos, e não do mundo jurídico, haja vista que somente depois que ocorram todos os elementos que o compõem é que se dá a incidência da norma, tornando-o jurídico e fazendo surgir o fato jurídico (Cf. Mello, Marcos Bernardes de. *Teoria do fato jurídico*. Plano da existência. 20. ed. São Paulo: Saraiva, 2014. p. 81). Ele se compõe de determinado fato ou conjunto de fatos, que propostos pela norma jurídica, incidindo, gera certos efeitos jurídicos – consequências na relação intersubjetiva. Korkounov (*Cours de théorie générale du droit* cit., p. 244) destaca que a reunião de

minado fato ou conjunto de fatos, que, proposto pela norma jurídica, incidindo sobre ele, gera certos efeitos jurídicos – consequências na relação intersubjetiva.

Assim, podemos dizer que suporte fático da regra jurídica é o conjunto de requisitos indispensáveis para que um efeito jurídico seja produzido, criando, modificando ou extinguindo uma relação jurídica[142].

A proposição jurídica, para ser completa, precisa conter, ao menos: a) descrição de um suporte fático do qual resulta o fato jurídico; b) prescrição de efeitos jurídicos atribuídos a esse fato jurídico[143].

Nesse caminhar, os fatos podem entrar no mundo jurídico[144], fazendo-se fatos jurídicos, dos quais se irradiam direitos, pretensões, ações

---

todas as circunstâncias necessárias à aplicação da norma jurídica se chama "conteúdo das suposições de fato", em alemão *Thatbestand*.

142 LEHMANN, Heinrich. *Tratado de derecho civil*. Parte general cit., p. 195.

143 Essa é a posição sustentada por Larenz, Pontes de Miranda e Andreas von Tuhr. Opõe-se a esse entendimento da visão kelseniana de estrutura dúplice da norma, para a qual a indicação do suporte fático e do preceito corresponde, apenas, ao que nomeiam estrutura interna da norma secundária. Para os kelsenianos, a coação, representada pela sanção, constitui o elemento fulcral da norma jurídica (cf. Mello, Marcos Bernardes de. *Teoria do fato jurídico*. Plano da existência cit., p. 70-76).

144 Sendo relevantes os fatos para a vida humana em sua relação intersubjetiva, a comunidade traça regras jurídicas em que trata os fatos segundo critérios axiológicos erigindo-os à categoria de fatos jurídicos. Gustav Radbruch, após definir a ciência do direito como uma ciência cultural compreensível, e como tal, caracterizada por ser compreensível, individualizadora e referida a valores, ressalta: "As ciências individualizadoras se afogariam, pois, na multiplicidade dos fatos individuais se não tivessem à sua disposição um critério que lhes permitisse diferenciar, dentre estes fatos individuais, os essenciais dos inessenciais. Esse critério é a referência a um valor. Uma ciência cultural acolhe tão somente os fatos que se referem aos valores culturais, nos quais se orienta, estejam eles em relação amistosa ou hostil com esses valores, sejam a sua realização ou a sua falta de valores, seu fomento ou sua inibição. Essa relação de valor, porém, significa simultaneamente a mutabilidade do objeto das ciências culturais. Toda transformação de valores, com que se relacionam, significa ao mesmo tempo uma modificação dos objetos de que tratam. Cada nova época retira essencialidade a fatos até então referidos a valores, e em contrapartida deixa emergirem fatos até então indiferentes na referência a valores; em toda época, por exemplo, deslocam-se os limites entre fatos históricos e os meramente antigos, com valor para antiquários – quer dizer, toda época reescreve a história. Não é de estranhar pois o fato de que cada época reescreva a ciência do direito" (cf. RADBRUCH, Gustav. *Filosofia do direito*. Tradução Marlene Holzhausen. São Paulo: Martins Fontes, 2004. p. 179). Sobre as questões concernentes ao sistema de referência, aos

e exceções, de que são titulares as pessoas. Os fatos também podem entrar no mundo jurídico como fatos ilícitos, como no caso de responsabilidade sem culpa.

Além dos fatos, existem os atos humanos, que podem entrar no mundo jurídico como fatos puros – dando ensejo à classe dos atos-fatos jurídicos e dos atos-fatos ilícitos – ou como atos –, dando ensejo ou aos atos jurídicos *stricto sensu*, ou aos negócios, ou aos atos ilícitos[145].

Os atos jurídicos *stricto sensu* e os negócios jurídicos[146], por se caracterizarem pela manifestação de vontade, e no caso dos atos jurídicos *stricto sensu* também manifestação de conhecimento ou de sentimento, são a parte mais importante do direito. A distinção entre negócios jurídicos e atos jurídicos *stricto sensu* consiste no fato de que nestes a vontade é sem escolha da categoria jurídica, ao contrário do que ocorre naqueles.

Tanto nos atos jurídicos *stricto sensu* quanto nos negócios jurídicos o suporte fático tem como elemento a manifestação de vontade. A diferença entre eles consiste no fato de que no negócio jurídico a vontade humana pode criar, modificar ou extinguir direitos pretensões, ações ou exceções, ou seja, os efeitos são queridos pelo agente. Fala-se em

---

juízos, valores, ordem ética e mundo da cultura, vide: TELLES JUNIOR, Goffredo. *Direito quântico*. 9. ed. São Paulo: Saraiva, 2014. p. 217-253.

[145] PONTES DE MIRANDA, Francisco Cavalcanti. *Tratado de direito privado*. Parte geral cit., t. I, p. 395.

[146] Para Antônio Junqueira de Azevedo, "o negócio jurídico, estruturalmente, pode ser definido ou como categoria, isto é, como fato jurídico abstrato, ou como fato, isto é, como fato jurídico concreto. Como categoria, ele é a hipótese de fato jurídico (às vezes dita 'suporte fáctico'), que consiste em uma manifestação de vontade cercada de certas circunstâncias (*as circunstâncias negociais*) que fazem com que *socialmente* essa manifestação seja vista como dirigida a produção de efeitos jurídicos; negócio jurídico, como categoria, é, pois, a hipótese normativa consistente em *declaração de vontade* (entendida esta expressão em sentido preciso, e não comum, isto é, entendida como manifestação de vontade, que, pelas suas circunstâncias é vista socialmente como destinada à produção de efeitos jurídicos). *Ser declaração de vontade* é a sua característica específica primária. Segue-se daí que o direito, acompanhando a visão social, atribui, à declaração, os efeitos que foram manifestados como queridos, isto é, atribui a ela *efeitos constitutivos de direito* – e esta é a sua característica específica secundária. *In concreto*, negócio jurídico é todo fato jurídico consistente em declaração de vontade, a que o ordenamento jurídico atribui os efeitos designados como queridos, respeitados os pressupostos de existência, validade e eficácia impostos pela norma jurídica" (*Negócio jurídico*: existência, validade e eficácia. 4. ed. São Paulo: Saraiva, 2002. p. 16).

autonomia da vontade[147], em autorregramento da vontade (*nomos* é lei), de modo que o agente determina as relações jurídicas em que há de figurar[148].

Como criador de direitos e obrigações, o poder jurídico da vontade não é ilimitado, e sim um princípio, estando limitado pelo ordenamento jurídico[149]. A declaração de vontade – elemento do negócio jurídico – é a exteriorização da vontade ou comportamento objetivo[150], que, conforme os costumes do tráfico ou convenções sociais, é vista como apta a produzir uma consequência jurídica[151].

---

[147] FLUME, Werner. *El negocio jurídico*. Parte general del derecho civil. Traducción Jose María Miguel González y Esther Gómez Calle. Madrid: Fundación Cultural del Notariado, 1998. t. II, p. 24: "La autonomía privada exige conceptualmente la existencia correlativa del Ordenamiento jurídico. Los particulares sólo pueden configurar relaciones jurídicas que sean figuras jurídicas próprias del Ordenamiento jurídico, y la configuración autónoma de relaciones jurídicas sólo puede tener lugar mediante actos que sean reconocidos por el Ordenamiento jurídico como tipos de actos de configuración jurídico negocial. La configuración autónomo-privada de relaciones jurídicas está determinada, por tanto, por el Ordenamiento jurídico en su forma y en su posible contenido. Es certo que el particular tiene que decidir, dentro del ámbito de la autonomía privada, si y qué relaciones jurídicas quiere configurar, así como en relación a qué objetos y personas. Pero solamente puede obrar configurando jurídicamente en los actos que el Ordenamiento jurídico pone a su disposición como tipos de actos, y sólo puede configurar las reclaciones jurídicas que determine el Ordenamiento jurídico y del modo como éste disponga. El Ordenamiento jurídico contiene, para la configuración autónomo-privada, un *numerus clausus* de tipos de actos y de relaciones jurídicas configurables por ellos".

[148] Cf. PONTES DE MIRANDA, Francisco Cavalcanti. *Tratado de direito privado*. Parte geral cit., t. III, p. 3-4.

[149] Cf. LEHMANN, Heinrich. *Tratado de derecho civil*. Parte general cit., p. 212-214.

[150] FERRARA, Luigi Cariota. *El negocio jurídico*. Traducción Manuel Albaladejo. Madrid: Aguilar, 1956. p. 328: "¿Cómo se realiza la manifestación de voluntad? Mediante la palavra, el escrito, el telefono, el telégrafo, la radio, el mensajero y los signos y gestos, además de mediante un comportamiento del que se pueda deducir la existência de una determinada voluntad negocial. Cuando la manifestación se realiza de palavra o por escrito, y especialmente si la voluntad se lleva a conocimiento de otra persona, se prefere por algunos hablar de *declaración* de voluntad más bien que de manifestación".

[151] Cf. LEHMANN, Heinrich. *Tratado de derecho civil*. Parte general cit., p. 216-219; PINTO, Carlos Alberto da Mota. *Teoria geral do direito civil*. 3. ed. actual. 12. reimp. Coimbra: Coimbra Editora, 2005. p. 416-419; FERRARA, Luigi Cariota. *El negocio jurídico* cit., p. 327-332.

Por outro lado, como assevera ANTÔNIO JUNQUEIRA DE AZEVEDO[152], nem toda declaração de vontade é negócio jurídico, e ela deve conter dois outros requisitos: a) deve ser vista *socialmente* como apta a produzir efeitos jurídicos[153]; b) requer igualdade entre o declarante e aqueles a quem se destina, ou seja, deve ter *essência igualitária*[154]. Assim, negócio jurídico é *"toda declaração de vontade vista socialmente como destinada a produzir efeitos jurídicos em nível de igualdade"*[155].

Os negócios jurídicos bilaterais ou plurilaterais chamados contratos contêm declarações de vontade correlativas e recíprocas de duas

---

[152] AZEVEDO, Antônio Junqueira de. *Negócio jurídico e declaração negocial*: noções gerais e formação da declaração negocial cit., p. 21-24.

[153] AZEVEDO, Antônio Junqueira de. *Negócio jurídico e declaração negocial*: noções gerais e formação da declaração negocial cit., p. 22-23: "O que se está a dizer é que, para a existência do negócio jurídico, o que é fundamental é a declaração de vontade, e não a vontade individual. Assim, pode, até mesmo, haver negócio jurídico sem qualquer vontade; pense-se, por exemplo, na carta, em resposta a uma oferta de contrato, em que o agente escreveu '*não aceito*' e a secretária, ao datilografar, deixou de bater o '*não*'; e depois, distraidamente, o declarante subscreveu e remeteu. O caso é de erro na expressão da vontade, que poderá dar causa, conforme as várias opiniões e as diversas legislações, a negócio jurídico nulo, anulável ou válido (nesta última hipótese, pela negligência do agente em não ler com atenção); mas, nulo, anulável, ou válido, estamos diante de negócio jurídico, eis que há a declaração negocial, isto é, há um fato objetivo consistente em declaração de vontade (conceito unitário) visto *socialmente* como destinada a efeitos jurídicos".

[154] AZEVEDO, Antônio Junqueira de. *Negócio jurídico e declaração negocial*: noções gerais e formação da declaração negocial cit., p. 23-24: "Na verdade, a exigência de igualdade não passa de explicitação do que já está implícito no próprio conceito de declaração negocial, eis que as declarações de vontade destinadas a efeitos jurídicos em nível de hierarquia pressupõem a existência de uma organização ou estrutura (a pessoa jurídica, inclusive o Estado), diversa do grupo social propriamente. Se se trata de declaração de vontade de superior a inferior, como a sentença, há o poder institucionalizado e os efeitos jurídicos se produzem por força de *iussum*, portanto, *super partes*; se inversamente, o caso for de declaração de vontade de inferior a superior, como a petição ao juiz, os efeitos jurídicos, que a declaração visa, não surgem – ainda que haja direito a esses efeitos – dessa petição, e sim do ato que se obtém da autoridade. Na declaração negocial, os efeitos se produzem *inter partes*; não há *ordem* superior a inferior, nem *subordinação* de inferior a superior. No negócio jurídico, não há hierarquia. Por maior que seja a diferença real entre as pessoas, o negócio jurídico pressupõe filosoficamente *cooperação* entre elas; ele exige *igualdade* entre declarante e declaratário. O negócio jurídico tem *essência igualitária*".

[155] AZEVEDO, Antônio Junqueira de. *Negócio jurídico e declaração negocial*: noções gerais e formação da declaração negocial cit., p. 25.

ou mais pessoas, sendo essencial a eles, na concepção de ENNECCERUS[156]: a) estarem frente a frente duas ou mais partes, visando produzir efeitos jurídicos entre elas (incluídas as pessoas representadas ou favorecidas pelo ato); b) a coincidência das declarações de vontade – a declaração precedente chama-se oferta, e a seguinte aceitação; c) o seu suporte fático pode conter, além da vontade das partes, outros requisitos, tais como uma prestação ou a intervenção de uma autoridade.

Ademais, o negócio jurídico designado contrato não se caracteriza pela declaração de vontade isolada, nem pela mera soma das declarações de vontade, mas sim quando as relações estabelecidas entre as declarações de vontade geram um sentido, ou como diz KARL LARENZ[157], "o contrato é uma totalidade dotada de sentido".

1.3. NEGÓCIO JURÍDICO: EXISTÊNCIA

O exame de qualquer fato jurídico deve ser realizado, ao menos, em dois planos[158]: primeiro deve ser verificado se reúne os elementos de fato para que exista (*plano da existência*); estando presentes os pressupostos de existência, observa-se se ele passa a produzir efeitos (*plano da eficácia*). Tratando-se de negócio jurídico, existe um plano peculiar para exame, que é o *plano da validade*.

Em que pese MOREIRA ALVES não ter adotado o plano da existência no Anteprojeto de Código Civil brasileiro, por entender que a tricotomia *existência-validade-eficácia* "não é tão moderna quanto pretendem alguns"[159], começando o Código Civil brasileiro de 2002 a disciplinar o negócio jurídico[160] pelo plano da validade (artigos 104 e seguintes), o plano da existência decorre de imperativo lógico-sis-

---

156 ENNECCERUS, Ludwig. Derecho civil (parte general) cit., v. 2, p. 89-90.

157 LARENZ, Karl. *Derecho civil*: parte general. Traducción Miguel Izquierdo y Macías-Picavea. Madrid: Revista de Derecho Privado, 1978. p. 423-424.

158 Cf. AZEVEDO, Antônio Junqueira de. *Negócio jurídico*: existência, validade e eficácia cit., p. 23-24.

159 ALVES, José Carlos Moreira. *A parte geral do projeto de Código Civil brasileiro*. 2. ed. aum. São Paulo: Saraiva, 2003. p. 82.

160 ALVES, José Carlos Moreira. *A parte geral do projeto de Código Civil brasileiro* cit., p. 83: "disciplina-se o que a doutrina moderna denomina *negócio jurídico*, em substituição à expressão genérica *ato jurídico* empregada no Código Civil vigente".

temático[161], devendo ser examinado tanto pela doutrina quanto pela jurisprudência[162].

Os fatos que interessam ao direito, como já dissemos, são os elementos do suporte fáctico da regra jurídica, podendo ser da mais variada natureza[163], desde o simples evento natural, como o fato do animal, até a conduta humana, podem ser suporte fáctico das normas jurídicas. Assim, por exemplo, podem ser elementos do suporte fáctico da norma jurídica: a) fatos da natureza e do animal, desde que estejam relacionados a

---

[161] Moreira Alves reconhece o imperativo sistemático-científico da distinção dos três planos em artigo publicado na *Revista de Direito Privado* em 2003, asseverando, inclusive, que o texto do Código Civil brasileiro de 2002 harmoniza-se perfeitamente com a tricotomia, não obstante a ausência de referência expressa, ponderando: "Não obstante tal silêncio, é intuitivo que, para se pôr a questão relativa à validade, ou a relativa à eficácia, é preciso que nos encontremos diante de negócio jurídico *existente*" (ALVES, José Carlos Moreira. Invalidade e ineficácia do negócio jurídico. *Revista de Direito Privado*, São Paulo, n. 15, p. 217-229, jul./set. 2003, p. 225).

[162] Inclusive no âmbito processual, devem-se diferenciar o negócio jurídico inexistente, tutelável por ação declaratória – "concernente à existência ou inexistência da relação jurídica": PONTES DE MIRANDA, Francisco Cavalcanti. *Tratado das ações*. Campinas: Bookseller, 1998. t. 3. p. 37 –, e o negócio jurídico inválido, tutelável por ação constitutiva negativa: "As ações de inexistência de alguma relação jurídica, ou mesmo de algum ato jurídico, são declarativas. Quando, hoje, se diz que a ação de nulidade é declarativa, desatende-se a que o nulo, quando começou a ser o inválido absoluto, e não o inexistente, como era no direito romano, não se declara, se desconstitui, *ex tunc*" (PONTES DE MIRANDA, Francisco Cavalcanti. *Tratado das ações* cit., p. 39). Por outro lado, conforme reflexiona Alfredo Buzaid: "A ação declaratória tem por objeto obter a declaração da existência, ou inexistência de uma relação jurídica, ou da autenticidade, ou falsidade de documento. A rigor, deveríamos dizer ação meramente declaratória, em vez de ação declaratória, para distingui-la das demais ações que, posto tenham outro objeto ou conteúdo, não deixam de ser declaratórias" (*A ação declaratória no direito brasileiro*. São Paulo: Livraria Acadêmica 1943. p. 95).

[163] Cf. LEHMANN, Heinrich. *Tratado de derecho civil*. Parte general cit., p. 195: "Los hechos jurídicamente relevantes (hechos jurídicos) pueden ser de muy diferente naturaleza. Así, pueden ser positivos (un tiro, § 823; el nacimiento, § 1) o negativos (omitir algún acto, § 823; mora, §§ 285 y 286). Pueden consistir en una conducta humana, en actos (declaración de voluntad, perdón, denuncia) o en otros hechos (transcurso del tiempo, muerte, pero también en un derecho; por ejemplo, § 929: propriedad del vendedor). Unas veces pueden ser acontecimientos (nacimiento, muerte); otras, situaciones o estados (duración de la posesión)".

alguém[164]; b) atos, sejam eles volitivos – mesmo silentes (*e.g.*, revogação do testamento cerrado, artigo 1.972 do Código Civil brasileiro de 2002) ou tácitos (*e.g.*, consumição da coisa ofertada) – ou avolitivos (*e.g.*, especificação, semeadura)[165]; c) dados psíquicos, entrando no mundo jurídico não apenas atos, mas também simples atitudes e dados anímicos (*e.g.*, o desconhecimento, pelo possuidor, dos vícios que o impedem de adquirir a coisa, conforme o disposto no artigo 1.201 do Código Civil brasileiro de 2002)[166]; d) estimações valorativas (*e.g.*, a imoralidade do objeto de atos jurídicos e aqueles comportamentos atentatórios aos bons costumes – artigo 122 c/c o artigo 123, II, do Código Civil brasileiro de 2002)[167]; e) probabilidades (*e.g.*, a ressalva aos direitos do nascituro – artigo 2.º do Código Civil brasileiro de 2002 – tem como fundamento a probabilidade de que haja um nascimento com vida)[168]; f) fatos do mundo jurídico, tais como fatos jurídicos[169] (*e.g.*, na perda do poder familiar, hipótese do artigo 1.638, I, do Código Civil brasileiro de 2002, o suporte fáctico se constitui

---

164 Cf. Mello, Marcos Bernardes de. *Teoria do fato jurídico*. Plano da existência cit., p. 84

165 Mello, Marcos Bernardes de. *Teoria do fato jurídico*. Plano da existência cit., p. 84-85.

166 Mello, Marcos Bernardes de. *Teoria do fato jurídico*. Plano da existência cit., p. 85-86.

167 Mello, Marcos Bernardes de. *Teoria do fato jurídico*. Plano da existência cit., p. 86.

168 Mello, Marcos Bernardes de. *Teoria do fato jurídico*. Plano da existência cit., p. 86-87.

169 Cf. PONTES DE MIRANDA, Francisco Cavalcanti. *Tratado de direito privado*. Parte geral cit., t. I, p. 34-35: "Quando os fatos jurídicos são elementos de suporte fáctico, não deixam de ser fatos jurídicos, não volvem a ser apenas elementos de fato; o elemento fáctico, que eles levam ao suporte fáctico, é exatamente o fato jurídico, donde parecer que nêle entram como direitos e não como elementos fácticos do seu suporte. Daí não ter razão Andreas von Tuhr (*Der Allgemeine Teil*, II, 9) quando disse que os fatos jurídicos, ou os direitos, ao entrarem como elementos de suporte fáctico, se dissolvem na massa dos fatos, que os pôde produzir. Essa volta ao fáctico não se dá; o jurídico figura no suporte fáctico sem perder a juridicidade que adquiriu e exatamente com ela é que entra na composição do suporte fáctico. O que faz parte do suporte fáctico da transmissão *causa mortis* é cada um dos fatos jurídicos – estados, acontecimentos, atos jurídicos – que formavam o patrimônio do decujo. (Filosòficamente, não se adverte em que o fato jurídico, que é elemento do mundo jurídico, entra no suporte fáctico como fato, mas jurídico êle deixa de ser, porque, com a incidência da regra jurídica, que o coloriu, colorido ficou: tanto assim que há diferença entre entrar o fato A como fato jurídico ou, abstraída a incidência de que falámos, sòmente como fato. Durante o correr da obra, ao discutir-

do ato ilícito caducificante, caracterizado pelo ato de castigar, o pai ou a mãe, imoderadamente o filho)[170] e efeitos jurídicos (*e.g.*, a mora – que é efeito do artigo 394 do Código Civil brasileiro de 2002 – é suporte fáctico da ressarcibilidade dos danos – artigo 389 c/c o artigo 395 do Código Civil brasileiro de 2002)[171]; g) causalidade física (*e.g.*, na ilicitude o dano deve guardar relação de causalidade com o ato de alguém, ou relacionado a alguém); h) tempo (*e.g.*, na usucapião, na mora, na prescrição).

Normalmente, os suportes fácticos são complexos[172], ou seja, há dois ou mais de dois fatos diferentes em sua composição. Em outras oportunidades, o fato é único, ou apenas se extraem dele os elementos que interessam à regra jurídica. PONTES DE MIRANDA[173] esclarece que, "dentre os suportes fácticos complexos, os de mais importância no direito, por isso mesmo que os são também na vida quotidiana, são os suportes fácticos constituídos por atos da mesma ou de duas ou mais pessoas". Existem, também, aqueles em que ao ato ou atos se devem juntar um acontecimento, ou supõem estado durante o qual se deem os fatos ou acontecimentos[174].

No caso de o suporte fáctico ser complexo, é preciso ter em vista que a norma jurídica considera certos fatos essenciais à sua incidência e consequente criação do fato jurídico; é o que MARCOS BERNARDES DE MELLO[175] denomina de *elementos nucleares do suporte fáctico* ou *núcleo*. PONTES DE MIRANDA[176] fala em *cerne* do suporte fáctico ou *núcleo*, dizendo

---

mos e respondermos a certas questões técnicas e práticas, essas noções elementares vão ser indispensáveis.)".

170 Cf. Mello, Marcos Bernardes de. *Teoria do fato jurídico*. Plano da existência cit., p. 89.

171 Mello, Marcos Bernardes de. *Teoria do fato jurídico*. Plano da existência cit., p. 87.

172 FERRARA, Luigi Cariota. *El negocio juridico* cit., p. 6: "Los hechos jurídicos se distinguen en simples y compuestos, según que consten de un sólo elemento o de vários: son simples, o bien (según otra denominación) unitários: el nacimiento de una persona, el robo, etc., son complejos: la prescripción, el contrato, etc. En los hechos complejos, los elementos quizá pueden realizarse en tempos diversos o quizá lo deben: piénsese en los contratos, por un lado, y en la usucapión, por otro".

173 PONTES DE MIRANDA, Francisco Cavalcanti. *Tratado de direito privado*. Parte geral cit., t. I, p. 25.

174 PONTES DE MIRANDA, Francisco Cavalcanti. *Tratado de direito privado*. Parte geral cit., t. I, p. 25.

175 Mello, Marcos Bernardes de. *Teoria do fato jurídico*. Plano da existência cit., p. 93.

176 PONTES DE MIRANDA, Francisco Cavalcanti. *Tratado de direito privado*. Parte geral cit., t. I, p. 33.

ser ele que determina a sua configuração final e a sua concreção no tempo (*e.g.*, a morte quanto à sucessão; o encontro das declarações de vontade, nos contratos consensuais; a entrega da coisa, nos contratos reais).

Além do cerne, MARCOS BERNARDES DE MELLO fala de *elementos completantes do núcleo*[177], fornecendo diversos exemplos, tais como: "no contrato de compra e venda, exige-se que haja acordo de vontades (cerne) sobre certo bem e preço determinado ou determinável (elementos completantes)"[178]; "no mútuo, por se tratar de negócio jurídico real, em que o suporte fáctico se compõe do acordo de vontades mais

---

[177] Mello, Marcos Bernardes de. *Teoria do fato jurídico*. Plano da existência cit., p. 94-95: "No gênero fato jurídico *lato sensu*, os elementos cerne do suporte fáctico servem para definir as duas grandes categorias de fatos jurídicos: (*a*) fatos jurídicos conforme ao direito e (*b*) fatos jurídicos contrários a direito, bem como, em cada uma delas, as classes de fatos jurídicos que as integram, da mais genérica à mais específica, a saber: (i) os elementos cerne (*a*) *conformidade* e (*b*) *não conformidade a direito + imputabilidade* caracterizam as categorias dos fatos jurídicos lícitos e ilícitos, respectivamente; (ii) os elementos cerne (*a*) *conduta com* vontade relevante, (*b*) *conduta sem* vontade ou com vontade *irrelevante* e (*c*) *sem conduta* alguma configuram os (*a*) atos jurídicos *lato sensu*, (*b*) os atos-fatos jurídicos e (*c*) os fatos jurídicos *stricto sensu*, respectivamente; (iii) os elementos cerne (*a*) manifestação consciente de vontade *com poder de autorregramento* (= poder de escolha da categoria jurídica e, dentro de limites prescritos pelo ordenamento, de estruturação do conteúdo da relação jurídica correspondente) e (*b*) manifestação consciente de vontade, *sem poder de autorregramento* (= não há poder de escolha da categoria jurídica nem de estruturação do conteúdo da relação jurídica, que são predispostos pelas normas jurídicas), estabelecem a diferença entre (*a*) os negócios jurídicos e (*b*) os atos jurídicos *stricto sensu*. Nessas classes mais específicas, como as dos atos-fatos jurídicos, dos negócios jurídicos e dos atos jurídicos *stricto sensu*, suas várias espécies são classificáveis não mais em razão de elementos cerne, porém, dos elementos completantes. Exemplifiquemos com dois suportes fácticos assim constituídos: (i) (*a*) elemento cerne: acordo consciente de vontades, com poder de autorregramento; (*b*) elementos completantes: sobre a disposição de certo *objeto* com pagamento de determinado *preço*; (ii) (*a*) elemento cerne: acordo consciente de vontades, com poder de autorregramento; (*b*) elementos completantes: sobre a disposição de certo *objeto* de modo *gratuito*. Analisando os dois suportes fácticos, constata-se que se trata de dois negócios jurídicos (em face de se constituírem por acordo de vontades com poder de autorregramento), que se diferenciam entre si por um de seus elementos completantes: (i) em um, o pagamento de um preço caracteriza uma compra e venda; (ii) no outro, a gratuidade da transmissão configura uma doação".

[178] Mello, Marcos Bernardes de. *Teoria do fato jurídico*. Plano da existência cit., p. 94.

a entrega (= tradição) da coisa fungível ao mutuário (= *consensus* + *traditio*), essa constitui o elemento completante do seu núcleo"[179].

Os *elementos completantes* e os *elementos cerne* constituem, conjuntamente, o próprio suporte fáctico, de tal forma que sua completa concreção no mundo[180] é o pressuposto inexorável à incidência da norma jurídica, de modo que na falta deles não existe fato jurídico[181].

ANTÔNIO JUNQUEIRA DE AZEVEDO insere os elementos do negócio jurídico em cada um dos planos. Assim, no plano da existência,

---

[179] Mello, Marcos Bernardes de. *Teoria do fato jurídico*. Plano da existência cit., p. 93.

[180] Devemos fazer a diferenciação entre fato real, suporte fáctico e fato jurídico. Como bem pontua Lourival Vilanova (*As estruturas lógicas e o sistema de direito positivo*. 4. ed. São Paulo: Noeses, 2010. p. 116), as normas jurídicas dos artigos 1.250 e 1.251 do Código Civil brasileiro de 2002 não preceituam que deve ocorrer a aluvião ou a avulsão, não preceituam a ocorrência de desvio de águas, nem que porções de terras se destaquem por "força natural violenta", que são fatos naturais reais, regidos por leis naturais, elas preceituam uma proposição que juridicamente vale, que recorta dos fatos reais, naturais, a porção axiologicamente relevante para a conduta social, estabelecendo o suporte fáctico da norma. Nesse caminhar, Marcos Bernardes de Mello (*Teoria do fato jurídico*. Plano da existência cit., p. 107) observa que há o elemento valorativo entre o fato (real), ou fato em si mesmo, e o suporte fáctico. O fato puro, simples eventos da natureza, não entram na composição do suporte fáctico, se a norma não considerar a sua referência utilitária à vida humana em suas relações sociais. Assim, por exemplo, a morte somente compõe suporte fáctico quando conhecida. Como pontifica Pontes de Miranda (*Tratado de direito privado*. Parte geral cit., t. I, p. 20), "a própria morte não é fato que entre nu, em sua rudeza, em sua definitividade, no mundo jurídico: se ocorreu, sem que circunstâncias o fizesse fato 'conhecido', tem-se de aguardar a prova, talvez por presunção". Com efeito, pode ocorrer que, de fato, a pessoa já esteja morta, porém, se a morte não é conhecida, a pessoa é considerada apenas ausente (artigo 35 do Código Civil brasileiro de 2002: se durante a ausência, já aberta a sucessão provisória, "se provar a época exata do falecimento do ausente, considerar-se-á aberta a sucessão definitiva nessa data", visto que estará composto o suporte fático da morte). Desse modo, verificamos que a morte é fato e a morte conhecida é suporte fático. Sob outro aspecto, observa-se que o suporte fáctico, após se concretizar com a incidência da regra jurídica, gerando fato jurídico, extingue-se. Já o fato jurídico permanece no mundo jurídico, independentemente da permanência dos elementos do suporte fáctico. Dessa maneira, por exemplo, "formado o suporte fáctico de um contrato, as vontades negociais manifestadas que o compuseram permanecem vivas, mesmo que aqueles que a manifestaram morram ou mesmo mudem o conteúdo de sua vontade (o vendedor vem a arrepender-se da venda)" (Cf. Mello, Marcos Bernardes de. *Teoria do fato jurídico*. Plano da existência cit., p. 110).

[181] Mello, Marcos Bernardes de. *Teoria do fato jurídico*. Plano da existência cit., p. 103.

estão os seguintes elementos: a) gerais (= comum a todos), subdividindo-se em *intrínsecos* ou constitutivos (forma, objeto e circunstâncias negociais) e *extrínsecos* ou pressupostos (agente, lugar e tempo do negócio)[182]; b) elementos categoriais (= "não resultam da vontade das partes, mas, sim, da ordem jurídica), subdividindo-se em *essenciais* ou *inderrogáveis* (*e.g.*, consenso sobre a coisa e o preço na compra e venda) e *naturais* ou *derrogáveis* (*e.g.*, responsabilidade pela evicção na compra e venda)[183]; c) elementos particulares (= coincidem com os chamados *accidentalia negotii* da classificação tradicional, *e.g.*, a condição)[184].

Como fato jurídico em que prepondera o ato humano, no suporte fático dos negócios jurídicos deve estar a capacidade de direito[185], tal como em todos os atos jurídicos. Ademais, deve estar no suporte fático "declaração suficiente de vontade"[186] e, tratando-se do negócio jurídico bilateral chamado contrato, manifestações de vontade distintas de duas ou mais pessoas[187], recíprocas e correspondentes, concordantes sobre o mesmo objeto[188].

Cuidando-se de negócio jurídico de determinada categoria, são elementos essenciais (*esssentialia negotii*) as disposições das partes sobre o conteúdo mínimo de consequências jurídicas aptas a enquadrar determinado negócio dentro do modelo legal respectivo, de modo que, para que exista compra e venda, deve estar presente o acordo sobre a coisa e o preço[189].

A essência do negócio inexistente é sua aparência ("negócio aparente"). Verificado que certo ato não se enquadra em determinado tipo negocial – sendo inexistente nessa categoria –, a questão seguinte é

---

[182] AZEVEDO, Antônio Junqueira de. *Negócio jurídico*: existência, validade e eficácia cit., p. 34.

[183] AZEVEDO, Antônio Junqueira de. *Negócio jurídico*: existência, validade e eficácia cit., p. 35.

[184] AZEVEDO, Antônio Junqueira de. *Negócio jurídico*: existência, validade e eficácia cit., p. 39-40.

[185] A capacidade civil está no plano de validade, tornando o ato nulo ou anulável (PONTES DE MIRANDA, Francisco Cavalcanti. *Tratado de direito privado*. Parte geral cit., t. III, p. 10).

[186] PONTES DE MIRANDA, Francisco Cavalcanti. *Tratado de direito privado*. Parte geral cit., t. III, p. 10: "No suporte fáctico dos negócios jurídicos, hão de estar

[187] ENNECCERUS, Ludwig. Derecho civil (parte general) cit., v. 2, p. 89-90.

[188] Mello, Marcos Bernardes de. *Teoria do fato jurídico*. Plano da existência cit., p. 259.

[189] LEHMANN, Heinrich. *Tratado de derecho civil*. Parte general cit., p. 242.

saber se ele pode ser incluído ou qualificado em outra categoria, operando-se, em caso positivo, a conversão substancial[190]. Assim, *e.g.*, o mútuo (contrato real) sem a tradição do dinheiro pode ser convertido em promessa de mútuo[191].

Para ANTÔNIO JUNQUEIRA DE AZEVEDO[192], as hipóteses de inexistência do negócio jurídico podem ser resumidas – "pressupondo uma aparência de negócio" – em quatro hipóteses: a) ausência absoluta de qualquer declaração; b) ausência de declaração *negocial*; c) "impossibilidade de se enquadrar uma declaração negocial em qualquer tipo de negócio jurídico ou na própria figura genérica do negócio jurídico"; d) impossibilidade de se atribuir a alguém uma declaração negocial.

Nessa toada, considerada a declaração de vontade, com o *quid* negocial (= declaração de vontade vista socialmente como destinada a produzir efeitos jurídicos), como elemento cerne do negócio jurídico, e a existência de outros elementos necessários ao suporte fático, como os elementos particulares e categoriais, ANTÔNIO JUNQUEIRA DE AZEVEDO define o negócio jurídico "como uma declaração de vontade que, acrescida de elementos particulares e, normalmente, também

---

190 Cf. AZEVEDO, Antônio Junqueira de. *Negócio jurídico e declaração negocial*: noções gerais e formação da declaração negocial cit., p. 96-97; WINDSCHEID, Bernardo. *Diritto delle pandette*. Traduzione Carlo Fadda e Paolo Emilio Bensa, con note e riferimenti al diritto civile italiano. Torino: UTET, 1925. v. 1, p. 271-272.

191 João Alberto Schützer Del Nero entende que "a hipótese não seria de conversão do negócio jurídico, mas, sim, apenas de mera qualificação jurídica do negócio jurídico, porque o autor do ato de qualificação jurídica não se veria diante do dilema 'Maior grau de correspondência isomórfica ou homóloga entre o negócio jurídico e um modelo jurídico – Ineficácia do negócio jurídico' *versus* 'Menor grau de correspondência isomórfica ou homóloga entre o negócio jurídico e outro modelo jurídico – Eficácia do negócio jurídico', que é, segundo a orientação sugerida neste trabalho, pressuposto do procedimento de conversão do negócio jurídico. O 'mútuo sem tradição da coisa não seria, juridicamente falando, mútuo, mas, sim, *pactum de mutuo dando*. Todavia, se considerar-se a tradição da coisa 'causa pressuposta' do contrato de mútuo, cuja ausência acarretaria sua nulidade, o caso seria típico de conversão do negócio jurídico. Propende-se, todavia, para a hipótese anterior" (*Conversão substancial do negócio jurídico*. Rio de Janeiro: Renovar, 2001. p. 436-437). Antônio Junqueira de Azevedo (*Negócio jurídico e declaração negocial*: noções gerais e formação da declaração negocial cit., p. 97) exemplifica como hipóteses de conversão substancial.

192 AZEVEDO, Antônio Junqueira de. *Negócio jurídico e declaração negocial*: noções gerais e formação da declaração negocial cit., p. 99-100.

de elementos categoriais, é vista socialmente como destinada a produzir efeitos jurídicos em nível de igualdade"[193].

Em particular, os contratos contêm duas ou mais declarações de vontade correlativas e recíprocas, sendo a primeira chamada proposta ou oferta e a segunda, referente à primeira, de aceitação. Nada obstante a nomenclatura diversa, a natureza dessas declarações de vontade é a mesma[194]. Assim, a aceitação atrasada ou modificada constitui nova oferta[195].

A declaração de vontade pode ser endereçada a uma pessoa determinada, quando é chamada receptícia, ou a sujeitos indeterminados[196], quando se denomina não receptícia. SANTORO-PASSARELLI[197] argumenta que essa distinção é "imprópria", pois "toda declaração é destinada por definição a ser recebida por outros sujeitos", residindo seu mérito em evidenciar a determinação ou a indeterminação do destinatário.

A declaração pode ser tácita? Não exigindo a lei declaração expressa, pode ela ser tácita[198]. Não se deve confundir, todavia, o silêncio com a declaração tácita, pois aquele não é negação nem afirmação, não podendo ser reputado uma manifestação[199], salvo quando, em atenção à boa-fé, considerados os usos do tráfego e os costumes, a parte deveria ter falado para dar a conhecimento sua vontade diversa[200].

O artigo 218.º do Código Civil português dispõe expressamente que "o silêncio vale como declaração negocial, quando esse valor lhe

---

[193] Cf. AZEVEDO, Antônio Junqueira de. *Negócio jurídico e declaração negocial*: noções gerais e formação da declaração negocial cit., p. 27.

[194] ENNECCERUS, Ludwig. Derecho civil (parte general) cit., v. 2, p. 252-253.

[195] Artigo 431 do Código Civil brasileiro de 2002.

[196] Artigo 429 do Código Civil brasileiro de 2002: "A oferta ao público equivale a proposta quando encerra os requisitos essenciais ao contrato, salvo se o contrário resultar das circunstâncias ou dos usos".

[197] SANTORO-PASSARELLI, Francesco. *Teoria geral do direito civil* cit., p. 110.

[198] GOMES, Orlando. *Contratos* cit., p. 67.

[199] STOLFI, Giuseppe. *Teoría del negocio jurídico*. Traducción Jaime Santos Briz. Madrid: Editora Revista de Derecho Privado, 1959. p. 208: "No merece crédito alguno la frase 'el que calla otorga', porque calar es propiamente lo opuesto de consentir: omitir la manifestacion de la propia voluntad significa no llevar a efecto el acto positivo de manifestar con palabras o gestos la propia intención".

[200] ENNECCERUS, Ludwig. Derecho civil (parte general) cit., v. 2, p. 177.

seja atribuído por lei, uso ou convenção"[201]. Com efeito, a lei[202] pode dispor que, em certos casos, o silêncio seja interpretado como manifestação de vontade ou declaração tácita (*e.g.*: o começo da execução implica a aceitação do mandato[203]; findo o contrato de locação por prazo determinado, o silêncio implica recondução tácita por prazo indeterminado[204]), assim também a vontade das partes[205] (*e.g.*, em relações negociais frequentes e sucessivas, as partes convencionam que

---

[201] CORDEIRO, António Manuel da Rocha e Menezes. *Tratado de direito civil*. Parte geral. Negócio jurídico. 4. ed. Coimbra: Almedina, 2017. t. II, p. 138.

[202] Costuma-se falar aqui de declaração presumida quando a lei associa a determinado comportamento o conteúdo de certa declaração negocial (*e.g.*, a destruição do testamento cerrado, nos termos do artigo 2.315 do Código Civil português), admitindo, entretanto, prova em contrário (presunção *iuris tantum*). Em declaração ficta, que é a mesma coisa que a presumida, diferenciando-se apenas pelo fato de a lei não admitir prova em contrário (presunção *iuris et de iure, e.g.*, aceitação das vendas feitas sob reserva de a coisa não agradar o comprador, nos termos do artigo 923, n.º 2, do Código Civil português). Nesse sentido: ANDRADE, Manuel A. Domingues de. *Teoria geral da relação jurídica*. Facto jurídico, em especial negócio jurídico cit., p. 138-140; PINTO, Carlos Alberto da Mota. *Teoria geral do direito civil* cit., p. 429-430; ENNECCERUS, Ludwig. *Derecho civil* (parte general) cit., v. 2, p. 177-186. Menezes Cordeiro pondera que a matéria das presunções tem a ver com o ônus da prova, verificando-se apenas que "a lei associa, a certo facto, determinados efeitos, utilizando, para isso, linguagem negocial". Ademais, destaca que, "na atualidade, as leis seguem a via correta e preferível, de abandonar as declarações presumidas: o mesmo efeito consegue-se, com maior apuro dogmático, através da prescrição de certo regime, com possibilidade de afastamento por declaração em contrário" (*Tratado de direito civil*. Parte geral. Negócio jurídico cit., p. 142). Cabe observar sobre o tema que o artigo 1.972 do Código Civil brasileiro é peremptório com relação ao rompimento do testamento cerrado em caso de abertura ou dilaceração, e, no que concerne à venda a contento, trata como venda sob condição suspensiva, aperfeiçoando-se apenas com a manifestação de agrado do adquirente, conforme dispõe o artigo 509.

[203] Cf. PLANIOL, Marcel. *Traité elementaire de droit civil*. Les preuves. Théorie générale des obligations. Les contrats. Privilèges et hypothèques. 6 éd. Paris: LGDJ, 1912. t. II, p. 328. Essa é a hipótese do artigo 659 do Código Civil brasileiro de 2002.

[204] BESSONE, Darcy. *Do contrato*. Rio de Janeiro: Forense, 1960. p. 160. Nesse sentido, os artigos 46 e 47, da Lei 8.245 de 18 de outubro de 1991.

[205] Roberto de Ruggiero sustenta que "o silêncio vale especialmente como declaração quando, dada determinada relação entre duas pessoas, a maneira corrente de proceder implicasse o dever de falar; principalmente em frente da declaração de uma das partes, que implique uma obrigação para a outra a que se dirige, o silêncio desta última pode entender-se como assentimento" (RUGGIERO, Roberto de. *Instituições de direito civil*. Tradução da 6.ª edição italiana por Paolo Capitanio. 2. ed. Campinas: Bookseller, 2005. v. 1, p. 324).

as propostas de uma ou de outra devem ser consideradas aceitas em caso de silêncio, tal como nos seguros e resseguros automáticos e nos fornecimentos por tempo ilimitado[206]).

Podemos concluir que o silêncio tem valor jurídico quando circunstanciado[207], isto é, quando acompanhado de circunstâncias[208] ou por elas qualificado, sendo pressuposto para que seja reconhecido como manifestação de vontade ou declaração tácita[209].

Outra distinção importante, em matéria de declaração de vontade, é aquela que aparta as manifestações imediatas das mediatas. CARIOTA FERRARA[210] assevera que é imediata a manifestação, "se o ato exterior pelo qual a vontade se manifesta é percebido imediatamente pelo sujeito diante do qual deve atuar"[211] (*e.g.*, manifestação oral de A para B), ao passo que é mediata a manifestação, "se, não o ato de quem realiza a manifestação, mas outro causado por ele, chega à percepção do sujeito diante do qual deve atuar"[212] (*e.g.*, declarações transmitidas por intermédio de núncio, por telégrafo, ou por rádio).

---

206 GONÇALVES, Luiz da Cunha. *Tratado de direito civil* cit., v. 4, t. 1, p. 379.

207 Nos termos do artigo 111 do Código Civil brasileiro de 2002: "O silêncio importa anuência, quando as circunstâncias ou os usos o autorizarem, e não for necessária a declaração de vontade expressa".

208 GONÇALVES, Luiz da Cunha. *Tratado de direito civil* cit., v. 4, t. 1, p. 379.

209 Giorgi defende que os fatos negativos consistentes no silêncio mantido podem ou não ser admitidos como fatos positivos, não podendo, todavia, nascer jamais do arbítrio do proponente, mas sim das circunstâncias advindas do costume, da vontade do presumido aceitante e da natureza do negócio a ser concluído. Tal postulado extrai após a conciliação de princípios opostos do direito romano – Paulo: Digesto 50, 17, 142: *qui tacet, non utique fatetur*: "aquele que cala não confessa necessariamente" – e do direito canônico – *qui tacet consentire videtur*: "quem cala, consente" –, levado a termo pelos doutores, com a seguinte tese: *qui tacet, cum loqui potuit et debuit, consentire videtur*: "aquele que cala, quando pode e deve falar, entende-se que consentiu" (*Teoria delle obbligazioni nel diritto moderno italiano*: esposta con la scorta della dottrina e della giurisprudenza cit., v. 3, p. 181-185.

210 FERRARA, Luigi Cariota. *El negocio juridico* cit., p. 340.

211 FERRARA, Luigi Cariota. *El negocio juridico* cit., p. 340. Tradução livre de: "es imediata la manifestación si e lacto exterior por el cual la voluntad se manifiesta es percebido imediatamente por el sujeto frente al cual debe operar".

212 FERRARA, Luigi Cariota. *El negocio juridico* cit., p. 340. Tradução livre de: "es mediata la manifestación si, no el acto de quien realiza la manifestación, son outro provocado por él, llega a percepción del sujeto frente al cual debe operar".

Como vimos, para a formação do contrato, duas ou mais declarações de vontade devem se encontrar, sendo coincidentes. Em alguns momentos, referidas declarações se dão sem que se possa determinar a que ocorreu primeiro, formando-se imediatamente o contrato. Em outros, ocorre um lapso temporal entre elas, mesmo entre presentes. A declaração de vontade que objetiva desencadear o contrato é chamada de *proposta* ou *oferta*, seguindo-se a ela a *aceitação*, nascendo o vínculo contratual quando há integração entre a *proposta* e a *aceitação*[213].

O contrato entre presentes não se limita àqueles entabulados na presença física das pessoas, sendo entre presentes, *e.g.*, o contrato celebrado por telefone. Nessa esteira, em sentido contrário, apresentando-se um lapso temporal significativo entre as declarações negociais, o contrato é entre ausentes. Na contratação telemática[214], ou por meios eletrônicos, as duas hipóteses podem ocorrer. Contrato entre presentes temos, por exemplo, quando a celebração se dá por videoconferência.

Como assevera JOSÉ DE OLIVEIRA ASCENSÃO, nessa hipótese, "as declarações sobrepõem-se, não havendo espaço para distinguir uma proposta e uma aceitação"[215]. Por outro lado, contrato entre ausentes temos quando a conclusão ocorre diretamente nos endereços eletrônicos de empresas na Internet (comércio eletrônico) ou pela troca de

---

213 Cf. GOMES, Orlando. *Contratos* cit., p. 67-68.

214 A expressão "telemático" nasce da junção de telecomunicações com informática. Na definição de Newton de Lucca, contrato telemático é "negócio jurídico bilateral que tem o computador e uma rede de comunicação como suportes básicos para sua celebração". Quanto ao sentido e a abrangência da terminologia "contratos eletrônicos" (*Aspectos jurídicos da contratação informática e telemática*. São Paulo: Saraiva, 2003. p. 33). Cíntia Rosa Pereira de Lima entende que "contratos eletrônicos" é gênero que abrange os contratos informáticos – "têm por objeto a aquisição de bens e/ou serviços informáticos" – e os contratos telemáticos – "celebrados utilizando a informática como meio de comunicação" (cf.: *Validade e obrigatoriedade dos contratos de adesão eletrônicos* (shrink-wrap e click-wrap) *e dos termos de condição de uso* (browse-wrap): um estudo comparado Brasil e Canadá. 673 f. Tese (Doutorado) – Faculdade de Direito, Universidade de São Paulo, São Paulo, 2009. p. 443).

215 ASCENSÃO, José de Oliveira. *Direito civil*: teoria geral. Ações e fatos jurídicos. 3. ed. São Paulo: Saraiva: 2010. v. 2, p. 398. Quanto ao tema, ainda observa: "Mais difícil é a situação perante o correio eletrônico. Larenz/Wolf consideram que há contrato entre presentes quando as comunicações são emitidas e recebidas em tempo real no visor da outra parte, com a consequência de a aceitação só poder ser imediata".

mensagens eletrônicas (*e-mail*), incidindo o disposto no artigo 434 do Código Civil brasileiro de 2002[216].

Cumpre consignar que o direito brasileiro adotou a teoria da expedição mitigada, tornando-se perfeitos os contratos entre ausentes desde que a aceitação é expedida, exceto se antes dela ou com ela chegar ao proponente a retratação do aceitante, se o proponente se houver comprometido a esperar resposta, ou se ela não chegar no prazo convencionado[217].

No que concerne ao local de formação do contrato, se for entre presentes onde elas se encontrarem. Realizando-se entre pessoas distantes, considera-se formado no lugar em que foi proposto[218].

Destaquem-se os contratos realizados pelo comércio eletrônico, por se caracterizarem pela sua internacionalidade, não existindo fronteiras para sua expansão, bastando um *click* para se adquirir um produto em qualquer lugar do mundo, sendo entregue rapidamente devido à celeridade do transporte aéreo associada à logística das empresas de entrega de bens.

Dessarte, tendo em vista a necessidade de uniformização das legislações nacionais, diversas são as iniciativas no âmbito de organismos internacionais e de blocos regionais no sentido de se estabelecerem diretivas para que as legislações nacionais não sejam conflitantes[219], sendo de vital importância o tratamento dessas questões no âmbito do direito internacional privado, estabelecendo-se tratados para a uniformização das legislações nacionais sobre a matéria[220].

---

216 Nesse sentido: GOMES, Orlando. *Contratos* cit., p. 81.

217 De acordo com os artigos 434 e 435 do Código Civil brasileiro.

218 Conforme o artigo 435 do Código Civil brasileiro.

219 Podemos destacar os seguintes esforços de unificação levados a termo por organismos internacionais: a) Comissão das Nações Unidas para o Comércio Internacional (Uncitral) – Lei Modelo sobre comércio eletrônico, de 1996, define vários conceitos, incluindo o de mensagem eletrônica, regula as formalidades legais para as mensagens eletrônicas e regulamenta a comunicação via mensagens eletrônicas; b) Organização de Cooperação e de Desenvolvimento Econômico (OECD) – lançou em 9 de dezembro de 1999 diretrizes para a proteção do consumidor no contexto do comércio eletrônico (*Guidelines for Consumer Protection in the Contexto of Eletronic Commerce*); c) União Europeia, que em 1997 adotou a Diretiva de Proteção aos Consumidores em Contratos de Longa Distância.

220 LIMA, Eduardo Weiss Martins de. *Proteção do consumidor brasileiro no comércio eletrônico internacional*. São Paulo: Atlas, 2006. p. 176-177: "Como vimos, a tentati-

Questão que surge quando se cuida da matéria do comércio eletrônico internacional é a seguinte: Qual a lei aplicável? Para a solução desse problema, devemos recorrer às regras do direito internacional privado e ao direito do consumidor. Para as relações civis e comerciais em geral, a regência se dá pelo previsto no artigo 9.º, § 2.º, da Lei de Introdução às Normas do Direito Brasileiro, ou seja, a lei aplicável é a lei do lugar em que constituída a obrigação: domicílio do proponente. Já para as relações de consumo sustentamos que se aplica a lei do domicílio do consumidor.

Como destaca CESARE MASSIMO BIANCA[221], no direito comunitário europeu, a Convenção de Roma de 1980, que dispõe sobre as regras gerais de direito internacional privado no tema das obrigações contratuais, traz o princípio de que nos contratos concluídos com os consumidores a legislação aplicável é a do país em que estes têm sua residência habitual.

No direito brasileiro, os artigos 47, 51, IV, e 101, I, do Código de Defesa do Consumidor autorizam que a demanda seja proposta no foro do domicílio do consumidor[222], da mesma forma que se extrai que a lei aplicável no caso de conflito envolvendo relação de consumo é a do domicílio do consumidor.

Outro problema suscitado pela doutrina portuguesa, como antecedente da contratação eletrônica, é o da contratação por aparelhos automáticos. Nas palavras de MENEZES CORDEIRO, "num primeiro momento, a contratação por autómato ultrapassou o Direito: como compor um modelo contratual que dispensasse a presença atuante de um dos parceiros?"[223].

---

va de uniformização da proteção dos direitos do consumidor internacional ou transfronteiriço, principalmente aquele que compra pela *Internet*, a partir de sua casa, do escritório ou de um *cybercafé*, restringe-se a estudos, diretrizes, projetos de lei e acordos esparsos ou restritos em matéria de comércio eletrônico com ênfase nas questões técnicas, principalmente relacionadas aos sistemas de segurança, identificação e certificação. Por outro lado, a uniformização de regras de DIPr tem ocorrido em âmbito das organizações internacionais, mas ainda de forma pontual em assuntos específicos, ou mesmo referindo-se ao consumidor comum, não ao consumidor digital, no comércio eletrônico. A União Europeia apresentou avanços, mas os países ditos do Terceiro Mundo carecem de regulamentação neste sentido, quando o assunto é a proteção do seu nacional enquanto consumidor internacional".

221 BIANCA, Cesare Massimo. *Diritto civile*: il contrato cit., p. 398.

222 LUCON, Paulo Henrique dos Santos. Competência no comércio e no ato ilícito eletrônico. *In*: SIMÃO FILHO, Adalberto; DE LUCCA, Newton. *Direito & internet*: aspectos jurídicos relevantes. São Paulo: Quartier Latin, 2005. p. 397.

223 CORDEIRO, António Manuel da Rocha e Menezes. *Tratado de direito civil*. Parte geral. Negócio jurídico cit., p. 343.

A solução passa por entender a programação contida no autômato como um prolongamento da vontade de uma pessoa, podendo ser uma proposta ou uma aceitação, uma declaração negocial eletrônica, tendo como limites apenas eventuais formas prescritas por lei para certos negócios jurídicos[224].

Situação semelhante, mas diversa, ocorre na contratação eletrônica ou pela Internet e diz respeito à identidade da pessoa na Internet[225]. A Internet é uma rede de computadores, que são identificáveis pelo TCP/IP[226], passando a ser necessária, diante do tráfego negocial na rede,

---

[224] José de Oliveira Ascensão traz algumas outras questões suscitadas sobre o tema: "Também se destaca a questão do funcionamento irregular da máquina. Nomeadamente quando a máquina aceita o dinheiro, mas não entrega o produto: pense-se nas caixas automáticas de estacionamento pago, quando não sai o talão. Aí deve admitir-se responsabilidade de quem as dispôs, pois está a cargo dele a criação de dispositivos que advirtam do não funcionamento ou ao menos devolvam o dinheiro quando o produto visado não for fornecido" (*Direito civil*: teoria geral. Ações e fatos jurídicos cit., p. 394).

[225] Sobre o tema, e mais especificamente sobre a questão dos contratos telemáticos concluídos por incapazes, Paolo Gallo pondera: "Da un lado è infatti vero che i contratti conclusi in rete tendono all'oggetività, com conseguente legittimità dell'affidamento ingerato dalle altrui dichiarazioni; dall'altro lato è però anche vero che chi conclude um contrato senza essere sicuro dell'identità o dell'età dell'altro contraente la fa a suo rischio e pericolo, com conseguente rischio che possa essre chiesto l'annullamento; ed è altrettanto ovvio che la diligenza richiesta a questi fini può variare a seconda dell'importanza del contrato; se si trata di um contrato spicciolo, il grado di diligenza richiesto è basso; se vice-versa si trata di um contrato importante esso può essere molto più elevato"(*Il contrato*. Torino: G. Giappichelli, 2017. p. 1161).

[226] As origens da Internet podem ser encontradas na Arpanet, uma rede de computadores montada pela *Advanced Research Projects Agency* (ARPA) em setembro de 1969. A ARPA foi fundada pelo Departamento de Defesa dos Estados Unidos em 1958, visando mobilizar recursos de pesquisa com a finalidade de superioridade tecnológica militar em relação à União Soviética, logo após o lançamento do Sputnik em 1957. Visando a intercomunicação, as redes de computadores necessitavam de protocolos de comunicação padronizados. Tal façanha foi obtida em parte em 1973, com o projeto de controle de transmissão (TCP), apresentado em um seminário em Stanford, por um grupo liderado por Cerf, Gerard Lelann (do grupo francês Cyclades), e Robert Metcalfe (então no Xerox PARC). Em 1975, a Arpanet foi declarada uma rede operacional, e a *Defense Communications Agency* (DCA; mais tarde mudou de nome para *Defense Information Systems Agency*) ficou com a responsabilidade de administrar, tendo criado uma conexão entre várias redes sob seu controle, estabelecendo o *Defense Data Network*. Em 1978, Cerf, Postel e Crocker dividiram o TCP em duas partes, acrescentando um protocolo intrarrede (IP), o que gerou o

uma identificação das pessoas, gerando maior segurança no comércio eletrônico e possibilitando sua expansão.

Nesse sentido, o Brasil instituiu – Medida Provisória n.º 2.200-2/2001 – a Infraestrutura de Chaves Públicas Brasileira (ICP-Brasil) com o objetivo de garantir a autenticidade, a integridade e a validade jurídica de documentos em forma eletrônica, das aplicações de suporte e das aplicações habilitadas que utilizem certificados digitais, bem como a realização de transações eletrônicas seguras. A ICP-Brasil é composta por um Comitê Gestor (autoridade gestora de políticas) e pela seguinte cadeia de autoridades certificadoras: Autoridade Certificadora Raiz (AC Raiz); Autoridades Certificadoras (AC); e Autoridades de Registro (AR).

Presumem-se verdadeiras com relação aos signatários, na forma do artigo 219 do Código Civil, as declarações constantes dos documentos eletrônicos produzidos com a utilização de processo de certificação disponibilizado pela ICP-Brasil. Nada obstante, possível é o emprego de outro meio de comprovação da autoria e integridade de documentos em forma eletrônica, de modo que a existência da assinatura eletrônica não é requisito essencial quanto à formalidade do contrato eletrônico[227].

Feitas essas considerações acerca da existência do negócio jurídico, aspecto atinente à declaração negocial e à formação do contrato, passaremos, na sequência, a cuidar do plano de validade dos negócios jurídicos.

1.4. NEGÓCIO JURÍDICO: VALIDADE

No plano da validade, próprio do negócio jurídico, apreciam-se as qualidades que os elementos descritos no plano da existência devem ter, de acordo com as regras jurídicas[228].

---

protocolo TCP/IP, o padrão segundo o qual a Internet continua operando até hoje. A Arpanet, todavia, permaneceu a operar com um protocolo diferente, o NCP (Cf. CASTELLS, Manuel. *A galáxia da Internet*: reflexões sobre a Internet, os negócios e a sociedade. Tradução Maria Luiza X. de A. Borges. Revisão Paulo Vaz. Rio de Janeiro: Zahar, 2003. p. 14-15).

[227] Observe-se que a tecnologia vem constantemente se desenvolvendo visando proporcionar maior segurança e confiança ao tráfego negocial. Cite-se como exemplo a *blockchain*, também conhecida como "o protocolo da confiança": tecnologia de registro distribuído que visa a descentralização como medida de segurança.

[228] AZEVEDO, Antônio Junqueira de. *Negócio jurídico*: existência, validade e eficácia cit., p. 42.

No suporte fático das normas jurídicas, além do *cerne* e dos *elementos completantes*, vistos anteriormente, temos os *elementos complementares,* que não integram o núcleo do suporte fático, apenas complementam-no, sendo relativos ao sujeito (*e.g.*, a perfeição da manifestação de vontade – ausência de erro, dolo, coação, lesão, estado de perigo, simulação e fraude contra credores), ao objeto (*e.g.*, licitude, moralidade) e à forma da manifestação de vontade (atendimento da forma prescrita ou não defesa em lei). Esses elementos, como se pode notar, constituem pressupostos de validade ou eficácia dos negócios jurídicos[229].

Ademais, temos os *elementos integrativos*, que são atos jurídicos praticados por terceiros que não interferem na existência, validade ou eficácia dos negócios jurídicos, não compondo seu suporte fático, porém atuam no sentido de fazer com que se irradie certo efeito adicional à eficácia regular do negócio jurídico (*e.g.*, no sistema jurídico brasileiro, a eficácia real dos negócios jurídicos reais sobre bens imóveis, *inter vivos*, depende de sua transcrição no Registro de Imóveis – artigo 1.227 do Código Civil brasileiro de 2002)[230].

Na classificação de ANTÔNIO JUNQUEIRA DE AZEVEDO, se os elementos *gerais intrínsecos* são a declaração de vontade triplicada em objeto, forma e circunstâncias negociais, a declaração de vontade deve ser: (i) resultante de um processo volitivo (caso contrário, tem-se, *e.g.*, nulidade coação absoluta); (ii) querida com plena consciência da realidade (caso contrário, tem-se, *e.g.*, anulabilidade por erro ou dolo); (iii) escolhida com liberdade (caso contrário, tem-se, *e.g.*, anulabilidade por coação relativa); (iv) deliberada sem má-fé (caso contrário, tem-se, *e.g.*, simulação).

O objeto deverá ser lícito possível e determinado ou determinável e a forma deverá ser conforme a prescrição legal. No que tange às circunstâncias negociais, dependerá do negócio do qual é elemento caracterizador.

Com relação aos elementos *gerais extrínsecos*: (i) o agente deverá ser capaz (e em geral legitimado para o negócio); (ii) o tempo deverá ser o tempo útil (se imposto pela regra jurídica); (iii) o lugar deverá ser o apropriado (se imposto pela regra jurídica). No tocante aos elementos *categoriais*,

---

229 Mello, Marcos Bernardes de. *Teoria do fato jurídico*. Plano da existência cit., p. 96: "Porque têm suas consequências limitadas aos planos da validade e/ou da eficácia, sem qualquer influência quanto à existência do fato jurídico, são elementos que somente dizem respeito a atos jurídicos lícitos *lato sensu*. Quando se trata de fato jurídico *stricto sensu*, não há de se cogitar de elementos complementares, pois que essas espécies de fatos jurídicos não estão sujeitas a invalidade ou ineficácia".

230 Mello, Marcos Bernardes de. *Teoria do fato jurídico*. Plano da existência cit., p. 97.

os inderrogáveis (*esssentialia negotii*) possuem requisitos e os derrogáveis (*naturalia negotii*), não (o próprio direito integra esses elementos).

Os requisitos dos elementos categoriais inderrogáveis dependem de cada categoria, desse modo, *e.g.*, na compra e venda (*res, pretium et consensus*), o preço deve ser determinado ou pelo menos determinável.

Quanto aos elementos particulares, eles também têm requisitos, *e.g.*: (i) as condições que subordinam os efeitos do negócio jurídico a fato juridicamente impossível e as ilícitas (por exemplo: prostituir-se, mutilar-se, cometer crime) contaminam todo o negócio de nulidade, assim como as condições meramente potestativas e as que privarem de todo efeito o ato, entre outras; (ii) os termos colocados em atos, em geral de direito de família, que não admitem o termo, tais como o casamento e o reconhecimento de filho; (iii) o encargo ilícito ou impossível será nulo[231].

No que concerne ao negócio jurídico contrato, enfrentamos um dos problemas mais debatidos da doutrina do negócio jurídico, que é o problema do conflito entre a vontade efetiva e a declaração[232].

Para SAVIGNY[233], o elemento primordial dos negócios jurídicos é a vontade, o querer interno do indivíduo. Declaração e vontade, em seu sentir, são interdependentes, não devendo se considerar a vontade interna e a exteriorizada como independentes, de sorte que não existe declaração sem vontade, nem vontade sem declaração. Costuma-se chamar essa formulação de SAVIGNY de teoria da vontade[234], sendo ele a gênese da controvérsia que se seguirá.

---

231 AZEVEDO, Antônio Junqueira de. *Negócio jurídico*: existência, validade e eficácia cit., p. 42-48.

232 SANTORO-PASSARELLI, Francesco. *Teoria geral do direito civil* cit., p. 116.

233 SAVIGNY, Friederich Carl von. *Traité de droit romain*. Traduction M. Ch. Guenoux. 2 ed. Paris: Librairie de Firmin Didot Frères, 1856. t. III, p. 269-280.

234 Nesse sentido: ANDRADE, Manuel A. Domingues de. *Teoria geral da relação jurídica*. Facto jurídico, em especial negócio jurídico cit., p. 155; AZEVEDO, Antônio Junqueira de. *Negócio jurídico*: existência, validade e eficácia cit., p. 74; CASTRO Y BRAVO, Frederico de. *El negocio jurídico* cit., p. 58-59; Compagnucci de Caso, Ruben H. *El negocio jurídico*. Buenos Aires: Astrea, 1992. p. 118; CORDEIRO, António Manuel da Rocha e Menezes. *Tratado de direito civil*. Parte geral. Negócio jurídico cit., p. 126; NERY JUNIOR, Nelson. *Vícios do ato jurídico e reserva mental*. São Paulo: RT, 1983. p. 8-9; STOLFI, Giuseppe. *Teoría del negocio jurídico* cit., p. 131-132.

JHERING[235] contrapõe-se a esse pensamento, argumentando não ser viável perquirir a vontade interior, até mesmo para o emitente, tornando essa diretriz inviável, e preferindo-se a análise da conduta daqueles que entram em tratativas. Para JHERING, sua teoria pode ser resumida na seguinte frase: "O imperativo da *diligentia* contratual vale, tal como para relações contratuais formadas, também para relações contratuais em formação, uma vez que sua violação fundamenta aqui, como ali, a acção contratual de indemnização"[236].

CASTRO Y BRAVO enumera diversas teorias[237] que investigam o valor respectivo de vontade e declaração, chamando a concepção de JHERING de teoria da responsabilidade, por atribuir responsabilidade ao declarante – como se houvesse verdadeiramente querido –, quando houver divergência entre declaração e vontade e esta se der por dolo ou culpa grave.

Outras teorias apontadas são a teoria da declaração – segundo a qual, não podendo o comércio jurídico basear-se na vontade, deve fiar-se na declaração, produzindo-se o efeito jurídico *ex vi legis*, independentemente de ter-se querido ou não – e a teoria da confiança – para essa corrente o valor da declaração deve ser analisado com base na confiança despertada, valendo a declaração como recebida, desde que não se conhecesse o que havia de inexato na declaração[238].

Verificamos teorias a privilegiar vontade ou declaração[239], seja por questões práticas ou pelos interesses em jogo. Para CASTRO Y BRAVO, a teoria voluntarista privilegia o interesse do declarante (em geral o cliente ou consumidor), com exclusão de responsabilidade em caso de ausência de vontade ou de vício desta, enquanto a teoria da declaração favorece quem recebe a declaração (o empresário ou fornecedor).

---

235 JHERING, Rudolf von. *Culpa in contrahendo ou indemnização em contratos nulos ou não chegados à perfeição*. Tradução e nota introdutória de Paulo Mota Pinto. Coimbra: Almedina, 2008. p. 1-83.

236 JHERING, Rudolf von. *Culpa in contrahendo ou indemnização em contratos nulos ou não chegados à perfeição* cit., p. 41-42.

237 CASTRO Y BRAVO, Frederico de. *El negocio jurídico* cit., p. 58-60.

238 CASTRO Y BRAVO, Frederico de. *El negocio jurídico* cit., p. 59-60.

239 CORDEIRO, António Manuel da Rocha e Menezes. *Tratado de direito civil*. Parte geral. Negócio jurídico cit., p. 127.

Não sendo satisfatórias completamente nem uma nem outra teoria[240], "o BGB foi pragmático, procurando fixar um esquema de equilíbrio, sem preocupações doutrinárias puras"[241]. Ao comentar os artigos que tratam do tema da declaração de vontade no BGB (artigos 116-144), SALEILLES destaca que o objetivo das disposições é resolver "o delicado problema do conflito entre a vontade real e a vontade declarada"[242], nas mais diversas situações. Como teoria geral, observa existir oposição entre dois sistemas diversos, aquele pronunciado por SAVIGNY, chamado teoria da vontade, que faz prevalecer a vontade real sobre a declarada (vontade psicológica entendida como dogma absoluto), e o outro que faz prevalecer sobre a vontade real a vontade mesmo fictícia da declaração (= expressão exterior da vontade), privilegiando-se a segurança das relações privadas, conhecida como sistema da declaração. Nada obstante, a tendência que prevalece é a de uma via intermediária, distinguindo-se as declarações em matéria de relações comerciais e aquelas emitidas no contexto das relações familiares, buscando-se sempre nestas a vontade real do declarante[243].

---

[240] CASTRO Y BRAVO, Frederico de. *El negocio jurídico* cit., p. 59: "Resultado insatisfactorio de las teorías voluntarista y declaracionista. Los autores se irán alineando a favor de una u otra teoría, y se entregan al juego de señalarse mutuamente defectos. Resultado de tal polémica será el quedar al descubierto que ninguna de las teorías concuerda con el Derecho positivo y que, al llevarse a sus extremos lógicos, tampoco ellas satisfacen las exigencias del tráfico de buena fe. En efecto, la teoría voluntarista no puede explicar la validez del negocio bajo reserva mental, ya que en él falta la voluntad, ni la del contrato celebrado con error inexcusable, pues en él tampoco se quiso lo declarado; incluso contradirá el que se tenga por anulable y no por nulo el negocio en el que se aprecia el vicio de error, ya que la carencia de voluntad debería determinar el no ser del negocio. La teoría declaracionista, por su parte, se encuentra ante el escollo inevitable de los casos en los que una declaración, en sí misma correcta, no se considera suficiente para la validez del negocio, y en el que el defecto de la voluntad determina su nulidad o anulabilidad; así, p. ej., el celebrado "jocandi causa", el simulado y el contraído por error excusable".

[241] CORDEIRO, António Manuel da Rocha e Menezes. *Tratado de direito civil*. Parte geral. Negócio jurídico cit., p. 127.

[242] SALEILLES, Raymond. *De la déclaration de volonté*. Contribution a l'étude de l'acte juridique dans le Code Civil allemand (arts. 116 a 144) cit., p. 3. Tradução livre.

[243] SALEILLES, Raymond. *De la déclaration de volonté*. Contribution a l'étude de l'acte juridique dans le Code Civil allemand (arts. 116 a 144) cit., p. 4.

Alguns autores[244] sustentam que a concepção predominante na França seria a voluntarista, enquanto na Alemanha predominaria a teoria da declaração. Todavia, como assinala TRAJAN R. JONASCO[245], a diferença entre os dois sistemas, se analisados com maior profundidade, é insignificante. Enquanto no direito francês a causa[246] permite estabelecer uma diferença entre a vontade jurídica ou manifestada e a puramente psicológica, no direito alemão o mesmo papel é realizado pela ideia de conteúdo da declaração[247].

Como vimos no plano da existência do negócio jurídico, o que importa para que o negócio jurídico exista é a declaração suficiente de vontade, e não a vontade isolada em si[248]. Todavia, ocorrendo a divergência entre os distintos elementos da declaração ou ela sendo defeituosa, graves problemas surgirão.

Não obstante a declaração de vontade existir; a decisão pode ter sido tomada sem liberdade; o conhecimento pode ter sido insuficiente ou equivocado; o que foi dito ou feito pode ter sido involuntário ou sido

---

[244] Nesse sentido: Compagnucci de Caso, Ruben H. *El negocio jurídico* cit., p. 118; STOLFI, Giuseppe. *Teoría del negocio jurídico* cit., p. 131-134.

[245] JONASCO, Trajan R. De la volonté dans la formation des contrats. *Recueil d'Études sur les Sources du Droit em l'Honneur de François Gény*, Paris, t. 2, p. 372-375, 1934.

[246] JONASCO, Trajan R. De la volonté dans la formation des contrats cit., p. 374: "La théorie moderne soutient que la notion de cause est le seul criterium *technique* permettant de fair ele *départ* entre la volonté juridique et la volonté psychologique (dont il n'y a pas lieu de tenir compte) le consentement n'étant que *l'expression de la décision* dans l'acte de volonté. Ainsi, la construction de la volonté juridique comporte ces *deux notions*: *consentement* d'une part et *cause*, c'est-à-dire but déterminant qui amène la décision d'autre part". Entre a variedade de objetivos que podem comportar o ato de vontade, a noção de causa os reduz a dois: a) "o objeto da vontade de preencher seu papel no contrato", relativo ao conteúdo do contrato (obrigações); b) "o objetivo da vontade ao contratar" (objetivo imediato do contrato e mediato da obrigação), devendo ser conhecido pelas duas partes.

[247] Citando o autor alemão Schlossmann, Jonasco (De la volonté dans la formation des contrats cit., p. 375) refere a diversos dispositivos do BGB que prestigiam a autonomia da vontade, a saber: a) artigo 133 (sobre a interpretação da declaração); b) artigo 118 (sobre as declarações sem seriedade); c) artigo 117 (sobre a simulação); d) artigo 120 (sobre a transmissão inexata das declarações) e) artigo 138 (sobre os atos que atentam contra os bons costumes); f) artigo 157 (sobre a interpretação das convenções); g) artigo 140 (sobre a conversão dos negócios jurídicos).

[248] Cf. AZEVEDO, Antônio Junqueira de. *Negócio jurídico*: existência, validade e eficácia cit., p. 82.

exteriorizado em sentido diverso daquele que se pretendia; o que foi dito não corresponda ao querido, seja porque fora outra a finalidade pretendida, seja porque não se quis nada[249].

Ao apreciar o problema da divergência entre a vontade e a declaração, MANUEL A. DOMINGUES DE ANDRADE[250] assevera ser clássica a distinção entre divergência *intencional* e *não intencional*. A primeira ocorre quando voluntária, tendo o declarante consciência da divergência, emitindo, todavia, a declaração. Entre as hipóteses de divergência intencional estão a simulação[251] – o declarante, em conluio com o declaratário, tem a intenção de enganar terceiros[252] –, a reserva mental – não existe o conluio, dirigindo-se a declaração a enganar o declaratário[253] – e as declarações não sérias (jocosas[254], didáticas[255] ou cênicas[256]). A divergência não intencional entre vontade e declaração, por sua vez, ocorre quando "o declarante se não apercebe dela, ou quando, não obstante, é forçado a emitir a declaração". Entre as hipóteses de divergência não intencional, destaque-se, em especial, o erro-obstáculo[257] ou erro na declaração,

---

249 Cf. CASTRO Y BRAVO, Frederico de. *El negocio jurídico* cit., p. 58.

250 ANDRADE, Manuel A. Domingues de. *Teoria geral da relação jurídica*. Facto jurídico, em especial negócio jurídico cit., p. 149-152.

251 Conforme propugna José Beleza dos Santos: "Para que exista a simulação propriamente dita é necessário que se verifique um desacordo entre a vontade real e a declarada, o que seja: *a)* intencional; *b)* realizado com o intuito de enganar; *c)* estabelecido por acordo entre todos aqueles cujas vontades condicionaram a formação do negócio jurídico" (*A simulação em direito civil*. 2. ed. São Paulo: Lejus, 1999. p. 50

252 Exemplifica-se com aquele que finge em conluio com outra pessoa, "vender-lhe todos os seus bens ou alguns deles, mas só para os subtrair ao poder dos credores" (ANDRADE, Manuel A. Domingues de. *Teoria geral da relação jurídica*. Facto jurídico, em especial negócio jurídico cit., p. 150).

253 O exemplo dado é da pessoa que "declara verbalmente a outrem vender-lhe certa coisa móvel para o enganar, julgando erradamente que a lei sujeita essa venda a escritura pública, pelo que será nulo o contrato por vício de forma" (ANDRADE, Manuel A. Domingues de. *Teoria geral da relação jurídica*. Facto jurídico, em especial negócio jurídico cit., p. 150).

254 *Ludendi causa*, por simples brincadeira.

255 *Demonstrationis causa*, para fins docentes.

256 Feitas por atores no teatro, por exemplo.

257 Como assevera Henri Capitant, o erro obstáculo não é propriamente erro pois, nem um dos dois contratantes se engana, "cada um sabe bem o que quer, porém

quando "o declarante diz o que não quer por inadvertência, engano ou equívoco", não devendo ser confundido com o erro vício da vontade, uma vez que neste o declarante diz o que quer, só que em razão de desconhecimento ou ignorância da realidade[258].

MOTA PINTO[259] pondera não ser possível a adoção rígida seja da teoria da vontade, seja da teoria da declaração, o que representaria um indesejado regresso ao conceitualismo, propugnando a adoção da *teoria da confiança*, com a limitação da doutrina da aparência eficaz, por entender ser a mais justa e "conforme aos interesses gerais do tráfico". Assim, diferentes soluções podem ser adotadas para as distintas modalidades de divergências (*e.g.*: a reserva mental implica nulidade apenas quando conhecida do declaratário[260]; a coação absoluta, bem como as declarações não sérias, "carecem de qualquer efeito", mesmo no caso de boa-fé do declaratário; o erro somente deve gerar a anulabilidade quando conhecido pelo declaratário). Em seu sentir, não existem soluções aprioristicas para todas as situações, tratando-se de um problema de direito positivo[261], impondo-se uma orientação maleável, e não um critério uniforme.

---

eles não querem a mesma coisa" (tradução livre): "Chacun sait bien qu'il veut, mais ils ne veulent pas la même chose" (*De la cause des obligations* cit., p. 221). Nesse cenário, não há acordo de vontades, sendo inexistente o liame jurídico.

258 ANDRADE, Manuel A. Domingues de. *Teoria geral da relação jurídica. Facto jurídico, em especial negócio jurídico* cit., p. 151-152.

259 PINTO, Carlos Alberto da Mota. *Teoria geral do direito civil* cit., p. 469-471.

260 Nesse sentido, o artigo 110 do Código Civil brasileiro de 2002. Nelson Nery Jr. aponta como circunstâncias que envolvem a reserva mental, "a divergência entre a vontade e a declaração" e a "intencionalidade desta mesma divergência", definindo-a como "a emissão de uma declaração não querida em seu conteúdo, tampouco em seu resultado, tendo por único objetivo enganar o declaratário" (*Vícios do ato jurídico e reserva mental* cit., p. 18).

261 Ao comentar o artigo 81 do Código Civil brasileiro de 1916, Clóvis Beviláqua também sustenta uma solução pelo direito positivo, citando Julius Binder: "O conceito de acto jurídico, sendo ponto fundamental da doutrina, suscitou na Allemanha uma extensa literatura, onde, a par de analyses profundas e idéas sans, não têm faltado desvios philosophicos e exageros psychologicos. Foi atendendo a esses excessos que Julius Binder escreveu, fechando o seu percuciente estudo sobre – *Vontade e declaração de vontade no negócio jurídico*: 'Para a solução do problema da declaração da vontade, a jurisprudência não póde esperar auxilio da filosofia nem da psychologia, porque é esse, exclusivamente, um problema da sciencia do direito positivo, cuja solução somente póde ser encontrada em uma analyse, exacta e feita com absoluta isenção de espirito, das normas do direito'" (Beviláqua, Clóvis. *Código Civil dos Estados Unidos do Brasil comentado* cit., v. 1, p. 327).

A invalidade consiste em uma sanção imposta pelo sistema ao ato jurídico que, nada obstante tenha realizado o suporte fáctico previsto pela regra jurídica, acarreta, em verdade, violação de seus comandos cogentes. Trata-se de forma de punição à conduta violadora das regras jurídicas, por meio da qual se busca obstar que aqueles que a perpetraram possam obter os resultados jurídicos e práticos benéficos que o ato válido propiciaria[262].

O conjunto de princípios, conceitos e disposições que se desenvolveu ao redor dessa matéria estabelece a chamada teoria das nulidades. Cuida-se de uma multiplicidade de normas limitadoras da autonomia privada[263]. A invalidade compreende a nulidade e a anulabilidade.

Como leciona PONTES DE MIRANDA, "é à técnica legislativa que toca administrar as causas de nulidade e as de anulabilidade para que se observem os dois regimes, internos ao plano da validade, atendidas modificações que se entendam, na lei indispensáveis"[264]. A distinção entre nulidade e anulabilidade é de natureza técnica, que determina tratamentos diferentes (*e.g.*, as ações de nulidade são imprescritíveis, devido à sua irrenunciabilidade).

No direito brasileiro, a *nulidade* constitui sanção mais forte, ocasionando, entre outros resultados, em geral, a ineficácia *erga omnes* do ato jurídico no que concerne a seus efeitos particulares, além da insanabilidade do vício, salvo exceções *sui generis*.

Por sua vez, a *anulabilidade,* cujos efeitos são relacionados somente às pessoas diretamente implicadas no ato jurídico, o qual gera sua eficácia específica, integralmente, até que haja sua desconstituição, o ato e seus efeitos, por meio de impugnação em ação própria, podendo ser convalidada pela confirmação ou pelo transcurso do tempo[265].

---

[262] Cf. AMARAL, Francisco. *Direito civil*: introdução. 10. ed. rev., atual. e aum. Rio de Janeiro: Renovar, 2018. p. 613-615; MELLO, Marcos Bernardes de. *Teoria do fato jurídico*. Plano da validade. 13. ed. São Paulo: Saraiva, 2014. p. 40; PONTES DE MIRANDA, Francisco Cavalcanti. *Tratado de direito privado*. Parte geral. 4. ed. São Paulo: RT, 1983. t. IV, p. 16.

[263] Cf. AMARAL, Francisco. *Direito civil*: introdução cit., 10. ed., p. 614.

[264] PONTES DE MIRANDA, Francisco Cavalcanti. *Tratado de direito privado*. Parte geral cit., t. IV, p. 30.

[265] Cf. MELLO, Marcos Bernardes de. *Teoria do fato jurídico*. Plano da validade cit., p. 96-97.

O artigo 166 do Código Civil brasileiro de 2002 dispõe ser nulo o negócio jurídico quando: celebrado por pessoa absolutamente incapaz; for ilícito, impossível ou indeterminável seu objeto; o motivo determinante, comum a ambas as partes, for ilícito; não revestir a forma prescrita em lei; for preterida alguma solenidade que a lei considere essencial para sua validade; tiver por objetivo fraudar lei imperativa; a lei taxativamente o declarar nulo, ou proibir-lhe a prática, sem cominar sanção[266].

Ademais, o artigo 167 determina ser nulo o negócio jurídico simulado, mas que subsistirá o que se dissimulou, se válido for na substância e na forma. O ato dissimulado é o negócio verdadeiramente realizado[267].

A anulabilidade, na expressão de FRANCISCO AMARAL[268], "é a sanção prevista para os atos e negócios jurídicos praticados por agente relativamente incapaz ou em quem exista vício de vontade, resultante de erro, dolo coação, estado de perigo, lesão ou fraude contra credores"[269].

O negócio jurídico anulável pode ser caracterizado pelos seguintes aspectos: a) produz efeitos até ser anulado por sentença desconstitutiva (não retroage, efeito *ex nunc*); b) a anulação não se opera *ipso iure*, devendo ser alegada pelas pessoas diretamente afetadas pelo negócio jurídico em cujo benefício se anula o ato; c) o negócio jurídico anulável pode ser confirmado pelas partes; d) a anulabilidade sana-se pelo decurso do tempo, de modo que a inércia do interessado equivale à confirmação tácita; e) os

---

266 Cf. AMARAL, Francisco. *Direito civil*: introdução cit., 10. ed., p. 618.

267 A realização de uma análise detalhada das causas de nulidade dos atos jurídicos – incluído o instituto da simulação – foge do âmbito deste trabalho. A respeito do tema no direito brasileiro: MELLO, Marcos Bernardes de. *Teoria do fato jurídico*. Plano da validade cit.; PONTES DE MIRANDA, Francisco Cavalcanti. *Tratado de direito privado*. Parte geral cit., t. IV; VELOSO, Zeno. *Invalidade do negócio jurídico*: nulidade e anulabilidade. 2. ed. Belo Horizonte, Del Rey, 2005.

268 AMARAL, Francisco. *Direito civil*: introdução cit., 10. ed., p. 632.

269 As causas de anulabilidade estão estabelecidas no artigo 171 do Código Civil de 2002, *in verbis*: "Além dos casos expressamente declarados na lei, é anulável o negócio jurídico: I – por incapacidade relativa do agente; II – por vício resultante de erro, dolo, coação, estado de perigo, lesão ou fraude contra credores". "É também causa de anulabilidade a falta de assentimento de outrem que a lei estabeleça como requisito de validade, como, por exemplo, nos atos que um cônjuge só pode praticar com a anuência do outro (CC, arts. 1.647 e 1.649)" (Cf. AMARAL, Francisco. *Direito civil*: introdução cit., 10. ed., p. 633-634).

prazos são decadenciais, de quatro anos[270]; f) anulado o ato, restituem-se as partes ao estado anterior, ou, não sendo possível, serão indenizados pelo equivalente (artigo 182 do Código Civil de 2002)[271].

A expressão *vício do consentimento* é tão recorrente na doutrina e na prática jurídica que a familiaridade parece nos fazer crer que ela remonte a tempos deveras antigos. Todavia, essa noção é uma construção moderna do direito, da escola do direito natural e da filosofia voluntarista do século XIX[272]. DOMAT[273] usa o termo "vícios das convenções", ao passo que POTHIER[274] se refere aos "vícios que podem ser encontrados nos contratos", enquanto o artigo 1.109 do *Code Civil*[275] utiliza "validade do consentimento", referindo-se ao erro[276]. A doutrina do século XX adere à concepção formulada pelo Code Civil.

VINCENT FORRAY[277] pondera que a noção de consentimento se modifica, evoluindo após 1804 (*Code Civil*): os codificadores estariam orientados pela adesão individual, enquanto na doutrina anterior o con-

---

270 Nos termos do artigo 178 do Código Civil de 2002: "É de quatro anos o prazo de decadência para pleitear-se a anulação do negócio jurídico, contado: I – no caso de coação, do dia em que ela cessar; II – no de erro, dolo, fraude contra credores, estado de perigo ou lesão, do dia em que se realizou o negócio jurídico; III – no de atos de incapazes, do dia em que cessar a incapacidade.

271 AMARAL, Francisco. *Direito civil*: introdução cit., 10. ed., p. 637.

272 LÉVY, Jean-Philippe; CASTALDO, André. *Histoire du droit civil* cit., p. 845.

273 DOMAT, Jean. *Les loix civiles dans leur ordre naturel* cit., p. 237-248. Tradução livre de: "vices des conventions".

274 POTHIER, Robert. *Traité des obligations* cit., p. 12. Tradução livre de: "vices qui peuvent se rencontrer dans les contrats". Pothier coloca entre os vícios de vontade a falta de causa (Ibidem, p. 21-25) e a condição puramente potestativa (Ibidem, p. 25).

275 Com a alteração levada a efeito em 2016, os artigos que tratam dos "vícios do consentimento" vão do art. 1.130 ao art. 1.144, enquanto as disposições antigas iam do artigo 1.109 ao artigo 1.118 (cf. DESHAYES, Olivier; GENICON, Thomas; LAITHIER, Yves-Marie. *Reforme du droit des contrats, du régime general et la preuve des obligations*. Commentaire article par article. Paris: LexisNexis, 2018. p. 206-265).

276 Como destacam Jean-Philippe Lévy e André Castaldo, "por muito tempo, o erro foi considerado uma ausência de consentimento, enquanto o dolo e a violência eram considerados delitos" (*Histoire du droit civil* cit., p. 845). Tradução livre de: "Longtemps, l'erreur fut considerée comme une *absence* de consentement, tandis que le dol et la violence étaient conçus comme des délits".

277 FORRAY, Vincent. *Le consensualisme dans la théorie générale du contrat*. Paris: LGDJ, 2007. p. 314.

sentimento (*cum sentire*) era o acordo de vontades. Além disso, o consentimento no sistema do *Code Civil* abarca um campo muito mais vasto do que aquele inserido na expressão "vícios do contrato", que remete "à noção mais restrita e objetiva do consentimento no direito romano"[278]. Com efeito, "paradoxalmente concebido como um elemento intangível do contrato, o consentimento romanista se revela ao intérprete apenas através de regras que sancionam sua ausência"[279], ou seja, as consequências jurídicas do consentimento no direito romano são apenas indiretas, quando constatadas sua ausência ou "exclusão do contrato"[280].

Para PLANIOL, o consentimento é elemento de existência do ato jurídico, devendo "reunir certas qualidades de inteligência e de liberdade"[281], sob pena de tornar-se viciado e anulável. O erro, o dolo e a coação (ou violência) são esses vícios[282].

HUGO GROTIUS assevera que a questão relativa à convenção concebida por uma pessoa em erro é "bastante complicada", pois algumas distinções vindas do direito pretoriano romano – tal como se o erro ocorreu sobre a substância ou não da coisa; se a causa do contrato foi ou não o dolo; se a outra parte participou ou não do dolo; se o contrato é de direito estrito ou de boa-fé – não são assaz exatas ou verdadeiras. Nada obstante, "se uma promessa tem como fundamento a presunção de um fato que não era tal como fora presumido ser, ela não tem naturalmente qualquer força"[283], visto que a condição pela qual consentiu-se não aconteceu.

---

[278] FORRAY, Vincent. *Le consensualisme dans la théorie générale du contrat* cit., p. 314. Tradução livre de: "D'un point de vue terminologique, cette dernière renvoie plus volontiers à la notion minimale et objective du consentement en droit romain".

[279] FORRAY, Vincent. *Le consensualisme dans la théorie générale du contrat* cit., p. 315. Tradução livre de: "Paradoxalement conçu comme un élément intangible du contrat, le consentement romaniste ne se revèle à l'interprète qu'au travers des règles qui sanctionnent son absence".

[280] FORRAY, Vincent. *Le consensualisme dans la théorie générale du contrat* cit., p. 315.

[281] PLANIOL, Marcel. *Traité elementaire de droit civil*. Les preuves. Théorie générale des obligations. Les contrats. Privilèges et hypothèques cit., p. 350. Tradução livre de: "reunir certaines *qualités* d'intelligence et de liberté".

[282] PLANIOL, Marcel. *Traité elementaire de droit civil*. Les preuves. Théorie générale des obligations. Les contrats. Privilèges et hypothèques cit., p. 350-359.

[283] GROTIUS, Hugo. *Le droit de la guerre et de la paix*. Traduction P. Pradier-Fodéré. Paris: Presses Universitaires de France, 2012. p. 323. Tradução livre de: "si une promesse est fondée sur la présomption d'un fait qui ne soit pas tel qu'il est presumé être, elle n'a naturellement aucune force".

POTHIER afirma que o erro é o "maior" dos vícios de consentimento, porque o consentimento das partes é o que gera as convenções. Ele anula as convenções quando incide sobre a coisa mesma ou em substâncias desta[284], e, recaindo "sobre qualquer qualidade acidental da coisa", ou sobre o motivo do ato jurídico[285] – *e.g.*, a parte compra um livro achando que ele está em ótimo estado de conservação, quando na verdade está em péssimo estado[286] –, não anula a convenção. Ademais, incidindo o erro sobre a pessoa, anula o contrato quando "a consideração sobre a pessoa entra na convenção"[287], tal como na hipó-

---

284 POTHIER, Robert. *Traité des obligations* cit., p. 12-13: "C'est porquoi si, voulant acheter une paire de chandeliers d'argent, j'achète de vous une paire de chandeliers d'argent que vouz me présentez à vendre, que je prends pour des chandeliers d'argent, qoiqu'ils ne soient que de cuivre argenté; quando même erreur que moi, la convention sera nulle, parceque l'erreur dan laquelle j'ai été détruit mon consentement; car la chose que j'ai voulu acheter est une paire de chandeliers d'argent; ceux que vous m'avez présentés à vendre étant les chandeliers de cuivre, on ne peut pas dire que ce soit la chose que j'ai voulu acheter. C'est ce que Julien decide en une espèce à peu près semblable, *en la loi* 41, §. 1, ff. d. t., losrqu'il dit: Si *aes pro auro veneat, non valet*".

285 Pufendorf sustenta que o falso motivo pode gerar a anulação do contrato quando integrar este como "condição tácita" do negócio. Exemplifica com a hipotética situação de um homem em viagens, que descobre que todos os seus cavalos morreram e, por isso, decide comprar novos cavalos, externando como motivo desta compra o ocorrido. Todavia, antes do preço pago, descobre que seus cavalos, em verdade, não morreram. Propõe, nesse contexto, que o negócio pode ser desfeito, indenizando-se o vendedor, tendo em conta as regras de equidade, pelos eventuais prejuízos pela inexecução do contrato. Caso os cavalos já tenham sido entregues, no entanto, não caberá a anulação, a não ser que o motivo tenha sido inserido no contrato como condição expressa (*Le droit de la nature et des gens, ou Système général des principes les plus importans de la morale, de la jurisprudence et de la politique*. Traduit du latin par Jean Barbeyrac, avec des notes du traducteur et une préface. Londres: Jean Nours, 1740. t. 2, p. 105.

286 POTHIER, Robert. *Traité des obligations* cit., p. 13. Tradução livre de: "Par exemple, j'achète chez une libraire un certain livre, dans la fausse persuasion qu'il est excellent, quoiqu'il soit au-dessous du medíocre: cette erreur ne détruit pas mou consentement, ni par consequent le contrat de vente; la chose que j'ai voulu acheter, et que j'ai eue en vue, est véritablement le livre que le libraire m'a vendu, et non aucune autre chose; l'erreur dans laquelle j'étois sur la bonté de ce livre ne tomboit que sur le motif qui me portoit à l'acheter, et elle n'empêche pas que ce soi véritablement le livre que j'ai voulu acheter".

287 POTHIER, Robert. *Traité des obligations* cit., p. 13. Tradução livre de: "Nous avons vu que l'erreur sur la personne annulle la convention, toutes le fois que la considé ration de la personne entre dans la convention".

tese em que, querendo doar ou emprestar para uma pessoa, eu doo ou empresto para outra, tomando esta por aquela[288].

Ao tratar do erro e da ignorância, SAVIGNY salienta que as principais fontes dessa matéria são os títulos *de iuris et facti ignorantia*, no Digesto (XXII, 6), e no Código Justiniano (I, 18). Assevera, além disso, que a ignorância é a ausência de noção sobre uma coisa e o erro é a ideia falsa sobre uma coisa, dando-se tratamento idêntico a essas duas figuras, tendo sido adotado o termo "erro" pelos jurisconsultos, porque este é mais comum que a ignorância[289].

Ademais, assinala SAVIGNY que "a apreciação deste estado de alma deve ser realizada sempre em relação à consciência daquele que trava a relação jurídica, independentemente ao interesse, mesmo superior que uma outra pessoa poderia ter"[290]. Quando concernente às condições exigidas de fato para a aplicação de uma regra de direito, o erro é dito de fato, sendo de direito quando atinente ao direito objetivo.

As consequências do erro cometido por um dos contratantes podem variar de acordo com a gravidade que reveste esse erro[291], bem como pela ponderação de fatos e valores[292] implementada pela técnica legislativa.

---

288 POTHIER, Robert. *Traité des obligations* cit., p. 13: "Par exemple, si voulant donner ou prêter une chose à Pierre, je la donne ou la prête à Paul que je prends pour Pierre".

289 SAVIGNY, Friederich Carl von. *Traité de droit romain* cit., t. III, p. 337-338.

290 SAVIGNY, Friederich Carl von. *Traité de droit romain* cit., t. III, p. 338. Tradução livre de: "L'appréciation de cêt état de l'âme se fait toujours relativement à la conscience de celui que le rapport de droit tocuhe immédiatement, sans égar à l'intêret, même superieur qu'une personne pourrait y avoir".

291 CAPITANT, Henri. *De la cause des obligations* cit., p. 221.

292 Como pontifica Miguel Reale, "sendo a experiência jurídica uma das modalidades da experiência histórico-cultural, compreende-se que a implicação polar *facto-valor* se resolve, a meu ver, num *processo normativo* de natureza integrante, cada norma ou conjunto de normas representando, em dado momento histórico e em função de dadas circunstâncias, a *compreensão operacional* compatível com a incidência de certos valores sobre os *factos* múltiplos que condicionam a formação dos modelos jurídicos e a sua explicação". Dessarte, a experiência jurídica é "uma *experiência tridimensional de carácter normativo bilateral atributivo,* com os termos *facto, valor* e *norma* indicando os factores ou momento de uma realidade em si mesma dialéctica, como é o mundo do direito" (*Teoria tridimensional do direito*. Teoria da justiça. Fontes e modelos do direito. Lisboa: Imprensa Nacional – Casa da Moeda, 2003. p. 85).

No direito brasileiro, o erro gera a anulabilidade do negócio jurídico quando substancial[293] e inescusável (= "que poderia ser percebido por pessoa de diligência normal, em face das circunstâncias do negócio"[294]), e, no que diz respeito ao motivo, quando falso, "só vicia a declaração de vontade quando expresso como razão determinante".

Como "defeito do negócio jurídico", o dolo[295] é a ação ou omissão de uma das partes – artimanha ou expediente malicioso – para induzir a outra em erro a praticar um ato e obter seu consentimento, em prejuízo desta, e em proveito daquela ou de terceiro[296]. Se ambas as partes agirem com dolo (chamado dolo bilateral[297]), nenhuma delas poderá alegá-lo para anular o negócio jurídico, ou reclamar indenização[298].

---

[293] Artigo 139 do Código Civil brasileiro de 2002: "O erro é substancial quando: I – interessa à natureza do negócio, ao objeto principal da declaração, ou a alguma das qualidades a ele essenciais; II – concerne à identidade ou à qualidade essencial da pessoa a quem se refira a declaração de vontade, desde que tenha influído nesta de modo relevante III – sendo de direito e não implicando recusa à aplicação da lei, for o motivo único ou principal do negócio jurídico".

[294] Artigo 138 do Código Civil brasileiro de 2002, parte final.

[295] Como assinala Castro y Bravo, o termo dolo pode ter várias acepções no direito civil: "Desde siempre, puede decirse, con la misma palabra dolo se han expresado conceptos diferentes. En el texto del Código civil ella se utiliza en sentidos tan dispares como los siguientes: 1. El dolo como calificativo de la conducta de quien causa daño a otro por acción u omisión culposa (arts. 296, 457, 1.080, 1.902) y por el incumplimiento de una obligación (arts. 1.101, 1.102, 1.107, 1.726). 2. El dolo como conducta sancionada específicamente con la privación de derechos hereditarios (artículos 674, 713, 756, núms. 6 y 7) y con la extinción de la acción de anulación de los contratos (art. 1.314). 3. El dolo como vicio de la voluntad negocial (arts. 673, 997, 1.265, 1.269, 1.270, 1.301, 1.302, 1.798. 1.817). El último significado del término dolo es el que aquí especialmente importa" (CASTRO Y BRAVO, Frederico de. El negocio jurídico cit., p. 147).

[296] Cf. BÉDARRIDE, Jassuda. Traité du dol et de la fraude en matière civile et commerciale. 2. ed. Paris: A. Durand, 1867. t. 1, p. 13; Beviláqua, Clóvis. Código Civil dos Estados Unidos do Brasil comentado cit., v. 1, p. 341; FREITAS, Augusto Teixeira de. Esboço do Código Civil. Brasília: Ministério da Justiça, 1983. v. 2, p. 171; NERY JUNIOR, Nelson. Vícios do ato jurídico e reserva mental cit., p. 35; SALEILLES, Raymond. De la déclaration de volonté. Contribution a l'étude de l'acte juridique dans le Code Civil allemand (arts. 116 a 144) cit., p. 50-52.

[297] AMARAL, Francisco. Direito civil: introdução cit., 10. ed., p. 602.

[298] Conforme o artigo 150 do Código Civil brasileiro de 2002.

Para alguns autores[299], o conceito de dolo está inserido no de erro, vindo a ser um *erro sui generis,* ou um *erro provocado* ou *qualificado*[300]. No dolo, a ideia falsa provém de uma artimanha maliciosa de outrem, enquanto no erro a ideia falsa é do próprio agente. O fundamento da anulabilidade do negócio jurídico realizado por dolo é a ausência de liberdade na declaração de vontade[301].

O dolo pode ser comissivo (= ação) ou omissivo (= silêncio ou omissão[302]). Sendo omissivo o dolo, o legislador brasileiro[303] exige que o silêncio seja intencional e que sem essa omissão dolosa o negócio não teria sido celebrado. Ademais, só se considera dolosa a omissão, se se

---

299 GIORGI, Giorgio. *Teoria delle obbligazioni nel diritto moderno italiano:* esposta con la scorta della dottrina e della giurisprudenza. 2. ed. Firenze: Eugenio e Filippo Cammelli, 1886. v. 4, p. 106; STOLFI, Giuseppe. *Teoría del negocio jurídico* cit., p. 170; ANDRADE, Manuel A. Domingues de. *Teoria geral da relação jurídica.* Facto jurídico, em especial negócio jurídico cit., p. 256; LARENZ, Karl. *Derecho civil:* parte general cit., p. 547.

300 ANDRADE, Manuel A. Domingues de. *Teoria geral da relação jurídica.* Facto jurídico, em especial negócio jurídico cit., p. 256: "A sugestão ou artifício há-de traduzir-se em quaisquer *expedientes* ou *maquinações* tendentes a desfigurar a vontade (manobras dolosas) – e que realmente a desfiguram (de outro modo não haveria erro) –, quer criando aparências ilusórias (*suggestio falsi; ob-repção*), quer destruindo ou sonegando quaisquer elementos que pudessem instruir o enganado (*suppressio veri; sub-repção*). Deve tratar-se, portanto, de *processo enganatório*. Podem ser simples *palavras* contendo afirmações sabidamente inexactas (*allegatio falsi;* mentira), ou tendentes essas palavras a desviar a atenção do enganado de qualquer *pista* que poderia elucidá-lo; e podem ser *obras* (factos) adrede realizadas para provocar ou manter o engano. A dissimulação, por seu lado, consiste no simples silêncio perante o erro que versa o outro contraente. É um simples dolo de consciência".

301 SALEILLES, Raymond. *De la déclaration de volonté.* Contribution a l'étude de l'acte juridique dans le Code Civil allemand (arts. 116 a 144) cit., p. 51.

302 Bédarride chama de dolo negativo, ou por reticência, aquele causado pelo silêncio ou pela dissimulação de um fato que seria relevante para a outra parte, a ponto de impedir a celebração do contrato. Assim, o vendedor que conhece um vício redibitório existente no cavalo – objeto da prestação –, deve informá-lo à outra parte. Cf. BÉDARRIDE, Jassuda. *Traité du dol et de la fraude en matière civile et commerciale* cit., p. 64.

303 Artigo 147 do Código Civil de 2002. Em seu *Esboço*, Teixeira de Freitas já previa que no artigo 471: "Julgar-se-á omissão dolosa, para induzir ou entreter em erro, dissimulação tácita, reticência, ou ocultação do que é verdadeiro; uma vez que seja evidente que sem a reticência, ou ocultação, o ato não se teria realizado" (FREITAS, Augusto Teixeira de. *Esboço do Código Civil.* Brasília: Ministério da Justiça, 1983. v. 1, p. 171).

provar que sem ela não se teria celebrado o negócio jurídico. SILVIO RODRIGUES ilustra com o segurado que oculta já ter tido determinada moléstia, ponderando que esse silêncio "altera as condições do negócio, mas é provável que, aumentando o prêmio, a seguradora assumisse o risco, mesmo se cientificada da preexistência da moléstia"[304].

Por outro lado, distinguem-se o dolo essencial (*causam dans*[305]) e o *dolo acidental* (*dolus incidens*[306]). O primeiro é aquele cujos artifícios empregados "tenham sido a causa determinante da declaração"[307], ao passo que no segundo "o negócio seria realizado independentemente dessa causa, embora por outro modo"[308]. O dolo essencial é aquele definido no artigo 145 do Código Civil de 2002 e que acarreta a anulabilidade do negócio jurídico. Por sua vez, o dolo acidental gera apenas a obrigação de reparar as perdas e danos[309].

Se o engano for causado por terceiro, anulável será o negócio jurídico, quando a parte a quem dele aproveite[310] tiver conhecimento ou dele

---

[304] RODRIGUES, Silvio. *Dos vícios do consentimento*. 2. ed. São Paulo: Saraiva, 1982. p. 173.

[305] CASTRO Y BRAVO, Frederico de. *El negocio jurídico* cit., p. 147-148: "Los textos romanos sobre la acción y excepción por dolo han sido utilizados en dos sentidos principales. Uno, para considerarlo determinante de un vicio de la voluntad, a lo que lleva una cierta semejanza con las reglas sobre la violencia y el error. Otro, en el de general condena del dolo, como contrario a la buena fe. No dejaron tampoco de existir causas de confusión. Los canonistas, al ocuparse de la voluntad viciada por dolo, recuerdan su analogía con la viciada por violencia, y advierten que 'decepta voluntas est voluntas'. Los civilistas, por su parte, atienden a la distinción entre los contratos, y la opinión común será que el dolo 'causam dans' vicia o anula 'ipso iure' los contratos de buena fe, mientras que respecto de los demás daba origen a la rescisión".

[306] DANTAS, San Tiago. *Programa de direito civil*: aulas proferidas na Faculdade Nacional de Direito (1942-1945). Parte geral. Rio de Janeiro: Editora Rio, 1977. p. 286.

[307] LOTUFO, Renan. *Código Civil comentado*: parte geral (arts. 1.º a 232). 2. ed. atual. São Paulo: Saraiva, 2004. v. 1, p. 400.

[308] LOTUFO, Renan. *Código Civil comentado*: parte geral (arts. 1.º a 232) cit., p. 400.

[309] DANTAS, San Tiago. *Programa de direito civil*: aulas proferidas na Faculdade Nacional de Direito (1942-1945). Parte geral cit., 1977, p. 286. Conforme dispõe o artigo 146 do Código Civil brasileiro de 2002.

[310] AMARAL, Francisco. *Direito civil*: introdução cit., 10. ed., p. 602: "O benefício pode consistir no simples interesse na realização do negócio, embora sem vantagem patrimonial".

devesse ter conhecimento³¹¹. Não tendo conhecimento o declaratário, o terceiro responderá pelas perdas e danos que causou à parte ludibriada.

Provindo do representante legal de uma das partes, responde o representado até o proveito que obteve, salvo se se tratar do representante legal (*e.g.*, pai, mãe, curador e tutor), quando responderá solidariamente³¹². CLÓVIS BEVILÁQUA anota que a responsabilidade imputada é a civil, assumindo o dolo "carácter de crime, quando consiste no emprego de falso nome, falsa qualidade, falsos títulos ou qualquer ardil, para persuadir a existência de empresas, bens, crédito, influência ou poder suposto"³¹³, hipótese em que, além da responsabilidade civil, incide a responsabilidade penal.

Como mencionado anteriormente, o consentimento deve ser livre³¹⁴, de modo que, se este é obtido mediante violência ou coação,³¹⁵ também gera a anulabilidade do negócio jurídico. A coação é a ameaça que determina a emissão de uma declaração de vontade, de tal maneira que, sem o temor por ela gerado³¹⁶, "a manifestação de vontade, *que se deu*, não se teria dado"³¹⁷.

A coação prevista no Código Civil de 2002 – assim como o era no Código Civil de 1916 – é a moral ou relativa (*vis compulsiva*), e não a

---

311 Cf. LARENZ, Karl. *Derecho civil*: parte general cit., p. 547. Nesse sentido, o artigo 148 do Código Civil brasileiro de 2002.

312 Artigo 149 do Código Civil brasileiro de 2002.

313 Beviláqua, Clóvis. *Código Civil dos Estados Unidos do Brasil comentado* cit., v. 1, p. 345. O tipo mencionado é o de estelionato, do artigo 338, 8, do Código Penal de 1890 (Decreto n.º 847, de 11 de outubro de 1890). Atualmente – Decreto-lei n.º 2.848, de 7 de dezembro de 1940 –, o estelionato está tipificado no artigo 171 do Código Penal.

314 ENNECCERUS, Ludwig. Derecho civil (parte general) cit., v. 2, p. 381: "En el tráfico jurídico todo el mundo debe estar *libre de temor* al emitir sus declaraciones de voluntad".

315 O Código Civil de 2002 usa os dois termos como sinônimos, como se pode extrair dos artigos 151 a 155, 171, II, e 1.814, III. Nesse sentido: AMARAL, Francisco. *Direito civil*: introdução cit., 10. ed., p. 603.

316 AZEVEDO, Antônio Junqueira de. *Negócio jurídico e declaração negocial*: noções gerais e formação da declaração negocial cit., p. 192: "'*Vício de consentimento*' não é a coação, e sim, o medo (*metus*)".

317 PONTES DE MIRANDA, Francisco Cavalcanti. *Tratado de direito privado*. Parte geral cit., t. IV, p. 351.

física ou absoluta (*vis absoluta*)[318]. Nesta, a vontade é totalmente suprimida[319], sendo inexistente o negócio jurídico.

No direito romano, o negócio celebrado sob violência moral[320], geradora de medo (*metus*), passou a ser anulável pelo direito pretoriano[321]. Baseado em um juízo de equidade, o pretor concedia uma *exceptio quod metus causa* contra a ação do credor[322].

Caso a convenção já tivesse sido executada, o pretor, por sua vez, concedia uma *actio quod metus causa*, com a finalidade de reparar os danos provocados pela violência[323]. Essa ação se distinguia daquela conferida nas situações de dolo (*actio doli*), pois tinha maior abran-

---

[318] Nesse sentido: Beviláqua, Clóvis. *Código Civil dos Estados Unidos do Brasil comentado* cit., v. 1, p. 347; LOTUFO, Renan. *Código Civil comentado*: parte geral (arts. 1.º a 232) cit., p. 412. Orozimbo Nonato (*Da coação como defeito do ato jurídico*. Rio de Janeiro: Forense, 1957. p. 112), Eduardo Espínola (Dos factos jurídicos. *In*: LACERDA, Paulo de. *Manual do Código Civil brasileiro*. 1.ª parte. Rio de Janeiro: Jacintho Ribeiro dos Santos, 1929. v. 3, p. 393) e Antônio Junqueira de Azevedo (*Negócio jurídico e declaração negocial*: noções gerais e formação da declaração negocial cit., p. 192) sustentam que a *vis compulsiva* inclui também a violência física, quando esta não reduzir o indivíduo a mero instrumento do ato.

[319] STOLFI, Giuseppe. *Teoria del negocio jurídico* cit., p. 195. Na distinção de Pontes de Miranda, "*vis absoluta* é ação; não é coação. O constrangido, nela é instrumento de quem constrange; o constrangido não age, nenhuma ação ou parcela de ação é sua. O absolutamente constrangido não quer; o coacto, o relativamente constrangido, quer, a despeito do constrangimento" (*Tratado de direito privado*. Parte geral cit., t. IV, p. 349).

[320] BONFANTE, Pietro. *Istituzioni di diritto romano*. 4. ed. Milano: Casa Editrice Dottor Francesco Vallardi, 1907. p. 89: "La *violenza morale* consiste nelle minacce fatte ala persona, perche s'induca a compiere l'atto e anche in una parziale realizzazione di esse. Avuto riguardo allo stato d'animo, che tale violenza genera nel subbietto, i Romani la chiamano *metus* o *timor*: nelle scuole si suol dire *vis animo illlata compulsiva*".

[321] Segundo o *ius civile*, "o negócio celebrado sob violência, contrária ao direito ou aos bons costumes (*vi metusve causa*), é em regra válido" (KASER, Max. *Direito privado romano*. Tradução Samuel Rodrigues e Ferdinand Hämmerle. 2. ed. Lisboa: Fundação Calouste Gulbenkian, 2011. p. 79).

[322] GIRARD, Paul Frédéric. *Manuel élémentaire de droit romain* cit., p. 492.

[323] KASER, Max. *Direito privado romano* cit., p. 79: "Por cada acto de extorsão o pretor concede uma acção penal, a *actio metus causa*, pelo quádruplo e após um ano pelo simples montante do dano".

gência, podendo ser dirigida não somente contra o autor da violência, mas, igualmente, contra terceiro que estivesse na posse da coisa[324].

Outrossim, o pretor concedia a *restitutio in integrum propter metum*, pela qual o negócio era anulado, com a devolução do que fora transmitido[325]. MOREIRA ALVES sustenta que, para que o pretor concedesse a proteção, a parte deveria preencher os seguintes requisitos: a) a ameaça deve ter sido séria, efetiva e atual, "capaz de impressionar um homem sensato"; b) ter sido injusta, ou seja, contrária ao direito ou aos bons costumes, de modo que não é violência moral o regular exercício de direito, tal como a cobrança de uma dívida; c) o mal ameaçado tenha sido maior do que aquele gerado pela realização do negócio[326].

Apoiado no direito pretoriano romano e ponderando as opiniões do jusnaturalistas (GROTIUS, PUFENDORF e BARBEYRAC), POTHIER generaliza a fórmula consistente na invalidade do negócio jurídico quando um dos contratantes foi "extorquido pela violência"[327], uma vez não ser livre o consentimento. Em seus postulados, inclui a invalidade do negócio, quando a violência for realizada por terceiro – em sentido contrário às posições de GROTIUS, PUFENDORF e BARBEYRAC[328] –, e estabelece como requisitos para a configuração

---

[324] MAYNZ, Charles. *Cours de droit romain*: précédé d'une introduction contenant l'histoire de la legislation et des institutions politiques de Rome. 4. éd. Bruxelles: Bruylant-Christophe, 1876. t. II, p. 169-170: "On ne peut méconnaître l'analogie qui existe entre les moyens légaux contre le dol et les *exceptio* et *action quod metus causa*. Cependant ces dernières se distinguent parce qu'elles ne sont pas *in personam*, mais *in rem scriptae*".

[325] MAYNZ, Charles. *Cours de droit romain*: précédé d'une introduction contenant l'histoire de la legislation et des institutions politiques de Rome cit., p. 171-172.

[326] ALVES, José Carlos Moreira. *Direito romano* cit., p. 186.

[327] POTHIER, Robert. *Traité des obligations* cit., p. 15.

[328] Castro y Bravo afirma que se deve a Domat a mudança de direção seguida pelo direito moderno, consistente na generalização da violência moral como causa de invalidade do contrato por viciar o consentimento: "Se había dicho ser opinión común de las gentes que la fuerza y el miedo privan del consentimiento (7); pero la pesada autoridad del Derecho romano impide que la misma escuela del Derecho natural se libere de los prejuicios romanistas (comp. Grocio, Heineccio, Pufendorf). Se debe a Domat el cambio de dirección que habrá de seguir el Derecho moderno. Dedica un estudio, desacostumbradamente extenso, a la 'naturaleza y efectos de la fuerza sobre la libertad'" (CASTRO Y BRAVO, Frederico de. *El negocio jurídico* cit., p. 137).

da violência moral invalidante[329]: a) o temor infundido pela coação e sua gravidade devem ser avaliados tendo em conta a idade, o sexo e a condição das pessoas; b) a coação deve ser injusta, estando excluída a ameaça de exercício regular de direito.

Em conformidade com as lições de POTHIER, o Código Civil brasileiro de 2002 estabelece que a coação como vício de vontade deve ter os seguintes requisitos: a) o temor "há de ser tal que incuta ao paciente fundado temor de dano[330] iminente e considerável à sua pessoa, à sua família[331], ou aos seus bens"[332]; b) a coação deve ser injusta, estando excluída a ameaça de exercício regular de direito[333]. Similarmente, a coação exercida por terceiro vicia o negócio jurídico, com a condicionante de que "dela tivesse ou devesse ter conhecimento a parte a que aproveite"[334], circunstância em que esta responderá solidariamente por perdas e danos[335].

No direito italiano, preocupada com o problema do estado de perigo – e mais amplamente do estado de necessidade[336] –, "a doutrina dominante se voltou em direção à violência moral e conciliou, por as-

---

[329] POTHIER, Robert. *Traité des obligations* cit., p. 16-18.

[330] Levar-se-ão em conta "o sexo, a idade, a condição, a saúde, o temperamento do paciente e todas as demais circunstâncias que possam influir na gravidade dela" (artigo 152 do Código Civil brasileiro de 2002).

[331] "Se disser respeito a pessoa não pertencente à família do paciente, o juiz, com base nas circunstâncias, decidirá se houve coação" (parágrafo único do artigo 151 do Código Civil brasileiro de 2002).

[332] Artigo 151 do Código Civil brasileiro de 2002.

[333] Artigo 153 do Código Civil brasileiro de 2002.

[334] Artigo 154 do Código Civil brasileiro de 2002.

[335] Em deferência ao interesse da conservação dos negócios jurídicos e à boa-fé objetiva, o artigo 155 dispõe que, provindo a coação de terceiro sem que a parte a que aproveite dela tivesse ou devesse ter conhecimento, o negócio subsistirá, respondendo o autor da coação por todas as perdas e danos.

[336] MIRABELLI, Giuseppe. *La rescissione del contrato*. Napoli: Jovene, 1951. p. 137: "La dottrina si era chiesta se qualsiasi negocio concluso da una parti allo scopo di evitare o diminuire l'incidenza di un evento danoso dovesse essere considerato come negozio integro o come viziato. Sembra pacifico che il contratto necessitato puro e símplice non venisse considerato come contratto viziato, in quanto tradizionalmente il diritto non há compresso lo stato di necessità tra le cause di vizio della volontà. Invece molti si erano soffermati a chiedersi se igualmente dovesse essere considerato valido il contratto che fosse, oltre che necessitato, anche lesivo, il contratto, cioè, nel quale una parte, agendo nell'imminenza di un pericolo, abbia assunto neri eccessivamente gravosi, dei quali l'altra parte abbia trato vantaggio".

sim dizer, a ilicitude do comportamento de uma das partes contraentes com a restrição volitiva da outra, através de um tortuoso raciocínio"[337].

A figura do estado de perigo prevista no artigo 156 do Código Civil brasileiro de 2002 foi inspirada no artigo 1.447 do Código Civil italiano de 1942[338]. Esse dispositivo legal, sob a rubrica de "contrato concluído em estado de perigo" ("contratto concluso in stato di pericolo"), determina que "o contrato com o qual uma parte assumiu obrigações em condições desiguais, pela necessidade, conhecida da outra parte, de salvar a si ou outrem de perigo atual de um grave dano à pessoa, pode ser rescindido por pedido da parte que se obrigou"[339].

MESSINEO[340], após destacar que o estado de perigo dá lugar à rescindibilidade[341], no direito italiano, e legitima a ação de rescisão, sustenta que este consiste no fato de que *o motivo determinante* da conclusão do contrato (*mesmo que seja aleatório*) e da assunção da obrigação

---

[337] MIRABELLI, Giuseppe. *La rescissione del contrato* cit., p. 137. Tradução livre de: "La corrente dominante si indirizzò verso il concetto della violenza morale e conciliò, se così si può dire, l'illiceità del comportamento dell'una delle parti contraenti con la restrizione volitiva dell'altra, attraverso un tortuoso ragionamento".

[338] Cf. MELLO, Marcos Bernardes de. *Teoria do fato jurídico*. Plano da validade cit., p. 236.

[339] MIRABELLI, Giuseppe. *La rescissione del contrato* cit., p. 129. Tradução livre de: "Il contratto con cui una parte há assunto obbligazioni a condizioni inique, per la necessità, nota ala controparte, di salvare sè od altri dal pericolo attuale di un danno grave ala persona, può essere resciso sulla domanda della parte che siè obbligata". Ademais, dispõe sobre a possibilidade de compensação após a rescisão, se a prestação já tiver sido realizada.

[340] MESSINEO, Francesco. *Manual de derecho civil y comercial*. Derecho de la obligaciones: parte general – §§ 98 a 138. Traducción Santiago Sentis Melendo. Buenos Aires: Ediciones Jurídicas Europa-América, 1971. t. IV, p. 520.

[341] Moreira Alves justifica a opção feita pelo Código Civil brasileiro de 2002 nos seguintes termos: "Por outro lado, estabelecendo o Código Civil brasileiro atual – princípio que foi mantido no Anteprojeto – que a fraude contra credores é vício que acarreta a anulabilidade, seria incoerente considerar a lesão e o estado de perigo – vício da manifestação de vontade que se aproximam do dolo e da coação – causas de rescindibilidade. Preferi, portanto, não introduzir no nosso direito essa distinção que surgiu na França por motivos históricos e em termos diversos dos atuais, que desapareceu depois da Revolução Francesa quando esses motivos feneceram, e que surgiu o Código Napoleão, passando daí a outros códigos. Por isso, reconhece Messineo (*Dottrina Generale*, cit. p. 465) que 'storicamente il rimedio della rescisione e quello dell'annulamento sono vicini; ainzi, in certo momento, sono stati insieme fusi'" (*A parte geral do projeto de Código Civil brasileiro* cit., p. 65).

tenha sido, para uma das partes, a *necessidade – conhecida da outra parte –* de salvar-se a si mesmo (ou de salvar outra pessoa) de *perigo atual* de um dano grave à pessoa (contrato em *estado de necessidade*) e, além disso, no fato de que a obrigação tenha sido assumida em condições contrárias à equidade (iníquas).

Para MOACYR DE OLIVEIRA, o conceito pode ser resumido "no fato necessário que compele à conclusão de negócio jurídico, mediante prestação exorbitante"[342]. Com efeito, "quem se obriga ou contrata em estado de necessidade, sob risco de vida, liberdade, reputação, crédito abalado, lança-se ao extremo sacrifício, arruinando-se financeiramente, e faz-se presa fácil da cupidez humana"[343]. Assim, oferta os seguintes exemplos: "a vítima de acidente grave, que para não sucumbir com a família em local sem recursos firma por meios indiretos contratos de mútuo, transporte, depósito, empreitada, assistência médica e hospitalar, sem possibilidade de saldar pontualmente os títulos cambiais"[344].

SILVIO RODRIGUES[345], tratando do tema ainda sob a égide do Código Civil de 1916, sob a rubrica de "atos praticados em estado de necessidade" (os quais também denomina de estado de perigo), entendido como tal "a violência exercida por terceiros", sustenta que estes se configuram "quando alguém, ameaçado por perigo iminente, anui em pagar preço desproporcionado para obter socorro". Para ilustrar, apresenta os seguintes exemplos: a) aquele que, assaltado por bandidos, em lugar ermo, dispõe-se a pagar alta cifra a quem venha livrá-lo da violência; b) o náufrago que oferece ao salvador recompensa excessiva; c) o comandante de embarcação, às portas do naufrágio, que propõe pagar qualquer preço a quem venha a socorrê-lo; d) o doente que, no agudo da moléstia, concorda com os altos honorários exigidos pelo cirurgião; e) a mãe que promete toda a sua fortuna para quem lhe venha salvar o filho, ameaçado pelas ondas ou ser devorado pelo fogo.

Entendemos que a figura sob apreço caracteriza-se pelo estado de necessidade na acepção de situação que se impõe inevitável, devido a perigo iminente, determinando certa conduta ("estado de necessidade perigo"),

---

[342] OLIVEIRA, Moacyr de. Estado de perigo (direito civil). *In*: FRANÇA, Rubens Limongi (coord.). *Enciclopédia Saraiva do Direito*. São Paulo: Saraiva, 1977. v. 33, p. 505.

[343] OLIVEIRA, Moacyr de. Estado de perigo (direito civil) cit., p. 506.

[344] OLIVEIRA, Moacyr de. Estado de perigo (direito civil) cit., p. 506.

[345] RODRIGUES, Silvio. *Dos vícios do consentimento* cit., p. 315-316.

bem como pela circunstância de esse fato acarretar a conclusão de ato ou negócio jurídico em que se assume obrigação excessivamente onerosa.

Entre os "defeitos dos negócios jurídicos", o estado de perigo, da mesma forma que a lesão, é uma das grandes novidades do Código Civil brasileiro de 2002 em relação ao Código Civil brasileiro de 1916.

O artigo 156 do Código Civil de 2002 dispõe: "Configura-se o estado de perigo quando alguém, premido da necessidade de salvar-se, ou a pessoa de sua família, de grave dano conhecido pela outra parte, assume obrigação excessivamente onerosa". No parágrafo único do referido artigo ressalva-se: "Tratando-se de pessoa não pertencente à família do declarante, o juiz decidirá segundo as circunstâncias".

Em seu conteúdo ético, na precisa locução de MOACYR DE OLIVEIRA[346], "a figura emana da orientação filosófico-jurídica, adotada pela comissão revisora, e tanto quanto a lesão, afirma propósitos solidaristas no mundo da autonomia privada, em que se desenvolvem os negócios jurídicos".

No estado de perigo, tal como configurado no artigo 156 do Código Civil brasileiro de 2002, impõe-se a combinação de um elemento subjetivo com um elemento objetivo[347]. O elemento subjetivo caracteriza-se pela situação de perigo (estado de necessidade) que atua sobre a vontade negocial. O elemento objetivo, por seu turno, é a onerosidade excessiva da obrigação assumida, a desproporção exacerbada entre a prestação de um e a contraprestação do outro. Acrescenta-se a isso o conhecimento desse estado de necessidade pela outra parte, o chamado dolo de aproveitamento.

O primeiro elemento caracterizador do estado de perigo é a situação de perigo ("estado de necessidade perigo"), ou seja, a existência de risco de dano pessoal, atual e grave, a que esteja sujeito o próprio figurante ou pessoa de sua família. Tratando-se de pessoa não pertencente à família do declarante, a solução ficará para o juiz, de acordo com as circunstâncias que envolvem a situação.

---

[346] OLIVEIRA, Moacyr de. Estado de perigo (direito civil) cit., p. 505.

[347] Cf. THEODORO JÚNIOR, Humberto. *Comentários ao novo Código Civil*. Livro III – Dos fatos jurídicos: do negócio jurídico. Coordenação Sálvio de Figueiredo Teixeira. 3.ed. Rio de Janeiro: Forense, 2006. v. 3, t. 1, p. 210-213.

O estado de perigo pode nascer de fato natural[348] ou de fato humano[349]. Derivando de fato natural, não tem qualquer ponto de contato com a coação, mas se proveniente de fato humano, distingue-se da coação sempre que o estado de perigo não tenha sido concebido com a finalidade de exigir da vítima a conclusão do negócio[350].

O perigo pode ser considerado atual, se é factível um juízo de iminência relativo ao momento da possível conflagração do evento danoso, ou seja, o intervalo de tempo que vai desde a previsão do evento até sua realização deve ser de tal brevidade que torne impraticável qualquer tentativa de evitá-lo de forma não prejudicial[351].

O "grave dano à pessoa", referido no artigo 156 do Código Civil de 2002, poderá alcançar qualquer dos direitos da personalidade, podendo ser tanto físico quanto moral[352]. Como bem esclarece TERESA ANCONA LOPEZ[353], "essa ameaça de dano grave à pessoa diz respeito à sua integridade física, à sua honra e à sua liberdade"[354].

---

348 Manuel A. Domingues de Andrade fornece os seguintes exemplos, *in verbis*: "É o caso dum incêndio ou de um naufrágio. Uma pessoa que está ameaçada de perder a vida no acidente dá ou promete a outrem certa quantia ou certa coisa para se livrar do perigo" (*Teoria geral da relação jurídica. Facto jurídico, em especial negócio jurídico* cit., p. 279).

349 Para Manuel A. Domingues de Andrade, "o exemplo clássico é o caso de um indivíduo estar a ser atacado por outrem, ou ter a sua casa assaltada por ladrões ou por inimigos, e fazer qualquer promessa a um terceiro cujo auxílio reclama para pôr cobro à agressão" (*Teoria geral da relação jurídica. Facto jurídico, em especial negócio jurídico* cit., p. 279).

350 Cf. AMARAL, Francisco. *Direito civil*: introdução. 6. ed. rev., atual. e aum. Rio de Janeiro: Renovar, 2006. p. 502; ANDRADE, Manuel A. Domingues de. *Teoria geral da relação jurídica. Facto jurídico, em especial negócio jurídico* cit., p. 279-280.

351 Cf. BRIGUGLIO, Marcello. *El estado de necesidad en el derecho civil*. Traducción y notas de derecho español por Manuel García Amigo. Madrid: Editorial Revista de Derecho Privado, 1971. p. 35-36.

352 Cf. MARTINS, Fernando Rodrigues. *Estado de perigo no Código Civil*: uma perspectiva constitucional. 2. ed. São Paulo: Saraiva, 2008. p. 178.

353 LOPEZ, Teresa Ancona. O estado de perigo como defeito do negócio jurídico. *In*: CASSETARI, Christiano (coord.); VIANA, Rui Geraldo Camargo (orient.). *10 anos de vigência do Código Civil brasileiro de 2002*: estudos em homenagem ao professor Carlos Alberto Dabus Maluf. São Paulo: Saraiva, 2013. p. 179.

354 Renan Lotufo obtempera que, para averiguar a gravidade do dano, o juiz deverá utilizar critério concreto de cognição, investigando as circunstâncias, e não fixar seu julgamento em pontos abstratos, de construção idealizada, tal como a imagem

Ademais, para a configuração do estado de perigo invalidante, é preciso que o temor do risco (real ou putativo) seja conhecido pelo outro figurante do negócio jurídico[355]. Há um aproveitamento da situação de necessidade pela outra parte visando obter vantagem[356] (= dolo de aproveitamento).

O legislador brasileiro não fixou qualquer fração ou proporção para balizar a definição do que é "excessivo", deixando tal mister ao arbítrio do juiz, o que entendemos ser a melhor solução, tendo em vista as peculiaridades e as excepcionalidades circunstanciais do estado de perigo[357].

Não se deve confundir aqui a "onerosidade excessiva", prevista nos artigos 478 a 480 do Código Civil de 2002 – que tratam da resolução ou revisão contratual por onerosidade excessiva –, e que é regra geral para os contratos bilaterais de execução continuada ou diferida, com a "excessiva onerosidade" da obrigação assumida em decorrência do "estado de necessidade perigo".

Com efeito, aquela resulta de acontecimentos extraordinários e imprevisíveis, o que torna o contrato extremamente desvantajoso para uma das partes – funda-se na cláusula *rebus sic stantibus* ou na teoria da imprevisão –, de modo que a "onerosidade excessiva" ocorre após a declaração negocial. Já a obrigação "excessivamente onerosa" advinda da situação de perigo deve ser concomitante à declaração negocial[358].

Por derradeiro, é necessário o liame causal entre o "estado de necessidade perigo" e a declaração, resultando na obrigação excessivamente onerosa. Em outras palavras, é "imprescindível que o temor do figurante do negócio jurídico quanto à efetivação do risco seja o *motivo do negócio*"[359].

---

de homem médio: "deverá analisá-lo sob todos os ângulos, examinando a vítima do dano, seu sexo, sua idade, sua condição, sua saúde, seu temperamento, ou seja, todos os fatores que possam influir na gravidade do estado de perigo" (*Código Civil comentado*: parte geral (arts. 1.º a 232) cit., p. 430-431).

355 MELLO, Marcos Bernardes de. *Teoria do fato jurídico*. Plano da validade cit., p. 238.

356 Cf. LOPEZ, Teresa Ancona. O estado de perigo como defeito do negócio jurídico cit., p. 179.

357 Cf. AZEVEDO, Antônio Junqueira de. *Negócio jurídico e declaração negocial*: noções gerais e formação da declaração negocial cit., p. 203.

358 Cf. LOPEZ, Teresa Ancona. O estado de perigo como defeito do negócio jurídico cit., p. 180.

359 MELLO, Marcos Bernardes de. *Teoria do fato jurídico*. Plano da validade cit., p. 238.

No direito alemão, HEINRICH LEHMANN[360] sustenta que a exploração da situação de necessidade, da fraqueza ou da inexperiência do outro, fazendo-o prometer, para o estipulante ou para um terceiro, em troca de uma prestação, vantagens patrimoniais que excedem de tal modo o valor da prestação que, dadas as circunstâncias, acham-se com esta em desproporção extraordinária, gera a nulidade do negócio jurídico.

A seguir, destaca o aspecto subjetivo do negócio usurário (§ 138, II, do BGB) e defende que não se deve limitar à situação de necessidade aquela de caráter econômico. Assim, exemplifica com a seguinte hipótese a configurar a usura: quando um médico que pode proporcionar uma ajuda oportuna, mas não a presta, senão tendo em conta honorários excessivos. Dessarte, a figura da lesão usurária no direito alemão pode se caracterizar subjetivamente tanto pela exploração do "estado de necessidade econômico" quanto pela exploração do "estado de necessidade perigo"[361].

A lesão usurária do direito alemão foi inserida com algumas modificações no Código Civil italiano (artigo 1.448)[362] sob a rubrica de *stato de bisogno*. Em verdade, o que a legislação italiana fez foi bipartir o conceito de estado de necessidade, prevendo no artigo 1.447 o *stato di pericolo*, em que se exige no aspecto subjetivo a exploração do "estado de necessidade perigo", e no artigo 1.448 o *stato di bisogno*, em que se exige a exploração do "estado de necessidade econômico"[363].

No direito português, o Código Civil de 1966 dispôs sobre o negócio usurário nos artigos 282.º a 284.º. JOSÉ DE OLIVEIRA ASCENSÃO[364]

---

360 LEHMANN, Heinrich. *Tratado de derecho civil*. Parte general cit., p. 293.

361 Cf. ENNECCERUS, Ludwig. Derecho civil (parte general) cit., v. 2, p. 307.

362 AZEVEDO, Antônio Junqueira de. *Negócio jurídico e declaração negocial*: noções gerais e formação da declaração negocial cit., p. 206.

363 FERRARA, Luigi Cariota. *El negocio juridico* cit., p. 318: "*Rescindibilidad*. Se tiene ésta en los contratos concluídos en estado de peligro o en condiciones inicuas (art. 1.447 C. C.), o bien en los contratos onerosos en los que hay desproporción entre prestación y contraprestación y ésta depende del estado de necesidad de una de las partes y, además, la otra parte se ha aprovechado de tal estado para obtener benefícios (rescisión por lesión: art. 1.448 C. C.). La rescisión no es oponible en perjuicio de tercero, salvo que se trate de derecho inmobiliarios o mobiliarios sujetos a publicidad, cuyos actos de adquisición hayan sido transcritos después de la transcripción de la demanda de rescisión (arts. 1.452, 1.652, núm. 1; 2.690, núm. 1. C. C.). La lesión debe ser *ultra dimidium*".

364 ASCENSÃO, José de Oliveira. *Direito civil*: teoria geral. Ações e fatos jurídicos cit., p. 284.

observa que a legislação portuguesa não previu a figura tradicional da lesão, mas "o instituto geral passou a ser o da *usura*, a que foi dado um significado especial". Ademais, destaca que "o estado de necessidade, como vício na formação da vontade, não foi autonomizado por nos trabalhos preparatórios se ter considerado que se reconduzia à usura".

Mais recentemente, o Código Civil de Québec (entrou em vigor em 1.º de janeiro de 1994) previu a lesão como um vício de consentimento[365], sendo elemento essencial do suporte fáctico da regra jurídica (artigo 1.406[366]) a exploração de uma das partes pela outra, resultando desta uma significativa desproporção entre as prestações. Ademais, dispôs-se presumir a exploração em caso de significativa desproporção.

No direito francês, na redação original do *Code Civil* a lesão foi admitida excepcionalmente, na hipótese de venda de bem imóvel, cabendo a ação de rescisão ao vendedor quando o preço for mais de sete doze avos do valor verdadeiro. Na hipótese de partilha, quando a cota for inferior a mais de um quarto, é legitimado à ação de rescisão aquele que deveria receber. Por fim, para os menores a lesão é considerada em todos os tipos de contratos e a lei não fixa nenhum patamar de valor[367].

---

365 Cf. MACKAAY, Ejan; ROUSSEAU, Stéphane. *Analyse économique du droit*. 2 éd. Paris: Dalloz, 2008. p. 413.

366 MACKAAY, Ejan; ROUSSEAU, Stéphane. *Analyse économique du droit* cit., p. 413: "La lésion résulte de l'exploitation de l'une des parties par l'autre, qui entraîne une disproportion importante entre les prestations des parties; le fait même qu'il y ait disproportion importante fait présumer l'exploitation. Elle peut aussi résulter, lorsqu'un mineur ou un majeur protégé est en cause, d'une obligation estimée excessive eu égard à la situation patrimoniale de la personne, aux avantages qu'elle retire du contrat et à l'ensemble des circonstances".

367 Cf. PLANIOL, Marcel. *Traité elementaire de droit civil*. Principes généraux. Les personnes. La famille – Les incapables. Les biens. 6 éd. Paris: LGDJ, 1911. t. I, p. 362; FABRE-MAGNAN, Muriel. *Droit des obligations*. 1 – Contrat et engagement unilatéral. 3 éd. Paris: Presses Universitaires de France, 2007. p. 434.

Na recente reforma realizada em 2016, o artigo 1.118[368] foi substituído pelo artigo 1.168[369], passando, entretanto, da parte relativa aos vícios do consentimento para aquela que trata do conteúdo do contrato[370]. Nada obstante, a abrangência do texto é similar, uma vez que as exceções (artigos 1.169, 1.170 e 1.171) são as mesmas da redação anterior, sendo admitida a lesão relativa a determinados contratos – compra e venda de imóveis, venda de fertilizantes, partilha, cessão de direitos de exploração de uma obra –, ou a certas pessoas – maiores incapazes e menores[371].

Em sua tese de doutorado, publicada em 2006, GAËL CHANTEPIE[372] propunha nova redação aos artigos 1.118, 1.129, 1.308 e 1.313, introduzindo a revisão dos contratos pela lesão, com uma abrangência mais ampla, observando, em síntese, as seguintes diretrizes: a) o desequilíbrio entre as prestações deve ser verificado na data da conclusão do contrato; b) o desequilíbrio que excede mais da metade do valor

---

368 "La lésion ne vicie les conventions que dans certains contrats ou à l'égard de certaines personnes, ainsi qu'il sera explique en la même section". Tradução livre: "A lesão vicia as convenções apenas em relação a determinados contratos e determinadas pessoas, conforme será explicado na mesma seção". Cf. DESHAYES, Olivier; GENICON, Thomas; LAITHIER, Yves-Marie. *Reforme du droit des contrats, du régime general et la preuve des obligations*. Commentaire article par article cit., p. 325.

369 "Dans les contrats synallagmatiques, le default d'équivalance des prestations n'est pas une cause de nullité du contrat, à moins que la loi n'en dispose autrement". Tradução livre: "Nos contratos sinalagmáticos, a ausência de equivalência das prestações não é uma causa de nulidade do contrato, a não ser que a lei disponha de forma diferente". Cf. DESHAYES, Olivier; GENICON, Thomas; LAITHIER, Yves-Marie. *Reforme du droit des contrats, du régime general et la preuve des obligations*. Commentaire article par article cit., p. 325.

370 DESHAYES, Olivier; GENICON, Thomas; LAITHIER, Yves-Marie. *Reforme du droit des contrats, du régime general et la preuve des obligations*. Commentaire article par article cit., p. 325: "Le gouvernement a donc choisi d'inscrire la règle cardinale dans la Sous-section 3 qui envisage précisément les conditions de validité objectives du contrat, et ce pour y poser la limite ferme que ne doit pas franchir ce contrôle objectif. Il est très symptomatique, du reste, que le texte ait été déplacé entre la première version du projet d'ordonnance soumise à consultation et la version definitive: là où le projet faisait figurer en dernière place dans la sous-section, après des exceptions majeures qui lui sont apportées, il a finalement été 'remonté' en tête de ces exceptions pour en asseoir la primauté symbolique".

371 Cf. DESHAYES, Olivier; GENICON, Thomas; LAITHIER, Yves-Marie. *Reforme du droit des contrats, du régime general et la preuve des obligations*. Commentaire article par article cit., p. 326.

372 CHANTEPIE, Gaël. *La lésion*. Paris: LGDJ, 2006. p. 491-495.

das prestações presume-se importante; c) o juiz deve ter em conta todas as circunstâncias que cercaram a conclusão do contrato; d) a revisão é incabível quando o preço tenha sido determinado em concorrência pública; e) a revisão não é cabível nos contratos aleatórios; f) as partes podem deixar a um terceiro – independente e imparcial – a atribuição de fixar o preço, ou, caso isso não ocorra, o juiz escolherá outra pessoa de sua confiança para fazê-lo; g) prazo prescricional de três anos contados da conclusão do contrato; h) o juiz pode revisar o montante do preço, restabelecendo a equivalência das prestações, ou, se a revisão fizer desaparecer o interesse contratual de uma das partes, "pronunciar a nulidade".

Não obstante a origem romana[373] do instituto da lesão – ressalvada a discussão sobre a interpolação[374] havida no Código Justinianeu –, foi

---

[373] O instituto da lesão tem origem em dois fragmentos do Código de Justiniano, remetendo a duas Constituições de Diocleciano e Maximiliano, do século III depois de Cristo, e a segunda se refere à primeira, tomando-a como pressuposto. Trata-se de resposta a consulta formulada por certo *Lupus*, encontrada no *Codex Iustinianus*, Livro IV, Tít. XLIV, L. 2, sendo conhecida como "Lei Segunda". Já a "Lei Oitava", Codex Iustiniani, Livro IV, Tít. 44, L. 8, exprime inicialmente o conceito vulgarizado no terceiro século, advindo do direito clássico, de que o comprador sempre procura adquirir a coisa por um preço menor e o vendedor busca sempre vender por mais o que vale menos. Destaca que o preço é fruto da discussão, rebaixando o alienante o que pedira e aumentando o adquirente o que ofertara, salientando ser da essência da compra e venda o consentimento, e que, se este é dado sem dolo ou coação, o contrato está perfeito. Entretanto, se a venda foi realizada por menos da metade do justo preço (lesão *ultra dimidiam*), o vendedor pode pedir a rescisão do contrato (cf. PEREIRA, Caio Mário da Silva. *Lesão nos contratos*. 4.ed. Rio de Janeiro: Forense, 1993. p. 12-14; GIRARD, Paul Frédéric. *Manuel élémentaire de droit romain* cit., p. 575-576).

[374] René Dekkers (*La lésion enorme*: introduction à l'histoire des sources du droit. Paris: Sirey, 1937. p. 18-40) faz críticas à péssima redação da Lei Segunda, que repete cinco vezes o vocábulo *pretium*, duas vezes o verbo *recipere* e duas vezes o substantivo *emptor* em um texto de apenas quarenta e seis palavras e linguagem incongruente. Quanto à Lei Oitava, ressalta que, além de a exceção colocada ao final do texto colidir frontalmente com os princípios por ela enunciados, pois, ao tratar da essência da compra e venda, não fala em justo preço, generaliza em princípio geral uma opção dada em caso concreto – resposta a *Lupus* – no texto de 285, de complemento do preço pelo comprador. Diante disso, afirma tratar-se de um acréscimo de Justiniano que teria manipulado este segundo rescrito, de forma a conciliá-lo com a interpolação realizada no anterior: "Çe texte est semé d'embuches, du fait qu'il se compose de deux couches, espacées de plus de deux siècles. L'ancienne, qui remonte a Dioclétien, ignore l'action en rescision. Dans la plus récente,

pelos doutores da igreja[375] que se fortaleceu o sentimento de equidade nos contratos, tornando candente a preocupação com o justo preço, como se verifica nos textos de São Tomás de Aquino, calcado na noção aristotélica de justiça comutativa[376].

Como pontua ALVARO D'ORS[377], ademais, a rescisão do contrato de compra e venda de imóveis por "lesão enorme foi interpretada pelos comentaristas e legisladores medievais como uma exigência da moral contratual e, em consequência, foi estendida à venda de móveis e, também, a favor do comprador", lesionado este se o preço pago fosse acima de uma metade do justo valor da coisa.

Das construções do direito romano e da doutrina medieval cristã dos canonistas e glosadores a lesão passou para o antigo direito luso por meio das Ordenações Manuelinas (Liv. IV, Tít. XXX), Afonsinas (Liv. IV, Tít. XLV) e Filipinas (Liv. IV, Tít. XIII). No direito das Ordenações Filipinas, a faculdade de rescisão socorria tanto o comprador quanto o vendedor, na compra e venda de coisas móveis ou imóveis, bem como em qualquer das partes nos demais contratos comutativos, sendo o benefício irrenunciável. Quanto à desproporção das prestações, seguia o conceito da lesão *ultra dimidium* (mais da metade do justo preço) do direito romano. Ademais, previa a lesão enormíssima, nos termos da construção dos canonistas, anteriormente exposto[378].

Na segunda metade do século XIX, que se inicia com o Código Comercial de 1850, identifica-se no Brasil um movimento de repulsa ao

---

cette action est accordée au vendeur par Justinien, sous l'empire d'un idéal moral nouveau" (DEKKERS, René. *La lésion enorme*: introduction à l'histoire des sources du droit cit., p. 40).

375 Caio Mário da Silva Pereira sustenta que a influência da igreja no período tratado atingiu todos os setores da atividade humana, não fazendo sentido o estudo da lesão entre os juristas leigos e os canonistas: "Enquanto os canonistas construíram sobre os elementos do Direito Civil, que receberam das mãos dos pesquisadores leigos da escola bolonhesa, os juristas seculares derramavam em seus escritos aquela grandeza cristã – *charitas* – que ia muito mais longe que a *aequitas*" (*Lesão nos contratos* cit., p. 39).

376 Cf. GODOY, Claudio Luiz Bueno de. *Função social do contrato*: os novos princípios contratuais cit., p. 43; PEREIRA, Caio Mário da Silva. *Lesão nos contratos* cit., p. 43.

377 D'ORS, Alvaro. *Elementos de derecho privado romano*. 4. ed. Navarra: Ediciones Universidad de Navarra, 2010. p. 269.

378 RÁO, Vicente. *Ato jurídico*. 3. ed. São Paulo: Saraiva, 1981. p. 251-253.

instituto da lesão ao dispor no artigo 220 que não se verifica a lesão nas compras e vendas celebradas entre pessoas todas comerciantes. O Esboço de TEIXEIRA DE FREITAS não logrou êxito, mas as convicções de CLÓVIS BEVILÁQUA estampadas em seu Projeto de Código Civil prevaleceram no Código Civil, sancionado em 1.º de janeiro de 1916, com a exclusão do instituto da lesão[379].

A partir da década de 30 do século XX, ampla gama de leis de cunho socializante – locação (Decreto n.º 24.150, de 20 de abril de 1934, Decreto-lei n.º 4.598, de 20 de agosto de 1942, e Lei n.º 8.245 de 18 de outubro de 1991)[380], usura (Decreto n.º 22.626, de 7 de abril de 1933), crimes contra a economia popular (Lei n.º 1.521, de 26 de dezembro de 1951)[381], legislação trabalhista (Decreto-lei n.º 5.452, de 1.º de maio de 1943) etc. – passou a proteger os mais fracos nas relações contratuais, enfrentando-se as equivalências ou os desequilíbrios nos contratos.

O Código Civil de 2002 dispôs sobre a lesão em seu artigo 157, entre os defeitos do negócio jurídico, com a seguinte redação: "Ocorre a lesão quando uma pessoa, sob premente necessidade, ou por inexperiência, se obriga a prestação manifestamente desproporcional ao valor da prestação oposta". O § 1.º estabelece que a desproporção das prestações deve ser averiguada segundo os valores vigentes ao tempo em que foi celebrado o negócio jurídico. O § 2.º, por sua vez, determina a possibilidade de aproveitamento do negócio jurídico, evitando-se a anulação, se for oferecido suplemento suficiente, ou se a parte favorecida concordar com a redução do proveito.

---

[379] Cf. PEREIRA, Caio Mário da Silva. *Lesão nos contratos* cit., p. 99.

[380] PEREIRA, Caio Mário da Silva. *Lesão nos contratos* cit., p. 123-125.

[381] Antonio Junqueira de Azevedo expõe a seguinte reflexão sobre a lesão no direito brasileiro em 1986: "A lesão, no vigente direito brasileiro, tem tido pouca aplicação jurisprudencial; sua inclusão no nosso ordenamento, através da lei penal, não favorece a difusão de sua alegação. Como está caracterizada, trata-se da *lesão* que estamos denominando *usurária*. O artigo 4.º da Lei n.º 1.521, de 1951, dispõe: *Constitui crime da mesma natureza* (isto é, contra a economia popular), *a usura pecuniária ou real, assim se considerando:* a) *cobrar juros, etc. etc.* (é a usura pecuniária); b) *obter ou estipular qualquer contrato, abusando da outra parte, lucro patrimonial que exceda o quinto do valor corrente ou justo da prestação feita ou prometida* (é a usura real)" (AZEVEDO, Antônio Junqueira de. *Negócio jurídico e declaração negocial*: noções gerais e formação da declaração negocial cit., p. 206-207).

ANTÔNIO JUNQUEIRA DE AZEVEDO[382] denomina essa figura do artigo 157 de "lesão especial", distinguindo-a da "lesão enorme, ou propriamente dita (incluída a lesão enormíssima)" – surgida no direito romano –, e da "lesão usurária" – § 138, 2.ªalínea, do BGB, e artigo 1.448 do Código Civil italiano. Como aponta, "esta lesão difere da lesão enorme, porque não basta a desproporção entre a prestação e sua causa, e difere da lesão usurária, porque não se cogita do dolo de aproveitamento da parte beneficiada".

Da análise da regra jurídica do artigo 157 do Código Civil de 2002 verifica-se que são necessários um elemento subjetivo e um objetivo para a configuração da lesão.

O elemento subjetivo consiste no aproveitamento do estado de necessidade ou da inexperiência da outra parte contratante, não sendo relevante o conhecimento pela outra parte da situação de estado de necessidade ou inexperiência[383].

Por seu turno, o elemento objetivo consiste na manifesta desproporção entre prestação e contraprestação, devendo ser verificada no caso concreto (não existindo taxação como no direito romano ou no direito intermédio) averiguando-se os valores vigentes ao tempo do negócio jurídico celebrado[384].

---

382 AZEVEDO, Antônio Junqueira de. *Negócio jurídico e declaração negocial*: noções gerais e formação da declaração negocial cit., p. 205-206.

383 Quando do trâmite do Projeto de Código Civil brasileiro na Câmara dos Deputados, tentou-se retirar o vocábulo "inexperiência", por meio da Emenda n.º 189, de autoria do ex-Deputado e Presidente da República, Tancredo Neves. Argumentou-se à época que o vocábulo poderia gerar confusões com o erro e a ignorância. Todavia, essa emenda foi rejeitada, seguindo-se os argumentos de José Carlos Moreira Alves e da Comissão Revisora, segundo o qual "a inexperiência não se confunde com erro, pois não se trata de desconhecimento ou falso conhecimento de uma realidade", haja vista que "o inexperiente conhece a desproporção, mas por falta de inexperiência da vida, concorda com ela, sem atentar para as consequências maléficas" (ALVES, José Carlos Moreira. *A parte geral do projeto de Código Civil brasileiro* cit., p. 151).

384 José Carlos Moreira Alves, redator da parte geral do anteprojeto do Código Civil de 2002, traz-nos as seguintes observações sobre a lesão: "No tocante à lesão, o novo Código Civil brasileiro, no art. 157 se afastou dos sistemas alemão e italiano, e, portanto, do adotado pelo Código Civil português, que se orientou por ambos, já que observou a conceituação daquele, mas preferiu a solução deste. Assim, não se preocupa em punir a atitude maliciosa do favorecido – como sucede no direito italiano e no português, que, por isso mesmo, não deveriam admitir se evitasse a anulação se, modificado o contrato, desaparecesse o defeito –, mas, sim, em prote-

Ademais, consideramos que não se deva limitar a aplicação da lesão aos contratos comutativos[385], tendo razão aqueles que entendem possível a configuração desta nos contratos aleatórios, a depender do caso concreto. Estes podem ser lesivos ao se analisarem os riscos e se estes forem inexpressivos para uma das partes em contraposição aos suportados pela outra parte, no momento da celebração do negócio[386].

A última causa de anulabilidade do negócio jurídico que cabe mencionar é a fraude contra credores. Não se trata de vício de consentimento, pois inexistente divergência entre vontade interna e vontade

---

ger o lesado, tanto que, ao contrário do que ocorre com o estado de perigo em que a outra parte tem de conhecê-lo, na lesão este conhecimento é indiferente para que ela se configure, bastando, apenas, a ocorrência do requisito objetivo da manifesta desproporção entre a prestação e a contraprestação contraída por pessoa sob premente necessidade, ou por inexperiência. Ainda que haja a lesão, não se decretará a anulação do negócio jurídico se for oferecido suplemento suficiente, ou se a parte favorecida concordar com a redução do proveito (§2.º do artigo 157)" (O novo Código Civil brasileiro: principais inovações na disciplina do negócio jurídico e suas bases romanísticas cit., p. 21-22).

[385] Nesse sentido, o seguinte julgado do Superior Tribunal de Justiça, cuja ementa pedimos vênia para transcrever: "Direito civil. Contrato de honorários *quota litis*. Remuneração *ad exitum* fixada em 50% sobre o benefício econômico. Lesão. 1. A abertura da instância especial alegada não enseja ofensa a Circulares, Resoluções, Portarias, Súmulas ou dispositivos inseridos em Regimentos Internos, por não se enquadrarem no conceito de lei federal previsto no art. 105, III, 'a', da Constituição Federal. Assim, não se pode apreciar recurso especial fundamentado na violação do Código de Ética e Disciplina da OAB. 2. O CDC não se aplica à regulação de contratos de serviços advocatícios. Precedentes. 3. Consubstancia lesão a desproporção existente entre as prestações de um contrato no momento da realização do negócio, havendo para uma das partes um aproveitamento indevido decorrente da situação de inferioridade da outra parte. 4. O instituto da lesão é passível de reconhecimento também em contratos aleatórios, na hipótese em que, ao se valorarem os riscos, estes forem inexpressivos para uma das partes, em contraposição àqueles suportados pela outra, havendo exploração da situação de inferioridade de um contratante. 5. Ocorre lesão na hipótese em que um advogado, valendo-se de situação de desespero da parte, firma contrato *quota litis* no qual fixa sua remuneração *ad exitum* em 50% do benefício econômico gerado pela causa. 6. Recurso especial conhecido e provido, revisando-se a cláusula contratual que fixou os honorários advocatícios para o fim de reduzi-los ao patamar de 30% da condenação obtida" (REsp 1155200/DF, 3.ª Turma, Rel. Min. Massami Uyeda, Rel. p/ Acórdão Min. Nancy Andrighi, j. 22.02.2011, *DJe* 02.03.2011).

[386] Cf. TEPEDINO, Gustavo; BARBOZA, Heloisa Helena; MORAES, Maria Celina Bodin de. *Código Civil interpretado conforme a Constituição da República*: parte geral e obrigações (arts. 1.º a 420). Rio de Janeiro: Renovar, 2004. v. I, p. 295.

declarada, mas, sim, de vício social, em que o negócio jurídico é contrário à lei[387] ou à boa-fé[388]. Trata-se de "um mecanismo corretor que permite assegurar o respeito às finalidades do sistema jurídico"[389].

MOREIRA ALVES esclarece que o tratamento dos negócios jurídicos dos devedores que lhes diminuam o patrimônio, levando-os à insolvência, é opção de técnica legislativa[390], não tendo sido adotada pelo Código Civil brasileiro de 2002 a tese de que a fraude contra credores seria hipótese de ineficácia relativa, mantendo-se a sistemática adotada pelo Código Civil de 1916[391].

Além disso, o termo revogação é utilizado no sistema do Código Civil para a dissolução do negócio jurídico por vontade de somente uma das partes, tal como na revogação da doação por ingratidão, operando-se *ex nunc*. Ao contrário do adotado "nos sistemas jurídicos que admitem a revogação do negócio jurídico por fraude contra credores", em que se reconhece que o credor "retire a voz do devedor (revogação)"[392], no sis-

---

[387] Conforme destaca Alvino Lima, "utilizando-se dos próprios atos jurídicos, que a lei disciplina para o exercício regular dos poderes conferidos pelo direito, indivíduos sem escrúpulos frustram as finalidades lícitas daqueles atos, empregando-os irregular e ilicitamente; procuram atingir finalidades desonestas, antijurídicas, sob o disfarce ou a aparência do emprego regular de negócios jurídicos disciplinados e autorizados por lei" (*A fraude no direito civil*. São Paulo: Saraiva, 1965. p. 2).

[388] Nesse sentido: JOSSERAND, Louis. *Les mobiles dans les actes juridiques*. Préface de David Derroussin. Paris: Dalloz, 2006. p. 215-218; LOTUFO, Renan. *Código Civil comentado*: parte geral (arts. 1.º a 232) cit., p. 445; CARBONI, Michele. *Concetto e contenuto dell'obbligazione nel diritto odierno*. Torino: Fratelli Bocca, 1912. p. 262: "Si disse così di *frode*, di *buona fede violata* ecc., e non s'avverte che tutti questi concetti in tanto sono possibili in quanto sai esistente un obbligo che con l'atto si violi; in quanto, correspondentemente, esista un diritto che da esso atto sia leso: lo ius *utendi et abutendi*, come importa che non si possa togliere un atto, esercizio legittimo del diritto del debitore, non comporta neppureche si pensi esistente *frode*, o *violazione* di *buona fede*".

[389] FABRE-MAGNAN, Muriel. *Droit des obligations*. 1 – Contrat et engagement unilatéral cit., p. 407. Tradução livre de: "La fraude à la loi est une mécanisme correcteur permettant d'assurer le respect des finalités du système juridique".

[390] Nesse mesmo sentido: PONTES DE MIRANDA, Francisco Cavalcanti. *Tratado de direito privado*. Parte geral cit., t. IV, p. 424.

[391] ALVES, José Carlos Moreira. *A parte geral do projeto de Código Civil brasileiro* cit., p. 152.

[392] ALVES, José Carlos Moreira. *A parte geral do projeto de Código Civil brasileiro* cit., p. 153.

tema jurídico brasileiro o credor pode postular a decretação da anulação do negócio jurídico entre o devedor e terceiro, alegando a fraude.

Para PONTES DE MIRANDA, a solução adotada pelo direito brasileiro é acertada, pois as regras dos artigos 106 e 107 do Código Civil de 1916 (atuais artigos 158 e 159) "são de sanção no plano de validade, e não no da eficácia"[393]. Não se deve confundir, aliás, "a força constitutiva negativa da sentença com a eficácia de condenação à restituição, que só aproveita aos credores que vão ser admitidos a concurso ou à falência"[394].

O patrimônio do devedor é a garantia geral de todos os seus credores[395], sendo o princípio da responsabilidade patrimonial "o fundamento primordial dos direitos que a lei confere aos credores"[396]. Dessarte, "o devedor não só viola o princípio geral da responsabilidade patrimonial, extinguindo-se aquela garantia geral, que a lei confere ao credor, como fere o princípio da boa-fé"[397], que orienta todos os negócios jurídicos.

No direito romano, a responsabilidade pela inexecução poderia recair sobre a própria pessoa do devedor. Nesse contexto, JHERING observa que a alienação em fraude contra credores poderia gerar execução pessoal[398], e isso não foi alterado, "perdendo seu caráter aterrorizante"[399], até que a responsabilidade patrimonial ganhasse espaço no direito pretoriano com a chamada ação pauliana (*actio pauliana*)[400].

---

393 PONTES DE MIRANDA, Francisco Cavalcanti. *Tratado de direito privado*. Parte geral cit., t. IV, p. 468.

394 PONTES DE MIRANDA, Francisco Cavalcanti. *Tratado de direito privado*. Parte geral cit., t. IV, p. 469: "Quando se baralham conceitos de invalidade e de ineficácia cometem-se erros sem conta e tem-se de explicar como ficção o só ser válido para uns, o que se choca com tôda lógica".

395 Nesse sentido, os artigos 391 e 942, *caput*, do Código Civil brasileiro de 2002.

396 LIMA, Alvino. *A fraude no direito civil* cit., p. 86.

397 LIMA, Alvino. *A fraude no direito civil* cit., p. 87.

398 GIRARD, Paul Frédéric. *Manuel élémentaire de droit romain* cit., p. 452-453: "Dans le droit des derniers siècles de la République, le système des XII Tables, selon lequel le débiteur insolvable était mis à mort ou vendu comme esclave à l'étranger, a disparu. Il a été remplacé par l'emprisonnement privé et surtout par l'exécution sur les biens".

399 JHERING, Rudolph von. *L'esprit du droit romain*. Traduit sur la 3 éd. par O. de Meulenaere. 2 éd. Paris: A. Marescq Éditeur, 1877. t. IV, p. 452-453.

400 GIRARD, Paul Frédéric. *Manuel élémentaire de droit romain* cit., p. 453: "Le préteur est alors intervenu pour mettre une limite à la liberté de frauder les créanciers, comme il en avait mis une à la liberté de peser sur la volonté d'autrui par des mena-

No direito brasileiro, a fraude contra credores está caracterizada nos atos de transmissão gratuita de bens – *e.g.*: as doações, a renúncia à herança, a renúncia ao usufruto e "em geral de qualquer direito adquirido"[401] – ou remissão de dívida, por devedor insolvente, ou levado à insolvência pelo ato de liberalidade. Sua sanção é a anulabilidade.

Quando se tratar de alienação onerosa, a lei exige um elemento subjetivo, que é a existência de *consilium fraudis,* ou, na dicção do artigo 159 do Código Civil de 2002, "insolvência notória", ou se houver "motivo para ser conhecida do outro contratante". RENAN LOTUFO sustenta que "a insolvência será presumida quando o adquirente tinha especiais razões para saber do delicado estado financeiro do alienante, quer em virtude de parentesco, quer pelo preço do contrato ser vil, devido à relação de amizade"[402].

Presumem-se fraudatórias "as garantias de dívidas que o devedor insolvente tiver dado a algum credor", "em prejuízo dos direitos dos outros credores" (artigo 163 do Código Civil). Enquanto "presumem-se de boa-fé e valem os negócios ordinários indispensáveis à manutenção de estabelecimento mercantil, rural, ou industrial, ou à subsistência do devedor e de sua família" (artigo 164 do Código Civil).

1.5. NEGÓCIO JURÍDICO: EFICÁCIA

A eficácia jurídica é a irradiação da incidência da norma no suporte fáctico, ela é logicamente posterior a essa incidência[403], ou seja, consequência do fato jurídico. A relação jurídica determina o nascimento, a modificação ou a extinção de direitos e obrigações[404]. Como assevera PONTES DE MIRANDA, "a regra jurídica e com ela o sistema jurídico

---

ces ou de la déterminer par dol, et il l'a fait encore par la création d'une actio délictuelle. Il a puni la *fraus creditorum*, comme il avait puni le dol et la *metus*. Il a vu un délit dans l'acte par lequel un débiteur crée ou augmente sciemment son insolvabilité et il a organisé contre les auteurs de ce délit une action correspondant aux actions de *dolo* et *metus*, l'action appelée Paulienne dans le Digeste".

[401] Cf. Beviláqua, Clóvis. *Código Civil dos Estados Unidos do Brasil comentado* cit., v. 1, p. 358.

[402] LOTUFO, Renan. *Código Civil comentado*: parte geral (arts. 1.º a 232) cit., p. 448.

[403] PONTES DE MIRANDA, Francisco Cavalcanti. *Tratado de direito privado*. Parte geral. 4. ed. São Paulo: RT, 1983. t. V, p. 3.

[404] PONTES DE MIRANDA, Francisco Cavalcanti. *Tratado de direito privado*. Parte geral cit., t. V, p. 314.

determinam desde onde e até onde se opera a eficácia jurídica dos fatos jurídicos, qual a sua qualidade e qual a sua intensidade"[405].

No âmbito dos contratos, a situação normal é a eficácia do negócio válido, mas, excepcionalmente, têm-se também a eficácia do nulo (*e.g.*, o casamento putativo tem eficácia civil com relação ao cônjuge de boa-fé e aos filhos) e a ineficácia do válido (*e.g.*, atos subordinados à condição suspensiva, pois a condição como cláusula é elemento do negócio, porém o evento a que ela faz referência, cujo advento futuro é, nesse caso, um fator de eficácia)[406].

Feitas essas ponderações, ANTÔNIO JUNQUEIRA DE AZEVEDO classifica os fatores de eficácia em três espécies, a saber: (i) fatores de atribuição de eficácia em geral (= ato praticamente não produz nenhum efeito, *e.g.*, ato sob condição suspensiva); (ii) fatores de atribuição da eficácia diretamente visada (= antes do advento do fator de atribuição da eficácia diretamente pretendida, o negócio produz efeitos, porém não os efeitos normais, *e.g.*, negócio realizado entre o mandatário sem poderes e o terceiro, haja vista que o ato do representante sem poderes é somente, até a ratificação, ineficaz com relação ao representado; ocorrida a ratificação, o negócio adquire sua eficácia própria, nos termos do artigo 662 do Código Civil de 2002); (iii) fatores de atribuição de eficácia mais extensa (= necessário para que um negócio já com plena eficácia dilate seu campo de incidência, tornando-se oponível a terceiros, *e.g.*, cessão de crédito notificada ao devedor e registrada, nos termos do artigo 288 do Código Civil de 2002)[407].

O negócio é eficaz quando os efeitos pretendidos pelas partes são produzidos, de sorte que a eficácia é "a possibilidade de produzir os efeitos desejados no todo ou em parte"[408]. Esse poder que caracteriza os negócios jurídicos é exercido dentro do campo deixado pela lei, possibilitando, inclusive, que a "vontade dos figurantes do negócio jurídico"[409]

---

[405] PONTES DE MIRANDA, Francisco Cavalcanti. *Tratado de direito privado*. Parte geral cit., t. V, p. 5.

[406] AZEVEDO, Antônio Junqueira de. *Negócio jurídico*: existência, validade e eficácia cit., p. 49-56.

[407] AZEVEDO, Antônio Junqueira de. *Negócio jurídico*: existência, validade e eficácia cit., p. 57.

[408] AMARAL, Francisco. *Direito civil*: introdução cit., 10. ed., p. 615.

[409] MELLO, Marcos Bernardes de. *Teoria do fato jurídico*. Plano da eficácia. 9. ed. São Paulo: Saraiva, 2014. p. 50.

escolha entre "categorias eficaciais", suspendendo a irradiação (*e.g.*, condição suspensiva) ou mesmo extinguindo o efeito já verificado (*e.g.*, condição resolutiva ou termo final, resolução *stricto sensu*, resilição, rescisão, revogação, anulação, denúncia).

Entretanto, a lei não atribui apenas os efeitos queridos pelas partes, completando muitas vezes o que foi ajustado por meio de "normas gerais que dita para todos os tipos de negócios jurídicos, quaisquer sejam, e já mais concretamente por meio de normas que regulam cada uma das classes de negócios, agrupados e modelados de acordo com as características típicas da vontade das partes"[410], tendo em conta as respectivas categorias.

Nesse caminhar, quando tratamos dos negócios jurídicos, especialmente dos contratos, devemos distinguir três classes de elementos referentes aos efeitos legais ou acessórios[411]: a) essenciais (*essentialia negotii*); b) naturais (*naturalia negotii*); c) acidentais (*accidentalia negotii*).

Os elementos essenciais representam o mínimo a ser acordado pelas partes para que o contrato exista. Essenciais para cada tipo negocial previsto, nomeado e regulado na lei (= cláusulas que o caracterizam, que o distinguem dos demais, *e.g.*, na compra e venda *res, pretius e consensus*)[412].

Os elementos naturais, por sua vez, são os efeitos que os negócios produzem por força de disposições legais supletivas[413], sem necessidade de correspondente estipulação (*e.g.*, a responsabilidade pela evicção, artigo 447 do Código Civil de 2002[414]; ou a responsabilidade por perdas

---

[410] TUHR, Andreas von. *Tratado de las obligaciones* cit., p. 89 (tradução livre): "esta labor la lleva a cabo la ley mediante las normas generales que dicta para todo género de negocios jurídicos, cualesquiera que ellos sean, y ya más en concreto por médio de las normas que presiden cada una de las clases de negocios, agrupados y modelados con arreglo a las características típicas de la voluntad de las partes en cada una de ellas".

[411] TUHR, Andreas von. *Tratado de las obligaciones* cit., p. 90.

[412] ANDRADE, Manuel A. Domingues de. *Teoria geral da relação jurídica*. Facto jurídico, em especial negócio jurídico cit., p. 34.

[413] Cf. TUHR, Andreas von. *Tratado de las obligaciones* cit., p. 90; ANDRADE, Manuel A. Domingues de. *Teoria geral da relação jurídica*. Facto jurídico, em especial negócio jurídico cit., p. 36: "Os *naturalia negotii* não costumam ser versados na parte geral do direito civil, porque ou são privativos de cada um dos diversos tipos negociais particulares ou comuns apenas a certos grupos de negócios que se integram em cada uma das partes especiais do direito civil (negócios obrigatórios, disposições testamentárias)".

[414] "Artigo 447. Nos contratos onerosos, o alienante responde pela evicção. Subsiste esta garantia ainda que a aquisição se tenha realizado em hasta pública."

e danos e a incidência de juros de mora em caso de incumprimento da obrigação prevista no contrato, artigo 389 do Código Civil de 2002[415]).

Denominam-se elementos acidentais as estipulações que facultativamente se adicionam aos negócios para lhes modificarem uma ou algumas de suas consequências naturais[416], são as chamadas cláusulas acessórias dos negócios jurídicos, pois, não existindo o negócio, não deixariam de estar identificadas em abstrato e em concreto[417] (= são necessárias para que tenham lugar os efeitos jurídicos pretendidos, e.g., a condição, artigo 121 do Código Civil de 2002[418]).

A eficácia jurídica pode sofrer limitações de diversas formas, tais como as de ordem pessoal, espacial e temporal, entre outras[419]. Todavia, não é possível estabelecer em uma única fórmula todas as diferentes hipóteses, nem mesmo determinar de maneira genérica suas características e suas consequências[420]. Como adverte SANTORO-PASSARELI, "a categoria compreende hipóteses bastante variadas que não é possível nem interessa indicar exaustivamente"[421].

---

[415] "Artigo 389. Não cumprida a obrigação, responde o devedor por perdas e danos, mais juros e atualização monetária segundo índices oficiais regularmente estabelecidos, e honorários de advogado."

[416] TUHR, Andreas von. *Tratado de las obligaciones* cit., p. 90: "Son aquellos pactos que imprimen a los efectos jurídicos próprios del contrato una dirección diferente a la estabelecida por las normas subsidiarias del Derecho".

[417] ANDRADE, Manuel A. Domingues de. *Teoria geral da relação jurídica*. Facto jurídico, em especial negócio jurídico cit., p. 36: "Estas cláusulas podem variar ao infinito com a multiplicidade dos interesses ou situações negociais, e por isso não costumam ser objeto de uma teoria geral, que aliás nunca poderia ter uma transcendência apreciável. Ressalvam-se, porém, algumas poucas estipulações típicas – a condição, o termo e o modo – que podem inserir-se na generalidade dos negócios, ou pelo menos em algumas categorias de negócios não localizáveis na mesma parte especial do direito civil, como é o caso do modo (negócios gratuitos, especialmente as doações e testamentos). Só destas é uso tratar-se na parte geral do direito civil".

[418] "Artigo 121. Considera-se condição a cláusula que, derivando exclusivamente da vontade das partes, subordina o efeito do negócio jurídico a evento futuro e incerto."

[419] MELLO, Marcos Bernardes de. *Teoria do fato jurídico*. Plano da eficácia cit., p. 48.

[420] Nesse sentido: CASTRO Y BRAVO, Frederico de. *El negocio jurídico* cit., p. 529; SANTORO-PASSARELLI, Francesco. *Teoria geral do direito civil* cit., p. 217; STOLFI, Giuseppe. *Teoría del negocio jurídico* cit., p. 123.

[421] SANTORO-PASSARELLI, Francesco. *Teoria geral do direito civil* cit., p. 217.

A ineficácia pode depender da realização ou do defeito de uma formalidade que limita a determinadas pessoas os efeitos do negócio jurídico[422]. Assim, o compromisso de compra e venda[423], para ser oponível a terceiros, deve ser registrado no Cartório de Registro de Imóveis. O compromissário comprador – titular de direito real consistente na *oponibilidade contra alienações ou onerações futuras* – tem direito de sequela mesmo antes do pagamento do preço integral, de modo que pode reivindicar o imóvel seja do promitente vendedor, seja de terceiros, bem como postular a nulidade de alienações ou onerações futuras.

Por outra perspectiva, observando os direitos subjetivos e as situações jurídicas, PAUL ROUBIER[424] destaca que a principal característica dos direitos reais é sua oponibilidade a todos (*in re*[425]) *de forma absoluta, o que os diferencia dos direitos pessoais ou de crédito, cuja oponibilidade existe só com relação ao devedor (in personam)*, ou seja, de maneira relativa. Nada obstante, aduz que essa distinção fundada na oponibilidade como prerrogativa jurídica é deveras importante, mas não absoluta, pois os caracteres gerais dos direitos também são definidos por fatores de política jurídica. Como exemplo, coteja os direitos advindos do contrato de locação, assinalando que os locatários têm tanto direitos oponíveis a

---

[422] STOLFI, Giuseppe. *Teoría del negocio jurídico* cit., p. 123.

[423] Trata-se de figura bastante peculiar do direito brasileiro, tendo estruturado seus contornos ao longo dos anos pela doutrina, pela legislação e pela jurisprudência, cujo marco inicial é o Decreto-lei n.º 58/1937.

[424] ROUBIER, Paul. *Droit subjectifs et situations juridiques*. Réimpression de l'édition de 1952. Préface de David Deroussin. Paris: Dalloz, 2005. p. 340.

[425] Marcel Planiol faz as seguintes observações sobre o uso das palavras *jus in re* e *jus ad rem*: "Pour indiquer la différence de situation entre celui qui est *créancier* d'une chose et celui qui en est *propriétaire*, on dit souvent que ce dernier a un *jus in re*, tandis que le créancier n'a qu'un *jus ad rem*. Ces expressions ont été très employées par nos anciens auteurs (Pothier, Communauté, n.ºs 68 et 69). C'est toujours la malencontreuse idée du raport direct de la personne et de la chose, considéré comme élément caractéristique du droit réel: on veut exprimer par là que le créancier d'une chose ne peut obtenir que par l'intermédiaire de celui qui la lui doit. – Ces expressions, parfaitement inutiles d'ailleurs, ont en outre le tort de faire croire, par leur forme latine, qu'elles sont d'origine romaine, ce qui n'est pas. Elles ont été fabricues par les commentateurs, et rien dans les textes anciens n'en a provoqué la formation; ells sont un reflet du langage modern" (*Traité elementaire de droit civil. Les preuves. Théorie générale des obligations. Les contrats. Privilèges et hypothèques* cit., p. 662).

todos quanto direitos oponíveis somente aos locadores, e que apenas a legislação pode fixar os caracteres gerais desses direitos[426].

Ao analisar os limites pessoais de eficácia jurídica, MARCOS BERNARDES DE MELLO sopesa que esta, em regra, "limita-se à esfera jurídica do sujeito de direito a que se refere"[427], admitindo o direito somente excepcionalmente que "ato de terceiro possa interferir, de forma eficaz, em esfera jurídica de outrem"[428]. Como exemplo, oferece a hipótese da compra e venda feita *a non domino*. Esta, como sustenta PONTES DE MIRANDA, "é válida e eficaz, no plano do direito das obrigações"[429], faltando, todavia, ao acordo de transmissão o efeito de transmissão da propriedade, pois o vendedor não tem poder de disposição sobre a coisa. Sendo assim, tal contrato é ineficaz com relação ao titular de domínio[430], mas, pelo inadimplemento positivo do contrato[431], gera ao vendedor o dever de indenizar os danos sofridos pelo comprador[432].

---

[426] Tendo como fundamento a legislação francesa, Paul Roubier sustenta que os direitos reais podem ser dimensionados em dois tipos principais: a) os direitos reais de gozo ou de fruição, que têm como finalidade dar ao titular a fruição mais ou menos ampla da coisa; b) os direitos reais de garantia, que têm como finalidade servir de garantia aos direitos de crédito, concedendo ao credor vantagens particulares sobre os bens do devedor gravados com esses direitos (Cf. ROUBIER, Paulo. *Droit subjectifs et situations juridiques* cit., p. 341).

[427] MELLO, Marcos Bernardes de. *Teoria do fato jurídico.* Plano da eficácia cit., p. 48.

[428] MELLO, Marcos Bernardes de. *Teoria do fato jurídico.* Plano da eficácia cit., p. 48.

[429] PONTES DE MIRANDA, Francisco Cavalcanti. *Tratado de direito privado.* Parte geral cit., t. IV, p. 26.

[430] MELLO, Marcos Bernardes de. *Teoria do fato jurídico.* Plano da eficácia cit., p. 48: "A ação para que seja reconhecida a ineficácia do ato jurídico é declarativa, com forte carga de desconstitutividade, quando tenha havido registro público, em face da necessidade de sua desconstituição, como ocorre em casos de haver registro da venda de imóvel contratada por *non domino*".

[431] PONTES DE MIRANDA, Francisco Cavalcanti. *Tratado de direito privado.* Parte geral cit., t. IV, p. 27: "Não se trata de compra e venda nula, solução que revela bem parcos conhecimentos jurídicos nos que a afirmam; nem de compra-e-venda condicional, artifício inadmissível que se vê no acórdão da 2.ª Turma do Supremo Tribunal Federal, a 10 de junho de 1947 (*R. de J. B.*, 82, 17). O que ocorre é tão-sòmente, não poder ser prestado o que se prometeu, – o que se resolve com a pretensão às perdas e danos, por inadimplemento da obrigação oriunda do contrato consensual de compra-e-venda".

[432] MELLO, Marcos Bernardes de. *Teoria do fato jurídico.* Plano da eficácia cit., p. 48.

Outro tipo de ineficácia é a que está subordinada a limites temporais, dependendo de "uma circunstância geralmente casual"[433] que impede o advento dos efeitos do negócio (= condição suspensiva), ou que, ao se verificar, destrói os efeitos já produzidos[434] (= condição resolutiva)[435]. Essa ineficácia decorre da vontade das partes do negócio jurídico, dentro do campo de escolha deixado pela lei, podendo eleger categorias eficaciais[436].

Entretanto, os negócios jurídicos subordinados a determinadas condições podem ser inválidos, e não ineficazes, se essas condições forem impossíveis, física ou juridicamente – quando suspensivas –, ilícitas[437] – ou de fazer coisa ilícita – ou incompreensíveis ou contraditórias[438].

A eficácia pode estar adstrita temporalmente, outrossim, a um termo inicial ou final. O termo inicial suspende o exercício do direito[439], mas, diferentemente da condição, no termo o direito é adquirido desde a sua origem[440], não podendo, todavia, o titular exercê-lo, sendo permitidos atos de conservação[441]. Com efeito, no termo "o acontecimento é certo (*dies certus an*)"[442],

---

[433] STOLFI, Giuseppe. *Teoría del negocio jurídico* cit., p. 123. Tradução livre de: "La ineficácia puede depender de una circunstancia generalmente casual".

[434] STOLFI, Giuseppe. *Teoría del negocio jurídico* cit., p. 123.

[435] Em verdade, "sobrevindo a condição resolutiva, extingue-se, para todos os efeitos, o direito a que ela se opõe; mas, se aposta a um negócio de execução continuada ou periódica, a sua realização, salvo disposição em contrário, não tem eficácia quanto aos atos já praticados, desde que compatíveis com a natureza da condição pendente e conforme aos ditames de boa-fé", conforme dispõe o artigo 128 do Código Civil brasileiro de 2002.

[436] MELLO, Marcos Bernardes de. *Teoria do fato jurídico*. Plano da eficácia cit., p. 50.

[437] Nos termos do artigo 122 do Código Civil brasileiro de 2002, "são lícitas, em geral, todas as condições não contrárias à lei, à ordem pública ou aos bons costumes; entre as condições defesas se incluem as que privarem de todo efeito o negócio jurídico, ou o sujeitarem ao puro arbítrio de uma das partes".

[438] Conforme o disposto no artigo 123 do Código Civil brasileiro de 2002.

[439] Artigo 131 do Código Civil brasileiro de 2002.

[440] Assim, "a transmissão da propriedade verifica-se desde o momento da perfeição do contrato, motivo por que naquele a que se aplica a regra *res perit domino* os riscos da coisa correm por conta do credor" (GOMES, Orlando. *Introdução ao direito civil*. 10. ed. Rio de Janeiro: Forense, 1988. p. 420).

[441] Cf. GOMES, Orlando. *Introdução ao direito civil* cit., p. 419.

[442] PONTES DE MIRANDA, Francisco Cavalcanti. *Tratado de direito privado*. Parte geral cit., t. IV, p. 187.

não se sabe, apenas, quando ocorrerá[443], enquanto na condição o fato pode não ocorrer[444]. O termo final, por sua vez, atinge a eficácia, produzindo efeitos até a ocorrência do evento[445].

Distinta limitação eficacial imposta pela vontade das partes pode ser estabelecida por meio de encargo ou modo, que é um ônus imposto em um ato de liberalidade[446] (*e.g.*, doação, legado, constituição de renda, promessa de recompensa, entre outros negócios jurídicos)[447]. Não cumprido o encargo, cabe a revogação da doação[448], bem como no caso de ingratidão, nas hipóteses definidas pela lei[449].

Como vimos anteriormente, "a revogação é manifestação unilateral de vontade do revogante", que atinge a manifestação de vontade em ato jurídico *stricto sensu,* negócio jurídico unilateral ou bilateral precedente, "retirando-lhe a voz" e gerando a ineficácia pela superveniente deficiência do suporte fáctico[450], tal como pode ocorrer no testamento.

Nos casos de negócios jurídicos concluídos por terceiros sem poderes de representação, a eficácia fica suspensa até a ratificação do interessado[451].

---

[443] TRABUCCHI, Giuseppe. *Istituzioni di diritto civile.* 45. ed. Padova: Cedam, 2012. p. 150: "Il termine è un momento del tempo, dal quale cominciano a verificarsi, o fino al quale durano, gli effeti giuridici del negozio".

[444] PONTES DE MIRANDA, Francisco Cavalcanti. *Tratado de direito privado.* Parte geral cit., t. IV, p. 190.

[445] Pontes de Miranda ilustra com os seguintes exemplos: a) o direito de colher frutos há de cessar em 31 de dezembro; b) o beneficiado terá o usufruto até morrer (*Tratado de direito privado.* Parte geral cit., t. IV, p. 199).

[446] TRABUCCHI, Giuseppe. *Istituzioni di diritto civile* cit., p. 152.

[447] GOMES, Orlando. *Introdução ao direito civil* cit., p. 423.

[448] ALVIM, Agostinho. *Da doação.* 3. ed. São Paulo: Saraiva, 1980. p. 260-261.

[449] Nos termos do artigo 557 do Código Civil brasileiro de 2002, "podem ser revogadas por ingratidão as doações", nos seguintes casos: a) se o donatário atentou contra a vida do doador ou cometeu crime de homicídio doloso contra ele; b) se cometeu contra ele ofensa física; c) se o injuriou gravemente ou o caluniou; d) se, podendo ministrá-los, recusou ao doador os alimentos de que este necessitava.

[450] PONTES DE MIRANDA, Francisco Cavalcanti. *Tratado de direito privado.* Parte geral cit., t. IV, p. 9.

[451] Cf. SANTORO-PASSARELLI, Francesco. *Teoria geral do direito civil* cit., p. 219: "Esta tem um valor completamente distinto da confirmação do negócio anulável, consistindo numa apropriação retroactiva dos efeitos do negócio, salvos os direitos de terceiros, e daí que se exija para a ratificação, e não para a confirmação, o requisito da forma estabelecida para o negócio". No direito brasileiro, dispõe o artigo 662

Na gestão de negócios – que é a administração[452] voluntária de negócio alheio, praticada "em nome ou em proveito doutrem, sem representação, nem prévio consentimento deste"[453], ou nos dizeres de CLÓVIS BEVILÁQUA[454]: "um mandato espontâneo e presumido, porque o gestor procura fazer aquillo de que o dono do negócio o encarregaria, se tivesse conhecimento da necessidade de tomar a providência reclamada pelas circunstâncias" –, a ratificação pura e simples retroage ao dia do começo da gestão, produzindo todos os efeitos do mandato[455].

Outra hipótese de eficácia suspensa de negócio válido verifica-se na estipulação em favor de terceiro[456] – atribuição patrimonial gratuita resultante do negócio jurídico entre o promitente e o estipulante –, pois, não obstante ser pessoa estranha ao contrato, o terceiro (= beneficiário) deve aceitar o benefício, ficando a eficácia na dependência da sua. Não querendo a atribuição patrimonial, "o efeito do contrato não se realiza"[457]. Igualmente, no contrato com pessoa a declarar[458], a

---

do Código Civil de 2002 que "os atos praticados por quem não tenha mandato, ou o tenha sem poderes suficientes, são ineficazes em relação àquele em cujo nome foram praticados, salvo se este os ratificar". Ademais, a ratificação há de ser expressa, ou resultar de ato inequívoco, e retroagirá à data do ato".

452 Para Pontes de Miranda, a "gestão de negócios alheios sem outorga" (pode haver gestão de negócios alheios através de mandato, *e.g.*, ou decorrente da lei, *e.g.*: tutela, curatela – por isso. Pontes de Miranda prefere o termo "gestão de negócios alheios sem outorga", em vez de "gestão de negócios alheios" ou "gestão de negócios alheios sem mandato") é ato jurídico *stricto sensu*, e não negócio jurídico (Cf. *Tratado de direito privado*. Parte especial. 4. ed. São Paulo: RT, 1983. t. XLIII, p. 180-185).

453 Cf. GONÇALVES, Luiz da Cunha. *Tratado de direito civil*. 2.ed. São Paulo: Max Limonad, 1955. v. 4, t. 2, p. 486.

454 Beviláqua, Clóvis. *Código Civil dos Estados Unidos do Brasil comentado* cit., v. 1, p. 452.

455 Conforme o artigo 873 do Código Civil brasileiro de 2002.

456 Cf. SANTORO-PASSARELLI, Francesco. *Teoria geral do direito civil* cit., p. 219.

457 GOMES, Orlando. *Contratos* cit., p. 197.

458 Luiz Roldão de Freitas Gomes sustenta que a teoria da condição é a mais apta "a explicar a natureza jurídica deste contrato", pois "vê no contrato entre o promitente e o estipulante uma subordinação àquela modalidade do negócio jurídico, de caráter resolutivo da aquisição do último mediante a *electio*, evento cuja verificação importa, ao mesmo tempo, na aquisição do *electus*, que se encontrava suspensa, na dependência do seu implemento" (*Contrato com pessoa a declarar*. Rio de Janeiro: Renovar, 1994. p. 267).

eficácia do negócio jurídico está alternativamente suspensa, enquanto for possível a nomeação[459].

Além dessas possibilidades de limitações da eficácia, ou mesmo de ineficácia, usualmente fala-se em impugnabilidade[460] para indicar as hipóteses em que a um negócio válido verificam-se "circunstâncias extrínsecas"[461], em geral supervenientes, facultando o ordenamento jurídico a uma das partes ou a um terceiro a eliminação dos efeitos. Na dicção de CARIOTA FERRARA, essas circunstâncias extrínsecas podem ser de diferentes matizes a depender da técnica legislativa, dando relevância à "real e efetiva realização do resultado perseguido, ou à defesa de uma condição de igualdade entre as partes, ou à tutela de determinados terceiros, que podem se encontrar alcançados indiretamente pelos efeitos do negócio"[462]. Entre as classes de impugnabilidade, mencionam-se a resolução, a rescindibilidade, a redução de disposições testamentárias e de doações e a revogação[463].

No direito brasileiro, sendo o negócio jurídico existente e válido, podem surgir fatos supervenientes que atingem a relação jurídica, retirando a eficácia. Consoante esclarece RUY ROSADO DE AGUIAR, "são fatos supervenientes que atuam no plano da simples ineficácia (resolução, revogação, distrato, denúncia, extinção *ipso jure*, arrependimento e prescrição)"[464]. Esses fatos podem ser classificados segundo sua origem ou modo de atuação. No que tange à *origem*, podem provir da vontade das partes (inclusive quando previstos anteriormente no negócio jurídico) – *e.g.*, distrato, denúncia, arrependimento (artigo 49 do Código de Defesa do Consumidor), condição resolutiva (artigo 127 do Código Civil), cláusula resolutiva expressa (artigo 427 do Código Civil) –, ou das leis, independendo da vontade das partes – *e.g.*, pela perda da coisa (artigos 234 e 238 do Código

---

459 Cf. SANTORO-PASSARELLI, Francesco. *Teoria geral do direito civil* cit., p. 219.

460 Nesse sentido: CASTRO Y BRAVO, Frederico de. *El negocio jurídico* cit., p. 468-469; FERRARA, Luigi Cariota. *El negocio jurídico* cit., p. 315-320; LARENZ, Karl. *Derecho civil*: parte general cit., p. 653-662; STOLFI, Giuseppe. *Teoría del negocio jurídico* cit., p. 124-127; TUHR, Andreas von. *Tratado de las obligaciones* cit., p. 133-134.

461 FERRARA, Luigi Cariota. *El negocio jurídico* cit., p. 315.

462 FERRARA, Luigi Cariota. *El negocio jurídico* cit., p. 315.

463 FERRARA, Luigi Cariota. *El negocio jurídico* cit., p. 317-320.

464 AGUIAR JR., Ruy Rosado de. *Extinção dos contratos por incumprimento do devedor*. 2. tir. Rio de Janeiro: Aide, 2004. p. 23.

Civil), impossibilidade da prestação de fazer (artigo 248 do Código Civil), impossibilidade da obrigação de não fazer (artigo 250 do Código Civil), impossibilidade das obrigações alternativas (artigo 256 do Código Civil), extinção por fato não imputável ao devedor (artigo 235 do Código Civil), extinção por fato imputável ao devedor (artigo 475 do Código Civil), onerosidade excessiva (artigo 478 do Código Civil), prescrição. Quanto ao *modo* com que esses fatos extintivos atuam, pode ser de "efeito imediato" – tal como na cláusula resolutiva expressa ou na impossibilidade total e definitiva[465] –, por "efeito da manifestação de vontade" da parte – tal como na cláusula de arrependimento e na resolução convencional (por notificação) –, ou "dependente da manifestação de vontade" da parte, por meio de processo judicial, tal como nos casos de incumprimento do devedor (artigo 475 do Código Civil), ou modificação das circunstâncias (artigo 478 do Código Civil)[466].

Entendemos que a extinção dos contratos por causas supervenientes à sua formação pode ocorrer por resolução, resilição, distrato ou revogação. A resolução é cabível em casos de inexecução de uma das partes[467].

---

[465] Como esclarece Clóvis do Couto e Silva, "a impossibilidade das obrigações, ou melhor dito, das prestações, comporta duas divisões: uma é a impossibilidade antes e no momento da feitura do negócio (inicial), e a outra, a ele posterior, denominada superveniente. Ambas podem ser absolutas ou relativas. Diz-se que a impossibilidade é relativa, quando faltam ao devedor meios para prestar; tem aí o significado de insolvência (*Unvermöegn*) – o bem não está no patrimônio. A impossibilidade absoluta o é para todos; nem A nem B nem C, nem qualquer outra pessoa pode prestar. A impossibilidade ocorre sem culpa ou com culpa do devedor ou do credor. O negócio jurídico, cuja prestação é impossível de modo absoluto, impossibilidade essa inicial, é nulo. A impossibilidade relativa inicial não anula o negócio jurídico, pois, ainda que não possua o bem no momento da conclusão do negócio, poderá prestar, uma vez que a impossibilidade não o é para todos, isto é, absoluta. Se não tiver o objeto para prestar, é preciso verificar se não o possui por circunstância a ele imputável (culpa), ou em razão de caso fortuito ou de força maior" (*A obrigação como processo*. Rio de Janeiro: Editora FGV, 2006. p. 98-99).

[466] Cf. AGUIAR JR., Ruy Rosado de. *Extinção dos contratos por incumprimento do devedor* cit., p. 23-25.

[467] Antônio Junqueira de Azevedo e Francisco de Paulo de Crescenzo Marino bem observam que "um dos principais avanços do Código Civil de 2002 em matéria contratual encontra-se nos arts. 478 a 480. Referimo-nos à *excessiva onerosidade superveniente*, causa não somente de *resolução*, mas também de *revisão* dos contratos" (GOMES, Orlando. *Contratos* cit., p. 214).

Resilição[468], por sua vez, designa "o *modo de extinção* dos contratos por vontade de uma das partes"[469]. Já o distrato[470] é o modo de extinção dos contratos pelo acordo das partes ou *contrarius consensus*[471] (= negócio jurídico extintivo, feito em sentido inverso do negócio original, com a finalidade de dissolvê-lo), podendo ser chamada também de resilição bilateral[472]. A revogação, como vimos anteriormente, é a retirada da voz, possível em algumas modalidades de negócios jurídicos, tal como no mandato[473]. Por fim, devemos mencionar o termo rescisão, empregado de forma polissêmica no Código Civil de 2002, a abranger tanto a resolução (artigos 455 e 810) quanto a resilição (artigo 607)[474].

---

468 PLANIOL, Marcel. *Traité elementaire de droit civil. Les preuves. Théorie générale des obligations. Les contrats. Privilèges et hypothèques* cit., p. 439-440: "Le mot *résiliation* designe tout acte par lequel les parties défont eles mêmes le contrat qu'elles avaient fait. Anciennement, la forme du verbe 'résilier' était *resilir* (4 conjugaison) et le mot venait de 'resilire', sauter hors de, se départir. Ce verbe gouvernait l'ablatif et l'on disait 'resilir d'un contrat' (Godefroy, *Dictionnaire de l'ancienne langue française*, v.º Résilir)".

469 GOMES, Orlando. *Contratos* cit., p. 221. Conforme dispõe o artigo 473 do Código Civil de 2002, "a resilição unilateral, nos casos em que a lei expressa ou implicitamente o permita, opera mediante denúncia notificada à outra parte".

470 Nos termos do artigo 472 do Código Civil brasileiro, o negócio jurídico que contém o distrato deve ser feito da mesma forma que aquele exigido para o contrato a ser dissolvido.

471 Planiol prefere usar o termo *mutuus dissensus* (*Traité elementaire de droit civil. Les preuves. Théorie générale des obligations. Les contrats. Privilèges et hypothèques* cit., p. 440).

472 Cf. GOMES, Orlando. *Contratos* cit., p. 222.

473 Conforme prevê o artigo 682, I, do Código Civil de 2002. Nesse sentido, Coelho da Rocha já propugnava dizendo que o mandato acaba entre outras hipóteses, com a "revogação expressa, ou tácita, v.g., constituindo outro procurador para o mesmo negócio, porém neste caso a procuração anterior só fica revogada desde a notificação – Código comercial, art. 821. Nem o mandante fica desobrigado para com terceiros que, ignorando-a, trataram com o procurador, ainda que possa obrigar pela indenização – Código Civil francês, art. 2.005" (*Instituições de direito civil*. São Paulo: Saraiva, 1984. t. II, p. 448). Assim também: WINDSCHEID, Bernhard. *Diritto delle pandette*. Parte II. Traduzione Carlo Fadda e Paolo Emilio Bensa con note e riferimenti al diritto italiano vigente. Torino: UTET, 1904. v. 2, p. 181-182.

474 Nos moldes do direito italiano, em que cabível a *rescissione* nos casos de *stato di pericolo* (artigo 1.447 do *Codice Civile*) e *stato di bisogno* (artigo 1.448 do *Codice Civile*), Orlando Gomes define a rescisão como "a ruptura de contrato em que houve lesão)" (*Contratos* cit., p. 227).

1.6. AUTONOMIA PRIVADA E OS PRINCÍPIOS CONTRATUAIS CLÁSSICOS

Feitas as distinções entre os planos do negócio jurídico, trataremos dos princípios do direito contratual advindos do século XIX, ou seja, aqueles que giram em torno da autonomia privada: a) liberdade contratual; b) força obrigatória dos contratos; c) relatividade dos efeitos contratuais.

A noção de contrato como instrumento idealizado de regulação das relações humanas muitas vezes vem matizada na célebre frase de ALFRED FOUILLÉE[475]: "Qui dit contractuel dit juste". Após comparar a ideia jurídica de obrigações contratuais com a noção biológica de funções vitais, o filósofo francês conclui que "a ideia de um organismo contratual é idêntica àquela de uma fraternidade regrada pela justiça já que quem diz organismo diz fraternidade, e quem diz contratual diz justo". Dessa maneira, a frase de FOUILLÉE não deve ser lida de forma literal, mas sim dentro de seu contexto, no sentido orgânico trazido por ele.

Como salienta JEAN-FABIEN SPITZ[476], ao dizer que tudo o que é contratual é justo, FOUILLÉE não queria significar que tudo aquilo que é formalmente consentido cria um liame de direito e de obrigação, mas, ao contrário, que somente os acordos autenticamente contratuais – aquelas convenções que respeitam a justiça comutativa[477] – são suscetíveis de produzir efeitos.

---

[475] FOUILLÉE, Alfred. *La science sociale contemporaine*. 2. ed. Paris: Librairie Hachette et Cie Éditeurs, 1885. p. 410. "Quem diz contratual, diz justo" (tradução livre).

[476] SPITZ, Jean Fabien. "Qui dit contractuel dit juste": quelques remarques sur une formule d'Alfred Fouillée. *Revue Trimestrielle de Droit Civil*, Paris, n. 2, p. 281-286, avril-juin. 2007. p. 281: "lorsqu'il écrit que tout ce qui est contractuel est juste, Fouillée n'entend donc pas dire que tout ce qui est formellement consenti crée un lien de droit et d'obligation, mais au contraire que seuls les accords authentiquement contractuels sont susceptibles de produire de tels effets ; or le consentement et le contrat ne sont pas une seule et même chose, le second terme devant être réservé pour décrire non pas l'origine des sociétés et des relations interindividuelles mais la forme légitime que la société tend à se donner par un constant travail sur elle-même par lequel elle tend en permanence à réparer l'inégalité des conditions matérielles qui fait obstacle à la contractualité des rapports".

[477] Fouillée defende que a justiça entre as pessoas se dá pelos contratos, mas que estes também são a melhor maneira de reconciliar a justiça distributiva com a justiça comutativa: "Enfin, de même que le contrat est le fond théorique de la justice entre les personnes, il est aussi le meilleur moyen pratique de réaliser la justesse même dans les choses et de réconcilier en fait la justice distributive avec la justice

Em verdade, foi EMMANUEL GOUNOT quem tornou FOUILLÉE popular entre os juristas. Em sua tese sobre a autonomia da vontade no direito privado, expõe logo de início que o objeto de sua pesquisa é fazer uma crítica do dogma da autonomia da vontade como fator determinante das relações jurídicas, não pretendendo, todavia, propor uma construção nova[478].

No capítulo consagrado à doutrina individualista clássica da autonomia da vontade, GOUNOT faz profusas referências a FOUILLÉE, afirmando existir em França uma doutrina – podendo ser resumida em alguns axiomas: a) o indivíduo é a base do edifício social e jurídico; b) o indivíduo sendo uma vontade livre, a dignidade humana é tributária dessa liberdade – que influenciou de tal maneira os jurisconsultos nos dois séculos antecedentes que ela pode ser chamada de clássica.

Segundo essa doutrina, a autonomia da vontade é a explicação universal e causal das instituições sociais, dos direitos e obrigações da ideia de justiça e "a pedra angular de todo o edifício jurídico"[479]. Essa ideia, segundo GOUNOT, pode ser extraída de disciplinas das ciências sociais como a sociologia, a política e a economia[480] – de autores como

---

commutative. Que les personnes commencent par reconnaître réciproquement leur valeur morale, puis d'un comum accord fixent la valeur matérielle des objets; par cella même que cette appréciation sera réelement libre de part et d'autre et établie après une débat contradictoire, elle sera plus vraie. La distribution des choses est donc plus *proportonelle* quand elle se fait librement et par contrat; l'échange des choses est plus *égal* quand il résulte d'un contrat libre. Il est vrai que cette liberté est precisément ce qu'il ya de plus difficile à réaliser dans une société où la richesse est très inégalement distribuée et où la population, croissant plus vite que les subsistances, avilit facilement le prix du travail. Aussi, contrairement au «laissez faire» des économistes, on ne peut denier à l'État uncertain rôle (tout au moins provisoire) comme distributeur de la liberté même et de l'instruction nécessaire à la liberté des contrats" (*La science sociale contemporaine* cit., p. 46).

478 GOUNOT, Emmanuel. *Le principe de l'autonomie de la volonté en droit privé*: contribution à l'étude critique de l'individualisme juridique. Paris: Arthur Rosseau Editeur, 1912. p. 16-26.

479 GOUNOT, Emmanuel. *Le principe de l'autonomie de la volonté en droit privé*: contribution à l'étude critique de l'individualisme juridique cit., p. 28-29: "Sou la seule condition, en effet, que les deux volontés en présence respectent mutuellement leur liberté, tout contrat est juste: le droit n'a à se soucier ni de la valeur morale de la fin poursuivie par les parties, ni de la répercussion sociale de leur acte".

480 GOUNOT, Emmanuel. *Le principe de l'autonomie de la volonté en droit privé*: contribution à l'étude critique de l'individualisme juridique cit., p. 31

FOUILLÉE, TAINE, ROUSSEAU e KANT –, tendo os juristas se apropriado acriticamente dela por pura desídia intelectual, introduzindo na teoria jurídica dois dogmas: a) ninguém pode ser obrigado sem ter querido[481]; b) todo compromisso livre é justo[482]. O que pode ser expresso nas duas fórmulas jurídicas que GOUNOT atribui a FOUILLÉE: "Toda justiça [...] deve ser contratual"[483] e "quem diz contratual diz justo"[484].

Entendemos que o justo e o contratual existem apenas entre partes com a mesma força, cabendo aqui outra célebre proposição – formulada por ocasião da 52.ª Conferência de Notre-Dame, em 16 de abril de 1848, intitulada "Du double travail de l'homme" –, aquela de Henri-Dominique Lacordaire: "Entre le fort et le faible, entre le riche et le pauvre, entre le maître et le serviteur, c'est la liberte qui oprimme, et la loi qui affranchit"[485].

Ao rechaçar a especialização da locação de serviços[486] dos trabalhos domésticos, por ocasião das discussões realizadas na Comissão Espe-

---

[481] GOUNOT, Emmanuel. *Le principe de l'autonomie de la volonté en droit privé*: contribution à l'étude critique de l'individualisme juridique cit., p. 61-73.

[482] GOUNOT, Emmanuel. *Le principe de l'autonomie de la volonté en droit privé*: contribution à l'étude critique de l'individualisme juridique cit., p. 73-84.

[483] FOUILLÉE, Alfred. *La science sociale contemporaine* cit., p. 47 (tradução livre) apud GOUNOT, Emmanuel. *Le principe de l'autonomie de la volonté en droit privé*: contribution à l'étude critique de l'individualisme juridique cit., p. 61-62.

[484] FOUILLÉE, Alfred. *La science sociale contemporaine* cit., p. 410 (traducão livre) apud GOUNOT, Emmanuel. *Le principe de l'autonomie de la volonté en droit privé*: contribution à l'étude critique de l'individualisme juridique cit., p. 73.

[485] LACORDAIRE, Henri-Dominique. *Oeuvres du R. P. Henri-Dominique Lacordaire, Conférences de Notre-Dame de Paris*. Paris: Librairie Poussielgue Frères, 1872. t. III, p. 494: "Entre o forte e o fraco, entre o rico e o pobre, entre o mestre e o servo, é a liberdade que oprime e a lei que liberta" (tradução livre).

[486] BRASIL. *Projecto do Codigo Civil brazileiro*: trabalhos da Commissão Especial da Camara dos Deputados: mandados imprimir pelo ministro do interior, Dr. Sabino Barroso Junior. Rio de Janeiro: Imprensa Nacional, 1902. p. 54: "Em relação á primeira especie, estou convencido de que as disposições geraes sobre obrigações de fazer, sob a locação de serviço em genero, e as disposições particulares dos arts. 1.300 a 1.399 do *Projecto* são sufficientes para que as obrigações entre amos e serviçaes se travem com a segurança que o direito legal empresta aos actos juridicos. Esta orientação do Projecto não lhe é especial. O Codigo Civil Francez (art. I. 780, completado pela lei de 27 do dezembro de 1890, o hespanhol, art. 1.583 e seguintes, não são mais minuciosos. O italiano, o argentino, tão doutrinario e minucioso, o austriaco, o federal suisso das obrigações, o uruguayano e o allemão

cial da Câmara dos Deputados, quanto ao Projeto de Código Civil brasileiro, CLÓVIS BEVILÁQUA toma como uma de suas razões o fato de que, nesse caso, as leis que tratam do tema dessa maneira não socorrem ao mais fraco – estando em desacordo com a equidade – , como deve ser, mas, sim põem-se em favor do mais forte, "assegurando-lhe a dominação, mantendo-lhe a posse de uma situação jurídica superior, o *optimum jus* do patriciado romano, incorrendo na pecha de legislação burguesa, segundo a feliz adjetivação de alguns juristas, em vez de procurar ser uma legislação popular".

A vontade, para além de critério diferenciador de fatos e atos jurídicos, é elemento caracterizador da liberdade[487], seja ela política, social

---

não destacaram o assumpto, dedicando-lhe apenas alguns preceitos na generalidade das normas da locação de serviços. E' verdade que o Codigo Civil Chileno, artigos 1.987 e seguintes, o portuguez, art. 1.370 e seguintes; e o americano, art. 2.434 e seguintes, conteem dispositivos especiaes á domesticidade, á semelhança do que se deseja estabelecer entre nós, mas o exemplo dessas legislações citadas em ultimo logar não deve ser seguido".

[487] Em seu famoso discurso pronunciado no Ateneu Real de Paris em 1819, Benjamin Constant compara a liberdade dos antigos à dos modernos. Enquanto a liberdade dos antigos se concentrava no exercício do poder político, em prejuízo dos direitos individuais, a liberdade dos modernos se caracterizava mais pela fruição de direitos individuais do que de participar do poder político. Nesse contexto, sustenta: "Resulta, disso que acabo de expor, que nós não podemos mais gozar da liberdade dos antigos, que era composta pela participação ativa e constante no poder coletivo. De nosso lado, nossa liberdade deve ser composta pelo gozo tranquilo da independência privada. A parte que, na antiguidade, cada um tomava na soberania nacional, não era em absoluto, como em nossos dias, uma suposição abstrata. A vontade de cada um possuía uma influência real; o exercício de tal vontade era um prazer vívido e repetido. Consequentemente, os antigos estavam dispostos a fazer muitos sacrifícios em prol da conservação de seus direitos políticos e de sua parte na administração do Estado. Cada um, sentindo com orgulho tudo aquilo que vale seu sufrágio, encontrava, nessa consciência de sua importância pessoal, uma ampla compensação. Essa recompensa não mais existe hodiernamente para nós. Perdido na multidão, o indivíduo não percebe quase nunca a influência que exerce. Jamais sua vontade deixa sua impressão na assembleia; nada consta, a seus olhos, sua cooperação. O exercício dos direitos políticos não nos oferece, portanto, senão uma pequena parte das satisfações que os antigos encontravam nele, e, ao mesmo tempo, os progressos da civilização, a tendência comercial da época e a comunicação dos povos entre si multiplicaram e variaram ao infinito os meios de felicidade particular. Segue-se daí que devemos ser muito mais apegados do que os antigos à nossa independência individual. Pois os antigos, quando sacrificavam menos para obter mais; ao passo que nós, fazendo o mesmo sacrifício, daríamos mais para obter menos. O objetivo dos antigos era a partilha do poder social entre todos os cidadãos de uma

ou jurídica. Esta última consiste na possibilidade de a pessoa atuar com poder para criar, modificar ou extinguir direitos e obrigações[488].

FRANCISCO AMARAL distingue a autonomia da vontade da autonomia privada. Aquela é o princípio pelo qual faculta-se à pessoa praticar um ato jurídico, "determinando-lhe o conteúdo, forma e os efeitos", sendo seu principal campo de atuação o direito obrigacional. A autonomia privada, por seu turno, é o "poder que o particular tem de estabelecer as regras jurídicas de seu próprio comportamento"[489]. Assim, a autonomia da vontade é "a manifestação de liberdade individual no campo do direito", enquanto a autonomia privada é o "poder de alguém dar a si um próprio ordenamento jurídico", complementar ao ordenamento estatal[490].

Conforme reflexiona ANTUNES VARELA[491], a autonomia privada é um princípio mais amplo que a liberdade contratual, pois, além desta, abarca a liberdade de associação, a liberdade de testar, a liberdade de praticar diversos atos unilaterais (*e.g.*, anular, resolver ou denunciar negócios jurídicos, conceder procuração), a liberdade de tomar deliberações nos órgãos colegiados, entre outros.

O princípio da autonomia da vontade singulariza-se na liberdade de contratar. Na definição de ORLANDO GOMES, "a *liberdade de contratar propriamente dita* é o poder conferido às partes contratantes de suscitar os efeitos que pretendem, sem que a lei imponha seus preceitos indeclinavelmente"[492]. Além dessa liberdade de contratar propriamente dita, a liberdade de contratar abrange a "liberdade de estipular o contrato" e a "liberdade de determinar o conteúdo do contrato"[493].

---

mesma pátria. Era isso o que eles chamavam de liberdade. O objetivo dos modernos é a segurança nos prazeres privados; e eles chamam de liberdade as garantias concedidas pelas instituições a tais prazeres" (*A liberdade dos antigos comparada à dos modernos*: discurso pronunciado no Ateneu Real de Paris em 1819. Prefácio Christian Jecov Schallenmüller. Tradução Leandro Cardoso Marques da Silva. São Paulo: Edipro, 2019. p. 57-59).

488 AMARAL, Francisco. *Direito civil*: introdução cit., 10. ed., p. 464.

489 AMARAL, Francisco. *Direito civil*: introdução cit., 10. ed., p. 465.

490 AMARAL, Francisco. *Direito civil*: introdução cit., 10. ed., p. 465.

491 VARELA, João de Matos Antunes. *Das obrigações em geral*. 10. ed. Coimbra: Almedina, 2008. v. 1, p. 226-227.

492 GOMES, Orlando. *Contratos* cit., p. 26.

493 GOMES, Orlando. *Contratos* cit., p. 26.

Tratando da liberdade de concluir o contrato de determinar seu conteúdo, PONTES DE MIRANDA[494] assevera que "os homens são adstritos à vida em contactos rápidos, dos quais resultam ou que resultam negócios jurídicos necessários à alimentação, ao transporte, e a outras necessidades da existência", de modo que não seria razoável a exigência de forma especial para cada ato.

O papel da vontade na formação das obrigações e a liberdade de determinar o conteúdo do contrato é objeto das considerações de PLANIOL, sustentando que "mesmo os efeitos mais longínquos e imprevistos foram queridos pelas partes, porque as ideias se encadeiam com uma força lógica, e aquele que admite um princípio, admite também as consequências"[495], logo estão contidos no acordo de vontades os efeitos do contrato.

No direito moderno, os contratos têm força obrigatória ou, na dicção do artigo 1.134 do *Code Civil*[496], "as convenções legalmente formadas têm força de lei para aqueles que as assinaram". Para ALAIN BÉNABENT e DENIS MAZEAUD[497], esse dispositivo legal representa "o epicentro do direito francês dos contratos", contendo regras essenciais, haja vista representar a filosofia que estribou a codificação.

BAUDRY-LACANTINERIE[498] sustenta que essa regra não é nova, tendo sido por diversas oportunidades proclamada pelo direito romano, citando ULPIANO (D. 16, 3, 1, 6) – *Contractus legem ex conventione accipiunt*[499] –, *e que* DOMAT tomou os jurisconsultos romanos como

---

[494] PONTES DE MIRANDA, Francisco Cavalcanti. *Tratado de direito privado*. Parte geral. 4. ed. São Paulo: RT, 1983. t. XXXVIII, p. 40.

[495] PLANIOL, Marcel. *Traité elementaire de droit civil*. Les preuves. Théorie générale des obligations. Les contrats. Privilèges et hypothèques cit., p. 318. Tradução livre de: "Il n'y a pas d'exagération à dire que les effets du contrat, même les plus lointains et les plus imprévus, on été *voulus* par les parties, car les idées s'enchainent avec une force logique, et celui qui admet un príncipe en admet par cela même les conséquences. Les effets du contrat sont contenus dans l'engagement".

[496] Esse famoso artigo do *Code Civil* foi revogado pela Ord. n.º 2016-131, de 10 de fevereiro de 2016, passando a viger em 1.º de outubro de 2016.

[497] BÉNABENT, Alain; MAZEAUD, Denis. *Les grandes articles du Code Civil*. Paris: Dalloz, 2012. p. 84.

[498] BAUDRY-LACANTINERIE, Gabriel. *Traité théorique et pratique de droit civil*. Des obligations. Paris: L. Larose, 1897. t. 1, p. 311.

[499] Justiniano I. *Les cinquante livres du Digeste ou Des Pandectes de l'empereur Justinien*. Traduction Henri Hulot e Jean Francois Berthelot. Metz: Behmer et Lamort;

inspiração para propor a mesma ideia, enunciando que, "estando formadas as convenções, tudo o que foi convencionado vale como lei para aqueles que a fizeram"[500]. Ademais, em seu sentir, não violando uma norma de ordem pública, o contrato é oponível até mesmo ao texto legislativo[501].

Esse modelo liberal da autonomia da vontade pretende fundamentar a força obrigatória apenas na vontade[502]. Seu antecedente na Idade Média ancora a força obrigatória na ideia de promessa[503]. Como destaca ADAUCTO FERNANDES[504], para os canonistas "o indivíduo que prometeu a outrem e não cumpriu a sua promessa, mentiu à sua palavra empenhada, e cometeu pecado contra a divindade, incorrendo, por isso, nas penas eclesiásticas".

Costuma atribuir-se à escola do direito natural dos séculos XVII e XVIII a concepção moderna de contrato[505], unindo-se o jusnaturalismo à teoria voluntarista do contrato, buscando-se na vontade a justificação da força obrigatória (*pacta sunt servanda*)[506].

Paris: Rondonneau, 1804. t. 2, p. 436: "La convenion des parties fait la loi des contrats". "A convenção das partes faz a lei dos contratos" (tradução livre).

500 DOMAT, Jean. *Les loix civiles dans leur ordre naturel* cit., p. 30: "Les conventions étant formées, tout ce qui a été convenu tient lieu de loi à ceux qui les ont faites".

501 BAUDRY-LACANTINERIE, Gabriel. *Traité théorique et pratique de droit civil. Des obligations* cit., p. 311. Item 332.

502 Cf. DEMOGUE, René. *Traité des obligations en general*. Paris: A. Rousseau, 1923. t. 2, p. 129-130.

503 JHERING, Rudolph von. *L'esprit du droit romain* cit., t. IV, p. 325: "L'expression de ce formalisme outré de la volonté ne se trouve qu'au moyen-âge dans le principe de la force absolument obligatoire du serment promissoire: mais toujours il resta étranger au droit romain".

504 FERNANDES, Adaucto. *O contrato no direito brasileiro*. Rio de Janeiro: A. Coelho Branco F.º, 1945. v. 1, p. 78

505 Cf. DUGUIT, Léon. *Traité de droit constitutionnel* cit., p. 381; VILLEY, Michel. *La formation de la pensée juridique moderne* cit., p. 223, 240-241; FORRAY, Vincent. *Le consensualisme dans la théorie générale du contrat* cit., p. 536.

506 Tratando do princípio da autonomia da vontade, Georges Ripert destaca que o artigo 1.134 do *Code Civil* vem afirmar o "poder da vontade, criador de obrigações", o que parece especialmente forte quando se recorda do culto à lei durante o período revolucionário: "Pour en arriver à cette conception de la volonté souveraine, créant ell-même et par seule force des droits et des obligations, il a fallu que, dans l'oeuvre lente des siècles, la philosophie spiritualisât le droit pour dégager la volonté pure des forme matérielles par lesquelles elle se donnait, que la réligion chétienne

HUGO GROTIUS[507] traz como fundamento do contrato a promessa, e o consenso atrelado a esta, como fundamento da obrigatoriedade do contrato. Mesmo não usando o termo *pacta sunt servanda*, o centro nervoso do sistema do jusnaturalista holandês é a indispensabilidade de manter suas promessas[508], apoiando-se inclusive no direito canônico[509].

Para VINCENT FORRAY[510], o princípio do respeito à palavra dada ou *pacta sunt servanda* adquire uma perspectiva totalmente particular na Escola do Direito Natural — especialmente representada por HUGO GROTIUS e SAMUEL PUFENDORF —, diferente daquela existente no direito canônico, não sendo mais em razão do pecado cometido por aquele que não cumpre a promessa dada que esta deve ser cumprida, mas, sim, por-

---

imposât aux hommes la loi de la parole scrupuleusement gardée, que la doctrine du droit naturel enseignât la superiorité du contrat en fondant la société même sur le contrat, que la théorie de l'individualisme liberal affirmât la concordance des intérêts privés librement débattus avec le bien public. Alors put régner la doctrine de la autonomie de la volonté qui est à la fois la reconnaissance et l'exagération de la toute puissance du contrat" (*La règle morale dans les obligations civiles*. 3 ed. Paris: LGDJ, 1935. p. 39-40).

[507] GROTIUS, Hugo. *Le droit de la guerre et de la paix* cit., p. 320: "Il arrive, en effet, dans beaucoup des cas, qu'une obligation existe en nous, sans qu'aucun droit ne soit conféré à autrui: comme cela se voit dans le devoir de la charité et de la reconnaissance, auquel ressemble ce devoir de la constance à tenir sa parole, ou de fidelité".

[508] Na linha do pensamento de Hugo Grotius, Samuel Pufendorf sustenta um dever geral ou uma "obrigação de direito natural que todo homem mantenha sua palavra, ou cumpra suas promessas e honre seus contratos". Além disso, diferencia o que é devido por uma cortesia e o que é devido de uma promessa ou de um contrato, afirmando que "é verdade que eu posso razoavelmente desejar o honesto cumprimento do primeiro: Mas então, se o outro recusar meu pedido, eu posso acusá-lo de *dureza*, *crueldade* ou *conduta injusta*; mas não posso *obrigá-lo* a me fazer justiça, seja por seu próprio poder ou por alguma autoridade superior" (*Os deveres do homem e do cidadão*. Tradução Eduardo Francisco Alves. Rio de Janeiro: Topbooks, 2007. p. 170-171).

[509] Cf. FORRAY, Vincent. *Le consensualisme dans la théorie générale du contrat* cit., p. 538.

[510] FORRAY, Vincent. *Le consensualisme dans la théorie générale du contrat* cit., p. 539-540.

que o *pacta sunt servanda* reveste um valor racional e abstrato, em conformidade com o entendimento humano[511], tornando-se norma autônoma[512].

Forte em sua concepção de direito subjetivo[513] como interesse juridicamente protegido, RUDOLPH VON JHERING[514] defende que "a utilidade, e não a vontade, é a substância do direito". Em um sistema em que objetivo final do direito se confunde com a vontade, "todas as convenções que não contenham nada de imoral, nem de ilícito, devem ter força juridicamente obrigatória"[515], não importando se as partes tenham ou não um interesse pessoal[516], acarretando como consequên-

---

511 GROTIUS, Hugo. *Le droit de la guerre et de la paix* cit., p. 11: "Ce soin de l avie sociale, dont nous n'avons donné qu'une ébauche, et qui est conforme à l'entendement humain, est la source du droit proprement dit, auquel se rapportent le devoir de s'abstenir du bien d'autrui, de restituer ce qui, sans nous appartenir, est en notre possession, ou le profit que nous en avons retire, l'obligation de remplir ses promesses, celle de réparer le dommage causé par sa faute, et la distribution des châtiments mérités entre les hommes".

512 FORRAY, Vincent. *Le consensualisme dans la théorie générale du contrat* cit., p. 540: "L'effort de laïcisation mené par les jusnaturalistes modernes les conduit à rompre avec l'ordonnancement normatif de la théorie canoniste. La racionalité du système et des règles qui le composent doit se substituer aux sources théologiques".

513 A noção de direito subjetivo é uma das chaves do vocabulário jurídico e um dos fundamentos da ciência jurídica moderna consolidada após o jusracionalismo dos séculos XVII e XVIII. Para Michel Villey(*La formation de la pensée juridique moderne* cit., p. 223, 240-241) trata-se de uma construção do nominalismo de Guilherme de Occam que foi legada à filosofia moderna, passando na Alemanha de Gabriel Biel a Lutero, e na Inglaterra a Bacon, Hobbes, Locke e Hume. Seguem-se os trabalhos de Grotius, Pufendorf, Thomasius, Domat, Pothier, entre outros, que as Codificações jusracionalistas do final do século XVIII (*e.g.*, Código Civil da Prússia de 1794) e início do século XIX (*e.g.*, Código Civil francês de 1804) adotaram. O que se consagra com a noção de direito subjetivo é o poder jurídico da vontade humana individual como decorrência dos ideais liberais e do individualismo.

514 JHERING, Rudolph von. *L'esprit du droit romain* cit., t. IV, p. 325-326.

515 JHERING, Rudolph von. *L'esprit du droit romain* cit., t. IV, p. 325.

516 Jhering exemplifica como consequência desse sistema de direito baseado na vontade, que "uma convenção que impusesse a uma das partes uma restrição, sem utilidade alguma, por exemplo, a convenção de não poder alienar sua propriedade imobiliária, nem exercer uma certa profissão, seria perfeitamente válida". "Il en résultait qu'une convention qui imposerait à l'une des parties une restriction, sans procurer aucune utilité à l'autre, par exemple, le convention de ne pouvoir aliéner son fons, ni exercer une certaine profession, serait parfaitement valable" (*L'esprit du droit romain* cit., t. IV, p. 325).

cias a criação de numerosas restrições, mais e mais tirânicas, em nada necessárias no âmbito das relações privadas, tornando-se a liberdade um fantasma, e a vontade um instrumento de suicídio da liberdade.

Entretanto, qual seria a razão de ser ou o fundamento filosófico da obrigatoriedade dos contratos? GIORGIO GIORGI[517], após registrar que a força obrigatória dos contratos – o direito nascente deste – é o mais cosmopolita, presente em todos os Códigos, cataloga sete teorias ou sistemas que visam à elucidação do referido princípio: a) *sociabilidade* ou *pacto social* – teoria que assenta como fundamento da obrigatoriedade dos contratos uma "convenção tácita e primitiva" de fidelidade às próprias promessas; b) *ocupação, posse* ou *tradição* – a obrigação contratual vem representada pela promessa, constituinte de uma abdicação de direito, e pela aceitação, como uma ocupação do direito abdicado, realizando-se, desse modo, a tradição; c) *abandono da própria liberdade* – todo homem tem uma esfera particular de direito, na qual o ingresso de outrem pode ser impedido, mas, caso permita, livremente constituindo-o seu credor, não haveria injustiça na posição de devedor assumida; d) *interesse* – é o sistema utilitário, que fundamenta a obrigatoriedade dos contratos no interesse que tem o homem em manter suas promessas, visto que, caso contrário, dificilmente encontraria com quem contratar; e) *ahrens* – conjugando a moral e o interesse, essa teoria toma como pressupostos a razão e a consciência mandarem fazer o bem e respeitar as próprias promessas e a impossibilidade de manutenção da ordem social, caso as promessas pudessem ser quebradas impunemente; f) *neminem laedere* – fazer mal a outrem, tomando-lhe a propriedade, não é admissível, segundo o postulado da razão *neminem laedere*; g) *veracidade* – a lei da natureza obriga o homem a dizer a verdade, logo, as promessas devem ser mantidas (pode ficar calado ou falar, mas, se opta por falar, prometendo algo, o dever de ser verdadeiro obriga-o a cumprir o prometido).

HENRI DE PAGE[518] denomina o princípio da força obrigatória dos contratos de "princípio da convenção-lei". Calcado no artigo 1.134 do *Code Civil,* para o qual as convenções legalmente formadas (= observadas as formalidades legais, estabelecidas livremente e em pé de igual-

---

[517] GIORGI, Giorgio. *Teoria delle obbligazioni nel diritto moderno italiano*: esposta con la scorta della dottrina e della giurisprudenza cit., v. 3, p. 18-19.

[518] DE PAGE, Henri. *Traité élémentaire de droit civil belge*: principes, doctrine, jurisprudence. Les obligations (première partie). 3. ed. Bruxelles: E. Bruylant, 1964. t. 3, p. 453-454.

dade, sem vícios de vontade, incapacidade, ausência absoluta de objeto ou objeto contrário à lei) têm força de lei (= quanto ao conteúdo, são definitivas, contendo a mesma força que a lei), somente podendo ser modificadas ou revogadas pelo mútuo consenso ou pelas hipóteses previstas na lei, o jurista belga propõe algumas consequências.

Tendo em mente inclusive a jurisprudência franco-belga da primeira metade do século XX, sustenta que os juízes não estariam autorizados, por nenhuma consideração de equidade, ou outra justificativa, a modificar o conteúdo do contrato, ou seja, a lei estabelecida entre as partes[519]. Da mesma maneira, se uma causa de revogação ou de nulidade, disposta na lei, é invocada, cabe ao juiz pronunciar a nulidade, a resolução ou a rescisão, caso as condições legais estejam reunidas[520].

Como consequência da força obrigatória que se atribui aos contratos, estes criam obrigações, cujos efeitos estão restritos às partes contratantes, assim como a convenção diz respeito apenas às coisas objeto desta. POTHIER[521] assevera que se trata de princípio cujas razões são evidentes.

No tocante à limitação do objeto do contrato ao que foi convencionado, pondera que, como decorrência do fato de o contrato ter sido formado pela vontade das partes, ela não pode ter efeitos além daquilo que as partes tenham querido.

Ademais, no que concerne às pessoas atingidas pelas obrigações estipuladas no contrato, bem como pelo direito resultante, argumenta não poder atingir terceiro, nem lhe dar um direito, haja vista não ter concorrido a sua vontade para formar o contrato.

---

[519] DE PAGE, Henri. *Traité élémentaire de droit civil belge*: principes, doctrine, jurisprudence. Les obligations (première partie) cit., p. 455: "Tout ce qui vient d'être dit de l'équité, et de l'inopérance de son intervention en matière contractuelle, est rigouseurement conforme à la définition fondamentale de l'institution que nous avons données au tome 1, n.º 13. Faire prévaloir l'équité contre la loi du contrat, c'est précisément faire de l'équité la plus mauvaise application qu'on puisse concevoir; c'est, en réalité, *la déformer* (voy. tome 1, n.º 13, litt. A, petit texte)".

[520] DE PAGE, Henri. *Traité élémentaire de droit civil belge*: principes, doctrine, jurisprudence. Les obligations (première partie) cit., p. 455.

[521] POTHIER, Robert. *Traité des obligations* cit., p. 42-43. Como exceções ao princípio da relatividade dos efeitos dos contratos, Pothier destaca: a) as "cauções", visto que "as convenções realizadas entre os credores e o devedor principal aproveita aos garantes"; b) as substituições realizadas por um ato de doação entre vivos, "porque, por ocasião do evento que dá início, as pessoas chamadas a essas substituições, apesar de não terem sido partes no ato que as incluiu, adquirem o direito de demandar o donatário que ficou onerado, ou na sua sucessão, as coisas nela compreendidas".

PLANIOL[522] observa que os artigos 1.134 e seguintes do *Code Civil* tratam ao mesmo tempo dos efeitos das obrigações e os dos contratos, sendo, todavia, coisas bem distintas. O efeito do contrato é fazer nascer uma ou várias obrigações, enquanto as obrigações têm seus efeitos próprios, conforme regulados pela lei.

Os problemas surgem, como diz PLANIOL[523], quando as partes não são totalmente explícitas a respeito do conteúdo enunciado nas convenções, dispondo o artigo 1.135 do *Code Civil* que "as convenções obrigam não somente àquilo que foi exprimido, mas também a todas as consequências que a equidade, o uso ou a lei dão à obrigação de acordo com a sua natureza". Solução parecida já era fornecida pelo direito romano com relação às ações de boa-fé: "Ea quae sunt moris et consuetudinis in bonae fidei judiciis debent venire" (D. 21, 1, 31, 20 *Ulpianus libro I ad Edictum Aedilium currulium*)[524].

Além disso, o princípio é da "limitação das partes aos efeitos dos contratos", de modo que os terceiros não podem tirar proveito nem sofrer limitações em decorrência de um contrato que "não foi feito para eles nem por eles"[525], o que pode ser expresso no velho adágio: "Res inter alios acta, aliis neque nocere neque prodesse potest".

Nada obstante, PLANIOL[526] ressalva a regra excepcional em caso de fraude do devedor com relação aos direitos do credor, dando ensejo à ação revocatória ou à ação pauliana, bem como à situação dos sucessores universais que, ao recolherem o patrimônio do *de cujus*, também o sucedem em suas obrigações e em seus créditos.

---

[522] PLANIOL, Marcel. *Traité elementaire de droit civil*. Les preuves. Théorie générale des obligations. Les contrats. Privilèges et hypothèques cit., p. 385.

[523] PLANIOL, Marcel. *Traité elementaire de droit civil*. Les preuves. Théorie générale des obligations. Les contrats. Privilèges et hypothèques cit., p. 385.

[524] Justiniano I. *Les cinquante livres du Digeste ou Des Pandectes de l'empereur Justinien*. Traduction Henri Hulot e Jean Francois Berthelot. Metz: Behmer et Lamort; Paris: Rondonneau, 1804. t. 3, p. 171: "Parce que les clauses qui sont de stile e d'usage entrent toujours dans les actions de bonne foi". "Porque o que é de usos e costumes deve estar compreendido nos juízos de boa-fé" (tradução livre).

[525] PLANIOL, Marcel. *Traité elementaire de droit civil*. Les preuves. Théorie générale des obligations. Les contrats. Privilèges et hypothèques cit., p. 385-386.

[526] PLANIOL, Marcel. *Traité elementaire de droit civil*. Les preuves. Théorie générale des obligations. Les contrats. Privilèges et hypothèques cit., p. 386-387.

BAUDRY-LACANTINERIE, por sua vez, entende que o mandante não é um terceiro em relação à convenção, assim como o menor não deve ser considerado um terceiro pela existência de mandato legal. Igualmente, os associados são mandatários uns dos outros, o que exclui a posição de terceiro nas convenções relativas à sociedade civil[527]. No tocante a titulares de direitos a título universal, tais como os herdeiros, donatários e legatários universais, a própria lei pressupõe que os contratos são assinados por si e pelos seus herdeiros – nos termos do artigo 1.122 do *Code Civil*. Outrossim, nessa classe dos titulares de direitos a título universal incluem-se os credores quirografários[528].

Por derradeiro, BAUDRY-LACANTINERIE[529] assinala que o comprador de um imóvel recebe com este o que lhe foi acrescido ou retirado anteriormente, tal como uma servidão estabelecida entre o vendedor e um terceiro. PLANIOL[530], por sua vez, entende que essa regra pertence mais à teoria dos direitos reais do que à dos contratos.

TEIXEIRA DE FREITAS previu o princípio da relatividade dos efeitos do contrato no artigo 1.953 de seu *Esboço* do Código Civil, propondo que "os contratos válidos têm força de lei para as partes contratantes" e esclarecendo, além disso, reputar-se que "cada um contrata por si, e seus sucessores universais ou singulares, enquanto não constar o contrário". Assim, salvo as exceções previstas no artigo 1.956, as obrigações estabelecidas nos contratos "passam ativa e passivamente para os sucessores das partes contratantes"[531].

O Código Civil brasileiro de 1916, além de não definir o conceito de contrato, como vimos anteriormente, não continha dispositivos expressos com relação aos princípios clássicos da liberdade contratual,

---

[527] BAUDRY-LACANTINERIE, Gabriel. *Traité théorique et pratique de droit civil*. Des obligations cit., p. 494-495.

[528] BAUDRY-LACANTINERIE, Gabriel. *Traité théorique et pratique de droit civil*. Des obligations cit., p. 495.

[529] BAUDRY-LACANTINERIE, Gabriel. *Traité théorique et pratique de droit civil*. Des obligations cit., p. 495.

[530] PLANIOL, Marcel. *Traité elementaire de droit civil*. Les preuves. Théorie générale des obligations. Les contrats. Privilèges et hypothèques cit., p. 388.

[531] FREITAS, Augusto Teixeira de. *Esboço do Código Civil* cit., v. 2, p. 364.

da força obrigatória dos contratos[532] e da relatividade dos efeitos do contato, decorrendo do próprio sistema e de sua lógica interna.

Por seu turno, o Código Civil de 2002, não obstante ter mantido as linhas gerais do Código anterior – substituindo apenas a expressão genérica *ato jurídico* pela "doutrina moderna"[533] do *negócio jurídico* –, sem definição de contrato e enunciação expressa dos princípios clássicos, dispôs de forma geral e principiológica[534] sobre "os contratos em geral" (Capítulo I, do Título V, do Livro I, da Parte Especial), estabelecendo expressamente os princípios da função social (artigo 421, *caput*), da boa-fé objetiva (artigo 422) e equilíbrio econômico (parágrafo único do artigo 421 e artigo 421-A, cumulados com os artigos 478 a 480).

1.7. NOVOS PRINCÍPIOS CONTRATUAIS

A história do direito contratual – e da liberdade contratual – sempre girou em torno de um movimento equalizador entre a liberdade e a ordem pública[535]; entre o contrato formal, determinado pelo direito estrito, como era nos primórdios do direito romano, e a projeção da vontade e do consenso, a partir do direito pretoriano, já no período

---

[532] Sobre o princípio da força obrigatória dos contratos, Silvio Rodrigues (*Direito civil. Dos contratos e das declarações unilaterais da vontade*. 26. ed. rev. São Paulo: Saraiva, 1999. v. 3, p. 17-18) e San Tiago Dantas (Evolução contemporânea do direito contratual cit., p. 6) ressalvam encontrar um limite na regra da impossibilidade da prestação por caso fortuito ou força maior, que gera a extinção da obrigação.

[533] ALVES, José Carlos Moreira. *A parte geral do projeto de Código Civil brasileiro* cit., p. 81.

[534] Como bem observa Valérie Lasserre-Kiesow, textos legislativos precedidos por declarações de objetivos e de princípios, chamadas "legislações programas", são característicos dos últimos vinte anos do século XX (Cf. LASSERRE-KIESOU, Valérie. *La téchnique législative*: étude sur les Code Civils français et allemand. Paris: LGDJ, 2002. p. 425). No Brasil, podemos verificar essa tendência, *e.g.*, no Código de Defesa do Consumidor (Lei n.º 8.092/1990), no Marco Civil da Internet (Lei n.º 12.965/2014), na Lei Geral de Proteção de Dados Pessoais (Lei n.º 13.709/2018), entre outras legislações a regulamentar o direito privado.

[535] FOUILLÉE, Alfred. *L'idée moderne du droit*. Paris: Librairie Hachette, 1890. p. 394: "Notre théorie réconcilie l'idée de liberté avec celles de *puissance* supérieure et d'*intérêt* supérieur: le droit concret et complet, à la fois ideal et réel, devient le *maximum de liberté, égale pour tous les individus, qui soit compatible avec le maximum de liberté, de force et d'intérêt pour l'organisme social*".

clássico[536]. De outro modo, como prefere MURIEL FABRE-MAGNAN, trata-se de um movimento que busca balancear a liberdade e a servidão[537], advertindo, nesse contexto, que, se a liberdade contratual tem como fundamento "a faculdade de fazer tudo aquilo que queremos", significando até mesmo a liberdade de perder a liberdade, o direito passa a ser destruído por dentro, deixando como consequência relações de dominação e de poder[538].

Por outra perspectiva, conforme adverte CARVALHO DE MENDONÇA, não obstante todas as tratativas que podem anteceder a formação do contrato, é raríssimo não ocorrer desacordo mais ou menos intenso de uma das partes com relação às cláusulas acordadas, no momento da execução[539]. Tal fenômeno foi bem ilustrado por WILLIAM SHAKESPEARE em *O mercador de Veneza*, no contrato entre o mercador (Antonio) e o judeu (Shylock) – em verdade, o empréstimo de três mil ducados, para devolução em três meses, foi feito por Bassanio, tendo Antonio como fiador, estipulando-se como cláusula penal: "ceder por equidade uma libra de vossa bela carne, que poderá ser escolhida e cortada de não importa que parte de vosso corpo que for de meu agrado"[540]). Para satisfazer as urgentes necessidades de seu amigo Bassanio, o mercador aceita as condições impostas por Shylock, todavia, quando ocorre a inexecução – todos os seus navios perderam-se em águas oceânicas e se encontrava impossibilitado de quitar a dívida –, a cláusula é questionada no tribunal. Apesar de Bassanio oferecer 6 mil du-

---

536 LÉVY, Jean-Philippe; CASTALDO, André. *Histoire du droit civil* cit., p. 721: "Deux grandes innovations se produisent au début de la période classique: d'une part, apparaissent des contrats *consensuels* et, d'autre part, ces contrats sont sanctionnés par des actions dites de *bonne foi*".

537 FABRE-MAGNAN, Muriel. *L'institution de la liberté*. Paris: Presses Universitaires de France, 2019. p. 63.

538 FABRE-MAGNAN, Muriel. *L'institution de la liberté* cit., p. 344. Tradução livre.

539 MENDONÇA, Manoel Ignacio Carvalho de. *Dos contratos no direito civil brazileiro*. 2. ed. Rio de Janeiro: Livraria Freitas Bastos, 1938. v. I, p. 18: "Quase sempre o contracto é a solução de uma situação afflictiva, a sahida única de uma dificuldade que as circumstancias da vida acarretam".

540 SHAKESPEARE, William. The merchant of Venice. In: SHAKESPEARE, William. *The complete works of William Shakespeare*. New York: Barnes & Noble, 1994. p. 392: "Be nominated for an equal poun Of your fair flesh, to be cut off and taken In what part of your body pleaseth me".

cados – conseguidos após o casamento com Portia[541] –, o judeu insiste no cumprimento do estipulado no contrato[542]. Nessa esteira, seguindo os termos literais da convenção, o juiz (doge ou duque de Veneza) determina que, de acordo com o contrato, ele poderia cortar uma libra da carne de Antonio, mas sem derramar uma gota de sangue[543].

Em sua consagrada obra sobre a ascensão e o declínio do princípio da liberdade contratual (*The rise and fall*), PATRICK ATIYAH[544] sustenta seu nascimento ligado à propriedade, influenciado pelo pensamento de LOCKE e de HOBBES, bem como seu declínio, no período que vai de 1870-1970, com o nascimento das primeiras grandes legislações consumeristas e sociais. Nesse contexto, examinaremos os novos princípios contratuais, nascidos na esteira dos movimentos sociais do final do século XIX e da primeira metade do século XX, gravitando em torno da noção de ordem pública: a) boa-fé objetiva (eticidade[545]); b)

---

[541] SHAKESPEARE, William. The merchant of Venice cit., p. 404: "Portia. What, no more? Pay him six thousand, and deface the bond; Double six thousand, and then treble that, Before a friend of this description Shal lose a hair through Bassanio's fault".

[542] SHAKESPEARE, William. The merchant of Venice cit., p. 407: "If very ducat in six thousand ducats Were in six parts, and every part a ducat, I would not draw them, – I would have my bond".

[543] SHAKESPEARE, William. The merchant of Venice cit., p. 410-411. Ademais, segundo as leis de Veneza, por ter sido comprovado que um estrangeiro, por meio de manobras diretas ou indiretas, atentou contra a vida de um cidadão, este fica com a metade de seus bens e a outra metade vai para o tesouro público. Todavia, Antonio postula ao Doge que a multa seja reduzida à metade, usando esta até a morte de Shylock, para entregar-lhe ao cavalheiro que raptara a filha, bem como que se converta ao cristianismo e deixe por ato de última vontade – feita perante o Tribunal – tudo o que possua ao seu genro Lorenzo e à sua filha, o que é aceito pelo tribunal.

[544] ATIYAH, P. S. *The rise and fall of freedom in contract* cit., p. 681-725.

[545] REALE, Miguel. *O projeto de Código Civil*: situação atual e seus problemas fundamentais. São Paulo: Saraiva, 1986. p. 8: "A todo instante, vamos encontrar, no Projeto de Código, essa presença da exigência de eticidade. É a eticidade que exige – como veremos mais tarde –, tanto no momento da estipulação de um contrato como durante sua execução, que as partes se conduzam segundo os ditames da probidade e da boa-fé. São também exigências de ordem moral que nos levam, outrossim, à disciplina do estado de perigo como um elemento fundamental para aquilatar-se da responsabilidade de quem se empenhou".

função social dos contratos (socialidade[546]); c) equilíbrio econômico dos contratos (equidade[547]).

A palavra *fides* tem amplo significado na língua latina[548] e, antes de ser laicizada e transportada ao direito, tem sua origem no culto que o rei Numa Pompilio estabeleceu à deusa *Fides*, para "ensinar aos romanos que a maior promessa que eles poderiam fazer era de jurar a sua fé"[549]. Consagrando um culto à *Fides*, Numa busca estabelecer Roma sobre os pilares da lei e dos costumes[550], em oposição à sua origem na

---

[546] REALE, Miguel. *O projeto de Código Civil*: situação atual e seus problemas fundamentais cit., p. 9: "E é por esta razão que estabelecemos um artigo do Projeto de Código Civil, que me parece muito importante ter presente, no qual se declara que contrato terá que ser analisado em razão de sua *função social*. É o princípio da socialidade governando o Direito Obrigacional. É logo o primeiro artigo, quase que um preâmbulo de todo o direito contratual".

[547] GOMES, Orlando. *A crise do direito*. São Paulo: Max Limonad, 1955. p. 274: "O postulado da força obrigatória das convenções vem sendo agredido em todos os flancos, num ataque pertinaz, no qual as novas ideias da *imprevisão* se aleitam no úbere da medieva cláusula *rebus sic stantibus*".

[548] SARAIVA, Francisco Rodrigues dos Santos. *Novissimo diccionario latino-portuguez*: etymologico, prosodico, historico, geographico, mytologico, biographico, etc. 7. ed. Rio de Janeiro: H. Garnier, 1916. p. 485: "Fides, *ei, s. ap. f.* (de *fidere*). 1.º Fé, boa-fé, lealdade, sinceridade; veracidade, consciência, rectidão, fidelidade, honra, dever, justiça, honestidade, integridade, probidade; fidelidade, dedicação fiel; fidelidade (do devedor); discrição; acção de guardar fielmente, guarda, conservação; 2.º Fé, palavra dada, promessa, juramento; salvo-conducto, passaporte, guarda; caução, fiança, garantia; 3.º Protecção, patrocinio, tutela, ajuda, arrimo, guarida, assistencia, socorro; 4.º Fé, confiança; crédito (*ter. comm*). 5.º Crença, certesa, confiança, segurança, credito, opinião, fé (religiosa); 6.º Garantia (d'um facto), responsabilidade, autoridade, authenticidade; prova, demonstração, testimunho, certesa, evidencia; cumprimento, execução, effeito, realidade, verdade, caso, facto, coisa; 7.º *Bonâ fide*. Inteiramente, completamente, de todo; 8.º A Boa Fé (divindade); a Fé, a Religião".

[549] PLUTARCO. *Abrégé des vies des hommes ilustres*. De ce célèbre écrivain, avec des leçons explicatives de leurs grandes actions. Traduction Catherine-Joseph-Ferdinand Girard de Propiac. 5 ed. Paris: Gerard, 1826. t. 1, p. 31. Tradução livre de: "Numa fut le premier qui bât un temple à la Foi et au Therme, pour apprendre aux Romains que les plus grand serments qu'ils pussent faire était de jurer leur foi".

[550] LÍVIO, Tito. *Histoire romaine*. Traduction Arsène Ambroise Joseph Liez, Nicolas-Auguste Dubois e Victor Verger. Paris: C. L. F. Panckoucke, 1830. p. 65.

violência e na guerra[551]. Como bem mensura PIERRE GRIMAL[552], a grande inovação de Numa foi introduzir uma *Fides publica*[553]*, que suscitou a prática da Fides* entre os romanos e em relação a outros povos. Assim, já no final da República, Cícero afirma que o "o fundamento da justiça é a fidelidade, quer dizer, a sinceridade das promessas e dos acordos e sua lídima observância". Ademais, em consonância com o pensamento estoico, sustenta no *De Officiis* que *fides* deriva de *fit* ("cumpre-se, faz-se")[554], enquanto no *De Republica* assevera que *fides*, boa-fé, confiança, fidelidade, lealdade, parece receber seu nome de *cum fit*, aquilo que fazemos, aquilo que dizemos[555].

No direito romano, mais do que lealdade à palavra dada, a boa-fé (*bona fides*) contratual implica um dever de respeito à reciprocidade pelas partes[556], que se verifica na intenção cristalina com que a pessoa realiza o negócio, sem dolo (*dolus*) ou engano (*fraus*), certa de estar agindo em conformidade com o direito, passando a ter a proteção dos

---

551 JHERING, Rudolph von. *L'esprit du droit romain*. Traduit sur la 3 éd. par O. de Meulenaere. 2 éd. Paris: A. Marescq Éditeur, 1877. t. I, p. 98: "Alors seulement, et avec 'Numa, apparaissent la religion et la moralité. La paix est assurée au dehors. A l'intérieur, les conditions de la vie publique régulière sont garanties: le règne de la force brutale est terminé, le moment est venu de commencer l'éducation morale du people".

552 GRIMAL, Pierre. "Fides" et le secret. *Revue de l'Histoire des Religions*, Paris, t. 185, n. 2, p. 153, abr. 1974. Disponível em: https://www.persee.fr/doc/rhr_0035-1423_1974_num_185_2_10135. Acesso em 27 dez. 2021.

553 D'ORS, Alvaro. *Elementos de derecho privado romano* cit., p. 36: "La *fides* es una idea central del pensamiento jurídico y político de Roma. Es una virtude del más poderoso; así, la *fides deorum* es la protección que dispensan los dioses, y la *fides Romana* por execelencia es la firmeza de Roma respecto a sus aliados (de donde *foedus*, alianza); asimismo hay una *fides patroni* respecto a los próprios clientes (§ 21), una *fides tutorism iudicis*, etc.".

554 CICERO, Marcus Tullius. *Los deberes*. Traducción José Guillén Cabañero. Madrid: Alianza Editorial, 2001. p. 70. Tradução livre de: "El fundamento de la justicia es la fidelidad, es decir, la sinceridad de las promesas y de los convênios y su pura observancia". Conforme consta da nota de rodapé 46, "la palabra *fides* procede de una raíz indoeuropea, *bheidh-bhidh-* "ligar", "lo que liga a uno", de donde también *fido* y el griego πειθω".

555 CICERO, Marcus Tullius. *De la République*. Des lois. Traduction Charles Appuhn. Paris: Garnier-Flammarion, 1965. p. 97.

556 D'ORS, Alvaro. *Elementos de derecho privado romano* cit., p. 253: "Con esta buena fe se relaciona la medida del 'buen administrador' (*bonus pater familias*), referida a una diligencia general y no especializada en vários saberes".

bonae fidei iudicia[557]. No âmbito do direito das coisas, especialmente na usucapião, a boa-fé caracteriza-se pela ignorância por parte do possuidor de vício com relação ao negócio jurídico de transmissão[558], mas, também, sobretudo, pela crença de o possuidor não estar ferindo direito alheio, ao entrar na posse da coisa[559].

A disseminação da boa-fé (*bona fides*) na ordem jurídica romana está associada ao combate ao formalismo promovido pelo direito pretoriano, tendo seus "frutos mais significativos nos *bonae fidei iudicia*"[560].

---

[557] Nesse sentido: WIEACKER, Franz. *El principio general de la buena fe*. Traducción Luis Díez-Picazo. Santiago: Ediciones Olejnik, 2019. p. 37; CORDEIRO, António Manuel da Rocha e Menezes. *Da boa fé no direito civil*. Coimbra: Edições Almedina, 2011. p. 71-105.

[558] CORDEIRO, António Manuel da Rocha e Menezes. *Da boa fé no direito civil* cit., p. 106-107: "Esta afirmação sucinta carece de três precisões, postas pela historiografia moderna: o Direito romano, que nunca definiu, com tal generalidade, a *bona fides*-ignorância, limitou-se, no seu período clássico, a indicar grandes grupos de situações possessórias típicas *bonae fidei*, onde avultava, como denominador comum, o aludido estado psicológico; a *bona fides*, nesta acepção, era um puro estado de espírito; a *bona fides*, nesta acepção, era um puro estado de espírito, caracterizado pelo desconhecimento, sem componentes éticos, da ocorrência de vício, o que traduz, na prática, a não exigência da excusabilidade do erro, excepto em situações marginais; a *bona fides*, finalmente, não projectava, aqui, quaisquer normas jurídicas, sendo apenas um elemento fáctico extrajurídico". Assim, também: GAUDEMET, Jean. *Droit privé romain*. Mise à jour bibliographique par Emmanuelle Chevreau. 2 éd. Paris: Montchrestien, 2009. p. 240; GIRARD, Paul Frédéric. *Manuel élémentaire de droit romain* cit., p. 329-330.

[559] Nesse sentido: ALVES, José Carlos Moreira. *Direito romano* cit., p. 326; BONFANTE, Pietro. *Istituzioni di diritto romano* cit., p. 259; NAMUR, Parfait. *Cours d'institutes et d'histoire du droit romain*. 2 éd. Bruxelles: Librairie Polytechnique de Decq et Duhent, 1873. t. I. p. 208.

[560] CORDEIRO, António Manuel da Rocha e Menezes. *Da boa fé no direito civil* cit., p. 146. Nesse sentido, ao tratar do § 242 do BGB, como "concreção de um plano legal de ordenação (*officium iudicis*)" da boa-fé, Franz Wieacker consigna: "Dogmática e históricamente, desde el punto de vista de la tradición del Derecho común, el parágrafo 242 no es outra cosa que la conversión de *todas* las pretensiones jurídico-obligacionales – esto es, tambíen de las estrictamente jurídicas del Derecho romano y en parte del Derecho común – en *bonae fidei iudicia*, cuya peculiariad residía no en el Imperium del pretor, sino en el debido margen de apreciación que para el *iudex* resultaba de la indeterminación de la orden de condena *quidquid dare facere oportet ex fide bona*. Del *officium iudicis* proceden también la mayoría de las normas jurídicas dispositivas del Derecho de obligaciones pandectístico" (*El principio general de la buena fe* cit., p. 37).

Nos textos justinianeus, a *bona fides* é muitas vezes confundida com a *aequitas* – originária da retórica grega –, e, como reflete MENEZES CORDEIRO, "suspensa entre duas culturas que se viriam a fundir no Ocidente, a *bona fides* flutua quer ao sabor da predominância de uma ou de outra, quer das oscilações dos elementos internos que a apoiam".

No direito canônico, a boa-fé adquire um conteúdo fortemente subjetivado e moral[561], plasmado na ideia de ausência de pecado. Assim, no campo contratual, diluída na *aequitas* – conglobante das novas ideias cristãs, "designadamente a *humanitas*, a *pietas*, a *caritas*, a *benignitas*, bem com a *misericórdia*"[562] –, a boa-fé deixará de ter "conteúdo e operatividade próprios"[563]. No campo do direito das coisas, a posse qualificada para caracterizar a prescrição aquisitiva passará a exigir não apenas a ignorância, tal como fora no direito romano, acrescendo-se um elemento psicológico, consistente na ausência de pecado, plasmada no estado de consciência, ou convencimento individual, de obrar a parte em conformidade ao direito[564].

A ignorância legítima daquele que se acha proprietário, o estado de consciência, ou o convencimento individual de obrar em conformidade com o direito, caracteriza no direito germânico a *Gluter glaube*[565], ao passo que as ideias de lealdade, crença, confiança, honra, vêm manifestadas na expressão *Treu und glauben*[566], que é um comportamento

---

[561] MARTINS-COSTA, Judith. *A boa-fé no direito privado*: critérios para a sua aplicação. 2. ed. São Paulo, Saraiva, 2018. p. 89-90.

[562] CORDEIRO, António Manuel da Rocha e Menezes. *Da boa fé no direito civil* cit., p. 150.

[563] MARTINS-COSTA, Judith. *A boa-fé no direito privado*: critérios para a sua aplicação cit., p. 95.

[564] Nesse sentido: CORDEIRO, António Manuel da Rocha e Menezes. *Da boa fé no direito civil* cit., p. 155-161; MARTINS-COSTA, Judith. *A boa-fé no direito privado*: critérios para a sua aplicação cit., p. 96.

[565] GHESTIN, Jacques; LOISEAU, Grégoire; SERINET, Yves-Marie. *Traité de droit civil*. La formation du contrat. Le contrat – le consentement. 4 ed. Paris: LGDJ, 2013. t. 1, p. 341.

[566] Cf. Nesse sentido: CORDEIRO, António Manuel da Rocha e Menezes. *Da boa fé no direito civil* cit., p. 169; GHESTIN, Jacques; LOISEAU, Grégoire; SERINET, Yves-Marie. *Traité de droit civil*. La formation du contrat. Le contrat – le consentement cit., p. 341.

moral tendo em conta o outro (= alteridade)[567], ou "credibilidade e bitola de comportamento"[568].

No direito moderno, a boa-fé apresenta duas acepções, a subjetiva e a objetiva. Diz-se subjetiva boa-fé justamente porque, para a sua aplicação, deve o intérprete considerar a intenção do sujeito da relação jurídica, seu estado psicológico ou íntima convicção[569] – *e.g.*, em matéria possessória[570] e de casamento putativo[571]. Antitética à boa-fé

---

[567] LEHMANN, Heinrich. *Tratado de derecho civil*. Parte general cit., p. 59-60: "También la remisión del juez a la buena fe ('Treu und Glauben') (§§ 242, 157, etc) intenta harmonizar la aplicacion del Derecho con las exigências de la justicia, abriendo así caminho para el acercamiento al 'ideal social'".

[568] CORDEIRO, António Manuel da Rocha e Menezes. *Da boa fé no direito civil* cit., p. 170.

[569] BIANCA, Cesare Massimo. *Diritto civile*. 6: la proprietà. 2. ed. Milano: Giuffrè, 1999. p. 764. nota de rodapé n.º 4: "La buona fede che qualifica il possesso è la buona fede soggetiva, quale stato psicológico del soggeto. Essa si distingue nettamente rispetto ala buona fede soggetiva, quale regola di condotta del soggeto improntata alla solidarietà".

[570] Artigos 1.201, 1.202, 1.214, 1.217, 1.219 e 1.222 do Código Civil brasileiro de 2002. Conforme o disposto no artigo 1.221, "é de boa-fé a posse, se o possuidor ignora o vício, ou o obstáculo que impede a aquisição da coisa". Ademais, nos termos do artigo 1.202, "a posse de boa-fé só perde este caráter no caso e desde o momento em que as circunstâncias façam presumir que o possuidor não ignora que possui indevidamente". Assim também o artigo 550 do *Code Civil*: "Le possesseur est de bonne foi quand il possède comme propriétaire, en vertu d'un titre translatif de propriété dont il ignore les vices. Il cesse d'être de bonne foi du moment où ces vices lui sont connus" (cf. FRANÇA. *Code Civil*. 112. ed. Paris: Dalloz, 2013. p. 794). No mesmo sentido, os artigos 1.147 e 1.148 do *Codice Civile* (cf. BIANCA, Cesare Massimo. *Diritto civile*. 6: la proprietà cit., p. 764-772).

[571] Nos termos do artigo 1.561 do Código Civil brasileiro de 2002, "embora anulável ou mesmo nulo, se contraído de boa-fé por ambos os cônjuges, o casamento, em relação a estes como aos filhos, produz todos os efeitos até o dia da sentença anulatória". Desse modo, "se um dos cônjuges estava de boa-fé ao celebrar o casamento, os seus efeitos civis só a ele e aos filhos aproveitarão. Por outro lado, "se ambos os cônjuges estavam de má-fé ao celebrar o casamento, os seus efeitos civis só aos filhos aproveitarão". Assim, também, o artigo 201 do *Code Civil*: "Le mariage qui a été déclaré nul produit, néanmoins, ses effets à l'égard des époux, lorsqu'il a été contracté de bonne foi. Si la bonne foi n'existe que de la part de l'un des époux, le mariage ne produit ses effets qu'en faveur de cet époux" (cf. FRANÇA. *Code Civil* cit., p. 337). No mesmo sentido, os artigos 128 e 129 do *Codice Civile* (cf. BIANCA, Cesare Massimo. *Diritto civile 2*: le famiglia – le successioni. 2. ed. Milano: Giuffrè, 2005. p. 179-180).

subjetiva está a má-fé, também vista subjetivamente como a intenção de lesar outrem ou de violar o direito. Por boa-fé objetiva quer-se significar – segundo a conotação que adveio da interpretação conferida ao § 242 do Código Civil alemão, de larga força expansionista em outros ordenamentos, e, bem assim, daquela que lhe é atribuída nos países da *common law*[572] – o modelo de conduta social, arquétipo ou *standard* jurídico, segundo o qual cada pessoa deve ajustar a própria conduta a esse arquétipo, obrando como faria um homem reto: com honestidade, lealdade, probidade.

Na França, a boa-fé no campo contratual, apesar de prevista originalmente na terceira parte do artigo 1.134[573] do *Code Civil*, impondo que os contratos devem ser executados de boa-fé, teve parco desen-

---

[572] Cf. CORDEIRO, António Manuel da Rocha e Menezes. *Da boa fé no direito civil* cit., p. 456 e 1258. Todavia, Hugh Collins sustenta que algumas dificuldades existem na aplicação da ideia de boa-fé no direito inglês; primeiro, as cortes de justiça têm sido relutantes em reconhecer princípio tão geral – sendo seu resultado similar a outros princípios (falsa representação, influência indevida, contratos colaterais, *venire contra factum proprium*), os advogados ingleses jamais sistematizaram a sua particular doutrina sob esse princípio –; segundo, em relação ao significado da boa-fé em si mesma, o seu *standard* provê diversos deveres genéricos de honestidade, conduta, e informação, sendo insatisfatório, pois não inclui, por exemplo, comportamento negligente ou irresponsável – a obrigação de não falsear os fatos, *e.g.*, impõem mais que honestidade (demandam cuidado ao dar informação). Nada obstante, conforme exposto inicialmente, diversos autores ingleses e norte-americanos têm defendido que a *English law*, e mais fortemente na *US law*, abrigam o princípio da boa-fé objetiva e seus deveres anexos, inclusive nas trativas pré-contratuais, tal como previsto no artigo 1.337 do *Codice Civile* e na *Israeli Contracts (General Part), Law*, 1973, s 12 (a) (cf. COLLINS, Hugh. *The law of contract* cit., p. 180-181). Os deveres de negociar com cuidado, expostos por Hugh Collins, em verdade, estão incluídos na noção de boa-fé objetiva, extraída do direito romano-germânico. A discordância havida está na concepção que se tem do direito e no fato de ser uma cláusula geral sem uma definição tão precisa. Como enuncia com perplexidade Andreas von Tuhr, "no creemos que sea posible dar una definición precisa de la *bona fides*. Todos los esfuerzos que se han hecho para lograrlo, incluyendo los profundos y extensos trabajos de Stammler, no conducen más que a un resultado puramente formal, que no oferece asidero alguno cuando se trata de aplicarlo al caso concreto. Y este resultado negativo no es extraño, pues responde realmente a la esencia del fenómeno, ya que la buena fe no es un producto de la inducción lógica ni objeto de conocimiento científico, sino matéria de experiencia y de razón práctica" (*Tratado de las obligaciones* cit., p. 33).

[573] FRANÇA. *Code Civil* cit., p. 1300: "Les conventions légalement formées tiennent lieu de loi à ceux qui les ont faites. Elles ne peuvent être révoquées que de leur consentement mutuel, ou pour les causes que la loi autorise. Elles doivent être

volvimento, seja pelo método da exegese que deixava pouco campo de atuação ao juiz na interpretação da lei, seja pela prevalência do dogma da autonomia da vontade, presente na primeira parte desse dispositivo legal[574].

Nesse sentido, MURIEL FABRE-MAGNAN observa que a alínea 3 do artigo 1.134 foi historicamente interpretada de forma fluida e diversa pelos autores, o que se constata também na jurisprudência, verificando-se que o dever de cooperação entre as partes é analisado de forma bastante distinta a depender do tipo de contrato examinado[575]. Assim também, JACQUES GHESTIN, GRÉGOIRE LOISEAU e YVES-MARIE SERINET, depois de assinalarem que a boa-fé é uma "exigência" que "se deduz da justiça contratual", entendida "como uma justiça procedimental"[576], indicam várias acepções sustentadas por autores franceses sobre o tema, e.g.[577]: *a) o comportamento desleal, contrário à boa-fé, caracteriza abuso de direito e responsabilidade delitual, não representando uma obrigação contratual; b) o comportamento exigido pela boa-fé é uma obrigação contratual, gerando, inclusive na fase pré-contratual, responsabilidade contratual, com fundamento no artigo 1.147 do Code Civil.*

Na recente reforma do *Code Civil*, o artigo 1.134 foi substituído pelo artigo 1.104, que passou a prever que "os contratos devem ser negociados, formados e executados de boa-fé", sendo tal disposição de ordem pública. Nesse caminhar, a boa-fé teve seu campo de aplicação no direito francês estendido às fases de formação e de negociação dos contratos. OLIVIER DESHAYES, THOMAS GENICON e YVES-MARIE LAITHIER, depois de destacarem que a lei "não precisa nem o

---

exécutées de bonne foi". Permaneceu em vigor de 17 de fevereiro de 1804 a 1.º de outubro de 2016.

574 Cf. CARBONNIER, Jean. *Droit civil*. Les biens. Les obligations. 19 éd. Paris: Presses Universitaires de France, 2004. v. II, p. 1973: "Devant des théologiens rigoreux faisaient, dit-on, à d'autres qui étaient moins: ce n'est pas la bonne foi qui sauve, c'est la foi, ici la fidelité à la parole donnée".

575 FABRE-MAGNAN, Muriel. *De l'obligation d'information dans les contrats*. Essai d'une théorie. Paris: LGDJ, 1992. p. 350-351.

576 GHESTIN, Jacques; LOISEAU, Grégoire; SERINET, Yves-Marie. *Traité de droit civil*. La formation du contrat. Le contrat – le consentement cit., p. 349. tradução livre de: "la bonne foi est une 'exigence' se déduisant du príncipe de justice contractuelle, entendu, selon nous, comme une justice procédurale".

577 GHESTIN, Jacques; LOISEAU, Grégoire; SERINET, Yves-Marie. *Traité de droit civil*. La formation du contrat. Le contrat – le consentement cit., p. 349-351.

sentido, nem a natureza jurídica da boa-fé", deixando "à noção toda sua plasticidade"[578], sustentam que a boa-fé admite graus diversos de intensidade em sua aplicação, exigindo, no mínimo, "o respeito aos acordos com sinceridade", sem tentativa de lesar o outro, e, no máximo, quando as partes perseguem um interesse comum, um dever de cooperação (*e.g.*, de informação), "facilitando a execução ou não sacrificando de forma desmedida os interesses do outro contratante"[579]. Nada obstante, entendem que o papel da boa-fé não deve em nenhuma hipótese sobrepor-se à liberdade contratual das partes de determinar o conteúdo do contrato.

Como bem assinala DIANE GALBOIS-LEHALLE, mesmo se na época moderna a fé tenha sido substituída pela lei, "as considerações morais foram progressivamente reintroduzidas no direito depois da Segunda Guerra Mundial, precisamente pelo canal do princípio da boa-fé"[580]. De outra maneira, conclui GEORGES RIPERT que, "se nós queremos que o direito permaneça impregnado de ideal, devemos manter uma comunhão com as ideias morais que nós julgamos superiores a todas as outras"[581], seja por uma constatação científica tirada do progresso que ela trouxe à civilização, seja por uma crença inexpugnável.

---

[578] DESHAYES, Olivier; GENICON, Thomas; LAITHIER, Yves-Marie. *Reforme du droit des contrats, du régime general et la preuve des obligations. Commentaire article par article* cit., p. 62. Tradução livre de: "L'article 1104 ne precise ni le sens, ni la nature juridique de la bonne foi. Cette indéterminatio, problablement volontaire, laisse à la notion toute sa plasticité".

[579] DESHAYES, Olivier; GENICON, Thomas; LAITHIER, Yves-Marie. *Reforme du droit des contrats, du régime general et la preuve des obligations. Commentaire article par article* cit., p. 63. Tradução livre de: "De façon, plus exigeante, notamment lorsque les parties poursuivent un intérêt commun, elle peut obliger à coopérer (par e., en communiquant une information), à faciliter l'éxecution ou à ne pas sacrifier outre mesure les intérêts de son cocontractant".

[580] GALBOIS-LEHALLE, Diane. *La notion de contrat. Esquisse d'une théorie*. Paris: LGDJ, 2020. p. 446. Tradução livre de: "Si, à l'époque moderne, la *loi* a remplacé la *foi*, les considérations Morales se sont progréssivement réintroduites dans le droit après la seconde guerre mondiale, précisément par le canal du príncipe de bonne foi".

[581] RIPERT, Georges. *La règle morale dans les obligations civiles* cit., p. 435: "Si on veut que le droit reste impregne d'idéal, il faut entretenir une communion à des idées morales que nous jugeons supérieures à toutes autres, soit par une croyance invincible, soit par une constatation scientifique du progrès qu'elles ont apporté dans les société des hommes".

No direito brasileiro, a positivação da boa-fé objetiva[582] ocorreu no âmbito das relações de consumo, com sua previsão no Código de Defesa do Consumidor – Lei 8.078, de 11 de setembro de 1990 –, nos artigos 4.º (política nacional das relações de consumo) e 51 (cláusula abusiva), sem contar os diversos deveres – *e.g.*, de informação, transparência e esclarecimento (artigo 6.º, III e XIII – direitos básicos do consumidor; e artigos 30, 36 e 37 – relativos à publicidade, entre outros) – impostos aos fornecedores que decorrem da cláusula geral de boa-fé[583]. Em 2002, com a entrada em vigor do Código Civil, conforme destaca MIGUEL REALE, "é a boa-fé o cerne em torno do qual girou a alteração de nossa lei civil"[584], sendo de se destacar os artigos 113 – "os negócios jurídicos devem ser interpretados conforme a boa-fé e os usos do lugar de sua celebração" – e 442 – "os contratantes são obrigados a guardar, assim na conclusão do contrato, como em sua execução, os princípios de probidade e boa-fé".

O campo de atuação da boa-fé objetiva é acentuadamente marcante no âmbito das relações negociais, em que desenvolve um papel balizador desde a fase pré-contratual até a fase pós-contratual. Como bem observa CLÓVIS DO COUTO E SILVA[585], "constituindo a boa-fé conceito dinâmico, não é possível perceber todas as suas virtualida-

---

582 O artigo 131, 1, do Código Comercial de 1850 dispunha que, "sendo necessario interpretar as clausulas do contracto, a interpretação, além das regras sobreditas, será regulada sobre as seguintes bases: a intelligencia simples e adequada, que for mais conforme á boa fé, e ao verdadeiro espirito e natureza do contracto, deverá sempre prevalecer á rigorosa e restricta significação das palavras". Nada obstante, esta regra expressa sobre a boa-fé "permaneceu letra morta por falta de boa-fé inspiração da doutrina e nenhuma aplicação pelos tribunais" (AGUIAR JR., Ruy Rosado de. A boa-fé na relação de consumo. *Revista de Direito do Consumidor*, São Paulo, v. 4, n. 14, p. 21, abr./jun. 1995). Nesse sentido, J. X. Carvalho de Mendonça sustentava que "a boa-fé não traduz mais do que o estado de ânimo de uma pessoa, que não conhece a verdade" (MENDONÇA, José Xavier Carvalho de. *Tratado de direito comercial*. 3. ed. São Paulo: Freitas Bastos, 1939. v. VI, livro IV, parte I, p. 211).

583 Para Ruy Rosado de Aguiar Jr., "a recepção do princípio da boa-fé objetiva e a previsão legislativa de tantos deveres incluídos no âmbito da boa-fé constitui o maior avanço do sistema de Direito Civil legislado e vai influir de modo decisivo em todos os setores do nosso direito obrigacional, apesar de estarem tais normas inseridas num microssistema" (A boa-fé na relação de consumo cit., p. 26).

584 REALE, Miguel. A boa-fé no Código Civil. *Revista de Direito Bancário, do Mercado de Capitais e da Arbitragem*, São Paulo, v. 6, n. 21, p. 12, 2003.

585 SILVA, Clóvis V. do Couto e. *A obrigação como processo* cit., p. 38.

des, mas apenas estabelecer a linha divisória entre o seu campo e o da autonomia da vontade". Essa linha divisória é verificável na conduta concreta dos partícipes da relação jurídica.

ANTÔNIO JUNQUEIRA AZEVEDO[586], fazendo analogia à aplicação do direito pelo pretor romano, fala-nos de tríplice função da cláusula geral da boa-fé no campo contratual (artigos 113 e 442 do CC/2002): *adjuvandi*, ajudar na interpretação do contrato; *supplendi*, suprir algumas falhas do contrato, acrescentar o que nele não está incluído (deveres anexos, de informação, sigilo, colaboração, cuidado); *corrigendi*, corrigir alguma coisa que não é de direito no sentido de justo (*e.g.*, cláusulas abusivas).

A interpretação do negócio jurídico tem seus cânones legais estabelecidos nos artigos 112 e 113 do Código Civil brasileiro de 2002, sendo central para a sua hermenêutica o princípio da boa-fé[587]. Assim, nas declarações de vontade deve-se atentar "mais à intenção nelas consubstanciada do que ao sentido literal da linguagem", e "os negócios jurídicos devem ser interpretados conforme a boa-fé e os usos do lugar de sua celebração".

Com relação ao artigo 112, conforme clarifica MOREIRA ALVES, "a regra determina que se atenda mais à intenção consubstanciada na declaração, e não ao pensamento íntimo do declarante"[588], respeitando-se a teoria da confiança[589] e a boa-fé das partes. Nesse sentido, como bem propugna ANTÔNIO JUNQUEIRA DE AZEVEDO, "objeto da interpretação é sempre a declaração"[590], devendo-se partir desta, de forma

---

[586] AZEVEDO, Antônio Junqueira de. *Estudos e pareceres de direito privado* cit., p. 153. Assim, também: WIEACKER, Franz. *El principio general de la buena fe* cit., p. 35-51

[587] MARTINS-COSTA, Judith. *A boa-fé no direito privado*: critérios para a sua aplicação cit., p. 490.

[588] ALVES, José Carlos Moreira. *A parte geral do projeto de Código Civil brasileiro* cit., p. 108.

[589] Assim, também: MARTINS-COSTA, Judith. *A boa-fé no direito privado*: critérios para a sua aplicação cit., p. 490.

[590] AZEVEDO, Antônio Junqueira de. *Negócio jurídico*: existência, validade e eficácia cit., p. 100-102. Analisando o artigo 85 do Código Civil de 1916, que dispunha que "nas declarações de vontade, se atenderá mais à sua intenção que ao sentido literal da linguagem", não mencionando a declaração como passou a enunciar o artigo 112 do Código Civil de 2002, Pontes de Miranda sustenta que "o objeto da interpretação não é a vontade interior, que o figurante teria podido manifestar, mas

objetiva, consideradas as circunstâncias e o comportamento do declarante[591]. Ademais, deverá ser levado em conta o tipo de negócio jurídico sob análise[592], o que poderemos melhor apreciar na parte especial desta tese, ao examinarmos as consequências de um contrato ser existencial.

O artigo 113, por sua vez, refere-se expressamente à boa-fé objetiva, tendo esta função integrativa[593] de ajudar na interpretação do contrato. Em continuidade e adição ao disposto na regra do artigo 112, a boa-fé – consoante sua disposição no artigo 113 – "condiciona e legitima" a interpretação "das cláusulas contratuais até as suas últimas consequências"[594], não de forma abstrata, mas, sim, de forma concreta[595].

---

sim a manifestação de vontade, no que ela revela da vontade verdadeira do manifestante. É preciso que o *querido* esteja na manifestação; o que não foi manifestado não entre no mundo jurídico; o simples propósito, que se não manifestou não pode servir para a interpretação" (PONTES DE MIRANDA, Francisco Cavalcanti. *Tratado de direito privado*. Parte geral cit., t. III, p. 334). Assim, também, Custódio da Piedade Ubaldino Miranda: "Daí que não poderá o intérprete limitar-se à indagação do pensamento de cada um dos declarantes, por meio de uma análise do texto e do contexto do contrato, para atender à fórmula do dispositivo legal, uma vez que só poderá, afinal, acolher aquele sentido que o declaratário devesse ou pudesse conhecer, em face das circunstâncias, com o uso de diligência normal" (*Teoria geral do negócio jurídico*. 2. ed. São Paulo: Atlas, 2009. p. 139).

591 Em dicção similar, o Código Civil português dispõe em seu artigo 236: "1. A declaração negocial vale com o sentido que um declaratário normal, colocado na posição do real declaratário, possa deduzir do comportamento do declarante, salvo se este não puder razoavelmente contar com ele. 2. Sempre que o declaratário conheça a vontade real do declarante, é de acordo com ela que vale a declaração emitida" (Disponível em: https://www.igac.gov.pt/documents/20178/358682/C%C3%B3digo+Civil.pdf/2e6b36d8-876b-433c-88c1-5b066aa93991. Acesso em: 30 dez. 2021).

592 Cf. MARINO, Francisco Paulo de Crescenzo. *Interpretação do negócio jurídico*. São Paulo: Saraiva, 2009. p. 254.

593 Cf. SILVA, Clóvis V. do Couto e. *A obrigação como processo* cit., p. 35-36: "Nesse processo hermenêutico, cuida-se em conferir justa medida à vontade que se interpreta – pois que o contrato não se constitui de duas volições, ou de uma oferta e uma aceitação, isoladamente, mas da fusão desses dois elementos – e de evitar-se o subjetivismo e o psicologismo, a que se chegaria sem dificuldade, caso o interesse de ambas as partes não fosse devidamente considerado. Por meio da interpretação da vontade, é possível integrar o conteúdo do negócio jurídico com outros deveres que não emergem diretamente da declaração".

594 REALE, Miguel. A boa-fé no Código Civil cit., p. 12.

595 Nesse sentido, Andreas von Tuhr destaca: "el principio de la buena fe exige que se atienda a las circunstancias para anteponer, en la medida en que éstas lo

Nessa esteira, JUDITH MARTINS-COSTA assevera que "a individuação do contexto há de iniciar pela compreensão da utilidade e do fim do negócio, aí já se demarcando o caráter dinâmico da atividade hermenêutica porque a determinação do fim já é resultado da interpretação"[596]. Ademais, devem-se levar em consideração "os usos do lugar de sua celebração"[597], atuando estes de maneira coligada[598] e complementar[599] à boa-fé, como meios auxiliares de interpretação, tendo em conta a habitualidade "das relações mantidas entre as partes", as "manifestações anteriores do declarante e do destinatário", "uma expressão típica do declarante, conhecida pelo destinatário, bem como o lugar, o tempo e as circunstâncias"[600].

Como derivação do princípio da eticidade, a boa-fé gera deveres anexos de lealdade, colaboração e respeito às expectativas legitimamente criadas, que limitam inexoravelmente a liberdade individual. Conforme as fases contratuais, bem como considerando os diversos tipos de contrato, especialmente cuidando-se de contrato existencial, conforme veremos na parte especial deste trabalho, a boa-fé desenvolve distintos

---

permitan, la voluntad interna, cuando difiera del tenor literal. Si la declaración ha de trascender a gran número de personas (como, por ej., en los títulos al portador o en los documentos en que se otorga un poder), habrá de atenderse al sentido usual de las palavras que sean acesibles a todos. Tratándose de declaraciones hechas a una persona determinada, habrá que considerar como la voluntad real aquello que la otra parte entendiese o hubiera debido entender que pensaba el declarante en vista de todas las circunstancias que le fuesen conocidas. En la interpretación de un testamento, decide la voluntad interna del causante, por imperfectamente que se revele en su expresión, y aun cuando no fuese cognoscible desde luego para los interesados" (*Tratado de las obligaciones* cit., p. 88).

596 MARTINS-COSTA, Judith. *A boa-fé no direito privado*: critérios para a sua aplicação cit., p. 503.

597 BETTI, Emilio. *Teoria geral do negócio jurídico* cit., p. 472: "É decisiva para a interpretação a impressão que, de acordo com os pontos de vista sociais correntes, a conduta de uma das partes deve suscitar na outra, a quem se destinava, nas circunstâncias de tempo e de lugar da formação e celebração do negócio, em conformidade com a estrutura deste".

598 Cf. MARTINS-COSTA, Judith. *A boa-fé no direito privado*: critérios para a sua aplicação cit., p. 518.

599 LOTUFO, Renan. *Código Civil comentado*: parte geral (arts. 1.º a 232) cit., p. 316.

600 LOTUFO, Renan. *Código Civil comentado*: parte geral (arts. 1.º a 232) cit., p. 316. Assim também: SALEILLES, Raymond. *De la déclaration de volonté*. Contribution a l'étude de l'acte juridique dans le Code Civil allemand (arts. 116 a 144) cit., p. 220.

papéis. Assim, nas fases pré-contratual[601] e pós-contratual[602], surgem deveres de respeito à confiança legítima despertada e de proteção aos legítimos interesses da outra parte[603], tais como os de informação[604],

---

[601] O artigo 422 do Código Civil brasileiro de 2002 dispõe que "os contratantes são obrigados a guardar, assim na conclusão do contrato, como em sua execução, os princípios de probidade e boa-fé". Nada obstante, entendemos que a boa-fé objetiva – enquanto princípio geral, conforme dicção do artigo 113 do Código Civil – deve ser aplicada tanto nas fases pré-contratual quanto na fase pós-contratual. Nesse sentido, mencione-se o Enunciado n.º 25 da I Jornada de Direito Civil do Conselho da Justiça Federal (2002). Assim, também: ALVES, José Carlos Moreira. A boa-fé objetiva no sistema contratual brasileiro. *Roma e America – Diritto Romano Comune*, Roma, n. 7, p. 203, 1999; MARTINS-COSTA, Judith. *A boa-fé no direito privado*: critérios para a sua aplicação cit., p. 419-422; MIRANDA, Custódio da Piedade Ubaldino. *Comentários ao Código Civil*: dos contratos em geral (artigos 421 a 480). Coordenação Antonio Junqueira Azevedo. São Paulo: Saraiva, 2003. v. 5, p. 58-64.

[602] CORDEIRO, António Manuel da Rocha e Menezes. *Da boa fé no direito civil* cit., p. 628-629: "A pesquisa jurisprudencial das manifestações de pós-eficácia revelou que, extinta uma obrigação, podem subsistir, a cargo das antigas partes, deveres de proteção, de informação e de lealdade. No primeiro caso, constata-se que, concluído e extinto um processo contratual, as partes vinculadas, em termos específicos, a não provocarem danos mútuos nas pessoas e nos patrimónios uma da outra. Este aspecto tem uma premência particular no Direito alemão, dado o estado fragmentário em que aí se encontram as previsões de responsabilidade civil; no Direito português, tudo se poderia resolver, em princípio, com o recurso simples ao art. 483.º/1 do Código Civil. No segundo, assiste-se à manutenção, a cargo das antigas partes num contrato, de deveres de informação relacionados com o acto antes efetivado: o dever de explicar o funcionamento de uma máquina de tipo novo, antes de vendida, ou de prevenir perigos comportados pelo objeto de uma transação encerrada. No terceiro, verifica-se a persistência, depois de finda uma situação obrigacional, de dever de não adoptar atitudes que possam frustrar o objectivo por ela prosseguido ou que possam implicar, mediante o aproveitar da antiga posição contratual, a diminuição das vantagens ou, até, o inflingir danos ao ex-parceiro. Integram-se, aqui, sub-hipóteses de grande relevo económico, tais como o dever de fornecer peças sobressalentes e de velar pela assistência técnica da coisa cedida, o dever de não concorrência ou o dever de sigilo perante as informações obtidas na constância da vinculação extinta".

[603] Cf. MARTINS-COSTA, Judith. *A boa-fé no direito privado*: critérios para a sua aplicação cit., p. 421.

[604] GHESTIN, Jacques; LOISEAU, Grégoire; SERINET, Yves-Marie. *Traité de droit civil. La formation du contrat. Le contrat – le consentement* cit., p. 354: "C'est la bonne foi qui sert encore de fondement aux multiplex applications spéciales de l'obligation précontratuale d'information couvrant de larges pans de notre droit positif. Elle pèse d'abord sur un professionnel au profit généralement d'un consommateur ou d'un profane, mais, quelques fois au profit d'un professionel. Cette obligation est

confidencialidade⁶⁰⁵ ou sigilo⁶⁰⁶, correção de conduta⁶⁰⁷, lealdade⁶⁰⁸ e

---

liée le plus souvent à l'objet du contrat, spécialement dans la vente, le credit immobilier, les investissements financiers, la franchise. Elle tient aussi aux conditions de formation du contrat, par la démarchage ou à distance, spécialement pour les contrats électroniques el les services financiers".

605 MIRANDA, Custódio da Piedade Ubaldino. *Comentários ao Código Civil*: dos contratos em geral (artigos 421 a 480) cit., p. 66: "no curso das negociações, especialmente nas complexas operações empresariais que se realizam no mundo contemporâneo, torna-se muitas vezes indispensável a realização prévia de auditorias, do *due diligence*, o aceso a segredos de fábrica ou dos planos de negócios, às listas dos fornecedores, aos planos ou estratégias do empreendedor, sobre os quais os interessados em contratar terão de guardar reciprocamente absoluta confidencialidade, não podendo fazer o uso dessas informações para outros fins que não o negócio em formação, e em especial quando o negócio não chega a ser concluído".

606 Cf. ALVES, José Carlos Moreira. A boa-fé objetiva no sistema contratual brasileiro cit., p. 203.

607 GALLO, Paolo. *Il contrato* cit., p. 630-631: "Per quell che riguarda I rapport tra correteza (art. 1175 c. c.) e buona fede (art. 1375 c. c.), sono state formulate sostanzialmente due opinioni; base ad una prima linea di pensiero che risale ad Emilio Betti, i due concetti non potrebbero essere confusi; mentre infatti la correttezza operebbe soltanto in negativo, escludendo la possibilità di porre in essere comportamenti idonei a pregiudicare l'interess della controparte, la buona fede potrebbe operare anche in positivo, imponendo obblighi attivi finalizzati a salvaguardare l'interesse della controparte. La maggior parte della dottrina ritiene peraltro che non sai possibile distinguere tra correttezza e buona fede, e che pertanto i due critério possano essere intesi in senso sostanzialmente unitário, salva forse la maggior latitudine del concetto di correttezza rispetto a quello di buona fede".

608 Cf. CORDEIRO, António Manuel da Rocha e Menezes. *Da boa fé no direito civil* cit., p. 606-607: "Os deveres acessórios de lealdade obrigam as partes as partes a, na pendência contratual, absterem-se de comportamentos que possam falsear o objetivo do negócio ou desequilibrar o jogo das prestações por elas consignado. Com esse mesmo sentido, podem ainda surgir deveres de actuação positiva. A casuística permite apontar, como concretização desta regra, a existência, enquanto um contrato se encontre em vigor, de deveres de não concorrência, de não celebração de contratos incompatíveis com o primeiro, de sigilo face a elementos obtidos por via da pendência contratual e cuja divulgação possa prejudicar a outra parte e de actuação com vistas a preservar o objetivo e a economia contratuais. Estes deveres hão de imputar-se à boa-fé e não ao contrato em si, quando não resultem apenas da mera interpretação contratual, mas antes das exigências do sistema, face ao contrato considerado". Assim, também: DONNINI, Rogério Ferraz. *Responsabilidade pós-contratual no novo Código Civil e no Código de Defesa do Consumidor*. São Paulo: Saraiva, 2004. p. 39-40; GHESTIN, Jacques; LOISEAU, Grégoire; SERINET, Yves-Marie. *Traité de droit civil*. La formation du contrat. Le contrat – le consentement cit., p. 357.

esclarecimento⁶⁰⁹. Na fase contratual, ou de cumprimento, destacam-se os deveres de "cooperação para o alcançamento dos fins do contrato"⁶¹⁰, correção de conduta⁶¹¹, lealdade⁶¹² e auxílio⁶¹³.

No tratamento típico das condutas pela boa-fé objetiva – função corretiva – podemos agrupar as seguintes figuras: *exceptio doli* (faculdade potestativa de paralisar o comportamento de outra parte na hipótese de dolo)⁶¹⁴; *venire contra factum proprium* (proibição do comportamento contraditório, da deslealdade)⁶¹⁵; *supressio* (situação do direito que,

---

609 Cf. VARELA, João de Matos Antunes. *Das obrigações em geral* cit., p. 268; SILVA, Clóvis V. do Couto e. *A obrigação como processo* cit., p. 94-95.

610 ALVES, José Carlos Moreira. A boa-fé objetiva no sistema contratual brasileiro cit., p. 203.

611 GALLO, Paolo. *Il contrato* cit., p. 636-637.

612 GHESTIN, Jacques; LOISEAU, Grégoire; SERINET, Yves-Marie. *Traité de droit civil. La formation du contrat. Le contrat – le consentement* cit., p. 357.

613 SILVA, Clóvis V. do Couto e. *A obrigação como processo* cit., p. 96: "Denominam-se deveres de auxílio certo tipo particular que nada tem a ver propriamente com as prestações principais, objeto do escambo. Assim, quando, no comércio internacional, A contrata com B a entrega de determinada mercadoria sujeita a licença de exportação, deverá providenciar, com todo o zelo, para obtê-la. A obrigação principal é a entrega da mercadoria. Todavia, impõe-se, quando se tratar de obrigação sujeita a licença, obtê-la do órgão competente. Não se liberaria da obrigação o devedor, e poderia o credor, no estrangeiro, rejeitar a mercadoria, se aquele a enviasse ao arrepio da legislação a respeito".

614 Cf. CORDEIRO, António Manuel da Rocha e Menezes. *Da boa fé no direito civil* cit., p. 740; TOMASEVICIUS FILHO, Eduardo. *O princípio da boa-fé no direito civil*. São Paulo: Almedina, 2020. p. 171: "Nos países de *commom law* desenvolveu-se o instituto da *estoppel*. Não é um instituto existente nos países de direito codificado, embora esteja se tornando um pouco mais conhecido nos últimos anos. Trata-se de uma regra de prova por meio da qual uma pessoa fica proibida de negar a existência de um estado de coisas que previamente reconheceu, ou na existência do qual convenceu outra pessoa a acreditar, seja por palavras ou conduta. Desenvolveu-se a partir do século XII para a proteção da confiança despertada nas relações jurídicas e dele surgiram outros tipos de *estoppel* que pouco guardam relação com a *estoppel* primitivo. Lord Coke, três séculos atrás, dizia que o termo *estoppel* tem a mesma raiz da palavra francesa 'estoupe' e da palavra inglesa 'stopped', e faz com que a pessoa 'stoppeth his mouth' (feche a boca). Daí se pode obter a ideia que o fundamenta: o poder jurídico de uma pessoa impedir que se faça declaração ou tenha determinada conduta".

615 Cf. CORDEIRO, António Manuel da Rocha e Menezes. *Da boa fé no direito civil* cit., p. 742; MARTINS-COSTA, Judith. *A boa-fé no direito privado*: critérios para a sua

em certas circunstâncias, não tendo sido exercido durante determinado lapso de tempo, não possa mais sê-lo)[616]; *surrectio* (surgimento de um direito, ou eficácia, não existente anteriormente, mas tido socialmente como presente)[617]; *tu quoque* (regra pela qual a pessoa que viole uma norma jurídica não poderia, sem abuso, exercer a situação jurídica que essa norma lhe tivesse atribuído)[618].

Além dos limites impostos pela boa-fé, os direitos subjetivos são limitados pelos seus fins econômicos e sociais[619], como decorrência do

---

aplicação cit., p. 674-675; TOMASEVICIUS FILHO, Eduardo. *O princípio da boa-fé no direito civil* cit., p. 177-182; WIEACKER, Franz. *El principio general de la buena fe* cit., p. 42: "el principio del *venire* es una aplicación del principio de la 'confianza del tráfico jurídido' y no una específica prohibición de la mal fe y de la mentira".

[616] Cf. CORDEIRO, António Manuel da Rocha e Menezes. *Da boa fé no direito civil* cit., p. 797; MARTINS-COSTA, Judith. *A boa-fé no direito privado*: critérios para a sua aplicação cit., p. 716-721; Franz Wieaker inclui a *surrectio* no *venire contra factum proprio*, exemplificando esta com a caducidade (*Verkwirkung*), asseverando que esta tem como traço característico ser uma "inatividade" (*El principio general de la buena fe* cit., p. 43). Larenz esclarece que a caducidade de um direito ocorre quando este não é exercido por um longo período, gerando na outra parte a justa convicção de que a outra parte não o utilizará mais (*Derecho de obligaciones*. Traducción Jaime Santos Briz. Madrid: Revista de Derecho Privado, 1958. t. I, p. 151-152).

[617] Cf. CORDEIRO, António Manuel da Rocha e Menezes. *Da boa fé no direito civil* cit., p. 816; MARTINS-COSTA, Judith. *A boa-fé no direito privado*: critérios para a sua aplicação cit., p. 722-724.

[618] Cf. CORDEIRO, António Manuel da Rocha e Menezes. *Da boa fé no direito civil* cit., p. 837; MARTINS-COSTA, Judith. *A boa-fé no direito privado*: critérios para a sua aplicação cit., p. 702-704; Franz Wieacker chama essa figura típica de proteção da boa-fé de "exceção de aquisição de um direito de má-fé", incluindo nela as máximas forenses *turpitudinem suam allegans non auditur, equity must come with clean hands* e *he who wants equity must do equity*, bem como a fórmula *tu quoque* (*El principio general de la buena fe* cit., p. 45).

[619] Nos termos do artigo 187 do Código Civil brasileiro de 2002, "também comete ato ilícito o titular de um direito que, ao exercê-lo, excede manifestamente os limites impostos pelo seu fim econômico ou social, pela boa-fé ou pelos bons costumes". Esse dispositivo legal tutela dois dos três princípios fundantes da ordem civil brasileira (o terceiro é a operabilidade), quais sejam: a socialidade (função social da propriedade, do contrato, finalidade social do exercício do direito) e a eticidade (boa-fé e bons costumes). A cláusula geral de ilicitude prevista no artigo 187 impõe limites ao exercício dos direitos subjetivos, pelo seu fim econômico e social, pela boa-fé ou pelos bons costumes. Aqui a noção de ilícito não se confunde com a noção de culpa, ilícito existe pela contrariedade ao direito. Nesse sentido, o Enunciado n.º 37 da 1.ª Jornada de Direito Civil do Centro de Estudos Judiciários do Conselho

princípio da socialidade[620]. O fim econômico pode ser vislumbrado na utilidade econômica que o titular do direito subjetivo pode auferir, condicionada à utilidade econômica para a sociedade, como se verifica no direito da concorrência[621] para a caracterização do abuso da posição dominante de mercado[622]. Por sua vez, o fim social pode ser encontrado tendo em vista o feixe axiológico que a sociedade buscou e busca tutelar com a previsão do direito subjetivo, sempre considerada a realidade da situação de vida.

Todo direito subjetivo existe tendo como pressuposto um fim econômico ou social[623]. No direito de família, por exemplo, as relações jurí-

---

da Justiça Federal: "A responsabilidade civil decorrente do abuso do direito independe de culpa e fundamenta-se somente no critério objetivo-finalístico".

620 REALE, Miguel. Visão geral do projeto de Código Civil cit., p. 23: "O 'sentido social' é uma das características mais marcantes do projeto, em contraste com o sentido individualista que condiciona o Código Civil ainda em vigor. Seria absurdo negar os altos méritos da obra do insigne Clóvis Beviláqua, mas é preciso lembrar que ele redigiu sua proposta em fins do século passado, não tendo segredo para ninguém que o mundo nunca mudou tanto como no decorrer do presente século, assolado por profundos conflitos sociais e militares. Se não houve a vitória do socialismo, houve o triunfo da 'socialidade', fazendo prevalecer os valores coletivos sobre os individuais, sem perda, porém, do valor fundante da pessoa humana".

621 SALOMÃO FILHO, Calixto. *Direito concorrencial*: as condutas. São Paulo: Malheiros, 2007. p. 55: "Garantir a concorrência significa, a um só tempo, garantir coisas diversas. Em primeiro lugar é preciso garantir que a concorrência se desenvolva de forma leal, isto é, que sejam respeitadas regras mínimas de comportamento entre os agentes econômicos. Dois são os objetivos dessas regras mínimas. Primeiro, garantir que o sucesso relativo das empresas no mercado dependa exclusivamente de sua eficiência, e não de sua 'esperteza negocial' – isto é, de sua capacidade de desviar consumidores de seus concorrentes sem que isso decorra de comparações baseadas exclusivamente em dados do mercado. O segundo objetivo advém exatamente dessa tentativa de preservar o mercado como agente de transmissão das informações. O controle da lealdade da concorrência também serve, então, para garantir o fluxo de informações para o consumidor (imagine-se, por exemplo, as regras contra a criação de confusão com produtos do concorrente). O bem jurídico protegido aí, através da garantia da lealdade da concorrência, é a informação do consumidor".

622 Cf. MIRAGEM, Bruno. *Abuso do direito*. Ilicitude objetiva e limite ao exercício de prerrogativas jurídicas no direito privado. São Paulo: RT, 2013. p. 148.

623 Cf. JOSSERAND, Louis. *De l'esprit des droits et de leur relativité*. Théorie dite de l'abus des droits. Réimpression de la 2 édition de 1939. São Paulo: Dalloz, 2006. p. 311: "Au point où nous sommes parvenu, l'abus nous apparaît comme intimement lié à l'idée de destination des droits dont la compression, socialement indispensable, est assurée, non seulement par des limites concrètes tracées dans les instruments

dicas são primordialmente de cunho social, o que não obsta a ocorrência secundária de fins econômicos, como no âmbito das liberalidades e sucessões e dos contratos matrimoniais[624]. No direito de propriedade, por seu turno, percebe-se que seu conteúdo é marcadamente econômico, conteúdo este que é modelado pela função social desse mesmo direito subjetivo[625]. Também o exercício dos direitos subjetivos no âm-

---

législatifs ou réglementaires, mais aussi par des frontières moins aparentes qui se déduisent de la fonction sociale des diverses prérogatives juridiques et cela au moyen d'un procédé d'investigation constant, uniforme et sûr: la recherche du *motif legitime*".

624 Cf. MIRAGEM, Bruno. *Abuso do direito*. Ilicitude objetiva e limite ao exercício de prerrogativas jurídicas no direito privado cit., p. 148. Como bem ponderam José Lamartine Corrêa de Oliveira e Francisco José Ferreira Muniz, "a importância do sublinhar a natureza de negócio jurídico que se reveste o casamento reside especialmente na circunstância de permitir tal nota frisar que o casamento é *ato de autonomia privada*. A *autonomia privada* é, realmente, ideia fundamental no Direito Civil, pois que corresponde à 'ordenação auto formulada, que é a zona reservada do direito privado'. Por isso mesmo, embora inegável que, no campo do Direito de Família, sua extensão é menor do que a que existe no Direito das Obrigações e, de um modo geral, no domínio das relações patrimoniais, inegável é também sua presença neste setor" (*Direito de família* (direito matrimonial). Porto Alegre: Fabris, 1990. p. 121-122).

625 Cf. LOUREIRO, Francisco Eduardo. *A propriedade como relação jurídica complexa*. Rio de Janeiro: Renovar, 2013. p. 105-127; MARTINO, Francesco de. Della proprietà. In: SCIALOJA, Antonio; BRANCA, Giuseppe (a cura di). *Comentario del Codice Civile*. Libro terzo: Proprietà. Art. 810-956. 4. ed. Bologna: Nicola Zanichelli, 1976. p. 144; RODOTÀ, Stefano. *Il terribile diritto*. Studi sulla proprietà privata e i beni comuni. 3. ed. Bologna: Il Mulino, 2013. p. 267: "Inerendo alla struttura della proprietà, la funzione sociale vede diminuito il margine d'indeterminatezza, che abbiamo visto proprio della sua natura di principio elastico, ed acquista più precisi contorni da una ricostruzione che può con piena legittimità tener conto di tutti gli elementi presenti nel sistema, per determinarne l'operatività anche nelle situazioni più particolari".

bito da empresa⁶²⁶ e dos contratos, de conteúdos inicialmente econômicos, é plasmado pela sua função social⁶²⁷.

A noção de função social tem sua origem moderna na "doutrina social da Igreja"⁶²⁸, derivada da concepção aristotélico-tomista e ligada à pro-

---

626 SALOMÃO FILHO, Calixto. Função social do contrato: primeiras anotações. *Revista dos Tribunais*, São Paulo, v. 93, n. 823, p. 68, 2004: "No Brasil, a ideia da função social da empresa também deriva da previsão constitucional sobre a função social da propriedade (artigo 170, inciso III). Estendida à empresa, a ideia de função social da empresa é uma das noções de talvez mais relevante influência prática na transformação do direito empresarial brasileiro. É o princípio norteador da 'regulamentação externa' dos interesses envolvidos pela grande empresa. Sua influência pode ser sentida em campos tão díspares como direito antitruste, direito do consumidor e direito ambiental".

627 MIRANDA, Custódio da Piedade Ubaldino. *Comentários ao Código Civil*: dos contratos em geral (artigos 421 a 480) cit., p. 18: "ela aparece como a *razão de ser mesma da atividade contratual*, quando se afirma que a liberdade de contratar será exercida em razão da função social do contrato".

628 HIRONAKA, Giselda Maria Fernandes Novaes. A função social do contrato. *Revista de Direito Civil*, São Paulo, v. 45, p. 142-143, jul./set. 1988: "Entendemos por 'renascer', o reflorescimento de ideias antigas, pinçadas, quer na Bíblia – Velho e Novo Testamentos – quer da obra de grandes filósofos, como Aristóteles, quer do próprio Direito Romano; mas todas elas, sem dúvida, de grande atualidade. A doutrina católica, chamada 'doutrina social da Igreja', teve seu ponto alto registrado por Santo Tomás de Aquino, o Doutor Angélico, para quem a propriedade é, num primeiro momento, um dos direitos naturais, isto é, a faculdade que todo homem tem de possuir os bens que necessite; e, num segundo momento, aparecem tais bens já então apropriados e divididos, e agora, como decorrência do direito humano, ou, como ele dizia, do direito das gentes". Para Aristóteles, a "propriedade é uma palavra que deve ser entendida como entendemos a palavra parte: a parte faz não somente parte de um todo, mas ela pertence de uma maneira absoluta a uma outra coisa que ela mesma" – tradução livre de: "Propriété est un mot qu'il faut entendre comme on entend le mot partie: la partie fait partie non seulement d'un tout, mais encore elle appartient d'une manière absolue à une chose autre qu'elle-même" (ARISTÓTELES. *Politique*. Traduction en français d'après le texte collationné sur les manuscrits et les éd. principales par J. Barthélemy-Saint-Hilaire. Paris: Librairie Philosophique de Ladrange, 1874. p. 14). Como sustenta Simon Deploige, São Tomás de Aquino resolve o problema da propriedade no mesmo sentido que Aristóteles, sopesando as vantagens e desvantagens da propriedade privada e do comunismo, conforme previsto na *República* de Platão (DEPLOIGE, Simon. La théorie thomiste de la propriété. *Revue Philosophique de Louvain*, 2ᵉ année, n. 5, p. 66, 1895. Disponível em: www.persee.fr/doc/phlou_0776-5541_1895_num_2_5_1395. Acesso em: 7 jan. 2022. Em resposta à *Questão LXVI (Suma Teológica)*, São Tomás de Aquino assevera que Deus tem o domínio principal sobre todas as coisas (direito divino), tendo destinado o uso destas aos homens. Inicialmente em estado de indivisão e

priedade. Como resposta da Igreja Católica ao fortalecimento do liberalismo e do capitalismo monopolista na Europa, bem como em atenção aos crescentes movimentos sociais e trabalhistas, o Papa Leão XIII publicou a Carta Encíclica *Rerum Novarum* sobre a condição dos operários (1891), na qual reconhece uma função social inerente à propriedade, destacando que, não obstante possa ser apropriada por particulares, "a terra não deixa de servir à utilidade comum de todos, atendendo a que não há ninguém entre os mortais que não se alimente do produto dos campos"[629]. Nesse sentido, também a Encíclica *Quadragesimo Anno* (1931), de Pio XI[630], as mensagens papais de Pio XII, conhecidas como *La Solenita* (1941) e *Oggi* (1944), e a Encíclica *Mater e Magistra*, "sobre a recente evolução da questão social à luz da doutrina cristã" (1961), de João XXIII[631], que consignou expressamente que "o direito de propriedade privada sobre os bens possui intrinsecamente uma função social"[632].

Em obra na qual reproduz um ciclo de conferências pronunciadas na Universidade de Buenos Aires em 1911, LÉON DUGUIT desenvolve a noção de propriedade enquanto função social. Após afirmar que "o sis-

---

comum aos homens (direito natural), os bens passam a ser apropriados individualmente por leis humanas (direito positivo) – sem ser contrário ao direito natural –, podendo o homem usá-las, administrá-las e distribuí-las, sem se olvidar, todavia, de sua origem comum (cf. AQUINO, Tomás de. *La théologie de saint Thomas ou Exposition de la "Somme théologique" en français*. Traduction Georges Malé. Paris: Librairie Catholique de Perisse Frères, 1857. t. 2, p. 126-128).

629 LEÃO XIII, Papa. *Carta Encíclica Rerum Novarum* (Sobre a condição dos operários). Disponível em: https://www.vatican.va/content/leo-xiii/pt/encyclicals/documents/hf_l-xiii_enc_15051891_rerum-novarum.html. Acesso em: 7 jan. 2022.

630 GHESTIN, Jacques; LOISEAU, Grégoire; SERINET, Yves-Marie. *Traité de droit civil. La formation du contrat. Le contrat – le consentement* cit., p. 298: "Cette doctrine sociale ne se limite d'ailleurs pas aux relations du travail. Elle est de portée générale et vise l'ensemble des relations contractuelles. C'est ainsi que selon Pie VI, 'l'enseignement de Léon XXIII dans *Rerum novarum* est toujours valable: le consentement des parties, si eles sont en situation trop inégales, ne suffit pas à garantir la justice du contrat, et la règle du libre consentement demeure subordonnée aux exigences du droit naturel'".

631 Cf. HIRONAKA, Giselda Maria Fernandes Novaes. *A função social do contrato* cit., p. 143-144.

632 JOÃO XXIII, Papa. *Carta Encíclica Mater et Magistra* (Sobre a evolução da questão social à luz da doutrina cristã). Disponível em: https://www.vatican.va/content/john-xxiii/pt/encyclicals/documents/hf_j-xxiii_enc_15051961_mater.html. Acesso em: 7 jan. 2022.

tema individualista está em contradição flagrante" com a "consciência moderna"[633] (= espírito de interdependência social) – gerando deveres ao proprietário de empregar a riqueza possuída na manutenção e no crescimento daquela[634] –, sustenta que "a propriedade não é mais um direito subjetivo do proprietário; ela é a função social do detentor da riqueza"[635].

Conforme pontifica STEFANO RODOTÀ, será imediatamente após à Primeira Guerra Mundial que a ideia de função social, advinda de um diálogo entre a propriedade e toda a sociedade – em contraste com aquela de propriedade absoluta[636], decorrente do célebre artigo 544 do *Code Civil* –, será positivada pelo artigo 153 da Constituição alemã de Weimar de 1919[637], ao dispor que "a propriedade obriga"[638]. Nos anos seguintes, o modelo europeu de bem-estar social será construído em torno de uma propriedade relativizada[639], na esteira do "compromisso

---

[633] DUGUIT, Léon. *Les transformations générales du droit privé depuis le Code Napoléon*. Paris: Librairie Félix Alcan, 1912. p. 157. Tradução livre: "Ainsi le système individualiste est en contradiction flagrante avec cet état de la conscience moderne".

[634] DUGUIT, Léon. *Les transformations générales du droit privé depuis le Code Napoléon* cit., p. 158.

[635] DUGUIT, Léon. *Les transformations générales du droit privé depuis le Code Napoléon* cit., p. 158. Tradução livre de: "La propriété n'est plus un droit subjectif du propriétaire; elle est la fonction sociale du détenteur de la richesse".

[636] RODOTÀ, Stefano. *Il terribile diritto*. Studi sulla proprietà privata e i beni comuni cit., p. 11. "fino all'integrale sua repulsa, con la rivoluzione sovietica del 1917, chef onda uno Stato único proprietario dei mezzi di produzione".

[637] RODOTÀ, Stefano. *Il terribile diritto*. Studi sulla proprietà privata e i beni comuni cit., p. 10-11.

[638] A atual "Lei Fundamental" da República Federal da Alemanha dispõe da mesma maneira em seu artigo 14, parágrafo 2: "A propriedade obriga. Seu uso deve, ao mesmo tempo, servir ao bem da comunidade" (Cf. LARENZ, Karl. *Derecho civil*: parte general cit., p. 79. Tradução livre de: "La propiedad obliga. Su uso debe servir al propio tiempo al bien de la colectividad").

[639] A Constituição italiana de 1947 dispõe em seu artigo 42 que "a propriedade privada é reconhecida e garantida pela lei, que determina os modos de aquisição, de gozo e os limites com o propósito de assegurar-lhe a função social e de torná-la acessível a todos" – tradução livre de: "La proprieta privata è riconosciuta e garantita dalla legge, che ne determina i modi di acquisto, di godimento e i limiti allo scopo di assicurarne la funzione sociale e di renderla accessibile a tutti [44, 472]". Pietro Perlingieri destaca que a Constituição italiana se diferencia de outras constituições, inclusive de Estados italianos, por tratar a propriedade em título sobre as relações econômicas, e não sobre as relações pessoais. Nessa toada, assevera que a propriedade é considerada sob o seu perfil econômico, e não como expressão de um direito da personalidade, com uma

social-democrático e keynesiano estipulado a partir dos anos trinta"[640], sendo questionado nas décadas de 1970 e 1980 pelas "revoltas conservadoras de Margareth Thatcher e de Ronald Reagan"[641].

No Brasil, a função social da propriedade está presente nos textos constitucionais desde 1934 (artigo 113, n.º 17)[642], constando da Constituição da República de 1988, em seu artigo 5.º, XXIII, que "a propriedade atenderá a sua função social"[643], além de ser a função social da propriedade um dos princípios diretores da ordem econômica, consoante dispõe o artigo 170[644].

---

visão jusnaturalística (*Introduzione alla problematica della "proprietà"*. Napoli: Edizioni Scientifiche Italiane, 2011. p. 21). A noção de função social também está estampada no artigo 33, 2, da Constituição espanhola de 1978 (cf. DÍEZ-PICAZO, Luis; GULLÓN, Antonio. *Sistema de derecho civil* cit., 10. ed., p. 144-145).

[640] RODOTÀ, Stefano. *Il terribile diritto. Studi sulla proprietà privata e i beni comuni* cit., p. 11. Tradução livre de: "Saranno gli anni successivi alla seconda guerra mondiale a stabilizzare intorno al Welfare State, al modello sociale europeo, una proprietà relativizzata, conforme al compromesso social-democratico e keynesiano stipulato a partire dagli anni Trenta".

[641] RODOTÀ, Stefano. *Il terribile diritto. Studi sulla proprietà privata e i beni comuni* cit., p. 11. Tradução livre de: "Saranno le rivolte conservatrici di Margareth Thatcher e di Ronald Reagan ad avviare la nuova ascesa della proprietà al centro del sistema, che globalizzazione e finanziarizzazione dell'economia si incaricheranno di portare a comprimento".

[642] Cf. FACCHINI NETO, Eugênio. A função social da propriedade como direito fundamental. *In*: CANOTILHO, José Joaquim Gomes; MENDES, Gilmar Ferreira; SARLET, Ingo Wolfgang; STRECK, Lenio Luiz (coord.). *Comentários à Constituição do Brasil*. 6. tir. São Paulo: Saraiva/Almedina, 2013. p. 314.

[643] Para José Afonso da Silva, "o princípio vai além do ensinamento da Igreja, segundo o qual 'sobre toda propriedade particular pesa uma hipoteca social', mas tendente a uma simples vinculação obrigacional. Ela transforma a propriedade capitalista, sem socializá-la. Condiciona-a como um todo, não apenas em seu exercício, possibilitando ao legislador ao legislador entender com os modos de aquisição em geral ou certos tipos de propriedade, com seu uso, gozo e disposição. Constitui, como já se disse, o fundamento do regime jurídico da propriedade, não de limitações, obrigações e ônus que podem apoiar-se – e sempre se apoiaram – em outros títulos de intervenção, como a ordem pública ou a atividade de polícia" (*Curso de direito constitucional positivo*. 36. ed. São Paulo: Malheiros, 2013. p. 285).

[644] COMPARATO, Fábio Konder. Função social da propriedade e dos bens de produção. *Revista de Direito Mercantil, Industrial, Econômico e Financeiro*, v. 25, n. 63, p. 79, jul./set. 1986: "A chamada função social da propriedade representa um poder-dever positivo, exercido no interesse da coletividade, e inconfundível, como tal, com as restrições tradicionais ao uso de bens próprios. A afirmação do princípio da função

Para MIGUEL REALE, "a realização da função social da propriedade somente se dará se igual princípio for estendido aos contratos, cuja conclusão e exercício não interessa somente às partes contratantes, mas a toda a coletividade"[645]. Nesse sentido, dispõe o artigo 421 do Código Civil brasileiro de 2002 que "a liberdade contratual será exercida nos limites da função social do contrato"[646].

A regulamentação dos contratos oriunda do *Code Civil* e dos Códigos Civis que o seguiram no século XIX refletia uma visão estática da economia, privilegiando-se mais o gozo da riqueza do que sua circulação e multiplicação, refletindo um estágio de desenvolvimento ainda pré-industrial. Isso repercutia diretamente nas relações entre contrato e propriedade, sendo aquela mero mecanismo para a circulação desta, a verdadeira riqueza econômica[647]. Em contraste com esse cenário, assevera ENZO ROPPO que "dentro de um sistema capitalista avançado parece ser o *contrato*, e já não a propriedade, o instrumento fundamental de gestão dos recursos e de produção da economia"[648].

Nesse contexto, ORLANDO GOMES[649] pondera que a noção de contrato vivenciou uma crise, geradora da alteração da função do con-

---

social da propriedade, sem maiores especificações e desdobramentos, tem se revelado, pela experiência constitucional germânica, tecnicamente falha. A destinação social dos bens de produção não deve estar submetida ao princípio da autonomia individual nem ao poder discricionário da Administração Pública. O abuso da não utilização de bens produtivos, ou de sua má utilização, deveria ser sancionado mais adequadamente. Em se tratando de propriedade privada, pela expropriação não condicionada ao pagamento de indenização integral, ou até sem indenização. Cuidando-se de propriedade pública, por meio de remédio judicial de efeito mandamental, que imponha ao Poder Público o cumprimento dos deveres sociais inerentes ao domínio".

645 REALE, Miguel. Função social do contrato. *O Estado de S. Paulo*, São Paulo, ano 122, n. 40212, p. A2, 12 nov. 2003. Disponível em: https://acervo.estadao.com.br/publicados/2003/11/22/g/20031122-40212-nac-2-opi-a2-not-kggagqh.jpg. Acesso em: 14 jan. 2022: "O que se exige é que o acordo de vontades não se verifique em detrimento da coletividade".

646 Redação dada pela Lei n.º 13.874, de 20 de setembro de 2019. O texto original era "a liberdade de contratar será exercida em razão e nos limites da função social do contrato".

647 ROPPO, Enzo. *O contrato*. Tradução Ana Coimbra e M. Januário C. Gomes. Coimbra: Almedina, 2009. p. 61-63.

648 ROPPO, Enzo. *O contrato* cit., p. 66.

649 GOMES, Orlando. *Novos temas de direito civil*. Rio de Janeiro: Forense, 1983. p. 109.

trato, passando este de "mero instrumento de *autodeterminação privada*" para "um instrumento que deve realizar também *interesses da coletividade*". Em outras palavras, "o contrato passa a ter *função social*". Conforme assenta FRANZ WIEACKER, "quando se fala de direito, o comportamento humano é social, ou seja, referido ao outro e à comunidade dos outros. A consciência jurídica dirige suas exigências no sentido de um comportamento para com o outro de cimento de que nos interessa a nós e ao próximo"[650].

Em seu aspecto intrínseco ("o contrato visto como relação jurídica entre as partes"[651]), a função social dos contratos significa que as partes não podem "afetar *valores maiores da sociedade*" no exercício da liberdade contratual[652]. Ela atua como mecanismo de flexibilização da autonomia privada e da força obrigatória dos contratos, inserindo na relação contratual um ditame de *socialidade*, "o valor da pessoa humana como elemento central do Código Civil"[653]. Concretamente atua "no momento

---

[650] WIEACKER, Franz. *História do direito privado moderno*. Tradução A. M. Botelho Hespanha. Lisboa: Fundação Calouste Gulbenkian, 2010. p. 710.

[651] THEODORO JÚNIOR, Humberto. *O contrato e sua função social*. 4. ed. Rio de Janeiro: Forense, 2014. p. 46. Assim também: NALIN, Paulo Roberto Ribeiro. A função social do contrato no futuro Código Civil brasileiro. *Revista de Direito Privado*, São Paulo, v. 3, n. 12, 2000, p. 56, out./dez. 2002. Os autores citados acabam por misturar o princípio da função social com os outros dois novos princípios da boa-fé (eticidade) e do equilíbrio econômico (equidade). Humberto Theodoro Jr., por exemplo, dedica o capítulo VIII de obra referida à "função social do contrato e proteção da confiança", discorrendo sobre o tratamento típico das condutas decorrentes da boa-fé objetiva. Paulo Nalin assevera que, em seu perfil intrínseco, a função social alude "à observância de princípios novos ou redescritos (igualdade material, equidade e boa-fé objetiva)" (Ibidem, p. 56). Como observa Vera Jacob de Fradera, "desde a publicação do Código Civil de 2002, a pesquisa tendo por objeto os termos expressos no artigo 421, classificado como cláusula geral, revela ter sido este texto de alvo de inúmeras críticas, a maioria desfavoráveis ao seu teor, sendo numerosas as interpretações, pouco compreendido pela Doutrina e raramente referido nas decisões judiciais" (Liberdade contratual e função social do contrato – art. 421 do Código Civil. *In*: MARQUES NETO, Floriano Peixoto; RODRIGUES JR., Otavio Luiz; LEONARDO, Rodrigo Xavier (org.). *Comentários à Lei de Liberdade Econômica*: Lei 13.874/2019. São Paulo: Thomson Reuters Brasil, 2019. p. 296).

[652] NORONHA, Fernando. *Direito das obrigações*. 4. ed. rev. e atual. São Paulo: Saraiva, 2013. p. 47.

[653] FRADERA, Vera Jacob de. Liberdade contratual e função social do contrato – art. 421 do Código Civil cit., p. 300.

posterior, relativo ao desenvolvimento da atividade privada"[654], ajudando na interpretação do contrato – *e.g.*, nos contratos de adesão[655] – e determinando a eficácia ou ineficácia, total ou parcial da relação jurídica, tal como na aplicação da teoria do adimplemento substancial.

Em seu aspecto extrínseco ("o contrato em face da coletividade"[656]), o princípio da função social dos contratos, além de integrar o contrato – diferentemente da boa-fé, que impõe deveres éticos *entre as partes* –, atua como elemento exterior a ele, condicionando a autonomia privada aos interesses e valores sociais. Assim, além de flexibilizar o princípio da relatividade dos contratos (*res inter alios acta allius neque nocere neque prodesse potest*) para ampliação de sua eficácia perante terceiros[657], conforma o princípio da autonomia da vontade aos interesses sociais.

Exemplo de aplicação do princípio da função social encontramos na teoria do adimplemento substancial. Como sustenta RUY ROSADO DE AGUIAR, "a prestação imperfeita, mas significativa de adimplemento substancial da obrigação, por parte do devedor, autoriza pedido de indenização, porém não o de resolução"[658]. Nessa hipótese, entende-se abusiva a conduta de uma das partes, quando insiste na resolução do contrato, diante do pagamento de parcela substancial do preço ajustado[659], pois há inobservância do interesse social na conservação

---

654 AZEVEDO, Antônio Junqueira de. *Novos estudos e pareceres de direito privado*. São Paulo: Saraiva, 2009. p. 368: "Podemos dizer, em linguagem econômica, que a teoria das nulidades controla bem a *liberdade* de iniciativa, enquanto a função social o faz, quanto ao desenvolvimento dessa iniciativa".

655 O artigo 423 do Código Civil de 2002 dispõe que, "quando houver no contrato de adesão cláusulas ambíguas ou contraditórias, dever-se-á adotar a interpretação mais favorável ao aderente".

656 THEODORO JÚNIOR, Humberto. *O contrato e sua função social* cit., p. 46. Assim também: NALIN, Paulo Roberto Ribeiro. A função social do contrato no futuro Código Civil brasileiro cit., p. 56.

657 AZEVEDO, Antônio Junqueira de. *Estudos e pareceres de direito privado* cit., p. 137-147. Sobre determinado contrato de fornecimento de petróleo em que se imputa responsabilidade civil a terceiro que contribuiu para o inadimplemento contratual.

658 AGUIAR JR., Ruy Rosado de. *Extinção dos contratos por incumprimento do devedor* cit., p. 124.

659 Confira-se, nesse sentido, julgado sobre o tema, cuja ementa se colaciona a seguir: "Rescisão contratual c/c reintegração de posse. Instrumento particular de compromisso de venda e compra. Pagamento de parte substancial do preço (71%) a inviabilizar a rescisão pretendida. Aplicação da teoria adimplemento substancial,

do contrato – princípio da conservação[660] do negócio jurídico –, abusando-se de um poder para sacrificar o interesse da outra parte[661], em desacordo com a função social[662].

Em sua dimensão externa de eficácia perante terceiros, a função social do contrato fundamenta a noção de redes contratuais ou contratos coligados[663]. Como pondera RODRIGO XAVIER LEONARDO, se as partes "decidem potencializar a fruição econômica de suas atividades mediante a criação de redes de contratos, além de se encontrarem adstritos pelas

---

para manter o contrato, facultado o recebimento do valor devido em fase de cumprimento do julgado, observado o contrato firmado. Sentença de improcedência reformada. Recurso provido" (TJSP, Apelação Cível 0006000-52.2003.8.26.0053, 3.ª Câmara de Direito Privado, Foro Central, Fazenda Pública/Acidentes, 4.ª Vara de Fazenda Pública, Rel. João Pazine Neto, j. 30.07.2013, registro 1.º.08.2013).

660 Após asseverar ser inegável a existência do princípio da conservação dos negócios jurídicos, Cariota Ferrara enumera diversas situações em que esse princípio é aplicável, tais como: a) a interpretação que privilegie algum efeito à cláusula ou contrato, em primazia àquela que não lhes concede nenhum efeito (artigos 1.367 e 1.132 do *Codice Civile* de 1865); b) a convalidação de negócio jurídico nulo ou anulável (artigos 1.444, 590 e 799 do *Codice Civile*); c) a regra de não extensão de invalidade de uma parte do negócio a todo ele, salvo vontade diversa das partes (artigo 1.419 do *Codice Civile*); d) a priorização de revisão ou modificação do contrato resolúvel por excessiva onerosidade (artigos 1.450 e 1.467 do *Codice Civile*) (FERRARA, Luigi Cariota. *El negocio juridico* cit., p. 325-326). Antônio Junqueira de Azevedo esclarece que "O princípio da conservação consiste, pois, em se procurar salvar tudo que é possível num negócio jurídico concreto, tanto no plano da existência, quanto da validade, quanto da eficácia" (*Negócio jurídico*: existência, validade e eficácia cit., p. 32).

661 No direito italiano, Massimo Bianca sustenta que se trata de violação da boa-fé, por descumprimento do dever de conduta correta (*Diritto civile*: il contrato cit., p. 510-511): "Ora, l'osservanza delle regole di correttezza nell'esercizio del potere disciplinare vuol dire appunto che non bisogna abusare del potere per sacrificare l'interesse del dependente oltre quanto sai richiesto dall'infrazione commessa".

662 Cf. GODOY, Claudio Luiz Bueno de. *Função social do contrato*: os novos princípios contratuais cit., p. 172-174.

663 Para Francisco Marino, contratos coligados podem ser conceituados como "contratos que, por força de disposição legal, da natureza acessória de um deles ou do conteúdo contratual (expresso ou implícito), encontram-se em relação de dependência unilateral ou recíproca" (MARINO, Francisco Paulo de Crescenzo. *Contratos coligados no direito brasileiro*. São Paulo: Saraiva, 2009. p. 99).

obrigações constituídas nos contratos singulares, devem observar deveres que surgem da realidade sistêmica"⁶⁶⁴.

A Lei 13.874, de 20 de setembro de 2019, alterou o artigo 421, *caput*, para trocar "liberdade de contratar" por "liberdade contratual" e excluir a expressão "em razão". Ademais, acrescentou um parágrafo único ao artigo 421, estabelecendo os "princípios" da "intervenção mínima" e da "excepcionalidade da revisão contratual". Outrossim, sobre o tema da liberdade contratual e função social, introduziu o artigo 421-A com perspectivas de "liberdade econômica", dispondo que "os contratos civis e empresariais presumem-se paritários e simétricos até a presença de elementos concretos que justifiquem o afastamento dessa presunção, ressalvados os regimes jurídicos previstos em leis especiais"⁶⁶⁵.

A tutela do contratante mais fraco aplica-se tipicamente às relações de consumo, com fundamento inclusive na Carta da República de 1988, em seu artigo 170, ao estabelecer entre os princípios da ordem econômica a "defesa do consumidor". Como assenta MASSIMO BIANCA, "o abuso do poder contratual prejudica o mercado", "alterando o livre jogo das trocas e dos investimentos"⁶⁶⁶. Tratando-se de relação de direito civil, especial relevo ganham os contratos existenciais, que têm como objeto um direito da personalidade ou um bem essencial à existência humana, distinguindo-se dos empresariais e paritários comuns de direito civil, demandando, assim, a aplicação extremada da função social, *a contrario sensu*, do disposto no artigo 421-A, que deve ser lido em consonância com o *caput* do artigo 421, e o princípio da função social do contrato.

Importante mecanismo de aplicação do princípio da função social do contrato foi introduzido recentemente pela Lei n.º 14.181, de 2021, para

---

664 LEONARDO, Rodrigo Xavier. *Redes contratuais no mercado habitacional*. São Paulo: RT, 2003. p. 150.

665 Os três incisos desse dispositivo legal preveem, de forma supérflua e sem boa técnica (cf. FRADERA, Vera Jacob de. Liberdade contratual e função social do contrato – art. 421 do Código Civil cit., p. 305): "I – as partes negociantes poderão estabelecer parâmetros objetivos para a interpretação das cláusulas negociais e de seus pressupostos de revisão ou de resolução; II – a alocação de riscos definida pelas partes deve ser respeitada e observada; e; III – a revisão contratual somente ocorrerá de maneira excepcional e limitada".

666 BIANCA, Cesare Massimo. *Diritto civile*: il contratto cit., p. 396. Tradução livre de: "l'abuso del potere contrattuale daneggia il mercato anche quando è esercitatonei rapporti tra imprenditori in quanto penaliza le categorie di produttori e commercianti assoggettati a tale potere alterando il libero giuoco degli scambi e degli investimenti".

o tratamento do superendividamento, com a possibilidade de o consumidor superendividado pessoa natural requerer em juízo a instauração de processo de repactuação de dívidas[667], designando-se audiência de conciliação da qual participarão todos os credores – o não comparecimento causará a "suspensão da exigibilidade do débito e a interrupção dos encargos da mora", além da "sujeição compulsória ao plano de pagamento da dívida" (se o montante devido for certo), ademais, o pagamento a esse credor deverá ocorrer apenas "após o pagamento aos credores presentes à audiência conciliatória"[668] –, apresentando o consumidor "plano de pagamento com prazo máximo de cinco anos, preservado o mínimo existencial"[669]. Não ocorrendo a conciliação relativamente

---

[667] Compete concorrentemente aos órgãos do Sistema Nacional de Defesa do Consumidor (SNDC) realizar a fase conciliatória e preventiva do processo de repactuação de dívidas, nos moldes do artigo 104-A do Código de Defesa do Consumidor, "no que couber, com possibilidade de o processo ser regulado por convênios específicos celebrados entre os referidos órgãos e as instituições credoras ou suas associações". conforme dispõe o artigo 104-C.

[668] Cf. § 2.º do artigo 104-A da Lei n.º 8.078, de 11 de setembro de 1990, "Código de Defesa do Consumidor".

[669] Conforme o artigo 104-A do Código de Defesa do Consumidor. Para Ricardo Lobo Torres, o mínimo existencial é um direito fundamental, exibindo dupla face de direito subjetivo – "investe o cidadão na faculdade de acionar as garantias processuais e institucionais na defesa dos seus direitos mínimos" – e direito objetivo – "norma de declaração de direitos fundamentais, que deve cobrir o campo mais amplo das pretensões da cidadania" (*O direito ao mínimo existencial*. Rio de Janeiro: Renovar, 2009. p. 38). Já Luiz Edson Fachin, em sua tese sobre o "patrimônio mínimo" – fundado no princípio da dignidade humana –, entende que este "concretiza, de algum modo, a expiação da desigualdade, e ajusta, ao menos em parte, a lógica do Direito à razoabilidade da vida daqueles que, no mundo do ter menos têm e mais necessitam". Assim, pela perspectiva do direito de defesa, sustenta que ele "obsta a instauração de estado de paupérrimo por qualquer meio, voluntário ou forçado, judicial ou extrajudicial", fundando-se no disposto no artigo 548 do Código Civil de 2002, que veda a doação universal ou a "autorredução à miserabilidade" (*Estatuto jurídico do patrimônio mínimo*. 2. ed. Rio de Janeiro: Renovar, 2006. p. 278 e 2). Ingo Wolfgang Sarlet, por sua vez, abordando o tema por uma perspectiva da "constitucionalização do direito privado", associando o mínimo existencial aos direitos sociais como direito fundamental, sustenta a "garantia de um mínimo existencial como critério material para a aplicação dos direitos fundamentais no direito privado e, de modo especial, no âmbito das relações entre particulares", com eficácia direta dos direitos fundamentais sociais no âmbito das relações entre particulares (SARLET, Ingo Wolfgang. Direitos fundamentais, mínimo existencial e direito privado. *Revista de Direito do Consumidor*, São Paulo, v. 16, n. 61, p. 90-125, jan./mar. 2007). Nessa esteira, Claudia Lima Marques consigna que "a noção de direito público, do mínimo existencial, migrou para o direito contratual, nos contratos de crédito ao

a qualquer um dos credores, o consumidor pode postular a instauração de processo para "revisão e integração dos contratos e repactuação das dívidas remanescentes mediante plano judicial compulsório"[670].

Tratando de justiça contratual, JACQUES GHESTIN, GRÉGOIRE LOISEAU e YVES-MARIE SERINET[671] destacam o pensamento jusnaturalista – conforme a justiça comutativa[672], nas lições de ARISTÓTELES[673]

---

consumidor e – talvez como resposta ao retrocesso em matéria de controle judicial de contratos bancários e financeiros, em virtude das novas Súmulas – permitem face ao efeito horizontal dos direitos fundamentais (*Drittwirkung*), que os magistrados de primeiro grau e os Tribunais Estaduais reduzam o comprometimento do salário e pensão do consumidor por contratos de crédito, evitando superendividamento. O STJ aceitou a tese do mínimo existencial constitucional tendo reflexos nas relações consumidor-banco, afirmando: "Agravo regimental. Recurso especial. Decisão interlocutória. Retenção. Possibilidade de afastamento. Crédito consignado. Contrato de mútuo. Desconto em folha de pagamento. Possibilidade. Limitação da margem de consignação a 30% da remuneração do devedor. Superendividamento. Preservação do mínimo existencial. [...] 2. Validade da cláusula autorizadora do desconto em folha de pagamento das prestações do contrato de empréstimo, não configurando ofensa ao art. 649 do Código de Processo Civil. 3. Os descontos, todavia, não podem ultrapassar 30% (trinta por cento) da remuneração percebida pelo devedor. 4. Preservação do mínimo existencial, em consonância com o princípio da dignidade humana. 5. Precedentes específicos da Terceira e da Quarta Turma do STJ. 6. Agravo regimental desprovido (AgRg no REsp 1206956/RS, 3.ª Turma, Rel. Min. Paulo de Tarso Sanseverino, j. 18.10.2012, *DJe* 22.10.2012)" (*Contratos no Código de Defesa do Consumidor*: o novo regime das relações contratuais. 9. ed. rev. e atual. São Paulo: Thomson Reuters, 2019. p. 1334).

670 Cf. artigo 104-3 da Lei n.º 8.078, de 11 de setembro de 1990, "Código de Defesa do Consumidor".

671 GHESTIN, Jacques; LOISEAU, Grégoire; SERINET, Yves-Marie. *Traité de droit civil. La formation du contrat. Le contrat – le consentement* cit., p. 315-324.

672 NORONHA, Fernando. *O direito dos contratos e seus princípios fundamentais*: autonomia privada, boa-fé, justiça contratual. São Paulo: Saraiva, 1994. p. 215: "A justiça contratual será, portanto, uma modalidade da justiça comutativa. Se a justiça costuma ser representada pela balança de braços equilibrados, a justiça contratual traduz precisamente a ideia de equilíbrio que deve haver entre direitos e obrigações das partes contrapostas numa relação contratual. E, dentro dos contratos, o seu campo de eleição é, naturalmente, o *contrato comutativo*, que é aquele que pressupõe uma relação de equivalência entre prestação e contraprestação – e que, de resto, constitui a mais importante categoria contratual da vida real, e a mais comum".

673 A justiça para Aristóteles é relacional (uma "virtude social") e pode ser expressa em fórmulas matemáticas, tendo como fim a igualdade. Michel Villey observa que Aristóteles parece ter seguido a doutrina de Pitágoras ("o matemático filósofo"), distinguindo dois tipos de justiça que podem ser manifestados em fórmulas matemáticas. Assim, a justiça distributiva refere-se a uma proporção de igualdade geométrica – *e.g.*,

e SÃO TOMÁS DE AQUINO[674] – e seus "fundamentos morais" de uma exigência de equivalência objetiva das prestações, passando-se a um imperativo de equivalência contratual, do que foi convencionado, nos moldes do pensamento econômico-liberal que antecedeu a Revolução Francesa e o *Code Civil*, marcado pela concepção de que "o valor das coisas é determinado pelo livre jogo da oferta e da procura e que nem o legislador, nem o juiz podem fixá-lo arbitrariamente, não dependendo da equidade, mas, sim, da abundância ou da escassez dos bens"[675], devendo ser apreciado o equilíbrio das prestações individualmente, de acordo com o estabelecido pelas partes[676].

---

deve dar-se cinco vezes mais encargos aos homens cinco vezes mais capazes – "entre as diferentes *pessoas* de um grupo social e os *bens*, as honras, os encargos a serem divididos" (tradução livre de: "entre les différentes *personnes* d'un groupe social et les *biens*, les honneurs et les charges à leur repartir") – *e.g.*, deve dar-se cinco vezes mais encargos aos homens cinco vezes mais capazes. Já a justiça comutativa é aritmética e regula as trocas mútuas entre os diferentes patrimônios. Assim, se um comprador retira um valor de seu patrimônio em troca de certo objeto, a justiça comutativa impõe um equilíbrio entre a coisa e o preço (VILLEY, Michel. *Leçon d'histoire de la philosophie du droit*. Paris: Dalloz, 2002. p. 27-28). Conforme enuncia Aristóteles: "O juiz subtrairá este excesso, acrescentando-o ao segmento menor. E quando o todo é dividido em duas partes iguais, as partes em conflito dizem ter o que é seu, quando obtêm uma parte igual. A igualdade é o meio entre a parte maior e a parte menor de acordo com a proporção aritmética. É por esta razão que também se chama justiça, porque se trata de uma divisão em dois, como se alguém dissesse o que é dividido em duas partes, e o juiz é o divisor em duas partes" (ARISTÓTELES. *Ética a Nicômaco*. Tradução do grego de António de Castro Caeiro. São Paulo: Atlas, 2009. p. 111).

674 Seguindo as lições de Aristóteles no que tange à divisão da justiça em dois tipos – distributiva ("justa proporção entre a comunidade e cada um de seus membros", aos quais ela distribui equitativamente os bens comuns) e comutativa ("justa proporção entre os membros da comunidade, considerados isoladamente"), São Tomás de Aquino propugna pela igualdade aritmética nas relações de troca entre as pessoas (AQUINO, Tomás de. *La théologie de saint Thomas ou Exposition de la "Somme théologique" en français* cit., p. 117-118).

675 GHESTIN, Jacques; LOISEAU, Grégoire; SERINET, Yves-Marie. *Traité de droit civil*. La formation du contrat. Le contrat – le consentement cit., p. 323. Tradução livre de: "Il est tenu pour acquis que la valeur des choses est déterminée par le libre jeu de l'offre et de la demande et qui ni le législateur, ni le juge ne peuvent fixer arbitrairement celle ci, qui ne dépend, pas de l'équite mais de l'abondance ou la rareté des biens".

676 ASCENSÃO, José de Oliveira. Alteração das circunstâncias e justiça contratual no Código Civil. *Revista Trimestral de Direito Civil*, Rio de Janeiro, v. 7, n. 25, p. 93-118, jan./mar. 2006. p. 97: "O fundamento da vinculatividade jurídica será encontrado em critérios voluntarísticos, portanto individualistas e subjetivos. *Pacta sunt servanda* pas-

Não obstante o princípio da força obrigatória, HÉNRI DE PAGE sustenta que o juiz pode interpretar o contrato com o objetivo de fazer prevalecer a vontade real – quando houver discordância entre a vontade aparente e a real –, alterando a declaração de vontade ou suprindo as cláusulas omissas, ambíguas ou imprecisas[677]. Em seguida, nomina outro princípio contratual que designa de "execução de boa-fé", com base na redação do artigo 1.134 do *Code Civil*, consistindo justamente nessa possibilidade de interpretação pelo juiz para integrar a vontade real na declaração de vontade, ou seja, "o espírito prevalece sobre a letra"[678].

---

sa a ser a chave da validade e eficácia dos contratos. Os negócios, tal como as leis ou os tratados, produzem efeitos porque foram queridos. Não interessa o conteúdo dos contratos, ou o objeto da vontade, ou a matéria regulada, salvo específicas proibições legais. Não interessa o que se escolheu, interessa apenas que tenha havido liberdade de escolha. Por isso, naqueles limites muito amplos, os vícios só poderiam ser referidos à própria vontade. Este entendimento favoreceu a expansão da sociedade industrial nascente. Mas as suas consequências nocivas tornaram-se patentes logo a partir do início do séc. XIX. Em todos os planos, desde o internacional ao político, até ao negocial, que é o que nos interessa, o mais forte pôde impor o seu arbítrio".

677 DE PAGE, Henri. *Traité élémentaire de droit civil belge*: principes, doctrine, jurisprudence. Les obligations (première partie) cit., p. 459: "Tout comme pour le principe du consensualisme, l'origine de la règle relative à l'exécution de bonne foi se trouve dans l'histoire. On, sait, qu'à Rome, il existait des contrats de *droit strict* et des contrats de *bonne foi* (ou plus exactement des *actions de* droit strict: *judicia stricti juris*, et des *actions* de bonne foi: *judicia bonne fidei*). Parmi les premiers, se trouvaient tous les contrats *formels* des vieux droit quiritaire, du *jus civile*; parmi les seconds, les contrats *consensuels* qui naissent sans aucune forme, par le seul effet de l'accord des volontés (voy. *supra*, n.º 464). La *seule et unique* différence qui existait entre les uns et les autres résidait dans le fait que les premiers étaient d'interprétation rigoureuse, tandis que les seconds permettaient au juge (*formula* redigé *ex fide bonna*) de rechercher librement l'intention des parties, sans se préoccuper des paroles prononcées (nous dirions aujourd'hui *de la lettre* des engagements), et l'autorisaient de la sorte à déjouer les ruses et les fraudes basées sur une interprétation trop rigoureusement *formaliste*. A l'heure actuelle, l'évolution est depuis longtemps accomplie: *tous les contrats sont des bonne foi*; il n'existe plus de « formes», et, partant, plus de contrats « de droit strict». La règle s'applique même au *contrats solennels*. Mais en revanche, elle n'a d'autre portée que de préciser l'*interpretation* que le juge peut faire d'un contrat. L'esprit prime la lettre; la volonté réelle domine le rite; le droit n'est plus dans les *mots*, mais dans les *réalités*. Ceux-là ne peuvent, en aucun cas, permettre de déformer celles-ci. On voit par là que c'est à tort qu'on a rattaché certaines theories, notamment la théorie de l'imprévision (voy. *supra*, n.º 467), au principe de l'exécution de bonne foi. Elles lui sont totalement étrangères".

678 Jean Domat assim preconiza em suas "regras de interpretação das convenções", máxime nas de número 4 – "intention préférée à l'expression": a intenção prevalece aos termos de uma convenção –, e 5 – "des clauses à double sens": em caso de cláu-

Com relação aos contratos de longa duração ou prestações sucessivas, tendo as partes livremente decidido, inclusive, quanto aos riscos inerentes ao contrato – mesmo em casos de eventos da natureza a desnaturar os cálculos realizados, rompendo o equilíbrio das prestações –, pois, ao contratar, as partes têm em conta os elementos aleatórios decorrentes da instabilidade do futuro, o conteúdo do contrato deve ser mantido, salvo em caso de eventos anormais (= aqueles que "as partes não puderam razoavelmente prever"), alterando completamente o equilíbrio das prestações recíprocas e deformando o contrato[679], hipótese em que se impõe a cláusula *rebus sic stantibus*, facultando-se uma ação de nulidade, resilição *ex tunc*, revisão etc. Nada obstante, com fundamento no artigo 1.134 do *Code Civil*, a jurisprudência rejeitou reiteradamente a *teoria da imprevisão*, precisando-se de uma lei para que o quadro fosse modificado[680].

A questão relativa à alteração superveniente das circunstâncias que ensejaram a celebração de contrato de longa duração e de prestação sucessiva, de tal maneira que não teria sido celebrado, ou o seria com cláusulas diversas, fora objeto de discussão entre os canonistas medievais, que pressupunham em todos os contratos a cláusula *rebus sic stantibus*[681]

---

sulas com sentido duplo, deve prevalecer aquele mais conforme à intenção comum das partes. Ademais, entre outras regras, propugna que a interpretação deve ser feita pelo sentido que resulta do contrato (4), e pela interpretação contra aquele que esteja de má-fé (7) (*Les loix civiles dans leur ordre naturel* cit., p. 29-34).

[679] DE PAGE, Henri. *Traité élémentaire de droit civil belge*: principes, doctrine, jurisprudence. Les obligations (première partie) cit., p. 457: "On se l'est demandé, surtout à la suite des répercussions économiques si profondes de la guerre 1914-1918, et la théorie dite *de l'imprévision* est née en doctrine".

[680] DE PAGE, Henri. *Traité élémentaire de droit civil belge*: principes, doctrine, jurisprudence. Les obligations (première partie) cit., p. 457: "On remàquera de la sorte que ta théorie de l'imprévision, dont, en équité, le fondement est incontestable, n'a pas été rejetée en soi. Elle a été simplement considérée *comme en contradiction avec l'article 1134 du Code Civil*, et, à ce titre, en dehors des pouyoirs du *juge*. L'idée elle-même est saine, et des lois particulières l'ont fréquemment admise: loi du 5 octobre 1919 sur la résiliation ou la revision de certains contrats d'avant-guerre; loi du 5 aôut 1933 sur le revision temporaire et la résiliation des baux commercieux; loi du l0 aôut 1933 relative à la réduction de certains fermages. On peut rattacher également à l'imprévision les lois sur les moratoires, et espécialement les moratoires hypothécaires".

[681] MAIA, Paulo Carneiro. Cláusula "rebus sic stantibus". *In*: FRANÇA, Rubens Limongi (coord.). *Enciclopédia Saraiva do Direito*. São Paulo: Saraiva, 1977. v. 15, p. 135: "A expressão latina *rebus sic stantibus*, que vem de ser analisada, é a simplificação, normalmente usada, da fórmula integral *contractus qui habent tractum sucessivum et dependetiam de futuro rebus sic stantibus intelliguntur*. Sua tradução livre seria:

("das coisas como estão, estando assim as coisas"[682]), pela qual as partes obrigavam-se "a executar o contrato somente desde que subsistissem, até ao fim, as condições econômicas existentes ao tempo da sua celebração"[683]. Adotada pelos pós-glosadores bartolistas, bem como pelas doutrinas italiana e germânica, até o século XVIII[684], aos poucos ficou em desuso, à medida que passaram a preponderar as ideias francesas de autonomia da vontade e abandonada a teoria da usura.

A Primeira Grande Guerra Mundial (1914-1918), em virtude de sua extensa duração e impactos ruinosos causados na economia, de forma

---

"os contratos que têm trato sucessivo, ou são a termo, ficam subordinados, a todo tempo, ao mesmo estado de subsistência das coisas. Na parte histórica, que é versada quando foi pesquisado esse conteúdo, aludimos à elaboração teórica da cláusula *rebus sic stantibus*, devido à escola culta holandesa e tedesca, como movimento científico relevante, da metade do século XVII aos fins do século XVIII, fixamos e transcrevemos a fórmula integral".

682 AZEVEDO, Álvaro Villaça. Inaplicabilidade da teoria da imprevisão e onerosidade excessiva na extinção dos contratos. *In*: AZEVEDO, Álvaro Villaça. *Fundamentos do direito civil brasileiro*. Campinas: Millennium, 2012. p. 53).

683 GONÇALVES, Luiz da Cunha. *Tratado de direito civil* cit., v. 4, t. 1, p. 757.

684 RIPERT, Georges. *La règle morale dans les obligations civiles* cit., p. 153: "C'est là une très vieille idée que le glossateurs avaient dégagée en prenante pretexte d'un fragment de Nératius au Digeste (XII, 4, 8). Bartole disait que dans tout contra til faut supposer la clause *rebus sic stantibus*, c'est à dire supposer que les parties n'ont entendu maintenir le contrat que si les circonstances ne changent pas. La règle donnée par Balde et par Tiraquellus, combattue en principe par l'école du droit naturel comme contraire à la valeur du contrat, a été affirmée aux XVII et XVIII siècle par certains auteurs (de Cocceji, de Leyser), et elle est vénue s'échouer dans le Code Prussien de 1794". Paulo Carneiro Maia destaca o trabalho do jurisconsulto português Agostinho Barbosa, no século XVII, dedicando dois estudos à cláusula *rebus sic stantibus*, sendo o primeiro o mais amplo: "Quando se ateve ao desenvolvimento de *clausulis usufrequentioribus*, no capítulo IV de seu tratado, destinou a cláusula CXXIX ao princípio *rebus sic stantibus*. Sob esse título sumariou seis ideias que identificam sua concepção: 1. Referem os doutores que tratam da força e dos efeitos desta cláusula. 2. A cláusula *rebus sic stantibus* entende-se em qualquer disposição, em qualquer obrigação, e promessa, ou pacto, e juramento firmados. 3. A cláusula *rebus sic stantibus* importa o mesmo que tivesse sido dito, enquanto a coisa permanecer no mesmo estado. 4. A promessa deve entender-se segundo o termo e estado que, ao mesmo tempo da promessa, vigorava. 5. As que surgem de novo necessitam de novo auxílio. 6. A cláusula *rebus sic stantibus* não subsiste quando as partes dispuseram também quanto à mudança do estado das coisas, ou quando cogitou disso, ou então se pôde prever para o futuro" (MAIA, Paulo Carneiro. *Da cláusula* rebus sic stantibus. São Paulo: Saraiva, 1959. p. 51-52).

totalmente inesperada, transformou todos os contratos a longo prazo e de prestações sucessivas em inexequíveis e prejudiciais para uma das partes[685], suscitando-se a aplicação da desusada cláusula *rebus sic stantibus*, transformada em *teoria da imprevisão*, na França[686] e na Itália[687], acolhida pelos tribunais com relutância[688], gerando inúmeras medidas legislativas, visando equalizar a nova situação das coisas.

---

685 MAIA, Paulo Carneiro. *Da cláusula* rebus sic stantibus cit., p. 18: "A guerra, que quase sempre gera desequilíbrio econômico e conturbação política, produzindo instabilidade geral, por isto mesmo constitui conjuntura para a teoria florescer. Haja vista como, na primeira conflagração mundial, ela assumiu aspecto particularmente intenso e despertou novo interêsse em sua aplicação. A questão, entretanto, desborda das circunstâncias estritamente ocasionais da guerra, que é estado anormal, e se põe de fato em tempos de paz".

686 CARBONNIER, Jean. *Droit civil*. Les biens. Les obligations cit., p. 2173: "La conséquence de ces arguments communément acceptés en droit civil est qu'un contractant ne peut demandes, pour cause d'imprévision, ni la *révision* du contrat, ni même (ce qui a paru quelquefois moins grave) sa *résiliation*. Malgré les cyclones économiques (et monétaires) provoqués par les deux guerres mondiales, la Cour de cassation a maintenu sa solution de principe. Cette atitude contraste avec celle du Conseil d'État, qui, depuis l'arrêt *Gaz de Bordeaux* (C. d'Etat, 30 mars 1916, S. 16, 3, 17), decide que, dans les contrats administratifs, bouleversés par des circonstances imprévues, une indemnité peut être accordée à un contractant afin de rétablir l'équilibre financier du contrat et d'êmpecher l'interruption du service public".

687 GALLO, Paolo. *Il contrato* cit., p. 1027-1028: "Per quel che riguarda infine il Sistema italiano, esso si pone in una situazione in un certo senso intermedia. Anche in Italia a partire dalla fine del diciannovesimo si nota un fiorire di studi ed un rinnovato interesse per la sopravvenienza contrattuale, concetto questo probabilmente introdotto per la prima volta da Osti nei suoi bem noti studi sulla clausola *rebus sic stantibus*. Del resto la stessa giurisprudenza a cavalo tra diciannovesimo e ventesimo secolo ammetava ampiamente non solo la risoluzione del contratto, ma anche la revisione del contratto".

688 RIPERT, Georges. *La règle morale dans les obligations civiles* cit., p. 155: "Si les juges français ont resisté à cet appel, c'est tout d'abord parce qu'ils int été effrayés du pouvoir qu'ils se seraient accordé. Les glossateurs avaient bien essayé de définir les circonstances que les parties n'avaient point prévues, et ils insistaient surtout sur les changements dans la condition des personnes. Mais il est evident que les parties n'ont pas prévu davantage la guerre, l'interruption des communications, l'épidemie, la réquisition, la crise économique, le déséquilibre des changes, la dépréciation de la monnaie. Alors il faudrait détruire ou reviser tous les contrats pour les accomoder aux circonstances, en tablant sur la volonté probable des contractants!".

O princípio do equilíbrio econômico (equidade[689]) tradicionalmente tem sua aplicação no instituto da lesão e na teoria da imprevisão ou onerosidade excessiva[690], formando, como bem observa GÄEL CHANTEPIE, "duas facetas do fenômeno do desequilíbrio contratual"[691]. Na lesão ocorre desequilíbrio quando da formação do contrato, enquanto na teoria da imprevisão o desequilíbrio se dá em momento posterior, na fase de execução de um contrato de longa duração e prestações sucessivas. No direito brasileiro, adiciona-se à lesão o estado de perigo, gerando ambos anulabilidade do negócio jurídico[692], ao passo que a excessiva onerosidade ou teoria da imprevisão atua no plano da eficácia, gerando a resolução do contrato ou sua revisão judicial.

No contexto do direito germânico oitocentista, deve-se destacar a teoria da pressuposição de BERNHARD WINDSCHEID, exposta originalmente em livro publicado em 1850[693]. Calcada na teoria da vontade, pois fundada na ideia de que, se um dos contratantes emite uma declaração de vontade condicionada sob determinada pressuposição – conhecida pela outra parte –, se esta não se realiza, o efeito jurídico pre-

---

689 GALLO, Paolo. *Il contrato* cit., p. 611: "Prima di prendere in considerazioni le possibili aplicazioni del principio di equità, ocorre però di chiarire cosa si intende per equità. Tradizionalmente l'equità viene ravvisata nella giustizia del caso concreto; a partire dai tempi di Aristotele si è difusa la convinzione che la legge, per sua natura generale ed astratta, può dar adito in casi particolari a risultati ingiusti; in questa prospettiva l'equità consentirebbe pertanto di rapportare il principio generale al caso concreto, al fine di evitare possibili aplicazioni ingiuste".

690 GALLO, Paolo. *Il contrato* cit., p. 617: "i quali proprio per la loro natura equitativa non comparivano nei principal codici ottocenteschi".

691 CHANTEPIE, Gaël. *La lésion* cit., p. 207: "La lésion et l'imprévision forment deux facettes du phénomène du déséquilibre contractuel".

692 No direito italiano, o *stato di pericolo* e o *stato di bisogno* possibilitam a rescisão (plano da eficácia) A excessiva onerosidade superveniente está regulada no artigo 1.467 e gera a possibilidade de resolução ou de revisão. Quanto à possibilidade de revisão direta, Paollo Gallo destaca que em numerosas hipóteses está quase generalizada a possibilidade de revisão (*Il contrato* cit., p. 1034). Massimo Bianca, por sua vez, ao tratar da *riduzione ad equità* (poder que a parte destinatária da ação de resolução de oferecer uma modificação equitativa do contrato), defende que se trata de poder que deve ser exercido pela parte, e não pelo juiz (*Diritto civile*: il contrato cit., p. 693-695).

693 Cf. FLUME, Werner. *El negocio jurídico*. Parte general del derecho civil cit., p. 585; CORDEIRO, António Manuel da Rocha e Menezes. *Da boa fé no direito civil* cit., p. 969; WINDSCHEID, Bernardo. *Diritto delle pandette* cit., v. 1, p. 332.

tendido subsiste e perdura, mesmo que a pressuposição não ocorra, podendo ser tutelado por exceção ou por ação[694]. Conforme enuncia WINDSCHEID, "a pressuposição é uma condição não desenvolvida (uma limitação da vontade que não se desenvolve para condição)", e "quem manifesta um querer sob uma pressuposição quer como aquele que emite uma declaração de vontade condicionada"[695].

Não obstante tratar-se de teoria inovadora, foi objeto de crítica da doutrina pandectística, principalmente por não ser clara a diferença entre motivo e pressuposição, não se admitindo com relação àquele a impugnação do que fora declarado[696]. Conforme ilustra PONTES DE MIRANDA, "seria o caso do pai que compra o enxoval da filha e a promessa de casamento não vai adiante. Nem bastaria que o comerciante houvesse conhecido a data ou mais pormenores"[697]. Nesse contexto, apesar de ter constado do primeiro projeto do BGB (§ 742), foi retirado na segunda versão, sob o argumento de que geraria insegurança ao tráfego negocial[698].

Para LEHMANN[699], a doutrina da pressuposição – "de condição não desenvolvida" – de WINDSCHEID "tem pontos de acerto", devendo ser tomada em consideração sempre que se puder identificar a finalidade perseguida de forma manifesta, e reconhecível, como conteúdo do

---

[694] WINDSCHEID, Bernardo. *Diritto delle pandette* cit., v. 1, p. 334-335.

[695] WINDSCHEID, Bernardo. *Diritto delle pandette* cit., v. 1, p. 332-334. Tradução livre de: "La presupposizione è una condizione non isvolta [unentwickelte] (una limitazione della volontà, che non si è svolta fino ad essere una condizione). Chi manifesta un volere sotto una presupposizione vuole, al par di colui che emette una dichiarazione di voluntà condizionata". Conforme expõe Windscheid, a pressuposição pode ser de fato ou de direito, referir-se ao passado, presente ou futuro, ser, positiva ou negativa, bem como ligar-se a um acontecimento momentâneo ou duradouro (Ibidem, p. 335).

[696] Cf. CORDEIRO, António Manuel da Rocha e Menezes. *Da boa fé no direito civil* cit., p. 973-974: "Decisiva foi, contudo, a crítica movida por Lenel ao projecto e à doutrina de Windscheid. Essa crítica desenvolveu-se precisamente nesses dois planos: numa crítica interna ao preceito que, no projecto, consagraria a pressuposição e numa crítica material à própria doutrina da pressuposição em si". Assim, também: PONTES DE MIRANDA, Francisco Cavalcanti. *Tratado de direito privado*. Parte geral. 4. ed. São Paulo: RT, 1983. t. XXV, p. 221;

[697] PONTES DE MIRANDA, Francisco Cavalcanti. *Tratado de direito privado*. Parte geral cit., t. XXV, p. 221.

[698] CORDEIRO, António Manuel da Rocha e Menezes. *Da boa fé no direito civil* cit., p. 975.

[699] LEHMANN, Heinrich. *Tratado de derecho civil*. Parte general cit., p. 417.

contrato[700]. De qualquer modo, como assevera FLUME, a doutrina da pressuposição de WINDSCHEID sobrevive na teoria da base subjetiva do negócio jurídico[701].

OERTMANN sustenta que se poderia tomar a pressuposição como "base do negócio e elemento essencial" (= para sua existência), mesmo que não tenha sido previsto expressamente – "coisa que raramente ocorre em tais casos" –, que deveria produzir tais efeitos. O descumprimento ou a desaparição dessa base gerará o "direito de resolução ou de denúncia"[702].

Unificando as teorias anteriores e trazendo aspectos inovadores, KARL LARENZ entende que a expressão "base do negócio" pode ser entendida em duplo sentido[703]: "base subjetiva" e "base objetiva". Em primeiro lugar, a base subjetiva é compreendida como uma representação mental de ambos os contratantes, determinante para fixar o conteúdo do contrato[704]. Em segundo lugar, como a base "objetiva" do contrato (enquanto

---

[700] LEHMANN, Heinrich. *Tratado de derecho civil*. Parte general cit., p. 419: Un caso especial de tal pressuposición elevado a base del negocio lo constituye la clausula 'rebus sic stantibus'. Según ella, la alteración imprevisible de las circunstancias económicas que servían de base al contrato fundamenta un derecho de resolución a favor de aquella de las partes para la que la vinculación al contrato supondría extraordinárias dificultades".

[701] Cf. FLUME, Werner. *El negocio jurídico*. Parte general del derecho civil cit., p. 584.

[702] OERTMANN, Paul. *Introducción al derecho civil*. Traducción Luis Sancho Seral. Santiago: Ediciones Olejnik, 2018. p. 223-224.

[703] Em sentido semelhante, Andreas von Tuhr propugna: "creemos poder deducir que el 'fundamento necesario del contrato' – a diferencia de los motivos no esenciales – reside en la creencia que ambas as partes se forjan acerca de los supuestos indispensables para su celebración y que para ambas tiene una importância igual. Ha de poder decirse de *ambas* partes que no hubieran podido cerrar el contrato – o por lo menos, no hubieron podido cerrarlo obrando decentemente –, caso de conocer su erro. El resultado es análogo al que se da cuando el contrato se viene a tierra por sufrir alteración las circunstancias sobre que se basa – es el caso a que se viene dano el nombre de *clasula rebus sic stantibus* – y responde a las mismas razones de equidad que la aplicación de esta cláusula" (*Tratado de las obligaciones* cit., p. 169).

[704] Karl Larenz exemplifica com a realização de uma feira ou congresso em que os organizadores da feira ou do congresso pedem aos habitantes da cidade que colocassem quartos de suas casas particulares à disposição dos visitantes, sendo tais espaços alugados por intermediação da organização da feira (ou congresso) aos visitantes. Todavia por motivos imprevistos, a feira (ou o congresso) é suspenso de última hora, e os participantes, avisados por telegraficamente, nem chegam a comparecer. Nesse caso, a base subjetiva do negócio desapareceu. Nesse sentido, leciona: "En este caso, ha desaparecido la base del negocio (subjetiva) del contrato de ar-

complexo de sentido inteligível), ou seja, como o conjunto de circunstâncias cuja existência ou persistência pressupõem devidamente o contrato – saibam-nas ou não os contratantes – pois, caso não fosse assim, não se lograria o fim do contrato, o propósito das partes contratantes e a subsistência do contrato não teriam sentido, fim ou objeto.

Na recente reforma realizada no *Code Civil*, introduziu-se o artigo 1.195[705], que possibilita a renegociação do contrato quando este se tornar excessivamente oneroso para uma das partes, por alteração imprevista das circunstâncias existentes no momento da conclusão do contrato, devendo, nada obstante a renegociação, continuar a ser cumpridas as obrigações. Ocorrendo recusa de uma das partes em negociar ou sendo a renegociação frustrada, podem elas concordar com a resolução do contrato – convencionando-se a data e as condições –, ou demandar (de "comum acordo") ao juiz que faça a readaptação do contrato. Fracassando a tentativa de acordo em um prazo razoável, uma das partes pode postular ao juiz a revisão do contrato ou sua extinção, fixando-se por decisão judicial a data e as condições.

---

rendamiento celebrado. No sólo los arrendatarios habían alquilado las habitaciones en consideración al acontecimiento esperado; también los arrendadores habían partido de la misma esperanza. Habian puesto sus habitaciones a disposición de 'unos visitantes de la feria' ('participantes del congreso') y habían concluído el contrato con el arrendatário por tratarse de un visitante (participante). El contrato se celebro en la presuposición, bilateralmente considerada como evidente, de que la feria (el congreso) se celebraría. Sería distinto, en cambio, si alguno hubiese reservado por un dia una habitación de un hotel; el hotelero no alquila su habitación por un motivo determinado, le es indiferente la razón por la que el huésped viene al hotel" (LARENZ, Karl. *Base del negocio jurídico y cumplimiento de los contratos*. Traducción Carlos Fernandez Rodriguez. Madrid: Revista de Derecho Privado, 1956. p. 88)

[705] "Si un changement de circonstances imprévisible lors de la conclusion du contrat rend l'exécution excessivement onéreuse pour une partie qui n'avait pas accepté d'en assumer le risque, celle-ci peut demander une renégociation du contrat à son cocontractant. Elle continue à exécuter ses obligations durant la renégociation. En cas de refus ou d'échec de la renégociation, les parties peuvent convenir de la résolution du contrat, à la date et aux conditions qu'elles déterminent, ou demander d'un commun accord au juge de procéder à son adaptation. A défaut d'accord dans un délai raisonnable, le juge peut, à la demande d'une partie, réviser le contrat ou y mettre fin, à la date et aux conditions qu'il fixe" (cf. DESHAYES, Olivier; GENICON, Thomas; LAITHIER, Yves-Marie. *Reforme du droit des contrats, du régime general et la preuve des obligations*. Commentaire article par article cit., p. 436).

Conforme observam OLIVIER DESHAYES, THOMAS GENICON e YVES-MARIE LAITHIER[706], o dever de renegociar e a solução por um terceiro assemelham-se ao mecanismo da cláusula de *hardship*[707] – bastante praticada nos contratos de direito internacional privado[708] –, pela qual as partes assumem a obrigação de renegociar o contrato em caso de onerosidade excessiva, superveniente e imprevisível no momento da formação do contrato[709]. Falhando a negociação, faculta-se às partes postular seja a questão submetida à arbitragem.

No Brasil, o Código Civil de 1916 deixou de "conter cânone expresso e normativo reconhecendo e mandando aplicar a antiga cláusula *rebus sic stantibus*, embora seja igualmente verdadeiro que não haja dis-

---

[706] DESHAYES, Olivier; GENICON, Thomas; LAITHIER, Yves-Marie. *Reforme du droit des contrats, du régime general et la preuve des obligations.* Commentaire article par article cit., p. 473-474.

[707] BAPTISTA, Luiz Olavo. *Contratos internacionais.* São Paulo: Lex, 2011. p. 241: "É nos contratos a longo termo que as encontramos: fornecimento de matérias-primas, obras de execução prolongada, como, por exemplo, vias férreas e oleodutos, construção de usinas siderúrgicas e petroquímicas, e, finalmente, nos contratos ligados a tecnologias ditas 'de ponta', como a eletrônica e os sistemas informáticos, e nos empréstimos internacionais".

[708] "O fenômeno do *hardship* foi reconhecido por diversos sistemas jurídicos sob a aparência de outros conceitos como 'frustração do fim do contrato' (*frustration of purpose*), 'quebra da base objetiva do negócio' (*Wegfall der Geschäftsgrundlage*), imprevisão, excessiva onerosidade superveniente etc. O termo '*hardship*' foi mantido na versão francesa, porque largamente adotado na prática comercial internacional, como confirma a introdução de numerosos contratos internacionais os quais denominam aquilo que tratamos como as 'cláusulas *hardship*'". Disponível em: https://www.unidroit.org/wp-content/uploads/2021/06/Unidroit-Principles-2016-French-i.pdf. Acesso em: 23 jan. 2022. Tradução livre de: "Le phénomène du hardship a été reconnu par divers systèmes juridiques sous l'apparence d'autres concepts comme 'frustration of purpose', 'Wegfall der Geschäftsgrundlage', imprévision, 'eccessiva onerosità sopravvenuta', etc. Le terme 'hardship' a été retenu dans la version française parce que largement adopté dans la pratique commerciale internationale, comme le confirme l'introduction dans de nombreux contrats internationaux de ce que l'on appelle les "clauses de hardship".

[709] Cf. BAPTISTA, Luiz Olavo. *Contratos internacionais* cit., p. 239-245; GALLO, Paolo. *Il contratto* cit., p. 995; MARTINS, Fernando Rodrigues. *Princípio da justiça contratual.* 2. ed. São Paulo: Saraiva, 2011. p. 412-415; FARIAS, Cristiano Chaves de; ROSENVALD, Nelson. *Curso de direito civil*: contratos, teoria geral dos contratos e contratos em espécie. Salvador: JusPodvim, 2021. p. 309-311. GLITZ, Frederico Eduardo Zenedin. *Contrato e sua conservação.* Curitiba: Juruá, 2008. p. 174-176.

posto em contrário à sua aplicação"[710]. A revolução de 1930 modificou bastante os princípios jurídicos dominantes, reprimindo a exploração dos fracos pelos fortes e condenando em texto constitucional a usura[711]. Nessa esteira, farta legislação foi promulgada para "amparar os locatários" – *e.g.*: a) Decreto n.º 19.573, de 7 de janeiro de 1931, que possibilitava a revisão de contratos de locação celebrados por funcionários civis ou militares, que houvessem tido redução de mais de 25% em seus vencimentos, fazendo-se menção expressa à cláusula *rebus sic stantibus* em seu preâmbulo[712]; b) Decreto-lei n.º 4.598, de 20 de agosto de 1942, determinando, entre outras coisas, a revisão de contratos celebrados posteriormente a 31 de dezembro de 1942, nos termos do

---

[710] MAIA, Paulo Carneiro. Cláusula "rebus sic stantibus" cit., p. 144: "Neste ciclo e no âmbito da administração federal, sem a desejada força normativa, houve impulso pálido de condescendência equânime a respeito. Foi quando o governo federal, através do Decreto n.º 11.267, de 28.10.1914, concedeu prorrogação do prazo de um ano às empresas encarregadas das obras das estradas de ferro e de portos para o início, continuação ou conclusão dos trabalhos contratados ou dados em concessão, diante da crise financeira que atravessava o País". Arnoldo Medeiros da Fonseca, após analisar os dispositivos do Código Civil de 1916, conclui que "o sistema do nosso direito codificado não acolhia", de "maneira geral, a noção de imprevisão": "Fora dos casos expressamente regulados, não seria possível admitir jamais a resolução ou revisão dos contratos por intermédio do juiz, pela superveniência de acontecimentos imprevistos, que não acarretassem impossibilidade absoluta ou objetiva de executar. E, por isso mesmo, nos momentos de graves perturbações econômicas, provocadas por circunstâncias de ordem geral, atingindo um grande número de devedores, sentiu-se a necessidade de leis excepcionais, que foram promulgadas, para conceder novas moratórias, impedindo, catástrofes financeiras. Essas leis de duração transitória ou excepcionais, não contrariaram, porém, a tendência geral do direito então vigente, integralmente favorável à manutenção integral da força obrigatória das convenções" (*Caso fortuito e teoria da imprevisão*. Rio de Janeiro: Imprensa Nacional, 1943. p. 314-315).

[711] Cf. FONSECA, Arnoldo Medeiros da. *Caso fortuito e teoria da imprevisão* cit., p. 316-317.

[712] "Atendendo a que essa concessão não atenta contra o direito de propriedade, envolvendo, apenas, o reconhecimento de um verdadeiro ato de força maior, e obedece a um alto pensamento de equidade, que o direito moderno acolhe, subordinando, cada vez mais, a exigibilidade de certas obrigações à angra – *rebus sic stantibus*". Disponível em: https://www2.camara.leg.br/legin/fed/decret/1930-1939/decreto-19573-7-janeiro-1931-531980-publicacaooriginal-82823-pe.html. Acesso em: 23 jan. 2022.

artigo 3.º⁷¹³ –, abolir a cláusula ouro⁷¹⁴, reduzir juros contratuais e alterar as condições de pagamento das dívidas efetivamente cobertas⁷¹⁵, sancionar a lesão subjetiva⁷¹⁶, entre outras medidas.

Seguindo essa tendência, o Anteprojeto de Código das Obrigações de 1941, apresentado por OROZIMBO NONATO e HAHNEMANN GUIMARÃES, dispôs sobre a teoria da imprevisão no artigo 322, possibilitando a revisão do contrato na hipótese de "acontecimentos ex-

---

713 Disponível em: https://legis.senado.leg.br/norma/529685/publicacao/15804923. Acesso em: 23 jan. 2022: "Art. 3.º Os casos de residências alugadas ou subalugadas pela primeira vez depois de 31 de dezembro de 1941, ou, ainda, de construção terminada, ou que hajam sofrido reforma substancial, posteriormente a essa data, serão regulados, a partir da vigência desta lei, pelas normas seguintes: a) tratando-se de apartamento, o aluguel será igual ao de apartamento semelhante, em tamanho e situação, do mesmo edifício; b) tratando-se de prédio de uma só residência, o aluguel será o fixado para base da cobrança do imposto predial, valor que prevalecerá também para a hipótese anterior, caso não existam as referências exigidas; c) tratando-se de habitação coletiva, onde residam, na mesma casa, vários locatários ou sublocatários, o aluguel de cada um será fixado com base no valor locativo e proporcionalmente à parte que cada um ocupar."

714 O Decreto n.º 23.501, de 27 de novembro de 1933, "declara nula qualquer estipulação de pagamento em ouro, ou em determinada espécie de moeda, ou por qualquer meio tendente a recusar ou restringir, nos seus efeitos, o curso forçado do mil réis papel, e dá outras providências". Conforme sustenta Arnoldo Medeiros da Fonseca, "desta forma, prescreveu a nossa legislação vigente a revisão dos contratos, não só para negar qualquer eficácia à *cláusula-ouro* em nosso território, como também para determinar a conversão a moeda nacional dos empréstimos hipotecários em moeda estrangeira, contraídos no Brasil antes da lei de 1933, quando naquela moeda houvesse sido realmente efetuado o mútuo" (*Caso fortuito e teoria da imprevisão* cit., p. 324).

715 O Decreto n.º 22.626, de 7 de abril de 1933, conhecido como "lei contra a usura", vedou a cobrança de juros superiores ao dobro da taxa legal (6% ao ano, artigo 1.062 do Código Civil), proibiu a cobrança de juros sobre juros (artigo 4.º), entre outras medidas (Cf.: FONSECA, Arnoldo Medeiros da. *Caso fortuito e teoria da imprevisão* cit., p. 325).

716 Nesse sentido, o artigo 4.º, *b*, do Decreto-lei n.º 869, de 18 de novembro de 1938 (crimes contra a economia popular), dispõe constituir crime da mesma natureza da usura pecuniária ou real, a conduta de "obter ou estipular, em qualquer contrato, abusando da premente necessidade, inexperiência ou leviandade da outra parte, lucro patrimonial que exceda o quinto do valor corrente ou justo da prestação feita ou prometida". Disponível em: https://legis.senado.leg.br/norma/524362/publicacao/15616489. Acesso em: 23 jan. 2022.

cepcionais e imprevistos ao tempo da conclusão do ato", que vierem a gerar "prejuízo exorbitante para uma das partes"[717].

Nesse mesmo sentido caminhou o Anteprojeto de Código de Obrigações de 1965, apresentado por CAIO MÁRIO DA SILVA PEREIRA[718]. A matéria sob exame foi disciplinada nos artigos 358 a 361, prevendo-se a possibilidade de resolução do contrato – "de execução diferida ou sucessiva" – por onerosidade excessiva decorrente de "acontecimento excepcional e imprevisto ao tempo de sua celebração" (artigo 358), bem como a "recondução do contrato à equidade"[719] (*reductio ad aequitatem*) quando o réu se oferecer a modificar "o esquema de cumprimento do contrato", ou quando, "nos contratos em que uma só das partes tenha assumido obrigação" (artigo 359), o juiz "reduzir-lhe a prestação" (artigo 361). Excluía-se, ademais, a possibilidade de resolução por onerosidade excessiva nos contratos aleatórios (artigo 360)[720].

O princípio do equilíbrio econômico dos contratos entrou fortemente no direito positivo brasileiro com a entrada em vigor do Código de

---

[717] GUIMARÃES, Hahnemann. Estudo comparativo do Anteprojeto do Código das Obrigações e do direito vigente. *Revista Forense*, Rio de Janeiro, n. 97, p. 290, fev. 1944. Nessa situação, considerada o princípio da equidade, o juiz poderia "modificar o cumprimento da obrigação, prorrogando-lhe o termo, ou reduzindo-lhe a importância".

[718] PEREIRA, Caio Mário da Silva. *Anteprojeto de Código de Obrigações*: apresentado ao Exmo. Sr. Ministro da Justiça e Negócios Interiores, pelo Professor Caio Mário da Silva Pereira. Rio de Janeiro: Departamento de Imprensa Nacional, 1964. p. 72.

[719] Cf. MARINO, Francisco Paulo de Crescenzo. *Revisão contratual*: onerosidade excessiva e modificação contratual equitativa. São Paulo: Almedina, 2020. p. 20: "Optou-se por falar em 'recondução' do contrato à equidade, e não em 'redução' do contrato, como por vezes se lê na doutrina nacional, dado que não se trata de reduzir propriamente, mas sim de repor algo (o contrato) ao estado anterior".

[720] PEREIRA, Caio Mário da Silva. *Anteprojeto de Código de Obrigações*: apresentado ao Exmo. Sr. Ministro da Justiça e Negócios Interiores, pelo Professor Caio Mário da Silva Pereira cit., p. 25: "Na resolução por onerosidade excessiva o Anteprojeto dá guarida à velha cláusula *rebus sic stantibus*, que entrou decididamente no direito moderno como teoria da imprevisão (Arnoldo Medeiros da Fonseca), ou base do negócio jurídico (Karl Larenz), ou da superveniência (OSTI), todas baseadas no velho texto de Neratius. O Anteprojeto adota o critério da resolução, com a sentença retroagindo o efeito à data da sentença. Mas franqueia ao beneficiado pela mudança das condições objetivas a faculdade de revalidar o negócio, desde que se ofereça a reajustar as prestações no prazo da contestação. Fica excluída a resolução por onerosidade excessiva nos contratos aleatórios, e naqueles em que sómente uma das partes assuma obrigações".

Defesa do Consumidor (1990)[721], dispondo o artigo 6.º, V, ser direito básico do consumidor "a modificação das cláusulas contratuais que estabeleçam prestações desproporcionais ou sua revisão em razão de fatos supervenientes que as tornem excessivamente onerosas". De igual modo, a previsão da noção de "desvantagem exagerada", como causa de nulidade de cláusula contratual (artigo 51, IV, e § 1.º)[722].

O Código Civil brasileiro de 2002 previu a possibilidade de "resolução por onerosidade excessiva" nos artigos 478 a 480. Os requisitos trazidos pela lei (artigo 478) são os seguintes: a) ser o contrato de execução diferida ou continuada; b) acontecimentos extraordinários e imprevisíveis a alterarem as condições econômicas objetivas no momento da formação do contrato; c) excessiva onerosidade superveniente da prestação de uma das partes[723].

A possibilidade de recondução do contrato à equidade está prevista nos artigos 479 e 480. Pela redação de tais dispositivos legais, poder-se-ia chegar à conclusão açodada de que a revisão contratual caberia apenas com relação aos contratos unilaterais – com obrigações de apenas uma das partes, na dicção do artigo 480 –, não dispondo o artigo 478 acerca possibilidade de revisão, e ao "credor da prestação tornada excessivamente onerosa"[724], consoante a referência do artigo 479[725], nos contratos bilaterais. Todavia, tal interpretação não é a mais

---

[721] Cf. MARQUES, Claudia Lima. *Contratos no Código de Defesa do Consumidor*: o novo regime das relações contratuais cit., p. 274-275.

[722] MARQUES, Claudia Lima. *Contratos no Código de Defesa do Consumidor*: o novo regime das relações contratuais cit., p. 277: "Protegem-se no Código o objetivo e o equilíbrio contratual, assim como se sanciona a onerosidade excessiva (art. 51, § 1.º, do CDC), revitalizando a importância da comutatividade das prestações, reprimindo excessos do individualismo e procurando a justa proporcionalidade de direitos e deveres, de conduta e de prestação, nos contratos sinalagmáticos".

[723] Cf. GOMES, Orlando. *Contratos* cit., p. 214-219; RODRIGUES JR., Otavio Luiz. *Revisão judicial dos contratos e teoria da imprevisão*. 2. ed. São Paulo: Atlas, 2006. p. 159; PEREIRA, Caio Mário da Silva. *Instituições de direito civil*. Contratos. 12. ed. rev. e atual. por Regis Fichtner. Rio de Janeiro: Forense, 2006. v. 3, p. 166; MARTINS, Fernando Rodrigues. *Princípio da justiça contratual* cit., p. 400; BARLETTA, Fabiana Rodrigues. *Revisão contratual no Código Civil e no Código de Defesa do Consumidor*. Indaiatuba: Foco, 2020. p. 147-149.

[724] GOMES, Orlando. *Contratos* cit., p. 216.

[725] Para Francisco Marino, "no caso do art. 479 do Código Civil, o credor é livre para decidir se exerce ou não o direito à modificação da relação contratual. Uma vez que delibere exercê-lo, no entanto, estará adstrito a oferecer uma alteração *equi-*

acertada, seja pela incidência do princípio da conservação dos negócios jurídicos[726], seja pelo disposto no artigo 317, que possibilita ao juiz a correção do valor da prestação devida em caso de manifesta desproporção superveniente, gerada por "motivos imprevisíveis"[727].

No tocante aos contratos aleatórios, não há vedação à aplicação da teoria da imprevisão ou da cláusula *rebus sic stantibus* e à consequente revisão ou resolução do contrato[728]. Em que pese nos contratos aleatórios exista incerteza quanto às vantagens e desvantagens das pres-

---

tativa, o que exige a consideração também dos interesses do devedor. Há inegável margem de liberdade também na escolha do modo pelo qual se dará a recondução do contrato a parâmetros de equilíbrio – liberdade que poderá ser exercida de forma diversas, conforme a determinação do conteúdo da oferta –, mas o recurso à equidade ao mesmo tempo limita e delimita essa esfera de liberdade" (*Revisão contratual*: onerosidade excessiva e modificação contratual equitativa cit., p. 130).

[726] Nesse sentido, o Enunciado n.º 367 da IV Jornada de Direito Civil do Conselho da Justiça Federal: "Em observância ao princípio da conservação do contrato, nas ações que tenham por objeto a resolução do pacto por excessiva onerosidade, pode o juiz modificá-lo equitativamente, desde que ouvida a parte autora, respeitada sua vontade e observado o contraditório". Disponível em: https://www.cjf.jus.br/enunciados/enunciado/488. Acesso em: 24 jan. 2022.

[727] Nesse sentido: GOMES, Orlando. *Contratos* cit., p. 216; RODRIGUES JR., Otavio Luiz. *Revisão judicial dos contratos e teoria da imprevisão* cit., p. 163; MARTINS, Fernando Rodrigues. *Princípio da justiça contratual* cit., p. 410; SCHREIBER, Anderson. *Equilíbrio contratual e dever de negociar*. São Paulo: Saraiva, 2020. p. 326-333. Pela perspectiva procedimental e processual, pondera Ruy Rosado de Aguiar Jr.: "Apesar de admitida a alegação de onerosidade excessiva como defesa, aguardando o devedor pela iniciativa do credor, sempre será examinável o comportamento das partes. Ao devedor atingido pela modificação superveniente, recomenda-se dê aviso ao credor, inclusive para lhe garantir a possibilidade de propor, ainda em tempo útil, a modificação das cláusulas do negócio, ou de colaborar na criação das condições que viabilizem a perfeição do contrato. Principalmente quando se tratar de relação entre comerciantes e empresários, cabe a uns e outros o dever de dar aviso prévio sobre a dificuldade do cumprimento. O recomendável será que o devedor tome a iniciativa de propor a ação de revisão judicial do contrato, ou de modificação de cláusulas, ou mesmo a ação de resolução, tão logo se verifique a situação modificadora" (AGUIAR JR., Ruy Rosado de. *Extinção dos contratos por incumprimento do devedor* cit., p. 160).

[728] Assim, o Enunciado n.º 440 da V Jornada de Direito Civil do Conselho da Justiça Federal: "É possível a revisão ou resolução por excessiva onerosidade em contratos aleatórios, desde que o evento superveniente, extraordinário e imprevisível não se relacione com a álea assumida no contrato". Nesse sentido: GOMES, Orlando. *Contratos* cit., p. 218; MARTINS, Fernando Rodrigues. *Princípio da justiça contratual* cit., p. 403; RODRIGUES JR., Otavio Luiz. *Revisão judicial dos contratos e teoria da imprevisão* cit., p. 170.

tações, o contrato será resolúvel, ou passível de revisão, quando a posterior onerosidade excessiva exceder a "álea normal" do contrato. Como clarifica ENZO ROPPO, "cada contrato comporta, para quem o faz, riscos mais ou menos elevados; a lei tutela o contraente face aos riscos anormais, que nenhum cálculo racional econômico permitiria considerar; mas deixa a seu encargo *os riscos tipicamente conexos com a operação*"[729], de acordo com o desenvolvimento do respectivo mercado e o tipo contratual.

1.8. CAUSA, TIPOS E CLASSIFICAÇÕES CONTRATUAIS

ARISTÓTELES[730] enumera quatro espécies de causa[731]: a) causa material (= "algo intrínseco a partir do qual se gera algo"), *e.g.*, do bronze produz-se a estátua; b) causa como espécie (= "é a noção mesma da essência e seus gêneros"), *e.g.*, o número e as partes; c) causa eficiente (= "é o princípio primeiro da mudança ou do repouso"), *e.g.*, o pai é a causa do filho; d) causa final (= "tudo o que há entre o que move e o fim"), *e.g.*, o emagrecimento é causa da saúde. Ademais, essas causas podem ser múltiplas, recíprocas, e, às vezes, "a mesma coisa é ser coisa de contrários" – assim, a causa do naufrágio pode ser a ausência do comandante, da mesma maneira que sua presença seria a salvação.

Em seus comentários, SÃO TOMÁS DE AQUINO pondera dever-se saber que, "como são quatro as causas postas acima, duas delas correspondem entre si, e as outras duas em sentido semelhante. De fato, a eficiente e afinal correspondem entre si, porque a eficiente é o prin-

---

[729] ROPPO, Enzo. *O contrato* cit., p. 262.

[730] AQUINO, Tomás de. *Comentário à metafísica de Aristóteles*. Tradução Paulo Faitanin e Bernardo Veiga. Campinas: Vide Editorial, 2017. V-VIII, v. 2, p. 36.

[731] Conforme assinala Silvio de Macedo, "o conceito de causa jurídica tem uma longa história, cujas raízes se situam no pensamento clássico grego, principalmente em Aristóteles, com sua teoria das causas". Em seu sentir, "das quatro causas mencionadas por Aristóteles, dentre a eficiente, formal, material e final" a "selecionada" para servir de causa jurídica (normativa ou típica) é a final: "Esta determinação é suficiente para se justificar a crítica que fazemos do equívoco lamentável, na evolução da dogmática jurídica, entre *causa* e *motivo*, como adiante fazemos. É que os autores estariam tomando, nas suas considerações, outros tipos de causa: eficiente instrumental, eficiente essencial, ou material, ou mesmo formal, esquecendo-se de que a objetivação da causa própria jurídica se faz à custa da causa final – fundamento de definição" (Causa (Direito civil) – I. *In*: FRANÇA, Rubens Limongi (coord.). *Enciclopédia Saraiva do Direito*. São Paulo: Saraiva, 1977. v. 14, p. 24).

cípio do movimento, a final é o término". Assim também a forma ("causa como espécie") e a matéria, haja vista que aquela "dá o ser", enquanto esta "o recebe"[732].

Para SILVIO DE MACEDO, existindo um conteúdo mínimo de moral no direito, "a causa é uma investigação legítima no campo do direito civil", escondendo-se, por vezes, na equidade, ou em outros princípios gerais de direito, e mesmo com a Justiça. Nesse caminhar, "o direito comparado mostra, no atendimento das exigências morais ou econômicas", ter acolhido a causa como critério de "explicação ou justificação dos atos jurídicos"[733].

No direito romano, sustenta LINO DE MORAES LEME que "a causa dos contratos era fonte geradora do mesmo". Assim, seja na solenidade (*stipulatio*), seja na tradição (contrato real), a causa era encontrada no formalismo. Todavia, ao lado dos contratos, havia "as obrigações fora do contrato, ou obrigações extracontratuais", nas quais "podiam ser invocadas as *condictiones: causa data causa non secuta* (D., 12,7)"[734]. Para CLÓVIS DO COUTO E SILVA, a noção de causa aparece no direi-

---

[732] AQUINO, Tomás de. *Comentário à metafísica de Aristóteles* cit., p. 41.

[733] MACEDO, Silvio de. Causa (Direito civil) – I cit., p. 24.

[734] LEME, Lino de Moraes. A causa nos contratos. *Revista da Faculdade de Direito*, São Paulo, v. 52, p. 72, 1957. Disponível em: https://www.revistas.usp.br/rfdusp/article/view/66264. Acesso em: 29 jan. 2022. Nesse sentido, Clóvis do Couto e Silva ressalta a enorme importância que a *conditio causa data, causa no secuta* – "também denominada *ob rem*, para diferenciá-la da *ob causam*, ou seja, da que se refere a algo que já ocorreu" –, tem para o direito moderno: "Num fragmento de Pompônio diz-se que: '*ob rem vere datur ut aliquid sequatur non sequente repetitio competit*'. A mesma regra surge em Paulo: '*omne quod datur aut ob rem aut ob causam. Ob rem igitur honestum datur et repeti potest si res propter quam datum est secuta non est*'. Res (*ob rem* no fragmento de Pompônio e de Paulo) tem a acepção de fim em oposição à simples causa pretérita. Os juristas romanos diferençavam, perfeitamente, a *datio ob rem* da *datio ob causam*. Esta última dizia respeito ao que, desde Baldo, se denomina motivo e era irrelevante. A significação de *causa*, porém, sofreu aumento em seu círculo de abrangência, fazendo com que os juristas posteriores à época de Diocleciano usassem, indiferecidamente, as expressões *res* e *causa*, como se pode constatar do D. 12, 5, 9: '*quamvis propter rem datum sit et causa secuta non sit*', ou do D. 12, 6, 65, 3, onde se lê: '*quia causa propter quam dedi non est secuta*'. Lenel, examinando a *condictio ob rem*, define a causa do ato jurídico ao afirmar que 'juridicamente relevante é somente o fim da prestação que for fundamental para a sua natureza econômica" (SILVA, Clóvis V. do Couto e. *A obrigação como processo* cit., p. 46).

to romano ligada com a *condictio* e à *traditio*⁷³⁵, *sendo a teoria moderna da causa – "como fundamento ou base do ato jurídico" –produto da "generalização de regras isoladas do direito romano, atinentes à traditio"*⁷³⁶.

Conforme esclarece PAUL FRÉDÉRIC GIRARD⁷³⁷, a palavra *causa* é empregada com acepções diversas no direito romano, cabendo fazer uma distinção entre o que prevalecia no "velho direito romano" (época antiga ou arcaica) e no "direito posterior" (clássico e pós-clássico). Na época antiga, havia apenas *contratos formais*, cujas existência, validade e eficácia independiam da causa – com a realização de uma solenidade o devedor resta obrigado, tal como na *stipulatio*, em que este se obriga ao responder de forma regular uma interrogação do credor. Em momento posterior, com a expansão de Roma no mediterrâneo – máxime após a vitória contra Cartago –, dinâmica diversa aplica-se aos *contratos não formais*, cujas validade e eficácia estão subordinadas à existência de uma "causa real e lícita". Assim, por exemplo, nos *contratos sinalagmáticos*, cuja "causa da obrigação de uma das partes é o objeto da obrigação das outras", se ilícita a causa ou inexistindo esta, o contrato será nulo. Ademais, mesmo os contratos formais passam a estar "subordinados à mesma exigência de eficácia" e, ainda que independam da causa, seria útil "fazer da existência da causa uma condição". Nesse

---

735 GROSSO, Giuseppe. Causa del negozio giuridico. a) Diritto romano. *In*: CALASSO, Francesco (coord.). *Enciclopedia del diritto*. Milano: Giuffrè, 1960. v. VI, p. 534: "Non sfuggirà però che bem diversa è la *traditio* dai tipici astratti, quali la *stipulatio*, la *macipatio*, *l'in iure cessio*, negozi nei quali la forma è di per sé suficiente a produrre l'effeto indipendemente dalla causa. Nella *traditio* si valuta qualcosa di più; i fautori dell'astrattezza dicono che questo qualcosa di più sarebbe semplicemente la volontà di trasferire il dominio; ma questa volontà di trasferire il dominio non è alcunché di astrattizzato, ed in sé suficiente, bensí è ancorata precisamente a quella che si chiama la *causa* della *traditio*, che in questo senso, com abbiamo detto, può dirsi un elemento oggetivo".

736 SILVA, Clóvis V. do Couto e. *A obrigação como processo* cit., p. 46-47: "Embora seja discutidíssimo o problema da *iusta causa traditionis* no direito romano clássico, parece, entretanto, que a vinculação ao negócio antecedente era exigida para a transferência de domínio. Como meio de transpasse da propriedade de coisas *nec manipe*, necessitava a *traditio* de uma causa que qualificasse o ato material da entrega da coisa, fazendo com que os efeitos se diferençassem dos verificados no comodato, na locação ou no depósito, onde essa entrega também ocorria, embora com a simples significação de transmissão de posse. Desenvolveram-se, assim, diversos tipos de causa, sob uma unidade conceitual, tais como a *donandi*, *credendi*, *solvendi* etc.".

737 GIRARD, Paul Frédéric. *Manuel élémentaire de droit romain* cit., p. 484-486.

contexto, no direito pretoriano passa a conceder o pretor uma exceção de dolo para negar a execução de um contrato efetuado sem causa[738]. Igualmente, *mutatis mutandis*, no direito civil estrito passa a ser concedida uma ação pessoal (*condictio*) para postular a restituição do que foi pago por erro (*condictio indebiti*), para demandar a liberação da obrigação antes de sua execução (*condictio sine causa*[739]), *para não executar o contrato na hipótese de uma causa ilícita – para que o credor cometa um delito ou se abstenha de cometer um –, concedia-se uma exceção de dolo*[740],

---

[738] GAIO. *Instituições* cit., p. 462: "Suponhamos, por exemplo, que eu tenha estipulado pôr à tua disposição uma certa soma de dinheiro a título de empréstimo, mas que não tenha chegado a fazê-lo; é evidente que eu teria direito a reclamar de ti o reembolso desse dinheiro, e que tu, por teu lado, terias o dever de me reembolsar, dado que estavas obrigado a tal pela referida estipulação; seria, no entanto, iníquo que tu fosses condenado a esse título, motivo porque foi decidido [pelo Pretor] que tu poderias defender-te recorrendo à exceção 'por dolo mau intencionado'".

[739] BONFANTE, Pietro. *Istituzioni di diritto romano* cit., p. 454-455: "Le azioni per l'ingiusto arrichimento prendono il nome generico di *condictiones sine causa* e sono le seguenti: 1.º. La *condictio ob causam dotorum* (*condictio causa data causa non secuta* nel diritto giustinianeo) quando si è diminuito il proprio patrimônio a favor d'altri per conseguire una prestazione in contracambio. L'altro acquista validamente il diritto in base all'obbligo assunto; ma se a quest'obbligo egli nos soddisfa, si ha il diritto ripetere ciò che fu dato, qualora (dopoché fu riconosciuta nel nuovo diritto la validità dei contratti innominati) l'adempimento sai avvenuto per sua colpa; 2.º. La *condictio indebiti*, quando per errore si è compiuto un pagamento indébito, cioè sulla base di un'obbligazione inesistente o inefficace. Il diritto romano richiede a intentar la *condictio* che l'errore di chi pago indebitamente fosse scusabile; 3.º La *condictio ob turpem vel iniustam causam*, quando si è dato o promesso, perché altri non compia atti immorali o illegali. Se la turpitudine della causa non è soltanto dalla parte di chi riceve, ma anche da quella di chi offre, la *condictio* non si può esperire. In questo caso vince il possessore dell'oggeto dato; 4.º. La *condictio sine causa* in senso stretto e *ob causam finitam*, quando si ripete ciò che si è dato o anche solo promesso, almeno nel dritto giustinianeo (*condictio liberationis*), sulla base di un qualunque rapporto che non esiste o che è venuto a cessare".

[740] Cf. JUSTINIANO I. *Les cinquante livres du Digeste ou Des Pandectes de l'empereur Justinien*. Traduction Henri Hulot e Jean Francois Berthelot. Metz: Behmer et Lamort; Paris: Rondonneau, 1805. t. 7, p. 289. D., 12, 5, 8, *De cond. ob. turp. vel injust. causam*. Conforme sustenta Giuseppe Grosso: "*Exceptio doli* e *actio doli*, completavam o quadro da avaliação do elemento causal. Por exemplo, na *stipulatio*, típico negócio abstrato, em caso de ausência de realização da causa ou de torpeza desta, intervinha prontamente o pretor, concedendo a paralização da ação com uma *exceptio doli*. Ou, se uma das partes tivesse adimplido uma prestação de *facere* em vista de uma contraprestação futura, e esta não se realiza, concedia-se a *actio doli*" – tradução livre de: "*Exceptio doli* ed *actio doli* completavano il quadro della valutazione

e uma ação (condictio ob turpem causam) para repetir o indébito ou demandar a liberação, se a causa é ilícita somente em relação ao credor (*e.g.*, soma em dinheiro dada para impedir cometimento um crime)[741].

A doutrina dos glosadores tem como uma de suas grandes contribuições o resgate da oposição entre *causa naturalis* – a causa da juridicidade dos atos humanos é própria natureza das coisas (*e.g.*, nos contratos reais, a entrega da coisa gera a obrigação de restituição[742]) – e *causa civilis*[743] – a causa da juridicidade dos atos humanos é a lei civil (*e.g.*, na época do direito romano clássico, se um cidadão romano responde a outro *spondeo* à pergunta *centum mihi dari spondes*, resta obrigado na forma contrato verbal e abstrato do *ius civile* chamado *stipulatio*[744]) –, ligadas à noção romana de que o simples pacto não gerava ação. Como observa LUCIANO DE CAMARGO PENTEADO[745], "a expressão natureza já era conhecida do direito justinianeu como sendo aquilo que independe da vontade humana. Mas, alguns glosadores darão a esse conceito uma dimensão positiva, ao afirmar que a natureza é a vontade de Deus", impingindo um "substrato ético e religioso" ao contrato.

Outra importante distinção trazida por pós-glosadores é entre *causa finalis* e *causa impulsiva*. HENRI CAPITANT[746] assevera que para o

---

dell'elemento causale. per esempio, nella *stipulatio*, típico negozio astratto, in caso di mancata realizzazione della causa o di turpitudine di questa, interventiva aappunto il pretore, concedendo di paralizzare l'azione con un'*exceptio doli*. Ove taluno avesse adempiuto una prestazione di *facere* in vista di una controprestazione futura, e questa non si realizzasse, si dava l'*actio doli*" (GROSSO, Giuseppe. Causa del negozio giuridico. a) Diritto romano cit., p. 534-535).

[741] JUSTINIANO I. *Les cinquante livres du Digeste ou Des Pandectes de l'empereur Justinien* cit., t. 7, p. 289. D., 12, 5, 6: "Sabinus a constamment approuver l'opinion des anciens qui pensaient que *l'on pouvait redemander ce qui avait été donné pour une cause injuste*. Celse est du même avis".

[742] AZEVEDO, Antônio Junqueira de. *Negócio jurídico e declaração negocial*: noções gerais e formação da declaração negocial cit., p. 122.

[743] GROSSO, Giuseppe. Causa del negozio giuridico. a) Diritto romano cit., p. 542: "la forma o *causa civilis* (*stipulatio*, chirografo) giungeva invece a generar l'azione, ma questa era passibile di venire paralizzata da un'*exceptio doli* qualora il diffeto di causa naturale avesse tolto al negozio il suo sostrato etico".

[744] ALVES, José Carlos Moreira. *Direito romano* cit., p. 499.

[745] PENTEADO, Luciano de Camargo. *Doação com encargo e causa contratual*. Campinas: Millenium, 2004. p. 29.

[746] CAPITANT, Henri. *De la cause des obligations* cit., p. 158.

grande jurista medieval BARTOLO – em comentário sobre fragmento de GAIO (17, §§ 2 e 3, D. 35.1, *de cond. et dem.*) –, tratando do tema das liberalidades, a *causa proxima et finalis* é a liberalidade pura, sendo o legado uma doação (*in donatione causa proxima est liberalitas*)[747]. Por sua vez, a *causa impulsiva* é o "motivo antecedente que o leva a gratificar", é a *causa remota*, não viciando o negócio, mesmo que falsa.

Em suas "leis civis na sua ordem natural", DOMAT preceitua que as "doações têm sua causa", assim o compromisso tem seu fundamento em qualquer "motivo razoável e justo", tal como "um serviço prestado", ou "qualquer outro mérito do donatário", e "esse motivo tem lugar de causa da parte daquele que recebeu e não dá nada"[748]. Na esteira dos ensinamentos de DOMAT, POTHIER[749] afirma que "todo contrato deve ter uma causa honesta". Distingue, ademais, o papel da causa nos contratos onerosos e nos gratuitos. Sob essa influência direta, o *Code Civil* consagrou a teoria da causa das obrigações[750], sem, porém, definir sua

---

[747] PENTEADO, Luciano de Camargo. *Doação com encargo e causa contratual* cit., p. 35: "Um último passo importante nessa evolução foi o realizado por Baldus, que era discípulo de Bartolus. Ele identifica a causa final com o mordente do ato, aquilo que se objetiva. É o escopo verificado em uma figura jurídica. A ideia de uma certa teleologia na ação acaba por penetrar no seu pensamento".

[748] DOMAT, Jean. *Les loix civiles dans leur ordre naturel* cit., p. 28. Tradução livre de: "Dans les donations et dans les autres contrats, où l'un seul fait ou donne, et où l'autre ne fait et ne donne rien, l'acceptation forme la convention. Et l'engagement de celui qui donne, a son fondement sur quelque motif raisonable et juste, comme un service rendu, ou quelqu'autre merite du donataire, ou le seul Plaisir de faire du bien. Et ce motif tient lieu de cause de la part de celui qui reçoit et ne donne rien".

[749] POTHIER, Robert. *Traité des obligations* cit., p. 21-22: "Tout engagement foit avoir une cause honnête. Dans les contrats *intéressés*, la cause de l'engagement que contracte l'une des parties est ce que l'autre partie lui donne, ou s'engage de lui donner, ou le risque dont elle se charge. Dans les contrats de *bienfaisance*, la libéralité que l'une des parties veut exercer envers l'autre est une cause suffisante de l'engagement qu'elle contracte envers elle. Mais, lorsqu'un engagement n'a aucune cause, ou ce qui est la même chose, lorsque la cause pour laquelle il a été contracté est une cause fausse, l'engagement est nul, et le contrat qui ler enferme est nul".

[750] O artigo 1.131 do Código de Napoleão, dispunha que "a obrigação sem causa, ou sob uma falsa causa, ou sob uma causa ilícita, não pode ter qualquer efeito" – tradução livre de: "l'obligation sans cause, ou sur une fausse cause, ou sur une cause illicite, ne peut avoir aucun effet"). Esse artigo foi modificado pela *Ordonnance n.º 2016-131 du 10 février 2016 – art. 2*, dispondo que "os vícios de consentimento são causa de nulidade relativa do contrato" (tradução livre de: "les vices du consentement sont une cause de nullité relative du contrat"). Nessa conjuntura – e tendo em

noção – nem mesmo nos trabalhos preparatórios encontram-se qualquer esclarecimento sobre o tema[751] –, gerando críticas dos anticausalistas[752] com relação à interpretação do Código pela doutrina do século XIX[753].

---

conta o novel artigo 1.128 ("Sont nécessaires à la validité du contrat: 1.º Le consentement des parties; 2.º Leur capacite de contracter; 3.º Un contenu licite et certain") –, não mencionando noção de causa, nem de objeto, mas, sim a de conteúdo, suscita profundo debate na doutrina francesa. Conforme Olivier Deshayes, Thomas Genicon e Yves-Marie Laithier, a noção de conteúdo não seria mais do que uma "nova vestimenta" da teoria do objeto e da teoria da causa: "On en vient alors à la seconde question portant sur le point de savoir si les exigences relatives à l'objet et à la cause sont maintenues. La réponses à cette seconde question est dictée par celle qui a été faite à la première. Dès lors que le contenu n'est que le vêtement nouveau de la théorie de l'objet et de la théorie de la cause, le changement n'est que de façade, ce que là encore le rapport au Preesident de la République reconnaît en parlant de 'l'abandon *formel* de la notion de cause' (nous soulingnons). Plusieurs éléments confirment cette vraie fausse disparition de l'objet et de la cause" (DESHAYES, Olivier; GENICON, Thomas; LAITHIER, Yves-Marie. *Reforme du droit des contrats, du régime general et la preuve des obligations. Commentaire article par article* cit., p. 200-201).

751 Cf. GHESTIN, Jacques. *Cause de l'engagement et validité du contrat*. Paris: LGDJ, 2006. p. 21.

752 No direito italiano, ainda na vigência do *Codice Civile* de 1865, cabe mencionar a posição anticausalista de Giorgio Giorgi: *Teoria delle obbligazioni nel diritto moderno italiano: esposta con la scorta della dottrina e della giurisprudenza* cit., v. 3, p. 525-538. No direito francês, cite-se a posição de Planiol, para quem a teoria da causa seria falsa e inútil. Assim, por exemplo, assevera que nos contratos sinalagmáticos (*e.g.*, a compra e venda), uma obrigação não é causa da outra, como afirmam os causalistas, mas, sim, tendo em conta a impossibilidade lógica, "derivando do mesmo contrato, nascem *ao mesmo tempo*". Tratando-se de contratos a título gratuito, tal como a doação, sustenta que Domat estaria a confundir causa com motivo: "Domat voyait la cause d'une liberalité dns le motif qui l'a inspirée. Nos auteurs le plus recentes, voulant distinguer la cause et le motif, n'ont plus trouvé en fait de cause d'une donation que *la volonté de donner*, considérée d'une manière abstraite et indépenddamment des motifs qui l'on fait naître (Séfériadès, thèse, p. 149-160). Cette conception m'a toujours paru vide de sens (Comp. *Revue critique*, 1888, p. 708-709). Qu'est-ce qu'une volonté dépourvue de motif? Comment en apprécier la valeur morale?" (PLANIOL, Marcel. *Traité elementaire de droit civil. Les preuves. Théorie générale des obligations. Les contrats. Privilèges et hypothèques* cit., p. 345-348).

753 Cf. GHESTIN, Jacques. *Cause de l'engagement et validité du contrat* cit., p. 21-22. Muriel Fabre-Magnan explica que a corrente anticausalista foi capitaneada por Planiol, julgando este que a teoria da causa seria falsa e inútil, pois a causa teria um interesse apenas quando em relação ao consentimento ou ao objeto. Em seu sentir, a definição da causa é objetiva, remetendo aos termos mesmos do contrato, sendo a "razão imediata que conduziu uma parte a se ligar", diferindo esse interesse, con-

Em sua definição e classificação dos "móveis dos atos jurídicos", JOSSERAND[754] propõe três categorias de móveis em sentido amplo, considerando o momento de formação do ato e papel desempenhado por esse móvel em relação ao ato: a) *móvel intrínseco, orgânico ou intencional*, que é elemento constitutivo do ato, com o qual é contemporâneo, "tem o papel de causa direta e imediata de uma obrigação"; assim, nos contratos sinalagmáticos, uma obrigação é causa da outra; b) *móvel causal ou determinante*, que se refere ao passado, exercendo um papel determinante, mas exterior ao ato, comumente chamado de *simples motivo*; c) *móvel-objetivo ou teleológico*, que se direciona ao futuro, revela o "objetivo da operação", sua finalidade ou virtualidade, coincidindo com a *causa finalis* dos glosadores[755].

Tratando da distinção de causa e motivo, HÉNRI CAPITANT[756] sustenta ser um erro, primeiramente, como fazem alguns autores, falar de "causa do contrato", sendo mais acertado, em seu entender, "causa das obrigações" – tal como os artigos 1.108 (que dispunha sobre as condições de validade de uma convenção, incluindo a "causa lícita das obrigações", juntamente com o consentimento, a capacidade das partes e o objeto lícito), e 1.131 do *Code Civil* enunciam. Ademais, conforme propugna – numa visão finalística –, a causa é o fim ou o objetivo dos contratantes, distinguindo-se do consentimento – este é para um dos contratantes "o fato de se obrigar" e para o outro, o de "aceitar esta obri-

---

forme se trate de contrato a título oneroso ou a título gratuito (FABRE-MAGNAN, Muriel. *Droit des obligations*. 1 – Contrat et engagement unilatéral cit., p. 427-429).

[754] JOSERRAND, Louis. *Les mobiles dans les actes juridiques* cit., p. 24-28.

[755] Tomando como exemplo a doação a um parente, por ocasião de seu casamento ou de seu estabelecimento comercial, Josserand discrimina as três espécies de móveis: "o móvel orgânico e intencional reside na intenção liberal (*animus donandi*); o móvel causal (simples motivo) é representado pelos liames de parentesco que unem doador e donatário, já que o estabelecimento deste tem um papel de móvel-objetivo, de móvel teleológico (*causa finalis* da operação)". Cf. JOSSERAND, Louis. *Les mobiles dans les actes juridiques* cit., p. 28. Tradução livre de: "le mobile organique et intentionnal reside dans l'intention libérale (*animus donandi*); le mobile causal (simples motif) est représenté par les liens de parenté qui unissent le disposant ou gratifié, tandis que l'établissement de celui-ci joue un rôle de mobile-but, de mobile téléologique (*causa finalis* de l'opération)".

[756] CAPITANT, Henri. *De la cause des obligations* cit., p. 24-27.

gação" –, que também integra o contrato: "O devedor não consentiria em se obrigar se ele não esperasse obter o fim que ele se propõe"[757].

No direito italiano, a causa é "um dos elementos essenciais do contrato"[758], bem como "a base do reconhecimento da autonomia contratual"[759]. Em uma concepção objetiva e finalística, a causa exerce uma função. Nesse sentido, as partes podem contratar livremente mesmo fora dos tipos legais, desde que estejam direcionadas a realizar um fim socialmente útil (artigo 1.322 do *Codice Civile*[760]). Conforme a doutrina de EMILIO BETTI, "a causa razão do negócio se identifica com a *função econômico-social*[761] de todo o negócio, considerado despojado da

---

[757] CAPITANT, Henri. *De la cause des obligations* cit., p. 26-27: "Mais, comme nous l'avons montré, le consentement n'est qu'une partie de l'acte de volonté constitutif de l'obligation, car le contractant ne s'oblige que pour atteindre un but; son obligation a nécessairement une cause. Et dans la manifestation de volonté, la cause est le facteur principal, essential. Le débiteur ne consentirait pas à s'obliger s'il n'esperait obtenir la fin qu'il se propose. Donc le consentement est subordonné à la cause, comme le moyen au but".

[758] PERLINGIERI, Pietro. *Istituzioni di diritto civile*. 5. ed. Napoli: Edizioni Scientifiche Italiane, 2012. p. 244.

[759] BIANCA, Cesare Massimo. *Diritto civile*: il contrato cit., p. 447.

[760] "Art. 1.322. (Autonomia contrattuale). Le parti possono liberamente determinare il contenuto del contratto nei limiti imposti dalla legge e dalle norme corporative. Le parti possono anche concludere contratti che non appartengano ai tipi aventi una disciplina particolare, purché siano diretti a realizzare interessi meritevoli di tutela secondo l'ordinamento giuridico." Tradução livre: "Art. 1.322. (Autonomia contratual). As partes podem livremente determinar o conteúdo dos contratos nos limites impostos pela lei e pelas normas corporativas. As partes também podem concluir contratos que não pertençam aos tipos que têm uma disciplina particular, contanto que sejam merecedores de tutela segundo o ordenamento jurídico" (Disponível em: https://www.gazzettaufficiale.it/dettaglio/codici/codiceCivile. Acesso em: 31 jan. 2022).

[761] GALLO, Paolo. *Il contrato* cit., p. 449-450: "Per molto tempo la Corte di Cassazione, salvo qualche significativa anticipazione specie in materia di abuso del diritto, pressuposizione e collegamento negoziale, ha continuato a ribadire l'impostazione tradizionale risalente a Betti; è infatti solo a partire da una sentenza del 2006 che si è verificata la svolta, con consequente adesione all'idea della funzione econômico-sociale individuale, o causa in concreto, intesa come sinstesi degli interessi concretamente perseguiti dai contraenti; in seguito le applicazioni si sono moltiplicate, anche se i richiami alla causa concreta non sempre sono pontuali ed pportuni; in più occasioni la dotttrina ha già paventato il rischio che la causa concreta possa diventare una specie di panacea, vale a dire un rimedio per combattere ogni tipo de inconveniente che possa verificarsi in âmbito contrattuale; le applicazioni sono ormai numerosissime, anche se non sempre pontuali, come per esempio in materia

tutela jurídica, na síntese de seus elementos essenciais, como totalidade e unidade funcional, em que se manifesta a autonomia privada"[762].

Tendo em conta a plurivocidade da palavra "causa", como vimos, ANTÔNIO JUNQUEIRA DE AZEVEDO[763] apresenta, de forma compreensiva e didática, cinco acepções da causa no campo dos negócios jurídicos: a) a causa é o próprio fato jurídico, é a *causa efficiens*, sentido em que a palavra é utilizada no direito romano, especialmente por GAIO, como "fontes das obrigações"[764]; b) a causa é motivo, tanto psicológico (*causa impulsiva*) – *e.g.*, D.16, 6, 62: "falsa causa non nocet" – quanto objetivo, no sentido de "justa causa" – *e.g.*, artigos 602[765] e 1.964[766] do Código Civil de 2002; c) causa natural (*causa naturalis*) e causa civil (*causa civilis*), no sentido da oposição de ordem moral construída na Idade Média[767],

---

di danni non patrimonial, collegamento negoziale, pressuposizione, nullità, impossibilità di utilizzare la prestazione, contratti tutistici, contratti derivati, squilibrio tra le prestazioni, assicurazione, polizza fideiussoria, concordato preventivo, contratti di stoccaggio dei rifiuti, operazioni di *dividend washing*, sopravvenienze prevedibili, e così via".

762 BETTI, Emilio. *Teoria geral do negócio jurídico* cit., p. 263-264.

763 AZEVEDO, Antônio Junqueira de. *Negócio jurídico e declaração negocial*: noções gerais e formação da declaração negocial cit., p. 121-129.

764 CHAMOUN, Ebert. *Instituições de direito romano* cit., p. 304: "Gaio, nas suas Institutas, afirma que todas as obrigações nascem do contrato ou do delito (*omnis obligatio vele x contractu nasctur vele x delicto*). Um passo de obra atribuído ao mesmo autor, as *Res cotidianae* ou *libri aureorum*, reproduzido nas Pandectas, acrescenta um terceiro grupo de fontes, as *variae causarum figurae*. Supõe-se não só que esse acréscimo não seja devido a Gaio, mas também que não seja clássico e que as próprias *Res cotidianae* não passem de uma versão pós-clássica das Instituras gaianas".

765 "O prestador de serviço contratado por tempo certo, ou por obra determinada, não se pode ausentar, ou despedir, sem justa causa, antes de preenchido o tempo, ou concluída a obra". Disponível em: http://www.planalto.gov.br/ccivil_03/leis/2002/l10406compilada.htm. Acesso em: 31 jan. 2022.

766 "Somente com expressa declaração de causa pode a deserdação ser ordenada em testamento." Disponível em: http://www.planalto.gov.br/ccivil_03/leis/2002/l10406compilada.htm. Acesso em: 31 jan. 2022.

767 AZEVEDO, Antônio Junqueira de. *Negócio jurídico e declaração negocial*: noções gerais e formação da declaração negocial cit., p. 124: "Ora, percebe-se, com nitidez, através da distinção entre o momento da existência e o momento da eficácia, que, se a causa natural, nos contratos reais inominados, e a causa civil, na *stipulatio* e no *cyrographum*, eram causas necessárias para a *existência* do negócio jurídico, agora, a mesma causa natural passa a condição de eficácia do negócio com causa civil. Ou seja, a falta de causa natural passa a ser condição resolutiva da obrigação surgida do

conforme exposto anteriormente; d) "causa como atribuição patrimonial"[768], sendo as mais importantes *causae* de atribuição patrimonial a *causa credendi*, a *causa solvendi* e a *causa donandi*; e) causa como *causa finalis* do negócio jurídico, dividida em três correntes modernas, predominantes entre autores franceses e italianos: (i) *subjetiva*, que concebe a causa como o motivo próximo e determinante, na linha do pensamento de JOSSERAND, exposto anteriormente; (ii) *subjetiva-objetiva*, que concebe a causa como "o fim que os declarantes pretendem", mas não o fim de cada contratante, e sim o fim comum, revelando-se no próprio negócio, conforme leciona HENRI CAPITANT; (iii) *objetiva*, conforme a concepção italiana, de que o fim exsurge do próprio negócio, exercendo este uma função econômico-social, exigida pelo ordenamento.

O Código Civil brasileiro de 1916 dispunha em seu artigo 90 que a "falsa causa" somente vicia o ato jurídico quando manifestada como razão determinante, ou sob a "forma de condição". Em comentário a esse dispositivo legal, CLÓVIS BEVILÁQUA[769] explicita que "a causa dos contratos, não declarada como razão ou condição deles, deixou de ser considerada pelo Código Civil". Citando, entre outras, a posição anticausalista de PLANIOL[770], afirma que a causa como requisito dos contratos "parece ter entrado no Código Civil francez por um equivoco".

---

negócio com causa civil. Da causa, aí, não depende o aparecimento da obrigação, mas, sua falta provoca *ineficácia* (ineficácia superveniente)".

768 Como bem pondera Antônio Junqueira de Azevedo, "essa divisão caberia também nos negócios não patrimoniais; assim, seria sinalagmático o casamento (*causa adquirendi*) e o reconhecimento de filho (*causa solvendi*) e não sinalagmática a adoção (*causa donandi*, que poderia ser dita *causa liberalis*). Nos sinalagmáticos com *causa adquirendi*, o inadimplemento da obrigação, por uma das partes, abre, para a outra, a possibilidade de pedir a ineficácia de todo o negócio, porque sua própria obrigação está sem causa (por exemplo, o adultério do marido permite à mulher pedir a separação e liberar-se de seus deveres conjugais)" (*Negócio jurídico e declaração negocial*: noções gerais e formação da declaração negocial cit., p. 125).

769 Beviláqua, Clóvis. *Código Civil dos Estados Unidos do Brasil comentado* cit., v. 1, p. 339-340.

770 CAMPOS FILHO, Paulo Barbosa de. *O problema da causa no Código Civil brasileiro*. São Paulo: Max Limonad, 1959. p. 35-36: "O Código, enfim, teria reconhecido a inutilidade da noção de causa para a teoria dos atos jurídicos, seguindo Planiol; e o feito na esteira dos Códigos Argentino, Alemão, Português, Federal Suíço das Obrigações e Peruano, que a causa não mencionam entre os requisitos do ato jurídico". Pontes de Miranda crítica a posição de Clóvis Beviláqua, asseverando que, "se fôssemos guiar-nos pela nota de Clóvis Beviláqua (*Código Civil comentado*, I, 359), todos

PAULO BARBOSA DE CAMPOS FILHO, após analisar o sentido da palavra causa no direito luso-brasileiro e os antecedentes da codificação civil de 1916, sustenta que a expressão "causa" empregada no artigo 90 deu-se de modo equívoco, não correspondendo àquela de "fausse cause" do artigo 1.131 do *Code Civil*, mas, sim, ao de "motivo": "No artigo 90, em suma, o que se trata é de êrro sôbre o motivo, quando este se revista de certa gravidade, que as legislações se esforçam por precisar"[771].

Nesse sentido, CAIO MÁRIO DA SILVA PEREIRA previa no artigo 49 de seu Anteprojeto de Código de Obrigações que, "somente quando expresso como razão determinante, o falso motivo vicia a declaração de vontade"[772]. Tal construção foi consolidada com o disposto no artigo 140 do Código Civil brasileiro de 2002: "O falso motivo só vicia a declaração de vontade quando expresso como razão determinante".

---

os negócios jurídicos em que a causa não foi consignada, seriam abstratos. Nem o povo do imperativo categórico, os juristas alemães, chegaram a tais extremos. Interessante é que chegou a tal conclusão por influência das notas de M. Planiol, sobre a teoria da causa e em vaga informação sobre o Código Civil alemão. No fundo, o mesmo ato ditatorial com que o projetador pretendeu eliminar as condições ilícitas que não fossem consignadas na lei (art. 115). Algo de equivalente ao grito do professor de obstetrícia que se dirigisse às internadas: 'Todos os recém-nascidos nasçam sem pernas'" (PONTES DE MIRANDA, Francisco Cavalcanti. *Tratado de direito privado*. Parte geral cit., t. III, p. 100).

[771] CAMPOS FILHO, Paulo Barbosa de. *O problema da causa no Código Civil brasileiro* cit., p. 67.

[772] PEREIRA, Caio Mário da Silva. *Anteprojeto de Código de Obrigações*: apresentado ao Exmo. Sr. Ministro da Justiça e Negócios Interiores, pelo Professor Caio Mário da Silva Pereira cit., p. 45.

CLÓVIS DO COUTO E SILVA relaciona o conceito de causa com o de atribuição patrimonial[773]. Calcado na doutrina germânica[774], sustenta que o direito moderno[775] reformulou o conceito de causa com os elementos do direito romano e medieval. A *condictio ob causam* (motivo), *e.g.*, fora equiparada na Idade Média com o conceito de *causa impulsiva,* surgindo "duas linhas de pensamento ou duas correntes (objetiva e subjetiva), que, respectivamente, salientaram os aspectos emergentes da *iusta causa traditionis* e da *condictio ob causam*"[776].

Igualmente, PONTES DE MIRANDA defende que seria equívoco somente pensar-se em tipos de contratos (sinalagmáticos, reais e gratuitos etc.), tal como no direito francês: "A causa só diz respeito à atribui-

---

[773] VASCONCELOS, Pedro Pais de. *Contratos atípicos*. 2. ed. Coimbra: Almedina, 2009. p. 126-127: "a causa no direito romano é da obrigação e da atribuição ou deslocação patrimonial e constitui o fundamento da sua juridicidade. No 'mos italicum' a causa 'veste' os pactos e os contratos e mantém-se como fundamento de juridicidade das obrigações e atribuições e deslocações patrimoniais deles emergente. Os juristas do 'mos gallicum', mais cultos, prendem-se mais à ortodoxia justinianeia, mas não deixam de avançar uma ideia genérica de 'aprovação pelo direito' que se mantém na linha até aí sempre seguida de causa como fundamento de juridicidade. Os jusnaturalistas quebram a linha de evolução ao defenderem a suficiência do consenso como fundamento de juridicidade do contrato e ao remeterem a causa, que configuram como função económica do contrato, para critério de classificação. A causa, na versão jusracionalista é completamente diferente: não é já da obrigação ou da atribuição patrimonial, mas do contrato; não é já fundamento de juridicidade, mas critério de classificação; não tem nada já nada a ver como as 'causae' romanas, é a causa-função económica. Os jusracionalistas estiveram na origem da causa objectiva, da causa-função económica-social; Domat e Pothier iniciaram a escola francesa da causa subjectiva, ligada ao intento e ao motivo".

[774] Sobre o tema: FLUME, Werner. *El negocio jurídico*. Parte general del derecho civil cit., p. 193-226.

[775] VASCONCELOS, Pedro Pais de. *Contratos atípicos*. 2. ed. Coimbra: Almedina, 2009. p. 127: "Na actualidade, a causa é entendida de modos diferentes nos ambientes jurídicos francês, alemão e italiano. Em França é dominante a concepção subjectica da causa, como motivo, como 'causa impulsiva'. Na Alemanha, a causa é entendida como 'Grund', como fundamento, e distingue-se, consoante é referida a actos abstratos de disposição, que têm como causa os contratos subjacentes, ou a contratos obrigacionais causais, que se confundem com o conteúdo do contrato. Na Itália, a causa é predominantemente entendida como função económica e social típica que funda o reconhecimento da juridicidade do contrato. Em Portugal a causa é entendida de modo diferenciado pelos autores, não sendo fácil caracterizar uma orientação dominante".

[776] SILVA, Clóvis V. do Couto e. *A obrigação como processo* cit., p. 48.

ção, e a atribuição é a mesma, na compra-e-venda, na troca, na locação e na transação" (= *causa credendi*). Não é legal nem convencional, decorre da natureza das coisas, de modo que a *causa credendi*, a *causa solvendi* e a *causa donandi* "são tão cheias de 'jecto', de dado experiencial quanto os números um, dois, três, a casa, o parque, a estrela"[777].

Entendemos que a noção de causa não pode estar mesmo restrita a um elemento de tipificação e classificação dos contratos, todavia, como causa de atribuição, deve assumir maior generalidade, de modo a abranger os negócios não patrimoniais, sendo adequada a proposição de ANTÔNIO JUNQUEIRA DE AZEVEDO: "causa de atribuição de direitos"[778]. Assim, a divisão caberia também nos contratos com interesses não patrimoniais: "seria sinalagmático o casamento (*causa adquirendi*) e o reconhecimento de filho (*causa solvendi*) e não sinalagmática a adoção (*causa donandi*, que poderia ser dita *causa liberalis*)".

Por outro lado, o artigo 82 do Código Civil de 1916 – tal como o faz o artigo 104 do Código Civil de 2002 – refere-se apenas a objeto. Nada obstante, conforme sustenta PONTES DE MIRANDA[779], "a extirpação é inoperante, porque todo o seu sistema é fundado na causa". A causa "é o que se vê olhando de face, todo o ato jurídico", enquanto o objeto é o devido, nas obrigações, ou "o que vê do lado do devedor". Ilícito o objeto de um lado, nulo o ato, se o lado do outro figurante é atingido, "falta a causa".

Os conceitos de *causa*[780] e *objeto*[781] têm, *filosoficamente – entre outros significados –, o sentido de finalidade (causa finalis)*, de algo que as pes-

---

[777] PONTES DE MIRANDA, Francisco Cavalcanti. *Tratado de direito privado*. Parte geral cit., t. III, p. 79.

[778] AZEVEDO, Antônio Junqueira de. *Negócio jurídico e declaração negocial*: noções gerais e formação da declaração negocial cit., p. 125.

[779] PONTES DE MIRANDA, Francisco Cavalcanti. *Tratado de direito privado*. Parte geral cit., t. III, p. 100.

[780] LALANDE, André. *Vocabulaire technique et critique de la philosophie*. 3 éd. Quadrige. Texte revu par les membres et correspondantes de la Société Française de Philosophie et publié avec leurs corrections et observations. Paris: Presses Universitaires de France, 2013. p. 128: "Les expressions *cause effciciente* et *cause finale* sont seules demeurées en usage de nos jours, la première pour designer le phénomène qui en produit un autre (voir ci-dessous les différents sens qu'ont peut attribuer à ce rapport) ou quelquefois l'être qui produit une action; la seconde pour designer le but en vue duquel s'accomplit un acte".

[781] LALANDE, André. *Vocabulaire technique et critique de la philosophie* cit., p. 702: "Ce que nous proposons d'ateindre ou de réaliser en agissant". Em nota de rodapé

soas se propõem a atingir ou a realizar, o fim visado ao realizar-se um ato. Nessa esteira, conforme alumia EDUARDO ESPÍNOLA, objeto do negócio jurídico é o próprio conteúdo – a finalidade visada pelo ato (causa e objeto) –, de modo que mesmo se o Código Civil de 1916 não se ocupasse especialmente da causa, tal como o *Code Civil*, "devemos reconhecer que não poderia deixar de contemplar aí a circunstância de ser impossível o conteúdo do ato, em seu complexo, e não simplesmente a coisa ou o fato visado"[782].

A causa, mais do que a função "que o sistema jurídico reconhece a determinado tipo de ato jurídico"[783], situando-o no mundo jurídico e "precisando-lhe a eficácia", é "aquele interesse, material ou moral, a cuja realização tende o agente e que, se conforme à ordem jurídica, legitima o resultado", na definição de PAULO BARBOSA DE CAMPOS FILHO[784].

A jurisprudência do Superior Tribunal de Justiça tem aplicado a noção de causa para qualificação do contrato e definição do regime jurídico, conforme anotam LUCIANO DE CAMARGO PENTEADO[785] e MARIA CELINA BODIN DE MORAES[786]. Assim, entre outras situações, no âmbito da discussão sobre a qualificação do contrato de *leasing* (arrendamento mercantil financeiro), no REsp n.º 181.095, relata-

---

observa que este sentido se tornou o mais usual em inglês: "*object* y est presque toujours pris au sens de *purpose* ou *end*". O uso dessas palavras, além disso, vêm atreladas a frases em que se fala de coisas tendentes ao desejo ou à vontade. Como exemplo, cita São Tomás de Aquino: "Objectum ejus (sc. voluntatis) est finis (*contra gentiles*, LXXII)".

[782] ESPÍNOLA, Eduardo. Dos factos jurídicos. *In*: LACERDA, Paulo de. *Manual do Código Civil brasileiro*. 4.ª parte. Rio de Janeiro: Jacintho Ribeiro dos Santos, 1932. v. 3, p. 450.

[783] PONTES DE MIRANDA, Francisco Cavalcanti. *Tratado de direito privado*. Parte geral cit., t. III, p. 78.

[784] CAMPOS FILHO, Paulo Barbosa de. *O problema da causa no Código Civil brasileiro* cit., p. 125.

[785] PENTEADO, Luciano de Camargo. Causa concreta, qualificação contratual, modelo jurídico e regime normativo: notas sobre uma relação de homologia a partir de julgados brasileiros. *Revista de Direito Privado*, São Paulo, n. 20, p. 247-248 e 261-262, out./dez. 2004.

[786] MORAES, Maria Celina Bodin de. A causa do contrato. *Civilistica.com*. Rio de Janeiro, ano 2, n. 4, p. 19-24, out./dez. 2013. Disponível em: http://civilistica.com/a-causa-do-contrato/. Acesso em: 2 fev. 2022.

do pelo Ministro RUY ROSADO DE AGUIAR, julgado em 18 de agosto de 1999[787], entendeu-se que a "opção de compra, com o pagamento do valor residual ao final do contrato, é uma característica essencial do *leasing*", de modo que "a cobrança antecipada dessa parcela, embutida na prestação mensal, desfigura o contrato, que passa a ser uma compra e venda a prazo", aplicando-se o regime jurídico desta, ou seja, com a transferência da propriedade para o arrendatário – levada a efeito com a tradição –, obstando-se o pedido de reintegração de posse[788] e limitando-se a cobrança de juros e encargos àqueles pertinentes ao contrato de compra e venda a prazo. Tal entendimento foi consolidado no enunciado da Súmula n.º 263, em 2002. Todavia, em surpreendente e rara reviravolta jurisprudencial[789], em 2004, cancelou-se a súmula, aprovando-se a Súmula n.º 293, com enunciado oposto ao anterior: "A cobrança antecipada do valor residual garantido (VRG) não descaracteriza o contrato de arrendamento mercantil".

São típicos os contratos que possuem regulamentação legal e atípicos os que não a têm. Exemplo de contrato típico é o de compra e venda, definido pelo legislador como aquele que tem como objeto a transferência de uma coisa, ou de outro direito, mediante uma contraprestação em dinheiro: o preço (*res, pretius, consensus*).

No direito romano, corrente era a divisão entre contratos nominados e inominados. Os primeiros dispunham de ações especiais, enquanto os

---

[787] O julgado está assim ementado: "*Leasing*. Financeiro. Valor residual. Pagamento antecipado. TR. Juros. Limite. A opção de compra, com o pagamento do valor residual ao final do contrato, é uma característica essencial do *leasing*. A cobrança antecipada dessa parcela, embutida na prestação mensal, desfigura o contrato, que passa a ser uma compra e venda a prazo (art. 5.º, *c*, combinado com o art. 11, § 1.º, da Lei n.º 6.099, de 12.09.74, alterada pela Lei n.º 7.132, de 26.10.83), com desaparecimento da causa do contrato e prejuízo ao arrendatário. Aplicação da Súmula 596/STF para a limitação da taxa de juros em operações das instituições financeiras. Matéria não prequestionada sobre a Lei n.º 9.069/95 (TR). Recurso conhecido em parte (Súmula 596/STF) e nessa parte provido (REsp 181.095/RS, Rel. Min. Ruy Rosado de Aguiar. Disponível em: https://scon.stj.jus.br/SCON/GetInteiroTeorDoAcordao?num_registro=199800495436&dt_publicacao=09/08/1999. Acesso em: 2 fev. 2022).

[788] Cf. PENTEADO, Luciano de Camargo. Causa concreta, qualificação contratual, modelo jurídico e regime normativo: notas sobre uma relação de homologia a partir de julgados brasileiros cit., p. 261.

[789] Cf. MORAES, Maria Celina Bodin de. A causa do contrato cit., p. 19-20.

segundos, somente de uma ação geral, denominada *praescriptis verbis*[790]. A inexecução das obrigações por uma das partes outorgava à outra o direito de exigir o cumprimento forçado no caso dos contratos nominados. Já nos inominados facultava-se o uso da ação geral com o intuito de execução forçada da obrigação convencionada ou a repetição da prestação satisfeita, com fundamento no princípio *condictio causa data causa non secuta*[791].

Considerando a evolução da noção de causa e seus diversos sentidos, ela pode atuar como critério de classificação ou de juridicidade. Entendida como "razão ou fundamento de juridicidade" (*Grund*), a causa "não é susceptível de proporcionar algo de útil para a qualificação"[792]. Como função econômico-social, na perspectiva jusracionalista, "é importante na qualificação dos contratos", haja vista que "possibilita a detecção de desvios entre a função própria do tipo e a que é própria do caso".[793]

---

790 Cf. BESSONE, Darcy. *Do contrato* cit., p. 95.

791 GIRARD, Paul Frédéric. *Manuel élémentaire de droit romain* cit., p. 624-625: "Pendant longtemps, le droit romain refuse d'admettre que celui qui avait fait une prestation pour en recevoir une autre eût le droit d'exiger la contre-prestation, que celui qui a livre le boeuf pût réclamer le chaval. Tout le droit qu'on lui reconnaissait et qu'on lui a sans doute d'ailleurs reconnu très tôt, dès le temps des Actions de la loi, croyons-nous, c'était le droit de reprendre ce qu'il avait lui-même fourni sans cause, de réclamer son boeuf par une *condictio*, que, dans les classifications postérieures, on appelle la *condictio rem dati, ob causam datorum, causa data causa non secuta*. Cette action, quand ele pouvait s'appliquer, quand la prestation était susceptible de restitution, aboutissait à empêcher l'enrichissement injust de celui qui avait reçu, à lui enlever le bénéfice qu'il avait fait sans cause. Mais celui qui avait livre n'avait pas d'action en exécution; car il n'avait pas de contrat. Dans le droit de Justinien, il y a ce que les interprètes apellent um contrat innommé, formé *re* par la prestation d'une des parties; il est sanctioné par une action que les compilateurs appellent l'action *praescriptis verbis* et qui est donnée, suivant une classification faite par le Digeste, que l'on ait procédé soi-même à une translation de proprieté ou um acte, que la convention synallagmatique rentrât dans la combinaison *do ut des*, dans la combinaison *do ut facias*, dans la combinaison *factio ut des* ou dans la combinaison *factio ut facias*".

792 VASCONCELOS, Pedro Pais de. *Contratos atípicos* cit., p. 128-129: "Nesta perspectiva, a causa exprime a problemática do relacionamento entre o contrato e o ordenamento, entre a 'lex privata' e a ordem jurídica globalmente entendida, entre a autonomia e a heteronomia. Como conceito de relação, a causa, nesta acepção, não é susceptível de servir de critério ao juízo de correspondência de um contrato concreto a um ou a outro tipo, de proximidade ou afastamento em relação a estes tipos, de critério de comparação. A causa, entendida neste sentido, possibilita o critério de um juízo de licitude, de conformidade com o ordenamento, de 'aprovação pelo Direito', quer dizer, de juridicidade'.

793 VASCONCELOS, Pedro Pais de. *Contratos atípicos* cit., p. 129.

Outro "índice" importante do tipo para qualificação e classificação dos contratos é o objeto[794], entendido nesta tese como o direito[795] que se visa criar, modificar, ou extinguir – a causa é a atribuição de direitos visada, bem como a função econômica do negócio concretamente –, podendo "ser de utilização relativamente simples". Conforme exemplifica PEDRO PAIS DE VASCONCELOS[796], "é fácil distinguir um navio de uma casa de habitação ou de uma máquina de remoção de terras, para distinguir um arrendamento para habitação de um fretamento e de um aluguer".

Os negócios jurídicos podem ser classificados tendo em consideração diversos aspectos, características que podem distingui-los na aplicação do direito[797]. Trata-se de tarefa árdua, não só pelo pela dificuldade intrínseca da matéria, como também pelo grande desenvolvimento e estudos na doutrina. Os pontos de vista são variados, sendo diversos também os critérios diretivos[798].

CARIOTA FERRARA sustenta que os melhores critérios para uma classificação dos negócios jurídicos são: a) o número das partes (negócios unilaterais, bilaterais e plurilaterais, de acordo com o número de declarações de vontade que deve constar, se de uma, de duas ou mais partes); b) o conteúdo; c) a causa e os motivos (sob o ponto de vista

---

[794] Na linha da posição de Eduardo Espínola (Dos factos jurídicos cit., 4.ª parte, p. 450), com relação ao artigo 82 do Código Civil de 1916, exposta anteriormente, entendemos que "objeto" (*lato sensu*) no artigo 104 do Código Civil de 2002 tem sentido de conteúdo (= objeto *stricto sensu* + causa). Nesse sentido, para Massimo Bianca, o conteúdo do contrato em "sentido substancial" identifica-se com o sentido primário de *objeto*, a indicar aquilo que as partes "estabeleceram ou programaram", sendo mais abrangente do que a noção secundária de bem como objeto do contrato (cf. *Diritto civile*: il contrato cit., p. 320-321).

[795] Tendo em conta o objeto dos direitos subjetivos, eles podem ser classificados em: a) direitos da personalidade (*jura in persona*); b) direitos sobre coisas corpóreas ou reais (*jura in re*); c) direitos obrigacionais (*jura ad personam*); d) direitos sobre coisas incorpóreas ou intelectuais. Nesse sentido: PICARD, Edmond. *Le droit pur*. Paris: Ernest Flamarion,1899. p. 91-92; DABIN, Jean. *Droit subjectif*. Réimpression de l'édition de 1952. Préface de Christian Atias. Paris: Dalloz, 2007. p. 168-169; CHINELLATO, Silmara Juny de Abreu. *Direito de autor e direitos da personalidade*: reflexões à luz do Código Civil. 2008. Tese (Titularidade) –Faculdade de Direito, Universidade de São Paulo, São Paulo, 2008, p. 62-105.

[796] VASCONCELOS, Pedro Pais de. *Contratos atípicos* cit., p. 143.

[797] Cf. Mello, Marcos Bernardes de. *Teoria do fato jurídico*. Plano da existência cit., p. 254.

[798] Cf. FERRARA, Luigi Cariota. *El negocio jurídico* cit., p.106.

da causa os negócios podem ser onerosos e gratuitos etc.); d) a forma (solenes e não solenes); e) os efeitos (dispositivos e obrigatórios etc.); f) a relação causal com o evento "morte" (*inter vivos* e *causa mortis*); g) nexo entre vários negócios (principais e acessórios, unidos etc.). Por oportuno, adverte que um mesmo negócio pode entrar em várias categorias ao mudar-se o *fundamentum divisionis*[799].

EMILIO BETTI assevera que as noções relativas ao conceito geral de negócio jurídico somente adquirem relevância concreta na medida em que aplicadas ao negócio jurídico em sua realidade prática. Se, por um lado, o conceito unitário de negócio jurídico é produto de síntese audaciosa, realizada pelo confronto e a observação de elementos comuns a atos jurídicos de natureza diversa, dos quais já se conheciam anteriormente os conceitos e as denominações, por outro, o conceito geral de negócio jurídico não deixa de influir na classificação do negócio. Desse modo, baseado no conceito de negócio jurídico, evidenciando os elementos deste, entende ser natural e útil classificar os negócios, analisando-os sob três aspectos: da forma (no sentido lato, a recognoscibilidade pela qual se manifesta o negócio); do conteúdo (o especial regulamento de interesses estabelecido por meio do negócio); e da causa (entendida como função econômico-social típica do negócio)[800].

KARL LARENZ[801], por sua vez, distingue as seguintes classes de negócios jurídicos: a) segundo o número dos participantes e o modo da sua participação: (i) unilaterais (aqueles que podem celebrar-se validamente, produzindo efeitos jurídicos, por uma só pessoa, *e.g.*: testamento e não aceitação da herança); (ii) multilaterais (aqueles de cuja celebração participam necessariamente várias pessoas, sendo duas, normalmente, obrigando-se reciprocamente por meio de contrato ou de acordo[802]); b) segundo o objeto da regulação aplicada: (i) obriga-

---

[799] FERRARA, Luigi Cariota. *El negocio juridico* cit., p. 106.

[800] Cf. BETTI, Emilio. *Teoria geral do negócio jurídico* cit., p. 397-398.

[801] LARENZ, Karl. *Derecho civil*: parte general cit., p. 428-439.

[802] Larenz, apoiado nas lições de Andreas von Tuhr, distingue os contratos dos acordos: "La diferencia entre el acuerdo y el contrato consiste en que el acuerdo – conforme al contrato de sociedad o a los estatutos de la entidad – vincula también, en caso de ser adoptado en la forma prevista, a aquellos miembros que no han dado su asentimiento, y en que no pretiende configurar las relaciones recíprocas de los participantes en la adopción del acuerdo en cuanto personas particulares, sino la esfera jurídica común a ellas o la esfera jurídica de la entidad por ellas representada" (LARENZ, Karl. *Derecho civil*: parte general cit., p. 430). Sobre o tema, Pontes de

cionais (são aqueles que têm por objeto a constituição, modificação, ampliação posterior ou extinção de uma relação obrigacional, *e.g.*: compra e venda, arrendamento, contrato de prestação de serviços); (ii) reais[803] (aqueles que estão dirigidos à constituição, modificação, transmissão ou extinção de um direito real, *e.g.*: renúncia a uma hipoteca); (iii) familiares (são os negócios jurídicos cujos efeitos entram no âmbito do direito de família, tais como os contratos júri-pessoais que versam sobre o estado civil, tais como a celebração do matrimônio, a adoção e a extinção da adoção, bem como os contratos que regulam as relações patrimoniais entre os cônjuges – contratos matrimoniais); (iv)

Miranda sustenta que os contratos não são os únicos negócios jurídicos bilaterais, *in verbis*: "Os contratos não são os únicos negócios jurídicos bilaterais, nem no direito público, nem no direito privado. Os chamados acôrdos são os mais frequentes negócios jurídicos bilaterais, não contratuais. Há *acôrdo*: *a)* quanto à transferência da posse (art. 493, III), que pode ser seguido de entrega, de *brevi manu traditio*, ou de constituto possessório (art. 494, IV), ou pela cessão da pretensão à posse ou da pretensão possessória; *b)* quanto à transferência da propriedade imóvel, a que se há de seguir a transcrição; *c)* quanto à transferência da propriedade móvel, a que se há de seguir a entrega, a *brevi manu traditio*, o constituto possessório, ou a cessão da pretensão reivindicatória; *d)* quanto à constituição e transferência de direitos reais sôbre imóveis seguido de transcrição (art. 676); *e)* quanto à constituição e transferência dos direitos reais sôbre móveis seguida de tradição (arts. 675, 620, 717, 678 e 679), ou inscrição (Lei n. 492, de 30 de agosto de 1937, art. 1.º, Decreto-lei n. 2.612, de 20 de setembro de 1940; Decreto-lei n. 1.271, de 16 de maio de 1939, art. 2.º), ou transcrição (art. 789); *f)* quanto à substituição do crédito que a hipoteca está garantindo por outro; *g)* quanto ao endôsso-penhor (nosso *Tratado de Direito cambiário*, vol. II); *h)* em atos em que as leis costumam dizer 'se concordarem', ou 'se consentirem os interessados'" (PONTES DE MIRANDA, Francisco Cavalcanti. *Tratado de direito privado*. Parte geral cit., t. III, p. 198-199).

[803] Pontes de Miranda esclarece: "Os negócios jurídicos ou contratos júri-reais (= *dingliche Verträge*) seriam aqueles pelos quais se criam, ou se modificam, ou se transferem direitos reais. Em verdade, porém, com isso se englobam no mesmo conceito dois fatos jurídicos distintos, o *acôrdo* a que se refere todo *tradere* e a entrega de móveis (ato-fato jurídico), ou o *acôrdo* e a transcrição ou inscrição, que substituiu o ato-fato jurídico (ato real) da entrega. Quando os juristas falam do acôrdo como elemento do suporte fáctico do contrato júri-real (*dinglicher Vertrag*), ao lado do elemento real, adotam conceito artificial que, em vez de servir, vem obscurecer a terminologia do direito (*e.g.* L. Enneccerus, *Lehrbuch*, I, 30.-34. ed., 358 s.; Martin Wolff, *Lehrbuch,* III, 27.-32. ed., 104 s., 198 s.; Andreas von Tuhr, *Der Allgemeine Teil*, II, 221). Quase sempre se baseiam, para a definição dos contratos júri-reais, em que o efeito *real* dêles não se produz antes de se haverem agregado todos os elementos do suporte fáctico. A confusão entre *plano da existência* do fato jurídico e *plano da eficácia* é evidente" (*Tratado de direito privado*. Parte geral cit., t. III, p. 159)

sucessórios (são negócios jurídicos que têm como pressuposto o fato sucessório, tais como as disposições *mortis causa*, que tomam uma pessoa relativamente ao destino jurídico de seu patrimônio depois de sua morte, tal como o testamento, ou a aceitação da herança); c) segundo o tipo de efeito jurídico pretendido: (i) obrigatórios (são aqueles negócios jurídicos pelos quais uma pessoa contrai perante outra determinadas obrigações, podendo ser unilateralmente obrigatórias, no sentido de obrigar apenas uma das partes, *e.g.*: promessa de doação, ou obrigar ambas as partes, *v.g.*, "contratos bilaterais"[804], nos quais as obrigações de ambas as partes se acham em uma relação de intercâmbio, de modo que uma representa a contraprestação da outra); (ii) de disposição (são aqueles negócios jurídicos que estão dirigidos imediatamente a atuar em um direito existente, modificando-o, transmitindo-o ou produzindo sua extinção. *e.g.*: a constituição de um usufruto ou de uma hipoteca)[805]; (iii) de aquisição (são aqueles negócios jurídicos pelos quais alguém adquire um direito, tais como os contratos obrigacionais e as disposições pelas quais se constitui em favor de outro ou se transfere um direito, é um negócio de disposição sob a ótica do beneficiário)[806];

---

[804] Como adverte Marcos Bernardes de Mello: "Evidentemente, o emprego dos adjetivos *unilateral* e *bilateral* para qualificar os negócios jurídicos e, também, os contratos pode levar a expressões possíveis de criar confusões e equívocos no trato dos conceitos, como, por exemplo, quando se diz que o contrato unilateral é um negócio jurídico bilateral. Por isso, torna-se necessário precisar que, (*a*) enquanto a unilateralidade ou bilateralidade nos negócios jurídicos dizem respeito à formação do suporte fáctico suficiente, donde constituir questão que se situa no *plano da existência*, (*b*) quando qualificam um contrato mencionam dado que se coloca no *plano da eficácia*, porque indicam o conteúdo eficacial próprio do contrato em relação aos figurantes" (*Teoria do fato jurídico*. Plano da existência cit., p. 260).

[805] LARENZ, Karl. *Derecho civil*: parte general cit., p. 437: "Una persona puede contraer a voluntad gran número de obligaciones, aunque no pueda cumplirlas todas. En cambio, sólo puede transmitir válidamente un derecho una vez, pues si ha renunciado a su derecho mediante la transmisión, ya no le corresponde el poder de disposición sobre el mismo".

[806] Larenz (*Derecho civil*: parte general cit., p. 439) dá como exemplo de "negócio jurídico de aquisição" a aquisição de uma coisa sem dono. Todavia, consoante expusemos ao tratar do ato-fato jurídico, seguindo o posicionamento de Pontes de Miranda, a ocupação é ato-fato jurídico (o ato está na base da ocorrência do fato, mas a regra jurídica o recebe como avolitivo), "a apropriabilidade apura-se no momento, tal como está a coisa, ou tal como ficou por ato do que dele se assenhoreou. O ser sem dono a coisa só se apura, quanto à ocupação, objetivamente: para se saber se houve aquisição, não importa a *opinio dominii* do possuidor". Para uma ampla

(iv) negócios jurídicos júri-pessoais, especialmente os contratos sobre o estado civil, de que se falou anteriormente.

Além dessas classes, LARENZ[807] apresenta outras distinções possíveis de serem feitas entre as diversas espécies de negócios jurídicos: a) causais (causa aqui é o fim jurídico da obrigação, o fim econômico perseguido; os negócios obrigatórios normalmente são causais – "o protótipo dos negócios obrigatórios causais são os 'contratos bilaterais', neles cada parte contrai uma obrigação a fim de obrigar por ela a outra parte a uma contraprestação"[808]; a causa aparece no negócio e o condiciona em sua validez[809]) e abstratos (abstrato é aquele negócio jurídico que carece de causa presente, de modo que, em razão da abstração que se faz da causa, não é possível relacionar a ela sua validade e eficácia[810], *e.g.*: acordos de transmissão de propriedade de bens imóveis, de constituição de direitos reais etc.); b) onerosos (vistos sob

---

discussão da questão, vide: PONTES DE MIRANDA, Francisco Cavalcanti. *Tratado de direito privado*. Parte geral. 4. ed. São Paulo: RT, 1983. t. II, p. 382-384.

[807] LARENZ, Karl. *Derecho civil*: parte general cit., p. 439- 447.

[808] Ibidem, p. 441.

[809] Cf. Mello, Marcos Bernardes de. *Teoria do fato jurídico*. Plano da existência cit., p. 262-263: "Em geral, os contratos são negócios jurídicos *causais*. Por consequência, a falta de *causa* no caso concreto torna o negócio anulável. Se A emprestou a B (*causa credendi*) certa importância e B a recebeu como doação (*causa donandi*), o erro de B quanto à causa leva à anulabilidade do negócio (Código Civil, art. 138)".

[810] LARENZ, Karl. *Derecho civil*: parte general cit., p. 439-440, após explanar sobre a divisão levada a cabo pelo Código Civil alemão em relação aos negócios jurídicos de transmissão de propriedade (mediante o contrato de compra e venda se obrigam primeiramente os contratantes reciprocamente, um deles à entrega e a transferêcia da coisa e o outro ao pagamento do preço; a transferência da coisa se efetua em cumprimento da obrigação contraída, mediante um segundo contrato, de caráter real, que contém a disposição do vendedor sobre sua propriedade; o pagamento do preço, efetuando-se em moeda, tem lugar lugar igualmente para a entrega destes e um contrato real), faz as seguintes ponderações: "El Código civil ha llegado tan lejos en esta división que, en principio, hace que no depenta la validez de los negocios reales de cumplimiento de la validez del negocio básico obligacional a cuya realización sirven aquéllos. Ello significa que, incluso cuando es nulo por cualquier motivo el contrato de compraventa, la transferencia realizada según las normas del Derecho de cosas puede ser válida. La separación entre el negocio real y el negocio obligatorio en que aquél se basa, realizada, por tanto, rigurosamente – así, la separación entre la transferencia y el contrato de compraventa –, es lo que se denomina 'carácter abstracto' del negocio real, y constituye una peculiaridad del Código civil alemán que ha sido seguida sólo por escasos ordenamientos jurídicos. Histórica-

o espeque do conteúdo do negócio, se diante da obrigação de uma das partes se acha uma contraprestação da outra, representando esta uma contrapartida ou equivalente, *e.g.*: na compra e venda, bem como, "em sua maioria, os contratos obrigacionais causais, que são objeto de uma regulamentação detalhada no Código Civil, enquanto contratos típicos, são onerosos"[811]) e gratuitos (aqueles negócios jurídicos em que a atribuição patrimonial se realiza sem o recebimento de uma contraprestação, ou uma contrapartida, *e.g.*: a doação, o comodato, o depósito gratuito, o mandato)[812].

MARCEL PLANIOL[813] classifica os contratos a partir de seus objetos: a) trabalho; b) coisas; c) direitos. Nessa "classificação sintética", são contratos relativos ao trabalho, por exemplo, a locação de serviço e o mandato. Já os contratos concernentes às coisas podem ser exemplificados com a compra e venda e a permuta. Por fim, os contratos relativos aos direitos são, *e.g.*, aqueles quem têm como objeto as garantias e as renúncias. RENÉ DEMOGUE, por sua vez, entende que todos os contratos podem entrar nessa classificação, abrindo as portas, nada obstante, para que novos objetos contratuais sejam incluídos, por exemplo, as "propriedades intelectuais" ou contratos complexos, tal como aquele que é em parte venda, em parte troca. Ademais, pondera que a vantagem dessa divisão está na qualificação dos contratos pelo seu objeto, possibilitando que se penetre, assim, em sua natureza. Ou-

---

mente se retroae a la ciencia del Derecho común en el siglo XIX, especialmente a la doctrina de Savigny".

[811] LARENZ, Karl. *Derecho civil*: parte general cit., p. 445.

[812] LARENZ, Karl. *Derecho civil*: parte general cit., p. 446-447.

[813] PLANIOL, Marcel. *Traité elementaire de droit civil*. Les preuves. Théorie générale des obligations. Les contrats. Privilèges et hypothèques cit., p. 451: "Il faut, en effet, partir de cette idée quem si l'on veut classer les contrats spéciaux selon leurs affinités naturelles, à peu près comme on range des animaux dans les vitrines d'um muséum, on doit se régler sur des caracteres élémentaires, tels que ceux qui servente à distinguer, em histoire naturelle, les vertébrés des mollusques, ou les oiseaux des reptiles et des mammifères. Or, quando on examine les prestations de toute nature que les particuliers se prommetent les uns aux autres dans leurs contrats, on voit qu'elles ont toujous pour objet ou um *travail*, ou um *chose*, ou um *droit*. Pour chacune des ces trois catégories d'objets, il est possible de faire des contrats différents; et une revue, même rapide, des contrats usuels, permet de se rendre compte que, quando la prestation principale em varie pas, les différentes espèces de contrats se distinguent les unes les autres: 1.º par l'existence ou l'absence d'une contre-prestation, 2.º para la nature variable de cette contre-prestation, lorsque ele existe".

trossim, considera-a particularmente útil ao se tratar do trabalho, "que não pode ser tratado como uma mercadoria comum, nem ser objeto de um direito, como se fosse uma coisa"[814].

Pela concepção liberal e tradicional do contrato instituída na primeira codificação – *Code Civil* (1804) e os Códigos que o seguiram, como o *Codice Civile* de 1865 –, a formação do contrato e a relação estabelecida seriam "obra de dois parceiros em posição de igualdade"[815], com a discussão e a negociação de todas as cláusulas contratuais, dando origem ao que denominamos hoje de contratos paritários[816]. Na sociedade de consumo estabelecida no século XX[817], "a massificação das transações, em decorrên-

---

[814] DEMOGUE, René. *Traité des obligations en general* cit., t. 2, p. 911-912 (tradução livre: "Tous les contrats peuvent rentre dans cette classification et la pratique actuelle et même future ne pourra relever que de nouveaux objets de contrats: comme certaines propriétés intellectuelles, ou des mélanges de contrats, comme une aliénation que peut être pour partie vente, pour partie échange. L'avantage qu'elle présente est de qualifier les contrats par leur objet et de pénétrer ainsi davantage leur nature. Cette distinction est particulièrement utile lorsque il s'agit du travail que ne peut être considéré comme une merchandise ordinaire et que ne peut être l'objet d'un droit comme une chose".

[815] MARQUES, Claudia Lima. *Contratos no Código de Defesa do Consumidor*: o novo regime das relações contratuais cit., p. 47-48.

[816] Nesse sentido: MARQUES, Claudia Lima. *Contratos no Código de Defesa do Consumidor*: o novo regime das relações contratuais cit., p. 47-48; TEPEDINO, Gustavo; KONDER, Carlos Nelson; BANDEIRA, Paula Greco. *Fundamentos do direito civil*: contratos. 2. ed. Rio de Janeiro: Forense, 2021. v. 3, p. 79. O artigo 1.110, alínea 1, do *Code Civil*, com a redação dada pela *Ordonnance* n.º 2016-131, de 10 de fevereiro de 2016, dispõe que "o contrato paritário é aquele pelo qual as estipulações são negociáveis entre as partes" – tradução livre de: "Le contrat de gré a gré est celui dont les stipulations sont négociables entre les parties" (cf. DESHAYES, Olivier; GENICON, Thomas; LAITHIER, Yves-Marie. *Reforme du droit des contrats, du régime general et la preuve des obligations. Commentaire article par article* cit., p. 78).

[817] ARENDT, Hannah. *A condição humana* cit., p. 156: "Diz-se frequentemente que vivemos em uma sociedade de consumidores, e uma vez que, como vimos, o trabalho e o consumo são apenas dois estágios do mesmo processo, imposto ao homem pela necessidade da vida, isso é somente outro modo de dizer que vivemos em uma sociedade de trabalhadores. Essa sociedade não surgiu em decorrência da emancipação das classes trabalhadoras, mas resultou da emancipação da própria atividade do trabalho, que precedeu em vários séculos a emancipação política dos trabalhadores. A questão não é que, pela primeira vez na história, os trabalhadores tenham sido admitidos com iguais direitos no domínio público, e sim que quase conseguimos reduzir todas as atividades humanas ao denominador comum de assegurar as coisas necessárias à vida e de produzi-las em abundância. Não importa o

cia da produção e comercialização em série de produtos e serviços, conduziu à estandardização também do processo de contratação"[818]. Qualifica-se

---

que façamos, supostamente o faremos com vistas a 'prover nosso próprio sustento'; esse é o veredicto da sociedade, e vem diminuindo rapidamente o número de pessoas capazes de desafiá-lo, especialmente nas profissões que poderiam fazê-lo. A única exceção que a sociedade está disposta a admitir é o artista, que propriamente falando, é o único 'operário [worker] que restou em uma sociedade de trabalhadores [laboring society]. A mesma tendência de reduzir todas as atividades sérias à condição de prover o próprio sustento manifesta-se em todas as atuais teorias do trabalho, que quase unanimemente definem o trabalho como o oposto do divertir-se [play]. Em consequência, todas as atividades sérias, independentemente dos frutos que produzam, são chamadas de trabalho, enquanto toda atividade que não seja necessária, nem para a vida do indivíduo nem para o processo vital, é classificada como divertimento [playfulness]". Zygmunt Bauman bem ilustra a dinâmica das relações contratuais na sociedade de consumo no que denomina "modernidade líquida": "Para no malgastar el tempo de sus clientes ni perjudicar sus gozos futuros (aunque imprevisibles), los mercados de consumo ofrecen productos pensados para su consumición imediata, preferiblemente para ser usados de una sola vez y para ser luego rápidamente eliminados como desecho y substituidos, de manera que el espacio vital no esté atestado de aquellos objetos que, admirados y codiciados hoy, estén pasados de moda mañana. Los clientes, confundidos por el torbellino de productos, la estratosférica variedad de ofertas y el vertiginoso ritmo de los câmbios, ya no pueden fiarse de su propria capacidad para aprender y memorizar, por lo que deben aceptar (y aceptan de buen grado) las garantías tranquilizadoras que les da el mercado de que el producto que se ofrece actualmente es 'el producto', el más 'actual', el que 'hay que tener' y con el que los demás 'tienen que vernos'. Es la fantasia dque Lewis Carrol tuviera cien años atrás hecha hoy realidad: 'Lo que es aqui, como ves, hace falta correr todo cuanto una pueda para permanecer en el mesmo sitio. Si quieres llegar a alguna outra parte, ¡ debes correr al menos el doble de rápido!'. El valor estético eterno u 'objetivo' del produto es lo que menos debe preocuparnos. Y la belleza no depende 'del cristal con el que se mira': depende más bien de la moda de hoy y, por lo tanto, lo bello se convierte inexorablemente en feo en el momento mismo en el que las tendências actuales son sustituidas por otras, como, sin duda, lo serán en breve. Sin no fuera por la providencial capacidad del mercado para imponer su patrón regular (aunque fugaz) sobre las elecciones ostensiblemente individuales (y, por lo tanto, potencialmente aleatorias) de los consumidores, éstos se sentirían totalmente desorientados y perdidos. El gusto ha dejado de ser un guia segura; aprender y confiar en los conocimientos ya adquiridos constuye una trampa más que na ayuda: el *comme il faut* de ayer puede muy bien convertirse sin previo aviso en un *comme il ne faut pas*" (BAUMAN, Zygmunt. *Mundo consumo*: ética del individuo en la aldea global. Traducción Albino Santos Mosquera. Buenos Aires: Paidós, 2010. p. 310-311).

[818] TEPEDINO, Gustavo; KONDER, Carlos Nelson; BANDEIRA, Paula Greco. *Fundamentos do direito civil*: contratos cit., p. 79.

como contrato de adesão[819] aquele em que não há negociação entre as partes, aderindo uma das partes ao conteúdo fixado pela outra[820].

Nesse contexto, passa-se a classificar e qualificar os contratos tendo em conta a parte mais fraca na relação contratual[821] – classificações baseadas no sujeito do contrato[822] –, especialmente a relação de consumo em que se presume vulnerável o consumidor, impondo-se diversas

---

[819] As condições gerais, por sua vez estão intimamente associadas ao fenômeno da contratação em massa, realizada por intermédio de contratos de adesão. Com efeito, no dizer de Paulo Luiz Netto Lôbo, "constituem regulação contratual predisposta unilateralmente e destinada a se integrar de modo uniforme, compulsório e inalterável a cada contrato de adesão que vier a ser concluído entre o predisponente e o respectivo aderente" (*Condições gerais dos contratos e cláusulas abusivas*. São Paulo: Saraiva, 1991. p. 24). Ademais, cumpre distinguir os "contratos-tipos" dos contratos de adesão. Como elucida Muriel Fabre-Magnan, no contrato-tipo certas cláusulas podem ser negociadas, tendo-se em mente com o termo o fato de que um modelo de contrato é utilizado. Já no contrato de adesão umas das partes somente tem a possibilidade de aceitar ou rejeitar, sem discussão (cf. *Droit des obligations. 1 – Contrat et engagement unilatéral* cit.).

[820] Cf. GHESTIN, Jacques; LOISEAU, Grégoire; SERINET, Yves-Marie. *Traité de droit civil. La formation du contrat. Le contrat – le consentement* cit., p. 95.

[821] GOMES, Orlando. *Novos temas de direito civil* cit., p. 94: "Tais modificações começaram com a proteção aos fracos através de preceitos que lhes atribuíram superioridade jurídica para compensar a sua inferioridade econômica. O desequilíbrio foi corrigido através de limitações à *liberdade de contratar*, como sucedeu com a legislação do trabalho". Guido Alpa destaca que em um período curto dos anos 1960-1970 nos escritos dos estudiosos do direito civil na Itália – com destaque para as preciosas lições de Tulio Ascarelli – surgem as noções de concorrência, consumidor e de contraente débil. É nesse contexto, nessa estação contratual, usando as palavras de Alpa, que vimos nascer a Internet, transformando-se de uma rede de computadores para uma rede de comunidades e pessoas, marcada pelas redes sociais e pelo comércio eletrônico, tendo como características marcantes do tráfego negocial a oferta massiva de bens e serviços, os contratos de adesão e as condições gerais de uso (cf. *Le stagioni del contratto* cit., p. 62).

[822] Cf. SACCO, Rodolfo; DE NOVA, Giorgio. *Il contratto*. 4. ed. Torino: UTET Giuridica, 2016. p. 574-575: "L'art. 1341 non discrimina le parti secondo le loro qualità soggettive: esso colpisce il contraente che predispone le clausole vessatorie; il che è diverso. Ma con le norme di origine europea il soggetto debole è identificato con il «consumatore», contrapposto al «professionista». Le norme europee hanno acquistato cittadinanza italiana mediante la L. 29.7.2003, n. 229, seguita dai 145 articoli del D. Lgs. 6.9.2005, n. 206, «Codice del consumo» 3649. Per il suo carattere specialistico, «il contratto del consumatore» non fa parte dei temi trattati nella presente opera, destinata al contratto in generale. Peraltro diremo un accenno sulla relazione sistematica fra il contratto (senza aggettivi) e il contratto del consumatore".

normas de ordem pública e interesse social, na disciplina da prevenção e proteção contratual do consumidor.

Com o surgimento da Internet e do comércio eletrônico, fala-se também de contratos eletrônicos. O termo eletrônico refere-se à forma da contratação. A evolução dos meios de comunicação permitiu que pessoas separadas no espaço e no tempo pudessem celebrar contratos como se estivessem frente a frente. Da comunicação epistolar, passando pelo telégrafo, pelo telefone, pelo rádio e pela televisão, chegamos ao computador pessoal e à Internet. Neste ponto, é preciso indicar que entendemos que contratos eletrônicos são aqueles realizados por meios eletrônicos[823] ou pela Internet[824]. Outro termo correntemente referido pela doutrina é contrato telemático[825]. A expressão "telemático" nasce da junção de telecomunicações com informática[826]. Na definição de NEWTON DE LUCCA, contrato telemático é "negócio jurídico

---

823 Cf. LÔBO, Paulo Luiz Netto. *Direito civil*: contratos. 7. ed. São Paulo: Saraiva, 2021. v. 3, p. 35-39; RIZZARDO, Arnaldo. *Contratos*. 20. ed. Rio de Janeiro: Forense, 2022. p. 101-105; FARIAS, Cristiano Chaves de; ROSENVALD, Nelson. *Curso de direito civil*: contratos, teoria geral dos contratos e contratos em espécie cit., p. 420-428.

824 ASCENSÃO, José de Oliveira. *Direito civil*: teoria geral. Ações e fatos jurídicos cit., p. 394-395: "O computador, particularmente, tem uma intervenção cada vez mais acentuada no mundo negocial. Na categoria muito vaga dos 'contratos informáticos' podem distinguir-se duas modalidades: 1. Os contratos que têm por objeto realidades informáticas; 2. Os contratos realizados pela via informática. O computador pode servir como mero instrumento técnico, mediador na comunicação das mensagens. É o que se passa com o contrato celebrado através de correio eletrônico. Mas o próprio computador pode estar além disso programado para emitir ordens, perante certas circunstâncias. particularmente é usado na gestão de existências (estoques), de maneira que, sempre que desçam abaixo de certo nível, o computador dá automaticamente ordem de compra".

825 Nesse sentido: BIANCA, Cesare Massimo. *Diritto civile*: il contrato cit., p. 301-313; GALLO, Paolo. *Il contrato* cit., p. 1147-1148.

826 Massimo Bianca releva que há muito tempo se fala de contratos telemáticos e informáticos, destacando, todavia, não terem um sentido unívoco, algumas vezes referindo-se aos contratos de fornecimento de programas de computador (*software*), em outras aos contratos celebrados por meio da conexão entre dois computadores. No que concerne aos contratos telemáticos, observa: "Contratti telematici, precisamente, sono i contratti stipulati in via telamatica, ossia mediante l'uso di um elaboratore elettronico, o computer. In tale contesto il contrato telemático può avere ad oggeto la fornitura di software o altri contenuti, dovendosi di volta in volta classificare nel tipo causale corrispondente" (cf. *Diritto civile*: il contrato cit., p. 301-302).

bilateral que tem o computador e uma rede de comunicação como suportes básicos para sua celebração"[827].

Além disso, as novas questões resultantes do rápido desenvolvimento da biotecnologia, da engenharia genética, da utilização de dados pessoais como grande ativo econômico, das redes sociais, entre outras[828], trazem à tona a necessidade de novo mecanismo de tutela da intangibilidade da pessoa[829] e de sua dignidade[830]. Assim, fundamentais a classificação e a qualificação do contrato como existencial – classificação baseada no conteúdo do contrato (= objeto *stricto sensu* + causa) –, verificando-se a essencialidade do bem e a natureza do direito objeto do contrato, tendo em vista a função desempenhada, impondo-se tratamento diverso, com mais forte aplicação dos novos princípios contratuais.

---

[827] DE LUCCA, Newton. *Aspectos jurídicos da contratação informática e telemática* cit., p. 33.

[828] BRAGUE, Rémi. *Le règne de l'homme*: genèse et échec du projet moderne. Paris: Gallimard, 2015. p. 200: "Le projet moderne veut que l'homme soit maître de soi comme l'univers, qu'il prenne son destin en main. La rhétorique des Lumières est et reste ici intairissable. Mais elle ne fait qu'expliciter une condition nécessaire de l'enterprise: la domination de l'homme sur soi précède la domination de l'homme sur la terre. Or, une dialectique ironique tend à faire aboutir cette intention à la domination de certains hommes sur d'autres, voire à une domination sur l'homme de son propre projet".

[829] AZEVEDO, Álvaro Villaça de. *Contratos inominados ou atípicos*. São Paulo: Bushatsky, 1975. p. 188: "No pedestal, em que se deve colocar a pessoa humana, há que quedar-se a liberdade, para que aquela seja mais considerada do que esta, para que esta possibilite um meio normal de vivência daquela, para que, enfim, seja a liberdade escrava do homem e não para escravizá-lo".

[830] ROSEN, Michael. *Dignity*: its history and meaning. Cambridge: Harvard University Press, 2012. p. 1-2: "Dignity is central to modern human rights discourse, the closest that we have to an internationally accepted framework for the normative regulation of political life, and it is embedded in numerous constitutions, international conventions, and declarations. It plays a vital role, for example, in two fundamental documents from late 1940s, the United Nations' Universal Declaration of Human Rights (1948) an the Grundgesetz (Basic Law) of the Federal Republic of Germany (1949). This is apparent from its prominent position iun each text. The very first sentence of Article I of the Universal Declaration reads: 'All human beings are born free and equal in dignity and rights'; while Article I of the Grundgesetz states: 'Human dignity is inviolable. To respect it and protect it is the duty of all state power. The German people therefore acknowledge inviolable and inalienable human rights as the basis of every community, of peace and the justice in the world'".

Como bem pondera MURIEL FABRE-MAGNAN, a tutela da dignidade da pessoa humana "não tem o papel de restringir a liberdade individual, mas, ao contrário, de explicitar e de instituir as condições necessárias para que o indivíduo possa existir como ser livre e autônomo", podendo fazer escolhas conforme sua personalidade e vontade próprias, e não pelo que é "ditado pelos outros, pelas modas, ou pelas convenções sociais"[831].

1.9. INTERESSES PATRIMONIAIS E EXTRAPATRIMONIAIS NOS CONTRATOS

O contrato é tradicionalmente[832] visto como acordo de vontades destinado a criar, modificar ou extinguir uma relação jurídica de natu-

---

[831] FABRE-MAGNAN, Muriel. L'institution de la liberté cit., p. 292: "En definitive, la dignité n'a pas pour rôle de brider la liberte individuelle, mais, au contraire d'expliciter et d'instituer le conditions nécessaires pour que l'individu puisse exister comme être libre et autonome. La libertee et l'autonomie ne sont pas données, mais, s'acquièrent et même se conquièrent. Réussir a mener s avie comme on l'entend, en conformité avec les conventions sociales, suppose d'être assure de conditions miminales d'existence, et d'être en capacite de faire des choix posés, pensés et assumés. La dignité et la liberte sont deux facetes indissociables de la condition humaine, et le droit doit les soutenir et les défendre l'une et l'autre, et non pas l'une contre l'autre".

[832] Cf. GOMES, Orlando. Contratos cit., p. 14. Nesse sentido, sustentando a patrimonialidade do objeto e possibilidade da conversão da prestação em pecúnia: AUBRY, Charles; RAU, Charles-Frédéric. Cours de droit civil français: d'après la méthode de Zachariae. 5. ed. Paris: Marchal et Billard, 1902. t. 4, p. 532; BEUDANT, Charles. Cours de droit civil français. Les contrats et les obligations. Publié par son fils, Robert Beudant. Paris: Arthur Rousseau, 1906. p. 103. Sustenta que, nas obrigações de fazer, o fato da prestação deve ser apreciável em dinheiro, visto que apenas o interesse pecuniário seria tutelável judicialmente: "pas d'action sans intérêt, dit le vieil adage"; GIORGI, Giorgio. Teoria delle obbligazioni nel diritto moderno italiano: esposta con la scorta della dottrina e della giurisprudenza cit., v. 3, p. 523-524. Defende a necessidade de um objeto apreciável em dinheiro. Nada obstante, em outra passagem, aceita que a prestação pode não ser apreciável em dinheiro, denominando-as obrigações "em sentido impróprio", exigíveis civilmente, mas com efeitos e meios diversos das obrigações em sentido próprio. Como exemplo de obrigações em sentido impróprio cita algumas decorrentes do casamento, tais como os deveres recíprocos dos cônjuges fidelidade, coabitação e assistência (GIORGI, Giorgio. Teoria delle obbligazioni nel diritto moderno italiano: esposta con la scorta della dottrina e della giurisprudenza cit., v. 4, p. 170); PACCHIONI, Giovanni. Elementi di diritto civile. 3. ed. Torino: UTET, 1926. p. 278-279. Distingue os contratos de direito de família daqueles que denomina de "direito patrimonial"; LAURENT, François. Principes de droit civil. Bruxelas: Bruylant-Christophe. Paris: A. Durand et Pedone-Lauriel, 1875.

reza patrimonial[833], excluindo-se as relações não patrimoniais; nesse sentido, o artigo 1.321 do Código Civil italiano. Seguindo a posição adotada pela codificação italiana de 1942, SANTORO-PASSARELLI[834] destaca que o *Codice Civile* regula separadamente negócios diversos do contrato (categoria do negócio com duas ou mais partes e com objeto patrimonial), cabendo à doutrina construir uma categoria geral de negócio jurídico a incluir categorias diversas do contrato. Assim, CARIOTA FERRARA[835] também afirma que os contratos são espécies de negócio bilaterais que têm conteúdo patrimonial[836].

DARCY BESSONE sustenta que este é o verdadeiro conceito de contrato, propondo a seguinte definição: "O contrato é o acordo de duas ou mais pessoas para, entre si, constituir, regular ou extinguir uma relação jurídica de natureza patrimonial"[837]. O interesse do credor normalmente é de natureza patrimonial, assim, quem vende está pensando na contraprestação em dinheiro. Todavia, "quando o interesse não

---

t. 16, p. 113: "En matière d'obligations, l'intérêt doit être appreciable, comme le dit l'Exposé des motifs. C'est dire qu'un intérêt moral ou d'affection ne suffit point pour agir; il n'y aurait pas moyen de condemner le débiteur à des dommages intérêts, dès lors l'obligation serait sans saction, et par suite, sans lien de droit".

833 Enzo Roppo, *e.g.*, sustenta que "o contrato é a veste jurídico-formal de operações econômicas. Donde se conclui que *onde não há operação econômica, não pode haver também contrato*" (*O contrato* cit., p. 11).

834 SANTORO-PASSARELLI, Francesco. *Teoria geral do direito civil* cit., p. 101.

835 FERRARA, Luigi Cariota. *El negocio jurídico* cit., p. 134.

836 No mesmo sentido: STOLFI, Giuseppe. *Teoría del negocio jurídico* cit., p. 15-17; MESSINEO, Francesco. *Manual de derecho civil y comercial*. Derecho de la obligaciones: parte general – §§ 98 a 138 cit., t. IV, p. 434: "El contrato no es la única figura de negocio bilateral; existen también las figuras que, para distinguirlas precisamente del contrato como negocio bilateral con contenido patrimonial, convendría llamar 'convenciones', porque son negocios bilaterales, pero de contenido personal: tales, el matrimonio (como negocio personal), la separación conyugal consensual y los esponsales".

837 BESSONE, Darcy. *Do contrato* cit., p. 29. Após destacar a posição adotada pelo Código Civil italiano, do requisito da patrimonialidade para a configuração do contrato, Silvio Rodrigues recorda que o *Code Civil*, sob a inspiração de Pothier, distinguiu *convenção* ("acordo de duas ou mais pessoas sobre um objeto jurídico") de *contrato* ("convenções destinadas a criar obrigações", todavia, tal posição "pouco prosperou noutros sistemas, sendo certo que, entre nós, as duas expressões são utilizadas como sinônimas" (*Direito civil. Dos contratos e das declarações unilaterais da vontade* cit., p. 10).

tiver natureza patrimonial, poderá haver obrigação válida"[838]? Poderão existir obrigações sem nenhum interesse econômico ou em que somente uma das partes seja movida por interesse patrimonial?

CUNHA GONÇALVES entende que "não é forçoso que os contratos sejam operações efêmeras, nem que só versem sôbre assuntos patrimoniais; pois há e sempre houve contratos perpétuos e podem eles ter por objecto obrigações morais, como as que se assumem no casamento, na adopção etc."[839]. Nessa toada, o tratadista português sustenta que a palavra "contrato" é "suficientemente maleável e compreensiva para se adaptar a tôdas as situações e abranger tôda espécie de acordos ou convenções tendentes a criar obrigações jurídicas"[840].

Igualmente, DEMOGUE, após mencionar as posições dos autores que defendem que a obrigação não pode ter um interesse simplesmente moral – sustentam estes que o objeto da obrigação deve ser suscetível de avaliação econômica; assim, com relação à obrigação de fazer, se o devedor não excuta o fato prometido, o credor poderá postular a indenização apenas se apreciável em dinheiro o dano causado pela inexecução[841] –, afirma que "a proteção dos contratos com um fim não econômico deve

---

[838] NORONHA, Fernando. *Direito das obrigações* cit., p. 43.

[839] GONÇALVES, Luiz da Cunha. *Tratado de direito civil* cit., v. 4, t. 1, p. 275.

[840] GONÇALVES, Luiz da Cunha. *Tratado de direito civil* cit., v. 4, t. 1, p. 275.

[841] Nesse sentido: SALEILLES, Raymond. *Essai d'une théorie générale de l'obligation*: d'après le Code Civil allemand. Paris: F. Pichon, 1890. p. 8: "Il n'y a pas de raison pour lui refuser 'action; seulement el projet admet que si le débiteur n'exécute pas le fait promis, le créancier ne pourra lui demander d'indemnité que s'il peut évaluer en argent le dommage que lui cause personnellement l'inexécution (art. 221); ceci est conforme aux príncipes en matière de dommages-intérêts". Conforme pondera Demogue, os interesses não econômicos podem ser tutelados de outras maneiras (*e.g.*, pelas *astreintes*). Ademais, ter a obrigação um "objeto moral" e o direito a uma indenização por dano moral são coisas independentes (cf. *Traité des obligations en general* cit., t. 2, p 563). Ademais, cumpre consignar que na evolução do direito moderno, tanto na França quanto no Brasil, a indenizabilidade do dano moral foi amplamente reconhecida (cf. CAHALI, Yussef Said. *Dano moral*. 2. ed. rev., atual. e ampl. São Paulo: RT. 1999. p. 22-26; FABRE-MAGNAN, Muriel. *Droit des obligations*. 2 – Responsabilité civile et quasi-contrats. 3 éd. Paris: Presses Universitaires de France, 2007. p. 138-142; GALLO, Paolo. *L'arricchimento senza causa, la responsabilità civile*. Torino: G. Giappichelli, 2018. p. 539-547 ; PEREIRA, Caio Mário da Silva. *Responsabilidade civil*. 12. ed. atual. por Gustavo Tepedino. Rio de Janeiro: Forense, 2018. p. 73-83; SAVATIER, René. *Traité de la responsabilité civile en droit français*. Paris: Librairie Generale de Droit et Jurisprudence, 1939. t. II, p. 101-107).

se impor, sob pena de se atribuir ao direito um fim totalmente material, o que é inaceitável em uma civilização desenvolvida"[842].

Não obstante a definição de contrato do Código Civil italiano, MASSIMO BIANCA pondera que "o contrato não é reduzível a uma operação econômica"[843]. O contrato não se caracteriza pelo intercâmbio de bens e serviços, mas sim pelo acordo, fundamento para que as partes possam demandar as prestações devidas, não sendo "uma simples transposição em termos jurídicos de um fenômeno econômico"[844]. Assevera, ademais, que o contrato está inserido em uma dimensão social, de modo que o ordenamento jurídico pode intervir, privilegiando o princípio da solidariedade, "para assegurar à parte uma posição contratual mínima em derrogação daquela que resultaria do jogo das forças econômicas"[845].

JEAN CARBONNIER também não coloca entre os pressupostos do contrato a natureza patrimonial[846]. Tendo em conta o disposto no artigo 1.108 do Código Civil francês, sustenta serem quatro os elementos que dão a estrutura fundamental ao contrato: a) o consentimento; b) a capacidade; c) o objeto; d) a causa. Quanto ao objeto, destaca que em francês moderno falaríamos em conteúdo do contrato e que o *Code Civil* propõe

---

[842] DEMOGUE, René. *Traité des obligations en general* cit., t. 2, p. 563 (tradução livre): "la protection des contrats à but non économique doit s'imposer sous peine de ne donner au droit qu'un but tout matériel inacceptable dans une civilisation developée". Nessa linha de pensamento, Adaucto Fernandes propugna: "É na parte do direito relativo à obrigação de *fazer* que devemos procurar o *valor ético* da atual regra normativo do direito moderno. No campo do *Direito das Coisas*, os bens imaterialmente considerados, já não têm nada de difícil quanto à sua demonstração. O direito das obrigações, nêste meio de século, não trata apenas de organizar a atividade trabalhista ou econômica do homem, a circulação e a repartição das riquezas. As relações jurídicas são criadas para o melhor aproveitamento das *utilidades*, sejam materiais, sejam imateriais. É o 'direito novo' que não nos aparece, senão como a forma de uma expressão cultural, altamente ética, da vida humana consociada, de que resulta em economia total como conteúdo de dois extremos: o *material* e o *imaterial*" (FERNANDES, Adaucto. *O contrato no direito brasileiro.* cit. v. 1, p. 122).

[843] BIANCA, Cesare Massimo. *Diritto civile*: il contrato cit., p. 27.

[844] BIANCA, Cesare Massimo. *Diritto civile*: il contrato cit., p. 27: "Il contrato non è riducibile ad un'operazione econômica. Ciò deve intendersi *a*) nel senso che il contratto è un fenômeno giuridico distinto rispetto ala sottostante operazione econômica, e *b*) nel senso che il rapporto contrattuale non è una símplice resultante di leggi economiche".

[845] BIANCA, Cesare Massimo. *Diritto civile*: il contrato cit., p. 28.

[846] Cf. CARBONNIER, Jean. *Droit civil. Les biens. Les obligations* cit., p. 1973.

os sinônimos "objeto" ou "matéria", o que poderia causar a equivocada impressão de que o contrato não poderia ter um objeto imaterial[847].

PAOLO GALLO assinala que a norma do artigo 1.321 do Código Civil italiano corresponde àquela do artigo 1174[848], em matéria de patrimonialidade da prestação, e que a prestação que forma o objeto da obrigação deve ser suscetível de avaliação econômica, podendo corresponder, todavia, até mesmo a um interesse não patrimonial do credor. Como exemplo, propõe as hipóteses de uma pessoa que adquire um bilhete para assistir a um concerto, ou para ver uma apresentação teatral, ou aquele que adquiri um livro de poesias etc.: "a música, a literatura, e assim por diante, não atendem, de fato, à vida material do homem, mas são destinadas a satisfazer necessidades de natureza mais elevada"[849].

O Código Civil brasileiro, na linha do Código das Obrigações suíço e do Código Civil alemão, não define contrato, adotando a categoria do negócio jurídico[850]. ENNECCERUS propugna serem os negó-

---

[847] Cf. CARBONNIER, Jean. *Droit civil. Les biens. Les obligations* cit., p. 2008-2009.

[848] O artigo 1.174 do *Codice Civile* dispõe que "a prestação que forma o objeto da obrigação deve ser suscetível de avaliação econômica e deve corresponder a um interesse, ainda que não patrimonial do credor" – tradução livre de: "La prestazione che forma oggetto dell'obbligazione deve essere suscettibile di valutazione economica e deve corrispondere a un interesse, anche non patrimoniale del creditore". Assim, a prestação debitória deve ser forçosamente patrimonial, já o interesse do credor pode ser não patrimonial. Quanto a este interesse do credor, Rodolfo Sacco e Giorgio de Nova sustentam que o artigo 1.174, conforme o termo utilizado pelo artigo 1.322, segunda parte, deve ser "merecedor de tutela" (*Il contratto* cit., p. 332): "oppure viene a coincidere con ipotesi in cui la prestazione è priva dello stesso carattere patrimoniale per la sua totale inutilità, ad esempio: prestazione consistente nel riparare una macchina guasta e poi distruggerla; nel cantare una serie di a solo nel salone di una villa completamente vuota; lasciarsi crescere i favoriti e vestirsi da Francesco Giuseppe d'Asburgo, fuori di ogni esigenza scenica o recreativa".

[849] GALLO, Paolo. *Il contrato* cit., p. 33-34.

[850] José Carlos Moreira Alves destaca que no final do século XIX, ao redigir seu projeto, Clóvis Beviláqua não tinha os subsídios trazidos anos mais tarde pela doutrina germânica para distinguir negócio jurídico e ato jurídico em sentido estrito, situação esta alterada na década de 1970 quando da redação do projeto que deu origem ao Código Civil de 2002. Conforme destaca: "Outro é o panorama nos dias que correm. Graças aos esforços, inicialmente, de Manigk e de Klein, e, depois, dos mais autorizados juristas que se ocuparam com esse problema, poucos são os que, atualmente, negam a distinção conceitual dessas duas espécies de atos jurídicos lícitos. É certo que ainda não está escoimada de imprecisões e de incertezas a construção doutrinária da categoria que Regelsberger denominava *atos semelhantes*

cios jurídicos ou "unilaterais" ou "contratos". Os negócios jurídicos bilaterais ou contratos contêm "declarações de vontade correlativas e recíprocas de duas ou mais partes". Ademais, afiguram-se, em seu sentir, os seguintes pressupostos à caracterização de um contrato: a) duas ou mais pessoas querendo criar um efeito jurídico entre elas ou entre as pessoas representadas ou favorecidas por elas; b) coincidência das vontades; c) o suporte fático pode compreender, além da declaração de vontade das partes, outros requisitos, *e.g.*, uma prestação ou a intervenção de uma autoridade[851]. Nessa perspectiva, salienta que "os contratos se dão em todas as ordens do direito privado: contratos reais (transmissão por acordo e entrega: ou por transmissão formal e inscrição no registro), de direito de família (celebração de matrimônio, adoção), contratos sucessórios"[852].

CAIO MÁRIO DA SILVA PEREIRA sustenta que ao menos "o *interesse* do credor pode ser apatrimonial, mas a prestação deve ser suscetível de avaliação em dinheiro"[853], na linha do *Codice Civile* de 1942. Em que pese o Código Civil brasileiro de 1916, bem como o de 2002, não tenham estabelecido de forma expressa a patrimonialidade como requisito dos contratos, argumenta que os artigos 865, 2.ª parte, 870, e 879 do Código Civil de 1916 – equivalentes aos artigos 239[854] e 248[855] do Código Civil de 2002 –, ao determinarem a conversão do objeto em

---

a negócios jurídicos, e que, hoje, geralmente, é designada pela expressão *atos jurídicos em sentido estrito*. Atos há que, para alguns, são negócios jurídicos, e, para outros, atos jurídicos em sentido estrito. Ainda é casuística a aplicação, ou não, a esta categoria, das normas que disciplinam aquela. Apesar desses percalços, não se pode negar que atos jurídicos há a que os preceitos que regulam a vontade negocial não têm inteira aplicação" (ALVES, José Carlos Moreira. *A parte geral do projeto de Código Civil brasileiro* cit., p. 100-101).

[851] ENNECCERUS, Ludwig. Derecho civil (parte general) cit., v. 2, p. 89-90. Tradução livre.

[852] ENNECCERUS, Ludwig. Derecho civil (parte general) cit., v. 2, p. 90. Tradução livre. Assim também: FLUME, Werner. *El negocio jurídico*. Parte general del derecho civil cit., p. 584; SAVIGNY, Friederich Carl von. *Traité de droit romain* cit., t. III, p. 324-329; WINDSCHEID, Bernardo. *Diritto delle pandette* cit., v. 1, p. 205.

[853] PEREIRA, Caio Mário da Silva. *Instituições de direito civil*. Teoria geral das obrigações. 19. ed. Rio de Janeiro: Forense, 2001. v. 2, p. 15.

[854] "Art. 239. Se a coisa se perder por culpa do devedor, responderá este pelo equivalente, mais perdas e danos."

[855] "Art. 248. Se a prestação do fato tornar-se impossível sem culpa do devedor, resolver-se-á a obrigação; se por culpa dele, responderá por perdas e danos."

equivalente pecuniário[856], nas hipóteses de perda da coisa ou impossibilidade da prestação, por culpa do devedor, estariam considerando uma patrimonialidade inerente a toda obrigação[857].

Nada obstante, conforme pondera FERNANDO NORONHA, é improvável "que se possa afirmar que aqueles dispositivos contemplam todas as hipóteses possíveis, fechando a porta a quaisquer prestações sem conteúdo patrimonial"[858]. Nesse sentido, no próprio Código Civil de 2002,

---

[856] Conforme objeta Antunes Varela, "a execução forçada não se propõe necessariamente obter a *realização coactiva da prestação* estipulada ou fixada por lei; as mais das vezes, a acção executiva visa apenas compensar o credor dos danos causados com o não cumprimento da obrigação (indemnização por equivalente). E não há entre as duas grandezas (a prestação devida, de um lado; o dano causado pelo não cumprimento, do outro) perfeita identidade, como logo transparece no facto de poderem ser muito diferentes os danos causados a diversos credores pelo não cumprimento de prestações com objeto absolutamente igual. E assim como o comércio jurídico atribui certo valor econômico a prestações que satisfazem puros interesses ideais, também as partes podem fixar, directa ou indirectamente, o valor da compensação patrimonial que o devedor haja que entregar ao credor, no caso de não cumprir a prestação de carácter não patrimonial, como ressarcimento dos danos por estes sofridos". Ademais, "o facto de não ser eventualmente viável a execução indirecta do património do devedor não envolve, nem lógica nem praticamente, a necessidade de se recusarem todos os outros meios de que a ordem jurídica dispõe para sancionar as obrigações", *e.g.*, *execução específica*, tal como a apreensão da coisa devida ("as cartas ou fotografias de valor estimativo que a pessoa prometeu", por exemplo), a *resolução* da liberalidade onerada por encargos, ou mesmo de um contrato em geral, quando descumprida a obrigação não patrimonial, *procedimento cautelares*, "capazes de assegurarem, em alguma medida, o cumprimento do dever ou prevenirem a sua violação (apreensão do aparelho de rádio ou de televisão que o devedor se obrigou a não ligar e certas horas do dia), *aplicação de astreintes*, entre outras medidas. Por fim, acrescente-se não haver "necessária correspondência entre a *patrimonialidade da prestação e a patrimonialidade dos danos*, nem entre o valor daquela e o montante destes. Prestações de conteúdo não patrimonial (como a promessa de casamento, por ex.) podem dar lugar, com o seu não cumprimento, a danos de carácter patrimonial"; "inversamente, a falta de prestações de carácter patrimonial (a não realização da intervenção cirúrgica por certo operador ou a sua deficiente realização) pode acarretar consigo danos não patrimoniais, ao lado do prejuízo material" (VARELA, João de Matos Antunes. *Das obrigações em geral* cit., p. 102-104).

[857] PEREIRA, Caio Mário da Silva. *Instituições de direito civil*. Teoria geral das obrigações cit., p. 14.

[858] NORONHA, Fernando. *Direito das obrigações* cit., p. 62.

o artigo 553[859] – equivalente ao artigo 1.180 do Código Civil de 1916 –, ao considerar válidos os encargos estabelecidos pelo doador, sem discriminar seu conteúdo, estaria a admitir doações onerosas com interesses não patrimoniais, podendo ser executado pelo doador enquanto vivo, ou pelo Ministério Público, após sua morte (parágrafo único do dispositivo citado). Efetivamente, a questão está em saber se os interesses, sejam do credor, sejam do devedor, são dignos de tutela ou não[860].

A questão aqui tratada está bem estabelecida Código Civil português de 1966 no artigo 398.º, 2, ao dispor que "a prestação não necessita de ter valor pecuniário; mas deve corresponder a um interesse do credor, digno de protecção legal". Logo, nem a prestação nem o interesse do credor precisam ter caráter patrimonial ou valor econômico. O que se exige é que o "interesse" do credor seja "digno de proteção legal". Conforme explicita ANTUNES VARELA, "a prestação há-de, em suma, satisfazer uma necessidade *séria* e *razoável* do credor, que justifique socialmente a intercessão dos meios coercitivos do Direito"[861].

---

[859] "Art. 553. O donatário é obrigado a cumprir os encargos da doação, caso forem a benefício do doador, de terceiro, ou do interesse geral. Parágrafo único. Se desta última espécie for o encargo, o Ministério Público poderá exigir sua execução, depois da morte do doador, se este não tiver feito."

[860] NORONHA, Fernando. *Direito das obrigações* cit., p. 64: "No âmbito das obrigações negociais, temos exemplos característicos de obrigações de conteúdo patrimonial e juridicamente válidas na procuração para inscrição em concurso vestibular e naquela para casamento com noivo residente em país ou cidade muito distante, tão comum antes da era dos transportes aéreos. Note-se que é a própria lei que estabelece a presunção de gratuidade do mandato (art. 658), sem que ninguém negue a sua juridicidade, mesmo quando diga respeito à prática de atos de natureza não econômica. No comodato, que é contrato por natureza gratuito (art. 579), também é fácil conceber casos de obrigações sem conteúdo econômico: quem pede emprestado álbum com velhas fotos familiares, assume obrigação jurídica de fazer a respectiva restituição. Também a comum obrigação constante de convenção de condomínio por unidades autônomas em edificações, de os condôminos não terem animais, tem prestação sem conteúdo patrimonial que é válida, pelo menos enquanto disser respeito a animais que sejam suscetíveis de perturbar os outros moradores".

[861] VARELA, João de Matos Antunes. *Das obrigações em geral* cit., p. 108-109: "Exigindo que a prestação corresponda a um *interesse* (do credor) *digno de tutela jurídica*, a lei pretendeu: *a*) afastar as prestações que correspondam a um mero *capricho* ou a uma simples *mania* do credor (escrever um livro de exaltação pessoal deste; não usar cabelos compridos ou saias acima do joelho; trajar o devedor de certa forma; não usar uma joia que um inimigo do credor lhe doou; obrigar-se um ator teatral a não trabalhar em certa cidade para não ofuscar o prestígio de um outro; etc.); *b*) excluir prestações que, podendo ser dignas embora da consideração de outros com-

Entendemos que os contratos abarcam tanto interesses patrimoniais quanto não patrimoniais. Assim, considerando que o "objeto" (*lato sensu*[862]) *no artigo 104 do Código Civil de 2002 tem sentido de conteúdo* (= *objeto stricto sensu*[863] + causa), o objeto, a prestação ou o próprio direito subjetivo que se cria, modifica ou extingue podem ter natureza não patrimonial[864]. A causa de atribuição, por sua vez, conforme expusemos anteriormente, deve assumir maior generalidade, de modo a abranger os negócios não patrimoniais, sendo adequada a proposição de ANTÔNIO JUNQUEIRA DE AZEVEDO: "causa de atribuição de direitos"[865].

---

plexos normativos, como por exemplo a religião, a moral, a cortesia, os usos sociais, todavia não merecem tutela específica do direito (rezar todas as noites certo número de orações ou fazer todos os meses determinado exercício de devoção; incorpora-se todos os anos em determinada procissão; reatar relações com certa pessoa, etc. Não é, porém, essencial que o interesse do credor seja *objectiva* ou *socialmente útil*, podendo a obrigação servir puros interesses *pessoais* e *subjectivos*, visto haver muitos destes interesses que são dignos de tutela".

862 Como assevera Antônio Junqueira de Azevedo, "por objeto do negócio jurídico deve-se entender todo o seu conteúdo. Há, aliás, quem veja no objeto o elemento central do negócio, por entender que a característica específica deste está justamente em poder o agente plasmar esse conteúdo". São todas as cláusulas contratuais estabelecidas pelas partes, ou que com elas tenham consentido (*e.g.*, contrato de adesão) (*Negócio jurídico*: existência, validade e eficácia cit., p. 134-138).

863 O objeto *stricto sensu* do contrato é o direito subjetivo (obrigacional, real, da personalidade ou intelectual), que se cria, modifica ou extingue (cf. PINTO, Carlos Alberto da Mota. *Teoria geral do direito civil* cit., p. 329-338). Tratando-se de direito de crédito, Fernando Noronha assevera que o objeto imediato da relação obrigacional é a "prestação debitória". A coisa ou o fato a serem prestados (objeto da prestação) serão o seu objeto simplesmente *indireto*, ou *mediato*" (*Direito das obrigações* cit., p. 56).

864 NORONHA, Fernando. *Direito das obrigações* cit., p. 43: "Não tem certamente natureza econômica, pecuniária, o interesse do doente que contrata os serviços profissionais do médico, nem o da esposa que contrata um advogado para requerer a separação judicial do marido que a sevicia, nem o de quem se inscreve em curso de violão ou de ioga, nem o de quem adquire ingresso para espetáculo musical ou esportivo. Da mesma forma, não é patrimonial o interesse de quem contrata a construção de monumento à memória de um mártir, nem o de quem faz uma doação. Em todos estes casos teremos exemplos de interesses intelectuais, de lazer, estéticos, cívicos, etc., em suma interesses não patrimoniais". Assim, também: Mello, Marcos Bernardes de. *Teoria do fato jurídico*. Plano da existência cit., p. 271.

865 AZEVEDO, Antônio Junqueira de. *Negócio jurídico e declaração negocial*: noções gerais e formação da declaração negocial cit., p. 125.

1.10. DIREITOS DA PERSONALIDADE E CONSENSO DO TITULAR DO DIREITO

A "finalidade dos atos dos seres animados consiste na realização das suas condições de existência", podendo-se dizer, com RUDOLF VON JHERING, que "o direito representa uma forma de garantia das condições de vida em sociedade"[866]. Todo direito existe por causa dos homens, diz o aforisma latino clássico que ainda ressoa por todo o direito civil[867].

GOFFREDO TELLES JUNIOR[868] chama de "bens soberanos", que também podem ser denominados bens morais, científicos, estéticos – são bens como o respeito à personalidade humana, o reconhecimento da igualdade essencial dos seres humanos, a garantia da liberdade física e da liberdade de manifestar o pensamento, a segurança da justiça, o reconhecimento da honestidade, o regime da legalidade das leis e dos governos –, aqueles que falam a todos os homens, e são bens espirituais ou ideais porque são os únicos bens da perfeição especificamente humana. Ademais, assevera[869] que os homens vão descobrindo-os uns após os outros, conforme progridem no conhecimento sobre si mesmos, e que "a história das civilizações demonstra que as comunidades se aperfeiçoam à medida que incorporam bens soberanos a seu patrimônio cultural". No momento em que é assegurado o gozo desses bens soberanos, surgem direitos que passaram a ser designados *Direitos Humanos* ou *Direitos do Homem*.

Neste ponto, cumpre distinguirmos as expressões "direitos humanos ou dos homens" e "direitos fundamentais" e "direitos da personalidade"[870]. Direitos humanos são aqueles "válidos para todos os povos e

---

[866] JHERING, Rudolf von. *L'évolution du droit*. Traduit sur la 3 édition allemande par O. de Meulenaere. Paris: Chevalier-Marescq, 1901. p. 291-292.

[867] Hermoginianus, D. 1.5.2: hominum causa omne ius constitutum sit. (cf. Mommsen, Theodor; Krueger, Paul. *Digesta Iustiniani Augusti*. Berlin: Weidmann, 1870. v. I, p. 15)

[868] TELLES JUNIOR, Goffredo. *Estudos*. São Paulo: Juarez de Oliveira, 2005. p. 170.

[869] TELLES JUNIOR, Goffredo. *Estudos* cit., p. 171.

[870] Oportunas aqui as lições de Antonio Carlos Morato: "Utilizamos em nossas aulas, em muitas ocasiões, um exemplo que ilustraria as relações entre os direitos da personalidade, os direitos e garantias fundamentais e os direitos humanos. Imaginemos que temos três observadores de uma mesma estátua em um museu e que cada um deles observa tal estátua sob ângulos distintos, imaginando ainda que a estátua consistiria no próprio objeto (a pessoa humana ou natural e, no que couber, a pes-

em todos os tempos"[871]. Por seu turno, direitos fundamentais são "direitos do homem, jurídico-institucionalmente garantidos e limitados espacio-temporalmente"[872]. A expressão direitos da personalidade, por sua vez, designa um conjunto de direitos subjetivos, surgidos dentro da categoria dos direitos fundamentais, que têm como objeto de tutela os valores essenciais da personalidade humana[873] no campo das relações privadas[874]. Por esse prisma, "muitos dos direitos fundamentais são direitos da personalidade, mas nem todos os direitos fundamentais são direitos da personalidade"[875].

RUBENS LIMONGI FRANÇA ressalta que, por muito tempo, os sistemas jurídicos só trataram dos direitos da personalidade sob a óptica do direito público – garantias dos cidadãos contra as arbitrariedades do Estado –, assinalando que essa tutela resulta insuficiente, pois "muitos dos Direitos da Personalidade, como certos aspectos do direito sobre o próprio corpo, ou o direito à imagem, devido à excessiva gravidade das normas de Direito Público, aí não encontram lugar"[876]. Nessa esteira, o autor prefere a expressão "Direitos Privados da Personalidade", que tem a vantagem de destacar o aspecto privado desses direitos.

---

soa jurídica) e que cada observador seria um ramo do Direito. Assim, o Direito Civil, mediante os direitos da personalidade, trataria da questão sob o âmbito privado, regulando as relações entre os particulares, enquanto o Direito Constitucional disciplinaria as relações entre a pessoa e o Estado, coibindo os abusos deste por meio das liberdades públicas e os Direitos humanos fariam parte do Direito internacional Público, no qual os estados – entre si – exigiriam o respeito aos direitos da pessoa humana" (MORATO, Antonio Carlos. Quadro geral dos direitos da personalidade. *Revista da Faculdade de Direito*, São Paulo, v. 106, n. 106-107, p. 121-158, 2012).

871 Cf. CANOTILHO, José Joaquim Gomes. *Direito constitucional e teoria da Constituição*. 7. ed. Coimbra: Almedina, 2000. p. 393: "Os direitos do homem arrancariam da própria natureza humana e daí o seu caráter inviolável, intemporal e universal".

872 CANOTILHO, José Joaquim Gomes. *Direito constitucional e teoria da Constituição* cit., p. 393: "os direitos fundamentais seriam os direitos objectivamente vigentes numa ordem jurídica concreta".

873 Entendemos, nesse ponto, ser aspecto central de a Constituição da República Federativa do Brasil de 1988 ter como um dos seus fundamentos a dignidade da pessoa humana (artigo 1.º, III).

874 Cf. AMARAL, Francisco. *Direito civil*: introdução cit., 6. ed., p. 255-256.

875 Cf. CANOTILHO, José Joaquim Gomes. *Direito constitucional e teoria da Constituição* cit., p. 396.

876 FRANÇA, Rubens Limongi. *Manual de direito civil*. 4 ed. São Paulo: RT, 1980. v. 1, p. 404.

No direito romano, deparamo-nos com significativo antecedente da tutela da pessoa, plasmado na *actio injuriarum*[877]. Nada obstante, cabe ressalvar que, durante a "Roma clássica" (século III a.C. – século III d.C.), nem todos os homens eram sujeitos de direito – diferença marcante com relação aos direitos modernos, em que os "direitos do homem" são reconhecidos a todos –, e entre os que possuíam essa qualidade existiam grandes diferenças, decorrentes da condição da pessoa no grupo social, na família, na cidade ou no grupo de homens livres. Os romanos falavam de *status*[878], o qual poderia se alterar durante a vida (*caputis mutatio ou minutio*)[879]. O delito de injúria[880] teve como característica, desde a Lei das XII Tábuas, a tutela da pessoa[881],

---

[877] Ebert Chamoun destaca que "a *actio iniuriarum* era infamante e *vindictam spirans*, portanto, intransmissível ativa e passivamente. O próprio ofendido é que estimava a ofensa e o juiz condenava o réu na quantia pedida ou em menor. Quando a injúria era *atrox*, fazia a *aestimatio* o pretor, e o juiz, via de regra, a referendava" (*Instituições de direito romano* cit., p. 410).

[878] José Carlos Moreira Alves assevera que, "no direito romano, eram necessários, para que o ser humano adquirisse personalidade jurídica, dois requisitos: a) ser livre; b) ser cidadão romano. Demais, para que tivesse capacidade jurídica plena, fazia-se mister que fosse *pater familias* (chefe de uma família. Essas posições, em que se encontravam as pessoas com relação ao Estado (como homens livres e cidadãos romanos) ou à família (como *pater famílias* ou *filius familias*), denominavam-se *status* (estados, que eram três: *status libertatis*, *status civitatis* e *status familiae*. A pouco e pouco, no entanto, tendo em vista que se atribuíram certos direitos aos estrangeiros, a qualidade de cidadão romano deixou de ser requisito para a aquisição de personalidade jurídica, passando a ter influência apenas na maior ou menor amplitude da capacidade jurídica (assim, o estrangeiro, desde que se lhe reconheceram direitos em Roma, tinha personalidade jurídica, embora sua capacidade jurídica fosse mais restrita do que a do cidadão romano)" (*Direito romano* cit., p. 104).

[879] Cf. GAUDEMET, Jean. *Droit privé romain*. Mise à jour bibliographique par Emmanuelle Chevreau cit., p. 25-29.

[880] Charles Maynz esclarece que o termo *iniuria* é tomado, no mais das vezes, por tudo aquilo que é contrário ao direito (*omne non iure fit*), todavia, em um sentido mais restrito, é associado a um ato que contém uma lesão física ou moral da personalidade, seja por vias de fato, seja por palavras, seja, enfim, de qualquer outra maneira. (*Cours de droit romain*: précédé d'une introduction contenant l'histoire de la legislation et des institutions politiques de Rome cit., p. 470).

[881] "Para dar uma noção geral da injúria, disséramos acima que seria toda lesão da nossa personalidade. Esta definição não é romana; mas ela é a mais exata possível, contanto que tomemos a palavra personalidade em um sentido bastante largo. O termo *iniuria* compreende de início e preferencialmente todo ato que tem por efeito uma lesão à nossa honra e à nossa reputação seja pelas vias de fato, seja pela palavra

dando causa a uma ação penal. PAUL FRÉDÉRIC GIRARD[882] informa que – no que concerne à determinação dos casos em que restava caracterizado o delito – o sistema de punição variou bastante durante a história romana, podendo distinguir-se o regime estabelecido pela Lei das XII Tábuas daquele do édito do pretor, daquele da lei *Cornelia de injuriis* e daquele do direito imperial.

CHARLES MAYNZ[883] esclarece que, de acordo com a Lei das XII Tábuas, a pena por injúrias difamatórias era a morte; por um membro rompido, a pena de talião; por um osso fraturado de um homem livre, trezentos asses; se fosse de um escravo, cento e cinquenta asses; para todas as outras injúrias, vinte e cinco asses[884]. No tocante ao édito do pretor, destaca que a pessoa lesada poderia perseguir uma reparação pecuniária, cuja estimativa era feita pelo próprio injuriado, com a moderação do juiz (*actio injuriarum aestimatoria*). No que concerne à lei

---

e pela escrita, mesmo que por atos que impliquem simplesmente intenção de nos injuriar. A ação de injúrias é concedida em seguida por atentado à nossa liberdade individual; ela é cabível mesmo contra aquele que teria privado uma pessoa de sua razão administrando-lhe medicamentos" – tradução livre de: "Pour donner une notion générale de l'injure, nous avons dit ci-dessus que c'était toute lésion de notre-personnalité. Cette définition n'est pas romaine; mais elle est aussi exacte que possible, pourvu que l'on prenne le mot *personalité* dans uns sens assez large. Le terme *iniuria* comprend d'abord et de préférence tout acte qui a pour effet de porter atteinte à notre honneur et à notre réputation, soit par des voies de fait, soit par la parole et par l'écriture, soit même par des actes qui impliquent simplement l'intention de nous injurier. L'action d'injures nous est donnée ensuite pour tout attentat à notre liberté individuelle; elle se trouve même accordée contre celui qui aurait privé une personne de sa raison en lui administrant certains médicaments" (MAYNZ, Charles. *Cours de droit romain*: précédé d'une introduction contenant l'histoire de la legislation et des institutions politiques de Rome cit., p. 472).

882 GIRARD, Paul Frédéric. *Manuel élémentaire de droit romain* cit., p. 428.

883 MAYNZ, Charles. *Cours de droit romain*: précédé d'une introduction contenant l'histoire de la legislation et des institutions politiques de Rome cit., p. 470

884 Aulo Gélio – após criticar leis muito rigorosas contidas na Lei das XII Tábuas – aponta para o artigo concernente à punição da injúria como um exemplo do excesso oposto, devido à sua demasiada brandura, chegando mesmo a incentivar condutas violadoras como no exemplo que ilustra, de um certo L. Veratius, descrito como personagem ruim, de alma cruel e feroz, que se divertia percorrendo o fórum a insultar gravemente as pessoas que passavam, sendo seguido por um escravo que pagava a todos com vinte e cinco asses, de acordo com os termos da Lei das XII Tábuas (GELLE, Aulu. *Les nuits attiques*. Traduites en français avec le texte en regard et accompagnées de remarques par Victor Verger. Paris: F. I. Fournier, 1820. p. 461).

Cornelia, o autor aponta a escolha pelo lesado entre a persecução de uma pena privada ou de uma pena criminal, diante de um tribunal permanente e especial. Por fim, ressalta que o período imperial continua o movimento iniciado pela lei *Cornelia* – opção entre a ação de injúria e uma punição física imposta ao culpado *extra ordinem* pelo magistrado.

No século XI, sobretudo no século XII, com a escola de Bolonha, assistiu-se ao renascimento do direito romano, todavia, no trabalho da Glosa e dos comentadores, não se verifica qualquer evolução considerável na tutela da personalidade[885]. O deslocamento da temática em apreço do campo das *actiones* para o dos direitos subjetivos foi obra da humanística. ANTÓNIO MENEZES CORDEIRO[886] destaca o trabalho da jurisprudência elegante francesa, em especial de HUGO DONNELLUS[887], por já qualificar os *iura in persona ipsa* em quatro aspectos essenciais[888]: a) a vida que existe e é reconhecida; b) a integridade física que consiste em não ser molestado ou atingido; c) a

---

[885] Nesse sentido: CORDEIRO, António Manuel da Rocha e Menezes. *Tratado de direito civil português*. Parte geral. Pessoas. Coimbra: Almedina, 2007. t. III, v. I, p. 33; SOUZA, Rabindranath Valentino Aleixo Capelo de. *O direito geral de personalidade*. Coimbra: Coimbra Editora, 1995. p. 57-59.

[886] CORDEIRO, António Manuel da Rocha e Menezes. *Tratado de direito civil português*. Parte geral. Pessoas cit., t. III, p. 33-34.

[887] Para Rabindranath Valentino Aleixo Capelo de Souza, "com o humanismo de Cujácio, de Donnellus e De Amescua e com a chamada Escola do Direito Natural de, v.g., Grócio, Hobbes, Pufendorf, Thomasius e Wolff ganham alento, do domínio jurídico, as novas ideias humanistas de fundo individualista e voluntarista, que questionaram abertamente a metodologia formal e *ex auctoritate* da glosa medieval, que alicerçaram a teoria dos direitos subjectivos e, mesmo, de um *ius in se ipsum*, que põem em causa a opinião comum medieval de que a pessoa não detinha qualquer poder sobre si mesma e que haveriam de desembocar, após prolongada disputa com a neo-escolástica e com outras formas de pensamento do Velho Regime, no espírito da Revolução Francesa" (*O direito geral de personalidade* cit., p. 63-64).

[888] DE CUPIS, Adriano. *Os direitos da personalidade*. Tradução Afonso Celso Furtado Rezende. Campinás: Romana, 2004. p. 24: "Por outras palavras, existem certos direitos sem os quais a personalidade restaria uma suscetibilidade completamente irrealizada, privada de todo o valor concreto: direitos sem os quais todos os outros direitos subjetivos perderiam todo o interesse para o indivíduo – o que equivale a dizer que, se eles não existissem, a pessoa não existiria como tal. São esses os chamados 'direitos essenciais', com os quais se identificam precisamente os direitos da personalidade. Que a denominação de direitos da personalidade seja reservada aos direitos essenciais justifica-se plenamente pela razão de que eles constituem a medula da personalidade".

liberdade que se traduz em fazer o que se quiser; d) a reputação que corresponde a um estado de dignidade ilibada, comprovada pelas leis e pelos bons costumes.

Conforme pondera ADRIANO DE CUPIS, a teoria dos direitos inatos – com a concepção de direitos subjetivos "preexistentes ao Estado, não criados, mas somente reconhecidos por ele" – foi uma reação ao "superpoder do Estado de polícia", estando na base das Declarações de Direitos[889] que marcaram a Revolução Francesa e a revolução das colônias inglesas, constituindo o "triunfo da escola do direito natural". Todavia, esse triunfo foi "efêmero, considerada a reação da escola histórica, sustentando esta que a noção de direitos do homem, dedutíveis diretamente pela razão, quis substituir o estudo exclusivo do dado histórico do direito revelado progressivamente pela experiência"[890].

---

[889] HUNT, Lynn. L'invention des droits de l'homme: histoire, psycologie et politique. Traduction Sylvie Kleiman-Lafon. Genève: Markus Haller, 2013. p. 132-133: "En 1776 et en 1789, les mots 'charte' et 'pétition' ou le 'bill' anglaise semblèrent incapables de garantir les droits (la même chose se produisit également en 1948). 'Pétition' et 'bill' sous-entendent une requête adressée à une puissance supérieure (l'anglais bill désignant à l'origine une petition adressée au souverain), quant au mot 'charte', il désignait fréquemment un vieux document ou acte. Le mot 'déclaration' sentait moins le renfermé et évoquait moins l'idée d'une soumission. Contrairement à 'petition', 'bill' ou même 'charte', le mot 'déclaration' peut aussi exprimer l'intention de s'emparer de la souveraineté. Jefferson commença donc sa Déclaration d'indépéndance en expliquant porquoi une proclamation était necessaire: 'Lorsque dans le cours de événements humains, il deviant necessaire pour un people de dissoudre les liens politiques qui l'ont attaché a un autre et de prendre, parmi les puissance de la Terre, la place séparée et égale à laquelle les lois de la nature et du Dieu de la nature lui donnent droit, le respect dû à l'opinion de l'humanité obblige à déclarer les causes qui le déterminent à la séparation'. L'allusion au respect ne peut faire oublier l'argument principal: les colonies déclarent former un État égal et séparé et s'emparer de leur souveraineté. En revanche, en 1789, les deputés français n'étaient pas encore prêts à rejeter explicetement la souveraineté de leur roi. C'est pourtant pratiquement ce qu'ils firent en ommetant délibérément de le mentionner dans leur Déclaration des droits de l'homme et du citoyen".

[890] DE CUPIS, Adriano. Os direitos da personalidade cit., p. 26. Roger Nerson reflexiona que após a afirmação do valor da pessoa humana e de sua dignidade pelas Declarações de Direitos do Homem, em oposição ao absolutismo político e à arbitrariedade do Estado – bem como sua permanente lembrança pelos homens, tendo em vista as atrocidades cometidas –, essa tomada de consciência iniciada pelo direito público transpôs-se ao direito privado, buscando cada pessoa se proteger contra as intromissões de outros particulares, buscando cada um se sentir seguro, máxime tendo em conta os perigos advindo do desenvolvimento científico e tecno-

Nesse sentido, SAVIGNY[891] – em seu *Sistema de Direito Romano* –, ao tratar das "diferentes espécies de relações jurídicas", sustenta não existirem direitos sobre a própria pessoa, argumentando que, se tais direitos existissem, seria justificável o próprio suicídio. Rejeita, dessarte, os chamados direitos inatos. RABINDRANATH CAPELO DE SOUZA[892] assinala que a posição de SAVIGNY não impediu "a continuação da luta de boa parte da pandectística alemã pela *subjectivação* dos mecanismos jurídicos tuteladores dos bens da personalidade humana", buscando os fundamentos do uso moderno da *actio iniuriarum*[893]. *Com efeito, como bem observa* ADRIANO DE CUPIS[894], com a evolução do Estado moderno, aos direitos inatos (preexistentes ao estado social) atribui-se "força jurídico-positiva", conferindo-se às pessoas, como decorrência da personalidade jurídica atribuída a estas, determinados direitos subjetivos originários.

Não obstante ser o Código de Napoleão fruto da Revolução Francesa – que aspirava "consagrar os direitos do homem"[895] –, não estabeleceu ele uma disciplina expressa e particular dos direitos da personalidade, assim como os Códigos Civis que o seguiram, por exemplo, o Código Civil italiano de 1865. Nessa conjuntura, a orientação da doutrina francesa é no sentido de reconhecer um conjunto deveras amplo de direitos isolados de personalidade, com fundamento no arti-

---

lógico: "Sur ce trerrain, ce nouvel intérêt porté à la personne humaine est dû, plutôt qu'a l'évolution des idées morales depuis le christianisme ou au progrès de l'individualisme depuis la Révolution française, à la montée des périls nés du développement scientifique et technologique" (La protection de la vie privée en droit positif français. *Revue Internationale de Droit Comparé*, Paris, v. 23, n. 4, p. 738-739, out./dez. 1971. Disponível em: www.persee.fr/issue/ridc_0035-3337_1971_num_23_4. Acesso em: 13 fev. 2022).

891 SAVIGNY, Friedrich Carl von. *Traité de droit romain*. Traduit de l'allemand par M. Ch. Guenoux. 2ᵉ éd. Paris: F. Didot Frères, 1856. t. I, p. 329-331.

892 SOUZA, Rabindranath Valentino Aleixo Capelo de. *O direito geral de personalidade* cit., p.130-131.

893 Enneccerus destaca o trabalho de Puchta, Dernburg, Regelsberger, Neuner e Gierke, na defesa de um direito geral de personalidade (Derecho civil (parte general) cit., v. 2, p. 300).

894 DE CUPIS, Adriano. *Os direitos da personalidade* cit., p. 26-27.

895 DE CUPIS, Adriano. *Os direitos da personalidade* cit., p. 28.

go 1.382 do *Code Civil*, salientando-se, ademais, o caráter não taxativo do rol dos direitos da personalidade[896].

Após comparar o artigo 1.382 à *actio injuriarum*, JEAN CARBONNIER[897] ressalta que a rigidez do referido dispositivo legal não impediu que durante todo o século XX, progressivamente, fossem criadas diversas categorias – tanto pela doutrina quanto pela jurisprudência, ou mesmo pela lei, mas sobretudo pela originalidade da doutrina.

Nesse sentido, MURIEL FABRE-MAGNAN[898] distingue entre os danos reparáveis aqueles que atingem os bens e aqueles que alcançam as pessoas. Entre estes, assevera que na maioria dos casos entram na categoria "dano corporal" – com consequências patrimoniais e extrapatrimoniais[899] –, sendo reparáveis, nada obstante, certos sofrimentos morais da pessoa que

---

[896] SOUZA, Rabindranath Valentino Aleixo Capelo de. *O direito geral de personalidade* cit., p. 126. Mencionem-se também os artigos 9.º – introduzido pela Lei n.º 70-589, de 9 de julho de 1970, dispõe que "todos têm direito ao respeito de sua vida privada" – tradução livre de: "Chacun a droit au respect de sa vie privée" – e 16.º – introduzido pela Lei n.º 94-653, de 29 de julho de 1994, dispõe que "a lei assegura o primado da pessoa, proíbe qualquer lesão à dignidade desta e garante o respeito ao ser humano desde o começo da vida" – tradução livre de: "La loi assure la primauté de la personne, interdit toute atteinte à la dignité de celle-ci et garantit le respect de l'être humain dès le commencement de sa vie". Alain Bénabent e Deniz Mazeaud, ao comentarem o artigo 9.º destacam que este inovou com relação ao direito anterior, de natureza jurisprudencial, na medida em que demonstrado que houve uma lesão à vida privada de uma pessoa, não é necessário mais que se comprove um prejuízo (*Les grandes articles du Code Civil* cit., p. 20). Ao comentarem o artigo 16.º, por sua vez, os autores referidos destacam que fora necessário esperar o fim do século XX para que a tutela do corpo humano entrasse expressamente no *Code Civil*, e, após citarem dois julgados da Corte de Cassação, realçam a proteção à integridade física, especificamente regulada nos artigos 16-3 e 16-5 (Ibidem, p. 25-28).

[897] "Da mesma forma que no direito romano a *actio injuriarum* era a sanção geral de todas as lesões à personalidade, no direito francês, é o art. 1.382, no qual penetrou a *actio injuriarum*" – tradução livre de: "De même qu'en droit romain l'*actio injuriarum* était la sanction générale de toutes les atteintes à la personnalité, de même en droit français, c'est l'a. 1.382, dans lequel est venue s'infuser l'*actio injuriarum*" (CARBONNIER, Jean. *Droit civil. Introduction. Les personnes. La famille, l'enfant, le couple*. 19 éd. Paris: Presses Universitaires de France, 2004. v. I, p. 509).

[898] FABRE-MAGNAN, Muriel. *Droit des obligations. 2 – Responsabilité civile et quasi-contrats* cit., p. 127-138.

[899] "A jurisprudência forjou toda uma lista de prejuízos morais ligados ao dano corporal – tradução livre de: "La jurisprudence a forgé toute une liste de préjudices moraux liés au dommage corporel" (FABRE-MAGNAN, Muriel. *Droit des obligations. 2 – Responsabilité civile et quasi-contrats* cit., p. 129).

não são consequência de uma lesão à integridade física. Ademais, pontua quanto ao dano puramente moral, em analogia ao dano puramente econômico, existente nas hipóteses de sofrimentos psicológicos independentes de lesão à integridade física e, por consequência, do dano corporal[900].

O advento do *BGB* não modificou a questão, pois, conquanto assegure no § 823, I, uma tutela material dos mais relevantes bens da personalidade humana – a vida, o corpo, a saúde e a liberdade –, "não os subjectiva na esfera jurídica do seu beneficiário, não atribuindo a este, face a tais bens, e em maior ou menor medida, poderes autónomos de titularidade, de assunção e de disponibilidade"[901]. Somente após a Segunda Guerra Mundial e o advento da Lei Fundamental da República Federal da Alemanha de 1949, reconhecendo a inviolabilidade da dignidade da pessoa humana e o "direito ao livre desenvolvimento da personalidade", é que a orientação da doutrina e da jurisprudência se alterou, passando a admitir um direito geral de personalidade, como um direito subjetivo, estendendo seu campo de incidência a diversas áreas da personalidade humana não abarcadas pelo elenco do §823, I[902].

Na Itália, admite-se a tutela de direitos especiais da personalidade após a vigência do Código Civil de 1942, com rarefeita regulamentação, reconhecendo, todavia, a doutrina e a jurisprudência um rol bastante amplo de direitos especiais da personalidade, escorando-se naqueles bens tutelados pelo direito penal e no artigo 2.º da Constituição da República italiana[903]. ADRIANO DE CUPIS[904] reputa estarem tutelados: a vida, a integridade física, as partes separadas do corpo, o cadáver, a liberdade, a honra, o resguardo pessoal, a identidade pessoal, o nome, o pseudônimo, o título, o sinal figurativo e a autoria moral.

---

900 FABRE-MAGNAN, Muriel. *Droit des obligations*. 2 – Responsabilité civile et quasi-contrats cit., p. 138.

901 SOUZA, Rabindranath Valentino Aleixo Capelo de. *O direito geral de personalidade* cit., p. 132-133.

902 SOUZA, Rabindranath Valentino Aleixo Capelo de. *O direito geral de personalidade* cit., p. 134. Nesse sentido: ENNECCERUS, Ludwig. Derecho de obligaciones. volumen segundo. segunda parte. Decimoquinta revisión por Heinrich Lehmann. *In*: ENNECCERUS, Ludwig; KIPP, Theodor; WOLFF, Martin. *Tratado de derecho civil*. Traducción espanõla por Blas Pérez González y José Alguer. Barcelona: Bosch, 1966. p. 1050-1053.

903 Nesse sentido: SOUZA, Rabindranath Valentino Aleixo Capelo de. *O direito geral de personalidade* cit., p. 129; DE CUPIS, Adriano. *Os direitos da personalidade* cit., p. 28 e ss.; GALLO, Paolo. *L'arricchimento senza causa, la responsabilità civile* cit., p. 541-543.

904 DE CUPIS, Adriano. *Os direitos da personalidade* cit., p. 69 e ss.

Em Portugal, por sua vez, prevalece uma tutela geral da personalidade, fundada no artigo 70 do Código Civil de 1966, reconhecendo "a cada pessoa humana o poder de exigir de qualquer outra pessoa humana ou colectiva o respeito da sua própria personalidade"[905].

A noção de direitos da personalidade perpassa os aspectos intrínsecos ao ser humano. Dirigidos à preservação de seus mais íntimos e imprescindíveis interesses[906], foram expressamente tratados pelo Código Civil brasileiro de 2002[907], embora sua tutela date de momento ante-

---

[905] SOUZA, Rabindranath Valentino Aleixo Capelo de. *O direito geral de personalidade* cit., p. 608.

[906] "Esses direitos constituem um mínimo para assegurar os valores fundamentais do sujeito de direito; sem eles, a personalidade restaria incompleta e imperfeita, e o indivíduo, submetido à incerteza em relação a seus bens jurídicos fundamentais" – tradução livre de: "Esos derechos constituyen un mínimo para asegurar los valores fundamentales del sujeto de derecho; sin ellos, la personalidad quedaría incompleta e imperfecta, y el individuo sometido a la incertidumbre en cuanto a sus bienes jurídicos fundamentales" (CARREJO, Simón. *Derecho civil*. Introducción al derecho civil. Derecho de personas. Bogotá: Themis, 1972. t. 1, p. 299-300).

[907] Conforme sustenta Otavio Luiz Rodrigues Jr.: "Os direitos da personalidade no Brasil não foram positivados no Código Civil de 2002. Eles existem desde antes, sendo identificáveis desde o Código Civil de 1916, embora se possa reconhecê-los ainda no século XIX, posto que sem a elaboração dogmática que se formou no século posterior. Os textos constitucionais anteriores a 1988 também apresentaram direitos fundamentais com caráter paralelo a certos direitos da personalidade" (Direitos fundamentais e direitos da personalidade. *In*: TOFFOLI, José Antonio Dias. *30 anos da Constituição brasileira*: democracia, direitos fundamentais e instituições. Rio de Janeiro: Forense, 2018. p. 699).

rior, distinguimos o pioneirismo de RUBENS LIMONGI FRANÇA[908] na precisão do conceito e aplicabilidade desses direitos[909].

---

[908] O autor introduziu no Brasil o estudo dos direitos da personalidade na primeira edição de seu *Manual* (publicado em 1966, datados os primeiros esboços de 1954), desenvolvendo-o na monografia *Do nome civil das pessoas naturais* (1958) e em diversos trabalhos posteriores, entre os quais destacamos artigo intitulado Direitos da personalidade – Coordenadas fundamentais (*Revista dos Tribunais*, v. 567, n. 9, jan. 1983). Observe-se que o Anteprojeto de Código Civil de Orlando Gomes – de forma inovadora – previa tratamento especial aos direitos da personalidade, regulando-os nos artigos 29 a 37 (Capítulo III, do Título I, do livro: Das pessoas). Nos termos do artigo 29, estabelecia-se na legislação projetada que "o direito à vida, à liberdade, à honra, e outros reconhecidos à pessoa humana são inalienáveis e intransmissíveis, não podendo seu exercício sofrer limitação voluntária" e que "quem fôr atingido ilicitamente em sua personalidade pode exigir que o atentado cesse e reclamar perdas e danos, sem prejuízo de sanções de outra natureza a que fique sujeito o ofensor". Ademais, tratava-se dos "atos de disposição do próprio corpo" (artigo 30), da "disposição do cadáver" (artigo 31), "do direito ao cadáver" (artigo 32), "do tratamento médico" (artigo 33), "do exame médico" (artigo 34), "da perícia médica" (artigo 35), "da reprodução da imagem" (artigo 36), "direitos autorais" (artigo 37). O direito ao nome, está regulado nos artigos 38 a 44 (Capítulo IV, do Título I, do livro: Das pessoas), de forma destacada (Cf. GOMES, Orlando. *Anteprojeto de Código Civil*. Apresentado ao Exmo. Sr. João Mangabeira, Ministro da Justiça e Negócios Interiores, em 31 de março de 1963, pelo Prof. Orlando Gomes. Rio de Janeiro: Departamento de Imprensa Nacional, 1963. p. 6-8). Sobre o direito ao nome, destacamos, ademais, a monografia precursora de Spencer Vampré: *Do nome civil*: sua origem e significação sociológica; teorias que explicam; suas alterações; direitos e deveres correlativos. Rio de Janeiro: Brighiet, 1935.

[909] Destaquem-se aqui diversas outras obras sobre os direitos da personalidade: BITTAR, Carlos Alberto. *Os direitos da personalidade*. 8. ed. São Paulo: Saraiva, 2015; CHINELLATO, Silmara Juny de Abreu. *Tutela civil do nascituro*. São Paulo: Saraiva, 2000; CHINELLATO, Silmara Juny de Abreu. *Do nome da mulher casada*: direitos de família e direitos da personalidade. Rio de Janeiro: Forense Universitária, 2001; CHINELLATO, Silmara Juny de Abreu. *Direito de autor e direitos da personalidade*: reflexões à luz do Código Civil cit.; CHAVES, Antônio. Direito à própria imagem. *Revista da Faculdade de Direito*, São Paulo, v. 67, p. 45-75, 1972. Disponível em: https://www.revistas.usp.br/rfdusp/article/view/66643. Acesso em: 2 mar. 2021; CHAVES, Antônio. Os direitos fundamentais da personalidade moral (à integridade psíquica, à segurança, à honra, ao nome, à imagem, à intimidade). *Revista da Faculdade de Direito*, São Paulo, v. 72, n. 2, p. 333-364, 1977. Disponível em: https://www.revistas.usp.br/rfdusp/article/view/66830. Acesso em: 2 mar. 2021; DE MATTIA, Fábio Maria. Direitos da personalidade: aspectos gerais. *Revista de Informação Legislativa*, v. 14, n. 56, p. 247-266, out./dez. 1977; MORAES, Walter. *Adoção e verdade*. São Paulo: RT, 1974; MORAES, Walter. Concepção tomista de pessoa: um contributo para a teoria do direito da personalidade. *Revista dos Tribunais*, São Paulo, v. 73, n. 590, p. 14-24, dez. 1984.

Há de destacar que os direitos da personalidade se fazem presentes em tudo quanto consistir no desdobramento da natureza humana – suas projeções e relações com o mundo exterior –, independentemente de constarem positivados[910] na lei civil sob a rubrica "Dos Direitos da Personalidade" (artigos 11 a 21)[911]. Segundo o critério da extensão, apresentado por RUBENS LIMONGI FRANÇA, os direitos da personalidade distinguem-se em: a) direitos da personalidade em sentido estrito: é o direito geral e único da pessoa sobre si mesma; b) direitos da personalidade em sentido lato: referentes a seus diversos aspectos, projeções e prolongamentos.

No que concerne ao rol de direitos privados da personalidade, RUBENS LIMONGI FRANÇA[912] propõe a seguinte classificação: I – direito à integridade física: a) Direito à vida e aos alimentos; b) Direito sobre o próprio corpo vivo; c) Direito sobre o próprio corpo morto; d) Direito sobre o corpo alheio, vivo; e) Direito sobre o corpo alheio, morto; f) Direito sobre partes separadas do corpo, vivo; g) Direito sobre partes separadas do corpo, morto; II – Direito à integridade intelectual: a) Direito à liberdade de pensamento; b) Direito pessoal de autor científico; c) Direito pessoal de autor artístico; d) Direito pessoal de inventor; III – Direito à integridade moral: a) Direito à liberdade civil, política e religiosa; b) Direito à honra; c) Direito à honorificência; d) Direito ao

---

[910] Pertinentes aqui as observações de Silmara Juny de Abreu Chinellato, no sentido de que, não obstante o Código Civil de 2002 tenha regulado de forma tímida os direitos da personalidade, não incorreu na omissão contida no Projeto Beviláqua, datado "de época em que entre nós não estava plenamente divulgada e alicerçada a Doutrina dos Direitos da Personalidade" (CHINELLATO, Silmara Juny de Abreu. Estatuto jurídico do nascituro: a evolução do direito civil brasileiro. In: CHINELLATO, Silmara Juny de Abreu; CAMPOS, Diogo Leite (coord.). *Pessoa humana e direito*. Coimbra: Almedina, 2009. p. 430).

[911] Seguimos aqui a concepção naturalista dos direitos da personalidade adotada por Rubens Limongi França (*Manual de direito civil* cit., p. 406) – "o seu fundamento primeiro são as imposições da natureza das coisas, noutras palavras, o *Direito Natural*" – e Carlos Alberto Bittar (*Os direitos da personalidade* cit., p. 38): "a inserção em códigos ou em leis vem conferir-lhes proteção específica e mais eficaz – e não lhes ditar a existência – desde que identificados e reconhecidos, em vários sistemas, muito antes mesmo de sua positivação". No mesmo sentido, Silmara Juny de Abreu Chinellato (*Tutela civil do nascituro* cit., p. 336) assevera que o elenco dos direitos da personalidade previstos nos artigos 11 a 21 do Código Civil não é taxativo.

[912] FRANÇA, Rubens Limongi. *Manual de direito civil* cit., p. 411-412.

recato; e) Direito ao segredo pessoal, doméstico e profissional; f) Direito à imagem; g) Direito à identidade pessoal, familiar e social.

CARLOS ALBERTO BITTAR[913], de outro lado, entende que a enunciação dos direitos da personalidade deve ser a seguinte: I – direitos físicos: a) vida; b) integridade física (higidez corpórea); c) corpo; d) partes do corpo (próprio e alheio); e) cadáver e partes; f) imagem (efígie); g) voz (emanação natural); II – direitos psíquicos: a) liberdade (de pensamento, de expressão, de culto e outros); b) intimidade (estar só, privacidade, ou reserva); c) integridade psíquica (incolumidade da mente); d) segredo (ou sigilo, inclusive profissional); III – direitos morais: a) honra (reputação ou consideração social), compreendendo a externa, ou objetiva: boa fama, ou prestígio; e a interna, ou subjetiva: sentimento individual, o próprio valor social; b) respeito (conceito pessoal, compreendendo a dignidade: sentimento das próprias qualidades morais; e o decoro: a conceituação da própria respeitabilidade social); c) criações intelectuais (produtos do intelecto, sob o aspecto pessoal do vínculo entre o autor e a obra, incluída a correspondência).

Observe-se que os direitos da personalidade alcançam os nascituros[914], os mortos, dada a projeção da personalidade além da vida, tendo legitimidade para defendê-los os sucessores (artigos 12, parágrafo único, e 20, parágrafo único, do Código Civil brasileiro de 2002). Outrossim, são plenamente compatíveis com pessoas jurídicas (artigo 52 do Código Civil brasileiro de 2002), fazendo estas "jus ao reconhecimento de atributos intrínsecos à sua essencialidade, como, por exemplo, os direitos ao nome, à marca, a símbolos e à honra"[915].

Como bem pondera DAISY GOGLIANO, a regulamentação dos direitos privados da personalidade "não foram objeto da devida consideração" pelo legislador brasileiro. Ademais, tendo absorvido a maior parte de seus fundamentos do Código Civil italiano de 1942, o Código Civil brasileiro de 2002 – nessa temática específica – nasceu alheio "ao

---

[913] BITTAR, Carlos Alberto. *Os direitos da personalidade* cit., p. 115-116.

[914] Silmara Juny de Abreu Chinellato sustenta que "todos os direitos da personalidade compatíveis com a condição do nascituro, de pessoa por nascer, são-lhe reconhecidos, como o direito à vida, à integridade física, o direito à honra e à vida privada" (*Tutela civil do nascituro* cit., p. 336).

[915] BITTAR, Carlos Alberto. *Os direitos da personalidade* cit., p. 45.

processo histórico que se delineava à luz do horizonte, em face dos novos rumos do Direito Civil"[916].

O artigo 11 do Código Civil brasileiro de 2002 dispõe que, "com exceção dos casos previstos em lei, os direitos da personalidade são intransmissíveis e irrenunciáveis, não podendo o seu exercício sofrer limitação voluntária". CARLOS ALBERTO BITTAR assevera que "em suas características gerais e principiológicas são direitos inatos (originários), absolutos, extrapatrimoniais, intransmissíveis, imprescritíveis, impenhoráveis, vitalícios, necessários e oponíveis *erga omnes*"[917]. Nada obstante, como apropriadamente questiona CLAUDIO GODOY[918]: "então os direitos da personalidade não podem sofrer limitação voluntária?". Na mesma linha, tomando-se como exemplo o direito à privacidade, indaga: "estão vedados programas televisivos de autoexposição, tão em voga, tanto quanto manifestações de vedetismo?".

Para ADRIANO DE CUPIS, "os direitos da personalidade podem ser revestidos daquele particular e mais modesto aspecto da faculdade de disposição, que é constituído pela faculdade de consentir na lesão". Assim, quando se fala em indisponibilidade (= "desprovidos da faculdade de disposição"), esta deve ser entendida nesses termos, não se excluindo a "faculdade de consentir na lesão"[919]. No entanto, como bem elucubra PEDRO PAIS DE VASCONCELOS, a "faculdade de consentir na lesão", de exercer o seu direito ou abster-se é apenas um dos dois aspectos principais do exercício dos direitos da personalidade, enquanto direito subjetivo, e "uma das principais manifestações da autonomia

---

916 GOGLIANO, Daisy. *Direitos privados da personalidade*. São Paulo: Quartier Latin, 2012. p. 8. Assim também: VILLELA, João Baptista. O novo Código Civil brasileiro e o direito à recusa de tratamento médico. *In*: GOZZO, Débora; LIGIERA, Wilson Ricardo (org.). *Bioética e direitos fundamentais*. São Paulo: Saraiva, 2014. p. 116. Nesse sentido, em discurso lido em 5 de abril de 1889, na Associação de Jurisconsultos de Viena, Otto von Gierke já defendia que "a parte fundamental do nosso Direito privado deveria constituir um direito completo da pessoa" – tradução livre de: "La parte fundamental de nuestro Derecho privado, debía constituir un derecho completo de la persona" (*La función social del derecho privado y otros estudios*. Traducción José M. Navarro de Palencia. Santiago: Olejnik, 2018. p. 48).

917 BITTAR, Carlos Alberto. *Os direitos da personalidade* cit., p. 43.

918 GODOY, Claudio Luiz Bueno de. Desafios atuais dos direitos da personalidade. *In*: CORREIA, Atalá; CAPUCHO, Fábio Jun (coord.). *Direitos da personalidade*: a contribuição de Silmara J. A. Chinellato. São Paulo: Manole, 2019. p. 12.

919 DE CUPIS, Adriano. *Os direitos da personalidade* cit., p. 64.

privada", sendo o segundo aspecto a possibilidade negocial de "autovincular-se à limitação ou à compressão do seu direito". No Código Civil português, o artigo 81.º trata apenas do segundo destes aspectos que denomina "limitação voluntária dos direitos da personalidade"[920].

Entendemos que teria andado melhor o legislador brasileiro se tivesse invertido a regra geral do artigo 11 do Código Civil de 2002, como o faz o Código Civil português em seu artigo 81.º, n. 1, com a seguinte redação[921]: "Toda a limitação voluntária ao exercício dos direitos de personalidade é nula, se for contrária aos princípios da ordem pública"[922]. Portanto, *a contrario sensu*, somente será nula se violar a ordem pública, sendo plenamente exercível a autonomia privada com relação aos atributos da personalidade.

Considerando o estabelecido no Código Civil português, MENEZES CORDEIRO[923] sustenta que no âmbito dos direitos da personalidade devem-se distinguir: a) direitos da personalidade não patrimoniais em sentido forte – aqueles que não admitem que "os correspondentes bens sejam permutados por dinheiro: direito à vida, direito à saúde e integridade corporal"; b) direitos da personalidade não patrimoniais em sentido fraco – não podem ser abandonados por dinheiro, nada obstante

---

[920] VASCONCELOS, Pedro Pais de. *Direito de personalidade*. Reimpressão da edição de novembro de 2006. Coimbra: Almedina, 2019. p. 153. "Pode negocialmente sujeitar-se a sofrer agressões à sua integridade física ou moral, por exemplo através de experiências com novas drogas farmacêuticas, equipamentos médicos, experiências psicológicas, testes de máquinas perigosas, e outros riscos assumidos voluntariamente. Pode também contratar com terceiros a concessão de autorizações para o uso, por exemplo, da sua imagem, para a invasão da sua privacidade, e tem-se visto até, em manifestações de péssimo gosto, o aviltamento público de sua dignidade".

[921] Leonardo Estevam de Assis Zanini sustenta que, "a despeito do que consta expressamente no nosso Código Civil", o direito brasileiro "está seguindo os passos do Código Civil português e do italiano no que toca à limitação voluntária dos direitos da personalidade" (*Direito da personalidade*. São Paulo: Saraiva, 2011. p. 213).

[922] Disponível em: https://www.codigocivil.pt/. Acesso em: 26 mar. 2021. No mesmo sentido, o artigo 55 do Código Civil argentino: "Disposición de derechos personalísimos. El consentimiento para la disposición de los derechos personalísimos es admitido si no es contrario a la ley, la moral o las buenas costumbres. Este consentimiento no se presume, es de interpretación restrictiva, y libremente revocable" (Disponível em: https://siteal.iiep.unesco.org/sites/default/files/sit_accion_files/siteal_argentina_0837.pdf. Acesso : 26 mar. 2021).

[923] CORDEIRO, António Manuel da Rocha e Menezes. *Tratado de direito civil português*. Parte geral. Pessoas cit., t. III, p. 97.

possam ser objeto de negócios patrimoniais ou com algum alcance patrimonial, sob certas regras, tais como o direito à saúde e a integridade física; c) direitos da personalidade patrimoniais – aqueles que "representam um valor econômico, são avaliáveis em dinheiro e podem ser negociados no mercado: nome, imagem e fruto da atividade intelectual".

JOSÉ DE OLIVEIRA ASCENSÃO[924], por sua vez, distingue três situações diferentes, levando em conta a revogabilidade prevista no artigo 81.º, n. 2, do Código Civil português: a) "núcleo duro", insuscetível de limitação voluntária; b) "uma orla", na qual as limitações voluntárias podem ser estabelecidas, porém são revogáveis (artigo 81.º, n. 2); c) "uma periferia", na qual as limitações voluntárias podem ser estabelecidas, porém sem incorrer na revogabilidade disposta no artigo 81.º, n. 2[925].

---

[924] ASCENSÃO, José de Oliveira. *Direito civil*: teoria geral. Introdução. As pessoas. Os bens cit., v. 1, p. 77.

[925] Rabindranath Valentino Aleixo Capelo de Souza sustenta que a revogabilidade se aplicaria apenas a casos de "autêntica" limitação. Conforme exemplifica, na hipótese de venda de cabelos humanos, depois de esses serem destacados pelo titular, não haverá mais revogabilidade propriamente, pois foram convertidos em coisas materiais, objetos de direitos de propriedade (*O direito geral de personalidade* cit., p. 410-411). Pedro Pais de Vasconcelos entende que a classificação tricotômica baseada nas modalidades de consentimento (tolerante, autorizante e vinculante), não parece "trazer algo de suficientemente útil para merecer a consagração". Nesse sentido, argumenta: "O 'consentimento tolerante' não passa da simples tolerância do lesado à lesão, que, conforme o artigo 340.º do Código Civil, pode tornar lícita a conduta, consoante a natureza da lesão e a sua contrariedade à lei ou aos bons costumes. Trata-se de um regime geral, que não tem especialidade na matéria do direito da personalidade. O 'consentimento autorizante' seria constitutivo e sujeitaria o titular a um poder de lesão por parte autorizado. Este consentimento seria livremente revogável, de acordo com o n.º 2 do artigo 81.º do Código Civil. Esta classe nada acrescenta ao regime do artigo 81.º. O 'consentimento vinculante' corresponderia à assunção negocial de um compromisso que implicaria 'a disposição normal e corrente de direitos da personalidade que não se traduzam numa *limitação* ao exercício desses direitos nos termos do art. 81.º, n.º 2 do Código Civil'. Em nossa opinião, uma tal 'disposição normal e corrente de direito da personalidade', que não seja revogável nos termos do n.º 2 do artigo 81.º, é nula – e, sobretudo, ineficaz – por insanavelmente contrária ao próprio preceito do artigo 81.º, n.º 2 e ainda, principalmente à dignidade humana. O primeiro termo da classificação corresponde ao género, ao regime geral da relevância do consentimento da lesão; o segundo à espécie, ao regime especial do consentimento da lesão da personalidade; o terceiro ao género, ao regime geral do contrato. Trata-se de uma falsa tricotomia. Além disso, o critério da classificação reside no conteúdo negocial do consentimento ou da limitação. Ora, no âmbito material da autonomia privada, nesta matéria, dentro do âmbito de licitude fixado no n.º 1 do artigo 81.º, é demasiado rico para ser aprisio-

Nesse sentido, merece destaque o Enunciado n.º 4 da 1.ª Jornada de Direito Civil, organizada pelo Conselho da Justiça Federal – tendo como organizador-geral RUY ROSADO DE AGUIAR e, da comissão de trabalho, HUMBERTO THEODORO JÚNIOR: "o exercício dos direitos da personalidade pode sofrer limitação voluntária, desde que não seja permanente nem geral"[926]. Outrossim, o Enunciado n.º 139 da 3.ª Jornada de Direito Civil, organizada pelo Conselho da Justiça Federal – tendo como organizador-geral RUY ROSADO DE AGUIAR e, da comissão de trabalho, GUSTAVO TEPEDINO: "os direitos da personalidade podem sofrer limitações, ainda que não especificamente

---

nado em três classes. O regime e a eficácia jurídica das limitações consentidas ou convencionadas, deve resultar em cada caso, da interpretação e da concretização do acto" (VASCONCELOS, Pedro Pais de. *Direito de personalidade* cit., p. 154).

[926] Disponível em: https://www.cjf.jus.br/enunciados/enunciado/650. Acesso em: 26 mar. 2021. Como bem observa Anderson Schreiber, "isso contudo não basta": "Ao lado da duração e alcance da autolimitação, cumpre analisar a sua intensidade, ou seja, o grau de restrição que impõe ao exercício dos direitos da personalidade. Em exemplo pueril, o expectador de uma comédia teatral pode consentir em ser alvo de brincadeiras que façam o público rir. Sua autorização não permite, todavia, que seja humilhado no palco ou reduzido a mero objeto do lazer alheio". Ademais, "além da duração, do alcance, e da intensidade da autolimitação, todos aspectos de ordem estrutural, é imprescindível examinar a sua finalidade. Qualquer limitação voluntária do exercício de um direito da personalidade deve estar vinculada a um interesse direto e imediato do seu próprio titular. Desse modo, a ordem jurídica admite que alguém concorde com a inserção sob sua pele de *microchip* subcutâneo destinado ao controle de suas funções vitais ou ao monitoramento de sua saúde. Não tolera, todavia, o consentimento do empregado para inserir sob sua pele o mesmo *microchip* subcutâneo se o aparato estiver destinado a controlar, por ondas de radiofrequência, os horários de ingresso e saída do ambiente de trabalho. Note-se: em ambas as hipóteses, há limitação voluntária à integridade física, de igual duração e alcance restrito, mas enquanto o primeiro *microchip* atende ao interesse exclusivo do titular, o segundo atende primordialmente ao interesse do empregador. A simplicidade desses exemplos não deve iludir. É delicada a tarefa de controlar a legitimidade das limitações voluntárias ao exercício dos direitos da personalidade. Se, de um lado, a ordem jurídica não deve tolerar a redução, ainda que voluntária, da dignidade do homem, de outro lado, parece muito importante evitar o perigo oposto, que consiste em sufocar, a título de proteção, novas manifestações da personalidade humana que, por mais desvairada que possam parecer aos olhos da cultura dominante, nem por isso devem ser reprimidas" (*Direitos da personalidade*. 3. ed. São Paulo: Atlas, 2014. p. 28).

previstas em lei, não podendo ser exercidos com abuso de direito de seu titular, contrariamente à boa-fé objetiva e aos bons costumes"[927].

Conforme arrazoa JOÃO BAPTISTA VILLELA, "o artigo 11 não pode ter querido excluir em caráter absoluto a abdicação voluntária dos direitos da personalidade, pois isso equivaleria a fazer deles ante uma prisão para seu titular, do que uma proteção de sua liberdade"[928], sendo intuitivo que, pela dinâmica da vida, a pessoa, e para o autodesenvolvimento desta, tenha que superar os limites impostos por "seus próprios direitos". O Código Civil brasileiro realizou uma radical inversão, submetendo a pessoa a seus direitos, em vez de colocá-los a serviço dela[929].

---

[927] Disponível em: https://www.cjf.jus.br/enunciados/enunciado/222 Acesso em: 26 mar. 2021. Para Leonardo Estevam de Assis Zanini, "ao lado da particularidade no que toca à impossibilidade de limitação voluntária nos casos de abuso de direito e de contrariedade à boa-fé objetiva e aos bons costumes, temos ainda que considerar que as limitações lícitas aos direitos da personalidade são sempre revogáveis, discricionária e unilateralmente, pelo seu titular, não obstante a exigência de indenização dos 'prejuízos causados às legítimas expectativas da outra parte', o que consta expressamente do art. 81.º, 2, do Código Civil português. Essa revogabilidade prevista pela lei portuguesa leva a que sejam causados danos a quem nenhuma responsabilidade teve, porém a legislação lusitana também intervém no sentido de prever que quem causa danos tem o dever de indenizá-los, ainda que decorrentes de atos lícitos" (*Direito da personalidade* cit., p. 215).

[928] VILLELA, João Baptista. O novo Código Civil brasileiro e o direito à recusa de tratamento médico cit., p. 118.

[929] "Esqueceu-se da advertência capital de Hermogeniano: *Quum igitur hominum causa omne jus constitutum sit*" (VILLELA, João Baptista. O novo Código Civil brasileiro e o direito à recusa de tratamento médico cit., p. 117).

2. CONTRATOS EXISTENCIAIS: PRESSUPOSTOS

2.1. ETIMOLOGIA E DEFINIÇÃO

O termo latino *contractus* é utilizado algumas vezes por SAVIGNY para traduzir a ideia de contrato, bem como a palavra alemã *Vertrag*, com o significado de convenção, tratado, seja internacional, seja privado[930].

FRANCISCO RODRIGUES DOS SANTOS SARAIVA atribui ao termo latino *contractus* (de *contrahere*) os seguintes sentidos: "VARR. Contracção, encolhimento, estreitura, restringimento. § ULP. CASS. Convenção, contracto, pacto, ajuste, transação. QUINT. Começo, princípio"[931].

GIUSEPPE GROSSO[932] assevera que *contractum* indica aquilo que se contrai, antecedendo-o o *contratctus*, a significar em abstrato o ato de contrair. No âmbito das causas das obrigações, a qualificação dessas referências parece estar ligada à identificação feita a um *negotium contrahere*, de forma que foi dito que *contractum* e *contractus* são a elipse de *negotium contractum* ou *contractus negotii*.

Com relação ao termo *contrahere*, adota a posição de PIETRO BONFANTE[933], para quem esse verbo alude ao vínculo. Nas relações huma-

---

[930] SAVIGNY, Friederich Carl von. *Le droit des obligations*. Présentation par Michel Boudot. Réédition de l'ouvrage imprimé en 1873. Traduction de Camille Gerardin et Paul Jozon. Paris: LGDJ, 2012. t. 2, p. 253.

[931] SARAIVA, Francisco Rodrigues dos Santos. *Novissimo diccionario latino-portuguez*: etymologico, prosodico, historico, geographico, mytologico, biographico, etc. cit., p. 301.

[932] GROSSO, Giuseppe. *Il sistema romano dei contratti* cit., p. 31. O romanista italiano, ademais, destaca: "È stato rilevato che il sostantivo *contractus* è quase sconociuto agli scrittori non giuristi; nell'editto perpetuo il termine non si encontra; e anche nei giuristi l'uso di esso è bem raro fino a Pomponio e Gaio; e il significato non vi è sempre chiaro, nè fissato, nè inteso in modo uniforme. Per altro verso recorre in scrittori di ogni genere *negotium, negotium gerere;* e talora anche nei giuristi, ove noi traduciamo com contrato, troviamo espressioni come *res contractcta* o *contrahenda*, o *negotium actum* o *contractum* o *contrahedum* o *res gesta* o *negotium gestum*. Inoltre restano pure testimonianze di un uso dello stesso termini contractus, non presso assolutamente, ma con dei genitivi che lo determinano, dando ala parola il significato generico des sostantivo da *contrahere* (*contractus rei*, o *negotii* ecc.; cosí per es. in Serv. Sulp. apud Gell., Noct. Att., 4, 4, 2: *contractus sponsionum stipulasionumque*)".

[933] BONFANTE, Pietro. *Istituzioni di diritto romano* cit., p. 353.

nas, para além do significado mais genérico de determinar e concretizar, ou mesmo de dar efeito – *e.g.*, *contrahere damnum, contrahere molestias, plurimum invidiae* –, a ênfase está no vínculo, na relação duradoura, tal como no casamento, na amizade, na paixão e no ódio[934], assim também na linguagem jurídica: *contrahere nuptias, matrimonium, adfinitate*[935]. Nesse sentido, destaca-se o amplo uso do verbo *contrahere* concernente aos atos, fatos e relações que geram uma consequência jurídica (*e.g.*, *negotium contrahere, contrahere emptionem, contrahere crimen*)[936].

A palavra contrato em nosso direito é sinônimo de convenção[937], podendo ser traduzida pelo acordo de vontades em que duas ou mais pessoas "com o fim de adquirir, resguardar, transferir, modificar, conservar ou extinguir direitos"[938].

HANS KELSEN[939] distingue o contrato "como fato produtor de normas jurídicas" e o contrato como a "norma criada através desse fato". Ou seja, a palavra contrato indica tanto o ato que os contratantes realizam (*e.g.*, fala-se em celebrar um contrato) quanto o resultado normativo desse mesmo ato (*e.g.*, refere-se a vigência de um contrato, ou mesmo a cumprir um contrato).

A redação original do Código Civil francês definia contrato no artigo 1.101 como "uma convenção pela qual uma ou várias pessoas se obrigam perante uma, ou várias outras, a dar, fazer, ou não fazer

---

[934] Como exemplifica Giuseppe Grosso: "*Contrahere amicitiam, inimicitiam, odium,* e anche *bellum, certâmen, litem* o *litigium;* in italiano *contrarre amistá, dimestichezza, familiaritá* ecc.)" (*Il sistema romano dei contratti* cit., p. 30).

[935] GROSSO, Giuseppe. *Il sistema romano dei contratti* cit., p. 30.

[936] GROSSO, Giuseppe. *Il sistema romano dei contratti* cit., p. 30.

[937] SANTOS, João Manoel de Carvalho. *Repertório enciclopédico do direito brasileiro*. Rio de Janeiro: Borsoi, 1947. v. XII, p. 194. Com efeito, conforme exposto no capítulo anterior, no direito moderno não existe razão para distinguir pacto e contrato, contemplados pela definição do artigo 1.101 do *Code Civil*: "contrato é uma convenção pela qual as duas partes reciprocamente, ou somente uma das duas, prometem e se obrigam, perante a outra a dar, fazer ou não fazer alguma coisa" – tradução livre de: "Le contrat est une convention par laquele une ou plusieurs personnes s'engagent envers une ou plusieurs autres à donner, à faire, ou à ne pas faire quelque chose" (LALANDE, André. *Vocabulaire technique et critique de la philosophie* cit., p. 185).

[938] HOUAISS, Antônio. *Dicionário da língua portuguesa*. 1. reimp., com alterações. Rio de Janeiro: Objetiva, 2009. p. 540.

[939] KELSEN, Hans. *Teoria pura do direito*. Tradução J. B. Machado. 8. ed. São Paulo: Martins Fontes, 2011. p. 288.

alguma coisa"[940]. Com a alteração pela *Ordonnance* n.º 2016-131, de 10 de fevereiro de 2016, pela Lei de Ratificação n.º 2018-287, de 20 de abril de 2018[941], passou a ter nova redação: "o contrato é um acordo de vontades, entre duas ou mais pessoas, destinado a criar, modificar, transmitir ou extinguir obrigações"[942].

Verifica-se da nova redação do artigo 1.101 do *Code Civil* a manutenção de contrato como acordo de vontades ou convenção, alterando-se, todavia, a segunda parte do dispositivo legal. O antigo artigo 1.101 definia o contrato referindo-se à convenção. Em verdade, o contrato era uma espécie de convenção que criava uma obrigação, excluindo-se as hipóteses de convenções que visavam à modificação e extinção de obrigações. OLIVIER DESHAYES, THOMAS GENICON e YVES-MARIE LAITHIER[943] entendem que duas interpretações são possíveis. A primeira a significar que a convenção foi absorvida pela noção de contrato – essa distinção era vista por muitos como inútil, e o artigo 1.103 que substituiu o célebre artigo 1.134, primeira parte, do Código de Napoleão seria simbólico por não mais dizer "as convenções", mas, sim, que "os contratos" "fazem lei entre as partes". Por seu turno, a segunda seria pela manutenção da distinção, porém com modificação do sentido, passando o contrato a qualificar o acordo de vontades "destinado a criar, modificar, transmitir, ou extinguir relações jurídicas, enquanto o acordo de vontades destinado a produzir outros efeitos seria nominado convenção"[944].

---

[940] FRANÇA. *Code Civil* cit., p. 1232. Tradução livre de: "Le contrat est une convention par laquele une ou plusieurs personnes s'obligent envers une ou plusiers autres, à donner, à faire ou à ne pas faire quelque chose".

[941] Cf. DESHAYES, Olivier; GENICON, Thomas; LAITHIER, Yves-Marie. *Reforme du droit des contrats, du régime general et la preuve des obligations. Commentaire article par article* cit., p. 1.

[942] Cf. DESHAYES, Olivier; GENICON, Thomas; LAITHIER, Yves-Marie. *Reforme du droit des contrats, du régime general et la preuve des obligations. Commentaire article par article* cit., p. 57. Tradução livre de: "Le contra test un accord de volontés entre deux ou plusieurs personnes destine à créer, modifier, trasmettre ou éteindre des obligations".

[943] DESHAYES, Olivier; GENICON, Thomas; LAITHIER, Yves-Marie. *Reforme du droit des contrats, du régime general et la preuve des obligations. Commentaire article par article* cit., p. 57-58.

[944] DESHAYES, Olivier; GENICON, Thomas; LAITHIER, Yves-Marie. *Reforme du droit des contrats, du régime general et la preuve des obligations. Commentaire article par article* cit., p. 58. "À supposer cette distinction fidèle à l'intention des rédacteurs

O recentíssimo Código Civil chinês, entrado em vigor em 1.º de janeiro de 2021, por sua vez, define contrato como "um acordo entre entidades civis para constituir, modificar e encerrar relações jurídicas civis" (artigo 464). Ademais, dispõe que, para "casamento, adoção, tutela, e outros acordos relacionados a relacionamentos de identidade", as disposições legais referentes aos contratos serão aplicáveis[945].

O Código Civil brasileiro, por sua vez, não define o conceito de contrato[946], muito embora adote a categoria negócio jurídico[947], distinguindo-se em sua "formação, por exigir a presença de pelo menos duas partes"[948].

---

de l'ordonnance, il n'est pas sûr qu'elle soit opportune. Cela signifierait, par exemple, que l'accord des volontés ayant pour effet la création d'une personne morale, la constitution d'un droit reel ou la collation d'un pouvoir devrait échapper à la qualification de contrat. Outre que cela risque d'exclure de la catégorie de contrat des opérations qui y sont habituellement rattachées (par ex., la création d'une association), cette nouvelle compréhension de la distinction entre contrat et convention ne presente pas d'intérêt puisque les actes juridiciques conventionels, 'obéissent, en tant que de raison, [...] aux règles qui gouvernent les contrats' (art. 1100-1, al. 2). Ce qui signifie, pour s'en tenir au cas précédement cité de l'article 1103, qu'a l'image des contrats et sans rupture avec le passé, les conventions tiennent lieu de loi à ceux qui les ont faites".

945 Cf. CHINA. *Código Civil chinês*. Tradução Larissa Chen Yi Qian. São Paulo: Edulex, 2021. p. 107-108.

946 Para efeitos de comparação, alguns Códigos adotam definição expressa: a) Código Civil argentino (artigo 957): "Contrato es el acto jurídico mediante el cual dos o más partes manifiestan su consentimiento para crear, regular, modificar, transferir o extinguir relaciones jurídicas patrimoniales" (Disponível em: https://siteal.iiep.unesco.org/sites/default/files/sit_accion_files/siteal_argentina_0837.pdf. Acesso em: 26 mar. 2021); b) italiano (artigo 1.321): "Il contratto è l'accordo di due o più parti per costituire, regolare o estinguere tra loro un rapporto giuridico patrimoniale" (Disponível em: https://www.normattiva.it/uri-res/N2Ls?urn:nir:stato:codice.civile:1942-03-16;262~art2645ter. Acesso em: 26 mar. 2021); c) espanhol (artigo 1.254): "El contrato existe desde que una o varias personas consienten en obligarse, respecto de otra u otras, a dar alguna cosa o prestar algún servicio" (Disponível em: https://www.boe.es/buscar/pdf/1889/BOE-A-1889-4763-consolidado.pdf. Acesso em: 26 mar. 2021). Como bem anota Darcy Bessone, outros Códigos evitaram a definição, tais como o alemão e o suíço (*Do contrato* cit., p. 29). O Código suíço das obrigações dispõe em seu artigo primeiro que "le contrat est parfait lorsque les parties ont, réciproquement et d'une manière concordante, manifesté leur volonté" (cf. BRACONI, Andrea; CARRON, Blaise; SCYBOZ, Georges. *Code Civil suisse e Code des obligations annotés*. 9 éd. Bâle: Helbing Lichtenhahn, 2013. p. 1).

947 Artigo 104 e seguintes.

948 Cf. GOMES, Orlando. *Contratos* cit., p. 4.

O termo existência tem origem no latim *existentia* (= sair de; elevar-se acima de; existir; ser; constituir); do grego υπoarchein (*hyparchein*); no alemão *Dasein* e *Existenz*, com três sentidos: "a) modo de ser determinado; b) modo de ser real ou de fato; c) modo de ser próprio do homem"[949]; na língua italiana *esistenza*[950].

Existencial significa aquilo que é "relativo ou pertencente à existência"[951]. Existência, por sua vez, é substantivo feminino que indica "o estado de quem ou do que subsiste, sobrevive" (e.g., *a existência dos*

---

[949] MACEDO, Silvio de. Existência. *In*: FRANÇA, Rubens Limongi (coord.). *Enciclopédia Saraiva do Direito*. São Paulo: Saraiva, 1977. v. 35, p. 252.

[950] LALANDE, André. *Vocabulaire technique et critique de la philosophie* cit., p. 318. Conforme a *Enciclopedia Italiana di Scienze, Lettere ed Arti (Treccani)*: "Nella storia della filosofia, il termine e. (existentia) ha assunto rilievo soprattutto nella filosofia medievale in relazione al problema del suo rapporto con l'essenza. In particolare, centrale è in Tommaso d'Aquino la distinzione fra essenza ed e. intesa come 'atto di essere', per cui negli esseri particolari l'essenza, espressa nella definizione, può essere puramente pensata, senza che esista; mentre in Dio l'e. consegue necessariamente al pensiero dell'essenza. Nella filosofia posteriore è fondamentale la nozione leibniziana che pone l'e. come una tendenza, una esigenza delle essenze puramente possibili a realizzarsi in proporzione al loro grado di realtà; essa è retta dal principio della perfezione mentre l'essenza da quello della possibilità. Per I. Kant l'e. è ciò che in una cosa non può essere ridotto a concetto, a elemento dell'essenza; è la posizione assoluta di un oggetto. Nella filosofia hegeliana l'e. non è più opposta all'essenza, di cui è l'apparire, l'immediatezza. Essa esprime il particolare, il transeunte e caduco, è solo un momento destinato a essere 'superato', cioè tolto e conservato, nel superiore e più vero momento della 'realtà'. Nell'ambito della riflessione filosofica contemporanea una reimpostazione del problema dell'e. è dovuta a R. Carnap, il quale distinse tra questioni di e. interne (relative alle entità appartenenti al campo di indagine di una disciplina) ed esterne (relative alle entità in sé, indipendentemente dalle discipline che le studiano), considerando legittime solo le prime" (Disponível em: https://www.treccani.it/enciclopedia/esistenza/. Acesso em: 21 mar. 2021).

[951] HOUAISS, Antônio. *Dicionário da língua portuguesa* cit., p. 856. Segundo o dicionário da língua francesa "Le Robert", a palavra *existence* significa "o fato de ser ou de existir": "Le fait d'être ou d'exister. être. *Pour Descartes c'est la pensée qui assure l'homme de son existence*. 2. Le fait d'exister, d'avoir une réalité (pour un observateur. *Tiens, le voilà, celui-là; j'avais oubliez son existence. J'ignorais l'existence de ce testament. Découvrir l'existence d'une étoile, d'un corps chimique*". Ademais, em um segundo sentido pode ser "a vida considerada em sua duração, seu conteúdo" – tradução livre de: "Vie considerée dans sa durée, son contenu. *Traîner une existence misérable. Conditions, moyens d'existence* (ou *de vie*). *Il se complique inutilement l'existence*. – Durée (d'une situation, d'une institution). *Cette institution a maintenant deux siècle d'existence*". O termo pode estar associado também a "modo, tipo de vida" – tradução livre de: "Mode, type de vie. *Changer d'existence en se mariant*" (REY, Alain.

homens), bem como "o fato de viver, o estar vivo; a vida" (*e.g.*, *sentia-se grato a quem lhe dera a existência*), ou "a maneira de existir" (*e.g.*, *uma existência miserável*)[952].

Filosoficamente[953], é o fato de ser; a existência em si, independentemente do conhecimento (atual, ou possível). Na experiência, o fato de ser, seja atualmente presente na percepção ou na consciência de si mesmo, seja concebida como objeto de experiência necessária, mesmo que não atual[954]. A palavra, nesses dois sentidos, opõe-se, de um lado,

Le Robert Micro. Dictionnaire d'aprentissage de la langue française. Paris: Le Robert, 2006. p. 522).

952 HOUAISS, Antônio. *Dicionário da língua portuguesa* cit., p. 856.

953 Conforme a *Enciclopedia Italiana di Scienze, Lettere ed Arti* (*Treccani*), o termo existência (it. esistenza; fr. existence; spa. existencia; ted. Existenz, Dasein; ingl. existence), em "um sentido geral, é o estado de toda realidade enquanto tal; em sentido específico, é o estado da realidade que pode ser objeto de uma experiência sensível", distinguindo-se da essência, que é uma "realidade conceitual, ideal" – tradução livre de: "In senso generale, è lo stato di ogni realtà in quanto è tale; in senso specifico, è lo stato della realtà che può essere oggetto di un'esperienza sensibile. 'Esistenza' si distingue con ciò tipicamente da 'essenza': quest'ultima è realtà concettuale, ideale, che può quindi essere attinta solo dal pensiero, mentre l'esistenza aggiunge al tessuto concettuale dell'essenza un quid, onde essa prende posto nel mondo delle cose direttamente sperimentabili. All'essenza degli universali si contrappone così l'esistenza dei particolari: salvo una relazione di dipendenza della seconda dalla prima, quale fu ammessa p. es. dal realismo medievale, per cui a maggiore universalità corrispondeva più alto grado di esistenza, e l'universale assoluto, Dio, era insieme l'ens realissimum. Più nettamente, S. Anselmo considerò l'esistenza come implicita nell'essenza soltanto nell'ens quo nihil maius cogitari potest, traendone la prova ontologica dell'esistenza di Dio; e fu seguito dallo Spinoza, che argomentò analogamente nei riguardi della sua assoluta Sostanza. Dissoltosi invece, nell'empirismo inglese, il concetto di realtà oggettiva, fu coinvolto in tale dissoluzione anche quello di esistenza; mentre il Kant insisté sul fatto che l'esistenza non aggiungeva nulla alla contestura concettuale di un oggetto (i cento talleri reali non contenevano nulla di più dei cento talleri possibili), indicando soltanto la sua posizione come reale. L'esistenza (Dasein: 'esserci' o 'essere determinato') tornò invece ad esser concreto momento ideale nel sistema hegeliano, come quarta categoria della logica, seguente all'essere, al non essere e al divenire" (Disponível em: https://www.treccani.it/enciclopedia/esistenza_%28Enciclopedia-Italiana%29/. Acesso em: 14 fev. 2022).

954 LÉVINAS, Emmanuel. *De l'existence a l'existant*. Paris: Fontaine, 1947. p. 29-30: "A l'égard de son existence, l'homme est, en effet, en mesure de prendre une attitude. Dejà dans ce qu'on appelle la lute pour la vie, par delà les choses susceptibles de satisfaire nos besoins, que cette lute se propose de conquérir, il y a l'objectif de l'existence elle-même, de l'existence pure et simple, la possibilite pour l'existence

à *essência* (como o fato de ser à natureza do ser), de outro, a *nada* (como afirmação à negação)[955].

O termo essência tem sua origem no latim *essentia* – do grego *ousía* e do alemão *Wesen* –, podendo ser visto sob três aspectos: "a) como oposição ao *acidente*; b) como oposição ao *existente*; c) em sentido lógico, ou seja, o racional em oposição à experiência"[956].

O vocábulo essência, ademais, é substantivo feminino na língua portuguesa, significando, entre outras coisas, "aquilo que é o mais básico, o mais central, a mais importante característica de um ser, ou de algo", e a "existência"[957].

Costuma-se chamar de essência de um ser o conjunto de qualidades sem as quais ele não pode existir. Nada obstante, deve-se distinguir essência de existência. A essência é uma concepção do espírito, uma

---

pure et simple de devenir un objectif. Il ya dans la lutte pour la vie et dans la place privilégiée que cette notion s'est assure dans l'interpretion de la vie, la rupture avec les idées de la tradition sur la relation entre ce qui existe et son existence. L'influence de cette notion accreditée par le développement des sciences biologiques du XIX siècle, sur toute la philosofie contemporaine est incalculable. Désormais la vie apparaît comme le prototype de la relation entre existant et existence. Jusqu'alors, l'existence, dont l'être était pourvu par décret divin quand il ne la tirait pas de son essence, lui appartenait d'une manière quasi-insensivle et naturelle. Que cette appartenance soit la lutte même de la vie, voilà l'idée nouvelle et fondamentale. Mais, la lutte pour l'existence ne permet pas de saisir la relation qui nous interesse. Prise au niveau du temps de l'économie où elle est habituellement envisagée, elle apparaît comme la lute pour un avenir, comme le souci que l'être prend de sa durée et de sa conservation. Lutte de l'être déjà existant pour la prolongation de cette existence; et non par naissance perpétuelle, comprise comme une opération distincte par laquelle l'existence s'empare de son existance indépendamment de toute technique de conservation. Aussi, pour attester la vérité de cette opération, laisseron-nous de côté toute atitude à l'egard de l'existence qui procede de la réflexion et par laquelle l'existence dejà constituée se penche sur elle-même. L'attitude que comporte méditation sur le 'sens de la vie', le pessimiste ou l'optimiste, le suicide ou l'amour de la vie, quelque profondes que soient les racines qui rattachent à l'opération par laquelle l'être naît à l'existence, se place déjà au delà de cette naissance".

955 LALANDE, André. *Vocabulaire technique et critique de la philosophie* cit., p. 318.

956 MACEDO, Silvio de. Existência cit., p. 347.

957 HOUAISS, Antônio. *Dicionário da língua portuguesa* cit., p. 826.

abstração. A existência reveste-se de realidade e compreende, além da essência, certo número de "acidentes"[958] para que seja real[959].

CLÓVIS DO COUTO E SILVA fala de "atos existenciais"[960] como espécie de ato-fato[961]. Conforme explicita, "são os atos absolutamente necessários à vida humana", de modo que "referem-se às necessidades básicas do indivíduo, tais como a alimentação, vestuário, água etc.". As atividades que se inserem "na esfera do necessário ou existencial, dependem dos usos e concepções de vida de cada povo, havendo, porém, um mínimo comum"[962]. Por essa perspectiva, o autor visava contratos

---

958 Acidente em filosofia significa "aquilo que pertence a um objeto de modo casual, ou por si mesmo, sem, porém, fazer parte da sua essência" (cf. *Enciclopedia Italiana di Scienze, Lettere ed Arti* (*Treccani*). Disponível em: https://www.treccani.it/vocabolario/accidente/. Acesso em 23 mar. 2021). Exemplificativamente, a fórmula HO exprime a essência química da água, esta água pode ser em pequena ou grande quantidade, ter tal ou qual forma, vaporizar-se, solidificar-se em gelo, permanecer líquida, permanecendo a sua essência a mesma (HO), sua quantidade, sua forma, seus diversos estado, líquido, sólido ou gasoso, são os "acidentes" (cf. BERTHELOT, André; DERENBOURG, Hartwig; DREYFUS, Camille *et al.* (coord.). *La grande encyclopédie*: inventaire raisonné des sciences, des lettres et des arts par une société de savants et de gens de lettres. Paris: H. Lamirault, 1902. t. 16, p. 285).

959 Cf. BERTHELOT, André; DERENBOURG, Hartwig; DREYFUS, Camille *et al.* (coord.). *La grande encyclopédie*: inventaire raisonné des sciences, des lettres et des arts par une société de savants et de gens de letres cit., p. 285.

960 Verena Nygaard Becker observa que a denominação "atos existenciais" foi introduzida em nosso vocabulário pelo Professor Clóvis do Couto e Silva, "na tentativa de traduzir a expressão alemã *daseinsvorsorge* (BECKER, Verena Nygaard. A categoria jurídica dos atos existenciais. *Revista da Faculdade de Direito da Universidade Federal do Rio Grande do Sul*, Porto Alegre, n. 7-8, p. 15, 1973). "Trabalho apresentado em conclusão ao 'Curso de Aperfeiçoamento' ministrado pelo Departamento de Direito Privado e Processo Civil da Faculdade de Direito da UFRGS durante o ano letivo de 1973, visando a habilitá-lo para o concurso para professor assistente daquele departamento. O trabalho foi aprovado em arguição oral, pelos professores Drs. Clóvis do Couto e Silva, Leonidas Caminha e Arno Schilling".

961 SILVA, Clóvis V. do Couto e. *A obrigação como processo* cit., p. 78: "A tipificação somente cresce de ponto e de importância quando se tratar deste último tipo de ato, pois relativa-se e objetiva-se a vontade, de modo a converter o que seria, *in thesi*, negócio jurídico em verdadeiro ato-fato".

962 Consoante esclarece Verena Nygaard Becker, "tendo como finalidade satisfazer necessidades vitais da existência humana, são atos cuja prática se impõe a todos os indivíduos. Trata-se naturalmente de um conceito essencialmente variável no tempo e no espaço, pois o que se considera necessidade vital varia de uma sociedade a outra, de uma época para outra, dependendo do tipo de cultura e do grau de evolução

celebrados "sem participação da vontade individual (contratos de massa e de adesão)", tendo como objeto prestações existenciais, nos quais o que ficaria do suporte fático, entrando no mundo jurídico, seria o fato[963], e não a vontade (ato-fato).

PONTES DE MIRANDA discorda da afirmação de que o moderno tráfego negocial implicou a assunção de deveres e obrigações sem manifestação de vontade querida, não se tratando de ato-fato, mas, sim, de "contratos de massa" e "contratos de adesão". Com efeito, na linha de sua argumentação, "o sistema jurídico, além de conhecer as manifestações tácitas de vontade, conhece as manifestações pelo silêncio e

---

de um povo". Tais atos "têm em comum a característica de todos visarem atender as necessidades básicas do indivíduo, tais como vestuário, alimentação, transporte, água, energia elétrica etc.". Ademais, "formam uma parcela significativa do chamado 'tráfico em massa' que vem crescendo de importância devido, principalmente, ao aumento das populações, ao avanço tecnológico dos nossos dias e a consequente elevação do nível de vida. O tráfico em massa caracteriza-se pela tipificação e estandardização das relações jurídicas que o constituem. Esta tipificação muitas vezes legal: outras vezes, resulta simplesmente da prática constante e idêntica dos mesmos atos por todos ou pela maior parte dos indivíduos integrantes da coletividade e em consequência adquire uma certa cogência, integrando os usos e costumes do tráfico, que passam a regrar a conduta dos indivíduos" (BECKER, Verena Nygaard. A categoria jurídica dos atos existenciais cit., p. 16).

[963] BECKER, Verena Nygaard. A categoria jurídica dos atos existenciais cit., p. 16: "O exemplo utilizado por Haupt e pelos demais autores que se detiveram na análise desta questão, é o do transporte público coletivo: a relação de transporte entre o passageiro e a empresa transportadora, nasce não pela conclusão de um contrato entre eles, mas pelo fato de entrar o indivíduo no ônibus. Neste momento nasce a relação jurídica, da qual o pagamento da tarifa, a que o passageiro esteja obrigado, é efeito. Uma obrigação bilateral nasceu não do consenso, mas de um fato". Para Karl Larenz, "o reconhecimento de que não se trata de um negócio jurídico, mas ainda assim de um ato no campo da autonomia privada, resolve várias dificuldades dogmáticas. Já que não há uma 'declaração de vontade' no comportamento social típico, 'vícios de vontade' não têm qualquer importância". Propõe um "conceito mais abrangente e comum aquele do 'contrato em sentido amplo', que significaria tanto quanto 'comportamento correspondente como fonte de uma relação de direito privado'. Dentro desse conceito mais amplo, deveriam, então, ser diferenciados os verdadeiros contratos, os negócios jurídicos bilaterais, e o comportamento social típico como fonte de uma relação contratual" (LARENZ, Karl. O estabelecimento de relações obrigacionais por meio de comportamento social típico. *Revista Direito GV*, v. 2, n. 1, p. 62, jan./jun. 2006).

as que resultam de atos alheios se para esses atos concorreu a ação ou omissão de alguém"[964].

Cogitando sobre os serviços públicos[965] de fornecimento de água, luz, telefone e outras relações semelhantes[966], ANTÔNIO JUNQUEIRA DE AZEVEDO sustenta não haver negócio jurídico, tratando-se do que denomina "relações paracontratuais" ou "paranegociais". Em seu sentir, "não há, *in casu*, declaração negocial", e a "relação sinalagmática, nas situações paracontratuais, parece ser *inteiramente objetiva*", "sem qualquer determinação por decisão do obrigado"[967].

---

964 PONTES DE MIRANDA, Francisco Cavalcanti. *Tratado de direito privado*. Parte geral cit., t. XXXVIII, p. 31: "Quem toma o trem conta com o horário, a tarifa e as seguranças que o Estado exigiu. Não se pode dizer que o ato de entrar no ônibus, ou no bonde, ou de se ter de pagar o preço não seja manifestação de vontade. O que se passa é que quase todo o conteúdo da manifestação de vontade *já estava preestabelecido*, e não se pode deixar de ver na vinculação ou no direito a ser transportado eficácia de negócio jurídico típico. A manifestação de vontade supõe autonomia da vontade, autorregramento, mas o que se considera autonomia não é sempre o mesmo. Além das exigências de forma, há as exigências de conteúdo e às vezes a predeterminação de quase todo o conteúdo. Não se pode negar que há de ato autônomo no gesto de quem põe a moeda no orifício do aparelho telefônico para conseguir a ligação. Não se pode negar o que há de ato autônomo no entrar no ônibus que passa, na barca que está encostada no cais, no ascensor que leva à rua da cidade alta, no pôr a moeda na banca de jornais e tirar o jornal que se quer".

965 AZEVEDO, Antônio Junqueira de. *Negócio jurídico e declaração negocial*: noções gerais e formação da declaração negocial cit., p. 46: "[...] os fornecimentos de serviços públicos, de que estamos tratando no texto, não se confundem com os *contratos de adesão* propriamente, como os de seguro, determinados contratos bancários, contratos de direito marítimo, de vendas de certas mercadorias, de trabalho em grandes empresas etc.; nestes, há declaração negocial".

966 AZEVEDO, Antônio Junqueira de. *Negócio jurídico e declaração negocial*: noções gerais e formação da declaração negocial cit., p. 47: "Outras situações paracontratuais podem ser lembradas: a de alguém que toma veículo de transporte coletivo (afinal, que importa se é um rapaz de 14 anos, absolutamente incapaz, ou mesmo, se é alguém capaz que entra no ônibus e declara formalmente, ao motorista e ao cobrador, que não quer fazer contrato de transporte?); as sociedades de fato; o depósito necessário e outras situações resultantes de necessidade, como a do avião que pousa, de emergência, em aeroporto, a do navio em arribada forçada etc. Todas parecem se regular *ex ipsa natura rei*, e não, *ex condicyio sive ex communi placito*".

967 AZEVEDO, Antônio Junqueira de. *Negócio jurídico e declaração negocial*: noções gerais e formação da declaração negocial cit., p. 45-46; Orlando Gomes sustenta tratar-se de *quase contrato* (Contratos cit., p. 146).

Na linha do defendido por PONTES DE MIRANDA, CASTRO Y BRAVO sustenta que as teorias das chamadas "relações negociais de fato"[968] ou "paracontratuais", no dizer de ANTÔNIO JUNQUEIRA DE AZEVEDO, partem de raciocínio demasiado estreito acerca do conceito de declaração negocial. "O consentimento sobre as prestações basta para que nasça o contrato." Ademais, "a contratação baseada no 'comportamento concludente' das partes é conhecida desde o tempo antigo"[969].

Entendemos tratar-se de contratos, de maneira análoga ao defendido por PONTES DE MIRANDA e CASTRO Y BRAVO[970], sendo eles

---

[968] CASTRO Y BRAVO, Frederico de. *El negocio jurídico* cit., p. 43: "La discusión antes referida se ha planteado en términos tan generales, que de su conclusión se hace depender la suerte misma de la autonomía privada. Importa recordar que ella será suscitada y luego impulsada por la progresiva expansión de la esfera administrativa. Los autores de Derecho administrativo (especialmente desde Forsthoff, en 1938) pusieron de relieve la peculiaridad de los servicios de correos, teléfono, telégrafo, higiene, ayuda para la vejez, enfermedad, paro y, en general, de los servicios de primera o vital necesidad ('Daseinsvorsorge'), en los que su utilización hace nacer unas obligaciones como las contractuales. Se indica también que la importancia de dichos servicios va aumentando de modo incesante, en número e intensidad, a costa de la decreciente significación social de la contratación privada. De ello se ha sacado la consecuencia de que convendría ir abandonando la figura del negocio jurídico y del contrato, y la de que se les deber a sustituir o completar con las de 'contrato de responsabilidad' (Müllereisert), relaciones contractuales sociales (Simitis), contactos sociales (Esser), ordenamiento de Derecho civil tipificado (Bármann) y Derecho social (Siebert). Estas afirmaciones han podido ser rechazadas, calificándolas de exageradas y hasta de carentes de sentido crítico, pero su misma existencia muestra la importancia general del tema. Como, además, con el mismo se tocan cuestiones fundamentales sobre el negocio jurídico, el estudio de cada uno de los principales supuestos de esas relaciones fácticas puede también servir de antecedente y previa aclaración de lo tratado en los capítulos que siguen".

[969] CASTRO Y BRAVO, Frederico de. *El negocio jurídico* cit., p. 44 – tradução livre de: "Consentimiento sobre las prestaciones, que basta para que nazca el contrato (art culo 1.262), La contratación basada en 'la conducta concluyente' de las partes ha sido conocida desde muy antiguo. Quien tomaba un vaso de vino o una pinta de cerveza en la taberna, o repet a la consumisión diciendo 'outra' o haciendo un signo con la mano, celebraba sin más ceremonias un contrato de la misma manera que el viajero del tranvía. La masificación y la prisa habrá aumentado el volumen de tales tratos, pero no su significado de negocio jurídico".

[970] Com relação aos serviços públicos prestados por empresas privadas, não está excluída a relação de consumo (artigo 22 do Código de Defesa do Consumidor) e contratual. Ademais, conforme observa o autor espanhol, "a administração, dada a natureza do objeto, intervém para assegurar a natureza do objeto, intervém para assegurar a adequada prestação dos serviços públicos e evitar possíveis abusos das

existenciais quando versarem sobre prestações com conteúdo essencial para a existência humana, seja corpórea, seja espiritual[971] – incluídos os bens essenciais para a existência humana e os atributos dos direitos da personalidade. A teoria clássica do contrato e a moderna teoria do negócio jurídico como qualquer instituição jurídica[972] toleram "modificações no seu regramento e conteúdo segundo a função que é chamada a exercer"[973] – inclusive para que se tutele mais fortemente a pessoa, axioma central do ordenamento jurídico –, devendo ser vista a autonomia privada sob o signo dos "novos princípios contratuais", prestigiando-se com maior intensidade nos contratos existenciais a proteção da confiança, a função social e a equidade.

PIETRO PERLINGIERI utiliza a expressão "situações subjetivas existenciais" como preferível a "direitos da personalidade". Depois de expor que as concepções sobre os direitos da personalidade distinguem-se entre aqueles que reconhecem um "direito geral de personalidade" e os que defendem uma pluralidade de direitos da personalidade, e que no contexto desta última estão os que consideram uma sequência aberta de direitos (atipicidade dos direitos da personalidade) ou fechada (tipicidade) – encerrando esta última contraposição (ti-

---

empresas concessionárias" – tradução livre de: "La Administración, dada la naturaleza del objeto, interviene para asegurar la adecuada prestación de los servicios públicos y evitar posibles abusos de las empresas concesionarias" (CASTRO Y BRAVO, Frederico de. *El negocio jurídico* cit., p. 44).

971 MOUNIER, Eduardo. *O personalismo*. Tradução João Bérnard da Costa. Santos: Martins Fontes, 1964. p. 39-40: "O homem é corpo exactamente como é espírito, é integralmente 'corpo' e é integralmente 'espírito'. Dos seus mais primários instintos, comer, reproduzir-se, é capaz de passar a artes subtis: a culinária, a arte de amar".

972 PERROT, Roger. *De l'influence de la technique sur le but des institutions juridiques*. Paris: Recueil Sirey, 1953. p. 206: "Et précisement, l'histoire des institutions permet d'observer que les progres de la science du Droit residente avant tout dans une spécialisation constante de ses moyens techniques. Sans doute, l'enterprise est parfois délicate, d'autant qu'il est toujours périlleux de briser une armature logique qui a fait ses preuves et qui, au fond, est un gage de certitude pour l'esprit. Mais ce travail d'affinement, qui relève tout à la fois de l'art et de la Science, est néanmoins indispensable, si l'on veut ne point flétrir les tonalités vives. La physionomie propre à chaque institution ne peut être efficacement sauvagardée que dans la mesure où l'interprète réalise ce 'travail d'artiste', à l'image des jolies femmes de Thèbes qui, en imprimmant le 'pli individuel' aux parures de coupe uniforme dont eles se drapaient, surent conserver toute leur beauté et ne rien perdre de leur grâce".

973 BECKER, Verena Nygaard. *A categoria jurídica dos atos existenciais* cit., p. 49.

picidade e atipicidade) opções ideológicas e culturais –, destaca que no direito italiano consideram-se típicos os direitos da personalidade (*e.g.*, o artigo 6.º do Código Civil sobre o direito ao nome, o artigo 9.º a tratar sobre a tutela do pseudônimo e o artigo 10, a versar sobre o direito à imagem) e que, mesmo com o advento da Constituição, não teria sido alterado significativamente esse panorama, visto que os direitos da personalidade continuariam a ser típicos, acrescentando-se às hipóteses anteriores aquelas previstas na Carta Fundamental (artigos 4, 13-19, 21 e s., 24, 32 e 36)[974].

Nesse caminhar, sustenta que o artigo 2.º da Constituição é diretamente aplicável, constituindo uma "cláusula geral de tutela da pessoa humana", permitindo "estender a tutela a situações atípicas"[975]. Assim, afirma que a pessoa se conforma com uma pluralidade de situações, que não podem ser enquadradas em um único esquema de situação subjetiva (*e.g.*, interesse legítimo, direito subjetivo, faculdade, deveres), de tal modo que inadequada a assimilação da personalidade à categoria direito subjetivo, elaborada pela "tradição patrimonialística"[976].

Dessarte, o civilista italiano sustenta que a personalidade é um valor (o fundante do ordenamento), não um direito, estando na base de "uma série aberta de situações existenciais, nas quais se traduz a sua incessantemente mutável exigência de tutela. Tais situações subjetivas

---

[974] PERLINGIERI, Pietro. *Il diritto civile nella legalità costituzionale secondo il sistema ítalo-comunitario delle fonti*. Napoli: Edizioni Scientifiche Italiane, 2006. t. II, p. 715-718.

[975] PERLINGIERI, Pietro. *Il diritto civile nella legalità costituzionale secondo il sistema ítalo-comunitario delle fonti* cit., p. 719.

[976] "Posta la natura necessariamente aperta dela normativa, è della massima importanza costatare che a questa matéria, non si può applicare il diritto soggetivo elaborato sulla categoria dell'avere. Nella categoria dell'essere no existe la dualità tra soggeto e oggeto, perché ambedue rappresentano l'essere, e la titolarità é istituzionale, orgânica. Dove oggeto di tutela è la persona, la prospettiva deve mutare: diviene necessità logica riconoscere, per la speciale natura dell'interesse protetto, che è proprio la persona a costituire ad un tempo il soggeto titolare del diritto e il punto di riferimento oggetivo del rapporto. La tutela della persona no può essere frazionata in isolate fattispecie concrete, in autonome ipotesi tra loro non collegate, ma deve essere pospettata come problema unitário, data l'unitarietà del valore della personache ne è a fondamento. Questo non può essere scisso in tanti interessi, in tanti beni, in isolate situazioni, al modo delle teorie atomistiche" (PERLINGIERI, Pietro. *Il diritto civile nella legalità costituzionale secondo il sistema ítalo-comunitario delle fonti* cit., p. 719).

não assumem necessariamente a forma do direito subjetivo e não devem fazer perder de vista a unidade do valor envolvido"[977].

No Brasil, é notável a influência de PIETRO PERLINGIERI na corrente doutrinária denominada direito civil constitucional, desde meados dos anos 1990. Entre os discípulos do professor italiano, citem-se GUSTAVO TEPEDINO[978], MARIA CELINA BODIN DE MORAES e HELOISA HELENA BARBOZA.

Os três autores referidos, ao comentarem o artigo 11 do Código Civil e tratarem do tema dos direitos da personalidade, adotam as lições de PIETRO PERLINGIERI sobre a inadequação de se utilizar a categoria dos direitos subjetivos – vinculada "ao paradigma dos direitos subjetivos patrimoniais, em especial ao modelo de direito de propriedade" – para a tutela da personalidade, sendo mais apropriada a perspectiva da dignidade da pessoa humana consagrada no texto constitucional, possibilitando-se a tutela de múltiplas situações existenciais[979].

---

[977] PERLINGIERI, Pietro. *Il diritto civile nella legalità costituzionale secondo il sistema italo-comunitario delle fonti* cit., p. 720.

[978] Em discurso de homenagem a Pietro Perlingieri, na solenidade entrega do título de Doutor *Honoris Causa* pela congregação da Universidade Estadual do Rio de Janeiro em 1998, Gustavo Tepedino destacou na oportunidade que "costuma-se dividir os juristas entre os germinativos e os sistematizantes". Caracterizando-se os primeiros pela criação de ideias novas (*spunti*) e os segundos pela constante sistematização e organização dos institutos. Nessa toada, assevera que "o Professor Pietro Perlingieri possui o raro talento de ser a um só tempo, germinativo e sistematizante, criativo e profundo, inovador e consolidador" (TEPEDINO, Gustavo. *Temas de direito civil*. Rio de Janeiro: Renovar, 2006. t. II, p. 463).

[979] TEPEDINO, Gustavo; BARBOZA, Heloisa Helena; MORAES, Maria Celina Bodin de. *Código Civil interpretado conforme a Constituição da República*: parte geral e obrigações (arts. 1.º a 420) cit., p. 33. Gustavo Tepedino, nessa linha de pensamento, em recente obra sobre o tema dos contratos, propõe: "Para a diferenciação do tratamento normativo das situações existenciais, deve-se identificar categorias próprias, compatíveis com interesses em jogo. Não se deve buscar estender as clássicas categorias patrimoniais às situações existenciais, o que acaba por mercantilizar aqueles bens que o constituinte indicou não terem preço. Trata-se do mesmo argumento invocado para identificar a patrimonialidade das relações obrigacionais: permitir que negócios de cunho não patrimonial sejam reconduzidos ao mesmo tratamento normativo dos negócios patrimoniais acaba por desvirtuar a sua função, reduzindo-os à lógica mercantil das relações patrimoniais. Cumpre reconhecer o alcance da autonomia negocial também sobre as situações existenciais, mas como forma de exercício do livre desenvolvimento da personalidade, submetendo-se, portanto, a princípios diversos da autonomia negocial patrimonial. Assim, negócios como a gestação substituta (também chamada 'cessão de útero') e os acordos de convivência

MARIA CELINA BODIN DE MORAES[980], sob uma perspectiva que chama de civil-constitucional, na linha dos ensinamentos de PIETRO PERLINGIERI, sustenta que as situações existenciais "são protegidas de modo mais intenso pela ordem constitucional", de modo que "na legalidade constitucional a noção de autonomia privada sofre uma profunda e marcante transformação" quando se trata de uma relação pessoal, não patrimonial, que envolvam uma escolha de caráter existencial"[981].

É nesse sentido que TERESA NEGREIROS propõe o paradigma da essencialidade dos bens para qualificar os contratos, tomando "como critério a sua utilidade existencial". Em seu sentir, "além de funções descritivas, o paradigma da essencialidade desempenha importantes funções prescritivas ou normativas", de modo que, quando o contrato tem como objeto bens essenciais, o regime intervencionista deve ser mais intenso, inclusive quando se trate de relação de consumo, devendo ser contrapostas as relações de consumo de bens essenciais àquelas de bens supérfluos[982].

Ademais, sustenta que, por meio do paradigma da essencialidade (= distinção entre situações existenciais e patrimoniais), "o direito civil e o seu estudioso talvez possam contribuir para a construção de um sistema jurídico voltado para a pessoa e para a satisfação de suas necessidades básicas"[983].

É nesse contexto que ANTÔNIO JUNQUEIRA DE AZEVEDO utiliza o termo contratos existenciais, a significar aqueles que "de uma maneira geral, dizem respeito à subsistência da pessoa humana"[984], apartando contratos de lucro ou empresariais e contratos existenciais ou não empresariais.

---

que dispõem sobre aspectos existenciais da relação do casal não devem ser reputados contratos, pois, a aplicação *sic et simpliciter* da normativa de direito contratual é incompatível com os valores neles envolvidos" (TEPEDINO, Gustavo; KONDER, Carlos Nelson; BANDEIRA, Paula Greco. *Fundamentos do direito civil*: contratos cit., p. 8).

[980] MORAES, Maria Celina Bodin de. *Na medida da pessoa humana*: estudos de direito civil constitucional. Rio de Janeiro: Renovar, 2010. p. 21-31.

[981] MORAES, Maria Celina Bodin de. *Na medida da pessoa humana*: estudos de direito civil constitucional cit., p. 190.

[982] NEGREIROS, Teresa. *Teoria do contrato*: novos paradigmas cit., p. 517-518.

[983] NEGREIROS, Teresa. *Teoria do contrato*: novos paradigmas cit., p. 518.

[984] GOMES, Orlando. *Contratos* cit., p. 101.

CRISTIANO CHAVES DE FARIAS e NELSON ROSENVALD apresentam entre os contratos classificados e qualificados[985] "funcionalmente" – "classificação funcional dos contratos" –, entre outros, os "contratos existenciais", qualificados pelo paradigma da essencialidade dos bens e pela sua oposição aos contratos de lucro, e os "contratos de direito da personalidade", identificados como aqueles que têm como "objeto o uso de certos direitos da personalidade", incluindo entre eles contratos de cessão de imagem, de direitos autorais[986] e contratos de direito de família[987] (de casamento, de esponsais, de união estável, de "namoro").

---

985 FARIAS, Cristiano Chaves de; ROSENVALD, Nelson. *Curso de direito civil*: contratos, teoria geral dos contratos e contratos em espécie cit., p. 438-487.

986 O direito de autor possui autonomia, com regras e princípios próprios, dada a natureza dos direitos intelectuais objeto da tutela jurídica. Antônio Chaves destaca que, a partir da Lei n.º 5.988, de 14 de dezembro de 1973 – substituída pela Lei n.º 9.610, de 19 de fevereiro de 1998 –, o Brasil passou a "contar com estatuto independente", alcançando antecipadamente o "ideal acalentado pela I Conferência Continental do Instituto Interamericano de Direito de Autor, IIDA, que se reuniu em São Paulo de 5 a 10.06.1977, para outros Países do Continente, aprovando a Resolução n.º 37: atribuir ao Direito de Autor um Estatuto único substantivo-adjetivo, completamente autônomo do Direito Comum" (CHAVES, Antônio. *Direito de autor*: princípios fundamentais. Rio de Janeiro: Forense, 1987. p. 21). Assim, também, José de Oliveira Ascensão sustenta que "é por força desta particular índole, nomeadamente do caráter imaterial do bem, que se aceita que represente um ramo autônomo do Direito" (*Direito autoral*. 2. ed. Rio de Janeiro: Renovar, 1997. p. 18).

987 Os negócios jurídicos entabulados no campo do direito de família têm regulação e princípios próprios, com forte incidência de normas de ordem pública. Para Cunha Gonçalves, "os direitos que não têm carácter patrimonial podem ser separados em três grupos, a saber: *a) os direitos da personalidade; b) os direitos de família; c) os direitos corporativos*" (*Tratado de direito civil*. 2. ed. São Paulo: Max Limonad, 1955. v. 1, t. 1, p. 309). Enneccerus entende que "os direitos que se dirigem a algo exterior à própria pessoa dividem-se em direitos patrimoniais e direitos de família". Com relação a estes últimos, define-os como "direitos relativos a uma duração duradoura de vida com outra pessoa e se concede ao titular devido aos deveres morais que lhe são impostos para com aquela outra pessoa" – tradução livre de: "derechos relativos a una relación duradera de vida con otra persona y se concede al titular en razón a los deberes morales impuestos al mismo hacia esa otra persona" (Derecho civil (parte general) cit., v. 1, p. 303). Em verdade, no direito de família, apesar do "prevalecimento das relações estritamente pessoais e não econômicas", estão presentes também as "relações econômicas e patrimoniais". Conforme esclarece Roberto de Ruggiero: "Assim, do casamento resulta a obrigação do marido manter a mulher; da filiação, a obrigação análoga dos pais para com os filhos; do parentesco e da afinidade, o de alimentos; do pátrio poder, o usufruto legal sobre os bens dos filhos menores; da tutela, a obrigação de administrar os bens do pupilo e de prestar

Entendemos que os contratos existenciais são tanto aqueles que têm como objeto, ou conteúdo, uma limitação voluntária de direito da personalidade (essência da pessoa) quanto aqueles que têm como objeto, ou conteúdo, um bem essencial à existência material da pessoa (existência humana).

Feitas essas considerações iniciais acerca da etimologia e da definição dos contratos existenciais, passaremos a tratar de seus pressupostos de existência, destacando-se a seguir os requisitos da essencialidade dos bens e a limitação voluntária de direitos da personalidade. Ao final deste Capítulo 2, analisaremos os pressupostos de validade, restando o plano eficacial, ou das consequências, para o Capítulo 3.

2.2. PRESSUPOSTOS DE EXISTÊNCIA

ANTÔNIO JUNQUEIRA DE AZEVEDO sustenta que os contratos existenciais têm como pressuposto a existência entre as partes de uma pessoa não empresária e "que para este a contratação não tenha objetivo de lucro"[988]. Ademais, destaca que, "dentre os contratos existenciais, encontram-se todos os contratos de consumo, bem como os contratos de trabalho, locação residencial, compra da casa própria e, de uma maneira geral, os que dizem respeito à subsistência da pessoa humana"[989].

Conforme vimos anteriormente, os elementos gerais dos negócios jurídicos são aqueles comuns a todo e qualquer negócio. Entre esses elementos gerais, temos os "intrínsecos ou constitutivos" – forma, objeto e circunstâncias negociais – e os "extrínsecos ou pressupostos" – agente, lugar e tempo do negócio[990].

Os elementos gerais intrínsecos, ou constitutivos, são comuns a todo e qualquer negócio, cabendo aqui a análise dos elementos extrínsecos ou pressupostos[991].

---

contas" (*Instituições de direito civil*. Tradução da 6.ª edição italiana por Paolo Capitanio. 2. ed. Campinas: Bookseller, 2005. v. 2, p. 35).

[988] GOMES, Orlando. *Contratos* cit., p. 100-101.

[989] GOMES, Orlando. *Contratos* cit., p. 100-101.

[990] Cf. AZEVEDO, Antônio Junqueira de. *Negócio jurídico*: existência, validade e eficácia cit., p. 32-33.

[991] Cf. AZEVEDO, Antônio Junqueira de. *Negócio jurídico*: existência, validade e eficácia cit., p. 32.

Os contratos existenciais, conforme propugnamos na definição *supra*, leva em conta como elemento definidor seu objeto: são tanto aqueles que têm como objeto uma limitação voluntária de direito da personalidade (essência da pessoa) quanto aqueles que têm como objeto um bem essencial à existência material da pessoa (existência humana).

Ademais, com relação ao agente, deve ser, em regra, pessoa física. Ressalvamos, todavia, a hipótese de sociedade limitada unipessoal[992] ou empresa individual de responsabilidade limitada[993], quando o contrato por estas entabulados tiver como objeto um bem essencial à existência material da pessoa (existência humana), ou uma limitação voluntária de direito da personalidade (essência da pessoa).

Com efeito, a pessoa empresária atuando sob a forma de sociedade limitada unipessoal, ou empresa individual de responsabilidade limitada, poderá ter como objeto de sua atividade a própria sobrevivência, como é bastante comum no Brasil. Veja-se como exemplo um carpinteiro que entabula contrato de fornecimento de energia elétrica para sua residência e seu local de trabalho, figurando nesse negócio jurídico sociedade limitada unipessoal ou empresa individual de responsabilidade limitada por ele constituída.

Aplicável aqui o mesmo fundamento utilizado para a definição do conceito de consumidor – *ubi eadem ratio ibi idem jus*: onde houver o mesmo fundamento haverá o mesmo direito[994]. Nesse sentido, o Superior Tribunal de Justiça tem sedimentada sua jurisprudência sobre o tema, tomando por base o conceito de consumidor por equiparação previsto no artigo 29 do Código de Defesa do Consumidor, evoluindo para uma aplicação temperada da teoria finalista com relação às pessoas jurídicas, chamada de finalismo mitigado, admitindo, em determinadas hipóteses, que a pessoa jurídica adquirente de um produto ou serviço possa ser equiparada a consumidora, "por apresentar frente ao fornecedor alguma

---

992 Artigo 1.052 do Código Civil de 2002: "Na sociedade limitada, a responsabilidade de cada sócio é restrita ao valor de suas quotas, mas todos respondem solidariamente pela integralização do capital social. § 1.º A sociedade limitada pode ser constituída por 1 (uma) ou mais pessoas".

993 Artigo 980-A do Código Civil de 2002: "A empresa individual de responsabilidade limitada será constituída por uma única pessoa titular da totalidade do capital social, devidamente integralizado, que não será inferior a 100 (cem) vezes o maior salário mínimo vigente no País".

994 MAXIMILIANO, Carlos. *Hermenêutica e aplicação do direito*. Rio de Janeiro: Forense, 2000. p. 245.

vulnerabilidade, que constitui o princípio-motor da política nacional das relações de consumo, premissa expressamente fixada no artigo 4.º, I, do CDC, que legitima toda a proteção conferida ao consumidor"[995].

[995] Cf. REsp n.º 1195642/RJ 2010/0094391-6, 3.ª Turma, Rel. Min. Nancy Andrighi, j. 13.11.2012. O aresto do julgado a seguir colacionado: "Consumidor. Definição. Alcance. Teoria finalista. Regra. Mitigação. Finalismo aprofundado. Consumidor equiparado. Vulnerabilidade. 1. A jurisprudência do STJ se encontra consolidada no sentido de que a determinação da qualidade de consumidor deve, em regra, ser feita mediante aplicação da teoria finalista, que, numa exegese restritiva do art. 2.º do CDC, considera destinatário final tão somente o destinatário fático e econômico do bem ou serviço, seja ele pessoa física ou jurídica. 2. Pela teoria finalista, fica excluído da proteção do CDC o consumo intermediário, assim entendido como aquele cujo produto retorna para as cadeias de produção e distribuição, compondo o custo (e, portanto, o preço final) de um novo bem ou serviço. Vale dizer, só pode ser considerado consumidor, para fins de tutela pela Lei n.º 8.078/90, aquele que exaure a função econômica do bem ou serviço, excluindo-o de forma definitiva do mercado de consumo. 3. A jurisprudência do STJ, tomando por base o conceito de consumidor por equiparação previsto no art. 29 do CDC, tem evoluído para uma aplicação temperada da teoria finalista frente às pessoas jurídicas, num processo que a doutrina vem denominando finalismo aprofundado, consistente em se admitir que, em determinadas hipóteses, a pessoa jurídica adquirente de um produto ou serviço pode ser equiparada à condição de consumidora, por apresentar frente ao fornecedor alguma vulnerabilidade, que constitui o princípio-motor da política nacional das relações de consumo, premissa expressamente fixada no art. 4.º, I, do CDC, que legitima toda a proteção conferida ao consumidor. 4. A doutrina tradicionalmente aponta a existência de três modalidades de vulnerabilidade: técnica (ausência de conhecimento específico acerca do produto ou serviço objeto de consumo), jurídica (falta de conhecimento jurídico, contábil ou econômico e de seus reflexos na relação de consumo) e fática (situações em que a insuficiência econômica, física ou até mesmo psicológica do consumidor o coloca em pé de desigualdade frente ao fornecedor). Mais recentemente, tem se incluído também a vulnerabilidade informacional (dados insuficientes sobre o produto ou serviço capazes de influenciar no processo decisório de compra). 5. A despeito da identificação *in abstracto* dessas espécies de vulnerabilidade, a casuística poderá apresentar novas formas de vulnerabilidade aptas a atrair a incidência do CDC à relação de consumo. Numa relação interempresarial, para além das hipóteses de vulnerabilidade já consagradas pela doutrina e pela jurisprudência, a relação de dependência de uma das partes frente à outra pode, conforme o caso, caracterizar uma vulnerabilidade legitimadora da aplicação da Lei n.º 8.078/90, mitigando os rigores da teoria finalista e autorizando a equiparação da pessoa jurídica compradora à condição de consumidora. 6. Hipótese em que revendedora de veículos reclama indenização por danos materiais derivados de defeito em suas linhas telefônicas, tornando inócuo o investimento em anúncios publicitários, dada a impossibilidade de atender ligações de potenciais clientes. A contratação do serviço de telefonia não caracteriza relação de consumo tutelável pelo CDC, pois o referido serviço compõe a cadeia produtiva da empresa, sendo essencial à consecução do seu negócio. Também não se verifica nenhuma vulnerabilida-

Para a configuração do contrato existencial com relação à sociedade limitada unipessoal ou à empresa individual de responsabilidade limitada, necessária a existência – além de ter como objeto um bem essencial à existência material da pessoa (existência humana), ou uma limitação voluntária de direito da personalidade (essência da pessoa) – de uma das três espécies de vulnerabilidades: técnica (ausência de conhecimento específico acerca do produto ou serviço objeto de consumo), fática (situações em que a insuficiência econômica, física ou até mesmo psicológica do consumidor o coloca em pé de desigualdade perante o fornecedor) ou jurídica (falta de conhecimento jurídico, contábil ou econômico e de seus reflexos na relação de consumo).

Pense-se, por exemplo, na sociedade limitada unipessoal ou na empresa individual de responsabilidade limitada, que adquire produto como carrinho de cachorro-quente ou de pipoca pela Internet, a ser utilizado ordinariamente na atividade desenvolvida como comerciante ambulante, para auferir parcas rendas, fruto de árduos trabalhos, tendo como finalidade a subsistência da pessoa e de sua família. Aqui estão preenchidos os requisitos para a caracterização de um contrato existencial em que o agente é pessoa empresária: a) o contrato tem como objeto um bem essencial à existência material da pessoa (existência humana); b) o fato de as vendas serem realizadas pela Internet, via comércio eletrônico, por si só já gera as vulnerabilidades técnica e fática, pela impossibilidade de conhecimento presencial e específico sobre o produto, bem como é evidente a hipossuficiência econômica.

Por outro lado, entendemos não serem todos os contratos de consumo contratos existenciais. Pela definição que propomos, os contratos de consumo serão contratos existenciais quando tiverem como objeto um bem ou uma prestação de serviço essencial à existência humana, excluindo-se, por exemplo, os contratos de consumo cujo objeto é a aquisição de bem ou serviços supérfluos[996].

---

de apta a equipar a empresa à condição de consumidora frente à prestadora do serviço de telefonia. Ainda assim, mediante aplicação do direito à espécie, nos termos do art. 257 do RISTJ, fica mantida a condenação imposta a título de danos materiais, à luz dos arts. 186 e 927 do CC/02 e tendo em vista a conclusão das instâncias ordinárias quanto à existência de culpa da fornecedora pelo defeito apresentado nas linhas telefônicas e a relação direta deste defeito com os prejuízos suportados pela revendedora de veículos. 7. Recurso especial a que se nega provimento".

996 Como bem pontua Teresa Negreiros: "Longe de ser um limite, o CDC constitui uma inspiração para o estabelecimento e aprofundamento do paradigma da essen-

2.3. ESSENCIALIDADE DOS BENS

Pretende-se caracterizar e especificar aqui os contratos existenciais que têm como objeto bens ou serviços essenciais à existência de uma das partes, mostrando-se importantes as considerações que serão feitas sobre a qualificação de um contrato como existencial, inclusive entre aqueles em que configurada uma relação de consumo.

Nos campos da filosofia e da economia, comparados ao direito, *bens*[997] têm um sentido mais amplo no caso do primeiro e diferente no segundo[998].

O vocábulo "bem" pode ser empregado como adjetivo, significando um atributo, sendo "tudo aquilo que é objeto de satisfação ou aprovação não importa qual ordem de finalidade", consistindo em um "termo laudativo

---

cialidade. Afinal, o regime de proteção instituído pelo CDC faz, sim, concessões a particularismos surgidos da análise concreta da relação contratual em causa, e assim o faz em consonância com a ordem constitucional. Significa dizer que, ao contrário do que poderia sugerir uma primeira leitura do CDC – onde a vulnerabilidade do art. 4.º, I, é expressa em termos de uma pressuposição indiscriminada –, o regime de tutela aí instituído se rege por critérios de aplicação que se nutrem da situação real das partes contratantes, não sendo possível alcançar-se uma decisão sem antes ponderar as circunstâncias concretas do conflito a ser dirimido. Isto ocorre seja no que se refere à aplicação das cláusulas gerais, como é o caso da cláusula geral de boa-fé prevista no CDC, seja no que se refere à própria caracterização da hipossuficiência do consumidor (art. 6.º, VIII, e art. 39, IV), seja, sobretudo, em relação à caracterização do desequilíbrio contratual (art. 51, § 1.º, II, por exemplo), hipóteses – todas elas – em que a lei faz remissão ora às condições pessoais das partes, ora à natureza e ao conteúdo do contrato em causa" (*Teoria do contrato*: novos paradigmas cit., p. 489-490).

997 PUGLIATTI, Salvatore. Beni (teoria gen.). *In*: CALASSO, Francesco. *Enciclopedia del diritto*. Milano: Giuffrè, 1959. v. V: Banca-Can, p. 165-166: "Nella lingua latina le parole *bonus, bene, bellus* (dalle forme archaiche: *duenos, duonus*, e quet'ultima da *duenolos*) erano strettamente legate; le lingue romanze, invece, le hanno isolate, fecendone ter parole distinte: in francese *bom, bien, beau*; in italiano *buono, bene, bello*. Per altro, nella lingua latina medievale, si riscontra già il termine *bene* nel significato sostantivale di *bonum*. I datti dell'esposizione che precede autorizzano soltanto questa conclusione: l'origine, l'uso e l'esito del termine di cui ci occupiamo, fondamentalmente come sostantivo adoperato al plurale (così pure nella lingua francese e nella lingua italiana, comuni e techiniche), documentano la funzione di un coletivo che designa una pluralità, una classe, un gruppo di entità oggetive, ma non già la funzione expressiva di una sintesi concettuale riferibile a codestà entità".

998 Beviláqua, Clóvis. *Código Civil dos Estados Unidos do Brasil comentado* cit., v. 1, p. 269.

universal de apreciação"⁹⁹⁹. Enquanto substantivo, refere-se àquilo que é útil a determinado fim, associado a um ser, e, particularmente, sobretudo no plural, "riquezas, coisas possuídas". Pode estar associado também a um "conceito normativo fundamental de ordem ética", a significar aquilo que possui um valor moral, tanto categórico ("o Bem") quanto derivado ("um bem"). Outrossim, pode referir-se a atos realizados, e que aprovamos, ou concernir a "atos futuros, aquilo que devemos fazer"¹⁰⁰⁰.

Filosoficamente, na Antiguidade grega, o "Bem, por excelência"¹⁰⁰¹, é aquilo que é bom por si próprio, sendo o resto somente meio. ARISTÓTELES afirma que "o bem é aquilo por que tudo anseia", havendo, todavia, uma diferença entre os fins: sendo alguns as "atividades puras" e outros, "os produtos do seu trabalho"¹⁰⁰². Na filosofia moderna, particularmente a kantiana, um bem caracteriza-se por satisfazer tanto a razão quantos os sentidos, bem como as ações¹⁰⁰³. A ética moderna,

---

999 LALANDE, André. *Vocabulaire technique et critique de la philosophie* cit., p. 111-112 (tradução livre): "pouvant être employé adjectivement comme attribut. – D. *Gut*; *wohl*; E. *Good, well*; I. *Bene*. Voir *Mal*. Se dit de tout ce qui est obejt de satisfaction ou d'approbation dans n'importe quel ordre de finalité: parfait en son genre, favorable, réussi, utile à quelque fin; c'est le terme laudatif universel des jugement d'appréciation. Il s'aplique au passé et l'avenir, au conscient et à l'inconscient, au volontaire et à l'involontaire".

1000 LALANDE, André. *Vocabulaire technique et critique de la philosophie* cit., p. 112 (tradução livre): "D. *Gut, das Gute;* au sens de bien-être, *Wohl;* – E. *Good;* I. *Bene*. Relativement: ce qui est utile à une fin donnée, à un être. 'Le bien de l'État'. - 'Tromper un malade pour son bien'. En particulier (surtout au pluriel): richesse, chose possedée. Bien être. Concept normative fundamental de 'ordre éthique': ce qui possède une valeur morale, soit catégorique (le Bien), soi dérivée (un bien). – A l'égard des actes accomplism c'est donc ce qu'on approuve; à l'égard des actes futurs, ce qu'on doit faire. Ce mot difère cependant beaucoup de celui de *Devoir*: 1.º en ce qu'il n'implique aucune idée d'obligation ou d'obéissance à une autorité, mais, seulement de norme ou de perfection; 2.º en ce qu'il concerne l'acte humaine lui même qui doit être accompli, non l'intention".

1001 LALANDE, André. *Vocabulaire technique et critique de la philosophie* cit., p. 112.

1002 ARISTÓTELES. *Ética a Nicômaco* cit., p. 17.

1003 KANT, Immanuel. *Critique de la raison pratique*. Paris: Presses Universitaires de France, 1943. p. 61-62: "La langue allemande a le bonheur de posséder des expressions qui ne laissent pas échapper cette différence. Pour designer ce que les Latins appelent d'un mot unique *bonum*, elle a deux concepts très distincts et deux expressions non moins distincts. Pour *bonum*, elle a les mots *Gute* et *Wohl*, pour *malum*, *Böse* et *Uebel* (ou *Weh*), de sorte que nous exprimons deux jugements tout à fait différents lorsque nous considérons dans une action qui en constitue ou ce qu'on

tende, ademais, a "conceber a vida humana como um eterno esforço de ascensão"[1004], em busca daquelas fortunas que a economia chama de "bens", ligados ao prazer e ao útil.

HANNAH ARENDT sustenta que a *vita activa* – esta expressão abrange o que a autora chama de três atividades humanas fundamentais: trabalho ("atividade que corresponde ao processo biológico do corpo humano), obra ("atividade correspondente à não naturalidade da existência humana", que proporciona o mundo "artificial de coisas") e ação ("atividade que ocorre diretamente entre os homens", tendo como elemento central a pluralidade, pois na Terra habitam "homens", e não o "Homem") –, que era centrada na ação (vida dedicada aos assuntos público-políticos da *pólis*) na Antiguidade, e *vita contemplativa* na Idade Média – caracterizada esta por ser uma comunidade de fiéis –, passa a

---

appele *Gute* et *Böse* ou ce qu'on appele *Wohl* et *Weh* (*Uebel*). De là il résulte donc que la proposition psychologique énoncée plus haut est moins très douteuse (*ungewiss*), si on la traduit ainsi: nous ne désirons rien que par rapport à ce que nous appelons notre *wohl* ou *weh*; au contraire, qu'elle deviant incontestablement vraie, qu'elle es ten même temps exprimée tout à fait clairement, si on la rend ainsi: nous ne voulons rien, sous la direction (*Answeisung*) de la raison, que ce que nous tenons pour bon ou mauvais, au sens de *Gute* et de *Bose*. *Wohl* ou *Uebel* ne désignent jamais qu'un rapport à ce qui dans notre état est *agréable* ou *désagréable* (*Annehlickeit, Unnnehmlickeit*), constitue un plaisir (*Vergnügens*) et un douleur (*Schmerzens*), et si, pour cette raison, nous désirons ou repoussons (*verabscheuen*) un objet, c'est seulement dans la mesure où il est rapporté à notre sensibilité et au sentiment du plaisir et de la peine (*Lust, Unlust*) qu'il produit. *Gute* et *Bosë* indiquent toujours une relation à la *volonté*, en tant qu'elle est déterminée par la *loi de la raison* à faire de quelque chose son objet; car elle n'est jamais immédiatement déterminée par l'objet et par la representation de cet objet, mais elle est un pouvoir de se fire d'une règle de la raison le motif (*Bewegursache*) d'une action (par laquelle un objet peut être réalisé). *Gute* et *Böse* se rapportent donc proprement à des actionset non à la façon de sentir (*Empfindungszustand*) de la personne et si quelque chose devait simplement (et à tous égards et sans autre condition) être bon ou mauvais (*gut oder böse*) ou considéré comme tele n ce sens, ce serait seulement la manière d'agir, la maxime de la volonté, par consequente la personne même qui agit comme un homme bom ou mauvais (*guter oder böser*), et non une chose qui pourrait être ainsi appelée".

1004 Cf. *Enciclopedia Italiana di Scienze, Lettere ed Arti (Treccani)*. Disponível em: https://www.treccani.it/enciclopedia/bene_%28Enciclopedia-Italiana%29/. Acesso em: 16 fev. 2022. Tradução livre de: "L'etica moderna tende a concepire la vita umana come eterno sforzo di salire, da quel momento in cui ha per 'bene' il piacere, l'utile, o quegli averi che l'economia chiama 'beni', a quel momento in cui la moralità diviene pienezza di soddisfazione interiore, che dà valore nuovo anche all'utile".

ser o trabalho na era moderna, com seu processo cíclico de produção e consumo de bens necessários ao ciclo vital[1005].

Pela perspectiva da economia, em sentido amplo, bens "são produtos ou recursos que podem ser direcionados diretamente para a satisfação de necessidades, ou ser usados para produzir outros bens"[1006]. ADAM SMITH analisa os bens como "mercadoria", ou objeto das trocas, sendo definido seu preço, entre outros elementos, pela sua maior escassez ou abundância[1007]. KARL MARX, por sua vez, entende que "a merca-

---

[1005] ARENDT, Hannah. *A condição humana* cit., p. 118: "Das coisas tangíveis, as menos duráveis são aquelas necessárias ao processo da vida. Nas palavras de Locke, todas 'essas boas coisas' que são 'realmente úteis à vida do homem", à "necessidade de subsistir', são 'geralmente de curta duração, de tal modo que – se não forem consumidas pelo uso – se deteriorarão e perecerão por si mesmas'. Após uma breve permanência no mundo, retornam ao processo natural que as produziu, seja por meio da absorção do processo vital do animal humano, seja por meio da deterioração; e, sob a forma que lhes dá o homem, por meio da qual adquirem seu lugar efêmero no mundo das coisas feito pelo homem, desaparecem mais rapidamente que qualquer outra parte do mundo. Consideradas em sua mundanidade, são as coisas menos mundanas e ao mesmo tempo as mais naturais. Embora feitas pelo homem, vêm e vão, são produzidas e consumidas de acordo com o sempre-recorrente movimento cíclico da natureza. Cíclico, também, é o movimento do organismo vivo, incluindo o corpo humano, enquanto ele pode suportar o processo que permeia sua existência e o torna vivo. A vida é um processo que em toda parte consome a durabilidade, desgasta-a e a faz desaparecer, até que finalmente a matéria morta, resultado de processos vitais pequenos, singulares e cíclicos, retorna ao gigantesco círculo global da natureza, onde não existe começo nem fim e onde todas as coisas naturais volteiam em imutável e imorredoura repetição".

[1006] SALTARI, Enrico. Bene. Dizionario di Economia e Finanza (2012). *Enciclopedia Italiana di Scienze, Lettere ed Arti (Treccani)*. Disponível em: https://www.treccani.it/enciclopedia/bene_%28Dizionario-di-Economia-e-Finanza%29/. Acesso em: 16 fev. 2022. Tradução livre de: "Nell'accezione generale, i b. sono prodotti o risorse che possono essere direttamente indirizzati al soddisfacimento di bisogni, oppure venire utilizzati per produrre altri beni. I beni economici. La teoria economica definisce b. economici quei b. che sono al contempo utili e disponibili in quantità limitata e, in conseguenza, hanno un prezzo di mercato positivo. I b. disponibili in quantità illimitata rispetto ai bisogni sono detti liberi e hanno prezzo nullo, perché liberamente accessibili. In quanto risorse o prodotti tangibili, i b. si distinguono dai servizi, che sono invece prestazioni erogate nel tempo (la lezione di un docente, la visita di un medico)".

[1007] SMITH, Adam. *A riqueza das nações*. Tradução Alexandre Amaral Rodrigues e Eunice Ostrensky. 3. ed. São Paulo: WMF Martins Fontes, 2016. v. 1, p. 69: "O preço de mercado de qualquer mercadoria particular é determinado pela proporção entre a quantidade dessa mercadoria que de fato é levada ao mercado e a demanda

doria é, antes de tudo, um objeto externo, uma coisa que, por meio de suas propriedades, satisfaz necessidades humanas de um tipo qualquer"[1008]. Ademais, sustenta que a mercadoria tem um duplo valor de uso e de troca e "também o trabalho possui os mesmos traços que lhe cabem como produtor de valores de uso"[1009].

No campo jurídico, ULPIANO (*L, 16, de verborum significatione, 49*) afirma que se entende por bem aquilo que "é possuído naturalmente ou por uma ficção do direito civil"[1010]. Em sua "explicação histórica das Institutas de Justiniano", ORTOLAN observa que o termo *res* em latim significa coisa (*chose*) em francês, e que à maioria desses "objetos reais" a lei atribui "direitos a exercer", de modo que, em direito romano, compreende-se por coisa "todos os objetos corporais considerados como submetidos, ou ao menos destinados ao homem, e todos os direitos que a lei concede sobre estes objetos"[1011].

---

dos que estão dispostos a arcar com o preço natural da mercadoria, ou o valor total da renda da terra, dos salários e dos lucros que devem ser pagos para que seja oferecida no mercado. Tais pessoas podem ser chamadas de consumidores efetivos e sua demanda efetiva, já que isso pode ser suficiente para efetivar a introdução da mercadoria inclinará a preparar mais terras para a produção dessa mercadoria; se ocorrer com os salários ou os lucros, o interesse de todos os demais trabalhadores e empreendedores logo os levará a empregar mais trabalho e capital para prepará-la e transportá-la ao mercado".

1008 MARX, Karl. *O capital*: crítica da economia política. Tradução Rubens Enderle. 2. ed. São Paulo: Boitempo, 2017. v. 1, p. 113: "A natureza dessa necessidade – se, por exemplo, elas provêm do estômago ou da imaginação – não altera em nada a questão. Tampouco se trata aqui de como a coisa satisfaz a necessidade humana, se diretamente, como meio de subsistência [*Lebensmittel*], isto é, como objeto de fruição, ou indiretamente, como meio de produção".

1009 MARX, Karl. *O capital*: crítica da economia política cit., p. 124: "Todo trabalho é, por um lado, dispêndio de força humana de trabalho em sentido fisiológico, e graças a essa sua propriedade de trabalho humano igual ou abstrato ele gera o valor das mercadorias. Por outro lado, todo trabalho é dispêndio de força humana de trabalho numa forma específica, determinada à realização de um fim, e, nessa qualidade de trabalho concreto é útil, ele produz valores de uso".

1010 JUSTINIANO I. *Les cinquante livres du Digeste ou Des Pandectes de l'empereur Justinien* cit., t. 7, p. 604. Tradução livre de: "Le terme de biens s'entend de ceux que l'on possède naturèllement ou d'après la fictiondu droit civil".

1011 ORTOLAN, Joseph Louis Elzéar. *Explication historique des instituts de l'empereur Justinien*. 9. ed. Paris: Plon, 1857. t. II, p. 229. Tradução livre de: "Ainsi par *chose* on entend, en droit romain, tous les objets corporels considérés comme pouvant être le *sujet* actif ou passif des droits".

AUBRY e RAU sustentam que os "objetos dos direitos civis são corpóreos ou incorpóreos", consoante sejam apreciáveis, respectivamente, pelos sentidos, ou pelo entendimento – asseveram que os principais "objetos incorpóreos" de que o direito cuida são "os direitos, as obrigações, as ações, as produções do espírito, o patrimônio"[1012]. Diferenciam os "objetos exteriores" daqueles que se confundem com "a existência mesma das pessoas" (*e.g.*, os corpos, a liberdade, a honra)[1013]. As relações jurídicas, de pessoa a pessoa, podem ser de duas espécies, ou uma delas está obrigada à prestação de um fato – nesta hipótese a *prestação* forma o objeto do direito – ou uma delas encontra-se em "posição de dependência" em relação à outra, um "direito de poder" – os exemplos são do direito romano (*Patria potestas, Manus* e *Mancipium*). Por fim, considerando os objetos dos direitos civis quanto às "utilidades que oferecem às pessoas", afirmam que esses objetos são chamados de "bens", denominando-se "bens inatos" aqueles que se confundem com a existência da pessoa, e que na linguagem do *Code Civil* a palavra *bem* não inclui os *bens inatos*, nem os *direitos de poder*, "vistos estes independentemente das vantagens pecuniárias que eles podem produzir"[1014].

1012 AUBRY, Charles; RAU, Charles-Frédéric. *Cours de droit civil français*: d'après la méthode de Zachariae. 5. ed. Paris: Marchal et Billard, 1897. t. 2, p. 1. nota de rodapé: "Les principaux objets incorporels dont s'occupe le Droit, sont les droits, les obligations, les actions, les productions de l'esprit, le patrimoine".

1013 São os direitos da personalidade, compreendidos como objetos de direito, asseverando Aubry e Rau que podem ser tutelados apenas após uma lesão, causada por um delito ou um quase delito, gerando uma ação de reparação de danos, "resolvendo-se quanto aos seus efeitos jurídicos em direitos sobre objetos exteriores" (tradução livre). cf. AUBRY, Charles; RAU, Charles-Frédéric. *Cours de droit civil français*: d'après la méthode de Zachariae cit., t. 2, p. 1: "Les droits relatifs aux objets de la première espèce, ne puvant donner lieu à reclamation qu'autant qu'ils ont été lésés par suíte d'une délit ou d'un quase-délit, et produisant alors une action en dômmage et intérêts, se resolvente quant au leurs effets juridiques, en droit sur des objets extérieurs".

1014 AUBRY, Charles; RAU, Charles-Frédéric. *Cours de droit civil français*: d'après la méthode de Zachariae cit., t. 2, p. 1. Tradução livre de: "On a coutume d'appeler *biens innés* les objets qui se confondent avec l'existence même de la personne, en tant que ont les considère sous les rapports, soi des avantages matériels ou moraux qu'ils procurent, soit de l'action en dommage-intérêts à laquelle la lésion de pareils objets peut donner ouverture. Dans le langage du Code, le mot *bien* ne comprend, ni les *bien innés*, ni même les droits de puissance envisagé comme tels, et indépendamment des avantages pécuniaires qui peuvent y être attachés. Cpr. art. 516 et 2092".

Em um sentido estrito, dado o fim sistemático da ciência jurídica, assevera SAVATORE PUGLIATTI que o termo *bens* assume o "significado genérico de objeto da tutela jurídica", e, na "terminologia legal", tem normalmente "o significado de termo objetivo de um direito subjetivo"[1015] e, assim, de uma situação subjetiva. Para o autor italiano, deve-se reconhecer existirem direitos subjetivos e bens "que não têm por objeto coisas, tal como os direitos relativos a serviços e os direitos sobre bens imateriais"[1016].

No contexto da tradição do direito luso-brasileiro, COELHO DA ROCHA assevera que, em sentido jurídico, "dizem-se *coisas* ou *bens* tudo aquilo, ou todos aqueles entes, que, servindo de utilidade aos homens, podem ser sujeitos ao seu poder, e portanto objeto de direitos"[1017]. Estão incluídos nessa fórmula genérica "não só as coisas físicas, mas também as ações, ou fatos", e os respectivos direitos considerados como objeto da propriedade.

TEIXEIRA DE FREITAS, por sua vez, considera inapropriada a distinção do direito romano entre coisas corpóreas e coisas incorpóreas, sendo fonte de confusões e perturbações na interpretação e aplicação das leis civis, e que se devem entender por coisas "somente os objetos corpóreos". Em verdade, afirma que os "direitos podem ser corpóreos ou incorpóreos". Corpóreos quando coisas, objetos materiais. Os *fatos*, por seu turno, entram na classe do que se denomina, no artigo 320 do *Esboço*, de bens, ou objetos dos direitos, podendo, estes sim, ser corpóreos (quando coisas) ou incorpóreos (quando fatos)[1018].

[1015] PUGLIATTI, Salvatore. Beni (teoria gen.) cit., p. 173. Tradução livre de: "Il *'bene giuridico'* in senso stretto – Il termine 'bene' (in senso) giuridico, dunque, può essere assunto, per i fini sistematici della scienza, nel significato generico di oggeto della tutela giuridica. Nella terminologia legale, invece, assume normalmente il significato di termine oggettivo di un diritto soggetivo (e caso mai di una situazione soggetiva)".

[1016] PUGLIATTI, Salvatore. Beni (teoria gen.) cit., p. 173 (tradução livre): "da un lato limita l'ambito dei beni a quello dei diritti aventi per oggeto cose, mentre – qualenque sai l'ampiezza di questo termine – si deve riconoscere che esistono (diritti soggettivi e) beni che non hanno per oggetto, cose come i diritti aventi per oggetto *servizi* e i diritti su benni immateriali".

[1017] ROCHA, Manuel Antonio Coelho da. *Instituições de direito civil* cit., p. 40.

[1018] FREITAS, Augusto Teixeira de. *Esboço do Código Civil* cit., v. 1, p. 115-116: "Se não trato aqui de tudo quanto pode ser objeto de direitos, mas unicamente desses objetos quando são coisas, assunto privativo desta Seção 2.ª; é porque os demais objetos dos direitos, quando não são bens, ou quando sendo bens (se algum caso houver) não forem coisas, estão já compreendidos na teoria das pessoas, de que se

Em seus comentários ao Código Civil brasileiro de 1916, CLÓVIS BEVILÁQUA define os bens como "os valores materiais ou imateriais, que servem de objeto a uma relação jurídica", sendo conceito mais amplo do que o de coisas, conforme as lições de TEIXEIRA DE FREITAS. Nesse sentido, assevera que "os bens econômicos formam o nosso patrimônio", enquanto os não econômicos "são irradiações da personalidade", e, por não serem passíveis de apreciação econômica, "não fazem parte do nosso patrimônio". Em arremate, observa que o *BGB* adotou em sua Parte Geral (segunda seção[1019]) a nomenclatura coisas (*Sachen*), preferindo o Código Civil brasileiro a terminologia *bens*, para dar maior "latitude ao alcance dos dispositivos"[1020].

Tratando do tema do "estabelecimento comercial", OSCAR BARRETO FILHO assevera que, "sob o ângulo jurídico, bens são valores materiais ou imateriais, que podem ser objeto de uma relação de direito. Compreendem, no seu significado, coisas corpóreas e incorpóreas, fa-

---

tratou na Seção 1.ª. Leiam-se as notas aos arts. 16 e 19, cujo pensamento capital é que as pessoas são consideradas ativa e passivamente. Quando consideradas passivamente, o seu fato, o fato da obrigação, é o objeto dos direitos".

[1019] OERTMANN, Paul. *Introducción al derecho civil* cit., p. 111-112: "El Código entiende por cosa, de acuerdo con el Derecho común rectamente interpretado, aunque en contradición con el Derecho prusiano que amplió mucho el concepto, solamente loa *objetos corporales*. Y, en efecto, la extensión del concepto de cosa a todo lo que pode ser *objeto* de un derecho o de una obligación (véase Landrecht, I, 2, §§ 2-3) no haría más que ampliar su ámbito a costa del contenido, y convertir aquél en un concepto casi sin valor alguno. Además de esto, el Derecho moderno no carece tampoco de una expresión para significar aquel concepto más extenso; háblase en este caso de 'objeto' (*Gegenstand*), pudiendo señalarse entre este concepto y el de cosa una clara diferencia (cfs. por ejemplo, los arts. 535 y 581 del BGB). Objeto es todo lo que puede ser materia de regulación y de relación, de cualquier clase que éstas sean, y no solamente, como pretende Sohm en sus reiterados trabajos sobre el 'objeto, lo que puede ser objeto de un acto de disposición. Tampoco implica la extensión del concepto de cosa a objetos no corporales el hecho de que el Código, en su libro III (*Derechos reales*), incluya el usufructo y la prenda sobre *créditos*, es decir, sobre objetos incorporales (arts. 1.068 s., 1.273 s.). Ello no significa que el crédito sea *cosa*, ni en modo alguno va contra la construcción del concepto, habiendóse limitado la ley a tratar initariamente la materia del usufructo y de la prenda, en atención a la íntima conexión entre todos los casos pertenecientes a cada una de ellas, incluyendo los respectivos tratados en la parte del sistema a la que correspondían los casos más importantes y más simples de las indicadas materias".

[1020] Beviláqua, Clóvis. *Código Civil dos Estados Unidos do Brasil comentado* cit., v. 1, p. 269.

tos e abstenções humanas (obrigações)"[1021]. Nesse sentido, WALTER MORAES afirma que, na ordem ética, bem é "todo fim eleito para que o homem tende", ou "tudo que possa satisfazer uma necessidade: *quod omnia appetunt*". No campo jurídico, bem "é tudo quanto possa ser objeto da conduta jurídica", ou seja, de um direito subjetivo ou de "um dever, já que a conduta jurídica não é senão o direito ou o dever *in fieri*". Assim, o conceito de bem equivale ao de "*objeto de direito* (direitos e deveres)", sendo amplo de tal modo a abarcar as coisas corpóreas e as incorpóreas, bem como os atos[1022].

A terminologia "bens" mantém-se no direito civil brasileiro, tendo o Código Civil de 2002 tratado do tema no título único, do Livro II, da Parte Geral. Nada obstante, o Código de Defesa do Consumidor adota a terminologia "produto" e "serviço". Produto é definido no § 1.º do artigo 3.º como "qualquer bem, móvel ou imóvel, material ou imaterial". Como serviço, na dicção do § 2.º do artigo 3.º, é "qualquer atividade fornecida no mercado de consumo, mediante remuneração, inclusive as de natureza bancária, financeira, de crédito e securitária, salvo as decorrentes das relações de caráter trabalhista".

Analisando as definições de produto e de serviço[1023], percebemos que refletem um pouco a noção econômica de bens, consideradas a realidade da sociedade de consumo e as relações travadas entre consumidores e fornecedores. Produto e serviços são os "bens", no sentido lato adotado pela tradição do direito civil brasileiro, incluídos os fatos ou prestações (serviços) e as coisas corpóreas e incorpóreas (produtos).

Conforme bem registra LUÍS CABRAL DE MONCADA, existe uma teoria geral do sujeito, mas não uma teoria geral do objeto do direito,

---

[1021] BARRETO FILHO, Oscar. *Teoria do estabelecimento comercial*. São Paulo: Max Limonad, 1969. p. 33.

[1022] MORAES, Walter. *Adoção e verdade*. São Paulo: RT, 1974. p. 7.

[1023] GIERKE, Otto von. *Las raíces del contrato de servicios*. Traducción Luis M. Marcano Salazar. Santiago: Olejnik, 2020. p. 11: "El 'contrato de servicios' del derecho actual ha perdido totalmente su parentesco esencial con la *locatio operarum* del Derecho Romano, bajo cuyo esquema fue concebido en la jurisprudencia romanista desde la época de la Recepción, hoy en día nos es extraña la idea de que el contrato de servicios y el arrendamiento de obra correspondan al mismo concepto genérico que le arrendamiento de cosas. Si, bien, el Derecho comum y los pandectistas se han mantenido hasta los últimos tiempos en esta posición, las grandes codificaciones alemanas han roto con ella desde hace mucho. El Code Civil, naturalmente, sigue hasta hoy el sistema romano".

dada a heterogeneidade deste[1024], e o que se acaba por fazer é apenas uma teoria geral dos direitos reais ou das coisas, sendo esta apenas uma das categorias de objetos dos direitos.

Nesse sentido, o Código Civil brasileiro de 2002, assim como a doutrina tradicional, classifica os bens relacionando-os aos próprios bens, e não às pessoas. Assim, nas "diversas classes de bens" reconhecidas pela lei civil, os bens são considerados "em si mesmos" – móveis (artigos 79 a 81) e imóveis (artigos 82 a 84), fungíveis e infungíveis (artigos 85 e 86), divisíveis e indivisíveis (artigos 87 e 88), singulares e coletivos (artigos 89 e 91) –, e "reciprocamente" – principais e acessórios (artigo 92), pertenças (artigo 93) e frutos e produtos (artigo 94) e as benfeitorias (artigo 95), podendo estas ser necessárias, úteis ou voluptuárias. Todavia, não existe uma classificação que leve em conta a utilidade ou a essencialidade do bem com relação às pessoas.

Nada obstante, a lei, a doutrina e a jurisprudência vêm adotando critérios que consideram os bens relacionados às pessoas e à sua utilidade ou essencialidade relativa a elas. Como bem recorda OTTO VON GIERKE, "o patrimônio existe somente em razão da pessoa, e antes, e sobre toda relação jurídico-patrimonial, está o *direito da personalidade*"[1025].

A noção de bem de família[1026], por exemplo, há muito está presente em nosso ordenamento jurídico[1027]. A expressão "bem de família involuntário

---

1024 MONCADA, Luís Cabral de. *Lições de direito civil* (parte geral). Coimbra: Atlântida, 1932. v. 2, p. 9: "O sujeito é, numa palavra, sempre o mesmo, com as mesmas propriedades e fins principais em tôdas as relações jurídicas; em todas se comporta quase da mesma maneira. Não é difícil hipostasiá-lo e tratá-lo como 'categoria' lógica, ou uma espécie de 'enteléquia'. Com o 'objecto' do direito já não sucede isto. Donde há que concluir, portanto, que é também impossível, como dizíamos, construir a respeito dele uma *teoria geral*".

1025 GIERKE, Otto von. *La función social del derecho privado y otros estudios* cit., p. 48.

1026 Cf. AZEVEDO, Álvaro Villaça de. *Bem de família*. São Paulo: Bushatsky, 1974. p. 113: "Como vimos, no direito americano, o *homestead* é o imóvel destinado ao domicílio familiar, isento de penhora, em defesa da pequena propriedade. Na então República do Texas, pela Lei de 26 de janeiro de 1839, cada família podia possuir, livre de execuções, uma porção de terra rural (50 hectares) ou um terreno urbano de certo valor, nunca superior a 500 dólares. Aí a semente de uma proteção que sempre se deveu à família, em qualquer parte do mundo, tanto que, como analisamos no estudo de Direito Comparado, esse exemplo proliferou apaixonando os juristas do globo".

1027 Ao indicar exemplos de atos sujeitos a formas simplesmente especiais, Vicente Ráo destaca o ato de constituição do bem de família, *in verbis*: "*c*) – a constituição de bens de família só praticável, validamente, por escritura pública (Código Civil,

(legal)" é utilizada por ÁLVARO VILAÇA DE AZEVEDO, opondo-o ao "bem de família voluntário". O primeiro é aquele criado pela Lei 8.009/90 e o segundo o criado nos termos dos artigos 1.711 a 1.722 do Código Civil de 2002, visando garantir um "mínimo necessário à sobrevivência da família", ou uma "quantia mínima existente em cada patrimônio de família, inatacável, impenhorável, capaz de garantir sua existência"[1028].

LUIZ EDSON FACHIN sustenta o "estatuto jurídico do patrimônio mínimo", cuja noção está ligada à verificação de uma esfera patrimonial capaz de atender às necessidades básicas de uma vida digna. O mínimo não é uma "metrificação", mas, sim, um "valor", "conceito aberto cuja presença não viola a ideia de sistema jurídico axiológico. O mínimo não é menos nem é ínfimo. É um conceito apto à construção do razoável e do justo ao caso concreto, aberto, plural e poroso ao mundo contemporâneo"[1029].

A ideia de mínimo existencial está presente na lei civil, *e.g.*, em dispositivos como o artigo 548 do Código Civil de 2002, quando diz ser "nula a doação de todos os bens sem reserva de parte, ou renda suficiente para a subsistência do doador". Trata-se da chamada doação

---

art. 73; Decreto n.º 3.200, de 19 de abril de 1941; Decreto n.º 4.857, de 9 de novembro de 1939, arts. 178 e 277; Código de Processo Civil, arts. 647 a 651)" (*Ato jurídico* cit., p. 180).

1028 AZEVEDO, Álvaro Villaça de. *Comentários ao Código Civil*: parte especial – direito de família (artigos 1.711 a 1.783). Coordenação Antônio Junqueira Azevedo. São Paulo: Saraiva, 2004. v. 19, p. 13: "Segundo meu entendimento, esposado em minha tese de doutoramento, em 1972, já citada, o bem de família legal, de natureza móvel, deve consistir na estipulação de uma quantia mínima existente em cada patrimônio de família, inatacável, impenhorável, capaz de garantir sua existência. Esse mínimo necessário à subsistência de um lar é, no fundo, uma proteção à cura do próprio Estado. Demonstrarei, nesses comentários, ao analisar a Lei 8.009/90, que ela criou o bem de família móvel, legal, tornando impenhoráveis os móveis que guarnecem a residência do proprietário ou do possuidor, a par de ter criado o bem de família imóvel, legal, pela simples residência do proprietário ou do possuidor. Desse modo, minha ideia foi acolhida, ainda que de maneira pouco diversa. O importante foi a criação do bem de família legal, móvel ou imóvel, protegido com normas de ordem pública. Como podemos observar, o bem de família voluntário, móvel ou imóvel, nasce pela vontade do instituidor, pela própria vontade individual, nos moldes preestabelecidos na lei, pela vontade soberana do Estado, garantidora de um mínimo necessário à sobrevivência da família".

1029 FACHIN, Luiz Edson. *Estatuto jurídico do patrimônio mínimo* cit., p. 280-281.

universal, que tem sua origem nas Ordenações[1030], exigindo-se que o doador fique "com renda suficiente, ou com parte de seus bens"[1031], garantindo-se que terá assegurada sua subsistência.

RICARDO LOBO TORRES propõe um "direito ao mínimo existencial", consistente "nos direitos da pessoa humana, referidos a sua existência digna". Observa o autor não ser qualquer "direito mínimo que se transforma em mínimo existencial", exigindo-se que seja "um direito a *situações existenciais dignas*". Trata-se de um direito de dupla face, apresentando-se como direito subjetivo e, também, objetivo, a compreender os direitos da liberdade ou fundamentais originários, e os direitos sociais fundamentais, "todos em sua expressão essencial, mínima e irredutível"[1032].

Amparado na noção de bens primários de JOHN RAWLS[1033], RICARDO LUIS LORENZETTI, por sua vez, sustenta que a pessoa necessita

---

[1030] ALMEIDA, Cândido Mendes de. *Codigo Philippino, ou, Ordenações e leis do Reino de Portugal*: recopiladas por mandado d'El-Rey D. Philippe I. 14. ed. segundo a primeira de 1603 e a nona de Coimbra de 1824. Rio de Janeiro: Typographia do Instituto Philomathico, 1870. p. 881: "Nem quando o contracto fôr per Direito reprovado, de maneira que per juramento não possa ser confirmado; a si como se algum homem promettesse á outro sub certa pena de o fazer herdeiro em parte, ou em todo, ou lhe fizesse doação entre vivos sob certa pena de todos seus bens moveis e de raiz, direitos e auções, havidos e por haver, não reservando delles para si cousa alguma". Assim, também o artigo 425 da *Consolidação das Lei Civis* de Teixeira de Freitas: "É nulla a doação entre vivos de todos os bens sem reserva do usufructo, ou do necessário para subsistência do doador" (FREITAS, Augusto Teixeira de. *Consolidação das Leis Civis*. Prefácio de Ruy Rosado de Aguiar. Brasília: Conselho Editorial do Senado Federal. 2003. v. 1, p. 302. Fac-símile). Agostinho Alvim destaca que "a proibição da doação universal encontra-se expressa em muitos Códigos", entre eles aponta o Código Civil português (artigo 1.460) e no *BGB* (artigo 528). "Ela guarda perfeita coerência", assevera, "com as regras que disciplinam a doação, muitas das quais impregnadas da desconfiança contra este contrato. Parece ser esta a razão que originou em Roma a célebre Lei Cíncia, e, no direito moderno, os rigores da forma imposta a este contrato, como expusemos em outro lugar. Se isto assim é com atinência a qualquer liberalidade, com maioria de razão o será na hipótese de doação universal" (*Da doação* cit., p. 162).

[1031] ALVIM, Agostinho. *Da doação* cit., p. 163.

[1032] TORRES, Ricardo Lobo. *O direito ao mínimo existencial* cit., p. 37.

[1033] RAWLS, John. *Justiça e democracia*. Tradução Irene A. Paternot. Seleção, apresentação e glossário Catherine Audard. São Paulo: Martins Fontes, 2000. p. 301-302: "Na teoria da justiça como equidade, a concepção dos bens primários responde a esse problema prático. A resposta sugerida repousa sobre a descoberta de uma semelhança estrutural parcial entre as concepções autorizadas do bem dos cidadãos, com a condição de considerá-los como pessoas livres e iguais. Aqui, as concepções

de alguns bens fundamentais, tais como o trabalho, a moradia, a educação e a saúde, para "desempenhar-se minimamente na sociedade". São bens correspondentes à "qualidade humana" e, como o direito e a ordem social e econômica, devem servir ao homem e a este devem ser garantidos. Trata-se de um "mínimo social" que possibilita "o bom funcionamento da organização humana e que permite a ela continuar sendo chamada desta maneira"[1034].

---

autorizadas são aquelas cuja concretização não é proibida pelos princípios da justiça política. Ainda que os cidadãos não defendam a mesma concepção abrangente (autorizada) e completa do ponto de vista dos seus fins últimos e das suas fidelidades, duas condições bastam para que eles possam compartilhar uma mesma ideia da vantagem racional. *Em primeiro lugar*, que os cidadãos defendam a mesma concepção de si mesmos como pessoas livres e iguais; *em segundo lugar*, que suas concepções abrangentes (autorizadas) do bem, por diferentes que sejam o seu conteúdo e as doutrinas religiosas ou filosóficas a elas vinculadas, tenham necessidade, para se desenvolverem, aproximadamente dos mesmo bens primários, isto é, das mesmas liberdades, oportunidades e direitos básicos, dos mesmos meios polivalentes, como a renda e a riqueza, todos garantidos pelas mesmas bases sociais do respeito próprio. Sustentamos que esses bens são aquilo de que os cidadãos, enquanto pessoas livres e iguais, necessitam e que a reivindicação desses bens é justificada. A lista básica dos bens primários (que podemos ampliar se necessário) compreende os cinco pontos seguintes: 1) os direitos e as liberdades básicos, dos quais se pode igualmente propor uma lista; 2) a liberdade de circulação e a liberdade na escolha de uma ocupação com, no segundo plano, oportunidades variadas; 3) os poderes e as prerrogativas pertinentes de certos empregos e posições de responsabilidade nas instituições políticas e econômicas da estrutura básica; 4) as rendas e riquezas; e, por fim, 5) as bases sociais do respeito próprio. Essa lista inclui essencialmente traços institucionais, como os direitos e as liberdades básicos, as oportunidades criadas pelas instituições e as prerrogativas ligadas ao emprego e às posições, assim como a renda e a riqueza. As bases sociais do respeito próprio são aí explicadas em termos institucionais, aos quais se acrescentam as características da cultura política pública, tais como o reconhecimento e a aceitação pública dos princípios da justiça. A ideia é encontrar assim uma base pública e realista para as comparações interpessoais, nos termos das características objetivas do contexto social visível. com a condição de tomarmos as precauções necessárias, podemos em princípio, como sugere A. Sen, ampliar a lista para outros bens, como tempo de lazer e mesmo certos estados mentais, como a ausência de dor física".

[1034] LORENZETTI, Ricardo Luis. *Fundamentos do direito privado*. São Paulo: RT, 1998. p. 328-329: "A primeira resposta possível é que o indivíduo pode prover por si mesmo estes bens, já que são oferecidos no mercado. O que deve fazer o Direito é regular o sistema concorrencial de modo a torná-lo transparente e que todos possam buscar estes bens".

A recente atualização do Código de Defesa do Consumidor – com as reformas levadas a efeito pela Lei n.º 14.181, de 8 de dezembro de 1.º de julho de 2021, ao dispor sobre a prevenção e o tratamento do superendividamento – introduziu a noção de "mínimo existencial" na legislação consumerista, sendo direito básico do consumidor sua preservação no "tratamento de situações de superendividamento", "na repactuação de dívidas e na concessão de crédito" (artigo 6.º, XI e XII). Entende-se por superendividamento "a impossibilidade manifesta de o consumidor pessoa natural, de boa-fé, pagar a totalidade de suas dívidas de consumo, exigíveis e vincendas, sem comprometer seu mínimo existencial, nos termos da regulamentação".

Verifica-se que a lei deixa em aberto a definição do que é "mínimo existencial", encontrando-se em discussão no âmbito da Secretaria Nacional do Consumidor (Senacon) a regulação do conceito. Primeiramente, cumpre consignar que se trata de conceito indeterminado, com aplicação imediata e direta, independendo da regulação por decreto presidencial o tratamento extrajudicial e judicial do superendividado, pois o superendividamento e sua delimitação podem ser verificados no caso concreto. Em contrapartida, observe-se que, por se tratar de norma de ordem pública, limitante da autonomia privada, não poderia o Decreto presidencial, *e.g.*, tornar totalmente sem efeito o conteúdo da Lei e do conceito de "mínimo existencial", que decorre de um dos fundamentos da República Federativa do Brasil, que é a dignidade da pessoa humana (artigo 1.º, III). Entendemos, ademais, que não se deve fixar um valor objetivo e fixo, sendo necessário levar em conta diversos fatores, tais como a quantidade de dívidas existentes, a natureza das dívidas e o perfil de renda do consumidor. Consideramos ser mínimo existencial os rendimentos mínimos destinados à subsistência digna do superendividado e de sua família, que lhes permitam prover necessidades vitais, em especial com alimentação, habitação, vestuário, saúde e higiene.

É bem de ver que a Carta da República estabelece entre os direitos fundamentais sociais a garantia de um "salário mínimo", "capaz de atender a suas necessidades vitais básicas e às de sua família com moradia, alimentação, educação, saúde, lazer, vestuário, higiene, transporte e previdência social, com reajustes periódicos que lhe preservem o poder aquisitivo".

Conforme pondera TERESA NEGREIROS, "as necessidades absolutas, ou categóricas, dispensam justificação, já que a sua evidência decorre da direta relação que guardam com a integridade física e/ou psíquica das pessoas", são necessidades inerentes à pessoa, não significando, todavia, que "as necessidades básicas possam compor uma lista exaustiva e imutável"[1035], haja vista a pluralidade e mesmo as circunstâncias que se mostram ao longo da vida, originando renovadas necessidades[1036].

No âmbito do direito tributário, fala-se em essencialidade de produtos e serviços para fins de seletividade tributária[1037]. Para ALIOMAR BALEEIRO, o termo "refere-se à adequação do produto à vida do maior número dos habitantes do país", ou, melhor, "as mercadorias essenciais à existência civilizada"[1038]. Nesse sentido, HENRY TILBERY, ao se referir a "mercadorias essenciais à existência civilizada", dá uma abrangência mais dilatada e adequada à noção de essencialidade, não se resumindo "à satisfação das necessidades biológicas", compreendendo, outrossim, "os bens considerados indispensáveis à manutenção de um padrão de vida decente, mínimo, de acordo com o grau de bem-estar da sociedade"[1039], padrão este que "varia conforme época e lugar"[1040].

No tocante aos serviços essenciais, o Código de Defesa do Consumidor dispõe em seu artigo 22 que "os órgãos públicos, por si ou suas empresas, concessionárias, permissionárias ou sob qualquer outra forma de

---

1035 NEGREIROS, Teresa. *Teoria do contrato*: novos paradigmas cit., p. 467.

1036 Assim, algumas necessidades de pessoas idosas são diversas daquelas de crianças e adolescentes.

1037 Assim, a Constituição Federal de 1988 dispõe com relação ao "imposto sobre produtos industrializados" – de competência federal –, dever ser "seletivo, em função da essencialidade do produto" (artigo 153, § 3.º, I), e no tocante ao "imposto sobre circulação de mercadorias e serviços" – de competência estadual –, poder ser "seletivo, em função da essencialidade das mercadorias e dos serviços". O Código Tributário Nacional nesse sentido dispõe no artigo 48 que o imposto sobre produtos industrializados "é seletivo em função da essencialidade dos produtos".

1038 BALEEIRO, Aliomar. *Direito tributário brasileiro*. 10. ed. Rio de Janeiro: Forense, 1987. p. 206.

1039 TILBERY, Henry. O conceito de "essencialidade" como critério de tributação. *In*: NOGUEIRA, Ruy Barbosa (coord.). *Estudos tributários*. Em homenagem à memória de Rubens Gomes de Sousa. São Paulo: Resenha Tributária, 1974. p. 342.

1040 TILBERY, Henry. O conceito de "essencialidade" como critério de tributação cit., p. 326: "Os exemplos, mencionados pelo grande filósofo e economista escocês (camisas de linho, sapatos de couro) são ligados às condições vigentes na época e no país, porém a definição formulada por ele, não perdeu nada de atualidade, isto é, considerando como necessidades não somente o que é indispensável por natureza (o essencial para sobrevivência, as necessidades biológicas), mas também aqueles bens que, conforme a opinião estabelecida de decência, não deviam faltar à gente mais humilde".

empreendimento", além de estarem obrigados a fornecer "serviços adequados, eficientes, seguros", devem eles ser contínuos. Nesse sentido, a Lei n.º 7.783, de 28 de junho de 1989, que dispõe sobre o direito geral de greve, estabelece no artigo 10 as atividades ou serviços considerados essenciais – a) tratamento e abastecimento de água; produção e distribuição de energia elétrica, gás e combustíveis; b) assistência médica e hospitalar; c) distribuição e comercialização de medicamentos e alimentos; d) funerários; e) transporte coletivo; f) captação e tratamento de esgoto e lixo; g) telecomunicações; h) guarda, uso e controle de substâncias radioativas, equipamentos e materiais nucleares; i) processamento de dados ligados a serviços essenciais; j) controle de tráfego aéreo e navegação aérea; k) compensação bancária; l) atividades médico-periciais relacionadas com o regime geral de previdência social e a assistência social; m) atividades médico-periciais relacionadas com a caracterização do impedimento físico, mental, intelectual ou sensorial da pessoa com deficiência, por meio da integração de equipes multiprofissionais e interdisciplinares, para fins de reconhecimento de direitos previstos em lei, em especial na Lei n.º 13.146, de 6 de julho de 2015 (Estatuto da Pessoa com Deficiência); n) outras prestações médico-periciais da carreira de Perito Médico Federal indispensáveis ao atendimento das necessidades inadiáveis da comunidade; o) atividades portuárias –, impondo-se aos sindicatos, empregadores e trabalhadores que mantenham, durante a greve, a "prestação dos serviços indispensáveis ao atendimento das necessidades inadiáveis da comunidade".

A jurisprudência do Superior Tribunal de Justiça vem reconhecendo a essencialidade de serviços como os de água e esgoto e o de energia elétrica, com a aplicação de forma mitigada da possibilidade de interrupção do fornecimento deles. Com efeito, no julgamento do REsp n.º 363.943/MG, assentou-se o entendimento de que é lícito à concessionária interromper o fornecimento de energia elétrica, se, após aviso prévio, o consumidor de energia elétrica permanecer inadimplente no pagamento da respectiva conta (Lei n.º 8.987/1995, artigo 6.º, § 3.º, II). Ressalve-se o entendimento esposado pelo Ministro Luiz Fux[1041], para quem o corte

---

[1041] Nesse sentido, pedimos vênia para colacionar a ementa do julgado: "Administrativo. Corte do fornecimento de água. Inadimplência do consumidor. Legalidade. 1. A 1.ª Seção, no julgamento do REsp n.º 363.943/MG, assentou o entendimento de que é lícito à concessionária interromper o fornecimento de energia elétrica, se, após aviso prévio, o consumidor de energia elétrica permanecer inadimplente no pagamento da respectiva conta (Lei n.º 8.987/95, artigo 6.º, § 3.º, II). 2. Ademais, a 2.ª Turma desta

do fornecimento de serviços essenciais, tais como água e energia elétrica, visando compelir o usuário ao pagamento de tarifa ou multa, "extrapola os limites da legalidade e afronta a cláusula pétrea de respeito à dignidade humana, porquanto o cidadão se utiliza dos serviços públicos

---

Corte, no julgamento do REsp n.º 337.965/MG entendeu que o corte no fornecimento de água, em decorrência de mora, além de não malferir o Código do Consumidor, é permitido pela Lei n.º 8.987/95. 3. Não obstante, ressalvo o entendimento de que o corte do fornecimento de serviços essenciais – água e energia elétrica – como forma de compelir o usuário ao pagamento de tarifa ou multa, extrapola os limites da legalidade e afronta a cláusula pétrea de respeito à dignidade humana, porquanto o cidadão se utiliza dos serviços públicos posto essenciais para a sua vida, curvo-me ao posicionamento majoritário da Seção. 4. Em primeiro lugar, entendo que, hoje, não se pode fazer uma aplicação da legislação infraconstitucional sem passar pelos princípios constitucionais, dentre os quais sobressai o da dignidade da pessoa humana, que é um dos fundamentos da República e um dos primeiros que vem prestigiado na Constituição Federal. 5. Não estamos tratando de uma empresa que precisa da energia para insumo, tampouco de pessoas jurídicas portentosas, mas de uma pessoa miserável e desempregada, de sorte que a ótica tem que ser outra. Como disse o Sr. Ministro Francisco Peçanha Martins noutra ocasião, temos que enunciar o direito aplicável ao caso concreto, não o direito em tese. Penso que tínhamos, em primeiro lugar, que distinguir entre o inadimplemento de uma pessoa jurídica portentosa e o de uma pessoa física que está vivendo no limite da sobrevivência biológica. É mister fazer tal distinção, *data maxima venia*. 6. Em segundo lugar, a Lei de Concessões estabelece que é possível o corte considerado o interesse da coletividade, que significa não fazer o corte de energia de um hospital ou de uma universidade, não o de uma pessoa que não possui 40 reais para pagar sua conta de luz, quando a empresa tem os meios jurídicos legais da ação de cobrança. A responsabilidade patrimonial no direito brasileiro incide sobre patrimônio devedor e, neste caso, está incidindo sobre a própria pessoa! 7. No meu modo de ver, *data maxima venia* das opiniões cultíssimas em contrário e sensibilíssimas sob o ângulo humano, entendo que 'interesse da coletividade' refere-se aos municípios, às universidades, hospitais, onde se atinge interesse plurissubjetivos. 8. Por outro lado, é preciso analisar que tais empresas têm um percentual de inadimplemento na sua avaliação de perdas, evidentemente. Pelo que se houve falar, e os fatos notórios não dependem de prova, a empresa recebe mais do que experimenta tais inadimplementos. Tenho absoluta certeza que, dos dez componentes da Seção, todos pagamos a conta de luz diuturnamente. Então, é uma forma da responsabilidade passar do patrimônio do devedor para sua própria pessoa. 9. Com tais fundamentos, e também outros que seriam desnecessários alinhar, sou radicalmente contra o corte do fornecimento de serviços essenciais de pessoa física em situação de miserabilidade e absolutamente favorável ao corte de pessoa jurídica portentosa, que pode pagar e protela a prestação da sua obrigação, aproveitando-se dos meios judiciais cabíveis. 10. Recurso especial provido, por força da necessidade de submissão à jurisprudência uniformizadora" (REsp 617.588/SP, 1.ª Turma, Rel. Min. Luiz Fux, j. 27.04.2004, *DJ* 31.05.2004, p. 241).

posto essenciais para a sua vida". Sobre o tema, dado o aspecto eficacial, trataremos mais adiante, quando adentrarmos nas "consequências", ao abordarmos a inexecução das obrigações contratuais.

Compreendemos que os bens essenciais, pressupostos dos contratos existenciais, são os fatos ou prestações (serviços) e as coisas corpóreas e incorpóreas (produtos) essenciais às necessidades do ciclo vital da pessoa[1042], consideradas a natureza do bem, a situação concreta da parte e a relação contratual sob exame, distinguindo-se a essencialidade, *a priori*, de bens destinados a prover as necessidades vitais da pessoa e de sua família, tais como alimentação, moradia[1043], vestuário, saúde,

---

[1042] Stefano Rodotà argumenta que o direito à existência é mais do que uma referência a um fato natural ou biológico, estando há muito associado à noção de existência digna, mais ampla: "L'artificio del diritto trasferice l'esistenza in una dimensione diversa dalla sua definizione in termini di biologia o di natura. Questo non significa separare l'esistenza dalle sue condizioni material. Vuol dire che queste non ne esauriscono i caratteri e che, anzi, la materialità dell'esistere esige che vengano presi considerazione fattori che risguardano la persona nel suo rapporto complessivo con gli altri e con il mondo. Nel contesto italiano l'ostilità a ogni riduzionismo è resa esplicita dalle parole iniziali dell'art. 3, dove la dignità compare súbito come dignità 'sociale', dunque non come una qualità innata della persona, ma come il risultato du una costruzione che muove dalla persona, esamina e integra relazioni personali e legami social, impone la considerazione del contesto complessivo all'interno del quale l'esistenza si svolge. Il diritto all'esistenza impone di andare oltre il grado zero dell'esistere, dunque di liberarsi da un riduzionismo biologico che ha come parâmetro la garanzia del solo mínimo vitale. Quando compare nella dimensione costituzionale, il diritto all'esistenza ci parla di qualcosa che eccede la nuda vita, si riempi di contenuti ulteriori. Nella ormai lunga discussione che accompagna riconoscimenti e ripulse di questo difficile diritto, si encontra sovente una sovrapposizione, o una confusione, tra sopravvivenza e esistenza" (*Il diritto di avere diritti*. Roma-Bari: Gius Laterza & Figli, 2012. p. 232-233).

[1043] RIGAUX, François. *La vie privée, une liberte parmi les autres?* Avec les contributions de Yves Poullet, Xavier Thunis, Thierry Léonard. Buxelles: Maison Larcier, 1992. p. 158: "Les tempéraments apportés par la loi à la force obligatoire de certains contrats impliquent que l'on répudie la qualification purement patrimoniale des droits contractuels d'une des parties: est inhérente à l'action du législateur l'attribution au locataire d'un droit au logement qui n'a pas dans son chef une nature purement économique. Deux arrêts du Tribunal constitutionnel fédéral allemand devant lequel était invoquée l'incompatibilité du paragraphe 546b, alinéa 2, n.º 2 du BGB, protégeant le locataire avec l'article 14 de la Loi fondamentale qui garantit le droit de propriété ont rejeté le recours en s'appuyant sur une double argumentation. D'une part, la disposition critiquée est en harmonie avec le concept constitutionnel de la function sociale de la propriété privée. D'autre part, le logement 'le lieu central de l'existence', le second arrêt insistant sur la function essentielle du logement pour le déroulement des conditions personnelles d'existence de celui qui l'occupe".

educação e higiene – incluídos serviços como os de fornecimento de água, de energia elétrica e de gás[1044].

2.4. LIMITAÇÃO VOLUNTÁRIA DE DIREITOS DA PERSONALIDADE

Pretende-se aqui caracterizar e especificar os contratos que têm como objeto a limitação voluntária de direitos da personalidade (*e.g.*, nome, imagem, voz, privacidade, integridade física, proteção de dados, doação de órgãos, doação de material genético, doação de gametas e óvulos, tratamento médico experimental, entre outros). Com efeito, "uma atitude puramente negativa perante o desenvolvimento técnico provém ou duma insuficiente análise, ou duma concepção idealista dum destino que só forjamos em colaboração com todas as forças da natureza"[1045]. A "era da técnica"[1046], prenunciava EDUARDO MOUNIER, engendrará os maiores perigos "ao movimento da personalização", cabendo ao direito e à ética defrontar-se com a nova realidade econômica, política, social e cultural e encontrar mecanismos de proteção e tutela da pessoa. Em outras palavras, "cada pessoa humana tem o direito de decidir por si mesma sobre aquilo que concerne ao seu destino pessoal"[1047], cumprindo ao direito propiciar o livre desenvolvimento da personalidade, em um ambiente de eticidade e de socialidade[1048].

[1044] RIGAUX, François. *La vie privée, une liberté parmi les autres?* cit., p. 159: "Le raisonnement tenu à l'égard du logement peut être étendu à une matière connexe, l'interruption brutale de fourniture d'eau, de gaz ou d'électricité qui a pour effet de porter atteinte à la dignité de l'usager de ces fournitures".

[1045] MOUNIER, Eduardo. *O personalismo* cit., p. 56.

[1046] Na visão de Mário Bigote Chorão, "a questão biotecnológica está no epicentro da crise moral, jurídica e política da sociedade contemporânea", impondo-se "recuperar a verdade da pessoa humana a aferir por ela o agir na ordem moral, jurídica e política", o que pode ser conseguido somente à luz "do humanismo integral e do personalismo ontologicamente fundado e teologicamente centrado, chaves para a bioética, para o biodireito, e para a biopolítica" (*Pessoa humana, direito e política*. Lisboa: Imprensa Nacional-Casa da Moeda, 2006. p. 419).

[1047] MARITAIN, Jacques. *Les droits de l'homme et la loi naturelle*. New York: Éditions de la Maison Française, 1942. p. 99. Tradução livre de: "Chaque personne humaine a le droit de se décider elle-même en ce qui regarde sa destinée personelle".

[1048] Conforme defendia Otto von Gierke, "nosso direito será social ou não será" – tradução livre de: "Nuestro derecho privado será social o no será" (*La función social*

Estamos na era pós-industrial[1049], na sociedade da informação[1050] e do consumo[1051], em que "a pessoa vende e se vende"[1052], marcando

---

del derecho privado y otros estudios cit., p. 57).

1049 TOURAINE, Alain. *La société post-industrielle*. Paris: Denoël, 1969. p. 9: "On étonnera peut-être en disant que le caractère le plus général de la société programée est que les décisions et les combats économiques n'y ont plus l'autonomie de le centralité qu'ils possédaient dans un type antérieur de société, défini par son effort d'accumulation et de prélèvement de profits sur le travail directement productif. N'est-il pas paradoxal d'annoncer une telle affirmation alors que l'ensemble de la société est plus marqué que jamais par les moyens et les résultats de la croissance économique et que la capacite de développement et d'enrichissement semble le test par lequel tous les régimes sociaux et politiques acceptant d'être jugés? Il ne s'agit pas en effet de dire qu'une société post-industrielle est celle qui, ayant atteint un certain niveau de produtivicté, et donc de richesse, peut se débarrasser du souci exclusive de la production et devenir une société de consummation et de loisirs".

1050 CASTELLS, Manuel. *A era da informação*: economia, sociedade e cultura. Fim de milênio. Tradução Klauss Brandini Gerhardt e Roneide Venancio Majer. 7. ed. São Paulo: Paz e Terra, 2020. v. 3, p. 436: "Batalhas culturais são as lutas pelo poder da Era da Informação. São travadas basicamente dentro da mídia e por ela, mas os meios de comunicação não são os detentores do poder. O poder, como capacidade de impor comportamentos, reside nas redes de troca de informação e de manipulação de símbolos que estabelecem relações entre os atores sociais, instituições e movimentos culturais por intermédio de ícones, porta-vozes e amplificadores culturais".

1051 BAUMAN, Zygmunt. *Vida para consumo*: a transformação das pessoas em mercadoria. Rio de Janeiro: Jorge Zahar, 2008. p. 20: "Na sociedade de consumidores, ninguém pode se tornar sujeito sem primeiro virar mercadoria, e ninguém pode manter segura sua subjetividade sem reanimar, ressuscitar e recarregar de maneira perpétua as capacidades esperadas e exigidas de uma mercadoria vendável. A 'subjetividade' do 'sujeito', e a maior parte daquilo que essa subjetividade possibilita ao sujeito atingir, concentra-se num esforço sem fim para ela própria se tornar, e permanecer, uma mercadoria vendável. A característica mais proeminente da sociedade de consumidores – ainda que cuidadosamente disfarçada e encoberta – é a *transformação dos consumidores em mercadorias*; ou antes, sua dissolução no mar de mercadorias em que, para citar aquela que talvez seja a mais citada entre as muitas sugestões citáveis de Georg Simmel, os diferentes significados das coisas, 'e portanto as próprias coisas, são vivenciados como imateriais', aparecendo "num tom uniformemente monótono e cinzento' – enquanto tudo 'flutua com igual gravidade específica na corrente constante do dinheiro'".

1052 OLLARD, Romain. Qualification de droits extrapatrimoniaux. *In*: SAINT-PAU, Jean Christophe (coord.). *Traité de droits de la personalité*. Paris: LexisNexis, 2013. p. 273. Tradução livre de: "Or, dans notre société d'information et de consommation, la personne fait vendre et se vend".

uma patrimonialização dos direitos extrapatrimoniais[1053], especialmente dos atributos dos direitos da personalidade, tais como a imagem, o nome, a voz, as informações pessoais, a privacidade, são todos os dias objeto de trocas econômicas[1054]. Portanto, conforme propugna FRANÇOIS RIGAUX, convém "dissipar" a "ilusão" da doutrina dominante relativa aos bens da personalidade, segundo a qual estes "teriam uma natureza extrapatrimonial, o que lhes tornaria indisponíveis, incessíveis que lhes subtrairia da liberdade contratual"[1055].

1053 Para Adriano De Cupis, "a vida, a integridade física, a liberdade, permitem ao sujeito conseguir outros bens revestidos" de "utilidade econômica", "mas não podem nem identificar-se nem confundir-se com estes outros" (*Os direitos da personalidade* cit., p. 36).

1054 FABRE-MAGNAN, Muriel. *L'institution de la liberté* cit., p. 112-113: "La notion d'autonomie personelle interpretée comme un droit de faire tous choix pour soi-même, et notamment celui de consenter à se mettre à disposition d'autrui, est du pain béni pour le marché. Comme le souligne Jean-Claude Michéa, 'sans les nouvelles pistes qu'ouvre sans cesse le libéralisme culturel [...], le marché ne pourrait pas s'emparer continuellement de toutes les activités humaines, y compris les plus intimes'. Ce mouvement de marchandisation généralisée a été perceptible en droit français dès les années 1980. Progressivement, les droits les plus intimes de la personne – ce qu'on appelle les droits de la personalité (droit au nom, droit à l'image, ou encore droit au respect de la vie privée) – ont pu être cédés et monnayés par contrat. La pression s'est portée également sur les produits et élements du corps humain et, plus largement, sur le utilisations de ce corps. Les revendications sont désormais constantes pour que le droit reconnaisse que chacun est propriétaire de son corps, non plus, comme au meilleur temps du féminisme ('mon corps m'appartient'), pour libérer les êtres humains, mais pour pouvoir traiter le corps (et espécialment le corps des femmes) comme une chose commercialisable. La liberté de disposer de son corps devient un droit de consentir à ce qu'il soit aliéné et commercialisé. La liberte avait jadis permis aux femmes de conquérir le droit à la contraception ou à l'avortement, c'est-à-dire de reprendre possession de leur propre corps; elle est aujourd'hui plus souvent brandie pour que les femmes puissent consentir à se prostituer ou à porter un enfant pour autrui, c'est-à-dire à mettre leur corps (et donc leur personne) à la disposition d'autrui".

1055 RIGAUX, François. Un nouveau concept de droit public: la vie privée. *Bulletin de la Classe des Lettres et des Sciences Morales et Politiques*, t. 75, p. 165, 1989. Disponível em: www.persee.fr/doc/barb_0001-4133_1989_num_75_1_55893. Acesso em: 13 fev. 2022. Tradução livre de: "Il convient, dès lors, de dissiper une ilusion. Selon la doctrine dominante, les biens de la personalité auraient une nature extrapatrioniale qui les rendraient indisponibles, incessibles, qui les soustrairait à la liberte contractuelle. en affirmant qu'ill s'agit des droits extrapatrimoniaux, la doctrine remplit une fonction idéologique, particulièrement contestable à une époque où presque tous les biens de la personalité font l'objet d'un commerce juridique réglé".

Os direitos da personalidade são correntemente definidos pelo seu regime; assim, costuma-se dizer que são insuscetíveis de avaliação pecuniária (extrapatrimoniais)[1056], intransmissíveis, indisponíveis, incessíveis, imprescritíveis, impenhoráveis[1057], ou seja, uma definição negativa das características desse direito subjetivo, mais pelo objeto do que pelo conteúdo.

Como observa ROMAIN OLLARD, os direitos da personalidade, pertencendo a uma "ordem de valor moral", são concebidos como "um direito puro, virgem de qualquer ligação com o dinheiro". No entanto, a partir do momento que se visualiza a realidade, despida das "conveniências morais e ideológicas, os atributos da personalidade devem ser considerados como avaliável em dinheiro", conforme se pode verificar nos "contratos de exploração pelos quais eles são cotidianamente o objeto"[1058].

FRANÇOIS RIGAUX sustenta que a divisão radical entre direitos patrimoniais e extrapatrimoniais é insuficiente[1059], haja vista que "a totalidade dos direitos subjetivos e dos interesses têm uma natureza mista", operando como o "modelo dos direitos intelectuais", acomodando tanto "elementos de ordem econômica ou patrimonial" quanto

---

1056 RIGAUX, François. *La vie privée, une liberte parmi les autres?* cit., p. 8: "Tenu pour non patrimonial par la doctrine, le droit de la personnalité ou le droit au respect de la vie privée est né en réaction contre une patrimonialisation croissante des relations humaines". "Considerado não patrimonial pela doutrina, o direito da personalidade ou o direito à vida privada nasceu em reação contra uma patrimonialização crescente das relações humanas" (tradução livre).

1057 Nos termos do artigo 11 do Código Civil brasileiro de 2002, "com exceção dos casos previstos em lei, os direitos da personalidade são intransmissíveis e irrenunciáveis, não podendo o seu exercício sofrer limitação voluntária".

1058 OLLARD, Romain. Qualification de droits extrapatrimoniaux cit., p. 337. Tradução livre de: Appartenant à un ordre de valeur morale, le droit de la personnalité était conçu comme un droit pur, vierge de tout lien avec l'argent. Ainsi le doyen Nerson, qui théorisa l'idée que les droits de la personnalité sont extrapatrimoniaux, définisssait ces droits par leur seul régime, comme des 'droits no évaluables pécuniairement'. Mais, dès l;instant qu'il est admis de détacher la question de toute convenance morale et idéologique, les attributs de la personnalité doivent être consideres comme évaluables en argent, ainsi que suffisent à en attester les contrats d'exploitation dont ils sont quotidiannement l'objet".

1059 RIGAUX, François. *La vie privée, une liberte parmi les autres?* cit., p. 160: "D'une part, seuls quelques intérêts, exclusifs de la notion de droit subjectif, ceux qui sant liés à l'intégrité physique, à la protection de l'honneur, à l'exercice des droits politiques, sant totalement indisponibles et constitueraient dès lors la catégorie très restreinte des intérêts non patrimoniaux. Mais la totalité du patrimoine du sujet a le même caractère d'indisponibilité".

"elementos de natureza moral ou extrapatrimonial". O que pode variar são as proporções desses elementos, conforme os direitos ou interesses considerados, tratando-se, portanto, de uma predominância, "não da exclusão de um elemento tido por menor"[1060].

Conforme vimos anteriormente, os direitos da personalidade distinguem-se em direitos da pessoa sobre si mesma e direitos da personalidade referentes a seus diversos aspectos, projeções e prolongamentos. Os direitos da pessoa sobre si mesma dizem respeito à integridade física e a seu próprio corpo, enquanto os outros aspectos, projeções e prolongamentos concernem à integridade psíquica e à integridade moral.

Os artigos 13, 14 e 15 do Código Civil de 2002 dispõem acerca do direito da pessoa sobre si mesma (integridade física). Assim, é proibido o ato de disposição do próprio corpo quando acarretar diminuição permanente da integridade física ou contrariar os bons costumes. Exceções existem a essa regra de proibição de atos de disposição do próprio corpo, podendo ser assim enumeradas: a) por exigência médica; b) para fins de transplante, conforme o disposto em lei especial; c) com objetivo científico, ou altruístico, a disposição gratuita do próprio corpo, no todo ou em parte, para depois da morte. Ademais, ninguém pode ser constrangido a submeter-se, com risco de vida, a tratamento médico ou a intervenção cirúrgica.

[1060] Assim, na locação de um imóvel para fins de moradia, verifica-se o interesse econômico ou patrimonial predominante do locador, existindo, todavia, um interesse não patrimonial ou moral do locatário, tendo em conta que a moradia desempenha papel fundamental para desenvolvimento da personalidade e da existência humana deste. Por outro lado, a exploração econômica de "bens da personalidade" demonstra um aspecto patrimonial em um direito subjetivo predominantemente moral ou extrapatrimonial: "Mais il s'agit d'une simple prépondérance, non de l'exclusion de l'élément tenu pour mineur. Dans les relations entre le propriétaire et le locataire ou entre l'entreprise et le travailleur, la qualification patrimoniale des droits subjectifs des parties est l'expression du caractère dominant de l'une d'elles, car dans le chef du propriétaire ou de l'employeur, l'élément économique est à peu près exclusif. Ce sant aussi les matières dans lesquelles la doctrine des biens de la personnalité est appelée à exercer une influence modératrice sur la rigueur des relations contractuelles" (RIGAUX, François. *La vie privée, une liberte parmi les autres?* cit., p. 160).

O direito à vida é um direito inato[1061], originário ou primário[1062], dado que decorre da personalidade atribuída a todas as pessoas desde a concepção[1063]. Enquanto o direito à vida consiste "puramente e simplesmente na existência"[1064], o direito à integridade física, pressupondo aquela, "protege a incolumidade do corpo e da mente"[1065], consistindo em

---

[1061] DE CUPIS, Adriano. *Os direitos da personalidade* cit., p. 72. Conforme questiona Antônio Chaves, "quem poderá definir essa pulsação misteriosa, própria aos organismos animais e vegetais, que sopita inadvertida nas sementes de trigo encontradas nos sarcófagos de faraós egípcios e que germina milagrosamente depois de dois milênios de escuridão, que se oculta na gema de uma roseira que mãos habilidosas transplantam de um para outro caule, que lateja, irrompe e transborda na inflorescência de milhões de espermatozoides que iniciam sua corrida frenética à procura de um único óvulo, a cada encontro amoroso?" (CHAVES, Antônio. *Direito à vida e ao próprio corpo* (intersexualidade, transexualidade, transplantes). São Paulo: RT, 1986. p. 9).

[1062] VILLELA, João Baptista. *O novo Código Civil brasileiro e o direito à recusa de tratamento médico* cit., p. 119: "Direito originário é aquele de onde outros tiram sua existência. O direito à vida é originário porque os demais – honra, imagem, privacidade etc. – o supõem. E sem ele não têm essência nem imanência. É também, ainda, primário porque qualquer direito *subjetivo* pressupõe, aqui sem tautologia, um *sujeito* em relação ao qual se configure, mesmo que não o possa exercitar. Assim, a ofensa à memória, por exemplo, não só não exige que o ofendido esteja vivo, senão que, ao contrário, exige que esteja morto. Mas é pensado não em relação a quem exercita a tutela preventiva ou reparatória (um parente do morto, por exemplo), e sim a alguém que, por estar morto, gozou da vida. O direito à honra, de que a ofensa à memória constitui uma lesão, não é um direito primário, senão secundário, já que nele se comportam diferentes faculdades, como, por exemplo, a de tolerar atos de transgressão. Em relação ao direito primário da vida apresenta-se como um *plus* por ter componentes de autorregulação que aquele não tem".

[1063] CHINELLATO, Silmara Juny de Abreu. *Estatuto jurídico do nascituro: a evolução do direito civil brasileiro* cit., p. 434-435: "Como já afirmamos, nascituro é aquele que está por nascer, já concebido. No terceiro milênio, a quarta era dos direitos, caracterizada pelos avanços da Biomedicina, da Genética e das Telecomunicações, a dúvida é se o conceito pode se estender ao nascituro concebido *in vitro*, isto é, fora do ventre materno, única realidade quando do advento do Código revogado. Anote-se a tendência em se proteger cada vez mais a vida em qualquer de seus estágios, benefício também trazido pela quarta era dos direitos, conforme temos sustentado, fato esse que não passou desapercebido a Renan Lotufo. No nosso modo de ver, o conceito amplo de 'nascituro' – o que há de nascer – pode abarcar tanto o implantado, como o embrião pré-implantatório. Trata-se de diferenciar a capacidade – um '*quantum*' – e não a personalidade, um '*quid*' (essência, substância)".

[1064] DE CUPIS, Adriano. *Os direitos da personalidade* cit., p. 76.

[1065] BITTAR, Carlos Alberto. *Os direitos da personalidade* cit., p. 129. Assim, também: CATTO, Marie-Xavier. *Le principe d'indisponibilité du corps humain*: limite de l'usage

"manter-se a higidez física e a lucidez mental do ser"[1066]. Tais direitos especiais da personalidade acompanham o ser humano a partir da concepção até a morte, sendo o direito à integridade física disponível sob certas condições, quando não ofender a ordem pública e os bons costumes[1067].

Os atos de disposição do próprio corpo[1068] verificam-se no tratamento médico, seja para fins de transplante[1069], seja na intervenção cirúr-

---

économique du corps. Paris: LGDJ, 2018. p. 347.

1066 BITTAR, Carlos Alberto. *Os direitos da personalidade* cit., p. 129.

1067 No que denomina "tendência autonomista do direito moderno", João Baptista Villela sustenta que "a liberdade em relação à vida, é um direito derivado porque não há liberdade de seres mortos. Mas, tal como a honra e em grau ainda maior, é um direito que comporta elevado teor de autodeterminação. Não é, portanto, um direito primário, senão um direito secundário. Pelo exercício da liberdade pode-se ir ao extremo de perder a vida. Pelo exercício da vida, entretanto, nada se pode perder, nem mesmo a própria vida. Seu teor de humanidade é zero, porque só ali, onde pode haver renúncia ou perda voluntária, está presente o homem. Não há nessas reflexões apologia ao autoextermínio, senão, ao contrário, valorização da vida, só possível onde ela se instrumentaliza ao serviço da liberdade. A vida pela vida inscreve-se na ordem da natureza. É um bem inerente a todos os seres vivos criados (*Geschöpf*), algo que o homem dispõe e, comum com todo o universo dos seres que resistem à morte, seja um primata, uma árvore ou mesmo o *verme machadiano que primeiro lhe roerá as frias carnes do cadáver*. A vida, toda ela e onde quer que se manifeste, é um milagre da criação e um triunfo sobre o silêncio cósmico. Isso não é pouco, mas também não é tudo. Só a liberdade faz dela um valor caracteristicamente humano. Em outras palavras e em resumo, o que importa não é tanto a vida, mas o que fazemos dela" (VILLELA, João Baptista. O novo Código Civil brasileiro e o direito à recusa de tratamento médico cit., p. 120-121).

1068 Muriel Fabre-Magnan observa que o termo "disposição" remete clara e diretamente ao direito de propriedade, conforme a tese de John Locke da existência de um direito de propriedade da pessoa sobre o seu próprio corpo, sendo preferível falar de um princípio de "indisponibilidade dos corpos humanos" (cf. *L'institution de la liberté* cit., p. 189). Nesse sentido, Marie-Xavier Catto propõe a manutenção do princípio da indisponibilidade dos corpos humanos, tendo este uma dimensão procedimental. Se, por um lado, as regras de gratuidade e de não lucratividade traduzem essa exigência, a utilização econômica do corpo, suas partes e elementos deve observar uma regra de proporcionalidade, não se admitindo a utilização econômica que não tenha fins terapêuticos ou para a saúde das pessoas, devendo ser ponderado o risco gerado pela lesão e os benefícios não econômicos que se pode razoavelmente esperar (cf. *Le principe d'indisponibilité du corps humain*: limite de l'usage économique du corps cit., p. 673-675).

1069 A Lei n.º 9.434, de 4 de fevereiro de 1997 – com as alterações realizadas pela Lei 10.211, de 23 de março de 2001 –, "dispõe sobre a remoção de órgãos, tecidos e partes do corpo humano para fins de transplante e tratamento e dá outras pro-

gica, e realizam-se por meio de contratos existenciais. Como bem observa CARLOS ALBERTO BITTAR, a finalidade medicinal tem limites para as práticas curativas, sendo dados "a teor das regulamentações expedidas pelo Conselho de Medicina, a cada pouco, em torno das inovações das tecnologias e hospitalares, da evolução do saber médico e das exigências da ética profissional"[1070]. O tratamento médico, ressalte-se, pode ocorrer para fins estéticos[1071], estando ligado a uma concepção mais ampla da integridade física, a qual, como vimos anteriormente, abrange a higidez física e a higidez mental.

O mesmo se aplica à cirurgia de adequação sexual[1072], prolongamento da autonomia jurídica do transgênero[1073], verdadeiro "direito à autode-

---

vidências", permitindo "a disposição gratuita de tecidos, órgãos e partes do corpo humano, em vida ou *post mortem*, para fins de transplante e tratamento" (não estando compreendido entre os tecidos "o sangue, o esperma e o óvulo" (artigo 1.º), podendo ser realizado somente "por estabelecimento de saúde, público ou privado, e por equipes médico-cirúrgicas de remoção e transplante previamente autorizados pelo órgão de gestão nacional do Sistema Único de Saúde" (artigo 2.º).

1070 BITTAR, Carlos Alberto. *Os direitos da personalidade* cit., p. 134.

1071 Observe-se que a Resolução n.º 2.272/2020, do Conselho Federal de Medicina, estabelece em seu artigo 1.º que "é de competência exclusiva do médico o tratamento de todas as neoplasias malignas, das doenças das glândulas salivares maiores (parótidas, submandibulares e sublinguais), das doenças dos seios paranasais e cavidades nasais, a sialoendoscopia diagnóstica e terapêutica, o acesso pela via cervical infra-hioidea e afecções superiores ao rebordo inferior da órbita, excetuando o trauma de face, bem como a prática de cirurgia e procedimentos com finalidade estética e/ou funcional, ressalvando, não de forma exclusiva, a cirurgia reparadora e com finalidade estético-funcional do aparelho estomatognático, a saber, da oclusão dentária e estética dos dentes". Conforme a exposição de motivos, trata-se reformulação da normativa anterior, tendo em vista a Resolução n.º 198/2019, do Conselho Federal de Odontologia, que autoriza a realização da chamada "harmonização orofacial" como especialidade odontológica, e dá outras providências. Disponível em: https://sistemas.cfm.org.br/normas/visualizar/resolucoes/BR/2020/2272. Acesso em: 1.º mar. 2022.

1072 Cf. BORGES, Roxana Cardoso Brasileiro. *Disponibilidade dos direitos de personalidade e autonomia privada*. São Paulo: Saraiva, 2005. p. 192.

1073 Nos termos do artigo 1.º da Resolução n.º 2.265, de 20 de setembro de 2019, do Conselho Federal de Medicina, "compreende-se por transgênero ou incongruência de gênero a não paridade entre a identidade de gênero e o sexo ao nascimento, incluindo-se neste grupo transexuais, travestis e outras expressões identitárias relacionadas à diversidade de gênero. § 1.º Considera-se identidade de gênero o reconhecimento de cada pessoa sobre seu próprio gênero. § 2.º Consideram-se homens transexuais aqueles nascidos com o sexo feminino que se identificam como

terminação de gênero"[1074]. Nos termos da Resolução n.º 2.265, de 20 de setembro de 2019, "a atenção integral à saúde do transgênero deve contemplar todas as suas necessidades, garantindo o acesso, sem qualquer tipo de discriminação, às atenções básica, especializada e de urgência e emergência". Cabe consignar que a alteração do prenome e do gênero nos assentos de nascimento e casamento de pessoa transgênero independe da "cirurgia de adequação sexual", podendo ser feita diretamente no Registro Civil das Pessoas Naturais, com base na "autonomia da pessoa requerente", de acordo com o procedimento previsto no Provimento n.º 73, de 28 de junho de 2018, do Conselho Nacional de Justiça[1075].

Outra manifestação da autonomia jurídica sobre o próprio corpo encontra-se em práticas de autolesão, socialmente admitidas, tais como o *bodyart*[1076], *a tatuagem e os piercings*. Como bem consta ROXANA CARDOSO BRASILEIRO BORGES, "não se trata tecnicamente de au-

---

homem. § 3.º Consideram-se mulheres transexuais aquelas nascidas com o sexo masculino que se identificam como mulher. § 4.º Considera-se travesti a pessoa que nasceu com um sexo, identifica-se e apresenta-se fenotipicamente no outro gênero, mas aceita sua genitália. § 5.º Considera-se afirmação de gênero o procedimento terapêutico multidisciplinar para a pessoa que necessita adequar seu corpo à sua identidade de gênero por meio de hormonioterapia e/ou cirurgias". Disponível em: https://www.in.gov.br/web/dou/-/resolucao-n-2.265-de-20-de-setembro-de-2019-237203294. Acesso em: 01.03.2022.

[1074] VIANA, Rui Geraldo Camargo. Novos direitos da personalidade: direito à identidade sexual. In: CORREIA, Atalá; CAPUCHO, Fábio Jun (coord.). *Direitos da personalidade*: a contribuição de Silmara J. A. Chinellato. São Paulo: Manole, 2019. p. 99: "É de se admitir o direito à autodeterminação de gênero, ocorrendo ou não a cirurgia de transgenitalização, pois se trata, verdadeiramente, de fiel manifestação de cada indivíduo. A adoção pelo sexo com o qual psicologicamente se identificam os transexuais é, em verdade, materialização de sua dignidade, do pleno exercício de sua liberdade e autonomia individual, retificando, em consequência, nome gênero, enfim, evidenciando sua verdadeira personalidade". Assim, também: BARBOZA, Heloisa Helena. Disposição do próprio corpo em face da bioética: o caso dos transexuais. In: GOZZO, Débora; LIGIERA, Wilson Ricardo (org.). *Bioética e direitos fundamentais*. São Paulo: Saraiva, 2014. p. 144-146.

[1075] Disponível em: https://atos.cnj.jus.br/atos/detalhar/2623. Acesso em: 1.º mar. 2022.

[1076] CANTALI, Fernanda Borghetti. *Direitos da personalidade*: disponibilidade relativa, autonomia privada e dignidade humana. Porto Alegre: Livraria do Advogado, 2009. p. 187: "A arte de enfeitar o corpo, ou *Bodyart*, é praticada por muitas pessoas, e os exemplos mais comuns são as tatuagens, desenhos realizados na pele, e os *piercings*, brincos de todos os tamanhos e formatos que podem ser colocados em diversas partes do corpo, desde a orelha, o nariz e o umbigo, até mamilos e órgãos genitais".

tolesão, pois normalmente há a colaboração de terceiros ou a execução feita por outrem, com a autorização, o consentimento – e mesmo o pagamento pelo serviço – por parte da pessoa que se submete à intervenção em seu corpo"[1077].

A limitação voluntária dos direitos da personalidade, tratando-se do próprio corpo, identifica-se também na alienação com intuito lucrativo de elementos ou produtos do corpo[1078], tais como unhas e cabelos[1079]. São "atos que atingem a integridade física do homem em uma das partes relativamente menos importantes do corpo"[1080]. No exemplo de ADRIANO DE CUPIS, Tício se obriga contratualmente com Caio, consentindo que este lhe corte os cabelos, ou a mulher que, assegurando o aleitamento do próprio filho, não tendo o líquido lácteo que possui mais nenhuma função – nem com relação à prole, nem a seu organismo –, realiza contrato de amamentação[1081].

O armazenamento de material biológico humano[1082] para fins de pesquisa é "prática corrente nos ambientes acadêmicos de pesquisa, nas áreas

---

1077 BORGES, Roxana Cardoso Brasileiro. *Disponibilidade dos direitos de personalidade e autonomia privada* cit., p. 194.

1078 FABRE-MAGNAN, Muriel. *L'institution de la liberté* cit., p. 195-196: "De fait certaines de ces aliénations sont possibles: une personne n'a pas besoin du droit pour donner ses cheveaux, ou même son lait maternel".

1079 BITTAR, Carlos Alberto. *Os direitos da personalidade* cit., p. 135.

1080 DE CUPIS, Adriano. *Os direitos da personalidade* cit., p. 87.

1081 No Brasil, a regulamentação para funcionamento de bancos de leite humano está prevista na resolução da Agência Nacional de Vigilância Sanitária (Anvisa), RDC-171, de 4 de setembro de 2006. Já a Regulamentação dos Ambientes Principais de um Banco de Leite Humano está a cargo da norma RDC-050, de 21 de fevereiro de 2002. Nos termos do artigo 199, § 4.º, da Constituição Federal de 1988, é vedado todo tipo de comercialização de órgãos, tecidos e substâncias humanas.

1082 Segundo dados fornecidos pela Comissão Nacional de Ética em Pesquisa (Conep), em dezembro de 2021 existiam no Brasil 89 biobancos, contendo os mais diversos tipos de amostras de materiais biológicos humanos, tais como: a) dentes; b) tumores e macromoléculas; c) tecido de cirurgia ou biópsia, fluídos, sangue; d) peças anatômicas; e) tumores (biópsia/peça cirúrgica), tecido não tumoral e sangue; f) amostras teciduais, citológicas e sanguíneas; g) sangue, urina, biópsia; h) tumor, sangue, saliva e urina; i) sangue, pele, dente, cordão umbilical; j) componente sólido do sangue, soro e plasma; tecido congelado; tecido fixado em bloco de parafina, urina, líquido amniótico; fezes; cabelo; k) tecidos do crânio, faciais, orais, adiposos, nervosos, cardíacos, musculares, tendinosos, ligamentares, cartilaginosos, ósseos, conjuntivo, pele, cordão umbilical, placenta, dentes, entre outros; l) componente

das ciências biológicas e médicas"[1083]. Com efeito, em razão dos avanços do conhecimento – nas áreas da genética, da terapia celular, do desenvolvimento de novos medicamentos, da pesquisa clínica, entre outras –, verifica-se uma florescente demanda pelo armazenamento de "materiais biológicos humanos, informações clínicas relacionadas e sua correspondente identificação em biorrepositórios[1084] e biobancos"[1085]-[1086]. O ato de entrega

---

sólido do sangue, soro ou plasma, tecido congelado para células e macromoléculas – DNA, RNA e proteínas; m) espécime – tecidos de biópsias ou ressecções, sangue periférico ou de cordão, medula óssea, ou quaisquer outros tecidos ou fluídos corpóreos), bem como derivados – fragmentos, alíquotas, microdissecções, amostras de hemocomponentes; n) derivados de sangue periférico (soro, plasma, camada leucocitária ou "buffy coat", sangue total etc.) e informações associadas; o) biópsia, coleta de células, placa bacteriana, saliva, sangue, secreção, exame radiográfico e tomográfico, fotografia e informações associadas ao material; p) cabelo, saliva e sangue; q) leucócitos, soro e plasma do sangue periférico, saliva, urina, células tumorais, ácidos nucléicos e proteínas. Disponível em: http://conselho.saude.gov.br/images/Lista_BIobancos_aprovados_dezembro21.pdf. Acesso em: 1.º mar. 2022.

[1083] MARTINS-COSTA, Judith; FERNANDES, Márcia Santana. Os biobancos e a doação de material biológico humano: um ensaio de qualificação jurídica. In: GOZZO, Débora; LIGIERA, Wilson Ricardo (org.). *Bioética e direitos fundamentais*. São Paulo: Saraiva, 2014. p. 227.

[1084] A Portaria n.º 2.201/2011, do Ministério da Saúde, define o biorrepositório como "coleção de material biológico humano, coletado e armazenado ao longo da execução de um projeto de pesquisa específico, conforme regulamento ou normas técnicas, éticas e operacionais predefinidas, sob responsabilidade institucional e sob gerenciamento do pesquisador, sem fins comerciais" (artigo 3.º, III). Disponível em: https://bvsms.saude.gov.br/bvs/saudelegis/gm/2011/prt2201_14_09_2011.html#:~:text=Estabelece%20as%20Diretrizes%20Nacionais%20para,Humano%20com%20Finalidade%20de%20Pesquisa.&text=DAS%20DISPOSI%C3%87%C3%95ES%20GERAIS-,Art.,Humano%20com%20Finalidade%20de%20Pesquisa. Acesso em 01.03.2022.

[1085] Nos termos do artigo 3.º, II, da Portaria n.º 2.201/2011, do Ministério da Saúde, biobanco é a coleção organizada de material biológico humano e informações associadas, coletado e armazenado para fins de pesquisa, conforme regulamento ou normas técnicas, éticas e operacionais pré-definidas, sob responsabilidade e gerenciamento institucional dos materiais armazenados, sem fins comerciais". Disponível em: https://bvsms.saude.gov.br/bvs/saudelegis/gm/2011/prt2201_14_09_2011.html#:~:text=Estabelece%20as%20Diretrizes%20Nacionais%20para,Humano%20com%20Finalidade%20de%20Pesquisa.&text=DAS%20DISPOSI%C3%87%C3%95ES%20GERAIS-,Art.,Humano%20com%20Finalidade%20de%20Pesquisa. Acesso em: 1.º mar. 2022.

[1086] FERNANDES, Márcia Santana; ASHTON-PROLLA, Patrícia; GOLDIM, José Roberto. Aspectos éticos, legais e sociais no armazenamento de materiais biológicos para

do material biológico humano e seu recebimento opera-se mediante um *contrato existencial* ou, na definição de JUDITH MARTINS-COSTA, um *negócio jurídico existencial*[1087], "resultante de acordo entre dois ou mais sujeitos sobre objeto não patrimonial", tipificado como "doação de material biológico humano"[1088].

A reprodução humana assistida é técnica médica utilizada para "auxiliar no processo de procriação"[1089]. A infertilidade humana pode ser vista

---

fins de pesquisa em biobancos, biorrepositórios e unidades de recursos biológicos. *In*: GOZZO, Débora; LIGIERA, Wilson Ricardo (org.). *Bioética e direitos fundamentais*. São Paulo: Saraiva, 2014. p. 261.

[1087] A autora sustenta que nem todo negócio jurídico bilateral é contrato, excluindo da categoria contrato os negócios jurídicos bilaterais que não têm conteúdo patrimonial ou "acordos não contratuais" (cf. MARTINS-COSTA, Judith; FERNANDES, Márcia Santana. Os biobancos e a doação de material biológico humano: um ensaio de qualificação jurídica cit., p. 234-235). Discordamos dessa posição, conforme explanamos anteriormente em capítulo específico desta tese.

[1088] MARTINS-COSTA, Judith; FERNANDES, Márcia Santana. Os biobancos e a doação de material biológico humano: um ensaio de qualificação jurídica cit., p. 238.

[1089] A utilização das técnicas de reprodução assistida é regulada pela Resolução n.º 2.294, de 27 de maio de 2021, do Conselho Federal de Medicina, que estabelece normas éticas para a utilização das técnicas de reprodução assistida, regras para a doação de gametas, ou embriões, a criopreservação destes, sobre o diagnóstico genético pré-implantacional de embriões, sobre a gestação de substituição (cessão temporária do útero), reprodução assistida *post mortem*, bem como sobre os pacientes, e as clínicas, centros ou serviços que aplicam a técnica de reprodução assistida. Disponível em: https://www.in.gov.br/en/web/dou/-/resolucao-cfm-n-2.294-de-27-de-maio-de-2021-325671317. Acesso em: 2 mar. 2022. Observe-se que diversos Projetos de Lei estão em curso no Congresso Nacional, sendo de destacar o PL n.º 1.184/2003 – "define normas para realização de inseminação artificial e fertilização *in vitro*; proibindo a gestação de substituição (barriga de aluguel) e os experimentos de clonagem radical –, de autoria do Senador Lucio Alcantara (PSDB/CE), apresentado em 2003, contando com diversos apensados por força das disposições regimentais, e atualmente em processo de audiências públicas na Comissão de Constituição e Justiça, a ser realizada nesta comissão, para "debater as normas para a realização de procedimentos de Reprodução Humana Assistida no Brasil". Disponível em: https://www.camara.leg.br/proposicoesWeb/fichadetramitacao?idProposicao=118275#:~:text=PL%201184%2F2003%20Inteiro%20teor,Projeto%20de%20Lei&text=Disp%C3%B5e%20sobre%20a%20Reprodu%C3%A7%C3%A3o%20Assistida,os%20experimentos%20de%20clonagem%20radical. Acesso em: 2 mar. 2022. Mencione-se, ainda, a Lei n.º 11.105, de 24 de março de 2005, conhecida como Lei de Biossegurança, dispondo em seu artigo 5.º sobre a utilização para fins de pesquisa e terapia de "células-tronco embrionárias obtidas de embriões humanos produzidos por fertilização *in vitro* e não utilizados no respectivo procedimento,

como um problema de saúde, com implicações médicas e psicológicas, sendo legítimo o anseio de superá-la. Trata-se de um projeto de vida, existencial, que se torna possível por meio de um contrato entabulado entre os pacientes e as clínicas, centros ou serviços que aplicam a técnica de reprodução humana assistida, mediante remuneração. Em todos os casos, a autonomia privada é exercida com a realização de negócios jurídicos[1090].

Por seu turno, as projeções e os prolongamentos da personalidade humana, tais como o nome, a imagem, a voz, a honra, a privacidade e a intimidade, têm sua normatização nos artigos 16 a 21 do Código Civil brasileiro de 2002. O direito ao nome é parte do direito à identidade, podendo ser utilizado em publicidade, após a realização de negócio jurídico para tais fins – *a contrario sensu* do disposto no artigo 18 do Código Civil de 2002[1091]. Da mesma forma, o direito à imagem, que é aquele que a pessoa tem sobre sua forma estética e respectivos componentes distintivos, tais como rosto, olhos, perfil, pernas, braços, busto etc.), individualizando-a no seio social[1092]. Alguns autores falam de imagem retrato e imagem atributo, a primeira sendo a representação física da pessoa e a segunda, "o conjunto de atributos cultivados

---

atendidas as seguintes condições": a) sejam embriões inviáveis; ou b) sejam embriões congelados há três anos ou mais, na data da publicação da Lei, ou que, já congelados na data da publicação da Lei, depois de completarem três anos, contados a partir da data de congelamento. Em qualquer caso, é necessário o consentimento dos genitores, sendo vedada a comercialização do material biológico a que se refere este artigo, implicando a sua prática no crime tipificado no artigo 15 da Lei n.º 9.434, de 4 de fevereiro de 1997.

1090 BORGES, Roxana Cardoso Brasileiro. *Disponibilidade dos direitos de personalidade e autonomia privada* cit., p. 212: "Reconhece-se a autonomia privada das pessoas para, inclusive, realizar negócios jurídicos com o objetivo de colaborar no procedimento de reprodução assistida, seja quando a mulher autoriza a intervenção médica para retirada de um óvulo maduro para outra pessoa, seja quando ela autoriza a inseminação artificial em seu corpo, seja quando terceiros doam material germinativo, assim como quando a mulher ou o casal contratam serviços médicos com tais finalidades".

1091 LOTUFO, Renan. *Código Civil comentado*: parte geral (arts. 1.º a 232) cit., p. 72: "Como já se disse, o caráter dos direitos da personalidade não inibe o seu titular de poder fazer uso com fins econômicos de projeções desses direitos, como os de ceder o uso temporário da imagem, ou do nome".

1092 Cf. BITTAR, Carlos Alberto. *Os direitos da personalidade* cit., p. 153.

pela pessoa, reconhecidos socialmente"[1093]. Não nos parece correta tal divisão, pois imagem é apenas a representação física da pessoa, e o que se denomina imagem atributo diz respeito à identidade pessoal ou mesmo à honra objetiva.

CARLOS ALBERTO BITTAR destaca que o direito à imagem tem a peculiaridade – assim como os direitos de autor, que apresentam aspecto patrimonial e moral – de poder ser cedido (*e.g.*, a cessão de uso de imagem da pessoa para publicidade). Assevera que o contrato adequado é o de licença ou de concessão de uso[1094]. A tutela da imagem tem assento constitucional, dimanando do artigo 5.º, V, X e XXVIII. O inciso XXVIII, *a*, assegura proteção "às participações individuais em obras coletivas e à reprodução da imagem e voz humanas, inclusive nas atividades desportivas"[1095].

A evolução tecnológica, aliada à comunicação de massa, à publicidade e, fundamentalmente, às redes sociais, torna o tema das projeções e prolongamentos dos direitos da personalidade extremamente atual. Com efeito, em uma sociedade caracterizada pela constante exposição pública das pessoas e pela transmissão de dados em tempo real, verifica-se a contínua exploração econômica do nome, da imagem, da

---

[1093] Cf. DINIZ, Maria Helena. Direito à imagem e sua tutela. *In*: BITTAR, Eduardo C. B.; CHINELLATO, Silmara Juny de Abreu (coord.). *Estudos de direito de autor, direito da personalidade, direito do consumidor e danos morais*. Rio de Janeiro: Forense Universitária, 2002. p. 79.

[1094] Cf. BITTAR, Carlos Alberto. *Os direitos da personalidade* cit., p. 153-154.

[1095] Conforme propugna Carlos Alberto Bittar, distingue-se o direito de arena do direito de imagem: "Deve-se a propósito, assentar que, de início, esse direito não se confunde com o de imagem, pois a titularidade cabe à entidade (clube ou associação de desportos), embora, na verdade, surjam para o telespectador, os atletas como os centros de atração do espetáculo. Mas é em razão da entidade e sob a respectiva bandeira que os participantes se reúnem para o espetáculo, estendendo-se essa observação também aos árbitros (atletas, na definição legal da profissão). Figuram estes e os jogadores, pois, como partícipes do direito de arena, tipificado, na lei, como direito conexo. Deve-se anotar, por fim, que eventuais fixações particularizadas podem, se não autorizadas e em função do uso posterior, constituir violação à imagem do atleta, como anotamos e já tem a jurisprudência afirmado. Foi assegurada constitucionalmente a proteção à reprodução da imagem e voz humanas, pela Carta de 1988, inclusive nas atividades desportivas (art. 5.º, XXVIII, *a*)" (BITTAR, Carlos Alberto. *Direito de autor*. 2. ed. rev. e atual. São Paulo: Forense Universitária, 1994. p. 162-163).

voz, da privacidade[1096], entre outros, por meio de contratos de adesão, muitas vezes efetivados por um *click*[1097].

Como bem observa FERNANDA BORGHETTI CANTALI, *"em legítimo ato de disposição da privacidade, as pessoas, por vontade própria, relatam suas vidas em diários eletrônicos, os Blogs, disponibilizam vídeos,*

[1096] RODOTÀ, Stefano. *A vida na sociedade da vigilância. A privacidade hoje*. Organização, seleção e apresentação de Maria Celina Bodin de Moraes. Tradução Danilo Doneda e Luciana Cabral Doneda. Rio de Janeiro: Renovar, 2008. p. 15: "Depois da definição histórica feita por Warren e Brandeis – 'o direito de ser deixado em paz' – outras definições foram desenvolvidas para espelhar diferentes clamores. Num mundo onde nossos dados estão em movimento incessante, 'o direito a controlar a maneira na qual os outros utilizam as informações a nosso respeito' (A. Westin) torna-se igualmente importante. De fato, coletar dados sensíveis e perfis sociais e individuais pode levar à discriminação; logo, a privacidade deve ser vista como 'a proteção de escolhas de vida contra qualquer forma de controle público e estigma social' (L. M. Friedman), como a 'reivindicação dos limites que protegem o direito de cada indivíduo a não ser simplificado, objetivado, e avaliado fora de contexto' (J. Rosen). Já que os fluxos de informação não contêm somente dados 'destinado para fora' – a serem mantidos longe das mãos alheias –, mas também dados 'destinados para dentro' – sobre os quais a pessoa talvez queira exercer o 'direito de não saber' –, a privacidade deve ser considerada também como 'o direito de manter o controle sobre suas próprias informações e de determinar a maneira de construir sua própria esfera particular' (S. Rodotà). Ao reivindicar a autonomia do indivíduo na sociedade da informação, uma decisão histórica da Corte Constitucional alemã de 1983 reconheceu a 'autodeterminação informativa'. Essas definições não são mutuamente exclusivas, marcam uma inclusão progressiva de novos aspectos de liberdade num conceito ampliado de privacidade. As definições mais recentes não superam as anteriores, exatamente porque elas são baseadas em diferentes requisitos e operam em níveis diferentes".

[1097] No que concerne às modalidades de contratos de adesão eletrônicos, Cíntia Rosa Pereira de Lima – calcada nas doutrinas norte-americana e canadense – classifica-os em três categorias de acordo com a forma como ocorre a adesão: *click-wrap, shrink-wrap e browse-wrap*. Os contratos do tipo *click-wrap* são entabulados totalmente por meio eletrônico e suas cláusulas são disponibilizadas ao consumidor para que leia e manifeste a sua aceitação através do clique em caixa de diálogo informando as palavras "aceito", "concordo" ou outra semelhante. Já o termo *shrink-wrap* é usado para licenças de instalação de *softwares*. O produto é adquirido em estabelecimento físico, mas somente tem acesso às cláusulas contratuais no momento da instalação. *Browse-wrap*, por sua vez, são os termos e condições de uso veiculados em forma de mero aviso ao consumidor que acessa página virtual, não sendo exigida aceitação para que o carregamento do *site* seja concluído, tais como os *cookies* alertados por alguns *sites* (cf. *Validade e obrigatoriedade dos contratos de adesão eletrônicos* (shrink-wrap e click-wrap) *e dos termos de condição de uso* (browse-wrap): um estudo comparado Brasil e Canadá cit. p. 5).

inclusive de cenas mais íntimas, em *sites* como o *YouTube*, descrevem seu perfil em *sites* de relacionamento"[1098], bem como participam de *reality shows* como o *Big Brother*[1099], em que possibilitam contratualmente a filmagem de suas vidas íntimas em tempo real.

A proteção de dados é direito fundamental previsto no artigo 5.º, LXXIX, da Carta da República[1100], estando disciplinada pelas normas gerais estabelecidas na Lei n.º 13.709, de 14 de agosto de 2018 (Lei Geral de Proteção de Dados)[1101], tendo como fundamentos: a) o res-

---

[1098] CANTALI, Fernanda Borghetti. *Direitos da personalidade*: disponibilidade relativa, autonomia privada e dignidade humana cit., p. 196.

[1099] Conforme a descrição de José Joaquim Gomes Canotilho e Jónatas Eduardo Mendes Machado, "um conjunto de concorrentes, com o seu consentimento revogável a todo o tempo, permanece numa casa durante vários meses, havendo um prémio para um vencedor escolhido pelo público. O que se passa na casa é constantemente registrado e difundido através da televisão. Os outros aspectos do programa (*v.g.* 20 mil contos, confessionário, nomeações, romances, *edredons* em movimento, acesso à casa via Internet, linhas telefónicas, cobertura noticiosa, entrevistas em jornais e revistas etc.) são aspectos sobejamente conhecidos, literalmente do 'domínio público'". As exibições, conforme anotam, aplicáveis também ao Brasil ainda hoje, são um verdadeiro sucesso. Ademais, "ao fim de duas sessões, o Big Brother havia se revelado como um meio especialmente democrático de recrutamento de personalidades midiáticas. Inicialmente aberto a todos, o mesmo acabou por transformar pessoas absolutamente vulgares (*v.g.* serventes de pedreiro, estudantes, trabalhadores por conta de outrem, empregados de balcão, *disk-jockeys*) nas figuras públicas mais conhecidas e adoradas do país. Longe de degradar grave e irremediavelmente a sua capacidade física, moral e psicológica de desenvolvimento individual ou social, ou as suas possibilidades de interação social digna, livre e igual, o mesmo acabou por proporcionar a alguns dos concorrentes, que não só aos vencedores, oportunidades sociais, culturais, profissionais e econômicas que os mesmos dificilmente teriam nas circunstâncias em que se encontravam à partida" (CANOTILHO, José Joaquim Gomes; MACHADO, Jónatas Eduardo Mendes. *"Reality shows" e liberdade de programação*. Coimbra: Coimbra Editora, 2003. p. 68-70).

[1100] De acordo com a Emenda Constitucional n.º 115, de 2022, que alterou a Constituição Federal para incluir a proteção de dados pessoais entre os direitos e garantias fundamentais e para fixar a competência privativa da União para legislar sobre proteção e tratamento de dados pessoais.

[1101] DONEDA, Danilo. *Da privacidade à proteção de dados pessoais*. Rio de Janeiro: Renovar, 2006. p. 409-410: "A proteção de dados pessoais, embora sempre fundamentada pelo preceito constitucional, deve valer-se de uma estratégia integrada na qual são utilizados diversos instrumentos de tutela, que representam manifestações específicas em diversas áreas de um mesmo direito. A maleabilidade e facilidade de adaptação a novos cenários e à inovação suscitados pela ação da tecnologia é uma característica de instrumentos mais 'fracos', como normas deontológicas, códigos de

peito à privacidade; b) a autodeterminação informativa; c) a liberdade de expressão, de informação, de comunicação e de opinião; d) a inviolabilidade da intimidade, da honra e da imagem; e) o desenvolvimento econômico e tecnológico e a inovação; f) a livre-iniciativa, a livre concorrência e a defesa do consumidor; g) os direitos humanos, o livre desenvolvimento da personalidade, a dignidade e o exercício da cidadania pelas pessoas naturais. O que se busca não é proibir negócios jurídicos que tenham como objetos dados pessoais, mas, sim, possibilitar à pessoa – titular dos dados pessoais – o exercício da autonomia privada[1102] em um ambiente de lealdade e transparência, tendo o controle[1103] de seus atos e de seus dados pessoais, propiciando, assim, o livre desenvolvimento da personalidade[1104].

Conforme já anunciava NORBERTO BOBBIO, os direitos da nova geração (4.ª geração) – "que vieram depois daqueles em que se encontra-

---

autorregularão e outros, das quais o direito deve se utilizar, especialmente quando os instrumentos tradicionais ao seu alcance podem se demonstrar demasiado lentos ou desproporcionais para uma tutela eficaz".

[1102] FERRI, Luigi. *La autonomía privada*. Traducción Luis Sancho Mendizábal. Santiago: Olejnik, 2018. p. 186: "Lo mismo que todos los derechos – y no sólo los que se suele llamar derechos de libertad – tienen por contenido la libertad, son por lo tanto derechos de libertad, del mismo modo todos los derechos – y no sólo los que suelen llamarse derechos de la personalidad – tienen por presupuesto y por fin la persona del sujeto, y son por lo tanto, en este aspecto, derechos de la personalidad. Todo derecho defiende la personalidad de su sujeto, ayuda a su expansión, permite su afirmación. Entre los derechos llamados de la personalidad y todos los demás derechos no hay, en este aspecto, más que una diferencia de grado. Los primeros defienden la personalidad de una manera más imediata y más esencial; los segundos permiten un expansión, una afirmación cada vez mayor de ella".

[1103] RODOTÀ, Stefano. *Il diritto di avere diritti* cit., p. 275-276: "La regola giuridica non può risolvere il problema di che cosa significhi essere pienamente liberi nel momento delle scelte. Ma certamente può, anzi deve, costruire l'insieme delle condizioni necessarie perché il processo di decisione si svolga in modo tale da assicurare alla persona consapevoleza di ogni sua scelta, controlo di ogni fase del processo di decisione, chiarezza nell'approdo finale".

[1104] Como sustenta Paulo Mota Pinto, deve-se pressupor sempre a liberdade de agir, reconhecendo-se no direito ao livre desenvolvimento da personalidade uma dimensão dupla: "a tutela da personalidade, enquanto substrato da individualidade e nos seus diversos aspectos, e a tutela geral de ação da pessoa humana" (cf. PINTO, Paulo Mota. O direito ao livre desenvolvimento da personalidade. In: RIBEIRO, Antônio de Pádua (org.). *Portugal-Brasil ano 2000*: tema direito. Coimbra: Coimbra Editora, 1999. p. 163).

ram as três correntes de ideias do nosso tempo" – "nascem todos dos perigos à vida, à liberdade e à segurança, provenientes do aumento do progresso tecnológico"[1105]. Assim, as espécies de direitos da personalidade aqui enunciadas, suscetíveis de limitação voluntária pelo seu titular, são meramente exemplificativas – observe-se, ademais, que o rol de direitos da personalidade não é taxativo –, podendo ser realizado negócio jurídico existencial tendo como objeto os aqui enunciados, ou qualquer outro direito da personalidade já constituído ou a se constituir, pois "o Direito existe para que a pessoa, em meio à vida social, seja aquinhoada *segundo a justiça* com os bens necessários à consecução dos seus fins naturais"[1106].

2.5. PRESSUPOSTOS DE VALIDADE

Conforme vimos na parte geral desta tese – na teoria geral dos contratos –, a validade é "a qualidade que o negócio deve ter ao entrar no mundo jurídico"[1107], consistindo em "estar de acordo com as regras jurídicas"[1108] (= ser regular). Conforme ilustra ANTÔNIO JUNQUEIRA DE AZEVEDO, tal como o sufixo para a palavra, a validade indica "a *qualidade* de um negócio existente", é "adjetivo com que se qualifica o negócio jurídico formado de acordo com as regras jurídicas"[1109].

Os pressupostos de validade podem concernir ao sujeito, ao objeto, ou à forma[1110]. Assim, dispõe o artigo 104 do Código Civil que a vali-

---

[1105] BOBBIO, Norberto. *A era dos direitos*. Tradução Carlos Nelson Coutinho. Apresentação Celso Lafer. Rio de Janeiro: Elsevier, 2004. p. 209.

[1106] FRANÇA, Rubens Limongi. *Manual de direito civil* cit., p. 406.

[1107] AZEVEDO, Antônio Junqueira de. *Negócio jurídico*: existência, validade e eficácia cit., p. 42. Assim também, Pontes de Miranda assevera que, "quando a filosofia introduziu a diferença entre não existir e não valer, a alteração consistiu em que se concebeu como podendo entrar no mundo jurídico o suporte fáctico que antes não poderia entrar: a nulidade passou a ser deficiência, e não insuficiência. Antes era sòmente o que poderia ser cassado, cair (caducidade), revogado, rescindido, resolvido, é que entrava no mundo jurídico. (*Tratado de direito privado*. Parte geral cit., t. IV, p. 5).

[1108] AZEVEDO, Antônio Junqueira de. *Negócio jurídico*: existência, validade e eficácia cit., p. 42.

[1109] AZEVEDO, Antônio Junqueira de. *Negócio jurídico*: existência, validade e eficácia cit., p. 42.

[1110] PONTES DE MIRANDA, Francisco Cavalcanti. *Tratado de direito privado*. Parte geral cit., t. IV, p. 4.

dade do negócio jurídico requer agente capaz, objeto lícito, possível, determinado ou determinável, e forma prescrita ou não defesa em lei.

Os negócios jurídicos existenciais são definidos pelo seu conteúdo (= objeto *stricto sensu* + causa) –, verificando-se na essencialidade do bem e na natureza do direito objeto do contrato (direitos da personalidade). Logo, tratando-se de bem essencial como objeto do contrato, considerando sua natureza, não devem as cláusulas contratuais ser contrárias a normas de ordem pública, tais como aquelas previstas na Lei n.º 8.078, de 11 de setembro de 1990 (Código de Defesa do Consumidor), na Lei n.º 8.245, de 18 de outubro de 1991 (Lei de Locação de Imóveis Urbanos), na Lei n.º 8.177, de 1.º de março de 1991 (Lei de Desindexação da Economia)[1111], bem como, entre outras, no Decreto-lei n.º 58, de 10 de dezembro de 1937, que dispõe sobre o loteamento e a venda de terrenos para pagamento em prestações, e na Lei n.º 6.766, de 19 de dezembro de 1979, que dispõe sobre o parcelamento do solo urbano. No tocante à hipótese de limitação voluntária de direito da personalidade, não deve ser ilícita, contrária à ordem pública[1112] e aos bons costumes[1113].

Exemplo de ilicitude tratando-se de limitação voluntária de direitos da personalidade está na Lei n.º 9.434, de 4 de fevereiro de 1997, ao dispor em seu artigo 1.º que apenas "a disposição gratuita de tecidos, órgãos e partes do corpo humano, em vida ou *post mortem*, para fins de transplante e tratamento, é permitida", observadas as normas contidas nessa Lei. Assim, ilícito e nulo será o contrato cujo objeto seja a disposição

---

[1111] AMARAL, Francisco. *Direito civil*: introdução cit., 10. ed., p. 136.

[1112] TRABUCCHI, Alberto. Buon costume. *In*: CALASSO Francesco (coord.). *Enciclopedia del diritto*. Milano: Giuffrè, 1969. v. V, p. 700: "Nei testi legislativi di buon costume si parla quasi sempre acanto all'ordine pubblico: e sempre con lo stesso effetto di limite per il riconoscimento dell'agire autônomo. Con il rispetto dell'ordine pubblico, l'ordinamento giuridico vuole quase garantire se stesso, per impedire che vengano violati i punti essenziali delle strutture costituite".

[1113] Flume observa que a frase "contra os bons costumes", prevista no § 138 do BGB, é uma tradução de *contra bonos mores* (cf. *El negocio jurídico*. Parte general del derecho civil cit., p. 435). Nesse sentido, conforme aponta Max Kaser, "os negócios imorais (*turpia*), que violam a boa tradição dos antepassados (*contro bonos mores*), são repudiados pelos juristas e pelos imperadores. O critério deduz-se não de doutrinas religiosas ou filosóficas, mas da sã moral do provo. Exemplos: a pena contratual para forçar a celebração ou manutenção de um matrimónio (Paul. D. 45, 1, 134 pr.); a adopção por tempo limitado (Lab. Paul. D. 1, 7, 34); a doação da herança (esperada) de um terceiro ainda vivo" (*Direito privado romano* cit., p. 82).

onerosa de órgãos, tecidos ou partes do corpo humano. Nessa toada, o contrato que tenha como objeto a gestação em substituição (cessão temporária de útero)[1114] será nulo, se presente uma contraprestação onerosa.

Quanto aos bons costumes, FERNANDO AUGUSTO CUNHA DE SÁ[1115], após observar que o Código Civil Português não diz em lugar algum o que é atentatório aos bons costumes – o que se aplica para a nossa legislação civil –, informa a existência de duas concepções a respeito dos bons costumes: a) a concepção sociológica que procura o conceito pela análise da opinião socialmente dominante, que seria, assim, variável e contingente; b) a concepção idealista, de matiz filosófico ou religioso, orientada por um ideal divino ou humano, agindo sobre as práticas usuais humanas. Entendemos que o critério deva ser encontrado na consciência social dominante[1116], mesmo porque a República Federativa do Brasil é um Estado laico, nos termos do artigo 5.º, VI, da Carta Política.

Por essa perspectiva, sustenta CLÓVIS DO COUTO E SILVA[1117] que o que diferencia os bons costumes da boa-fé é o elemento sociológico existente no primeiro, pois é vital para sua formatação a convicção do povo, da qual se extraem os valores morais entendidos como essenciais ao convívio. Os bons costumes reportam-se aos valores morais indispensáveis à convivência social, preenchidos sob a ótica dos direitos

---

[1114] Conforme a Resolução n.º 2.294, de 27 de maio de 2021, em seu item VII, 1 e 2: "As clínicas, centros ou serviços de reprodução podem usar técnicas de RA para criar a situação identificada como gestação de substituição, desde que exista um problema médico que impeça ou contraindique a gestação, ou em caso de união homoafetiva ou de pessoa solteira. 1. A cedente temporária do útero deve ter ao menos um filho vivo e pertencer à família de um dos parceiros em parentesco consanguíneo até o quarto grau. Demais casos estão sujeitos a avaliação e autorização do Conselho Regional de Medicina. 2. A cessão temporária do útero não poderá ter caráter lucrativo ou comercial e a clínica de reprodução não pode intermediar a escolha da cedente".

[1115] SÁ, Fernando Augusto Cunha de. *Abuso do direito*. Coimbra: Almedina, 2005. p. 189-190.

[1116] Cf. ABREU, Jorge Manuel Coutinho de. *Do abuso do direito*. Ensaio de um critério em direito civil e nas deliberações sociais. Coimbra: Almedina, 2006. p. 64.

[1117] SILVA, Clóvis V. do Couto e. *A obrigação como processo* cit., p. 34-35.

fundamentais[1118], ao passo que a boa-fé se relaciona com a conduta concreta dos personagens da relação jurídica.

Assim, tendo em vista a eticidade que se deseja nas relações sociais[1119], verifica-se que os bons costumes têm eficácia geral, enquanto a boa-fé tem eficácia relacional, o que pode ser constatado nas hipóteses em que o Código Civil de 2002 se refere aos bons costumes. No artigo 13, concernente aos direitos da personalidade, torna defeso o ato de disposição do próprio corpo quando contrário aos bons costumes; no artigo 122, fixa como lícitas, entre outras, as condições do negócio jurídico que não sejam contrárias à ordem pública e aos bons costumes; no artigo 1.336, IV, estabelece como dever do condômino o de não utilizar sua propriedade de modo contrário aos bons costumes; e, no artigo 1.638, dispõe como causa de perda do poder familiar a prática de atos contrários à moral e aos bons costumes.

A ordem pública, por sua vez, tal como os bons costumes, é limite à autonomia privada, caracterizando-se por ser um conjunto de normas a proteger e regular "os interesses fundamentais da sociedade e do

---

[1118] Cf. SILVA, Virgílio Afonso da. *A constitucionalização do direito*: os direitos fundamentais nas relações entre particulares. São Paulo: Malheiros, 2011. p. 78-79: "O principal elo de ligação entre os direitos fundamentais como sistema de valores e o direito privado, segundo o modelo de efeitos indiretos, são as chamadas cláusulas gerais. Essas são cláusulas que requerem um preenchimento valorativo na atribuição de sentido, pois são, para usar uma expressão difundida na doutrina jurídica brasileira, *conceitos abertos*, cujo conteúdo será definido por uma valoração do aplicador do direito. Essa valoração não pode ser, contudo, ao contrário do que muitos ainda pensam, uma valoração baseada em valores morais extra ou supralegais. Essa valoração deve ser baseada, e aqui se revela o elo de ligação, no *sistema de valores consagrados pela constituição*. Exemplos de cláusulas gerais, no caso brasileiro, seriam alguns dispositivos do Código Civil, como o artigo 187, que dispõe que 'comete ato ilícito o titular de um direito que, ao exercê-lo excede manifestamente os limites impostos pelo seu *fim econômico e social*, pela *boa-fé* ou pelos *bons costumes* [...]'. Tratando da prática jurisprudencial do Tribunal Constitucional alemão exemplifica com o caso *Luth*, em que a decisão se fundou não em uma aplicabilidade direta do direito à manifestação do pensamento ao caso concreto, mas em uma exigência de interpretação do próprio §826 do Código Civil alemão, especialmente do conceito de *bons costumes*".

[1119] GHESTIN, Jacques; LOISEAU, Grégoire; SERINET, Yves-Marie. *Traité de droit civil*. La formation du contrat. Le contrat – le consentement cit., p. 393: "Il est permis d'observer que les bonnes moeurs ne doivent plus aujourd'hui se cantonner aux moeurs sexuelles que l'on tend à situer, à tort selon nous, sur un terrain exclusivement privé et qu'elles doivent servir plus généralement de fondement à la condamnation de comportements contraires à une morale humaniste".

Estado", bem como aquelas no âmbito do direito privado que "estabelecem as bases jurídicas fundamentais da ordem econômica, intervindo na economia, criando mecanismos de proteção ao consumidor e regulamentando determinadas espécies contratuais"[1120].

Para JACQUES GHESTIN, GRÉGOIRE LOISEAU e YVES-MARIE SERINET, o conteúdo de "ordem pública" sofre evolução desde o Código de Napoleão para os nossos dias, passando de um conceito essencialmente político e moral para um conteúdo essencialmente econômico e social, estabelecendo-se de "maneira impositiva" "medidas incitativas ou vinculantes, um certo conteúdo contratual"[1121], tal e qual ocorre nos contratos de consumo.

VICENTE RÁO aponta três causas geradoras de limitação da autonomia por normas de ordem pública presentes na metade do século XX: a) a proteção dos menos favorecidos, ou socialmente mais fracos; b) a concentração progressiva dos capitais e dos homens, "criando problemas pessoais e patrimoniais de crescente interesse social"; c) a crescente "padronização" dos meios materiais de vida, transformando problemas antes individuais em coletivo[1122]. Verificamos aqui aspectos da evolução do direito privado, com a incidência de normas de ordem pública a proteger os vulneráveis, tal como nas relações de consumo, bem como a preocupação com a existência digna das pessoas, distinguindo-se contratos como os de locação, em que presente o interesse social da moradia, além do desenvolvimento da teoria dos direitos da personalidade, e da necessária tutela da pessoa como o centro do ordenamento jurídico, sendo fundamental para o livre desenvolvimento da personalidade.

Julgado sempre bastante lembrado pela literatura jurídica como paradigmático dos debates relativos à autonomia privada, ou liberdade, *versus* ordem pública e bons costumes é o chamado "lançamento de

---

[1120] AMARAL, Francisco. *Direito civil*: introdução cit., 10. ed., p. 136.

[1121] GHESTIN, Jacques; LOISEAU, Grégoire; SERINET, Yves-Marie. *Traité de droit civil*. La formation du contrat. Le contrat – le consentement cit., p. 383. Tradução livre de: "Le contenu de l'ordre public a evolué. Dans le Code Napoleón de 1804 el est essentiellement politique et moral. Il est devenu principalement économique et social. En 1804 il procédait par voie d'interdiction des dispositions contractuelles qui lui étaient contraíres. Aujourd'hui, il impose de façon positive, par des mesures incitatives ou contraignantes, un certain contenu conttractuel".

[1122] RÁO, Vicente. *O direito e a vida dos direitos*. São Paulo: Max Limonad, 1952. v. 1, p. 248.

anões"[1123]. Em um julgado de 1995, levado aos tribunais pela comuna de Morsang-sur-Orge, próxima de Paris, o Conselho de Estado – mais alta jurisdição administrativa francesa – considerou que um jogo organizado dentro de uma discoteca, para divertimento do público, consistente em lançar um anão pelos espectadores, ofendia a dignidade humana, podendo ser proibida pela municipalidade. Primeiramente, cumpre consignar que o julgado cuida de uma questão de direito público – saber se a municipalidade poderia, ou não, proibir um jogo dessa natureza, ou melhor, se tal brincadeira constituiria uma ofensa à ordem pública, ou não, tendo sido decidido que sim, invocando-se a dignidade da pessoa humana –, e não do consentimento do anão e da validade do contrato entre este e a discoteca. Por outro lado, como bem concatena MURIEL FABRE-MAGNAN, "o consentimento do anão teria sido irrelevante"[1124] tanto quanto, *e.g.*, o da prostituta em um contrato de prostituição, não podendo a parte postular em juízo a execução forçada de seu cumprimento, dada a nulidade. No caso do anão, mesmo que nulo o contrato, ele não reclamou em juízo, tendo sido executado espontaneamente.

No contexto alemão, exemplo de lei de ordem pública, versando sobre bem essencial (moradia), é a "lei do direito de locação" (*Mietrechtsnovellierungsgesetz*), de 21 de abril de 2015, em vigor desde 1.º de junho de 2015, que introduziu o § 556d, inciso 1, do BGB, segundo o qual "os aluguéis, em áreas com um mercado imobiliário 'tenso' (*angespannter Wohnungsmarkt*), só podem superar até 10% o valor médio local, em contratos de locação residencial celebrados após a entrada em vigor da lei"[1125], julgada constitucional pelo Tribunal Constitucional em 8 de julho de 2019.

Não obstante o contrato existencial ser definido pelo objeto, devemos fazer algumas considerações quanto aos pressupostos de validade relativos ao sujeito e à forma.

Com relação ao sujeito, a capacidade do agente é genérica, não diferindo do aplicável aos demais tipos de contratos, devendo atentar-se, todavia, para as alterações do regime de capacidades advindo da Lei n.º 13.146, de 6 de julho de 2015, conhecida como Lei Brasileira de Inclusão ou Estatuto da Pessoa com Deficiência, que dispõe em

---

[1123] FABRE-MAGNAN, Muriel. *L'institution de la liberté* cit., p. 264.

[1124] FABRE-MAGNAN, Muriel. *L'institution de la liberté* cit., p. 265.

[1125] FRITZ, Karina Nunes. *Jurisprudência comentada dos tribunais alemães*. Indaiatuba: Foco, 2021. p. 181.

seu artigo 6.º que "a deficiência não afeta a plena capacidade civil da pessoa" para o exercício dos seguintes atos existenciais: a) casar-se e constituir união estável; b) exercer direitos sexuais e reprodutivos; c) exercer o direito de decidir sobre o número de filhos e de ter acesso a informações adequadas sobre reprodução e planejamento familiar; d) conservar sua fertilidade, sendo vedada a esterilização compulsória; e) exercer o direito à família e à convivência familiar e comunitária; f) exercer o direito à guarda, à tutela, à curatela e à adoção, como adotante ou adotando, em igualdade de oportunidades com as demais pessoas. Ademais, a incapacidade de fato, e agora relativa, passa a depender da declaração no caso concreto de uma "causa transitória ou permanente, não puderem exprimir sua vontade". Verificando-se uma relevante alteração no regime de capacidades, haja vista não estarem mais entre os absolutamente incapazes os "menores adultos"[1126].

Além da incapacidade relativa do agente (artigo 171, I, do Código Civil de 2002), geram a anulabilidade do negócio jurídico os chamados vícios de vontade, ou do consentimento, "que afetam diretamente a vontade, distorcendo-a, como o erro, o dolo, a coação, o estado de perigo e a lesão"[1127] (artigo 171, I, do Código Civil de 2002). Na fraude contra credores não ocorre vício de consentimento, pois inexistente divergência entre vontade interna e vontade declarada, mas, sim, vício social, em que o negócio jurídico é contrário à lei ou à boa-fé.

O consentimento tornou-se hoje o principal critério de legitimidade das ações[1128], tratando, assim, da chamada "gestação de substituição (cessão temporária de útero)"[1129]. MURIEL FABRE-MAGNAN susten-

---

[1126] PEREIRA, Rodrigo Serra. Formação histórica do regime de capacidades no Brasil. *In*: TOMASEVICIUS FILHO, Eduardo. *Direitos civis da pessoa com deficiência*. São Paulo: Almedina, 2021. p. 178.

[1127] MELLO, Marcos Bernardes de. *Teoria do fato jurídico*. Plano da validade cit., p. 182.

[1128] MARZANO, Michela. *Je consens, donc je suis...* 4. tir. Paris: Presses Universitaires de France, 2011. p. 1: "La modernité se flatte de n'avoir gardé, comme critère départageant les actes *licites* et *ilicites*, que le *consentement* des individus. Mais qu'entend-on par consentement? Suffit-il, à lui seul, pour déterminer la légitimité d'un acte ou d'une conduite? Est-il toujours une expression. de *l'autonomie*, de *liberte* et de *dignité de la personne*?".

[1129] Termo utilizado na Resolução n.º 2.294, de 27 de maio de 2021, item VII, do Conselho Federal de Medicina, que "adota as normas éticas para a utilização das técnicas de reprodução assistida". Disponível em: https://www.in.gov.br/en/web/

ta que as ferramentas de controle do consentimento, tradicionais dos contratos, tais como o erro, o dolo e a coação, são importantes, porém é necessário algo mais[1130]. A nosso ver, esse algo mais é a incidência da boa-fé objetiva extremamente qualificada, concretizada no consentimento informado, como veremos mais a frente.

No que tange aos contratos existenciais, devem ser destacados o estado de perigo e a lesão, tendo em vista que a presença de um bem essencial como objeto do negócio jurídico impulsiona muitas vezes a parte a uma situação de "estado de necessidade perigo"[1131], ou de "estado de necessidade econômico"[1132].

Entendemos que o estado de perigo se caracteriza pelo estado de necessidade na acepção de situação que se impõe inevitável, devido a perigo iminente, determinando certa conduta ("estado de necessidade perigo"), bem como pela circunstância de esse fato acarretar a conclusão de ato ou negócio jurídico em que se assume obrigação excessivamente onerosa. O fato "estado de necessidade perigo" atua sobre o sujeito, na formação da declaração negocial. A invalidade do negócio se justifica, pois o que fica do suporte fáctico suficiente da regra jurídica é o fato jurídico estado de necessidade, e não ato volitivo.

Exemplo de invalidade de negócio jurídico realizado em estado de perigo é aquele relativo a fornecimento de bem essencial, consistente na prestação de serviços médicos em que o paciente em grave estado de saúde é internado em hospital particular sem informação clara, ostensiva e precisa sobre a onerosidade do serviço (rede privada de assistência à saúde), com posterior transferência à rede pública de saúde[1133].

---

dou/-/resolucao-cfm-n-2.294-de-27-de-maio-de-2021-325671317. Acesso em: 12 mar. 2022.

1130 FABRE-MAGNAN, Muriel. *Gestation pour autrui*: fiction et réalité. Paris: Fayard, 2013. p. 87.

1131 PEREIRA, Rodrigo Serra. *Estado de necessidade no direito civil brasileiro* cit., p. 176: "situação que se impõe inevitável, devido a perigo iminente, determinando certa conduta".

1132 PEREIRA, Rodrigo Serra. *Estado de necessidade no direito civil brasileiro* cit., p. 176: "situação de miserabilidade, de pobreza (estado de necessidade econômico-financeiro)".

1133 Nesse sentido, pedimos vênia para colacionar o aresto do seguinte julgado: "Apelação cível. Ação de cobrança. Despesas médicas e hospitalares. Internação em caráter particular. Vício de consentimento. Estado de perigo. Dever de informação. Precedentes do Superior Tribunal de Justiça e desta Corte. Caracteriza-se o estado

O "estado de necessidade econômico", que é requisito da lesão, não é a hipossuficiência econômica, a miséria ou a pobreza, vista de forma abstrata, e sim na situação concreta. Portanto, a pessoa endividada, mesmo possuindo considerável patrimônio, que precisa se desfazer de parte deste para honrar os compromissos, manter a moradia e fornecer alimentos a seus filhos, e, ao fazê-lo, vende bem em valor manifestamente desproporcional ao que se pratica no mercado (segundo os valores vigentes ao tempo em que foi celebrado o negócio jurídico), poderá pedir a anulação do negócio jurídico por estar caracterizada a lesão. A "utilidade existencial do bem contratado", conforme propugna TERESA NEGREIROS, é elemento central para "diferenciar os contratos" e um "critério relevante na determinação do grau de necessidade do contratante"[1134], e, por consequência, é fundamental para a análise da configuração da lesão.

O pressuposto de validade da forma prescrita ou não defesa em lei também é requisito genérico, aplicável a todos os negócios jurídicos. Nada obstante, dada a natureza do bem jurídico protegido ou tutelado, muitas vezes a lei impõe determinada forma ou requisito para a perfeição do ato. Assim, *e.g.*, no caso de transplante de órgãos, a doação por ato entre vivos, de pessoa diversa do cônjuge ou de parentes consanguíneos até o quarto grau, exige autorização judicial, conforme o artigo 9.º da Lei n.º 9.434, de 4 de fevereiro de 1997.

---

de perigo diante da gravidade do estado de saúde de um dos demandados, que foi informado ao outro demandado, seu filho, desacompanhado da informação correta, clara, precisa e ostensiva de que o atendimento ocorrera em caráter particular até que ocorresse a transferência à rede pública de saúde. É anulável o negócio jurídico realizado concluído em estado de perigo, situação em que se desvirtua a função econômico-social do contrato e na qual se caracteriza abuso de situação. A falha no dever de informação, aliada ao estado de perigo e à ausência de demonstração de que era possível transferir o paciente sem risco e imediatamente à rede pública de saúde, assim como de que o nosocômio demandado não seria capaz de atender em caráter público, são circunstâncias que justificam a improcedência da ação de cobrança. Apelação cível provida. Unânime" (TJRS, Apelação Cível n.º 50295113220198210001, 20.ª Câmara Cível, Rel. Lizandra Cericato, j. 24.11.2021. Disponível em: https://www.tjrs.jus.br/novo/buscas=-solr/?aba=jurisprudencia&q-&conteudo_busca=ementa_completa. Acesso em: 5 mar. 2022).

[1134] NEGREIROS, Teresa. *Teoria do contrato*: novos paradigmas cit., p. 204.

3. CONTRATOS EXISTENCIAIS: CONSEQUÊNCIAS

3.1. APLICAÇÃO DOS NOVOS PRINCÍPIOS CONTRATUAIS

Tratar-se-ão neste capítulo das consequências advindas da configuração de um contrato como existencial, com a análise da aplicação a esses contratos dos novos princípios contratuais – boa-fé objetiva, função social e equilíbrio econômico –, sua interpretação, desenvolvimento da relação obrigacional em casos de cumprimento e descumprimento, configuração de abuso de direito e a responsabilidade civil.

Os princípios materiais dos práticos ou regras universais dos glosadores e pós-glosadores (*e.g.*, cláusula *rebus sic stantibus*) perderam espaço com as primeiras codificações para os princípios estruturais dogmaticamente, que correspondem à "espinha dorsal do sistema"[1135], da mesma maneira que os "princípios básicos de cada instituição", em uma fusão de opções legislativas e elementos históricos. Entretanto, é certo que "nenhum sistema positivo pode desatender os grandes nexos construtivos e funcionais da matéria e dos problemas que apresenta o ordenamento, como tampouco pode passar direto diante dos princípios de justiça material"[1136], que estão consolidados na doutrina do direito comum e nas *regulae* máximas.

As chamadas cláusulas gerais são uma forma de o legislador expressar-se, assim como os conceitos indeterminados ou discricionários – contrapondo-se aos conceitos determinados e os conceitos normativos –, podendo ser definidos, conforme KARL ENGISCH, como "uma formulação da hipótese legal que, em termos de grande generalidade, abrange e submete a tratamento jurídico todo um domínio de casos"[1137]. Os princípios ou máximas penetrariam no corpo do direito

---

[1135] ESSER, Josef. *Principio y norma en la elaboración jurisprudencial del derecho privado*. Traducción Eduard Valentí Fiol. Santiago: Ediciones Jurídicas Olejnik, 2019. p. 148.

[1136] ESSER, Josef. *Principio y norma en la elaboración jurisprudencial del derecho privado* cit., p. 171. Tradução livre de: "Es cierto, en efecto, que ningún sistema positivo puede desatender los grandes nexos constructivos y funcionales de la materia y de los problemas que plantea al ordenamiento, como tampoco puede pasar de largo ante los principios de justicia material expresados en las *regulae* máximas y doctrinas del derecho común".

[1137] ENGISCH, Karl. *Introdução ao pensamento jurídico*. Tradução João Baptista Machado. 7. ed. Lisboa: Fundação Calouste Gulbenkian, 1996. p. 229.

público e privado pela cláusula geral[1138], necessitando estas remeter ou trazer consigo princípios para poderem irradiar "uma identidade própria no interior do sistema"[1139].

Entendemos não haver distinção relevante entre princípios e cláusulas gerais[1140] no contexto desta tese e dos *novos princípios contratuais*. Ademais, o termo cláusula geral parece-nos um equívoco. Na tradição do vocabulário jurídico brasileiro, o vocábulo *cláusula* – derivado do latim *claudere*[1141] – significa *"toda manifestação da vontade imposta em um contrato,*

[1138] SILVA, Clóvis V. do Couto e. *A obrigação como processo* cit., p. 32.

[1139] JORGE JÚNIOR, Alberto Gosson. *Cláusulas gerais no novo Código Civil*. São Paulo: Saraiva, 2004. p. 42. Judith Martins-Costa sustenta a distinção entre princípio e cláusula geral nos seguintes termos: "A distinção, quando existente, *prende-se ao tipo de cláusula geral*, pois, como se viu, nem sempre estas reenviam a valores. Entre os princípios normativos e as cláusulas gerais de tipo regulativo, que reenviam a realidades valorativas, não há distinção. Haverá distinção, no plano formal, entre princípios inexpressos legislativamente e as cláusulas gerais, pois estas estão expressadas em um enunciado normativo de fonte legal, sendo de rejeitar-se a ideia de uma 'cláusula geral' inexpressa pela lei, pelo alto grau de insegurança envolvido: não haveria, então, nenhuma ligação com a fonte legal e não se poderia mais falar de uma 'delegação' de poderes ao legislador ou juiz ou árbitro, para que esse construa a solução, fixando as eficácias conexas a determinada hipótese. Ou as cláusulas gerais são objeto de uma expressa formulação na lei – com a dupla abertura antes já mencionada – ou não se configuram como técnica legislativa. A se entender que há cláusulas gerais 'implícitas' nenhuma distinção haverá entre essas espécies e os princípios e o problema se resumirá à etiqueta preferida pelo intérprete, o que, convenhamos, não é método afeito à Ciência Jurídica" (*A boa-fé no direito privado*: critérios para a sua aplicação cit., p. 170-171). Para Claus-Wilhelm Canaris, "é característico para a cláusula geral o ela estar carecida de preenchimento com valorações, isto é, o ela não dar critérios necessários para a sua concretização, podendo-se estes, fundamentalmente, determinar apenas com a consideração do caso concreto respectivo". Já o sistema móvel de Wilburg aspira, "pelo contrário, determinar, em geral, 'os elementos', competentes, segundo o conteúdo e o número e confeccionar a sua 'relação de interpenetração' de modo variável, deixando-a independente das circunstâncias do caso. Assim, Wilburg bate-se também expressamente contra decisões segundo a mera equidade porque – num argumento altamente decisivo para o seu pensamento – lhe falta a 'presença de princípios fundamentais'; as cláusulas gerais, pelo contrário, são sempre caracterizadas, e pelo menos em parte, com razão, como 'pontos de erupção de equidade'" (*Pensamento sistemático e conceito de sistema na ciência do direito* cit., p. 142).

[1140] Nesse sentido: AGUIAR JR., Ruy Rosado de. Interpretação. *Ajuris*, v. 16, n. 45, p. 7-20, mar. 1989. p. 17-18;

[1141] SARAIVA, Francisco Rodrigues dos Santos. *Novíssimo diccionario latino-portuguez*: etymologico, prosodico, historico, geographico, mytologico, biographico, etc. cit.,

ou ato, em virtude da qual se restringe ou se *dispõe* a respeito das condições em que o mesmo possa exercer seus efeitos em relação às partes que o elaboram e aceitam". Conforme reconhece JUDITH MARTINS-COSTA, a expressão "cláusula geral"[1142] tem sido vulgarizada e desacompanhada de reflexão e estudo sobre seu significado, sendo confundida "até mesmo com as cláusulas contratuais", ou com a expressão empregada na literatura jurídica portuguesa "cláusulas contratuais gerais"[1143].

MIGUEL REALE aponta entre as diretrizes do anteprojeto do Código Civil brasileiro de 2002 a de dar um sentido operacional, antes que conceitual, "procurando configurar modelos jurídicos à luz do princípio da *realizabilidade*, em função das forças sociais operantes no País, para atuarem como instrumentos de paz social e de desenvolvimento"[1144]. O objetivo de concretude – conforme articula – impõe o constante recurso a conceitos indeterminados de dimensão ética, como a boa-fé objetiva, ao fim social do direito, à equidade, entre outros[1145].

---

p. 232: "Conclusão, fim, termo, remate. *Quum clausula non invenitur.* Cic. Quando se acha uma conclusão, ou não se sabe como se ha de rematar. *Imponere clausulam alicui rei.* Sen. Pôr termo a uma coisa, remata-la. § Cic. Fecho, remate d'um período. § Char. Periodo oratorio. § Phoc. Desinencia, terminação. § T. Maur. Isid. Verso pequeno que remata uma estancia ou estrofe. § Fim, ponta, extremidade. *Clausulae nervorum summae.* Plin. Extremidades dos nervos. § Plin. Artigo, paragrapho, disposição d'uma lei, clausula. § Spart. Cabo, manúbrio, braço d'um instrumento".

1142 No direito italiano usa-se o termo *clausole generali,* enquanto no direito da *Common Law* seriam os *standards.* Mario Barcellona defende a utilização dos conceitos-válvula da nova teoria sistêmica: "Ma su questa base si può, anche, dire che lo specifico tipo normativo di problema, rispetto al quale il sistema giuridico ha fato ricorso ai c.d. concetti-valvola, costituisce una rete strutturale, che determina le modalità operative di tali concetti e ne seleziona ipossibili significati. Colpa, equità, buona fede, ingiustizia evocano, appunto, termini che potrebbero sembrare propri del linguaggio morale, categorie della giustizia universale, ma che, inseriti nel tessuto normativo, subiscono una mutazione semantica, la quale dipende dallo specifico tipo di problema (che dal sistema giuridico esse sono chiamate a risolvere" (BARCELLONA, Mario. *Clausole generali e giustizia contrattuale.* Equità e buona fede tra codice civile e diritto europeo. Torino: G. Giappichelli, 2006. p. 27).

1143 MARTINS-COSTA, Judith. *A boa-fé no direito privado*: critérios para a sua aplicação cit., p. 134.

1144 REALE, Miguel. *O projeto de Código Civil*: situação atual e seus problemas fundamentais cit., p. 76.

1145 REALE, Miguel. *O projeto de Código Civil*: situação atual e seus problemas fundamentais cit., p. 84.

Após a Primeira Guerra Mundial, conforme observa ANTÔNIO JUNQUEIRA DE AZEVEDO, o paradigma altera-se, seja pela "generosidade de alguns espíritos, preocupados com uma justiça mais efetiva", seja por ser a lei "rígida, inflexível, alheia à diversidade da vida", um obstáculo a ultrapassar, passando os juristas a examinar as questões pelo ângulo do juiz, difundindo-se, em abundância, nas leis, "os conceitos jurídicos indeterminados"[1146] concretizáveis pelo julgador, além das cláusulas gerais, tal como a boa-fé. No mundo em que vivemos, dominado pela hipercomplexidade, as noções vagas estão ultrapassadas, passando-se ao paradigma da centralidade do caso, da "lei ao juiz" para "do juiz ao caso". Os conceitos indeterminados e as cláusulas gerais, como ideias abstratas, têm cabimento apenas na medida em que servem para tutelar o axioma central do direito civil que é "a vida e a dignidade humana"[1147].

Os novos princípios contratuais da boa-fé objetiva, da função social e do equilíbrio econômico, quando aplicados aos contratos existenciais, possibilitam a máxima efetivação do ordenamento jurídico, atendendo-se ao axioma central do direito privado que é a tutela da vida e da dignidade humana[1148]. Não se trata, como vimos anteriormente na teoria geral dos contratos, e abordaremos a seguir, de conceitos indeterminados ou sem concreção, devendo ser observados topicamente quando configurado um contrato existencial, cuidando-se de verdadeiro pressuposto eficacial.

Conforme asseveram RODOLFO SACCO e GIORGIO DE NOVA, o direito civil contemporâneo dos contratos almeja ser "mais justo, mais solidarístico", buscando-se mais do que o "culto da letra", "os interesses em jogo, os motivos, os condicionamentos sociais", de modo a

---

[1146] AZEVEDO, Antônio Junqueira de. *Estudos e pareceres de direito privado* cit., p. 58.

[1147] AZEVEDO, Antônio Junqueira de. *Estudos e pareceres de direito privado* cit., p. 60-61.

[1148] COING, Helmut. *Elementos fundamentais da filosofia do direito* cit., p. 246-247: "O respeito pela dignidade humana, significa no direito, primeiramente, que ele não permite a ofensa física ou mesmo a morte de uma pessoa; que ele protege a sua vida. Isso corresponde à antiga exigência '*neminem laedere*'. Significa também que o direito respeita a pessoa como um ser intelectual, que lhe é dada a possibilidade de organizar a sua própria vida, de determiná-la conforme a sua personalidade. Bergson formulou assim: 'Nous somme libres, quando nos actes émanent de notre personnalité entiere'".

melhor prover e distribuir a tutela do direito em todos os níveis, seja na aplicação da lei, seja na aplicação dos negócios jurídicos[1149].

Nesse sentido, "o objeto do contrato auxiliará no papel do julgador na aplicação do direito, portando-se como referência"[1150] para a definição da existência ou não de um contrato existencial, determinando-se uma aplicação mais incisiva ou não dos novos princípios contratuais. Podemos falar aqui de justiça contratual[1151], ou de equidade em bases aristotélicas, atribuindo-lhe "um conteúdo conceitual concretizável em termos jurídicos" definíveis como "aspiração, força", "justiça do caso

---

[1149] SACCO, Rodolfo; DE NOVA, Giorgio. *Il contratto* cit., p. 798. Tradução livre de: "Si tratta di un'aspirazione ad un diritto che, per essere più giusto, più solidaristico, meno formalistico, tenga in maggior conto gli interessi in gioco, i motivi, i condizionamenti sociali, e provveda a meglio distribuire la protezione del diritto emancipandosi a tutti i livelli (applicazione della legge, applicazione dei negozi) dal culto della lettera".

[1150] MARTINS, Fernando Rodrigues. *Princípio da justiça contratual* cit., p. 254.

[1151] GALLO, Paolo. *Il contrato* cit., p. 7: "In generale l'ordinamento interviene con i suoi strumenti di tutela solo se l'accordo è giusto, cioè non afeto da errore, dolo, violenza, squilibrio non giustificato tra le prestazioni, o altro ancora. Semmai il problema è quello di capire qual'è la soglia mínima al di sotto della quale l'ordinamento non è disposto ad intervenire; a seconda dei periodi storici questa soglia può essere più o meno elevata; si può effettuare un controlo sul contenuto, o vice-versa considerare suficiente che il contratto sia stato acetato; possibili sono altresì soluzioni intermedie che consistono nel controllare il modo, la correttezza, la transparenza, con cui è stato concluso il contratto; ed è proprio in questa direzione che si è incamminata la più recente dottrina; in questa prospettiva non può considerarsi suficiente che la controparte presti il suo consenso, ma occorre che il contratto possa considerarsi frutto di un acordo effettivo, senza condizionamenti ed approfitamenti di sorta".

concreto"[1152], justiça comutativa ou distributiva, "exigência do sentimento jurídico", "complexo de regras postas pela consciência social"[1153].

O que se busca é uma conciliação entre os princípios clássicos dos contratos e os novos princípios, entre a liberdade contratual e o interesse social, entre a liberdade e a proteção da pessoa humana e seus direitos fundamentais[1154]. A *Lei da Liberdade Econômica*, ao dispor no artigo 421-A do Código Civil de 2002 que "os contratos civis e empresariais presumem-se paritários e simétricos até a presença de elementos concretos que justifiquem o afastamento dessa presunção, ressalvados os regimes jurídicos previstos em leis especiais", vem ao encontro da presente tese, que propõe a distinção e a qualificação dos contratos em existenciais (civis, na dicção do artigo referido), conforme o capítulo anterior, e a consequente aplicação mais intensa dos novos princípios contratuais da boa-fé objetiva, da função social do contrato e do equilíbrio econômico, conforme veremos a seguir.

1152 VIEHWEG, Theodor. *Tópica e jurisprudência*: uma contribuição à investigação dos fundamentos jurídicos científicos cit., p. 107: "A raiz de tudo está simplesmente em que o problema adquire e conserva primazia. Se a jurisprudência concebe sua tarefa como uma busca do justo dentro de uma inabarcável pletora de situações, tem que conservar uma ampla possibilidade de tomar de novo posição a respeito da aporia fundamental, i.e., de ser 'móvel'. A primazia do problema influi sobre a técnica a adotar. Uma trama de conceitos e de proposições que impeça a postura aporética não é utilizável. Isso tem de valer especialmente para um sistema dedutivo. A causa do inabarcável tem um interesse muito maior numa variedade assistemática de pontos de vista. Não é inteiramente exato qualificá-los como princípios ou regras fundamentais. Ter-se ia que denominá-los mais exatamente regras diretivas ou tópicos, segundo o critério de nossa investigação, posto que não pertencem ao espírito dedutivo-sistemático, porém ao tópico. A terminologia de tipo científico assinala uma direção falsa, coisa que não é rara em nosso tempo".

1153 ROMANO, Salvatore. Principio di equità (dir. priv.). *In*: CALASSO Francesco (coord.). *Enciclopedia del diritto*. Milano: Giuffrè, 1966. v. XV: Entr-Esto, p. 85. Tradução livre de: "Sotto questo profilo, la ricerca filosófica demostra consapevolezza di tale stato di cose: quando si toglie all'equità un contenuto conceettuale concretabile in termini giuridici per definirla "aspirazione', 'forza', 'giustizia del caso singolo', giustizia commutativa', 'giustizia distributiva', oppure esigenza del sentimento giuridico, complesso di regole poste dalla coscienza sociale, complesso di regole ideali".

1154 Jacques Ghestin, Grégoire Loiseau e Yves-Marie Serinet trazem como exemplo de limitação à liberdade de escolher com quem contratar, as proibições de discriminação que têm se multiplicado na legislação francesa referente ao contrato de locação, ao contrato de trabalho e aos contratos de fornecimento de bens e serviços (cf. *Traité de droit civil*. La formation du contrat. Le contrat – le consentement cit., p. 413).

3.2. BOA-FÉ OBJETIVA E SUA APLICAÇÃO AOS CONTRATOS EXISTENCIAIS

Abordar-se-á aqui o princípio contratual da boa-fé objetiva aplicado aos contratos existenciais. Faremos algumas distinções e a análise tópica de alguns contratos que têm como objeto seja um bem ou serviço essencial à existência humana, seja um direito da personalidade, tendo em conta a tríplice função por esse princípio desenvolvido: *adjuvandi* (ajuda na interpretação do contrato), *supplendi* (= supre algumas falhas do contrato, acrescenta o que nele não está incluído, tais como os deveres anexos, de informação, sigilo, colaboração, cuidado) e *corrigendi* (= corrige alguma coisa que não é de direito no sentido de justo, *e.g.*, cláusulas abusivas)[1155].

Os contratos existenciais, que têm como objeto um bem essencial, serão muitas vezes relações de consumo, a depender da presença de um fornecedor – preenchidos os requisitos do artigo 3.º do Código de Defesa do Consumidor – na relação jurídica, excepcionando-se, por exemplo, o contrato de locação para fins de moradia realizado entre pessoas físicas não fornecedoras ("contrato civil"). Ademais, pela natureza dos bens envolvidos, essenciais à existência humana, alguns deles poderiam ser prestados pela própria administração pública[1156],

---

[1155] WIEACKER, Franz. *El principio general de la buena fe* cit., p. 35: "iuris civilis iuvandi, supplendi o corrigendi gratia".

[1156] Maria Sylvia Zanella Di Pietro observa que "é o Estado, por meio de *lei*, que escolhe quais as atividades que, em determinado momento, são consideradas serviços públicos, no direito brasileiro, a própria Constituição faz essa indicação nos artigos 21, incisos X, XI, XII, XV e XXIII, e 25, § 2.º, alterados, respectivamente, pelas Emendas Constitucionais 8 e 5, de 1995; isto exclui a possibilidade de distinguir, mediante critérios objetivos, o serviço público da atividade privada; esta permanecerá como tal enquanto o Estado não assumir como própria" (*Direito administrativo*. 31. ed. Rio de Janeiro: Forense, 2018. p. 133-134).

de natureza material de serviço público[1157], estando sob supervisão[1158]

[1157] Para Celso Antônio Bandeira de Mello, "*serviços públicos*, vale dizer, atividades materiais que o Estado, inadmitindo que possam ficar simplesmente relegadas à livre-iniciativa, assume como próprias, por considerar de seu dever prestá-las ou patrocinar-lhes a prestação, a fim de satisfazer necessidades ou comodidades do todo social, reputadas como fundamentais em dado tempo e lugar" (*Curso de direito administrativo*. 14. ed. São Paulo: Malheiros, 2002. p. 595). No que concerne ao objeto, Maria Sylvia Zanella Di Pietro classifica os serviços públicos em administrativos – visam necessidades internas da administração ou para viabilizar outros serviços prestados pela administração, (*e.g.*, imprensa oficial) –, comerciais ou industriais – prestados "para atender às necessidades coletivas da ordem econômica", de forma direta pelo Poder Público, ou, de forma indireta, por meio de concessão ou permissão (*e.g.*, energia elétrica e gás canalizado, nos termos dos artigos 21, XII, *b*, e 25, § 2.º, da Carta da República) – e social – "atende a necessidades coletivas em que a atuação do Estado é essencial, mas que convivem com a iniciativa privada, tal como ocorre com os serviços de saúde, educação, previdência, cultura, meio ambiente". Ademais, pertinente aqui a distinção entre serviços públicos exclusivos e não exclusivos do Estado: "Na Constituição, encontram-se exemplos de serviços públicos exclusivos, como o serviço postal e o correio aéreo nacional (art. 21, X), os serviços de telecomunicações (art. 21, XI), os de radiodifusão, energia elétrica, navegação aérea, transportes e demais indicados no artigo 21, XII, o serviço de gás canalizado (art. 25, § 2.º). Outros serviços públicos podem ser executados pelo Estado ou pelo particular, neste último caso mediante autorização do Poder Público. Tal é o caso dos serviços previstos no título VIII da Constituição, concernentes à ordem social, abrangendo saúde (arts. 196 e 199), previdência social (art. 202), assistência social (art. 204) e educação (arts. 208 e 209)" (*Direito administrativo* cit., p. 141-143).

[1158] DI PIETRO, Maria Sylvia Zanella. *Parcerias na administração pública*: concessão, permissão, franquia, terceirização, parceria público-privada. 12. ed. Rio de Janeiro: Forense, 2019. p. 231-232: "As atribuições das agências reguladoras, no que diz respeito à concessão, permissão e autorização de serviço público, resumem-se ou deveriam resumir-se às funções que o poder concedente exerce nesses tipos de contratos ou atos de delegação: regulamentar os serviços que constituem objeto da delegação, realizar o procedimento licitatório para escolha do concessionário, permissionário ou autorizatário, celebrar o contrato de concessão ou permissão ou praticar o ato unilateral de outorga da autorização, definir o valor da tarifa e de sua revisão ou reajuste (quando for o caso), controlar a execução dos serviços, aplicar sanções, encampar, decretar a caducidade, intervir, fazer a rescisão amigável, fazer a reversão de bens ao término da concessão, exercer o papel de ouvidor de denúncias e reclamações dos usuários, enfim exercer todas as prerrogativas que a lei outorga ao poder público na concessão, permissão e autorização. Isso significa que a lei, ao criar a agência reguladora, está tirando do Poder Executivo todas essas atribuições para colocá-las nas mãos da agência".

de agências reguladoras[1159], tais como a Agência Nacional de Energia Elétrica e a Agência Nacional de Saúde Suplementar.

Com relação a estes últimos contratos existenciais, de consumo e "regulados", cumpre destacar que as "regulações normativas", como qualquer ato do Poder Executivo, não se sobrepõem às leis e às normas de ordem pública, advindas, máxime, do Código de Defesa do Consumidor. Outrossim, pela própria natureza da prestação e do bem envolvido serão normalmente contratos de adesão, cativos e de longa duração[1160], por exemplo, os contratos de planos de saúde e de fornecimento de energia elétrica, de água e esgoto e de gás encanado.

Portanto, a interpretação deverá ser sempre em favor do consumidor. Nesse sentido, o Superior Tribunal de Justiça possui o entendimento de que "serviço de *home care* (tratamento domiciliar) constitui desdobramento do tratamento hospitalar contratualmente previsto que não pode ser limitado pela operadora do plano de saúde"[1161].

[1159] DI PIETRO, Maria Sylvia Zanella. *Parcerias na administração pública*: concessão, permissão, franquia, terceirização, parceria público-privada cit., p. 230: "No direito brasileiro, começou-se a falar em regulação e em agências reguladoras com o movimento de Reforma do Estado, especialmente quando, em decorrência da privatização de empresas estatais e introdução da ideia de competição entre concessionárias de serviços públicos, entendeu-se necessário 'regular' as atividades objeto de concessão a empresas privadas, para assegurar regularidade na prestação dos serviços e o funcionamento equilibrado da concorrência. No direito positivo, começou-se a falar em regulação com o emprego da expressão Estado Regulador no art. 174 da Constituição e a introdução da expressão órgão regulador nos arts. 21, XI, e 177, § 2.º, inciso III, pelas Emendas Constitucionais n. 8 e 9, de 1995, respectivamente. Daí a criação das chamadas agências reguladoras. Inicialmente, elas começaram a ser criadas para regular atividades econômicas atribuídas ao Estado, com ou sem natureza de serviço público, sendo objeto de concessão, permissão ou autorização. Foi o que ocorreu nos setores de energia elétrica, telecomunicações, exploração de petróleo, dentre outros".

[1160] MARQUES, Claudia Lima. *Contratos no Código de Defesa do Consumidor*: o novo regime das relações contratuais cit., p. 73: "Trata-se de uma série de novos contratos ou relações contratuais que utilizam os métodos de contratação de massa (através de contratos de adesão ou de condições gerais dos contratos) para fornecer serviços especiais no mercado, criando relações jurídicas complexas de longa duração, envolvendo uma cadeia de fornecedores organizados entre si e com uma característica determinante: a posição de 'cativadade' ou 'dependência' dos clientes, consumidores".

[1161] Nesse sentido, pedimos vênia para transcrever a ementa do seguinte julgado: "Recurso especial. Plano de saúde. Serviço de *home care*. Cobertura pelo plano de saúde. Dano moral. 1 – Polêmica em torna da cobertura por plano de saúde do serviço de *home care* para paciente portador de doença pulmonar obstrutiva crônica. 2 – O serviço de *home care* (tratamento domiciliar) constitui desdobramento do tratamento

Igualmente, em uma interpretação relativa a tema mais amplo, que diz respeito ao rol de procedimentos da Agência Nacional de Saúde Suplementar, este deve ser reconhecido como meramente exemplificativo. Consoante dispõe o artigo 35-F da Lei Complementar n.º 9.656, de 3 de junho de 1998 – Lei de Planos de Saúde, conforme passaremos adiante a nos referir a esse texto legal –, a assistência à saúde, objeto dos contratos existenciais de planos de saúde, "compreende todas as ações necessárias à prevenção da doença e à recuperação, manutenção e reabilitação da saúde". O contrato firmado entre as partes e a Lei tem natureza protetiva do consumidor, não podendo este estar sujeito a avaliar os mais de três mil procedimentos previstos no Anexo I da Resolução ANS n.º 465/2021, não sendo compatível com a boa-fé objetiva, pois a saúde é imprevisível e não pode o consumidor antever e imaginar no momento da contratação por qual doença ou enfermidade virá a ser acometido e qual tratamento precisará realizar.

Conforme bem destacado, em recente voto sobre o tema pela Ministra NANCY ANDRIGHI, o referido rol é importante garantia do consumidor, "mas não pode representar a delimitação taxativa da cobertura assistencial, alijando previamente o consumidor do direito de se beneficiar de todos os possíveis procedimentos ou eventos em saúde que se façam necessários para o seu tratamento"[1162]. Ademais, a lista

---

hospitalar contratualmente previsto que não pode ser limitado pela operadora do plano de saúde. 3 – Na dúvida, a interpretação das cláusulas dos contratos de adesão deve ser feita da forma mais favorável ao consumidor. Inteligência do enunciado normativo do art. 47 do Código de Defesa do Consumidor. Doutrina e jurisprudência do Superior Tribunal de Justiça acerca do tema. 4 – Ressalva no sentido de que, nos contratos de plano de saúde sem contratação específica, o serviço de internação domiciliar (*home care*) pode ser utilizado em substituição à internação hospitalar, desde que observados certos requisitos como a indicação do médico assistente, a concordância do paciente e a não afetação do equilíbrio contratual nas hipóteses em que o custo do atendimento domiciliar por dia supera o custo diário em hospital. 5 – Dano moral reconhecido pelas instâncias de origem. Súmula 07/STJ. 6 – Recurso especial a que se nega provimento" (STJ, REsp n.º 1378707/RJ 2013/0099511-2, 3.ª Turma, Rel. Min. Paulo de Tarso Sanseverino, j. 26.05.2015, DJe 15.06.2015. Disponível em: https://processo.stj.jus.br/processo/revista/documento/mediado/?componente=ATC&sequencial=45493747&num_registro=201300995112&data=20150615&tipo=51&formato=PDF. Acesso em: 11 mar. 2022).

[1162] Embargos de Divergência em Recurso Especial – EREsp n.º 1.886.929 e n.º 1.889.704. Disponível em: https://www.stj.jus.br/sites/portalp/Paginas/Comunicacao/Noticias/23022022-Ministra-Nancy-Andrighi-vota-pelo-carater-exemplificativo-da-lista-da-ANS--novo-pedido-de-vista-suspende.aspx. Acesso em: 11 mar. 2022.

da Agência Nacional de Saúde não é atualizada na mesma velocidade com que evolui a técnica médica e a biotecnologia, conforme podemos verificar de maneira ainda mais intensa na pandemia do coronavírus (Covid-19) que ainda nos aflige.

O argumento econômico ou análise econômica[1163] de que se utilizam aqueles que defendem o chamado "rol taxativo" não é aplicável aos contratos existenciais, dada a natureza jurídica do bem protegido ou tutelado. A chamada análise econômica do direito é incabível nos contratos existenciais. Não se trata aqui de um contrato empresarial ou de consumo de bem supérfluo (*e.g.*, a compra de uma Ferrari). Por fundamental, a boa-fé objetiva tem função integrativa de ajudar na análise do contrato, condicionando e legitimando a interpretação das cláusulas contratuais até suas últimas consequências não de forma abstrata, e sim de maneira concreta, considerados as circunstâncias e o comportamento dos declarantes. Dessarte, tendo o contrato como finalidade a provisão onerosa de serviços com finalidade curativa[1164], e não sendo possível determinar de antemão os procedimentos ou eventos necessários para o tratamento de saúde, incabível a vinculação contratual a um rol que não se atualiza com a mesma velocidade com que progridem as novas tecnologias, nem considera as peculiaridades do paciente, o que somente poderá ser determinado pela indicação médica.

Nos contratos de aquisição de imóveis para fins de moradia, em decorrência do princípio da função social, como veremos mais à frente, os contratos de financiamento e de seguro são coligados, incidindo dever extremado de informação do fornecedor, impondo-lhe detalhar previamente todo o conteúdo do contrato, a dinâmica do financiamento, a evolução dos juros, a abrangência do seguro, entre outros deveres anexos de lealdade, colaboração e respeito às expectativas legitimamente criadas. Assim, entende a jurisprudência do Superior Tribunal de Justiça

---

[1163] Nesse sentido, citem-se os argumentos trazidos pelo Ministro Luis Felipe Salomão nos Embargos de Divergência em Recurso Especial – EREsp n.º 1.886.929 e n.º 1.889.704: "Fosse o rol meramente exemplificativo, desvirtuar-se-ia sua função, não se podendo definir o preço da cobertura diante de lista de procedimentos indefinida ou flexível. O prejuízo para o consumidor seria inevitável". Disponível em: https://www.stj.jus.br/sites/portalp/Paginas/Comunicacao/Noticias/23022022-Segunda-Secao-retoma-hoje--23--analise-sobre-rol-da-ANS--para-relator--lista-e-taxativa--mas-admite-excecoes.aspx. Acesso em: 12 mar. 2022.

[1164] LORENZETTI, Ricardo Luis. *Responsabilidad civil de los médicos*. Buenos Aires: Rubinzal-Culzoni, 1997. p. 317.

que a boa-fé objetiva impõe ao segurador, entre outros deveres, na fase pré-contratual, o de "dar informações claras e objetivas sobre o contrato para que o segurado compreenda, com exatidão, o alcance da garantia contratada", obrigando-o, ademais, nas fases de execução e pós-contratual, "a evitar subterfúgios para tentar se eximir de sua responsabilidade com relação aos riscos previamente cobertos pela garantia"[1165], como os vícios estruturais de construção, mesmo que apareçam após a extinção do contrato, ou se prolonguem no tempo depois desta.

[1165] A propósito, confira-se a ementa do seguinte julgado: "Recurso especial. Ação de indenização securitária. Responsabilidade da seguradora. Vícios de construção (vícios ocultos). Ameaça de desmoronamento. Conhecimento após a extinção do contrato. Boa-fé objetiva pós-contratual. Julgamento: Código de Processo Civil de 2015. 1. Ação de indenização securitária proposta em 21.07.2009, de que foi extraído o presente recurso especial, interposto em 06.07.2016 e concluso ao gabinete em 06.02.2017. 2. O propósito recursal consiste em decidir se a quitação do contrato de mútuo para aquisição de imóvel extingue a obrigação da seguradora de indenizar os adquirentes-segurados por vícios de construção (vícios ocultos) que implicam ameaça de desmoronamento. 3. A par da regra geral do art. 422 do CC/02, o art. 765 do mesmo diploma legal prevê, especificamente, que o contrato de seguro, tanto na conclusão como na execução, está fundado na boa-fé dos contratantes, no comportamento de lealdade e confiança recíprocos, sendo qualificado pela doutrina como um verdadeiro 'contrato de boa-fé'. 4. De um lado, a boa-fé objetiva impõe ao segurador, na fase pré-contratual, o dever, dentre outros, de dar informações claras e objetivas sobre o contrato para que o segurado compreenda, com exatidão, o alcance da garantia contratada; de outro, obriga-o, na fase de execução e também na pós-contratual, a evitar subterfúgios para tentar se eximir de sua responsabilidade com relação aos riscos previamente cobertos pela garantia. 5. O seguro habitacional tem conformação diferenciada, uma vez que integra a política nacional de habitação, destinada a facilitar a aquisição da casa própria, especialmente pelas classes de menor renda da população. Trata-se, pois, de contrato obrigatório que visa à proteção da família, em caso de morte ou invalidez do segurado, e à salvaguarda do imóvel que garante o respectivo financiamento, resguardando, assim, os recursos públicos direcionados à manutenção do sistema. 6. À luz dos parâmetros da boa-fé objetiva e da proteção contratual do consumidor, conclui-se que os vícios estruturais de construção estão acobertados pelo seguro habitacional, cujos efeitos devem se prolongar no tempo, mesmo após a extinção do contrato, para acobertar o sinistro concomitante à vigência deste, ainda que só se revele depois de sua conclusão (vício oculto). 7. Constatada a existência de vícios estruturais acobertados pelo seguro habitacional e coexistentes à vigência do contrato, hão de ser os recorrentes devidamente indenizados pelos prejuízos sofridos, nos moldes estabelecidos na apólice. 8. Recurso especial conhecido e provido" (STJ, REsp n.º 1717112/RN, 3.ª Turma, Rel. Min. Nancy Andrighi, j. 25.09.2018, *DJe* 11.10.2018. Disponível em: https://scon.stj.jus.br/SCON/GetInteiroTeorDoAcordao?num_registro=201700060220&dt_publicacao=11/10/2018. Acesso em: 12 mar. 2022).

Tratando-se de contratos existenciais que têm como objeto direitos da personalidade, considerando a natureza jurídica de limitação voluntária de direitos, e não a atribuição de bens essenciais, mais evidente será a aplicação extremada da boa-fé objetiva, até mesmo porque os contratos de fornecimento de bens essenciais normalmente já são tratados sob a ótica protetiva das relações de consumo, o que não altera a importância da análise do objeto do contrato para a aplicação da boa-fé objetiva, como vimos com relação aos contratos de planos de saúde, muitas vezes equivocadamente tratados pela perspectiva da "análise econômica", e não da tutela da vida e da saúde da pessoa, como deve ser.

Dever típico decorrente da boa-fé objetiva aplicada aos contratos que contêm atos de disposição do próprio corpo, tais como os de serviços médicos, de transplantes, de doação de gametas, ou de reprodução assistida, depende de prévio consentimento informado[1166]. Conforme observa MICHELA MARZANO, "nas sociedades ocidentais, nós passamos progressivamente de um *modelo paternalista*– onde o peso da decisão ficava inteiramente nas mãos do médico – a um *modelo autonomista* – onde o paciente tem sempre o direito de exprimir sua vontade"[1167].

[1166] LORENZETTI, Ricardo Luis. *Responsabilidad civil de los médicos* cit., p. 196-197: "Se ha indicado que corresponde distinguir entre el consentimiento y el asentimiento en el contrato medico. Ello se apoya en dos argumentos: – El consentimiento es la expresión de voluntades en la formación del contrato mismo, y el asentimiento responde a una legitimación para el acto de ejecución. – El consentimiento-legitimación se relaciona con el ejercicio del derecho de la personalidad y la integridade física. de tal modo, el asentimiento es una declaración de voluntad no negocial que cumple el papel de integrar acto voluntario lícito. La intención de estos distingos es finalmente poner de relieve que el consentimiento contractual es distinto del que se requiere para cada acto que importe una afectación de la libertad del paciente. Asimismo, ello permitiria que los menores y otros sujetos que no tienen capacidade para consentir, la tengan para assentir tratamentos médicos. No se advierten ni se fundamentan otras consecuencias jurídicas derivadas del distingo. Más de la cuestión terminológica, es claro que hay que discernir entre los actos que se dirigen a la formación del consentimiento contractual y los que se proponen la disposición de derechos personalíssimos, pudiendo llamarse a los primeros 'consentimiento' y a los segundos 'asentimiento'. En el contracto médico resulta difícil separar ambos temas puesto que los actos negociales que están destinados a expressar el consentimiento importan al mismo tiempo la disposición de derechos personalíssimos. Desde el momento en que el paciente se somete a un tratamiento médico celebra un contrato expressando su consentimiento y dispone de un derecho personalíssimo manifestando su asentimiento".

[1167] MARZANO, Michela. *Je consens, donc je suis...* cit., p. 75-76. Tradução livre de: "Dans les sociétés occidentales, on est progressivement passé d'un *modele paternalis-*

Hoje, tal procedimento não é mais cabível, salvo as hipóteses de urgência e emergência, envolvendo risco iminente de morte[1168]. A informação verdadeira, clara e completa por parte do médico[1169], além de imperativo da boa-fé objetiva extremada, é fundamental para o exercício da "liberdade geral de ação como dimensão do direito ao desenvolvimento da personalidade"[1170].

Conforme releva FERNANDO CAMPOS SCAFF, "o agente responsável pelo tratamento médico possui determinadas informações técnicas cujo acesso não é livre para a generalidade das pessoas", de modo que a declaração de vontade deve ser interpretada de acordo com as regras da boa-fé objetiva, reconhecida a desigualdade "presumida entre os envolvidos no atendimento médico", além das circunstâncias e peculiaridades do tratamento médico em suas diversas fases, o que somente se efetiva com o consentimento informado[1171].

Nesse sentido, a Resolução n.º 2.249, de 27 de maio de 2021, do Conselho Federal de Medicina[1172], que estabelece normas éticas para a utilização das técnicas de reprodução assistida, dispõe em seu item I.4 a obrigatoriedade do consentimento livre e esclarecido, devendo ser detalhadamente expostos "os aspectos médicos envolvendo a totalidade das circunstâncias da aplicação de uma técnica de reprodução assistida, bem como os resultados obtidos naquela unidade de tratamento

---

te – où les poids de la décision reposait entièrement entre les mains du médecin – à un *modèle autonomiste* – où le patient a toujours le droit d'exprimer sa volonté".

[1168] SCAFF, Fernando Campos. *Direito à saúde no âmbito privado*: contratos de adesão, planos de saúde e seguro-saúde. São Paulo: Saraiva, 2010. p. 101: "[...] a necessidade de que o médico solicite previamente o consentimento do paciente pode ser eliminada em situações nas quais se vislumbre um estado de absoluta emergência, quando a intervenção se manifesta imprescindível e urgente, e o paciente não se acha em condições de exprimir uma vontade consciente, seja ela favorável ou contrária à realização do procedimento médico indicado".

[1169] BERGSTEIN, Gilberto. *A informação na relação médico-paciente*. São Paulo: Saraiva, 2013. p. 111.

[1170] PINTO, Paulo Mota. *O direito ao livre desenvolvimento da personalidade* cit., p. 212.

[1171] SCAFF, Fernando Campos. *Direito à saúde no âmbito privado*: contratos de adesão, planos de saúde e seguro-saúde cit., p. 67-68. Assim também: MIRAGEM, Bruno. *Direito civil*: responsabilidade civil. São Paulo: Saraiva, 2015. p. 569.

[1172] Disponível em: https://www.in.gov.br/en/web/dou/-/resolucao-cfm-n-2.294-de--27-de-maio-de-2021-325671317. Acesso em: 12 mar. 2022.

com a técnica proposta". Outrossim, as informações devem conter, além dos elementos de caráter biológico, os de caráter jurídico e ético. Exige-se, ademais, a elaboração de documento de consentimento livre e esclarecido em formulário específico, com a obtenção da concordância apenas após a discussão entre as partes.

Mais que um direito do paciente, a informação é dever de conduta do médico[1173], englobando o dever de esclarecer todos os elementos necessários para a assistência do paciente na tomada de decisão acerca da realização ou não do tratamento ou procedimento, com exposição das alternativas de tratamentos e procedimentos disponíveis (técnicas diversas para a obtenção do resultado pretendido), dos riscos e benefícios que cada tratamento ou procedimento envolve, das contraindicações, da novidade de determinado procedimento (e eventual ausência de estudos prolongados sobre este) e, a depender da natureza do ato de disposição do próprio corpo, os possíveis impactos no cotidiano familiar, social e laboral do paciente, devendo estar ciente das limitações às quais se submeterá no curso do tratamento, do procedimento, da recuperação e de implicações futuras ínsitas a determinados tipos tratamentos ou procedimentos[1174].

Por fim, no que concerne à boa-fé objetiva, deve-se destacar seu papel indispensável nos contratos existenciais relativos às novas tecnologias da comunicação, realizadas, máxime, pela rede mundial de computadores (Internet), incidindo como princípio basilar para a coleta e o tratamento de dados. Com efeito, o direito fundamental à proteção de dados impõe a observância desse princípio em toda atividade de coleta e tratamento de dados pessoais, dimanando dele outras diretrizes para a consecução

---

[1173] Conforme consignou o Ministro Ruy Rosado de Aguiar Jr. em seu voto no Recurso Especial n.º 467.878/RJ, 4.ª Turma, j. 03.12.2012, DJ 10.02.2003: "A obrigação de obter o consentimento informado do paciente decorre não apenas das regras de consumo, mas muito especialmente das exigências éticas que regulam a atividade médico-hospitalar, destacando-se entre elas o consentimento informado. Segundos as instâncias ordinárias, esse dever não foi cumprido". Disponível em: https://processo.stj.jus.br/processo/revista/documento/mediado/?componente=ATC&sequencial=591627&num_registro=200201274037&data=20030210&tipo=51&formato=PDF. Acesso em: 12 março 2022.

[1174] Nesse sentido, a Resolução n.º 1.931, de 17 de setembro de 2009, do Conselho Federal de Medicina, que estabelece o Código de Ética Médica. Disponível em: https://portal.cfm.org.br/etica-medica/codigo-2010/#:~:text=O%20novo%20c%C3%B3digo%20foi%20publicado,13%20de%20abril%20de%202010.&text=-Copyright%202022%20CFM. Acesso em: 12 mar. 2022.

do equilíbrio entre o livre desenvolvimento da personalidade e a tutela da integridade da pessoa, diante dos riscos das novas tecnologias (artigo 6.º da Lei Federal n.º 13.709, de 14 de agosto de 2018): a) o tratamento deve ter uma finalidade legítima, propósitos específicos, explícitos e informados ao titular, sem possibilidade de tratamento posterior de forma incompatível com essas finalidades; b) o tratamento deve ser adequado, ou seja, compatível com as finalidades informadas ao titular, de acordo com as circunstâncias do tratamento; c) o tratamento deve ser limitado ao mínimo necessário para a realização de suas finalidades, com abrangência dos dados pertinentes, proporcionais e não excessivos com relação às finalidades do tratamento de dados; d) o tratamento deve garantir livre acesso aos titulares, com consulta de maneira facilitada e gratuita sobre a forma e a duração do tratamento, bem como sobre a integralidade de seus dados pessoais; e) o tratamento deve assegurar aos titulares exatidão, clareza, relevância e atualização dos dados, de acordo com a necessidade e para o cumprimento da finalidade de seu tratamento; f) o tratamento deve ser transparente, garantindo aos titulares informações claras, precisas e facilmente acessíveis sobre a realização do tratamento e os respectivos agentes de tratamento, observados os segredos comercial e industrial; g) o tratamento deve zelar pela segurança, com utilização de medidas técnicas e administrativas aptas a protegerem os dados pessoais de acessos não autorizados e de situações acidentais ou ilícitas de destruição, perda, alteração, comunicação ou difusão; h) o tratamento deve zelar pela adoção de medidas para prevenir a ocorrência de danos em virtude do tratamento de dados pessoais; i) o tratamento não deve ser discriminatório, sendo vedado para fins discriminatórios ilícitos ou abusivos; j) o tratamento impõe prestação de contas, com demonstração, pelo agente, da adoção de medidas eficazes e capazes de comprovar a observância e o cumprimento das normas de proteção de dados pessoais e, inclusive, da eficácia dessas medidas, sob pena de responsabilização.

O descumprimento dessas diretrizes gera a nulidade das cláusulas contratuais em sentido contrário, possibilitando ao juiz "corrigir o contrato" (*corrigendi*) com relação ao que não é de direito no sentido de justo, por ser a cláusula abusiva, considerando eventual cláusula nesse sentido nula, sem prejuízo da responsabilização administrativa, civil e penal, nos termos da Lei.

3.3. FUNÇÃO SOCIAL E SUA APLICAÇÃO AOS CONTRATOS EXISTENCIAIS

Na mesma linha da abordagem que realizamos com relação à boa-fé objetiva, passaremos a elaborar quanto ao princípio contratual da função social aplicado aos contratos existenciais, com as distinções cabíveis e uma análise tópica de alguns contratos.

Como abordada na parte geral desta tese, em seu aspecto intrínseco ("o contrato visto como relação jurídica entre as partes"), a função social dos contratos significa que as partes não podem "afetar *valores maiores da sociedade*" no exercício da liberdade contratual, atuando como mecanismo de flexibilização da autonomia privada e da força obrigatória dos contratos, inserindo na relação contratual um ditame de *socialidade*, consistente no valor da pessoa humana como elemento central do Código Civil. Concretamente atua no plano eficacial, ajudando na interpretação do contrato e determinando a eficácia ou ineficácia, total ou parcial, da relação jurídica, tal como na aplicação da teoria do adimplemento substancial.

Em seu aspecto extrínseco ("o contrato em face da coletividade"), o princípio da função social dos contratos integra o contrato – diferentemente da boa-fé, que impõe deveres éticos *entre as partes* – e atua como elemento exterior a ele, condicionando a autonomia privada aos interesses e valores sociais. Assim, além de flexibilizar o princípio da relatividade dos contratos (*res inter alios acta allius neque nocere neque prodesse potest*) para ampliação de sua eficácia perante terceiros, conforma o princípio da autonomia da vontade aos interesses sociais.

O princípio em análise tem intensa aplicação aos contratos existenciais cujo objeto são bens essenciais. Assim, já decidiu o Superior Tribunal de Justiça no sentido de que "ao ex-empregado demitido e seus dependentes, para não ficarem totalmente desprotegidos, e atendendo à função social do contrato de plano de saúde (artigo 421 do Código Civil)", fica assegurada a dispensa "do cumprimento de novos períodos de carência na contratação de novo plano individual ou familiar ou coletivo por adesão", na mesma operadora ou em outra (no uso de portabilidade especial de carências), desde que realizado pedido de transferência durante o período de manutenção da condição de beneficiário garantida pelos artigos 30 e 31 da Lei de Planos de Saúde, permitindo-se, no caso sob exame, cobertura imediata dos serviços de assistência pré-natal e obstétrica[1175].

[1175] O julgado referido foi assim ementado: "Recurso especial. Civil. Plano de saúde. Titular. Demissão sem justa causa. Plano coletivo empresarial. Extinção. Dependente. Novo plano. Titularidade. Coletivo por adesão. Prazo de carência. Exigência. Ilegalidade. Portabilidade especial de carências. Configuração. Transferência ao tempo do direito de prorrogação temporária. efeitos. Serviços de assistência pré-natal e obstétrica. Cobertura imediata. 1. Cinge-se a controvérsia a saber se é lícita a exigência de cumprimento de carência de ex-dependente de plano coletivo empresarial, extinto em razão da demissão sem justa causa do titular, ao contratar novo plano de saúde, na mesma operadora, mas em categoria diversa (coletivo por adesão). 2. Quando há a demissão imotivada do trabalhador, a operadora de plano de saúde deve lhe facultar e aos dependentes a prorrogação temporária do plano coletivo ao qual haviam aderido, contanto que arquem integralmente com os custos das mensalidades, não podendo superar o prazo estabelecido em lei: período mínimo de 6 (seis) meses e máximo de 24 (vinte e quatro) meses. Incidência do art. 30, caput e §§ 1.º e 2.º, da Lei n.º 9.656/1998. Precedentes. 3. A carência é o período ininterrupto, contado a partir da data de início da vigência do contrato do plano privado de assistência à saúde, durante o qual o contratante paga as mensalidades, mas ainda não tem acesso a determinadas coberturas previstas no contrato (art. 2.º, III, da RN n.º 186/2009 da ANS). A finalidade é assegurar a fidelização do usuário e o equilíbrio financeiro da negociação, permitindo a manutenção do saldo positivo do fundo comum para o custeio dos serviços médico-hospitalares, ou seja, visa a conservação do próprio plano de saúde. 4. Não há nenhuma ilegalidade ou abusividade na fixação de prazo de carência no contrato de plano de saúde, contanto que sejam observados os limites e as restrições legais (arts. 12, V, 13, I, e 16, III, da Lei n.º 9.656/1998 e 6.º e 11 da RN n.º 195/2009 da ANS). 5. Há hipóteses em que o prazo de carência já cumprido em um dado contrato pode ser aproveitado em outro, como geralmente ocorre na migração e na portabilidade de plano de saúde, para a mesma ou para outra operadora. Tais institutos possibilitam a mobilidade do consumidor, sendo essenciais para a estimulação da livre concorrência no mercado de saúde suplementar. 6. Quanto ao ex-empregado demitido e seus dependentes, para não ficarem totalmente desprotegidos, e atendendo à função social do contrato de plano de saúde (art. 421 do Código Civil), foi assegurada, pela Agência Nacional de Saúde Suplementar (ANS), a portabilidade especial de carências. 7. Nos termos do art. 7.º-C da RN n.º 186/2009 da ANS, o ex-empregado demitido ou exonerado sem justa causa ou aposentado ou seus dependentes vinculados ao plano ficam dispensados do cumprimento de novos períodos de carência na contratação de novo plano individual ou familiar ou coletivo por adesão, seja na mesma operadora seja em outra, desde que peçam a transferência durante o período de manutenção da condição de beneficiário garantida pelos arts. 30 e 31 da Lei n.º 9.656/1998. Aplicação, no caso dos autos, a permitir a cobertura imediata dos serviços de assistência pré-natal e obstétrica. 8. Recurso especial não provido" (REsp n.º 1525109/SP, 3.ª Turma, Rel. Min. Ricardo Villas Bôas Cueva, j. 04.10.2016, DJe 18.10.2016. Disponível em: https://scon.stj.jus.br/SCON/GetInteiroTeorDoAcordao?num_regis-

Nos contratos de compra e venda de imóveis com finalidade de moradia do adquirente, não tem cabimento a resolução do contrato, com a consequente retomada do imóvel, se adimplida quantia substancial do valor devido, devendo ser aferido esse adimplemento substancial, tendo em conta os seguintes fatores: a) o contraste entre o montante total do contrato e o saldo devedor; b) a existência de outras medidas capazes de atender ao propósito do credor com efeitos menos gravosos ao devedor; c) a ponderação entre a utilidade da extinção da relação jurídica obrigacional e o prejuízo que adviria para o devedor e para terceiros a partir da resolução. O interesse social é pela manutenção, ou melhor, pela conservação do contrato, máxime quando se tem em jogo um interesse existencial, consistente na moradia do devedor. Nesse sentido, já se entendeu que o pagamento de 86% do valor total do contrato, com débito de apenas R$ 4.706,34, não justifica a resolução pelo credor, "pois a rescisão do contrato entabulado implicará na reintegração de posse do imóvel que é utilizado para moradia da família"[1176].

---

tro=201402868050&dt_publicacao=18/10/2016. Acesso em: 14 mar. 2022. Observe-se que os casos de urgência – assim entendidos os casos "resultantes de acidentes pessoais ou de complicações no processo gestacional" –, emergência – assim definidos os casos que "implicarem risco imediato de vida ou de lesões irreparáveis para o paciente, caracterizado em declaração do médico assistente" –, e planejamento familiar, já têm previsão expressa de obrigatoriedade de cobertura, nos termos do art. 35-C da Lei de planos de saúde.

[1176] O julgado referido, tendo como origem o Tribunal de Justiça do Rio de Janeiro, foi assim ementado: "Apelação. Consumidor. Promessa de compra e venda de imóvel. Pedido de rescisão contratual e reintegração do bem. Aplicação da teoria do adimplemento substancial. Descabimento da resolução do negócio jurídico. Princípios da boa-fé objetiva e da função social. Direito a moradia. Ponderação de interesses. Princípio da proporcionalidade. Provimento do recurso. O direito obrigacional sofreu profunda transformação após o advento da Constituição Federal de 1988 e do Código Civil de 2002. A obrigação não é mais vista de forma estática, mas sim como um processo, isto é, um conjunto de atos coordenados do devedor e do credor dirigidos a um fim comum. O adimplemento passa a ser buscado de forma cooperativa entre os contratantes. Dentro deste contexto, a teoria do substancial *performance* do direito inglês vem sendo aplicada no Brasil com base nos princípios da boa-fé (art. 422), da função social dos contratos (art. 421), da vedação ao abuso de direito (art. 187) e ao enriquecimento sem causa (art. 884), como forma de superar os exageros do formalismo exacerbado na execução dos contratos em geral. A teoria do adimplemento substancial impede a rescisão do contrato pelo credor nos casos de cumprimento expressivo do contrato por parte do devedor. No caso dos autos houve o pagamento de 86% do valor devido, restando apenas 14% para serem pagos. Não se pode olvidar que estamos diante de uma situação extremamente sensível aos recorrentes, pois a

Ainda no campo dos contratos de compra e venda de imóveis para fins de moradia, a Súmula n.º 308 do Superior Tribunal de Justiça enuncia que "a hipoteca firmada entre a construtora e o agente financeiro, anterior ou posterior à celebração da promessa de compra e venda, não tem eficácia perante os adquirentes do imóvel"[1177]. Trata-se

---

rescisão do contrato entabulado implicará a reintegração de posse do imóvel que é utilizado para moradia da família. Realizando-se uma ponderação dos princípios envolvidos na questão, norteada pelo princípio da proporcionalidade, tem-se que o direito fundamental de moradia, *in casu*, prepondera em face do mero direito de crédito do apelado, não sendo razoável retirar os réus do imóvel em razão do débito de apenas R$ 4.706,34 (quatro mil setecentos e seis reais e trinta e quatro centavos). Considerando o inadimplemento mínimo e a ponderação de interesses no caso concreto, impõe-se julgar improcedente a pretensão de rescisão do negócio jurídico e a reintegração de posse do imóvel. Em respeito ao direito de crédito do autor, reconhece-se o valor devido e a sua legítima cobrança que poderá ser realizada pelos meios legais cabíveis. Provimento do recurso" (TJRJ, Apelação n.º 00199001420118190087/RJ, 26.ª Câmara Cível Consumidor, Rel. Des. Wilson do Nascimento Reis, j. 11.05.2016, *DJ* 13.05.2016. Disponível em: http://www1.tjrj.jus.br/gedcacheweb/default.aspx?UZIP=1&GEDID=0004EBEF12E2C50C0F92C4859FE97185EC32C50509282D0D&USER=. Acesso em: 15 mar. 2022).

1177 O julgamento da Segunda Seção referente à Súmula referida ocorreu em 30.03.2005, publicado no *Diário da Justiça* em 25.04.2005. Disponível em: https://www.stj.jus.br/docs_internet/revista/eletronica/stj-revista-sumulas-2011_24_capSumula308.pdf. Acesso em: 15 mar. 2022. Citam-se os seguintes precedentes: AgRg no Ag n.º 522.731/GO (3.ª T., 14.09.2004 – *DJ* 17.12.2004); AgRg no REsp n.º 505.407/GO (3.ª T., 05.08.2004 – *DJ* 04.10.2004); AgRg no REsp n.º 561.807/GO (3.ª T., 23.03.2004 – *DJ* 19.04.2004); EREsp n.º 187.940/SP (2.ª S., 22.09.2004 – *DJ* 29.11.2004); EREsp n.º 415.667/SP (2.ª S., 26.05.2004 – *DJ* 21.06.2004); REsp n.º 187.940/SP (4.ª T., 18.02.1999 – *DJ* 21.06.1999); REsp n.º 287.774/DF (4.ª T., 15.02.2001 – *DJ* 02.04.2001); REsp n.º 329.968/DF (4.ª T., 09.10.2001 – *DJ* 04.02.2002); REsp n.º 401.252/SP (4.ª T., 28.05.2002 – *DJ* 05.08.2002); REsp n.º 418.040/SC (3.ª T., 20.04.2004 – *DJ* 10.05.2004); REsp n.º 431.440/SP (3.ª T., 07.11.2002 – *DJ* 17.02.2003); REsp n.º 439.604/PR (3.ª T., 22.05.2003 – *DJ* 30.06.2003); REsp n.º 498.862/GO (3.ª T., 02.12.2003 – *DJ* 1.º.03.2004); REsp n.º 514.993/GO (4.ª T., 25.11.2003 – *DJ* 14.06.2004); REsp n.º 557.369/GO (4.ª T., 07.10.2004 – *DJ* 08.11.2004); REsp n.º 651.125/RJ (3.ª T., 02.09.2004 – *DJ* 11.10.2004). Boa parte dos julgados que deram origem à Súmula n.º 308 está relacionada à falência da construtora Encol S.A., com a aplicação do princípio da boa-fé objetiva, em uma relação contratual tipicamente de consumo. Exemplificativamente, ao julgar o REsp n.º 287.774/DF (*DJ* 02.04.2001), constou da ementa que, "ao celebrar o contrato de financiamento, facilmente poderia o banco inteirar-se das condições dos imóveis, necessariamente destinados à venda, já oferecidos ao público e, no caso, com preço total ou parcialmente pago pelos terceiros adquirentes de boa fé".

de limitação dos efeitos normais da hipoteca em contrato de financiamento celebrado entre a construtora e a instituição financeira – para a construção de imóvel (prédio com unidades autônomas), por exemplo –, não tendo essa garantia hipotecária do financiamento, excepcionalmente – considerando a função social do contrato incidente de forma intensa em virtude da natureza existencial do contrato entabulado entre a construtora e o terceiro adquirente da unidade –, eficácia perante terceiros. Em um dos primeiros julgados sobre a matéria, o Ministro Ruy Rosado de Aguiar fundamentou seu voto, entre outros argumentos, mencionando que, em decorrência do princípio da boa-fé objetiva[1178] caberia à instituição financeira tomar cautelas para "receber o seu crédito da sua devedora ou sobre os pagamentos a ela efetuados pelos terceiros adquirentes"[1179], não sendo de admitir-se que, após ter sido negligente na tutela dos seus interesses – sabendo que os terceiros estavam fazendo os pagamentos –, venha depois buscar os pagamen-

---

[1178] VANZELLA, Rafael Domingos Faiardo. *O contrato e os direitos reais*. São Paulo: RT, 2012. p. 336-337: "Observa-se, nesses termos, que as regras do sistema financeiro da habitação (SFH) foram utilizadas apenas como *obter dicta*, e não como *rationes decidendi*. Com efeito, para os agentes financeiros que atuam no sistema, não há possibilidade de execução da garantia hipotecária, em face dos promitentes-compradores, porquanto as regras sobre garantias reais não se aplicam plenamente às operações do SFH: é extraída do art. 22 da Lei 4.864/1965 uma imposição de substituição da garantia real, a partir do momento em que se celebra cada um dos compromissos de compra e venda sobre as coisas imóveis, já existentes ou não, de modo que o crédito do *promitente-vendedor* é fiduciariamente transmitido ('cessão fiduciária') ao agente financeiro mutuante, cuja garantia hipotecária perde, com isso, eficácia relativamente ao promitente-comprador cedido. As *rationes decidendi*, muito mais abrangentes e que levaram a uma redação muito mais ampla da súmula em comento, amparam-se em um *dever de proteção* do agente financeiro para com os promitentes-compradores, decorrente dos efeitos dos contratos de disposição que aquele celebra com o proprietário. Esse dever de proteção, irradiado da especificidade do *tráfico jurídico* em questão, que dificulta o desconto do gravame do preço da coisa imóvel, por parte do promitente-comprador, implica o encobrimento, (só) contra esse último, das pretensões reais do agente financeiro. Nesses termos, o promitente-comprador é titular de uma *exceção material* atribuída pela *função de bloqueio* do princípio da boa-fé, mais especificamente de uma de suas concretizações, que é o exercício inadmissível de posição jurídica, agora reduzido a texto pelo art. 187 do CC/2002".

[1179] Recurso Especial n.º 187.940/SP, 4.ª Turma, j. 18.02.1999, Rel. Min. Ruy Rosado de Aguiar, *DJ* 21.06.1999. Disponível em: https://processo.stj.jus.br/processo/ita/documento/mediado/?num_registro=199800662022&dt_publicacao=-21-06-1999&cod_tipo_documento=3&formato=PDF. Acesso em: 15 mar. 2022.

tos dos terceiros, que sofreriam a perda das prestações e do imóvel. Nada obstante, mesmo entendendo aplicar-se a boa-fé objetiva no caso sob análise[1180], esta não é a questão preponderante, mas, sim, a função social do contrato, que impõe a análise dos contratos de forma coligada[1181], com as consequentes ineficácias do contrato de financiamento e da hipoteca – em relação aos terceiros adquirentes com as prestações quitadas –, caracterizando-se abuso de direito a execução da hipoteca em relação a estes, tendo em conta a ultrapassagem dos limites da função social (artigo 187, do Código Civil de 2002).

Nos contratos de fornecimento de energia elétrica – o que se aplica aos serviços essenciais como os de água, esgoto e de gás encanado –, a jurisprudência do Superior Tribunal de Justiça firmou-se no sentido de não ser lícito o interrompimento do fornecimento em razão de débito pretérito, admitindo, todavia, corte no fornecimento na hipótese de "inadimplemento de dívida atual, relativa ao mês do consumo, sendo inviável a suspensão do abastecimento em razão de débitos antigos"[1182]. Tal entendimento não está em consonância com o princípio

---

[1180] GODOY, Claudio Luiz Bueno de. *Função social do contrato*: os novos princípios contratuais cit., p. 184: "Em síntese, há mesmo de se admitir sejam os contratos de financiamento imobiliário, de evidente relevo, ainda que fora das normas do sistema de habitação, interpretados e regrados de acordo não só com a finalidade de propiciar acesso à moradia, portanto garantia de dignidade, como, ainda, sem divórcio do solidarismo que se estampa na conduta leal esperada dos contratantes e, antes, do próprio agente financeiro. Outro caso, e aí o dado importante, em que a função social do contrato, decerto, serviu a marcar a orientação que a propósito tomou a jurisprudência, enfrentando as questões acima referidas".

[1181] No tocante à coligação contratual no Sistema Financeiro de Habitação, e "contratos coligados com escopo existencial", confira-se: MARINO, Francisco Paulo de Crescenzo. *Contratos coligados no direito brasileiro* cit., p. 211-215. Assim, também, no direito argentino: ITURRASPE, Jorge Mosset. *Contratos conexos*: grupos y redes de contratos. Buenos Aires: Rubinzal-Culzoni, 1999. p. 199-204.

[1182] Nesse sentido, confira-se a ementa do seguinte julgado: "Administrativo e processual civil. Agravo regimental no agravo em recurso especial. Serviço de fornecimento de energia elétrica. Impossibilidade de interrupção do fornecimento por débito pretérito. O fornecimento de energia elétrica é serviço público essencial e, por isso, sua descontinuidade, mesmo que legalmente autorizada, deve ser cercada de procedimento formal rígido e sério, constituindo hipótese de reparação moral sua interrupção ilegal. Verba indenizatória fixada com razoabilidade na sentença em R$ 8.000,00 e mantida pelo Tribunal de origem. Descabimento de alteração. Agravo regimental da Companhia Elétrica de Pernambuco desprovido. 1. Esta Corte pacificou o entendimento de que nos casos, como o presente, em que se caracte-

da função social do contrato aplicado de maneira adequada a contratos existenciais como os de fornecimento de serviços essenciais (água, esgoto, energia elétrica e gás encanado), não sendo razoável que o fornecedor se utilize de tal constrangimento para obter seu crédito[1183], devendo valer-se das vias ordinárias de cobrança, disponibilizando canais de solução extrajudicial para renegociação do débito e, em último caso, ingressar com ação judicial de cobrança, monitória ou de execução, conforme o preenchimento dos requisitos legais[1184].

---

riza a exigência de débito pretérito referente ao fornecimento de energia, não deve haver a suspensão do serviço; o corte pressupõe o inadimplemento de dívida atual, relativa ao mês do consumo, sendo inviável a suspensão do abastecimento em razão de débitos antigos. 2. O fornecimento de energia elétrica é serviço público essencial e, por isso, sua descontinuidade, mesmo que legalmente autorizada, deve ser cercada de procedimento formal rígido e sério, constituindo hipótese de reparação moral sua interrupção ilegal. 3. No que tange ao *quantum* indenizatório, é pacífico nesta Corte o entendimento de que, em sede de Recurso Especial, sua revisão apenas é cabível quando o valor arbitrado nas instâncias originárias for irrisório ou exorbitante. No caso dos autos, o valor de R$ 8.000,00, fixado a título de indenização, foi arbitrado na sentença, tendo por parâmetro a natureza e a extensão do prejuízo, a repercussão do fato, o grau de culpa do ofensor e a condição econômica das partes. O Tribunal de origem, por sua vez, manteve o *quantum* por considerar que o autor foi vítima de atos arbitrários e unilaterais praticados pela CELPE, que acarretaram a suspensão da energia elétrica. Desse modo, o valor arbitrado a título de danos morais não se mostra exorbitante a ponto de excepcionar a aplicação da Súmula 7/STJ. 4. Agravo regimental da Companhia Energética de Pernambuco desprovido" (AgRg no AREsp n.º 570.085/PE, 1.ª Turma, Rel. Min. Napoleão Nunes Maia Filho, j. 28.03.2017, *DJe* 06.04.2017. Disponível em: https://scon.stj.jus.br/SCON/GetInteiroTeorDoAcordao?num_registro=201402141319&dt_publicacao=06/04/2017. Acesso em: 15 mar. 2022.

1183 O Código de Defesa do Consumidor dispõe em seu artigo 42 que, "na cobrança de débitos, o consumidor inadimplente não será exposto ao ridículo, nem será submetido a qualquer tipo de constrangimento ou ameaça". Nesse sentido, tramita atualmente no Congresso Nacional o Projeto de Lei n.º 720/2021, de autoria do Deputado Federal Pedro Augusto Palareti (PSD/RJ), que visa alterar a Lei n.º 8.987, de 26 de dezembro de 1995, para proibir a suspensão do fornecimento de energia elétrica em caso de inadimplência pelo consumidor. Disponível em: https://www.camara.leg.br/proposicoesWeb/fichadetramitacao?idProposicao=2272020#tramitacoes. Acesso em: 15 mar. 2022.

1184 Claudio Luiz Bueno de Godoy faz as seguintes ponderações sobre o tema: "Ao que se entende, a função social do contrato, nessa matéria, imporia não um serviço gratuito, para alguns, e a dano dos demais, de forma injustificada e indefinida, mas sim a verificação, no caso, sobre se há causa razoável à inadimplência (valendo aqui

Em sua dimensão de ampliação da eficácia perante terceiros, a função social aplicada a contratos existenciais, que têm como objeto bens essenciais, implica, entre outras hipóteses, que se reconheça "o coligamento existente entre o contrato de compra e venda e contrato de financiamento celebrado pelo consumidor com entidade financiadora que mantém relação comercial com o vendedor"[1185].

3.4. EQUILÍBRIO ECONÔMICO E SUA APLICAÇÃO AOS CONTRATOS EXISTENCIAIS

O princípio contratual do equilíbrio econômico tem aplicação destacada e mais intensa quando se cuida dos contratos existenciais, seja pela natureza essencial do bem objeto do contrato, seja pela inerente proteção à pessoa, que baliza todo o ordenamento jurídico. Como há muito propugnava CLÓVIS BEVILÁQUA, a todos aqueles que se preocupam com o progresso social e o bem-estar das pessoas cabe buscar o restabelecimento da segurança nas relações e, ao mesmo tempo, "reforjar os esteios ethico-jurídicos da civilização, adaptando-os, quando necessário, às situações novas, que a vida social for creando"[1186]. A cláusula *rebus sic stantibus*[1187] e

---

relembrar o quanto já aduzido sobre o desemprego, no item atinente ao equilíbrio contratual), suspendendo a cobrança, fixando prazo razoável para quitação e fornecendo cotas mínimas para atendimento básico, inclusive como se vem debatendo, no campo legislativo, além do condicionamento da interrupção dos serviços à demonstração de que, antes, foram esgotados os meios possíveis para regular cobrança do crédito. Isso sem prejuízo da necessidade, sempre, em qualquer hipótese, de notificação, de aviso prévio ao corte" (*Função social do contrato*: os novos princípios contratuais cit., p. 181).

[1185] MARINO, Francisco Paulo de Crescenzo. *Contratos coligados no direito brasileiro* cit., p. 218. Jorge Mosset Iturraspe trata do tema ao falar dos "cartões de crédito e os contratos conexos": *Contratos conexos*: grupos y redes de contratos cit., p. 149-157.

[1186] BEVILÁQUA, Clóvis. Evolução da theoria dos contractos em nossos dias. *Revista da Faculdade de Direito*, São Paulo, v. 34, n. 1, p. 61, 1938. Disponível em: https://www.revistas.usp.br/rfdusp/article/view/65876. Acesso em: 19 mar. 2022.

[1187] AZEVEDO, Antônio Junqueira de. *Novos estudos e pareceres de direito privado* cit., p. 189: "Pode-se dizer que, no direito brasileiro, perdurou sempre, nesta matéria, desde a Independência (1822) até meados do século passado, a teoria da cláusula *rebus sic stantibus*. Essa expressão é ainda hoje utilizada nos verbetes, nos repertórios de jurisprudência, para encontrar decisões sobre revisão contratual. Todavia, como se sabe, a teoria da cláusula *rebus sic stantubus* não é intelectualmente satisfatória, porque, pressupondo a existência de *cláusula*, exigiria que ela proviesse da vontade das partes e, no entanto, seu significado é justamente o de aplicação nos casos não

a teoria da imprevisão[1188] possibilitam conciliar a força obrigatória do contrato (pact sunt servanda) com a necessidade de um direito mais equitativo, mais social, em uma legislação cheia de eticidade, socialidade e do "sentimento de respeito à personalidade humana"[1189].

Aos contratos existenciais civis aplica-se a teoria da imprevisão, conforme delineada pelo artigo 478 do Código Civil brasileiro de 2002[1190], possibilitando-se nas hipóteses de contrato de execução diferida ou continuada, acometidos por acontecimentos extraordinários e imprevisíveis, que alteram as condições econômicas objetivas que existiam no momento da formação do contrato, gerando excessiva onerosidade superveniente da prestação de uma das partes, a resolução do contrato, sem prejuízo da possibilidade de recondução deste à equidade, nos termos dos artigos 479 e 480.

---

previstos pelas partes; há *contradictio in terminis*. As teorias da pressuposição de Windscheid e da base do negócio, embora citadas por alguns doutrinadores, nunca tiveram grande repercussão na lei positiva e na jurisprudência. Mais recentemente, as explicações doutrinárias e jurisprudenciais são as da teoria da imprevisão, como concebida no direito administrativo francês, sendo até mesmo lembrado o caso da Companhia de Iluminação de Bordeaux, decidido pelo Conselho de Estado em 1916, e, nos últimos 20 anos, por influência do direito italiano, a da excessiva onerosidade. Essa última, exatamente hoje, predomina, porque a expressão é utilizada no Código de Defesa do Consumidor (art. 6.º, V; mas veja-se também arts. 39, V, e 51, § 1.º, repete a 1.ª parte do art. 1.467 do Código Civil italiano)".

[1188] MAIA, Paulo Carneiro. *Da cláusula* rebus sic stantibus cit., p. 225: "Consideradas uma e outra, convenhamos, a cláusula *rebus sic stantibus*, com a feição moderna da teoria da *imprevisão*, pode representar um dos aspectos da força maior. Mas, em substância, possui aquela conteúdo particular, vida autônoma. Força maior e *imprevisão* têm conceitos jurídicos diversos. Ambas repercutem seus efeitos sôbre os contratos, porém, enquanto a primeira defronta pressuposto inicial genuinamente subjetivo ou pelo menos se revela através de fato que não pode ser apreciado sem essa contribuição subjetiva e individual, a segunda encontra sua razão de ser na presença de agente exterior. A primeira remonta ao instante em que a obrigação se formou, ao passo que a segunda se explica na fase de execução".

[1189] BEVILÁQUA, Clóvis. Evolução da theoria dos contractos em nossos dias cit., p. 65-66: "[...] a evolução do direito obrigacional deve ser encaminhada no sentido da flexibilidade dos dispositivos e da equidade das soluções".

[1190] AZEVEDO, Antônio Junqueira de. *Novos estudos e pareceres de direito privado* cit., p. 183: "[...] o princípio do equilíbrio contratual, princípio implícito no ordenamento mas que pode ser inferido principalmente dos artigos 478 a 480 do Código Civil, de outras regras do mesmo Código (arts. 317, 616, 620, 770, parte final, 924 etc.), além de normas de outras leis (Código de Defesa do Consumidor, Lei de Locações etc.)".

A lesão e o estado de perigo, em que pese dimanarem em grande medida do princípio do equilíbrio econômico, estão no campo da validade do negócio jurídico, conforme a disciplina do Código Civil brasileiro de 2002 – diferentemente do *Codice Civile* que trata do *stato di pericolo* e do *stato di bisogno* no plano da eficácia, haja vista gerarem a possibilidade de "rescisão do contrato"[1191] –, sendo suficiente para seu tratamento a teoria das invalidades, conforme vimos anteriormente ao abordarmos as especificidades da teoria das invalidades aplicada aos contratos existenciais.

Por sua vez, aos contratos existenciais de consumo aplica-se o Código de Defesa do Consumidor, dispondo em seu artigo 6.º, V, ser direito básico do consumidor "a modificação das cláusulas contratuais que estabeleçam prestações desproporcionais ou sua revisão em razão de fatos supervenientes que as tornem excessivamente onerosas". De igual modo ocorre com a previsão da noção de "desvantagem exagerada", como causa de nulidade de cláusula contratual (artigo 51, IV, e § 1.º).

PAOLO GALLO sustenta que, assim como a boa-fé objetiva, a equidade desempenha tripla função: a) integrativa; b) limitativa; c) corretiva[1192]. Como exemplo de disposição da lei fundada na equidade, o autor italiano menciona no *Codice Civile*, entre outros dispositivos, o artigo

---

[1191] Nesse sentido, Emilio Betti sustenta que a "ineficácia tem a sua razão de ser no perturbado equilíbrio entre as prestações estabelecidas no contrato (equilíbrio que constitui o ideal de uma sã circulação dos bens e de uma fecunda cooperação das economias e atividades individuais)" (*Teoria geral do negócio jurídico* cit., p. 698). Já Massimo Bianca defende que a rescisão é uma forma de invalidade do contrato. Nada obstante, observa que esse enquadramento não é unanimidade na doutrina italiana, argumentando a tese contrária que o fundamento do instituto é diverso da teoria das invalidades, não estando a tutelar a vontade do sujeito, como aspecto central, mas, sim, caracterizar-se por ser um "remédio contra a iniquidade das condições aceitas em estado de perigo ou de necessidade" – tradução livre de: "rimedio contro l'iniquità delle condizioni accettate in stato di pericolo o di bisogno" (*Diritto civile*: il contrato cit., p. 682-683). Conforme sobreleva Santoro-Passarelli, "o negócio rescindível, sendo tão semelhante ao negócio anulável, difere essencialmente deste por ser um negócio válido. Com efeito: não é possível nele a confirmação, como está regulada para os negócios anuláveis, mas só a modificação 'suficiente para reconduzi-lo à equidade' (*reductio ad aequitatem*); está limitada a um ano a prescrição do direito à rescisão; exclui-se a retroactividade da rescisão relativamente a todos os terceiros (arts. 1449.º-1452.º)" (*Teoria geral do direito civil* cit., p. 220). Giuseppe Mirabelli fala em "vício de causa": "il nesso esistente tra il contratto ed il fatto sanzionato costituisca esso un vizio della causa del contratto" (*La rescissione del contrato* cit., p. 107).

[1192] GALLO, Paolo. *Il contratto* cit., p. 610-617.

1.664, que trata da hipótese da alteração excessivamente onerosa e imprevisível dos custos de uma obra contratada por empreitada[1193]. A função integrativa da equidade apresenta-se quando o contrato possui uma série de lacunas, seja desde a formação do contrato – "consequência do caráter inevitavelmente limitado da faculdade humana" em regular cada detalhe da relação contratual –, seja em um momento posterior, sobrevindo de circunstâncias extraordinárias e imprevisíveis, alterando o equilíbrio sinalagmático inicialmente fixado. Em sua função limitativa, a equidade desempenha um papel paralelo àquele da boa-fé objetiva, concernente em saber se a "a violação do princípio de equidade, pode conduzir por si mesmo à invalidade do contrato ou de cláusulas isoladas desse"[1194]. Como exemplo, citem-se especialmente os contratos de consumo e, de maneira mais genérica, os contratos concluídos entre pessoas com diverso poder contratual, sendo uma delas notadamente mais fraca. Por seu turno, a função corretiva, mais delicada, como autorizativa da limitação da autonomia privada e da liberdade contratual pelo juiz, vem ganhando espaço no recente desenvolvimento dos projetos de direito europeu e internacional, no sentido de permitir a revisão de contratos que nasçam desequilibrados em consequência de um vício originário de consenso ou que, posteriormente, perdem o equilíbrio em decorrência de circunstâncias extraordinárias e imprevisíveis[1195]. Nesse sentido, a autonomia privada deve ser privilegiada sempre que for "fruto de uma escolha efetivamente livre e informada, e não o resultado do aproveitamento de uma situação de fraqueza ou de deficiência"[1196].

[1193] Entende-se por onerosidade excessiva, o aumento ou diminuição superior a um décimo do preço global contratado. Nesse sentido, o artigo 620 do Código Civil brasileiro de 2002 dispõe que, "se ocorrer diminuição no preço do material ou da mão de obra superior a um décimo do preço global convencionado, poderá este ser revisto, a pedido do dono da obra, para que se lhe assegure a diferença apurada".

[1194] GALLO, Paolo. Il contrato cit., p. 616. Tradução livre de: "Il problema è in altre parole quello di capire se la violazione del principio di equità, possa condurre di per sé ad invalidità del contratto o di singole clausole di esso".

[1195] SACCO, Rodolfo; DE NOVA, Giorgio. Il contratto cit., p. 393-394: "L'indagine del giurista ha potuto mettere in luce che l'iniquità del sinallagma, quando dovuta ad un vizio del volere del contraente, e sempreché la controparte sia in malafede (e solo in questa ipotesi), scatena l'invalidità (e la rettificabilità) dell'accordo 2390. Questa conclusione è nota, e noi l'abbiamo accolta e sottolineata con insistenza retro, trattando delle regole d'insieme in materia di volontà contrattuale".

[1196] GALLO, Paolo. Il contrato cit., p. 617. Tradução livre de: "libere infatti le parti di determinare a loro piacimento il contenuto del contratto, nonché i termini dello

O desequilíbrio econômico caracteriza-se por ser "uma ingerência de variável externa de fatos causadores de uma contratação iníqua ou que ressoam no contrato já em plena execução, retirando a normalidade que dele se espera, porque tende a prejudicar uma das partes contratantes, afetando a noção de equilíbrio"[1197]. Esse desequilíbrio mostra-se relevante juridicamente quando, desde a formação do contrato, verificam-se prestações manifestamente desproporcionais, geradas pela necessidade de contratar[1198] – e.g., o objeto do contrato é bem essencial (contrato existencial) –, ou em decorrência de fato superveniente, extraordinário e imprevisível, que altera excessivamente o equilíbrio das prestações, em um contrato de execução diferida e continuada – ocasionando o direito à resolução por onerosidade excessiva, nos termos do artigo 478 do Código Civil de 2002, ou –, o que é agravado quando se cuida de um contrato que tem como objeto um bem essencial, dada a necessidade da parte de obter a contraprestação.

---

scambio; sempre che ciò sai frutto di una scelta efetivamente libera ed informata, e non il risultato dell'approfittamento din un'altrui situazione di debolezza o minorazione, di qualunque natura essa sia".

[1197] MARTINS, Fernando Rodrigues. *Princípio da justiça contratual* cit., p. 394-395.

[1198] Podem ser caracterizados aqui os vícios da lesão ou do estado de perigo (artigos 156 e 157 do Código Civil de 2002), conforme visto anteriormente, bem como, na hipótese de relação de consumo, em decorrência da proteção ao contratante mais débil (vulnerabilidade presumida do consumidor), a nulidade de cláusula contratual que "coloquem o consumidor em desvantagem exagerada" (artigo 51, IV, do Código de Defesa do Consumidor). Como destaca Anelise Becker, "enquanto dominante o voluntarismo jurídico, a lesão era um falso problema porque as desigualdades substanciais existentes entre os participantes do tráfico jurídico não despertavam a atenção dos juristas, i. é, uma vez assegurada a igualdade jurídica, supunha-se uma absoluta ausência de situações de inferioridade juridicamente relevantes. A ideia de contratação livre e igualitária que então reinava não permitia conceber nem 'aproveitadores' nem 'vítimas de aproveitamento'. O aproveitador – ou seja, aquele que, explorando a situação de inferioridade da contraparte, conseguisse obter vantagens exageradas por meio do contrato, em detrimento deste – era considerado um simples credor, com pleno direito à prestação devida (o cumprimento do contrato). Suas 'qualidades' ou 'atitudes' poderiam merecer alguma reprovação do ponto de vista moral, mas não jurídico. Uma vez constatado que a igualdade que então se tinha em mente era apenas formal, as situações de inferioridade, multiplicando-se, passaram a adquirir relevo jurídico e tornou-se possível visualizar o 'aproveitamento', elemento, este, que foi inserido pelo BGB no conceito de lesão, a partir daí considerada a desproporção entre as prestações *resultante da exploração praticada pelo contratante beneficiado*" (BECKER, Anelise. *Teoria geral da lesão nos contratos*. São Paulo: Saraiva, 2000. p. 115).

Ademais, a função corretiva da equidade encontra-se no ordenamento jurídico brasileiro pela possibilidade de revisão contratual, nos termos do artigo 317 do Código Civil de 2002, ao dispor que, "quando, por motivos imprevisíveis, sobrevier desproporção manifesta entre o valor da prestação devida e o do momento de sua execução", pode o juiz "corrigir" o contrato, "a pedido da parte, de modo que assegure, quanto possível, o valor real da prestação".

Outra questão que devemos elucidar diz respeito à excessiva onerosidade temporária ou provisória, não havendo limitação em nosso sistema jurídico. A exigência de que a onerosidade seja permanente não é compatível com a normativa do Código Civil e do Código de Defesa do Consumidor. Conforme pondera ANTÔNIO JUNQUEIRA DE AZEVEDO, tal limitação seria "incompatível com o próprio fundamento jurídico da revisão, vinculado ao desequilíbrio acentuado entre prestação e contraprestação (e, no caso do artigo 317, entre o custo da prestação no momento da celebração do contrato e o mesmo custo na sua execução)".

Por fim, deve-se distinguir a imprevisão do caso fortuito e da força maior. Para ARNOLDO MEDEIROS DA FONSECA, o *caso fortuito* ou de *força maior* somente libera a obrigação quando "acarreta a impossibilidade absoluta ou objetiva de executar", enquanto a imprevisão "se atende também à impossibilidade subjetiva ou onerosidade excessiva da prestação"[1199]. Na hipótese de aplicação da teoria da imprevisão, o devedor quer cumprir sua obrigação, mas se vê impedido porque, em caso de cumprimento, verá arruinado seu patrimônio, enquanto no fortuito e na força maior há a liberação do devedor, total ou parcial, sendo sua principal característica a inevitabilidade, que retira o nexo causal[1200]. Na imprevisão, "se exige também o lucro excessivo como consequência da superveniência imprevista"[1201].

Feitas essas distinções iniciais, passaremos à aplicação concreta do princípio do equilíbrio econômico aos contratos existenciais, desta-

---

[1199] FONSECA, Arnoldo Medeiros da. *Caso fortuito e teoria da imprevisão* cit., p. 333.

[1200] RODRIGUES JR., Otavio Luiz. *Revisão judicial dos contratos e teoria da imprevisão* cit., p. 100: "Em termos obrigacionais, o art. 393, CCB-2002, isenta o devedor pelos prejuízos resultantes de caso fortuito ou de força maior, se expressamente não se houver por eles responsabilizado. Essa é a figura do *inadimplemento fortuito*".

[1201] FONSECA, Arnoldo Medeiros da. *Caso fortuito e teoria da imprevisão* cit., p. 333.

cando-se os contratos de locação[1202] e de educação[1203], bem como o contexto advindo da pandemia do Coronavírus (Covid-19).

Inicialmente, tratemos do contrato de locação. Os artigos 17 a 21 da Lei n.º 8.245, de 18 de outubro de 1991, tratam do valor do aluguel, dispondo ser livre a convenção deste entre as partes – "vedada a sua estipulação em moeda estrangeira e a sua vinculação à variação cambial ou ao salário mínimo" (artigo 17) –, possibilitando que elas convencionem, "de comum acordo", novo valor, insiram ou modifiquem "cláusula de reajuste" (artigo 18). Após três anos de vigência do negócio jurídico anteriormente realizado, as partes "poderão pedir revisão judicial do aluguel[1204], a fim de ajustá-lo ao preço de mercado". Quando convencionada a sublocação, o valor do aluguel desta não poderá exceder o da locação, e, nas "habitações coletivas multifamiliares, a soma dos aluguéis não poderá ser superior ao dobro do valor da locação" (artigo 21).

Desses dispositivos legais verifica-se uma autonomia privada condicionada por regras limitativas da composição do valor do aluguel – *e.g.*, vedação de estipulação em moeda estrangeira e, na sublocação, limitação do valor do aluguel – e outras referentes à cláusula de reajuste – "considerado sob dois aspectos: a) atualização monetária do valor dos alugueres; b) recomposição de sua referência quantitativa em face

---

[1202] RODRIGUES JR., Otavio Luiz. *Revisão judicial dos contratos e teoria da imprevisão* cit., p. 183: "Símbolo do *dirigismo contratual*, a profusão de leis do inquilinato (Lei n.º 4.403, de 22 de dezembro de 1921; Decreto n.º 19.573, de 7 de janeiro de 1931; Decreto n.º 24.150, de 20 de março de 1934; Decreto-lei n.º 7.959, de 17 de setembro de 1945; Lei n.º 1.300, de 28 de dezembro de 1950; Lei n.º 4.494, de 25 de novembro de 1964; Lei n.º 6.649, de 16 de maio de 1979 e Lei n.º 8.245, de 18 de outubro de 1991) revela de modo inegável a preocupação do Estado em limitar a autonomia privada na contratação locatícia".

[1203] PACHECO, José da Silva. *Tratado das locações, ações de despejo e outras*. 11. ed. São Paulo: RT, 2000. p. 62: "Na atual fase da civilização, indiscutível é a importância da habitação e do trabalho, que, com a educação, alimentação e o vestuário compreendem as exigências fundamentais à vida".

[1204] SOUZA, Sylvio Capanema de. *A Lei do Inquilinato comentada*: artigo por artigo. 13. ed. Rio de Janeiro: Forense, 2021. p. 128: "A revisão do valor do aluguel se justifica em nome da teoria da onerosidade excessiva. Se o equilíbrio econômico do contrato se rompe, causando lesão enorme a uma das partes, em decorrência de circunstâncias supervenientes à celebração do pacto e imprevisíveis ao homem de prudência normal, é lícito à parte prejudicada pleitear, em juízo, o restabelecimento das condições inaugurais, ou, em não sendo isto possível, até mesmo a resolução do contrato".

do mercado imobiliário"[1205]. Por outro lado, o prazo de três anos mencionado pela Lei não impede a revisão[1206], se as circunstâncias desnaturarem o equilíbrio econômico do contrato, conforme dispõe o artigo 313 do Código Civil de 2002, devendo ser considerada, outrossim, a natureza do contrato[1207].

Nesse sentido, destaque-se julgado do Superior Tribunal de Justiça, da relatoria do Ministro Luiz Vicente Cernicchiaro[1208], entendendo

---

[1205] RODRIGUES JR., Otavio Luiz. *Revisão judicial dos contratos e teoria da imprevisão* cit., p. 184.

[1206] Conforme sustenta Otavio Luiz Rodrigues Jr., "o triênio do art. 19 da Lei do Inquilinato prefigura-se incompatível com toda a ideia de imprevisão. Um exemplo ilustrará com magnitude essa assertiva: num período de dois anos, no município de Fortaleza, sem aviso prévio ou qualquer planejamento urbano, transferiu-se o fórum da comarca, anteriormente situado no bairro central, para uma região diametralmente oposta, a quilômetros de distância. No mesmo intervalo, o maior banco da Região Nordeste, também sediado no Centro, deslocou inteiramente sua sede administrativa para os subúrbios da capital. Seguindo-se a esse fenômeno, quase todo o núcleo financeiro (bancos, corretoras, administradoras de crédito) também se deslocou do Centro para um outro bairro comercial emergente. E, por fim, diversas lojas de departamento e similares foram atraídas para *shopping centers* situados nas mesmas regiões em fase de crescimento urbano. Todo esse processo, desencadeado de forma não programada, durou apenas dois anos. É evidente a configuração da *alteração das circunstâncias de fato*, o que implicou a excessiva onerosidade para as locações de imóveis no Centro de Fortaleza" (RODRIGUES JR., Otavio Luiz. *Revisão judicial dos contratos e teoria da imprevisão* cit., p. 188-189). Em sentido contrário: SOUZA, Sylvio Capanema de. *A Lei do Inquilinato comentada*: artigo por artigo cit., p. 130; PACHECO, José da Silva. *Tratado das locações, ações de despejo e outras* cit., p. 671-672.

[1207] Conforme pontifica Carlos Maximiliano, "para atingir determinado *fim* há diversos *meios*; por outro lado, um *meio* serve para conseguir mais de um objetivo; por isso a finalidade constitui um elemento mediato, de valor subido, porém não absoluto, para descobrir o verdadeiro sentido e alcance das disposições. Algumas regras servem para completar a doutrina acerca do emprego do elemento *teleológico*; eis as principais: *a*) As leis conformes no seu *fim* devem ter idêntica execução e não podem ser entendidas de modo que produzam decisões diferentes sobre o mesmo objeto; *b*) Se o *fim* decorre de uma série de leis, cada uma há de ser, quanto possível, compreendida de maneira que corresponda ao objetivo resultante do conjunto; *c*) Cumpre atribuir ao texto um sentido tal que resulte haver a lei regulado a espécie *a favor*, e não *em prejuízo* de quem ela evidentemente visa a proteger; *d*) Os títulos, as epígrafes, o preâmbulo e as exposições de motivos da lei auxiliam a reconhecer o fim primitivo da mesma" (*Hermenêutica e aplicação do direito* cit., p. 156).

[1208] RMS n.º 7.399/MS, 6.ª Turma, Rel. Min. Luiz Vicente Cernicchiaro, j. 25.11.1996, DJ 07.04.1997. Assim ementado: "REsp – Civil – Locação – Revisio-

que o prazo deve ser desconsiderado se, por circunstâncias imprevistas decorrentes de instabilidade econômica, uma das partes resta prejudicada. Conforme consignado no voto referido, reconhece-se "o direito à revisão quando evidenciado que o aluguel deixou de expressar o equilíbrio econômico da época da celebração do contrato, ainda que antes do tempo mencionado na lei".

Em 11 de março de 2020, a Organização Mundial de Saúde classificou como pandemia a disseminação da contaminação pela Covid-19, doença causada pelo novo coronavírus. Conforme os dados da Organização Mundial de Saúde[1209], já se computam mais de 464.809.377 casos confirmados e 6.062.536 óbitos decorrentes, em todo o mundo.

No Brasil, foi declarada emergência em saúde pública de importância nacional, materializada na Portaria n.º 188, de 3 de fevereiro de 2020, do Ministro de Estado da Saúde[1210]. Segundo o painel Coronavírus do Ministério da Saúde, o Brasil computa mais de 29.630.484 (vinte e nove milhões, seiscentos e trinta mil, quatrocentos e oitenta e quatro) casos confirmados e 657.205 óbitos[1211].

Em todo o País, reconheceu-se tal situação com a adoção de medidas temporárias e emergenciais de prevenção de contágio, entre elas suspensão de aulas e eventos, evitando-se a aglomeração de pessoas. No âmbito legislativo, foi aprovada a Lei n.º 14.010, de 10 de junho de

---

nal – Acordo das partes. O princípio *pacta sunt servanda* deve ser interpretado de acordo com a realidade socioeconômica. A interpretação literal da lei cede espaço à realização do justo. O magistrado deve ser o crítico da lei e do fato social. A cláusula *rebus sic stantibus* cumpre ser considerada para o preço não acarretar prejuízo para um dos contratantes. A lei de locação fixou o prazo para a revisão do valor do aluguel. Todavia, se o período, mercê da instabilidade econômica, provocar dano a uma das partes, deve ser considerado. No caso dos autos, restara comprovado que o último reajuste do preço ficara bem abaixo do valor real. Cabível, por isso, revisá-lo judicialmente". Disponível em: https://scon.stj.jus.br/SCON/GetInteiroTeorDoAcordao?num_registro=199600428433&dt_publicacao=07/04/1997. Acesso em: 20 mar. 2022. Assim, também: REsp n.º 67.911/RJ, 6.ª Turma, Rel. Min. Luiz Vicente Cernicchiaro, j. 21.08.1995, *DJ* 08.04.1996; REsp n.º 89.752/SP, 6.ª Turma, Rel. Min. Fernando Gonçalves, j. 02.06.1997, *DJ* 23.06.1997.

[1209] Disponível em: https://covid19.who.int/. Acesso em: 20 mar. 2022.

[1210] "Declara Emergência em Saúde Pública de importância Nacional (ESPIN) em decorrência da Infecção Humana pelo novo Coronavírus (2019-nCoV)." Disponível em: https://www.in.gov.br/en/web/dou/-/portaria-n-188-de-3-de-fevereiro-de-2020-241408388. Acesso em: 20 mar. 2022.

[1211] Disponível em: https://covid.saude.gov.br/. Acesso em: 20 mar. 2022.

2020, contendo "normas de caráter transitório e emergencial para a regulação de relações jurídicas de Direito Privado em virtude da pandemia do coronavírus (Covid-19)"[1212] (artigo 1.º), considerando-se o dia 20 de março de 2020 como o termo inicial dos eventos derivados da pandemia. Além de normas a respeito de "suspensão ou impedimento" de prescrição e decadência (artigo 3.º), entre outras, preveem-se, no Capítulo IV, artigos 6.º e 7.º, normas relativas à "resolução, resilição e revisão dos contratos"[1213]. Destaque-se, ademais, a vedação à concessão de liminar em ação de despejo até 30 de outubro de 2020.

O artigo 6.º é tautológico ao dispor que "as consequências decorrentes da pandemia do coronavírus (Covid-19) nas execuções dos contratos, incluídas as previstas no artigo 393 do Código Civil, não terão efeitos jurídicos retroativos". Com efeito, o devedor que descumpriu sua obrigação antes da crise epidêmica não pode logicamente invocar os efeitos da pandemia para eximir-se de sua responsabilidade quanto a descumprimento anterior.

Por sua vez, o artigo 7.º dispõe que o aumento da inflação, a variação cambial, a desvalorização ou a substituição do padrão monetário não se consideram fatos imprevisíveis, para os fins exclusivos dos artigos 317, 478, 479 e 480 do Código Civil, excetuando-se as relações de consumo e os contratos de locação de imóveis urbanos.

Se, por um lado, nos contratos civis paritários e nos contratos empresariais a autonomia e a liberdade das partes são maiores, justificando-se apenas de maneira excepcional e limitada a revisão contratual, consoante dispõe o artigo 421-A do Código Civil, tratando-se de contratos existenciais, o equilíbrio econômico e a equidade devem prevalecer, incidindo para correção do desequilíbrio superveniente do contrato.

[1212] Disponível em: https://www.in.gov.br/en/web/dou/-/lei-n-14.010-de-10-de-junho-de-2020-261279456. Acesso em: 20 mar. 2022.

[1213] Os artigos 6.º e 7.º foram vetados pelo Presidente da República com a seguinte fundamentação: "A propositura legislativa contraria o interesse público, uma vez que o ordenamento jurídico brasileiro já dispõe de mecanismos apropriados para modulação das obrigações contratuais em situação excepcionais, tais como os institutos da força maior e do caso fortuito e teorias da imprevisão e da onerosidade excessiva". Posteriormente – 8 de setembro de 2020 – os vetos aos artigos 4.º, 6.º, 7.º e 9.º foram rejeitados pelo Congresso Nacional. Disponível em: https://www2.camara.leg.br/legin/fed/lei/2020/lei-14010-10-junho-2020-790303-veto-160861-pl.html. Acesso em: 20 jan. 2022.

O Superior Tribunal de Justiça consolidou sua jurisprudência no sentido de que, em contratos com cláusula de reajuste vinculado ao dólar, havendo variação cambial repentina (provocada por medidas governamentais), tal como ocorreu em 1999, aplicável é o princípio da equidade para correção e revisão do contrato. Os julgados[1214] analisam

---

[1214] Confira-se sobre o tema: AgRg no Ag n.º 449.457/RS, 3.ª Turma, Rel. Min. Carlos Alberto Menezes Direito, j. 17.09.2002, DJ 28.10.2002, p. 317; REsp n.º 536.914/SP, 4.ª Turma, Rel. Min. Barros Monteiro, j. 21.10.2003, DJ 19.12.2003, p. 488; REsp n.º 294.604/RJ, 3.ª Turma, Rel. Min. Castro Filho, j. 10.06.2003, DJ 01.09.2003, p. 276; REsp n.º 473.140/SP, 2.ª Seção, Rel. Min. Carlos Alberto Menezes Direito, Rel. p/ Acórdão Min. Aldir Passarinho Junior, j. 12.02.2003, DJ 04.08.2003, p. 217. Ademais, como julgado paradigma a ilustrar o conteúdo das decisões, confira-se a seguinte ementa: "Revisão de contrato. Arrendamento mercantil (leasing). Valor residual. Descaracterização. Relação de consumo. Taxa de juros. Fundamento inatacado. Indexação em moeda estrangeira (dólar norte-americano). Crise cambial de janeiro de 1999. Plano real. Aplicabilidade do art. 6.º, inciso V, do CDC. Onerosidade excessiva caracterizada. Boa-fé objetiva do consumidor e direito de informação. Necessidade de prova da captação de recurso financeiro proveniente do exterior. Recurso especial. Reexame de provas. Taxa de juros. Lei de Usura. Repetição do indébito. Prova do erro. Compensação. Ato jurídico perfeito. Dívida líquida, certa e exigível. Prévia decisão. A cobrança antecipada do valor residual implica a descaracterização do contrato de arrendamento mercantil. Descaracterizado o contrato de arrendamento mercantil, não se aplica a autorização excepcional prevista no art. 6.º da Lei n. 8.880/94, e indevido mostra-se o reajuste das prestações pela variação cambial de moeda estrangeira. O preceito insculpido no inciso V do artigo 6.º do CDC dispensa a prova do caráter imprevisível do fato superveniente, bastando a demonstração objetiva da excessiva onerosidade advinda para o consumidor. A desvalorização da moeda nacional frente à moeda estrangeira que serviu de parâmetro ao reajuste contratual, por ocasião da crise cambial de janeiro de 1999, apresentou grau expressivo de oscilação, a ponto de caracterizar a onerosidade excessiva que impede o devedor de solver as obrigações pactuadas. A equação econômico-financeira deixa de ser respeitada quando o valor da parcela mensal sofre um reajuste que não é acompanhado pela correspondente valorização do bem da vida no mercado, havendo quebra da paridade contratual, à medida que apenas a instituição financeira está assegurada quanto aos riscos da variação cambial, pela prestação do consumidor indexada em dólar norte-americano. É ilegal a transferência de risco da atividade financeira, no mercado de capitais, próprio das instituições de crédito, ao consumidor, ainda mais que não observado o seu direito de informação (arts. 6.º, III, 31, 51, XV, 52, 54, § 3.º, do CDC). Incumbe à arrendadora desincumbir-se do ônus da prova de captação específica de recursos provenientes de empréstimo em moeda estrangeira, quando impugnada a validade da cláusula de correção pela variação cambial. Esta prova deve acompanhar a contestação (art. 297 e 396 do CPC), uma vez que os negócios jurídicos entre a instituição financeira e o banco estrangeiro são alheios ao consumidor, que não possui meios

casos de contratos de arrendamento mercantil (*leasing*), tratando-os sob o espeque do Código de Defesa do Consumidor, com aplicação da revisão por onerosidade excessiva, conforme o disposto no artigo 6.º, dispensando-se a prova do caráter imprevisível do fato superveniente.

No contexto da pandemia, em breve pesquisa de jurisprudência nos Tribunais Estaduais sobre a revisão de contratos de locação para fins residenciais, verificam-se alguns julgados negando o pleito revisional sob o argumento de que a crise pandêmica atingiu a todos, não sendo caracterizado desequilíbrio superveniente no contrato[1215]. Tal argumento é retórico e não está em consonância com a teoria da imprevisão, pois esta tem em conta a posição do devedor que quer cumprir sua obrigação, mas se vê impedido, uma vez que, em caso de cumprimento, verá arruinado seu patrimônio. Ademais, desconsidera-se a natureza existencial do objeto do contrato.

Em sentido contrário, tem-se admitido a revisão do contrato sob a alegação de que "a situação transitória da Covid-19 se apresenta como fato imprevisível capaz de interferir na eficácia do negócio jurídico e impor a revisão com base na teoria da imprevisão"[1216], devendo ser

---

de averiguar as operações mercantis daquela, sob pena de violar o art. 6.º da Lei n. 8.880/94. A pretensão de simples reexame de prova não enseja Recurso Especial. Nos termos da jurisprudência do C. STJ, via de regra, não se aplica a limitação da taxa de juros remuneratórios a 12% ao ano, prevista na Lei de Usura, aos contratos bancários. É inadmissível Recurso Especial, quando inexistente prévia decisão, no acórdão recorrido, acerca da questão federal suscitada" (REsp n.º 376.877/RS, 3.ª Turma, Rel. Min. Nancy Andrighi, j. 06.05.2002, *DJ* 24.06.2002, p. 299. Disponível em: https://scon.stj.jus.br/SCON/jurisprudencia/toc.jsp. Acesso em: 21 mar. 2022).

[1215] Nesse sentido, confira-se: a) TJSP, Apelação Cível n.º 1008430-16.2020.8.26.0068, 32.ª Câmara de Direito Privado, Foro de Barueri, 1.ª Vara Cível, Rel. Kioitsi Chicuta, j. 17.01.2022, registro 17.01.2022; b) TJSP, Apelação Cível n.º 1005741-33.2020.8.26.0477, 25.ª Câmara de Direito Privado, Foro de Praia Grande, 1.ª Vara Cível, Rel. Cármen Lúcia da Silva, j. 29.11.2021, registro 29.11.2021.

[1216] Confira-se a ementa do julgado referido: "Apelação. Locações. Cerceamento de defesa. Não ocorrência. Contrato residencial. A situação transitória da Covid-19 se apresenta como fato imprevisível capaz de interferir na eficácia do negócio jurídico e impor a revisão com base na teoria da imprevisão. A conservação do negócio, ademais, atende à função social do contrato. Revisão cabível nos termos do art. 317 do Código Civil. Alugueres que devem ser reduzidos em 30% no período mais severo das restrições (pandemia causada pelo Covid-19), de abril a dezembro de 2020. Trabalho informal exercido pelos recorrentes notoriamente afetado no período, fato que diminuiu significativamente a renda auferida. Recurso parcialmente provido" (TJSP, Apelação Cível n.º 1027082-28.2020.8.26.0506, 31.ª Câmara de Direito Pri-

considerado, ademais, o princípio da função social incidente com maior intensidade em contrato de locação residencial, estabelecendo-se a revisão por tempo determinado (onerosidade temporária) para reduções em patamares apurados no processo[1217], tais como de trinta ou de quarenta por cento, de acordo com a intensidade das restrições trazidas pela pandemia, levando em conta a natureza do trabalho do locatário, afetado por tais medidas.

Além disso, no contexto da pandemia, tem-se permitido a revisão do índice de correção do contrato de locação residencial, por ter o IGP-M apresentado elevação inesperada, acima da inflação do período[1218]. Consoante consignado em julgado do Tribunal de Justiça de São Paulo, não obstante a correção monetária não revele por si só abusividade, visando apenas a manutenção do poder aquisitivo da moeda, "é cediço que o IGP-M apresentou elevação inesperada e desproporcional a partir de 2020". Outrossim, ressaltou-se que a correção monetária, conforme

---

vado, Foro de Ribeirão Preto, 9.ª Vara Cível, Rel. Rosangela Telles, j. 09.03.2022; registro 09.03.2022).

[1217] Nesse sentido: a) TJSP, Apelação Cível n.º 1008850-91.2020.8.26.0562, 32.ª Câmara de Direito Privado, Foro de Santos, 12.ª Vara Cível, Rel. Mary Grün, j. 25.10.2021; registro 25.10.2021; b) TJSP, Apelação Cível n.º 1013926-41.2020.8.26.0451, 30.ª Câmara de Direito Privado, Foro de Piracicaba, 2.ª Vara Cível, Rel. Maria Lúcia Pizzotti, j. 14.07.2021, registro 14.07.2021.

[1218] Em recente julgado, o Tribunal de Justiça de São Paulo entendeu cabível revisão de contrato de compra e venda de imóvel no contexto da pandemia, tendo em vista a alteração inesperada e acima da inflação do índice de reajuste previsto contratualmente (IGP-M), sendo assim ementado: "Compromisso de compra e venda de bem imóvel (terrenos). Aplicabilidade do Código de Defesa do Consumidor. Possibilidade de revisão de cláusulas contratuais que decorre do próprio sistema jurídico (arts. 478 e 480 do CC e art. 6.º, V, do CDC). Relativização da *pacta sunt servanda*. Adesividade contratual. Licitude. Revisão contratual. Sentença de improcedência. Inconformismo. Tese de onerosidade excessiva do contrato, mercê do suposto reajuste exorbitante das parcelas. Plausibilidade. Aplicação da Teoria da Base Objetiva do Negócio Jurídico. Hipótese em que se verifica a destruição da relação de equivalência entre prestação e contraprestação. Índice contratualmente estabelecido (IGP-M), que, em 2021, acumulou alta de 23,14%, em razão de diversos fatores (pandemia, política externa e interna), refletindo índice muito superior ao da inflação real no mesmo ano, de modo que é mais adequada a utilização do IPCA como índice de reajuste. Recomposição de forma mais racional do poder aquisitivo da prestação do contrato de aquisição do imóvel objeto dos autos. Precedentes. Sentença reformada. Recurso provido" (TJSP, Apelação Cível n.º 1002472-93.2021.8.26.0236, 7.ª Câmara de Direito Privado, Foro de Ibitinga, 2.ª Vara Cível, Rel. Rômolo Russo, j. 05.03.2022, registro 05.03.2022).

prevista no contrato, "acarretaria extrema vantagem econômica para a locadora, em um cenário em que as dificuldades econômicas de inúmeras classes sociais e categorias de trabalhadores vêm se agravando significativamente"[1219].

Outro tipo de contrato existencial que abordaremos aqui, em razão do contexto da pandemia, é aquele que tem como objeto a prestação de serviços educacionais. Após diversas decisões concedendo descontos lineares a estudantes e o ajuizamento de duas Arguições de Descumprimento de Preceito Fundamental (ADPF), n.º 706 e n.º 713, decidiu o Supremo Tribunal Federal, por maioria, ser inconstitucional decisão judicial que, "sem considerar as circunstâncias fáticas efetivamente demonstradas, deixa de sopesar os reais efeitos da pandemia em ambas as partes contratuais, e determina a concessão de descontos lineares em mensalidades de cursos prestados por instituições de ensino superior". Nessa esteira, a Ministra ROSA WEBER propôs em seu voto os seguintes requisitos ou elementos a serem sopesados para a caracterização da vulnerabilidade econômica e da onerosidade excessiva em contratos de prestação de serviços educacionais de nível superior em razão da

---

[1219] Confira-se a ementa do julgado referido: "Apelação. Ação de revisão contratual. Locação residencial. Substituição do índice para a correção monetária anual das prestações. Locatária pretende a substituição do índice ajustado (IGP-M) por outro que reflete a realidade econômica atual (IPC, INPC ou IPCA). Procedência na origem. Inconformismo da locadora. Nulidade por ausência de fundamentação. Não verificação. Sentença que se encontra devidamente fundamentada, inexistindo violação ao art. 93, IX, da Constituição Federal ou ao art. 489, § 1.º, do CPC/15. Interesse de agir. Prazo mínimo de três anos para o ajuizamento de ação revisional de aluguel, previsto no art. 19 da Lei n.º 8.245/1991, deve ser flexibilizado em situações excepcionais. Precedentes do E. TJSP. substituição do índice. Constatação. Conquanto a correção monetária não revele abusividade, já que visa apenas a manter o poder aquisitivo da moeda, é cediço que o IGP-M apresentou elevação inesperada e desproporcional a partir de 2020. Contrato celebrado em janeiro de 2020, pouco antes da deflagração da pandemia de Covid-19, época na qual a locatária tinha a justa expectativa de que a variação do IGP-M seguisse o padrão dos anos anteriores. Alteração da base objetiva do contrato. Aumento que supera, em muito, a evolução dos índices inflacionários. O fator de correção monetária acarretaria extrema vantagem econômica para a locadora, em um cenário em que as dificuldades econômicas de inúmeras classes sociais e categorias de trabalhadores vêm se agravando significativamente. Inteligência do art. 317 do Código Civil. Sentença mantida. Sucumbência. Majoração dos honorários advocatícios, segundo as disposições do art. 85, §11, do CPC/15. Recurso não provido" (TJSP, Apelação Cível n.º 1007830-31.2021.8.26.0562, 31.ª Câmara de Direito Privado, Foro de Santos, 9.ª Vara Cível, Rel. Rosangela Telles, j. 22.02.2022, registro 22.02.2022).

pandemia: a) as características do curso; b) as atividades oferecidas de forma remota; c) a carga horária mantida; d) as formas de avaliação; e) a possibilidade de participação efetiva do aluno nas atividades de ensino; f) os custos advindos de eventual transposição do ensino para a via remota eletrônica; g) o investimento financeiro em plataformas de educação remota, em capacitação de docentes e em outros métodos de aprendizagem ativa e inovadora que respeitem o isolamento social requerido para minorar a propagação viral; h) a alteração relevante dos custos dos serviços de educação prestados; i) a existência de cronograma de reposição de atividades práticas; j) a perda do padrão aquisitivo da(o) aluna(o) ou responsável em razão dos efeitos da pandemia; k) a existência de tentativa de solução conciliatória extrajudicial[1220].

Considerado esse breve panorama, podemos verificar que o princípio do equilíbrio econômico tem sido cada vez mais aplicado, principalmente quando tratado com os dois outros novos princípios contratuais – boa-fé objetiva e função social –, versando sobre contratos existenciais. A autonomia privada ou autonomia "da norma negocial", na dicção de LUIGI FERRI, "não é mais do que a proteção objetiva da autonomia do poder que incumbe ao indivíduo"[1221], designando o "poder atribuído pela lei aos indivíduos de criar normas em determinados campos a eles reservados"[1222]. Esse poder, consoante os princípios

---

[1220] Disponível em: http://portal.stf.jus.br/processos/detalhe.asp?incidente=5950544. Acesso em: 21 mar. 2022. Conforme consta do extrato do julgamento: "O Tribunal, por maioria, conheceu da arguição de descumprimento de preceito fundamental, vencidos os Ministros Edson Fachin, Nunes Marques e Ricardo Lewandowski, que não conheciam da arguição. No mérito, por maioria, julgou procedente o pedido formulado para afirmar a inconstitucionalidade das interpretações judiciais que, unicamente fundamentadas na eclosão da pandemia da Covid-19 e no respectivo efeito de transposição de aulas presenciais para ambientes virtuais, determinam às instituições de ensino superior a concessão de descontos lineares nas contraprestações dos contratos educacionais, sem considerar as peculiaridades dos efeitos da crise pandêmica em ambas as partes contratuais envolvidas na lide, concluindo que a presente decisão não produz efeitos automáticos em processos com decisão já transitadas em julgado, nos termos do voto da Relatora, vencido o Ministro Nunes Marques, que julgava improcedente o pedido. Presidência do Ministro Luiz Fux. Plenário, 18.11.2021".

[1221] FERRI, Luigi. *La autonomía privada* cit., p. 77. Tradução livre de: "La autonomía de la norma negocial no es más do que la protección objetiva de la autonomía del poder que incumbe al individuo".

[1222] FERRI, Luigi. *La autonomía privada* cit., p. 67-68. Tradução livre de: "Con la expresión 'autonomía privada' he designado el poder atribuidopor la ley a los in-

fundantes do Código Civil brasileiro de 2002, deve ser exercido com eticidade, socialidade e equidade, respeitando-se o valor máximo da pessoa quando se verificar como objeto do contrato um bem essencial ou um direito da personalidade, incidindo até mesmo um dever de negociar[1223] em caso de desequilíbrio econômico do contrato, ou de superendividamento do consumidor.

3.5. INEXECUÇÃO DAS OBRIGAÇÕES E RESPONSABILIDADE CIVIL

O normal é o cumprimento da obrigação, a exceção é o inadimplemento, conforme assevera AGOSTINHO ALVIM[1224]. "As obrigações assumidas devem ser fielmente executadas"[1225], acrescidas dos elementos éticos e deveres anexos[1226] impostos pela boa-fé objetiva, máxime tratando-se de contratos que têm como objeto bens essenciais e uma limitação voluntária de direitos da personalidade. Outrossim, como vimos, impõem-se a função social, com suas implicações de socialidade, e o equilíbrio econômico, com seus postulados de equidade.

---

divíduos de crear normas jurídicas en determinados campos a ellos reservados".

1223 Anderson Schreiber entende o dever de negociação decorre da boa-fé objetiva, sendo um dever anexo: "Não tem como objeto a obtenção de um resultado consubstanciado no efetivo acordo para a revisão do contrato, mas sim a conduta a ser adotada pelas partes diante do desequilíbrio contratual. Desdobra-se em duas etapas: (a) o dever de comunicar prontamente a contraparte acerca da existência do desequilíbrio contratual identificado; e (b) o dever de suscitar uma renegociação que possibilite o reequilíbrio do contrato ou de responder a proposta nesse sentido, analisando-a seriamente" (*Equilíbrio contratual e dever de negociar* cit., p. 380).

1224 ALVIM, Agostinho. *Da inexecução das obrigações e suas consequências*. 2. ed. São Paulo, Saraiva, 1955. p. 18.

1225 ALVIM, Agostinho. *Da inexecução das obrigações e suas consequências* cit., p. 17.

1226 SILVA, Clóvis V. do Couto e. *A obrigação como processo* cit., p. 91-92: "Categoria das mais importantes é a dos deveres secundários, como resultado da incidência do princípio da boa-fé. Já tivemos oportunidade de versar a transformação operada no conceito de relação obrigacional. O princípio da boa-fé, como o de autonomia, incide não apenas no plano obrigacional, como também no dos direitos reais. Estamos, porém, tratando desse princípio na primeira daquelas dimensões. Os deveres que nascem dessa incidência são denominados secundários, anexos ou instrumentais. Corresponde ao termo germânico *Nebenpflichten*. No direito anglo-americano, faz-se também a distinção entre *condition* e *warranty*, porém, lá, as obrigações diferem, em muito, do conceito do direito continental-europeu, de que somos também herdeiros".

Para melhor compreensão do tema, devemos estabelecer algumas distinções referentes às inexecuções das obrigações. O inadimplemento das obrigações pode se dar de dois modos: simples mora ou inadimplemento absoluto[1227]. A mora é o retardamento culposo da obrigação[1228], ocorrendo quando a obrigação não é cumprida no lugar, no tempo ou na forma estipulada no contrato, "subsistindo, em todo o caso, a possibilidade de cumprimento"[1229]. Por sua vez, o inadimplemento absoluto verifica-se quando a obrigação, deixando de ser realizada, torna-se impossível de ser cumprida[1230], não subsistindo ao credor a possibilidade de receber[1231]. Esse inadimplemento absoluto pode ser total ou parcial, a depender da extensão da impossibilidade da prestação; é absoluta, se a totalidade da obrigação deixou de ser cumprida (*e.g.*, com o perecimento do objeto), ou parcial, se a prestação se efetuou apenas em parte, sendo inviável quanto ao resto.

Não cumprida a obrigação, caracterizado o inadimplemento absoluto ou a mora, nos termos dos artigos 389 e 395 do Código Civil de 2002, "responde o devedor por perdas e danos, mais juros e atualização monetária segundo índices oficiais regularmente estabelecidos, e honorários de advogado". Na esteira das distinções feitas anteriormente, quanto ao inadimplemento absoluto e à mora, conforme pondera CLÓVIS BEVILÁQUA, "se a inexecução é completa, mais extensa há de ser a responsabilidade; se a inexecução é, apenas imperfeita, deve a responsabilidade ser proporcional ao que falta para completar a execução"[1232]. Outro aspecto a ser considerado, em matéria de responsabilidade civil, é o grau de culpa, ou o dolo.

1227 Cf. ALVIM, Agostinho. *Da inexecução das obrigações e suas consequências* cit., p. 19; LOPES, Miguel Maria de Serpa. *Curso de direito civil*. Obrigações em geral. 5. ed. Rio de Janeiro: Freitas Bastos, 1989. v. II, p. 322.

1228 Cf. ESPÍNOLA. Eduardo. *Sistema do direito civil brasileiro*. 2. ed. Rio de Janeiro: Freitas Bastos, 1944. v. II, t. I, p. 376-381; GOMES, Orlando. *Obrigações*. 19. ed. atualizada por Edivaldo Brito. Rio de Janeiro: Forense, 2019. p. 172.

1229 ALVIM, Agostinho. *Da inexecução das obrigações e suas consequências* cit., p. 19.

1230 LOPES, Miguel Maria de Serpa. *Curso de direito civil*. Obrigações em geral cit., p. 322.

1231 ALVIM, Agostinho. *Da inexecução das obrigações e suas consequências* cit., p. 19.

1232 Beviláqua, Clóvis. *Código Civil dos Estados Unidos do Brasil comentado* cit., v. 2, p. 171.

Algumas questões referentes ao processo obrigacional, ou quanto às especificidades deste com relação aos contratos existenciais, foram tratadas anteriormente em decorrência das consequências da aplicação da boa-fé objetiva – *e.g.*, consentimento informado na limitação voluntária de direitos da personalidade –, da função social – *e.g.*, adimplemento substancial em contratos de compra e venda de imóveis para fins de moradia – e do equilíbrio econômico – *e.g.*, revisão ou resolução de contratos de locação de imóveis para fins residenciais, por onerosidade excessiva (teoria da imprevisão). No entanto, outras serão analisadas, enfatizando-se a responsabilidade civil pelo descumprimento da obrigação.

Parcela significante e dominante da doutrina tradicional[1233] e da jurisprudência[1234] costuma afirmar que os danos causados pelo descumprimento de obrigação contratual são de natureza material, haja vista que o contrato versaria sobre uma relação jurídica patrimonial, ou que "o conteúdo da obrigação, qualquer que seja sua origem, é sempre patrimonial"[1235]. O entendimento consolidado no Superior Tribunal de Justiça, seguido pelos Tribunais Estaduais, firmou-se no sentido de que "o simples inadimplemento contratual, em regra, não configura dano moral indenizável, devendo haver consequências fáticas capazes de ensejar o sofrimento psicológico".

Primeiramente, devemos apontar o quanto discutido anteriormente ao tratarmos dos interesses patrimoniais e extrapatrimoniais nos contratos (item 1.9). Entendemos que os contratos abarcam tanto interesses patrimoniais quanto não patrimoniais, considerando que o "objeto" (*lato sensu*) no artigo 104 do Código Civil de 2002 tem sentido de conteúdo (= objeto *stricto sensu* + causa), e o objeto, a prestação ou o próprio

---

[1233] Nesse sentido: TUHR, Andreas von. *Tratado de las obligaciones* cit., p. 67-71; GOMES, Orlando. *Obrigações* cit., p. 159; ESPÍNOLA, Eduardo. *Sistema do direito civil brasileiro* cit., p. 408-409. Em sentido contrário: ALVIM, Agostinho. *Da inexecução das obrigações e suas consequências* cit., p. 258: "A indenizar-se o dano moral, tanto faz a sua procedência seja violação de contrato ou culpa contratual"; PLANIOL, Marcel. *Traité elementaire de droit civil. Les preuves. Théorie générale des obligations. Les contrats. Privilèges et hypothèques* cit., p. 90

[1234] Cf. STJ, AgInt no AREsp n.º 1935521/RJ, 4.ª Turma, Rel. Min. Marco Buzzi, j. 22.02.2022, DJe 09.03.2022; STJ, AgInt no AREsp n.º 1849713/SP, 4.ª Turma, Rel. Min. Raul Araújo, j. 11.10.2021, DJe 17.11.2021; TJMG, Apelação Cível n.º 1.0000.19.048292-7/002, 12.ª Câmara Cível, Rel. Des. Juliana Campos Horta, j. 03.02.2022, publicação da súmula em 07.02.2022.

[1235] ESPÍNOLA, Eduardo. *Sistema do direito civil brasileiro* cit., p. 409.

direito subjetivo que se cria, modifica ou extingue podem ter natureza não patrimonial. A causa de atribuição, por seu turno, deve assumir maior generalidade, de modo a abranger os negócios não patrimoniais, sendo adequado falar de "causa de atribuição de direitos". Nos contratos existenciais, estão presentes interesses não patrimoniais, seja quando o objeto é um bem essencial, posto ser a *causa finalis* do contrato a tutela da dignidade da pessoa, seja, mais diretamente, quando o objeto é um direito da personalidade, ou melhor, uma limitação deste.

Em contrapartida, cabe definirmos e delimitarmos o conceito de dano moral antes de tratarmos das consequências específicas do descumprimento obrigacional em um contrato existencial. O direito alemão prefere a expressão dano não patrimonial[1236], assim como o direito italiano[1237] e o direito português[1238]. Por influência da doutrina francesa, que usa a expressão "dommage moral"[1239], com o sentido de dano extrapatrimonial, no direito brasileiro adotou-se a expressão dano moral – com previsão expressa na Constituição Federal de 1988, no Código de Defesa do Consumidor, no Código Civil e na legislação esparsa. Com efeito, como assevera AGOSTINHO ALVIM, "a expressão *dano não patrimonial*

[1236] Nesse sentido o § 253 do Código Civil alemão (LEGEAIS, Raymond; PÉDAMON, Michel (coord.). *Code Civil allemand*. Traduction commentée. Bügerliches Gesetzbuch – BGB. Paris: Dalloz, 2010. p. 85).

[1237] A referência é o artigo 2.059 do *Codice Civile*. Massimo Bianca destaca que, "além da categoria dano patrimonial, o sistema dos danos compreende a categoria dos danos não patrimoniais", caracterizando esta última categoria como "a lesão de interesses não econômicos, ou seja, a lesão de um interesse que de acordo com a consciência social são insuscetíveis de avaliação econômica": "Oltre la categoria del danno patrimoniale il sistema dei danni comprende la categoria del danno non patrimoniale. Danno non patrimoniale è la lesione di interessi non economici, ossia la lesione di interessi che alla stregua della conscienza sociale sono insuscettibili di valutazione econômica" (*Diritto civile*. 5: la responsabilità. 2. ed. Milano: Giuffrè, 2012. p. 189. Tradução livre).

[1238] Confira-se o artigo 496.º do Código Civil português.

[1239] René Savatier fornece a seguinte definição: "Nous entendons par dommage moral toute souffrance humaine qui n'est pas causée par une perte pécuniaire. Les aspects en sont donc extrêmement variés. Ce peut être une souffrance physique, les dommages-intérêts qui la compensent méritant alors particulièrement le nom de *pretium doloris*. C'est, plus fréquement, une doleur morale d'origine diverse: la victime a pu souffrir, notamment, dans sa réputation, dans son autorité légitime, dans sa pudeur, dans sa sécurité et sa tranquilité, dans son amour propre esthétique, dans l'integralité de son intelligence, dans ses affections, etc. (*Traité de la responsabilité civile en droit français* cit., t. II, p. 101).

equivale, para nós, a *dano moral*"[1240], todavia relaciona dano moral a dor ou sofrimento físico ou moral[1241]. Por sua vez, WILSON MELO DA SILVA entende que dano moral "são lesões sofridas pelo sujeito físico ou pessoa natural de direito em seu patrimônio ideal"[1242], e, mais à frente, afirma que "seu elemento característico é a dor, tomado o termo em seu sentido amplo, abrangendo tanto os sofrimentos meramente físicos como os morais propriamente ditos"[1243]. De igual modo, YUSSEF SAID CAHALI, após defender o uso da expressão "dano moral", associa-lhe também o "sofrimento psíquico ou moral, as dores, as angústias e as frustrações infligidas ao ofendido"[1244].

Nesse passo, devemos fazer o seguinte questionamento: dano moral é "dor, sofrimento" ou dano extrapatrimonial? A nosso ver, dano moral tem o sentido de dano extrapatrimonial ou imaterial, e não deve estar associado à ideia de "dor e sofrimento", mas sim à lesão de um direito da personalidade.

A confusão causada pelo sentido equívoco do termo dano moral e pelo fato de o Código Civil de 1916 não ter previsto capítulo próprio para os direitos da personalidade[1245], bem como pela dificuldade de compensar dor com dinheiro[1246], de certo contribuiu para a não repa-

---

[1240] ALVIM, Agostinho. *Da inexecução das obrigações e suas consequências* cit., p. 237.

[1241] ALVIM, Agostinho. *Da inexecução das obrigações e suas consequências* cit., p. 234-240.

[1242] SILVA, Wilson Melo da. *O dano moral e sua reparação*. 2. ed. rev. e ampl. Rio de Janeiro: Forense, 1969. p. 13.

[1243] SILVA, Wilson Melo da. *O dano moral e sua reparação* cit., p. 14.

[1244] CAHALI, Yussef Said. *Dano moral* cit., p. 19.

[1245] Yussef Said Cahali faz a seguinte ponderação: "Assim, se é certo que o Código Civil se omitira quanto a inserir uma regra geral de reparação do dano moral, não era menos certo que se referia a diversas hipóteses em que o dano moral seria reparável (arts. 1.537, 1.538, 1.543, 1.548, 1.549 e 1.550); tais hipóteses assim referidas estavam longe de constituir simples exceção à regra de que só os danos patrimoniais deveriam ser ressarcidos; antes, pelo contrário visando apenas disciplinar a 'forma de liquidação do dano', prestam-se para confirmar que está ínsita na lei civil a ideia da reparabilidade do dano moral" (*Dano moral* cit., p. 46).

[1246] Nesse sentido, assevera Wilson Melo da Silva que "a impossibilidade de uma rigorosa avaliação, em dinheiro, dos danos morais, bem como a imoralidade de se compensar a dor com o dinheiro, são, na série levantada por Pires de Lima, a quinta e a sexta objeções das que comumente se arguem contra a doutrina dos danos morais" (*O dano moral e sua reparação* cit., p. 269).

rabilidade do dano moral no Brasil durante a maior parte do século XX. A Constituição Federal de 1988 acabou com qualquer dúvida a respeito da reparabilidade do dano moral, estabelecendo no artigo 5.º, V, que "é assegurado o direito de resposta, proporcional ao agravo, além da indenização por dano material, moral ou à imagem". Na mesma toada, o artigo 5.º, X, ao dispor que "são invioláveis a intimidade, a vida privada, a honra e a imagem das pessoas, assegurado o direito a indenização pelo dano material ou moral decorrente de sua violação". O Código de Defesa do Consumidor, por sua vez, prevê em seu artigo 6.º, VI, como garantia básica do consumidor, "a efetiva prevenção e reparação de danos patrimoniais e morais, individuais, coletivos e difusos". O Código Civil de 2002, por sua vez, além de cuidar dos direitos da personalidade nos artigos 11 a 21 e dispor no artigo 186 ser indenizável o dano moral, ainda que exclusivamente, praticamente reproduziu no capítulo "da responsabilidade civil" (artigos 927 a 954) as disposições contidas no Código Civil de 1916 (artigos 159 e 1.519 a 1.551).

Em que pese o termo dano moral estar consolidado na doutrina e jurisprudência pátrias, melhor seria se tivesse adotado redação como a do artigo 49 do Código de Obrigações suíço[1247], no sentido que "tem direito a uma soma, a título de reparação moral", quem é "ofendido ilicitamente na sua personalidade", "desde que a gravidade da ofensa o justifique e que o autor não a tenha reparado de outro modo", podendo o juiz "substituir ou acrescentar à aplicação desta indenização um outro modo de reparação".

Tratando do tema no direito italiano, MASSIMO BIANCA destaca que no passado a noção de dano extrapatrimonial estava ligada à figura tradicional do dano moral, entendido como "sofrimento psíquico ou aflição"[1248]. Nessa esteira, sustenta ser esse o dano moral subjetivo e que o campo de abrangência do dano extrapatrimonial é mais amplo.

No direito brasileiro, entendemos que o dano moral tem um sentido amplo e um restrito. O dano moral *lato sensu* é aquele imaterial, en-

---

[1247] BRACONI, Andrea; CARRON, Blaise; SCYBOZ, Georges. *Code Civil suisse e Code des obligations annotés* cit., p. 53. Tradução livre de: "Atteinte à la personnalité. 1. Celui qui subit une atteinte illicite à sa personnalité a droit à une somme d'argent à titre de réparation morale, pour autant que la gravité de l'atteinte le justifie et que l'auteur ne lui ait pas donné satisfaction autrement. 2. Le juge peut substituer ou ajouter à l'allocation de cette indemnité un autre mode de réparation".

[1248] BIANCA, Massimo. *Diritto civile. 5: La responsabilità*. 2ª ed. Milano: Giuffrè, 2012. p. 189.

quanto lesão aos de direitos da personalidade. Por seu turno, o dano moral *stricto sensu* consiste em dor e sofrimento, aflição, desânimo, sofrimento espiritual – atinge a integridade psíquica da pessoa lesada[1249]. Cumpre consignar que da violação de um direito da personalidade exsurge sempre um dano moral (*lato sensu* ou *stricto sensu*), podendo seguir-se, também, um dano patrimonial, decorrente dos prejuízos[1250] de natureza econômica que a pessoa sofrer pela violação.

Ademais, conforme defende ENEAS DE OLIVEIRA MATOS, os danos devem ser classificados primeiramente – o que chamamos de dano-evento – *em danos a coisas* e *danos à pessoa humana*, podendo ocorrer danos patrimoniais e extrapatrimoniais[1251] – o que chamamos de

---

[1249] Teresa Ancona Lopez divide o dano moral em três espécies: a) danos morais objetivos: "são aqueles que ofendem os direitos da pessoa tanto no seu aspecto privado, ou seja, nos seus direitos da personalidade (direito à integridade física, ao corpo, ao nome, à honra, ao segredo à intimidade, à própria imagem), quanto no seu aspecto público (como direito à vida, à liberdade, ao trabalho), assim como nos direitos de família"; b) dano moral subjetivo: "é o *pretium doloris* propriamente dito, o sofrimento d'alma, pois a pessoa foi ofendida em seus valores íntimos, nas suas afeições"; c) dano moral à imagem social: associado ao dano estético, visto tanto em sua dimensão ontológica (desfiguração da aparência externa) quanto sociológica (desfiguração estética) (*O dano estético*. 3. ed. São Paulo: RT, 2004. p. 28-29). Mais recente inclui a categoria do dano existencial (cf. Dano existencial. *Revista de Direito Privado*, São Paulo, v. 15, n. 57, p. 287-302, jan./mar. 2014).

[1250] Como afirma Antônio Junqueira de Azevedo, "na conceituação do que seja dano moral é preciso distinguir entre o *dano-evento* e o *dano-prejuízo*; o primeiro é a lesão a algum bem; o segundo, a *consequência* dessa lesão. Pode haver lesão à integridade física de uma pessoa e as principais consequências não serem de ordem pessoal, e sim patrimonial – por exemplo, se a vítima perdeu, total ou parcialmente, sua capacidade laborativa; ou, inversamente, a lesão pode ser a uma coisa, que está no patrimônio de alguém e a consequência ser principalmente um prejuízo não patrimonial (dano moral) – por exemplo, se o dono tinha, pela coisa valor de afeição. O dano-evento é, pois, o *dano imediato*, enquanto o dano-prejuízo é o *dano mediato*". Ora, *quando se fala em dano moral, é ao dano mediato que se tem em vista*. Portanto, a lesão, ou dano-evento, pode ser ao corpo ou ao patrimônio e, quer numa hipótese quer noutra, o dano-prejuízo ser patrimonial ou não patrimonial: um dano no corpo pode ter consequências patrimoniais ou não patrimoniais e um dano no patrimônio também pode ter consequências patrimoniais ou não patrimoniais. O dano moral vem a ser, por exclusão, o dano não patrimonial, mas é sempre mediato (é dano-prejuízo)" (*Estudos e pareceres de direito privado* cit., p. 291).

[1251] SAINT-PAU, Jean-Christophe. Qualification de droits subjectifs. In: SAINT-PAU, Jean Christophe (coord.). *Traité de droits de la personalité*. Paris: LexisNexis, 2013. p. 268: "En définitive, même si le dommage ne peut être *exclusivement* défini comme

dano-prejuízo – tanto na hipótese de lesão a uma coisa quanto no caso de lesão à pessoa. Nesse sentido, assevera que o "caso típico de dano à coisa extrapatrimonial é a hipótese de *dano moral por dano a bem de afeição*, como era previsto no antigo Código Civil no artigo 1.543 e no novo Código no artigo 952 e seu parágrafo único"[1252].

Assim, o artigo 5.º, V, da Carta da República[1253], ao dispor que "é assegurado o direito de resposta, proporcional ao agravo, além da indenização por dano material, moral ou à imagem", trata de hipótese de lesão à identidade pessoal, à honra (objetiva e subjetiva) ou outro direito da personalidade – dano-evento – passível de lesão pela liberdade de expressão, gerando dano material, dano moral *stricto sensu* ou dano à imagem, no sentido da reputação social da pessoa atingida[1254].

Por outro lado, a Súmula n.º 387 do Superior Tribunal de Justiça, ao enunciar que "é lícita a cumulação das indenizações de dano estético e dano moral", é equívoca ao confundir dano-evento (dano imediato) com dano-prejuízo (dano mediato). Com efeito, o dano estético como

---

l'atteinte à un droit. il reste que l'atteinte à un droit est une forme de dommage. Cette donnée suffit à démontrer que l'action en responsabilité n'est pas techniquement une action indépendante de tout droit subjetif antérieur. Lorsque cette action a pour objet la réparation d'un dommage matériel, elle sanctionne la plupart du temps la violation d'un droit patrimonial antérieur; lorsque cette action a pour objet la reparation d'un dommage moral, elle sanctionne la violation d'un droit extrapatrimonial antérieur, c'est-à-dire la violation d'un droit de la personalité. Ces droits ne sont donc pas la consequence juridique de l'action, mais la source de l'action".

1252 MATOS, Eneas de Oliveira. *Dano moral e dano estético*. Rio de Janeiro: Renovar, 2008. p. 61.

1253 José Afonso da Silva destaca que "a vida humana não é apenas um conjunto de elementos materiais. Integram-na, outrossim, valores imateriais, como os morais. A Constituição empresta muita importância à moral como valor ético-social da pessoa e da família, que se impõe ao respeito dos meios de comunicação social (art. 221, IV). Ela, mais que as outras, realçou o valor moral individual, tornando-a mesmo um bem indenizável (art. 5.º, V e X). A moral individual sintetiza a honra da pessoa, o bom nome, a boa fama, a reputação que integram a vida humana com dimensão imaterial. Ela e seus componentes são atributos sem os quais a pessoa fica reduzida a uma condição animal de pequena significação" (*Curso de direito constitucional positivo* cit., p. 203).

1254 Ressalve-se a posição contrária de Teresa Ancona Lopez que vislumbra no dispositivo constitucional três espécies de danos distintos, associando o termo imagem ao dano estético (*O dano estético* cit., p. 29-32).

lesão à integridade física[1255] é dano-evento e dano moral é dano-prejuízo. A única possibilidade de conciliação é entender o termo dano moral em seu sentido estrito ("dor, sofrimento") e o termo estético como danos a outros direitos da personalidade, tais como à imagem, à identidade pessoal e à própria integridade.

Diante de tal quadro, reputamos que teriam caminhado melhor o constituinte e o legislador ordinário se tivessem utilizado o termo dano extrapatrimonial para abranger todas as hipóteses de prejuízos não patrimoniais. A lesão a direitos da personalidade gera *in re ipsa* danos morais[1256], de modo que tanto as pessoas jurídicas (artigo 52 do Código Civil) quanto os nascituros (artigo 2.º do Código Civil) são passíveis de sofrer tais prejuízos.

Outrossim, andou mal o legislador tanto por ter dado regulamentação demasiadamente tênue para os direitos da personalidade (artigos 11 a 21) quanto por não ter incluído no Capítulo II do Título X da Parte Especial, que trata da indenização – os artigos 944 a 954 reproduzem muito do que já estava no Código Civil de 1916 –, critérios para reparação de um rol[1257] muito maior de direitos da personalidade, tais como a imagem, a honra, a identidade pessoal, a intimidade, a privacidade, entre outros.

[1255] Conforme propugna Eneas de Oliveira Matos, "o *dano estético* pode ser definido como toda e qualquer modificação não consentida, violenta, causada por dano injusto na integridade física da pessoa humana, sendo detectada a sua ocorrência objetivamente pela alteração do físico morfológico da pessoa humana com o evento danoso, ensejando o direito à reparação autônoma desse dano extrapatrimonial causado" (MATOS, Eneas de Oliveira. *Dano moral e dano estético* cit., p. 345-346).

[1256] Nesse sentido: AgInt no AREsp n.º 831.777/SP, 3.ª Turma, Rel. Min. Paulo de Tarso Sanseverino, j. 27.04.2017, *DJe* 09.05.2017; REsp n.º 1642318/MS, 3.ª Turma, Rel. Min. Nancy Andrighi, j. 07.02.2017, *DJe* 13.02.2017; AgRg no REsp n.º 1541966/RS, 3.ª Turma, Rel. Min. Paulo de Tarso Sanseverino, j. 24.11.2015, *DJe* 01.12.2015. No mesmo sentido as lições de Carlos Alberto Bittar (*Reparação civil por danos morais*. 3. ed. São Paulo: RT, 1997. p. 214-218).

[1257] Conforme destaca Francisco Amaral: "No caso de dano não patrimonial, a liquidação é mais complexa. A forma de liquidação legal está expressa no Código Civil, arts. 948 a 954, compreendendo os casos de homicídio (art. 948), lesões corporais (arts. 949 e 950), usurpação ou esbulho (art. 952), obrigação de diligência (art. 951), e de dano moral (art. 952, par. único e 954, par. único)" (O dano à pessoa no direito civil brasileiro. *In:* CHINELLATO, Silmara Juny de Abreu; CAMPOS, Diogo Leite (coord.). *Pessoa humana e direito*. Coimbra: Almedina, 2009. p. 147).

Os critérios para a fixação da indenização por dano moral não são unânimes na doutrina e na jurisprudência. CARLOS ALBERTO BITTAR propugna sopesar a gravidade da infração e as circunstâncias do caso, além do valor de desestímulo, em consonância com a teoria da responsabilidade e a índole dos direitos violados[1258]. Entendemos que, além desses critérios, deva ser considerado o patrimônio do lesante, mas não o do lesado – tratando-se de lesão a direito da personalidade, todas as pessoas têm o mesmo valor, como decorrência do princípio da igualdade e da dignidade da pessoa humana (artigos 1.º, III, e 5.º, da Carta da República). Outrossim, cabível a reparação *in natura*, tal como a hipótese prevista no artigo 108, II, da Lei n.º 9.610/1998[1259], para violação de direitos morais de autor, ou aquela prevista no artigo 5.º, V, da Carta da República[1260].

TERESA ANCONA LOPEZ sustenta a distinção da categoria do dano existencial, que seria um novo tipo de dano extrapatrimonial, caracterizando-se pela frustração de um projeto de vida, sendo sua prova feita por meio de uma análise do antes e depois do evento[1261]. Consideramos que a noção de dano existencial é importante para a quantificação do dano (*dano prejuízo*), cuidando-se de espécie de dano moral, tal como

---

[1258] BITTAR, Carlos Alberto. *Reparação civil por danos morais* cit., p. 214-218 e 249.

[1259] Nos termos do artigo 108 da Lei de Direitos Autorais, "quem, na utilização, por qualquer modalidade, de obra intelectual, deixar de indicar ou de anunciar, como tal, o nome, pseudônimo ou sinal convencional do autor e do intérprete, além de responder por danos morais, está obrigado a divulgar-lhes a identidade da seguinte forma: I – tratando-se de empresa de radiodifusão, no mesmo horário em que tiver ocorrido a infração, por três dias consecutivos; II – tratando-se de publicação gráfica ou fonográfica, mediante inclusão de errata nos exemplares ainda não distribuídos, sem prejuízo de comunicação, com destaque, por três vezes consecutivas em jornal de grande circulação, dos domicílios do autor, do intérprete e do editor ou produtor; III – tratando-se de outra forma de utilização, por intermédio da imprensa, na forma a que se refere o inciso anterior".

[1260] O Supremo Tribunal Federal assentou no julgamento da ADPF n.º 130, julgada pelo plenário em 30.04.2009, que "o direito de resposta, que se manifesta como ação de replicar ou de retificar matéria publicada é exercitável por parte daquele que se vê ofendido em sua honra objetiva, ou então subjetiva, conforme estampado no inciso V do art. 5.º da Constituição Federal. Norma, essa, 'de eficácia plena e de aplicabilidade imediata', conforme classificação de José Afonso da Silva. 'Norma de pronta aplicação', na linguagem de Celso Ribeiro Bastos e Carlos Ayres Britto, em obra doutrinária conjunta".

[1261] LOPEZ, Teresa Ancona. *Dano existencial* cit., p. 291-293.

o dano estético. Assim, por exemplo, em um contrato existencial, cujo objeto é a reprodução assistida ou a preservação de óvulos ou gametas, o descumprimento de obrigações pela clínica médica pode causar frustração de um projeto de vida e mesmo o planejamento familiar do casal, devendo ser considerado para a quantificação do dano moral.

Feitas essas considerações sobre o conceito de dano moral, sua extensão, critérios para aplicação da responsabilidade civil em decorrência da violação de direitos da personalidade, tendo em vista o objeto dos contratos existenciais, a argumentação utilizada pela jurisprudência, no sentido de que "o simples inadimplemento contratual, em regra, não configura dano moral indenizável, devendo haver consequências fáticas capazes de ensejar o sofrimento psicológico", aplica-se apenas a outros tipos de contratos que não os existenciais. Nestes, o inadimplemento contratual gerará danos a direitos da personalidade, seja porque seu objeto é um bem essencial à dignidade da pessoa, seja porque é uma limitação voluntária de direito da personalidade. Ademais, a compreensão de "consequências fáticas capazes de ensejar sofrimento psicológico" é equívoca, pois limita a noção de dano moral a "dor e sofrimento, aflição, desânimo, sofrimento espiritual", que caracteriza o dano moral em sentido restrito, estando em desacordo com o princípio da reparação integral – previsto na Constituição Federal, no Código de Defesa do Consumidor e no Código Civil –, de modo que deveria abranger qualquer lesão a direito da personalidade (dano moral *lato sensu*).

Nesse sentido, já decidiu o Superior Tribunal de Justiça, em contrato de prestação de serviços médicos, que a violação pelo médico "em esclarecer o paciente sobre os riscos do tratamento, suas vantagens e desvantagens, as possíveis técnicas a serem empregadas, bem como a revelação quanto aos prognósticos e aos quadros clínico e cirúrgico"[1262],

---

[1262] O julgado referido (REsp n.º 1540580/DF) foi assim ementado: "Recurso especial. Violação ao art. 535 do Código de Processo Civil de 1973. Não ocorrência. Responsabilidade civil do médico por inadimplemento do dever de informação. Necessidade de especialização da informação e de consentimento específico. Ofensa ao direito à autodeterminação. Valorização do sujeito de direito. Dano extrapatrimonial configurado. Inadimplemento contratual. Boa-fé objetiva. Ônus da prova do médico. 1. Não há violação ao artigo 535, II, do CPC, quando, embora rejeitados os embargos de declaração, a matéria em exame foi devidamente enfrentada pelo Tribunal de origem, que emitiu pronunciamento de forma fundamentada, ainda que em sentido contrário à pretensão da recorrente. 2. É uma prestação de serviços especial a relação existente entre médico e paciente, cujo objeto engloba deveres anexos, de suma relevância, para além da intervenção técnica dirigida ao trata-

como decorrência dos deveres anexos impostos pela boa-fé objetiva (consentimento informado), caracteriza inadimplemento contratual e dano extrapatrimonial indenizável. Igualmente, decidiu-se que o inadimplemento contratual de prestação consistente no fornecimento de

---

mento da enfermidade, entre os quais está o dever de informação. 3. O dever de informação é a obrigação que possui o médico de esclarecer o paciente sobre os riscos do tratamento, suas vantagens e desvantagens, as possíveis técnicas a serem empregadas, bem como a revelação quanto aos prognósticos e aos quadros clínico e cirúrgico, salvo quando tal informação possa afetá-lo psicologicamente, ocasião em que a comunicação será feita a seu representante legal. 4. O princípio da autonomia da vontade, ou autodeterminação, com base constitucional e previsão em diversos documentos internacionais, é fonte do dever de informação e do correlato direito ao consentimento livre e informado do paciente e preconiza a valorização do sujeito de direito por trás do paciente, enfatizando a sua capacidade de se autogovernar, de fazer opções e de agir segundo suas próprias deliberações. 5. Haverá efetivo cumprimento do dever de informação quando os esclarecimentos se relacionarem especificamente ao caso do paciente, não se mostrando suficiente a informação genérica. Da mesma forma, para validar a informação prestada, não pode o consentimento do paciente ser genérico (*blanket consent*), necessitando ser claramente individualizado. 6. O dever de informar é dever de conduta decorrente da boa-fé objetiva e sua simples inobservância caracteriza inadimplemento contratual, fonte de responsabilidade civil *per se*. A indenização, nesses casos, é devida pela privação sofrida pelo paciente em sua autodeterminação, por lhe ter sido retirada a oportunidade de ponderar os riscos e vantagens de determinado tratamento, que, ao final, lhe causou danos, que poderiam não ter sido causados, caso não fosse realizado o procedimento, por opção do paciente. 7. O ônus da prova quanto ao cumprimento do dever de informar e obter o consentimento informado do paciente é do médico ou do hospital, orientado pelo princípio da colaboração processual, em que cada parte deve contribuir com os elementos probatórios que mais facilmente lhe possam ser exigidos. 8. A responsabilidade subjetiva do médico (CDC, art. 14, § 4.º) não exclui a possibilidade de inversão do ônus da prova, se presentes os requisitos do art. 6.º, VIII, do CDC, devendo o profissional demonstrar ter agido com respeito às orientações técnicas aplicáveis. Precedentes. 9. Inexistente legislação específica para regulamentar o dever de informação, é o Código de Defesa do Consumidor o diploma que desempenha essa função, tornando bastante rigorosos os deveres de informar com clareza, lealdade e exatidão (art. 6.º, III, art. 8.º, art. 9.º). 10. Recurso especial provido, para reconhecer o dano extrapatrimonial causado pelo inadimplemento do dever de informação" (REsp n.º 1540580/DF, 4.ª Turma, Rel. Min. Lázaro Guimarães (Desembargador convocado do Tribunal Federal da 5.ª Região), relator para Acórdão Min. Luis Felipe Salomão, j. 02.08.2018, *DJe* 04.09.2018. Disponível em: https://processo.stj.jus.br/processo/revista/documento/mediado/?componente=ATC&sequencial=87116219&num_registro=201501551749&data=20180904&tipo=5&formato=PDF. Acesso em: 25 mar. 2022).

bem essencial, tal como energia elétrica[1263] ou serviço de saúde[1264], gera dano moral, em sentido contrário ao entendimento jurisprudencial de que, em regra, o inadimplemento contratual não provoca dano moral.

Portanto, como dissemos anteriormente, consequência da qualificação de um contrato como existencial é a inversão desse postulado argumentativo da jurisprudência de nossos tribunais, pois o inadim-

---

[1263] Entre muitos julgados sobre o tema, verificáveis em breve consulta ao banco de dados de Tribunais Estaduais, ilustrativamente transcrevemos a seguir recentíssimo julgado, assim ementado: "Prestação de serviços. Ação de obrigação de fazer cumulada com pedido de indenização por danos morais. Pedido de transferência de titularidade. Corte injustificado no fornecimento energia elétrica, seguido de resistência e demora desmedida na religação. Autora que permaneceu por dez dias sem energia elétrica em sua residência. Situação de indiscutível desconforto. Dano moral. Ocorrência. Compensação que deve obedecer aos critérios de razoabilidade e proporcionalidade. Majoração. Necessidade. Honorários advocatícios arbitrados de forma razoável e proporcional ao tempo e trabalho despendidos, representando remuneração condigna para o caso. Recurso da ré não provido; provido em parte o da autora" (TJSP, Apelação Cível n.º 1017167-68.2021.8.26.0554, 11.ª Câmara de Direito Privado, Foro de Santo André, 8.ª Vara Cível, Rel. Gilberto dos Santos, j. 25.03.2022, registro 25.03.2022. Disponível em: https://esaj.tjsp.jus.br/cjsg/resultadoCompleta.do;jsessionid=ACBF01693237772EBE6415009598CBA7.cjsg2. Acesso em: 26 mar. 2022.

[1264] Confira-se o seguinte julgado, cuja ementa colacionamos: "Apelação cível. Seguros. Ação de cobrança. *Plano* de *saúde*. *Negativa* de *cobertura* de procedimento cirúrgico. Indicação médica. Descabimento da recusa. *Dano moral*. Trata-se de ação de obrigação de fazer, através da qual a parte autora objetiva a condenação da ré em arcar com os custos de procedimento cirúrgico, em face da *negativa de cobertura* por parte do *plano* de *saúde*, além de indenização por *danos* morais, julgada parcialmente procedente na origem. Aplica-se ao caso em comento o Código de Defesa do Consumidor, na medida em que se trata de relação de consumo. Inteligência do art. 3.º, § 2.º, do Código de Defesa do Consumidor e da Súmula n.º 608 do Superior Tribunal de Justiça. A injusta recusa de *cobertura* de seguro *saúde* dá direito ao segurado ao ressarcimento dos *danos* extrapatrimoniais sofrido. Precedentes do e. Superior Tribunal de Justiça. A indenização por *dano moral* não deve ser irrisória, de modo a fomentar a recidiva, pois não se pode esquecer que o *quantum* reparatório deve ser apto a ser sentido como uma sanção pelo ato ilícito, sem que, contudo, represente enriquecimento ilícito à vítima. Valorando-se as peculiaridades da hipótese concreta e os parâmetros adotados normalmente pela jurisprudência para a fixação de indenização, em hipóteses símiles, fixo o valor da condenação à título de *danos* morais em R$5.000,00. Apelação parcialmente provida" (TJRS, Apelação Cível n.º 50071008420188210015, 6.ª Câmara Cível, Rel. Des. Niwton Carpes da Silva, j. 24.02.2022. Disponível em: https://www.tjrs.jus.br/novo/buscas-solr/?aba=jurisprudencia&conteudo_busca=ementa_completa. Acesso em: 26 mar. 2022).

plemento contratual relativo a bem essencial ou a limitação de direito da personalidade gera, em regra, dano moral. Outrossim, incabível o requisito da "dor e sofrimento, aflição, desânimo, sofrimento espiritual", para a caracterização do dano moral em sentido amplo, bastando a violação de um direito da personalidade, seja ele qual for.

CONCLUSÃO

A presente tese propôs a qualificação dos contratos existenciais, seus pressupostos e consequências. Partindo do axioma central do ordenamento jurídico, a pessoa, e a proteção à sua dignidade –, procuramos demonstrar sistematicamente a importância e a atualidade do tema apresentado. Mais do que uma crise dos contratos, ou uma solução dicotômica, tal como aquela entre contratos unilaterais e bilaterais, paritários e não paritários, existenciais e de lucro, entre outras classificações, todas relevantes, entendemos que a definição dos contratos existenciais, seguida de aspectos distintivos de sua aplicação, vai ao encontro da finalidade do direito e atende às demandas fragmentárias e complexas da atualidade.

Metodologicamente, a moderna ciência jurídica deve se utilizar de todas as ferramentas disponíveis na busca da elegante esperança do conhecimento, por meio do sistema. Sistema aberto, permeável aos valores e apto a enfrentar os desafios da hipercomplexidade, da fragmentariedade e das desigualdades sociais.

Nesse sentido, visando desenvolver sistematicamente o tema, abordamos no Capítulo 1 a teoria geral dos contratos, a fim de contextualizar a categoria geral do contrato, sob o espeque do negócio jurídico, destacando a evolução do tema com o cotejamento dos princípios clássicos do contrato – a autonomia privada sob a ótica da liberdade contratual, da força obrigatória dos contratos (*pacta sunt servanda*) e da relatividade dos efeitos contratuais – e os novos princípios da boa-fé objetiva, da função social dos contratos e do equilíbrio econômico, localizando-se, ademais, a figura dos contratos existenciais e sua pertinência na quadra em que vivemos.

No Capítulo 2, adentramos no cerne da presente tese, analisando a etimologia do contrato existencial e sua definição, com o estabelecimento dos pressupostos de existência, validade e eficácia dos contratos existenciais, examinando as duas vertentes aqui propostas: a) contratos que têm como objeto bens ou serviços essenciais à existência de uma das partes; b) contratos que têm como objeto a limitação voluntária de direitos da personalidade.

No Capítulo 3, tratamos das consequências da caracterização de um contrato como existencial, com a análise da aplicação a esses contratos dos novos princípios contratuais – boa-fé objetiva, função social e equilíbrio econômico –, sua interpretação, desenvolvimento da relação obrigacional em casos de cumprimento e descumprimento, configuração de abuso de direito e a responsabilidade civil.

Os contratos existenciais, conforme propugnamos, levam em conta como elemento definidor seu objeto: tanto aqueles que têm como objeto uma limitação voluntária de direito da personalidade (essência da pessoa) quanto aqueles que têm como objeto um bem essencial à existência material da pessoa (existência humana). Ademais, com relação ao agente, deve ser em regra pessoa física. Ressalvamos, todavia, a hipótese de sociedade limitada unipessoal ou empresa individual de responsabilidade limitada, quando o contrato tiver como objeto um bem essencial à existência material da pessoa (existência humana), ou uma limitação voluntária de direito da personalidade (essência da pessoa), desde que presente uma das três espécies de vulnerabilidades: técnica (ausência de conhecimento específico acerca do produto ou serviço objeto de consumo), fática (situações em que a insuficiência econômica, física ou até mesmo psicológica do consumidor o coloca em pé de desigualdade perante o fornecedor) ou jurídica (falta de conhecimento jurídico, contábil ou econômico e de seus reflexos na relação de consumo).

Entendemos que os bens essenciais, pressupostos dos contratos existenciais, são os fatos ou prestações (serviços) e as coisas corpóreas e incorpóreas (produtos) essenciais às necessidades do ciclo vital da pessoa, consideradas a natureza do bem, a situação concreta da parte e a relação contratual sob exame, distinguindo-se a essencialidade, *a priori*, de bens destinados a prover as demandas vitais da pessoa e de sua família, tais como alimentação, moradia, vestuário, saúde, educação e higiene – incluídos serviços como os de fornecimento de água, de energia elétrica e de gás.

Os direitos da personalidade distinguem-se em direitos da pessoa sobre si mesma e direitos da personalidade referentes a seus diversos aspectos, projeções e prolongamentos. Os direitos da pessoa sobre si mesma dizem respeito à integridade física e a seu próprio corpo, enquanto os outros aspectos, projeções e prolongamentos concernem à integridade psíquica e à integridade moral. A evolução tecnológica nos campos da biologia e da comunicação assinalam a era pós-industrial, da sociedade da informação e do consumo, em que a pessoa vende e se vende, marcando uma patrimonialização dos direitos extrapatrimoniais, especialmente dos atributos dos direitos da personalidade, tais como a imagem, o nome, a voz, as informações pessoais, a privacidade, que são todos os dias objeto de trocas econômicas. Em decorrência da biotecnologia, contratos relativos à reprodução assistida, à doação de partes do próprio corpo aos chamados biobancos, entre outros, tornam-se a cada dia mais comuns. Por outro lado, aliada à comunicação de massa, à publicidade e, fundamentalmente, às redes sociais, a evolução tecnológica torna o tema das projeções e prolongamentos dos direitos da personalidade extremamente atual. Com efeito, em uma sociedade caracterizada pela constante exposição pública das pessoas e pela transmissão de dados em tempo real, verifica-se a contínua exploração econômica do nome, da imagem, da voz, da privacidade, entre outros, por meio de contratos de adesão, muitas vezes efetivados por um *click*.

Os negócios jurídicos existenciais são definidos pelo seu conteúdo (= objeto *stricto sensu* + causa) –, verificando-se na essencialidade do bem e na natureza do direito objeto do contrato (direitos da personalidade). Assim, tratando-se de bem essencial como objeto do contrato, tendo em vista sua natureza, não devem as cláusulas contratuais ser contrárias a normas de ordem pública, tal como aquelas previstas na Lei n.º 8.078, de 11 de setembro de 1990 (Código de Defesa do Consumidor), na Lei n.º 8.245, de 18 de outubro de 1991 (Lei de Locação de Imóveis Urbanos), na Lei n.º 8.177, de 1.º de março de 1991 (Lei de Desindexação da Economia), bem como, entre outras, no Decreto-lei n.º 58, de 10 de dezembro de 1937, que dispõe sobre o loteamento e a venda de terrenos para pagamento em prestações, e na Lei n.º 6.766, de 19 de dezembro de 1979, que estabelece sobre o parcelamento do solo urbano. No tocante à hipótese de limitação voluntária de direito da personalidade, não deve ser ilícito, contrário à ordem pública e aos bons costumes.

Por outro lado, não obstante o contrato existencial seja definido pelo objeto, devemos fazer algumas considerações acerca dos pressupostos de validade relativos ao sujeito e à forma.

Quanto ao sujeito, a capacidade do agente é genérica, não diferindo do aplicável aos demais tipos de contratos, devendo atentar-se, todavia, para as alterações do regime de capacidades advindo da Lei n.º 13.146, de 6 de julho de 2015, conhecida como Lei Brasileira de Inclusão ou Estatuto da Pessoa com Deficiência, que dispõe em seu artigo 6.º que "a deficiência não afeta a plena capacidade civil da pessoa" para o exercício dos seguintes atos existenciais: a) casar-se e constituir união estável; b) exercer direitos sexuais e reprodutivos; c) exercer o direito de decidir sobre o número de filhos e de ter acesso a informações adequadas sobre reprodução e planejamento familiar; d) conservar sua fertilidade, sendo vedada a esterilização compulsória; e) exercer o direito à família e à convivência familiar e comunitária; f) exercer o direito à guarda, à tutela, à curatela e à adoção, como adotante ou adotando, em igualdade de oportunidades com as demais pessoas. Ademais, a incapacidade de fato, e agora relativa, passa a depender da declaração no caso concreto de uma "causa transitória ou permanente, não puderem exprimir sua vontade". Verificando-se uma relevante alteração no regime de capacidades, haja vista não estarem mais entre os absolutamente incapazes os "menores adultos".

Além da incapacidade relativa do agente (artigo 171, I, do Código Civil de 2002), geram a anulabilidade do negócio jurídico os chamados vícios de vontade, ou do consentimento, "que afetam diretamente a vontade, distorcendo-a, como o erro, o dolo, a coação, o estado de perigo e a lesão" (artigo 171, I, do Código Civil de 2002). Na fraude contra credores, não ocorre vício de consentimento, pois inexistente divergência entre vontade interna e vontade declarada, mas, sim, vício social, em que o negócio jurídico é contrário à lei, ou à boa-fé.

No que tange aos contratos existenciais, devem ser destacados o estado de perigo e a lesão, tendo em vista que a presença de um bem essencial como objeto do negócio jurídico impulsiona muitas vezes a parte a uma situação de "estado de necessidade perigo" ou de "estado de necessidade econômico".

Entendemos que o estado de perigo se caracteriza pelo estado de necessidade na acepção de situação que se impõe inevitável, em razão de perigo iminente, determinando certa conduta ("estado de necessidade perigo"), bem como pela circunstância de esse fato acarretar a conclusão de ato ou negócio jurídico em que se assume obrigação excessivamente onerosa. O fato "estado de necessidade perigo" atua sobre o sujeito, na formação da declaração negocial. A invalidade do negócio se justifica, pois o que fica do suporte fáctico suficiente da regra jurídica é o fato jurídico estado de necessidade, e não ato volitivo. Exemplo de invalidade de negócio jurídico realizado em estado de perigo é aquele relativo a fornecimento de bem essencial, consistente na prestação de serviços médicos em que o paciente em grave estado de saúde é internado em hospital particular sem informação clara, ostensiva e precisa sobre a onerosidade do serviço (rede privada de assistência à saúde), com posterior transferência à rede pública de saúde.

O "estado de necessidade econômico", que é requisito da lesão, não é a hipossuficiência econômica, a miséria ou a pobreza, vista de forma abstrata, e sim na situação concreta. Portanto, a pessoa endividada, mesmo possuindo considerável patrimônio, que precisa se desfazer de parte deste para honrar os compromissos, manter a moradia e fornecer alimentos a seus filhos, e, ao fazê-lo, vende bem em valor manifestamente desproporcional ao que se pratica no mercado (segundo os valores vigentes ao tempo em que foi celebrado o negócio jurídico), poderá pedir a anulação do negócio jurídico por estar caracterizada a lesão. A utilidade existencial do bem contratado é elemento central para diferenciar os contratos, um critério relevante na determinação do grau de necessidade do contratante e, por consequência, fundamental para a análise da configuração da lesão.

O pressuposto de validade da forma prescrita ou não defesa em lei também é requisito genérico, aplicável a todos os negócios jurídicos. Nada obstante, dada a natureza do bem jurídico protegido ou tutelado, muitas vezes a lei impõe determinada forma ou requisito para a perfeição do ato. Assim, *e.g.*, no caso de transplante de órgãos, a doação por ato entre vivos, de pessoa diversa do cônjuge ou de parentes consanguíneos até o quarto grau, exige autorização judicial, conforme o artigo 9.º da Lei n.º 9.434, de 4 de fevereiro de 1997.

Definidos os pressupostos de existência e de validade dos contratos existenciais, passamos a analisar as consequências advindas da configuração de um contrato como existencial, com a análise da aplicação a esses contratos dos novos princípios contratuais – boa-fé objetiva, função social e equilíbrio econômico –, sua interpretação, desenvolvimento da relação obrigacional em casos de cumprimento e descumprimento, configuração de abuso de direito e a responsabilidade civil.

Os novos princípios contratuais da boa-fé objetiva, da função social e do equilíbrio econômico, quando aplicados aos contratos existenciais, possibilitam a máxima efetivação do ordenamento jurídico, atendendo-se ao axioma central do direito privado, que é a tutela da vida e da dignidade humana. Não se trata, como vimos na teoria geral dos contratos, de conceitos indeterminados ou sem concreção, devendo ser observados topicamente quando configurado um contrato existencial, cuidando-se de verdadeiro pressuposto eficacial.

Portanto, buscou-se uma conciliação entre os princípios clássicos dos contratos e os novos princípios, entre a liberdade contratual e o interesse social, entre a liberdade e a proteção da pessoa humana e seus direitos fundamentais. A *Lei de Liberdade Econômica*, ao dispor no artigo 421-A do Código Civil de 2002 que "os contratos civis e empresariais presumem-se paritários e simétricos até a presença de elementos concretos que justifiquem o afastamento dessa presunção, ressalvados os regimes jurídicos previstos em leis especiais", vem ao encontro da presente tese, que propôs a distinção e a qualificação dos contratos em existenciais (civis, na dicção do artigo referido) e a consequente aplicação mais intensa dos novos princípios contratuais da boa-fé objetiva, da função social do contrato e do equilíbrio econômico.

Os contratos existenciais, que têm como objeto um bem essencial, serão muitas vezes relações de consumo, a depender da presença de um fornecedor – preenchidos os requisitos do artigo 3.º do Código de Defesa do Consumidor – na relação jurídica, excepcionando-se, por exemplo, o contrato de locação para fins de moradia realizado entre pessoas físicas não fornecedoras ("contrato civil"). Ademais, pela natureza dos bens envolvidos, essenciais à existência humana, alguns deles poderiam ser prestados pela própria administração pública, com natureza material de serviço público, estando sob supervisão de agências reguladoras, tais como a Agência Nacional de Energia Elétrica e a Agência Nacional de Saúde Suplementar.

Com relação a estes últimos contratos existenciais, de consumo e "regulados", cumpre destacar que as "regulações normativas", como qualquer ato do Poder Executivo, não se sobrepõem às leis e às normas de ordem pública, advindas, máxime, do Código de Defesa do Consumidor. Outrossim, pela própria natureza da prestação e do bem envolvido serão normalmente contratos de adesão, cativos e de longa duração, por exemplo, os contratos de planos de saúde e de fornecimento de energia elétrica, de água e esgoto e de gás encanado. Logo, a interpretação deverá ser sempre em favor do consumidor.

Nos contratos de aquisição de imóveis para fins de moradia, em decorrência do princípio da função social, os contratos de financiamento e de seguro são coligados, incidindo dever extremado de informação do fornecedor, impondo-lhe detalhar previamente todo o conteúdo do contrato, a dinâmica do financiamento, a evolução dos juros, a abrangência do seguro, entre outros deveres anexos de lealdade, colaboração e respeito às expectativas legitimamente criadas.

Tratando-se de contratos existenciais que têm como objeto direitos da personalidade, tendo em vista a natureza jurídica de limitação voluntária de direitos, e não a atribuição de bens essenciais, mais evidente será a aplicação extremada da boa-fé objetiva, até mesmo porque os contratos de fornecimento de bens essenciais normalmente são tratados sob a ótica protetiva das relações de consumo, o que não altera a importância da análise do objeto do contrato para a aplicação da boa-fé objetiva, como vimos com relação aos contratos de planos de saúde, muitas vezes equivocadamente tratados pela perspectiva da "análise econômica", e não da tutela da vida e da saúde da pessoa, como deve ser.

Dever típico decorrente da boa-fé objetiva aplicada aos contratos que contêm atos de disposição do próprio corpo, tais como os de serviços médicos, de transplantes, de doação de gametas, ou reprodução assistida, depende de prévio consentimento informado. Mais que um direito do paciente, a informação é dever de conduta do médico, englobando o dever de informar todos os elementos necessários para a assistência do paciente na tomada de decisão quanto à realização ou não do tratamento ou procedimento, com exposição das alternativas de tratamentos e procedimentos disponíveis (técnicas diversas para a obtenção do resultado pretendido), dos riscos e benefícios que cada tratamento ou procedimento envolve, das contraindicações, da novidade de determinado procedimento (e eventual ausência de estudos prolongados sobre o mesmo) e, a depender da natureza do ato de disposição do próprio corpo, os possíveis impactos no cotidiano familiar, social e laboral do paciente, devendo estar ciente das limitações às quais se submeterá no curso do tratamento, do procedimento, da recuperação e de implicações futuras ínsitas a determinados tipos tratamentos ou procedimentos.

Por fim, no que concerne à boa-fé objetiva, deve ser destacada seu papel indispensável nos contratos existenciais relativos às novas tecnologias da comunicação, realizadas, máxime, pela rede mundial de computadores (Internet), incidindo como princípio basilar para a coleta e o tratamento de dados. Com efeito, o direito fundamental à proteção de dados impõe a observância desse princípio em toda atividade de coleta e tratamento de dados pessoais, dimanando dele outras diretrizes para a consecução do equilíbrio entre o livre desenvolvimento da personalidade e a tutela da integridade da pessoa, diante dos riscos das novas tecnologias, nos termos do artigo 6.º da Lei Federal n.º 13.709, de 14 de agosto de 2018.

Como visto na parte geral desta tese, em seu aspecto intrínseco ("o contrato visto como relação jurídica entre as partes"), a função social dos contratos significa que as partes não podem "afetar *valores maiores da sociedade*" no exercício da liberdade contratual, atuando como mecanismo de flexibilização da autonomia privada e da força obrigatória dos contratos, inserindo na relação contratual um ditame de *socialidade*, consistente no valor da pessoa humana como elemento central do Código Civil. Concretamente atua no plano eficacial, ajudando na interpretação do contrato e determinando a eficácia ou a ineficácia, total ou parcial da relação jurídica, tal como na aplicação da teoria do adimplemento substancial.

Em seu aspecto extrínseco ("o contrato em face da coletividade"), o princípio da função social dos contratos integra o contrato – diferentemente da boa-fé, que impõe deveres éticos *entre as partes* – e atua como elemento exterior a ele, condicionando a autonomia privada aos interesses e valores sociais. Assim, além de flexibilizar o princípio da relatividade dos contratos (*res inter alios acta allius neque nocere neque prodesse potest*) para ampliação de sua eficácia perante terceiros, conforma o princípio da autonomia da vontade aos interesses sociais.

O princípio da função social dos contratos tem intensa aplicação com relação aos contratos existenciais que têm como objeto bens essenciais. Assim, por exemplo, nos contratos de compra e venda de imóveis, cuja finalidade é a moradia do adquirente, não se justifica a resolução do contrato, com a consequente retomada do imóvel, se adimplida quantia substancial do valor devido, devendo ser aferido esse adimplemento substancial, considerando os seguintes fatores: a) o contraste entre o montante total do contrato e o saldo devedor; b) a existência de outras medidas capazes de atender ao interesse do credor com efeitos menos gravosos ao devedor; c) a ponderação entre a utilidade da extinção da relação jurídica obrigacional e o prejuízo que adviria para o devedor e para terceiros a partir da resolução. O interesse social é pela manutenção, ou melhor, pela conservação do contrato, máxime quando se tem em jogo um interesse existencial, consistente na moradia do devedor.

Em sua dimensão de ampliação da eficácia perante terceiros, a função social aplicada a contratos existenciais, que têm como objeto bens essenciais, implica, entre outras hipóteses, o reconhecimento da coligação entre o contrato de compra e venda e o contrato de financiamento celebrado pelo consumidor com entidade financiadora, que mantém relação comercial com o vendedor, ampliando-se tutela do consumidor de bem essencial.

O princípio contratual do equilíbrio econômico também tem aplicação destacada e mais intensa quando se cuida dos contratos existenciais, seja pela natureza essencial do bem objeto do contrato, seja pela inerente proteção à pessoa, que baliza todo o ordenamento jurídico.

Aos contratos existenciais civis aplica-se a teoria da imprevisão, conforme delineada pelo artigo 478 do Código Civil brasileiro de 2002, possibilitando-se nas hipóteses de contrato de execução diferida ou continuada, acometidos por acontecimentos extraordinários e imprevisíveis, que alteram as condições econômicas objetivas que existiam no momento da formação do contrato, gerando excessiva onerosidade superveniente da prestação de uma das partes, a resolução do contrato, sem prejuízo da possibilidade de recondução deste à equidade, nos termos dos artigos 479 e 480.

A lesão e o estado de perigo, em que pese dimanarem em grande medida do princípio do equilíbrio econômico, estão no campo da validade do negócio jurídico, conforme a disciplina do Código Civil brasileiro de 2002 – diferentemente do *Codice Civile* que trata do *stato di pericolo* e do *stato di bisogno* no plano da eficácia, haja vista gerarem a possibilidade de "rescisão do contrato" –, sendo suficiente para seu tratamento a teoria das invalidades, conforme vimos anteriormente ao abordarmos as especificidades da teoria das invalidades aplicada aos contratos existenciais.

Por sua vez, aos contratos existenciais de consumo aplica-se o Código de Defesa do Consumidor, dispondo em seu artigo 6.º, V, ser direito básico do consumidor "a modificação das cláusulas contratuais que estabeleçam prestações desproporcionais ou sua revisão em razão de fatos supervenientes que as tornem excessivamente onerosas". De igual modo ocorre com a previsão da noção de "desvantagem exagerada", como causa de nulidade de cláusula contratual (artigo 51, IV, e § 1.º).

Ademais, a função corretiva da equidade verifica-se no ordenamento jurídico brasileiro pela possibilidade de revisão contratual, nos termos do artigo 317 do Código Civil de 2002, ao dispor que, "quando, por motivos imprevisíveis, sobrevier desproporção manifesta entre o valor da prestação devida e o do momento de sua execução", pode o juiz "corrigir" o contrato, "a pedido da parte, de modo que assegure, quanto possível, o valor real da prestação".

Conforme podemos verificar – inclusive considerando topicamente os contratos de locação e o contexto da pandemia do coronavírus (Covid-19) –, o princípio do equilíbrio econômico tem sido cada vez mais aplicado, principalmente quando tratado com os dois outros novos princípios contratuais – boa-fé objetiva e função social –, versando sobre contratos existenciais. O poder concedido pela lei às pessoas para criarem suas próprias regras, mediante a realização de negócio jurídico (autonomia privada), deve ser exercido consoante os princípios fundantes do Código Civil brasileiro de 2002, com eticidade, socialidade e equidade, respeitando-se o valor máximo da pessoa, quando se verificar como objeto do contrato um bem essencial ou um direito da personalidade, incidindo até mesmo um dever de negociar em caso de desequilíbrio econômico do contrato ou de superendividamento do consumidor.

Entendemos que os contratos abarcam tanto interesses patrimoniais quanto não patrimoniais, considerando que o "objeto" (*lato sensu*) no artigo 104 do Código Civil de 2002 tem sentido de conteúdo (= objeto *stricto sensu* + causa), e o objeto, a prestação ou o próprio direito subjetivo que se cria, modifica ou extingue podem ter natureza não patrimonial. Por seu turno, a causa de atribuição deve assumir maior generalidade, de modo a abranger os negócios não patrimoniais, sendo adequado falar de "causa de atribuição de direitos". Nos contratos existenciais, estão presentes interesses não patrimoniais, seja quando o objeto é um bem essencial, posto ser a *causa finalis* do contrato a tutela da dignidade da pessoa, seja, mais diretamente, quando o objeto é um direito da personalidade, ou melhor, uma limitação deste.

Portanto, conforme propusemos no item 3.5, ao tratarmos da inexecução das obrigações e da responsabilidade, no direito brasileiro julgamos que o dano moral tem um sentido amplo e um restrito. O dano moral *lato sensu* é aquele imaterial, como lesão aos direitos da personalidade. O dano moral *stricto sensu*, por sua vez, consiste em dor e sofrimento, aflição, desânimo, sofrimento espiritual – atinge a integridade psíquica da pessoa lesada. Cumpre consignar que da violação de um direito da personalidade exsurge sempre um dano moral (*lato sensu* ou *stricto sensu*), podendo seguir-se, também, um dano patrimonial, decorrente dos prejuízos de natureza econômica que a pessoa sofrer pela violação.

Nesse caminhar, consequência da qualificação de um contrato como existencial, tratando-se de inexecução das obrigações, é a inversão do postulado argumentativo da jurisprudência de nossos tribunais, no sentido de que "o simples inadimplemento contratual, em regra, não configura dano moral indenizável, devendo haver consequências fáticas capazes de ensejar o sofrimento psicológico". Assim, tratando-se de contrato existencial, o inadimplemento contratual relativo a bem essencial ou a limitação de direito da personalidade gera, em regra, dano moral. Outrossim, incabível o requisito da "dor e sofrimento, aflição, desânimo, sofrimento espiritual", para a caracterização do dano moral em sentido amplo, bastando a violação de um direito da personalidade, seja ele qual for.

REFERÊNCIAS BIBLIOGRÁFICAS

ABREU, Jorge Manuel Coutinho de. *Do abuso do direito*. Ensaio de um critério em direito civil e nas deliberações sociais. Coimbra: Almedina, 2006.

AGUIAR JR., Ruy Rosado de. A boa-fé na relação de consumo. *Revista de Direito do Consumidor*, São Paulo, v. 4, n. 14, p. 20-26, abr./jun. 1995.

AGUIAR JR., Ruy Rosado de. Contratos relacionais, existenciais e de lucro. *Revista Trimestral de Direito Civil: RTDC*, Rio de Janeiro, ano 12, v. 45, p. 91-110, jan./mar. 2011.

AGUIAR JR., Ruy Rosado de. *Extinção dos contratos por incumprimento do devedor*. 2. tir. Rio de Janeiro: Aide, 2004.

AGUIAR JR., Ruy Rosado de. Interpretação. *Ajuris*, v. 16, n. 45, p. 7-20, mar. 1989.

ALMEIDA, Cândido Mendes de. *Codigo Philippino, ou, Ordenações e leis do Reino de Portugal*: recopiladas por mandado d'El-Rey D. Philippe I. 14. ed. segundo a primeira de 1603 e a nona de Coimbra de 1824. Rio de Janeiro: Typographia do Instituto Philomathico, 1870.

ALPA, Guido. *Le stagioni del contrato*. Bologna: Il Mulino, 2012.

ALVES, José Carlos Moreira. A boa-fé objetiva no sistema contratual brasileiro. *Roma e America – Diritto Romano Comune*, Roma, n. 7, p. 187-204, 1999.

ALVES, José Carlos Moreira. *A parte geral do projeto de Código Civil brasileiro*. 2. ed. aum. São Paulo: Saraiva, 2003.

ALVES, José Carlos Moreira. *Direito romano*. 15. ed. Rio de Janeiro: Forense, 2012.

ALVES, José Carlos Moreira. O novo Código Civil brasileiro: principais inovações na disciplina do negócio jurídico e suas bases romanísticas. *Roma e America: Diritto Romano Comune: Rivista di Diritto dell'integrazione e Unificazione del Diritto in Europa e in America Latina*, Roma, v. 16, p. 11-27, 2003.

ALVES, José Carlos Moreira. Invalidade e ineficácia do negócio jurídico. *Revista de Direito Privado*, São Paulo, n. 15, p. 217-229, jul./set. 2003.

ALVIM, Agostinho. *Da doação*. 3. ed. São Paulo: Saraiva, 1980.

ALVIM, Agostinho. *Da inexecução das obrigações e suas consequências*. 2. ed. São Paulo, Saraiva, 1955.

AMARAL, Francisco. A autonomia privada como princípio fundamental da ordem jurídica. Perspectiva estrutural e funcional. *Revista de Direito Civil, Imobiliário, Agrário e Empresarial*, v. 46, n. 12, p. 7-26, 1988.

AMARAL, Francisco. *Direito civil*: introdução. 6. ed. rev., atual. e aum. Rio de Janeiro: Renovar, 2006.

AMARAL, Francisco. *Direito civil*: introdução. 10. ed. rev., atual. e aum. Rio de Janeiro: Renovar, 2018.

AMARAL, Francisco. O dano à pessoa no direito civil brasileiro. *In*: CHINELLATO, Silmara Juny de Abreu; CAMPOS, Diogo Leite (coord.). *Pessoa humana e direito*. Coimbra: Almedina, 2009. p. 119-156.

AMPÈRE, André-Marie. *Essai sur la philosophie des sciences, ou Exposition analytique d'une classification naturelle de toutes les connaissances humaines*. 2nde partie. Paris: Bachelier Libraire-éditeur, 1845.

ANDRADE, Manuel A. Domingues de. *Teoria geral da relação jurídica*. Facto jurídico, em especial negócio jurídico. 4. reimp. Coimbra: Almedina, 1974. v. II.

ARENDT, Hannah. *A condição humana*. Tradução Roberto Raposo. 13. ed. rev. Rio de Janeiro: Forense Universitária, 2020.

AQUINO, Tomás de. *Comentário à metafísica de Aristóteles*. Tradução Paulo Faitanin e Bernardo Veiga. Campinas: Vide Editorial, 2017. V-VIII, v. 2.

AQUINO, Tomás de. *La théologie de saint Thomas ou Exposition de la "Somme théologique" en français*. Traduction Georges Malé. Paris: Librairie Catholique de Perisse Frères, 1857. t. 2.

ARISTÓTELES. *Ética a Nicômaco*. Tradução do grego de António de Castro Caeiro. São Paulo: Atlas, 2009.

ARISTÓTELES. *Politique*. Traduction en français d'après le texte collationné sur les manuscrits et les éd. principales par J. Barthélemy-Saint-Hilaire. Paris: Librairie Philosophique de Ladrange, 1874.

ASCENSÃO, José de Oliveira. Alteração das circunstâncias e justiça contratual no Código Civil. *Revista Trimestral de Direito Civil*, Rio de Janeiro, v. 7, n. 25, p. 93-118, jan./mar. 2006.

ASCENSÃO, José de Oliveira. *Direito autoral*. 2. ed. Rio de Janeiro: Renovar, 1997.

ASCENSÃO, José de Oliveira. *Direito civil*: teoria geral. Introdução. As pessoas. Os bens. 3. ed. São Paulo: Saraiva, 2010. v. 1.

ASCENSÃO, José de Oliveira. *Direito civil*: teoria geral. Ações e fatos jurídicos. 3. ed. São Paulo: Saraiva: 2010. v. 2.

ATIYAH, P. S. *The rise and fall of freedom in contract*. Oxford: Clarendon Press, 1979.

AUBRY, Charles; RAU, Charles-Frédéric. *Cours de droit civil français*: d'après la méthode de Zachariae. 5. ed. Paris: Marchal et Billard, 1897. t. 2.

AUBRY, Charles; RAU, Charles-Frédéric. *Cours de droit civil français*: d'après la méthode de Zachariae. 5. ed. Paris: Marchal et Billard, 1902. t. 4.

AZEVEDO, Álvaro Villaça. *Bem de família*. São Paulo: Bushatsky, 1974.

AZEVEDO, Álvaro Villaça de. *Comentários ao Código Civil*: parte especial – direito de família (artigos 1.711 a 1.783). Coordenação Antônio Junqueira Azevedo. São Paulo: Saraiva, 2004. v. 19.

AZEVEDO, Álvaro Villaça. *Contratos inominados ou atípicos*. São Paulo: Bushatsky, 1975.

AZEVEDO, Álvaro Villaça. Inaplicabilidade da teoria da imprevisão e onerosidade excessiva na extinção dos contratos. *In*: AZEVEDO, Álvaro Villaça. *Fundamentos do direito civil brasileiro*. Campinas: Millennium, 2012. p. 53-68.

AZEVEDO, Antônio Junqueira de. Caracterização jurídica da dignidade da pessoa humana. *Revista da Faculdade de Direito, Universidade de São Paulo*, v. 97, p. 107-125, jan., 2002.

AZEVEDO, Antônio Junqueira de. *Estudos e pareceres de direito privado*. São Paulo: Saraiva, 2004.

AZEVEDO, Antônio Junqueira de. *Negócio jurídico*: existência, validade e eficácia. 4. ed. São Paulo: Saraiva, 2002.

AZEVEDO, Antônio Junqueira de. *Negócio jurídico e declaração negocial*: noções gerais e formação da declaração negocial. 1986. 244 f. Tese (Titular) – Faculdade de Direito, Universidade de São Paulo, São Paulo, 1986.

AZEVEDO, Antônio Junqueira de. *Novos estudos e pareceres de direito privado*. São Paulo: Saraiva, 2009.

BALEEIRO, Aliomar. *Direito tributário brasileiro*. 10. ed. Rio de Janeiro: Forense, 1987.

BANDEIRA DE MELLO, Celso Antônio. *Curso de direito administrativo*. 14. ed. São Paulo: Malheiros, 2002.

BAPTISTA, Luiz Olavo. *Contratos internacionais*. São Paulo: Lex, 2011.

BARBOZA, Heloisa Helena. Disposição do próprio corpo em face da bioética: o caso dos transexuais. *In*: GOZZO, Débora; LIGIERA, Wilson Ricardo (org.). *Bioética e direitos fundamentais*. São Paulo: Saraiva, 2014. p. 126-147.

BARCELLONA, Mario. *Clausole generali e giustizia contrattuale*. Equità e buona fede tra codice civile e diritto europeo. Torino: G. Giappichelli, 2006.

BARLETTA, Fabiana Rodrigues. *Revisão contratual no Código Civil e no Código de Defesa do Consumidor*. Indaiatuba: Foco, 2020.

BARRETO FILHO, Oscar. *Teoria do estabelecimento comercial*. São Paulo: Max Limonad, 1969.

BAUDRY-LACANTINERIE, Gabriel. *Traité théorique et pratique de droit civil*. Des obligations. Paris: L. Larose, 1897. t. 1.

BAUMAN, Zygmunt. *Mundo consumo*: ética del individuo en la aldeã global. Traducción Albino Santos Mosquera. Buenos Aires: Paidós, 2010.

BAUMAN, Zygmunt. *Vida para consumo*: a transformação das pessoas em mercadoria. Rio de Janeiro: Jorge Zahar, 2008.

BECKER, Anelise. *Teoria geral da lesão nos contratos*. São Paulo: Saraiva, 2000.

BECKER, Verena Nygaard. A categoria jurídica dos atos existenciais. *Revista da Faculdade de Direito da Universidade Federal do Rio Grande do Sul*, Porto Alegre, n. 7-8, p. 15-53, 1973.

BÉDARRIDE, Jassuda. *Traité du dol et de la fraude en matière civile et commerciale*. 2. ed. Paris: A. Durand, 1867. t. 1.

BÉNABENT, Alain; MAZEAUD, Denis. *Les grandes articles du Code Civil*. Paris: Dalloz, 2012.

BERTHELOT, André; DERENBOURG, Hartwig; DREYFUS, Camille *et al*. (coord.). *La grande encyclopédie*: inventaire raisonné des sciences, des lettres et des arts par une société de savants et de gens de lettres. Paris: H. Lamirault, 1902. t. 16.

BESSONE, Darcy. *Do contrato*. Rio de Janeiro: Forense, 1960.

BETTI, Emilio. *Teoria geral do negócio jurídico*. Tradução Servanda Editora. Campinas: Servanda, 2008.

BEUDANT, Charles. *Cours de droit civil français*. Les contrats et les obligations. Publié par son fils, Robert Beudant. Paris: Arthur Rousseau, 1906.

Beviláqua, Clóvis. *Código Civil dos Estados Unidos do Brasil comentado*. Edição histórica. Rio de Janeiro: Editora Rio, 1980. v. 1.

Beviláqua, Clóvis. *Código Civil dos Estados Unidos do Brasil comentado*. Edição histórica. Rio de Janeiro: Editora Rio, 1980. v. 2.

BEVILÁQUA, Clóvis. Evolução da theoria dos contractos em nossos dias. *Revista da Faculdade de Direito*, São Paulo, v. 34, n. 1, p. 57-66, 1938.

BIANCA, Cesare Massimo. *Diritto civile 2*: le famiglia – le successioni. 2. ed. Milano: Giuffrè, 2005.

BIANCA, Cesare Massimo. *Diritto civile*: il contrato. 2. ed. Milano: Giuffrè, 2000. v. 3.

BIANCA, Massimo. *Diritto civile*. 5: la responsabilità. 2. ed. Milano: Giuffrè, 2012.

BIANCA, Cesare Massimo. *Diritto civile*. 6: la proprietà. 2. ed. Milano: Giuffrè, 1999.

BITTAR, Carlos Alberto. *Direito de autor*. 2. ed. rev. e atual. São Paulo: Forense Universitária, 1994.

BITTAR, Carlos Alberto. *Os direitos da personalidade*. 8. ed. São Paulo: Saraiva, 2015.

BITTAR, Carlos Alberto. *Reparação civil por danos morais*. 3. ed. São Paulo: RT, 1997.

BIZELLI, Rafael Ferreira. *Contrato existencial*: evolução dos modelos contratuais. Rio de Janeiro: Lumen Juris, 2018.

BOBBIO, Norberto. *A era dos direitos*. Tradução Carlos Nelson Coutinho. Apresentação Celso Lafer. Rio de Janeiro: Elsevier, 2004.

BONFANTE, Pietro. *Istituzioni di diritto romano*. 4. ed. Milano: Casa Editrice Dottor Francesco Vallardi, 1907.

BORGES, Jorge Luis. *Borges esencial*. Madrid: Alfaguara, 2017.

BORGES, Roxana Cardoso Brasileiro. *Disponibilidade dos direitos de personalidade e autonomia privada*. São Paulo: Saraiva, 2005.

BRACONI, Andrea; CARRON, Blaise; SCYBOZ, Georges. *Code Civil suisse e Code des obligations annotés*. 9 éd. Bâle: Helbing Lichtenhahn, 2013.

BRAGUE, Rémi. *Le règne de l'homme*: genèse et échec du projet moderne. Paris: Gallimard, 2015.

BRASIL. *Projecto do Codigo Civil brasileiro*: trabalhos da Commissão Especial da Camara dos Deputados: mandados imprimir pelo ministro do interior, Dr. Sabino Barroso Junior. Rio de Janeiro: Imprensa Nacional, 1902.

BRIGUGLIO, Marcello. *El estado de necesidad en el derecho civil*. Traducción y notas de derecho español por Manuel García Amigo. Madrid: Editorial Revista de Derecho Privado, 1971.

BUZAID, Alfredo. *A ação declaratória no direito brasileiro*. São Paulo: Livraria Acadêmica 1943.

CAHALI, Yussef Said. *Dano moral*. 2. ed. rev., atual. e ampl. São Paulo: RT. 1999.

CAMPOS FILHO, Paulo Barbosa de. *O problema da causa no Código Civil brasileiro*. São Paulo: Max Limonad, 1959.

CANARIS, Claus-Wilhelm. *Pensamento sistemático e conceito de sistema na ciência do direito*. Tradução António Manuel da Rocha e Menezes Cordeiro. Lisboa: Fundação Calouste Gulbenkian, 2002.

CANOTILHO, José Joaquim Gomes. *Direito constitucional e teoria da Constituição*. 7. ed. Coimbra: Almedina, 2000.

CANOTILHO, José Joaquim Gomes; MACHADO, Jónatas Eduardo Mendes. *"Reality shows" e liberdade de programação*. Coimbra: Coimbra Editora, 2003.

CANTALI, Fernanda Borghetti. *Direitos da personalidade*: disponibilidade relativa, autonomia privada e dignidade humana. Porto Alegre: Livraria do Advogado, 2009.

CAPITANT, Henri. *De la cause des obligations*. 3 éd. Paris: Éditions La Mémoire du Droit, 2012.

CARBONI, Michele. *Concetto e contenuto dell'obbligazione nel diritto odierno*. Torino: Fratelli Bocca, 1912.

CARBONNIER, Jean. *Droit civil*. Introduction. Les personnes. La famille, l'enfant, le couple. 19 éd. Paris: Presses Universitaires de France, 2004. v. I.

CARBONNIER, Jean. *Droit civil*. Les biens. Les obligations. 19 éd. Paris: Presses Universitaires de France, 2004. v. II.

CARREJO, Simón. *Derecho civil*. Introducción al derecho civil. Derecho de personas. Bogotá: Themis, 1972. t. 1.

CARVALHO, Patrícia Miyuki Hayakawa de. *Contratos existenciais e de lucro*: uma nova tipologia. 2018. 191 f. Dissertação (Mestrado) – Faculdade de Direito, Universidade de São Paulo, São Paulo, 2018.

CASTELLS, Manuel. *A era da informação*: economia, sociedade e cultura. Fim de milênio. Tradução Klauss Brandini Gerhardt e Roneide Venancio Majer. 7. ed. São Paulo: Paz e Terra, 2020. v. 3.

CASTELLS, Manuel. *A galáxia da Internet*: reflexões sobre a Internet, os negócios e a sociedade. Tradução Maria Luiza X. de A. Borges. Revisão Paulo Vaz. Rio de Janeiro: Zahar, 2003.

CASTRO Y BRAVO, Frederico de. *El negocio jurídico*. Introducción de Juan Vallet de Goytisolo. Madrid: Civitas, 1985.

CATTO, Marie-Xavier. *Le principe d'indisponibilité du corps humain*: limite de l'usage économique du corps. Paris: LGDJ, 2018.

CHAMOUN, Ebert. *Instituições de direito romano*. 6. ed. Rio de Janeiro: Editora Rio, 1977.

CHANTEPIE, Gaël. *La lésion*. Paris: LGDJ, 2006.

CHAVES, Antônio. *Direito à vida e ao próprio corpo* (intersexualidade, transexualidade, transplantes). São Paulo: RT, 1986.

CHAVES, Antônio. *Direito de* autor: princípios fundamentais. Rio de Janeiro: Forense, 1987.

CHAVES, Antônio. Direito à própria imagem. *Revista da Faculdade de Direito,* São Paulo, v. 67, p. 45-75, 1972. Disponível em: https://www.revistas.usp.br/rfdusp/article/view/66643. Acesso em: 2 mar. 2021.

CHAVES, Antônio. Os direitos fundamentais da personalidade moral (à integridade psíquica, à segurança, à honra, ao nome, à imagem, à intimidade). *Revista da Faculdade de Direito*, São Paulo, v. 72, n. 2, p. 333-364, 1977. Disponível em: https://www.revistas.usp.br/rfdusp/article/view/66830. Acesso em: 2 mar. 2021.

CHINA. *Código Civil chinês*. Tradução Larissa Chen Yi Qian. São Paulo: Edulex, 2021.

CHINELLATO, Silmara Juny de Abreu. *Direito de autor e direitos da personalidade*: reflexões à luz do Código Civil. 2008. Tese (Titularidade) –Faculdade de Direito, Universidade de São Paulo, São Paulo, 2008.

CHINELLATO, Silmara Juny de Abreu. *Do nome da mulher casada*: direitos de família e direitos da personalidade. Rio de Janeiro: Forense Universitária, 2001.

CHINELLATO, Silmara Juny de Abreu. Estatuto jurídico do nascituro: a evolução do direito civil brasileiro. *In*: CHINELLATO, Silmara Juny de Abreu; CAMPOS, Diogo Leite (coord.). *Pessoa humana e direito*. Coimbra: Almedina, 2009. p. 411-466.

CHINELLATO, Silmara Juny de Abreu. *Tutela civil do nascituro*. São Paulo: Saraiva, 2000.

CHORÃO, Mário Bigote. *Pessoa humana, direito e política*. Lisboa: Imprensa Nacional--Casa da Moeda, 2006.

CICERO, Marcus Tullius. *De la République*. Des lois. Traduction Charles Appuhn. Paris: Garnier-Flammarion, 1965.

CICERO, Marcus Tullius. *Los deberes*. Traducción José Guillén Cabañero. Madrid: Alianza Editorial, 2001.

COING, Helmut. *Elementos fundamentais da filosofia do direito*. Tradução Elisete Antoniuk. 5. ed. Porto Alegre: Fabris, 2002.

COLIN, Ambroise; CAPITANT, Henri. *Cours élémentaire de droit civil français*. 2. ed. Paris: Dalloz, 1920. t. 2.

COLLINS, Hugh. *The law of contract*. 4 ed. Cambridge: University Press, 2003.

Compagnucci de Caso, Ruben H. *El negocio jurídico*. Buenos Aires: Astrea, 1992.

COMPARATO, Fábio Konder. Função social da propriedade e dos bens de produção. *Revista de Direito Mercantil, Industrial, Econômico e Financeiro*, v. 25, n. 63, p. 71-79, jul./set. 1986.

CONSTANT, Benjamin. *A liberdade dos antigos comparada à dos modernos*: discurso pronunciado no Ateneu Real de Paris em 1819. Prefácio Christian Jecov Schallenmüller. Tradução Leandro Cardoso Marques da Silva. São Paulo: Edipro, 2019.

CORDEIRO, António Manuel da Rocha e Menezes. *Da boa fé no direito civil*. Coimbra: Almedina, 2011.

CORDEIRO, António Manuel da Rocha e Menezes. *Tratado de direito civil português*. Parte geral. Pessoas. Coimbra: Almedina, 2007. v. I, t. III.

CORDEIRO, António Manuel da Rocha e Menezes. *Tratado de direito civil*. Parte geral. Negócio jurídico. 4. ed. Coimbra: Almedina, 2017. t. II.

DABIN, Jean. *Droit subjectif*. Réimpression de l'édition de 1952. Préface de Christian Atias. Paris: Dalloz, 2007.

DANTAS, San Tiago. Evolução contemporânea do direito contratual. *In*: DANTAS, San Tiago. *Problemas de direito positivo*: estudos e pareceres. 2. ed. Rio de Janeiro: Forense, 2004. p. 3-19.

DANTAS, San Tiago. *Programa de direito civil*: aulas proferidas na Faculdade Nacional de Direito (1942-1945). Parte geral. Rio de Janeiro: Editora Rio, 1977.

DE CUPIS, Adriano. *Os direitos da personalidade*. Tradução Afonso Celso Furtado Rezende. Campinas: Romana, 2004.

DEKKERS, René. *La lésion enorme*: introduction à l'histoire des sources du droit. Paris: Sirey, 1937.

DEL NERO, João Alberto Schützer. *Conversão substancial do negócio jurídico*. Rio de Janeiro: Renovar, 2001.

DE LUCCA, Newton. *Aspectos jurídicos da contratação informática e telemática*. São Paulo: Saraiva, 2003.

DE MATTIA, Fábio Maria. Direitos da personalidade: aspectos gerais. *Revista de Informação Legislativa*, v. 14, n. 56, p. 247-266, out./dez. 1977.

DEMOGUE, René. *Traité des obligations en general*. Paris: A. Rousseau, 1923. t. 1.

DEMOGUE, René. *Traité des obligations en general*. Paris: A. Rousseau, 1923. t. 2.

DE PAGE, Henri. *Traité élémentaire de droit civil belge*: principes, doctrine, jurisprudence. Les obligations (première partie). 3. ed. Bruxelles: E. Bruylant, 1964. t. 3.

DEPLOIGE, Simon. La théorie thomiste de la propriété. *Revue Philosophique de Louvain*, 2ᵉ année, n. 5, p. 61-82, 1895. Disponível em: www.persee.fr/doc/phlou_0776-5541_1895_num_2_5_1395. Acesso em: 7 jan. 2022.

DESHAYES, Olivier; GENICON, Thomas; LAITHIER, Yves-Marie. *Reforme du droit des contrats, du régime general et la preuve des obligations*. Commentaire article par article. Paris: LexisNexis, 2018.

DÍEZ-PICAZO, Luis; GULLÓN, Antonio. *Sistema de derecho civil*. 10. ed. Madrid: Tecnos, 2012. v. II, t. 1.

DINIZ, Maria Helena. Direito à imagem e sua tutela. *In*: BITTAR, Eduardo C. B.; CHINELLATO, Silmara Juny de Abreu (coord.). *Estudos de direito de autor, direito da personalidade, direito do consumidor e danos morais*. Rio de Janeiro: Forense Universitária, 2002. p. 79-106.

DI PIETRO, Maria Sylvia Zanella. *Direito administrativo*. 31. ed. Rio de Janeiro: Forense, 2018.

DI PIETRO, Maria Sylvia Zanella. *Parcerias na administração pública*: concessão, permissão, franquia, terceirização, parceria público-privada. 12. ed. Rio de Janeiro: Forense, 2019.

DOMAT, Jean. *Les loix civiles dans leur ordre naturel*. Paris: Nyon, 1777. t. 1.

DONEDA, Danilo. *Da privacidade à proteção de dados pessoais*. Rio de Janeiro: Renovar, 2006.

DONNINI, Rogério Ferraz. *Responsabilidade pós-contratual no novo Código Civil e no Código de Defesa do Consumidor*. São Paulo: Saraiva, 2004.

D'ORS, Alvaro. *Elementos de derecho privado romano*. 4. ed. Navarra: Ediciones Universidad de Navarra, 2010.

DUGUIT, Léon. *Les transformations générales du droit privé depuis le Code Napoléon*. Paris: Librairie Félix Alcan, 1912.

DUGUIT, Léon. *Traité de droit constitutionnel*. 3. ed. Paris, Fontemoing, 1927. t. 1.

ENCICLOPEDIA Italiana di Scienze, Lettere ed Arti (Treccani). Disponível em: https://www.treccani.it/enciclopedia/bene_%28Enciclopedia-Italiana%29/. Acesso em: 16 fev. 2022.

ENGISCH, Karl. *Introdução ao pensamento jurídico*. Tradução João Baptista Machado. 7. ed. Lisboa: Fundação Calouste Gulbenkian, 1996.

ENNECCERUS, Ludwig. Derecho civil (parte general). *In*: ENNECCERUS, Ludwig; KIPP, Theodor; Wolff, Martin. *Tratado de derecho civil*. v. 1. Traducción da 39.ed. alemán. Barcelona: Bosch, 1953.

ENNECCERUS, Ludwig. Derecho civil (parte general). *In*: ENNECCERUS, Ludwig; KIPP, Theodor; Martin Wolff. *Tratado de derecho civil*. v. 2. Traducción da 39.ed. alemán. Barcelona: Bosch, 1981.

ESPÍNOLA, Eduardo. Dos factos jurídicos. *In*: LACERDA, Paulo de. *Manual do Código Civil brasileiro*. 1.ª parte. Rio de Janeiro: Jacintho Ribeiro dos Santos, 1929. v. 3.

ESPÍNOLA, Eduardo. Dos factos jurídicos. *In*: LACERDA, Paulo de. *Manual do Código Civil brasileiro*. 4.ª parte. Rio de Janeiro: Jacintho Ribeiro dos Santos, 1932. v. 3.

ESPÍNOLA, Eduardo. *Sistema do direito civil brasileiro*. 2. ed. Rio de Janeiro: Freitas Bastos, 1944. v. II, t. I.

ESSER, Josef. *Principio y norma en la elaboración jurisprudencial del derecho privado*. Traducción Eduard Valentí Fiol. Santiago: Ediciones Jurídicas Olejnik, 2019.

FABRE-MAGNAN, Muriel. *De l'obligation d'information dans les contrats*. Essai d'une théorie. Paris: LGDJ, 1992.

FABRE-MAGNAN, Muriel. *Droit des obligations*. 1 – Contrat et engagement unilatéral. 3 éd. Paris: Presses Universitaires de France, 2007.

FABRE-MAGNAN, Muriel. *Droit des obligations*. 2 – Responsabilité civile et quasi-contrats. 3 éd. Paris: Presses Universitaires de France, 2007.

FABRE-MAGNAN, Muriel. *Gestation pour autrui*: fiction et réalité. Paris: Fayard, 2013.

FABRE-MAGNAN, Muriel. *L'institution de la liberté*. Paris: Presses Universitaires de France, 2019.

FACCHINI NETO, Eugênio. A função social da propriedade como direito fundamental. *In*: CANOTILHO, José Joaquim Gomes; MENDES, Gilmar Ferreira; SARLET, Ingo Wolfgang; STRECK, Lenio Luiz (coord.). *Comentários à Constituição do Brasil*. 6. tir. São Paulo: Saraiva/Almedina, 2013. p. 314-317.

FACHIN, Luiz Edson. *Estatuto jurídico do patrimônio mínimo*. 2. ed. Rio de Janeiro: Renovar, 2006.

FARIAS, Cristiano Chaves de; ROSENVALD, Nelson. *Curso de direito* civil: contratos, teoria geral dos contratos e contratos em espécie. Salvador: JusPodvim, 2021.

FERNANDES, Adaucto. *O contrato no direito brasileiro*. Rio de Janeiro: A. Coelho Branco F.º, 1945. v. 1.

FERNANDES, Márcia Santana; ASHTON-PROLLA, Patrícia; GOLDIM, José Roberto. Aspectos éticos, legais e sociais no armazenamento de materiais biológicos para fins de pesquisa em biobancos, biorrepositórios e unidades de recursos biológicos. *In*: GOZZO, Débora; LIGIERA, Wilson Ricardo (org.). *Bioética e direitos fundamentais*. São Paulo: Saraiva, 2014. p. 260-276

FERRARA, Luigi Cariota. *El negocio jurídico*. Traducción Manuel Albaladejo. Madrid: Aguilar, 1956.

FERRI, Luigi. *La autonomía privada*. Traducción Luis Sancho Mendizábal. Santiago: Olejnik, 2018.

FLUME, Werner. *El negocio jurídico*. Parte general del derecho civil. Traducción Jose María Miguel González y Esther Gómez Calle. Madrid: Fundación Cultural del Notariado, 1998. t. II.

FONSECA, Arnoldo Medeiros da. *Caso fortuito e teoria da imprevisão*. Rio de Janeiro: Imprensa Nacional, 1943.

FORRAY, Vincent. *Le consensualisme dans la théorie générale du contrat*. Paris: LGDJ, 2007.

FOUILLÉE, Alfred. *La science sociale contemporaine*. 2. ed. Paris: Librairie Hachette et Cie Éditeurs, 1885.

FOUILLÉE, Alfred. *L'idée moderne du droit*. Paris: Librairie Hachette, 1890.

FRADERA, Vera Jacob de. Liberdade contratual e função social do contrato – art. 421 do Código Civil. *In*: MARQUES NETO, Floriano Peixoto; RODRIGUES JR., Otavio Luiz Rodrigues; LEONARDO, Rodrigo Xavier (org.). *Comentários à Lei de Liberdade Econômica*: Lei 13.874/2019. São Paulo: Thomson Reuters Brasil, 2019. p. 293-308.

FRANÇA. *Code Civil*. 112. ed. Paris: Dalloz, 2013.

FRANÇA, Rubens Limongi. Direitos da personalidade – Coordenadas fundamentais. *Revista dos Tribunais*, v. 567, n. 9, jan. 1983.

FRANÇA, Rubens Limongi. *Do nome civil das pessoas naturais*. São Paulo: RT, 1964.

FRANÇA, Rubens Limongi. *Manual de direito civil*. 4 ed. São Paulo: RT, 1980. v. 1.

FREITAS, Augusto Teixeira de. *Consolidação das Leis Civis*. Prefácio de Ruy Rosado de Aguiar. Brasília: Conselho Editorial do Senado Federal, 2003. v. 1, p. 302. Fac-símile.

FREITAS, Augusto Teixeira de. *Esboço do Código Civil*. Brasília: Ministério da Justiça, 1983. v. 1.

FREITAS, Augusto Teixeira de. *Esboço do Código Civil*. Brasília: Ministério da Justiça, 1983. v. 2.

FRITZ, Karina Nunes. *Jurisprudência comentada dos tribunais alemães*. Indaiatuba: Foco, 2021.

GAIO. *Instituições*. Tradução J. A. Segurado e Campos. Lisboa: Fundação Calouste Gulbenkian, 2010.

GALBOIS-LEHALLE, Diane. *La notion de contrat*. Esquisse d'une théorie. Paris: LGDJ, 2020.

GALLO, Paolo. *Il contratto*. Torino: G. Giappichelli, 2017.

GALLO, Paolo. *L'arricchimento senza causa, la responsabilità civile*. Torino: G. Giappichelli, 2018.

GAUDEMET, Jean. *Droit privé romain*. Mise à jour bibliographique par Emmanuelle Chevreau. 2 éd. Paris: Montchrestien, 2009.

GELLE, Aulu. *Les nuits attiques*. Traduites en français avec le texte en regard et accompagnées de remarques par Victor Verger. Paris: F. I. Fournier, 1820.

GHESTIN, Jacques. *Cause de l'engagement et validité du contrat*. Paris: LGDJ, 2006.

GHESTIN, Jacques; LOISEAU, Grégoire; SERINET, Yves-Marie. *Traité de droit civil. La formation du contrat. Le contrat – le consentement.* 4 ed. Paris: LGDJ, 2013. t. 1.

GIERKE, Otto von. *La función social del derecho privado y otros estudios*. Traducción José M. Navarro de Palencia. Santiago: Olejnik, 2018.

GIERKE, Otto von. *Las raíces del contrato de servicios*. Traducción Luis M. Marcano Salazar. Santiago: Olejnik, 2020.

GILMORE, Grant. *The death of contract*. 2 ed. Columbus: The Ohio State University Press, 1995.

GIORGI, Giorgio. *Teoria delle obbligazioni nel diritto moderno italiano*: esposta con la scorta della dottrina e della giurisprudenza. Firenze: Eugenio e Filippo Cammelli, 1877. v. 3.

GIORGI, Giorgio. *Teoria delle obbligazioni nel diritto moderno italiano*: esposta con la scorta della dottrina e della giurisprudenza. 2. ed. Firenze: Eugenio e Filippo Cammelli, 1886. v. 4.

GIRARD, Paul Frédéric. *Manuel élémentaire de droit romain*. Réimpression de la 8 édition de 1929. Réédition presenté par Jean Philippe Lévy. Paris: Dalloz, 2003.

GLITZ, Frederico Eduardo Zenedin. *Contrato e sua conservação*. Curitiba: Juruá, 2008.

GODOY, Claudio Luiz Bueno de. Desafios atuais dos direitos da personalidade. In: CORREIA, Atalá; CAPUCHO, Fábio Jun (coord.). *Direitos da personalidade*: a contribuição de Silmara J. A. Chinellato. São Paulo: Manole, 2019. p. 3-19.

GODOY, Claudio Luiz Bueno de. *Função social do contrato*: os novos princípios contratuais. 3.ed. São Paulo: Saraiva, 2009.

GOGLIANO, Daisy. *Direitos privados da personalidade*. São Paulo: Quartier Latin, 2012.

GOMES, Luiz Roldão de Freitas. *Contrato com pessoa a declarar*. Rio de Janeiro: Renovar, 1994.

GOMES, Orlando. *A crise do direito*. São Paulo: Max Limonad, 1955.

GOMES, Orlando. *Anteprojeto de Código Civil*. Apresentado ao Exmo. Sr. João Mangabeira, Ministro da Justiça e Negócios Interiores, em 31 de março de 1963, pelo Prof. Orlando Gomes. Rio de Janeiro: Departamento de Imprensa Nacional, 1963.

GOMES, Orlando. *Contratos*. Atualização de Antonio Junqueira de Azevedo e Francisco Paulo de Crescenzo Marino. 26. ed. Rio de Janeiro: Forense, 2008.

GOMES, Orlando. *Introdução ao direito civil*. 10. ed. Rio de Janeiro: Forense, 1988.

GOMES, Orlando. *Novos temas de direito civil*. Rio de Janeiro: Forense, 1983.

GOMES, Orlando. *Obrigações*. 19. ed. atualizada por Edivaldo Brito. Rio de Janeiro: Forense, 2019.

GONÇALVES, Luiz da Cunha. *Tratado de direito civil*. 2. ed. São Paulo: Max Limonad, 1955. v. 1, t. 1.

GONÇALVES, Luiz da Cunha. *Tratado de direito civil*. 2. ed. São Paulo: Max Limonad, 1956. v. 4, t. 1.

GONÇALVES, Luiz da Cunha. *Tratado de direito civil*. 2.ed. São Paulo: Max Limonad, 1955. v. 4, t. 2.

GOUNOT, Emmanuel. *Le principe de l'autonomie de la volonté en droit privé*: contribution à l'étude critique de l'individualisme juridique. Paris: Arthur Rosseau Editeur, 1912.

GRAU, Eros Roberto. Um novo paradigma dos contratos?. *Revista da Faculdade de Direito, Universidade de São Paulo*, v. 96, p. 423-433, 2001. Disponível em: http://www.revistas.usp.br/rfdusp/article/view/67510. Acesso em: 20 set. 2020.

GRIMAL, Pierre. "Fides" et le secret. *Revue de l'Histoire des Religions*, Paris, t. 185, n. 2, p. 141-155, abr. 1974. Disponível em: https://www.persee.fr/doc/rhr_0035-1423_1974_num_185_2_10135. Acesso em 27 dez. 2021.

GROSSO, Giuseppe. Causa del negozio giuridico. a) Diritto romano. *In*: CALASSO, Francesco (coord.). *Enciplopedia del diritto*. Milano: Giuffrè, 1960. v. VI, p. 532-535.

GROSSO, Giuseppe. *Il sistema romano dei contratti*. 3. ed. Torino: G. Giappichelli, 1963.

GROTIUS, Hugo. *Le droit de la guerre et de la paix*. Traduction P. Pradier-Fodéré. Paris: Presses Universitaires de France, 2012.

GUIMARÃES, Hahnemann. Estudo comparativo do Anteprojeto do Código das Obrigações e do direito vigente. *Revista Forense*, Rio de Janeiro, n. 97, p. 287-293, fev. 1944.

HAURIOU, Maurice. *Principes de droit public à l'usage des étudiants en licence (3e année) et en doctorat ès-sciences politiques*. 2. ed. Paris: Recueil Sirey, 1916.

HERÓDOTO. *História*. Tradução do grego, introdução e notas de Mário da Gama Kury. Brasília: Editora Universidade de Brasília, 1988.

HIRONAKA, Giselda Maria Fernandes Novaes. A função social do contrato. *Revista de Direito Civil*, São Paulo, v. 45, p. 141-152, jul./set. 1988.

HOBSBAWM, Eric J. *A era dos impérios*. Tradução Sieni Maria Campos e Yolanda Steidel de Toledo. Rio de Janeiro: Paz e Terra, 1998.

HOUAISS, Antônio. *Dicionário da língua portuguesa*. 1. reimp., com alterações. Rio de Janeiro: Objetiva, 2009.

HUMBERT, Michel. *Institutions politiques et sociales de l'antiquité*. 10 éd. Paris: Dalloz, 2011.

HUNT, Lynn. *L'invention des droits de l'homme*: histoire, psycologie et politique. Traduction Sylvie Kleiman-Lafon. Genève: Markus Haller, 2013.

ITURRASPE, Jorge Mosset. *Contratos conexos*: grupos y redes de contratos. Buenos Aires: Rubinzal-Culzoni, 1999.

JHERING, Rudolf von. *Culpa in contrahendo ou indemnização em contratos nulos ou não chegados à perfeição*. Tradução e nota introdutória de Paulo Mota Pinto. Coimbra: Almedina, 2008.

JHERING, Rudolph von. *L'esprit du droit romain*. Traduit sur la 3 éd. par O. de Meulenaere. 2 éd. Paris: A. Marescq Éditeur, 1877. t. I.

JHERING, Rudolf von. *L'esprit du droit romain*. Traduit sur la 3 éd. par O. de Meulenaere. 2 éd. Paris: A. Marescq Éditeur, 1877. t. III.

JHERING, Rudolph von. *L'esprit du droit romain*. Traduit sur la 3 éd. par O. de Meulenaere. 2 éd. Paris: A. Marescq Éditeur, 1877. t. IV.

JHERING, Rudolf von. *L'évolution du droit*. Traduit sur la 3 édition allemande par O. de Meulenaere. Paris: Chevalier-Marescq, 1901.

JOÃO XXIII, Papa. *Carta Encíclica Mater et Magistra* (Sobre a evolução da questão social à luz da doutrina cristã). Disponível em: https://www.vatican.va/content/john-xxiii/pt/encyclicals/documents/hf_j-xxiii_enc_15051961_mater.html. Acesso em: 7 jan. 2022.

JONASCO, Trajan R. De la volonté dans la formation des contrats. *Recueil d'Études sur les Sources du Droit em l'Honneur de François Gény*, Paris, t. 2, p. 368-378, 1934.

JORGE JÚNIOR, Alberto Gosson. *Cláusulas gerais no novo Código Civil*. São Paulo: Saraiva, 2004.

JOSSERAND, Louis. *De l'esprit des droits et de leur relativité*. Théorie dite de l'abus des droits. Réimpression de la 2 édition de 1939. São Paulo: Dalloz, 2006.

JOSSERAND, Louis. *Les mobiles dans les actes juridiques*. Préface de David Derroussin. Paris: Dalloz, 2006.

JOSSERAND, Louis. L'essor moderne du concept contractuel. *Recueil d'Études sur les Sources du Droit em l'Honneur de François Gény*, Paris, t. 2, p. 333-346, 1934.

Justiniano I. *Les cinquante livres du Digeste ou Des Pandectes de l'empereur Justinien*. Traduction Henri Hulot e Jean Francois Berthelot. Metz: Behmer et Lamort; Paris: Rondonneau, 1804. t. 2.

Justiniano I. *Les cinquante livres du Digeste ou Des Pandectes de l'empereur Justinien*. Traduction Henri Hulot e Jean Francois Berthelot. Metz: Behmer et Lamort; Paris: Rondonneau, 1804. t. 3.

JUSTINIANO I. *Les cinquante livres du Digeste ou Des Pandectes de l'empereur Justinien*. Traduction Henri Hulot e Jean Francois Berthelot. Metz: Behmer et Lamort; Paris: Rondonneau, 1805. t. 7.

KANT, Immanuel. *Crítica da razão pura*. Tradução Manuela Pinto dos Santos e Alexandre Fradique Morujão. 7. ed. Lisboa: Fundação Calouste Gulbenkian, 2010.

KANT, Immanuel. *Critique de la raison pratique*. Paris: Presses Universitaires de France, 1943.

KASER, Max. *Direito privado romano*. Tradução Samuel Rodrigues e Ferdinand Hämmerle. 2. ed. Lisboa: Fundação Calouste Gulbenkian, 2011.

KELSEN, Hans. *Teoria pura do direito*. Tradução J. B. Machado. 8. ed. São Paulo: Martins Fontes, 2011.

KORKOUNOV, Nikolay Mikhailovich. *Cours de théorie générale du droit*. Traduit par M. J. Tchernoff. Paris: V. Giard e E. Brière, 1903.

KUHN, Tomas Samuel. *A estrutura das revoluções científicas*. Tradução Beatriz Vianna Boeira e Nelson Boeira. São Paulo: Perspectiva, 2018.

Kurzweil, Raymond. *A singularidade está próxima*: quando os humanos transcendem a biologia. São Paulo: Iluminuras, 2018.

LACORDAIRE, Henri-Dominique. *Oeuvres du R. P. Henri-Dominique Lacordaire, Conférences de Notre-Dame de Paris*. Paris: Librairie Poussielgue Frères, 1872. t. III.

LALANDE, André. *Vocabulaire technique et critique de la philosophie*. 3 éd. Quadrige. Texte revu par les membres et correspondantes de la Société Française de Philosophie et publié avec leurs corrections et observations. Paris: Presses Universitaires de France, 2013.

LARENZ, Karl. *Base del negocio jurídico y cumplimiento de los contratos*. Traducción Carlos Fernandez Rodriguez. Madrid: Revista de Derecho Privado, 1956.

LARENZ, Karl. *Derecho civil*: parte general. Traducción Miguel Izquierdo y Macías-Picavea. Madrid: Revista de Derecho Privado, 1978.

LARENZ, Karl. *Derecho de obligaciones*. Traducción Jaime Santos Briz. Madrid: Revista de Derecho Privado, 1958. t. I.

LARENZ, Karl. *Metodologia da ciência do direito*. Tradução José Lamego. 6. ed. Lisboa: Fundação Calouste Gulbenkian, 2012.

LARENZ, Karl. O estabelecimento de relações obrigacionais por meio de comportamento social típico. *Revista Direito GV*, v. 2, n. 1, p. 55-64, jan./jun. 2006.

LASSERRE-KIESOU, Valérie. *La téchnique législative*: étude sur les Code Civils français et allemand. Paris: LGDJ, 2002.

LAURENT, François. *Principes de droit civil*. Bruxelas: Bruylant-Christophe. Paris: A. Durand et Pedone-Lauriel, 1875. t. 16.

LEÃO XIII, Papa. *Carta Encíclica Rerum Novarum* (Sobre a condição dos operários). Disponível em: https://www.vatican.va/content/leo-xiii/pt/encyclicals/documents/hf_l-xiii_enc_15051891_rerum-novarum.html. Acesso em: 7 jan. 2022.

LEGEAIS, Raymond; PÉDAMON, Michel (coord.). *Code Civil allemand*. Traduction commentée. Bügerliches Gesetzbuch – BGB. Paris: Dalloz, 2010.

LEHMANN, Heinrich. *Tratado de derecho civil*. Parte general. Tradução José M.ª Navas. Madrid: Revista de Derecho Privado, 1956. v. I.

LEME, Lino de Moraes. A causa nos contratos. *Revista da Faculdade de Direito*, São Paulo, v. 52, p. 72-79, 1957. Disponível em: https://www.revistas.usp.br/rfdusp/article/view/66264. Acesso em: 29 jan. 2022.

LEONARDI, Marcel. *Tutela da privacidade na Internet*. São Paulo: Saraiva, 2012.

LEONARDO, Rodrigo Xavier. *Redes contratuais no mercado habitacional*. São Paulo: RT, 2003.

LÉVINAS, Emmanuel. *De l'existence a l'existant*. Paris: Fontaine, 1947.

LÉVY, Jean-Philippe; CASTALDO, André. *Histoire du droit civil*. 2ᵉ éd. Paris: Dalloz, 2010.

LIMA, Alvino. *A fraude no direito civil*. São Paulo: Saraiva, 1965.

LIMA, Cíntia Rosa Pereira de. *Validade e obrigatoriedade dos contratos de adesão eletrônicos* (shrink-wrap e click-wrap) *e dos termos de condição de uso* (browse-wrap): um estudo comparado Brasil e Canadá. 673 f. Tese (Doutorado) – Faculdade de Direito, Universidade de São Paulo, São Paulo, 2009.

LIMA, Eduardo Weiss Martins de. *Proteção do consumidor brasileiro no comércio eletrônico internacional*. São Paulo: Atlas, 2006.

LÍVIO, Tito. *Histoire romaine*. Traduction Arsène Ambroise Joseph Liez, Nicolas-Auguste Dubois e Victor Verger. Paris: C. L. F. Panckoucke, 1830.

LÔBO, Paulo Luiz Netto. *Condições gerais dos contratos e cláusulas abusivas*. São Paulo: Saraiva, 1991.

LÔBO, Paulo Luiz Netto. *Direito civil*: contratos. 7. ed. São Paulo: Saraiva, 2021. v. 3.

LOPES, Miguel Maria de Serpa. *Curso de direito civil*. Obrigações em geral. 5. ed. Rio de Janeiro: Freitas Bastos, 1989. v. II.

LORENZETTI, Ricardo Luis. *Fundamentos do direito privado*. São Paulo: RT, 1998.

LORENZETTI, Ricardo Luis. *Responsabilidad civil de los médicos*. Buenos Aires: Rubinzal-Culzoni, 1997.

LOTUFO, Renan. *Código Civil comentado*: parte geral (arts. 1.º a 232). 2. ed. atual. São Paulo: Saraiva, 2004. v. 1.

LOPEZ, Teresa Ancona. Dano existencial. *Revista de Direito Privado*, São Paulo, v. 15, n. 57, p. 287-302, jan./mar. 2014.

LOPEZ, Teresa Ancona. *O dano estético*. 3. ed. São Paulo: RT, 2004.

LOPEZ, Teresa Ancona. O estado de perigo como defeito do negócio jurídico. *In*: CASSETARI, Christiano (coord.); VIANA, Rui Geraldo Camargo (orient.). *10 anos de vigência do Código Civil brasileiro de 2002*: estudos em homenagem ao professor Carlos Alberto Dabus Maluf. São Paulo: Saraiva, 2013. p. 168-191.

LOSANO, Mario Giuseppe. *Sistema e estrutura no direito*. Tradução Carlo Alberto Dastoli. São Paulo: WMF Martins Fontes, 2008. v. 1.

LOSANO, Mario Giuseppe. *Sistema e estrutura no direito*. Tradução Carlo Alberto Dastoli. São Paulo: WMF Martins Fontes, 2010. v. 2.

LOSANO, Mario Giuseppe. *Sistema e estrutura no direito*. Tradução Carlo Alberto Dastoli. São Paulo: WMF Martins Fontes, 2019. v. 3.

LOUREIRO, Francisco Eduardo. *A propriedade como relação jurídica complexa*. Rio de Janeiro: Renovar, 2013.

LOYSEL, Antoine. *Institutes coutumières ou Manuel de plusieurs et diverses règles, sentences et proverbes tant anciens que modernes du Droit Coutumier et plus ordinaire de la France*. Paris: A. L'Angelier, 1607.

LUCON, Paulo Henrique dos Santos. Competência no comércio e no ato ilícito eletrônico. *In*: SIMÃO FILHO, Adalberto; DE LUCCA, Newton. *Direito & internet*: aspectos jurídicos relevantes. São Paulo: Quartier Latin, 2005. p. 389-410.

MACEDO, Silvio de. Causa (Direito civil) – I. *In*: FRANÇA, Rubens Limongi (coord.). *Enciclopédia Saraiva do Direito*. São Paulo: Saraiva, 1977. v. 14, p. 23-34.

MACEDO, Silvio de. Existência. *In*: FRANÇA, Rubens Limongi (coord.). *Enciclopédia Saraiva do Direito*. São Paulo: Saraiva, 1977. v. 35, p. 252-254.

MACKAAY, Ejan; ROUSSEAU, Stéphane. *Analyse économique du droit*. 2 éd. Paris: Dalloz, 2008.

MAGDELAIN, André. *Le consensualisme dans l'édit du Préteur*. Paris: Sirey, 1958.

MAIA, Paulo Carneiro. Cláusula "rebus sic stantibus". *In*: FRANÇA, Rubens Limongi (coord.). *Enciclopédia Saraiva do Direito*. São Paulo: Saraiva, 1977. v. 15, p. 123-167.

MAIA, Paulo Carneiro. *Da cláusula rebus sic stantibus*. São Paulo: Saraiva, 1959.

MARINO, Francisco Paulo de Crescenzo. *Contratos coligados no direito brasileiro*. São Paulo: Saraiva, 2009.

MARINO, Francisco Paulo de Crescenzo. *Interpretação do negócio jurídico*. São Paulo: Saraiva, 2009.

MARINO, Francisco Paulo de Crescenzo. *Revisão contratual*: onerosidade excessiva e modificação contratual equitativa. São Paulo: Almedina, 2020.

MARITAIN, Jacques. *Les droits de l'homme et la loi naturelle*. New York: Éditions de la Maison Française, 1942.

MARQUES, Claudia Lima. *Contratos no Código de Defesa do Consumidor*: o novo regime das relações contratuais. 9. ed. rev. e atual. São Paulo: Thomson Reuters, 2019.

MARTINO, Francesco de. Della proprietà. *In*: SCIALOJA, Antonio; BRANCA, Giuseppe (a cura di). *Comentario del Codice Civile*. Libro terzo: Proprietà. Art. 810-956. 4. ed. Bologna: Nicola Zanichelli, 1976. p. 144-555.

MARTINS-COSTA, Judith. *A boa-fé no direito privado*: critérios para a sua aplicação. 2. ed. São Paulo, Saraiva, 2018.

MARTINS-COSTA, Judith; FERNANDES, Márcia Santana. Os biobancos e a doação de material biológico humano: um ensaio de qualificação jurídica. *In*: GOZZO, Débora; LIGIERA, Wilson Ricardo (org.). *Bioética e direitos fundamentais*. São Paulo: Saraiva, 2014. p. 223-269.

MARTINS, Fernando Rodrigues. *Estado de perigo no Código Civil*: uma perspectiva constitucional. 2. ed. São Paulo: Saraiva, 2008.

MARTINS, Fernando Rodrigues. *Princípio da justiça contratual*. 2. ed. São Paulo: Saraiva, 2011.

MARX, Karl. *O capital*: crítica da economia política. Tradução Rubens Enderle. 2. ed. São Paulo: Boitempo, 2017. v. 1.

MARZANO, Michela. *Je consens, donc je suis...* 4. tir. Paris: Presses Universitaires de France, 2011.

MATOS, Eneas de Oliveira. *Dano moral e dano estético*. Rio de Janeiro: Renovar, 2008.

MAXIMILIANO, Carlos. *Hermenêutica e aplicação do direito*. Rio de Janeiro: Forense, 2000.

MAYNZ, Charles. *Cours de droit romain*: précédé d'une introduction contenant l'histoire de la legislation et des institutions politiques de Rome. 4. éd. Bruxelles: Bruylant-Christophe, 1876. t. II.

MELLO, Marcos Bernardes de. *Teoria do fato jurídico*. Plano da eficácia. 9. ed. São Paulo: Saraiva, 2014.

Mello, Marcos Bernardes de. *Teoria do fato jurídico*. Plano da existência. 20. ed. São Paulo: Saraiva, 2014.

MELLO, Marcos Bernardes de. *Teoria do fato jurídico*. Plano da validade. 13. ed. São Paulo: Saraiva, 2014.

MENDONÇA, José Xavier Carvalho de. *Tratado de direito comercial*. 3. ed. São Paulo: Freitas Bastos, 1939. v. VI, livro IV, parte I.

MENDONÇA, Manoel Ignacio Carvalho de. *Dos contratos no direito civil brasileiro*. 2. ed. Rio de Janeiro: Livraria Freitas Bastos, 1938. v. I.

MESSINEO, Francesco. *Manual de derecho civil y comercial*. Derecho de la obligaciones: parte general – §§ 98 a 138. Traducción Santiago Sentis Melendo. Buenos Aires: Ediciones Jurídicas Europa-América, 1971. t. IV.

MIRABELLI, Giuseppe. *La rescissione del contrato*. Napoli: Jovene, 1951.

MIRABELLI, Giuseppe. Negozio giuridico (teoria del). *In*: CALASSO, Francesco. *Enciclopedia del Diritto*: negozio – nunzio. Milano: Giuffrè, 1978. v. XXVIII, p. 1-16.

MIRAGEM, Bruno. *Abuso do direito*. Ilicitude objetiva e limite ao exercício de prerrogativas jurídicas no direito privado. São Paulo: RT, 2013.

MIRAGEM, Bruno. *Direito civil*: responsabilidade civil. São Paulo: Saraiva, 2015.

MIRANDA, Custódio da Piedade Ubaldino. *Comentários ao Código Civil*: dos contratos em geral (artigos 421 a 480). Coordenação Antonio Junqueira Azevedo. São Paulo: Saraiva, 2003. v. 5.

MIRANDA, Custódio da Piedade Ubaldino. *Teoria geral do negócio jurídico*. 2. ed. São Paulo: Atlas, 2009.

Mommsen, Theodor; Krueger, Paul. *Digesta Iustiniani Augusti*. Berlin: Weidmann, 1870. v. I.

MONCADA, Luís Cabral de. *Lições de direito civil* (parte geral). Coimbra: Atlântida, 1932. v. 2.

MORAES, Maria Celina Bodin de. A causa do contrato. *Civilistica.com*. Rio de Janeiro, ano 2, n. 4, p. 19-24, out./dez. 2013. Disponível em: http://civilistica.com/a-causa-do-contrato/. Acesso em: 2 fev. 2022.

MORAES, Maria Celina Bodin de. *Na medida da pessoa humana*: estudos de direito civil constitucional. Rio de Janeiro: Renovar, 2010.

MORAES, Walter. *Adoção e verdade*. São Paulo: RT, 1974.

MORAES, Walter. Concepção tomista de pessoa: um contributo para a teoria do direito da personalidade. *Revista dos Tribunais*, São Paulo, v. 73, n. 590, p. 14-24, dez. 1984.

MORATO, Antonio Carlos. Quadro geral dos direitos da personalidade. *Revista da Faculdade de Direito*, São Paulo, v. 106, n. 106-107, p. 121-158, 2012.

MORIN, Edgar. *Introdução ao pensamento complexo*. Tradução Eliane Lisboa. 5. ed. Porto Alegre: Sulina, 2015.

MOUNIER, Eduardo. *O personalismo*. Tradução João Bérnard da Costa. Santos: Martins Fontes, 1964.

NALIN, Paulo Roberto Ribeiro. A função social do contrato no futuro Código Civil brasileiro. *Revista de Direito Privado*, São Paulo, v. 3, n. 12, 2000, p. 50-60, out./dez. 2002.

NAMUR, Parfait. *Cours d'institutes et d'histoire du droit romain*. 2 éd. Bruxelles: Librairie Polytechnique de Decq et Duhent, 1873. t. I.

NEGREIROS, Teresa. *Teoria do contrato*: novos paradigmas. Rio de Janeiro: Renovar, 2002.

NERSON, Roger. La protection de la vie privée en droit positif français. *Revue Internationale de Droit Comparé*, Paris, v. 23, n. 4, p. 737-764, out./dez. 1971. Disponível em: www.persee.fr/issue/ridc_0035-3337_1971_num_23_4. Acesso em: 13 fev. 2022.

NERY JUNIOR, Nelson. *Vícios do ato jurídico e reserva mental*. São Paulo: RT, 1983.

NONATO, Orozimbo. *Da coação como defeito do ato jurídico*. Rio de Janeiro: Forense, 1957.

NORONHA, Fernando. *Direito das obrigações*. 4. ed. rev. e atual. São Paulo: Saraiva, 2013.

NORONHA, Fernando. *O direito dos contratos e seus princípios fundamentais*: autonomia privada, boa-fé, justiça contratual. São Paulo: Saraiva, 1994.

OERTMANN, Paul. *Introducción al derecho civil*. Traducción Luis Sancho Seral. Santiago: Ediciones Olejnik, 2018.

OLIVEIRA, José Lamartine Corrêa de; MUNIZ, Francisco José Ferreira. *Direito de família* (direito matrimonial). Porto Alegre: Fabris, 1990.

OLIVEIRA, Moacyr de. Estado de perigo (direito civil). *In*: FRANÇA, Rubens Limongi (coord.). *Enciclopédia Saraiva do Direito*. São Paulo: Saraiva, 1977. v. 33, p. 504-509.

OLLARD, Romain. Qualification de droits extrapatrimoniaux. *In*: SAINT-PAU, Jean Christophe (coord.). *Traité de droits de la personalité*. Paris: LexisNexis, 2013. p. 273-361.

ORTOLAN, Joseph Louis Elzéar. *Explication historique des instituts de l'empereur Justinien*. 9. ed. Paris: Plon, 1857. t. II.

ORTOLAN, Joseph Louis Elzéar. *Explication historique des instituts de l'empereur Justinien*. 9. ed. Paris: Plon, 1857. t. III.

PACCHIONI, Giovanni. *Elementi di diritto civile*. 3. ed. Torino: UTET, 1926.

PACHECO, José da Silva. *Tratado das locações, ações de despejo e outras*. 11. ed. São Paulo: RT, 2000.

PENTEADO, Luciano de Camargo. Causa concreta, qualificação contratual, modelo jurídico e regime normativo: notas sobre uma relação de homologia a partir de julgados brasileiros. *Revista de Direito Privado*, São Paulo, n. 20, p. 235-265, out./dez. 2004.

PENTEADO, Luciano de Camargo. *Doação com encargo e causa contratual*. Campinas: Millenium, 2004.

PEREIRA, Caio Mário da Silva. *Anteprojeto de Código de Obrigações*: apresentado ao Exmo. Sr. Ministro da Justiça e Negócios Interiores, pelo Professor Caio Mário da Silva Pereira. Rio de Janeiro: Departamento de Imprensa Nacional, 1964.

PEREIRA, Caio Mário da Silva. *Instituições de direito civil*. Teoria geral das obrigações. 19. ed. Rio de Janeiro: Forense, 2001. v. 2.

PEREIRA, Caio Mário da Silva. *Instituições de direito civil*. Contratos. 12. ed. rev. e atual. por Regis Fichtner. Rio de Janeiro: Forense, 2006. v. 3.

PEREIRA, Caio Mário da Silva. *Lesão nos contratos*. 4.ed. Rio de Janeiro: Forense, 1993.

PEREIRA, Caio Mário da Silva. *Responsabilidade civil*. 12. ed. atual. por Gustavo Tepedino. Rio de Janeiro: Forense, 2018.

PEREIRA, Rodrigo Serra. *Estado de necessidade no direito civil brasileiro*. Belo Horizonte: Letramento, 2018.

PEREIRA, Rodrigo Serra. Formação histórica do regime de capacidades no Brasil. *In*: TOMASEVICIUS FILHO, Eduardo. *Direitos civis da pessoa com deficiência*. São Paulo: Almedina, 2021. p. 155-180.

PERELMAN, Chaïm. *Rhetoriques*. Bruxelles: Editions de l'Université de Bruxelles, 1989.

PERLINGIERI, Pietro. *Il diritto civile nella legalità costituzionale secondo il sistema ítalo--comunitario delle fonti*. Napoli: Edizioni Scientifiche Italiane, 2006. t. II.

PERLINGIERI, Pietro. *Istituzioni di diritto civile*. 5. ed. Napoli: Edizioni Scientifiche Italiane, 2012.

PERLINGIERI, Pietro. *Introduzione alla problematica della "proprietà"*. Napoli: Edizioni Scientifiche Italiane, 2011.

PERROT, Roger. *De l'influence de la technique sur le but des institutions juridiques*. Paris: Recueil Sirey, 1953.

PICARD, Edmond. *Le droit pur*. Paris: Ernest Flamarion, 1899.

PINTO, Carlos Alberto da Mota. *Teoria geral do direito civil*. 3. ed. actual. 12. reimp. Coimbra: Coimbra Editora, 2005.

PINTO, Paulo Mota. O direito ao livre desenvolvimento da personalidade. In: RIBEIRO, Antônio de Pádua (org.). *Portugal-Brasil ano 2000*: tema direito. Coimbra: Coimbra Editora, 1999. p. 149-246.

PLANIOL, Marcel. *Traité elementaire de droit civil*. Principes généraux. Les personnes. La famille – Les incapables. Les biens. 6 éd. Paris: LGDJ, 1911. t. I.

PLANIOL, Marcel. *Traité elementaire de droit civil*. Les preuves. Théorie générale des obligations. Les contrats. Privilèges et hypothèques. 6 éd. Paris: LGDJ, 1912. t. II.

PLUTARCO. *Abrégé des vies des hommes ilustres*. De ce célèbre écrivain, avec des leçons explicatives de leurs grandes actions. Traduction Catherine-Joseph-Ferdinand Girard de Propiac. 5 ed. Paris: Gerard, 1826. t. 1.

PONTES DE MIRANDA, Francisco Cavalcanti. *Tratado das ações*. Campinas: Bookseller, 1998. t. 3.

PONTES DE MIRANDA, Francisco Cavalcanti. *Tratado de direito privado*. Parte geral. 4. ed. São Paulo: RT, 1983. t. I.

PONTES DE MIRANDA, Francisco Cavalcanti. *Tratado de direito privado*. Parte geral. 4. ed. São Paulo: RT, 1983. t. II.

PONTES DE MIRANDA, Francisco Cavalcanti. *Tratado de direito privado*. Parte geral. 4. ed. São Paulo: RT, 1983. t. III.

PONTES DE MIRANDA, Francisco Cavalcanti. *Tratado de direito privado*. Parte geral. 4. ed. São Paulo: RT, 1983. t. IV.

PONTES DE MIRANDA, Francisco Cavalcanti. *Tratado de direito privado*. Parte geral. 4. ed. São Paulo: RT, 1983. t. V.

PONTES DE MIRANDA, Francisco Cavalcanti. *Tratado de direito privado*. Parte geral. 4. ed. São Paulo: RT, 1983. t. XXV.

PONTES DE MIRANDA, Francisco Cavalcanti. *Tratado de direito privado*. Parte geral. 4. ed. São Paulo: RT, 1983. t. XXXVIII.

PONTES DE MIRANDA, Francisco Cavalcanti. *Tratado de direito privado*. Parte especial. 4. ed. São Paulo: RT, 1983. t. XLIII.

POTHIER, Robert. *Traité des obligations*. Preface de Jean-louis Halperin. Paris: Dalloz, 2011.

PUFENDORF, Samuel von. *Le droit de la nature et des gens, ou Système général des principes les plus importans de la morale, de la jurisprudence et de la politique*. Traduit du latin par Jean Barbeyrac, avec des notes du traducteur et une préface. Londres: Jean Nours, 1740. t. 2.

PUFENDORF, Samuel von. *Os deveres do homem e do cidadão*. Tradução Eduardo Francisco Alves. Rio de Janeiro: Topbooks, 2007.

PUGLIATTI, Salvatore. Beni (teoria gen.). *In*: CALASSO, Francesco. *Enciclopedia del Diritto*. Milano: Giuffrè, 1959. v. V: Banca-Can, p. 164-188.

RADBRUCH, Gustav. *Filosofia do direito*. Tradução Marlene Holzhausen. São Paulo: Martins Fontes, 2004.

RÁO, Vicente. *Ato jurídico*. 3. ed. São Paulo: Saraiva, 1981.

RÁO, Vicente. *O direito e a vida dos direitos*. São Paulo: Max Limonad, 1952. v. 1.

RAWLS, John. *Justiça e democracia*. Tradução Irene A. Paternot. Seleção, apresentação e glossário Catherine Audard. São Paulo: Martins Fontes, 2000.

REALE, Miguel. A boa-fé no Código Civil. *Revista de Direito Bancário, do Mercado de Capitais e da Arbitragem*, São Paulo, v. 6, n. 21, p. 11-13, 2003.

REALE, Miguel. *Direito natural/Direito positivo*. São Paulo: Saraiva, 2012.

REALE, Miguel. Função social do contrato. *O Estado de S. Paulo*, São Paulo, ano 122, n. 40212, p. A2, 12 nov. 2003. Disponível em: https://acervo.estadao.com.br/publicados/2003/11/22/g/20031122-40212-nac-2-opi-a2-not-kggagqh.jpg. Acesso em: 14 jan. 2022.

REALE, Miguel. *O projeto de Código Civil*: situação atual e seus problemas fundamentais. São Paulo: Saraiva, 1986.

REALE, Miguel. *Teoria tridimensional do direito*. Teoria da justiça. Fontes e modelos do direito. Lisboa: Imprensa Nacional – Casa da Moeda, 2003.

REALE, Miguel. Visão geral do projeto de Código Civil. *Revista dos Tribunais*, São Paulo, ano 87, n. 752, p. 22-30, jun. 1998.

REY, Alain. *Le Robert Micro*. Dictionnaire d'aprentissage de la langue française. Paris: Le Robert, 2006.

RIGAUX, François. *La vie privée, une liberte parmi les autres?* Avec les contributions de Yves Poullet, Xavier Thunis, Thierry Léonard. Buxelles: Maison Larcier, 1992.

RIGAUX, François. Un nouveau concept de droit public: la vie privée. *Bulletin de la Classe des Lettres et des Sciences Morales et Politiques*, t. 75, p. 155-171, 1989. Disponível em: www.persee.fr/doc/barb_0001-4133_1989_num_75_1_55893. Acesso em: 13 fev. 2022.

RIPERT, Georges. *La règle morale dans les obligations civiles*. 3 ed. Paris: LGDJ, 1935.

RIZZARDO, Arnaldo. *Contratos*. 20. ed. Rio de Janeiro: Forense, 2022.

ROCHA, Manuel Antonio Coelho da. *Instituições de direito civil*. São Paulo: Saraiva, 1984. t. II.

RODOTÀ, Stefano. *A vida na sociedade da vigilância*. A privacidade hoje. Organização, seleção e apresentação de Maria Celina Bodin de Moraes. Tradução Danilo Doneda e Luciana Cabral Doneda. Rio de Janeiro: Renovar, 2008.

RODOTÀ, Stefano. *Il diritto di avere diritti*. Roma-Bari: Gius Laterza & Figli, 2012.

RODOTÀ, Stefano. *Il terribile diritto*. Studi sulla proprietà privata e i beni comuni. 3. ed. Bologna: Il Mulino, 2013.

RODRIGUES, Silvio. *Direito civil*. Dos contratos e das declarações unilaterais da vontade. 26. ed. rev. São Paulo: Saraiva, 1999. v. 3.

RODRIGUES, Silvio. *Dos vícios do consentimento*. 2. ed. São Paulo: Saraiva, 1982.

RODRIGUES JR., Otavio Luiz. *Direito civil contemporâneo*: estatuto epistemológico, constituição e direitos fundamentais. Rio de Janeiro: Forense Universitária, 2019.

RODRIGUES JR., Otavio Luiz. Direitos fundamentais e direitos da personalidade. *In*: TOFFOLI, José Antonio Dias. *30 anos da Constituição brasileira*: democracia, direitos fundamentais e instituições. Rio de Janeiro: Forense, 2018. p. 679-703.

RODRIGUES JR., Otavio Luiz. *Revisão judicial dos contratos e teoria da imprevisão*. 2. ed. São Paulo: Atlas, 2006.

ROMANO, Salvatore. Principio di equità (dir. priv.). *In*: CALASSO Francesco (coord.). *Enciclopedia del diritto*. Milano: Giuffrè, 1966. v. XV: Entr-Esto, p. 83-1806.

ROPPO, Enzo. *O contrato*. Tradução Ana Coimbra e M. Januário C. Gomes. Coimbra: Almedina, 2009.

ROSEN, Michael. *Dignity*: its history and meaning. Cambridge: Harvard University Press, 2012.

ROUBIER, Paulo. *Droit subjectifs et situations juridiques*. Réimpression de l'édition de 1952. Préface de David Deroussin. Paris: Dalloz, 2005.

RUGGIERO, Roberto de. *Instituições de direito civil*. Tradução da 6.ª edição italiana por Paolo Capitanio. 2. ed. Campinas: Bookseller, 2005. v. 1.

RUGGIERO, Roberto de. *Instituições de direito civil*. Tradução da 6.ª edição italiana por Paolo Capitanio. 2. ed. Campinas: Bookseller, 2005. v. 2.

SÁ, Fernando Augusto Cunha de. *Abuso do direito*. Coimbra: Almedina, 2005.

SACCO, Rodolfo; DE NOVA, Giorgio. *Il contratto*. 4. ed. Torino: UTET Giuridica, 2016.

SAINT-PAU, Jean-Christophe. Qualification de droits subjectifs. *In*: SAINT-PAU, Jean Christophe (coord.). *Traité de droits de la personalité*. Paris: LexisNexis, 2013. p. 227-272.

SALEILLES, Raymond. *De la déclaration de volonté*. Contribution a l'étude de l'acte juridique dans le Code Civil allemand (arts. 116 a 144). Paris: F. Pichon, 1901.

SALEILLES, Raymond. *Essai d'une thérorie générale de l'obligation*: d'après le Code Civil allemand. Paris: F. Pichon, 1890.

SALOMÃO FILHO, Calixto. *Direito concorrencial*: as condutas. São Paulo: Malheiros, 2007.

SALOMÃO FILHO, Calixto. Função social do contrato: primeiras anotações. *Revista dos Tribunais*, São Paulo, v. 93, n. 823, p. 67-86, 2004.

SALTARI, Enrico. Bene. Dizionario di Economia e Finanza (2012). *Enciclopedia Italiana di Scienze, Lettere ed Arti (Treccani)*. Disponível em: https://www.treccani.it/enciclopedia/bene_%28Dizionario-di-Economia-e-Finanza%29/. Acesso em: 16 fev. 2022.

SANTORO-PASSARELLI, Francesco. *Teoria geral do direito civil*. Tradução Manuel de Alarcão. Coimbra: Atlântida, 1967.

SANTOS, João Manoel de Carvalho. *Repertório enciclopédico do direito brasileiro*. Rio de Janeiro: Borsoi, 1947. v. XII.

SANTOS, José Beleza dos. *A simulação em direito civil*. 2. ed. São Paulo: Lejus, 1999.

SARAIVA, F. R. dos Santos. *Novíssimo diccionario latino-portuguez*: etymologico, prosodico, historico, geographico, mytologico, biographico, etc. 7. ed. Rio de Janeiro: H. Garnier, 1916.

SARLET, Ingo Wolfgang. Direitos fundamentais, mínimo existencial e direito privado. *Revista de Direito do Consumidor*, São Paulo, v. 16, n. 61, p. 90-125, jan./mar. 2007.

SAVATIER, René. *Les métamorphoses economiques et sociales du droit civil d'aujourd'hui*: approfondissement d'un droit renouvelé. Paris: Dalloz, 1959. 3.ª serie.

SAVATIER, René. *Traité de la responsabilité civile en droit français*. Paris: LGDJ, 1939. t. II.

SAVIGNY, Friederich Carl von. *Le droit des obligations*. Présentation par Michel Boudot. Réédition de l'ouvrage imprimé en 1873. Traduction de Camille Gerardin et Paul Jozon. Paris: LGDJ, 2012. t. 2.

SAVIGNY, Friederich Carl von. *Traité de droit romain*. Traduit de l'allemand par M. Ch. Guenoux. 2 éd. Paris: F. Didot frères, 1856. t. I.

SAVIGNY, Friederich Carl von. *Traité de droit romain*. Traduction M. Ch. Guenoux. 2 ed. Paris: Librairie de Firmin Didot Frères, 1856. t. III.

SCAFF, Fernando Campos. *Direito à saúde no âmbito privado*: contratos de adesão, planos de saúde e seguro-saúde. São Paulo: Saraiva, 2010.

SCHREIBER, Anderson. *Direitos da personalidade*. 3. ed. São Paulo: Atlas, 2014.

SCHREIBER, Anderson. *Equilíbrio contratual e dever de negociar*. São Paulo: Saraiva, 2020.

SCIALOJA, Vittorio. *Responsabilità e volontà nei negozi giuridici*: prolusione al corso di pandette nella r. Università di Roma. Roma: Stabilimento Tipografico Italiano diretto da L. Perelli, 1885.

SHAKESPEARE, William. The merchant of Venice. *In*: SHAKESPEARE, William. *The complete works of William Shakespeare*. New York: Barnes & Noble, 1994.

SILVA, Clóvis V. do Couto e. *A obrigação como processo*. Rio de Janeiro: Editora FGV, 2006.

SILVA, José Afonso da. *Curso de direito constitucional positivo*. 36. ed. São Paulo: Malheiros, 2013.

SILVA, Wilson Melo da. *O dano moral e sua reparação*. 2. ed. rev. e ampl. Rio de Janeiro: Forense, 1969.

SILVA, Virgílio Afonso da. *A constitucionalização do direito*: os direitos fundamentais nas relações entre particulares. São Paulo: Malheiros, 2011.

SMITH, Adam. *A riqueza das nações*. Tradução Alexandre Amaral Rodrigues e Eunice Ostrensky. 3. ed. São Paulo: WMF Martins Fontes, 2016. v. 1.

SOUZA, Sylvio Capanema de. *A Lei do Inquilinato comentada*: artigo por artigo. 13. ed. Rio de Janeiro: Forense, 2021.

SPITZ, Jean Fabien. "Qui dit contractuel dit juste": quelques remarques sur une formule d'Alfred Fouillée. *Revue Trimestrielle de Droit Civil*, Paris, n. 2, p. 281-286, avril-juin. 2007.

STOLFI, Giuseppe. *Teoría del negocio jurídico*. Traducción Jaime Santos Briz. Madrid: Editora Revista de Derecho Privado, 1959.

SOUZA, Rabindranath Valentino Aleixo Capelo de. *O direito geral de personalidade*. Coimbra: Coimbra Editora, 1995.

TELLES JUNIOR, Goffredo. *Direito quântico*. 9. ed. São Paulo: Saraiva, 2014.

TELLES JUNIOR, Goffredo. *Estudos*. São Paulo: Juarez de Oliveira, 2005.

TEPEDINO, Gustavo. *Temas de direito civil*. Rio de Janeiro: Renovar, 2006. t. II.

TEPEDINO, Gustavo; BARBOZA, Heloisa Helena; MORAES, Maria Celina Bodin de. *Código Civil interpretado conforme a Constituição da República*: parte geral e obrigações (arts. 1.º a 420). Rio de Janeiro: Renovar, 2004. v. I.

TEPEDINO, Gustavo; KONDER, Carlos Nelson; BANDEIRA, Paula Greco. *Fundamentos do direito civil*: contratos. 2. ed. Rio de Janeiro: Forense, 2021. v. 3.

THEODORO JÚNIOR, Humberto. *Comentários ao novo Código Civil*. Livro III – Dos fatos jurídicos: do negócio jurídico. Coordenação Sálvio de Figueiredo Teixeira. 3.ed. Rio de Janeiro: Forense, 2006. v. 3, t. 1.

THEODORO JÚNIOR, Humberto. *O contrato e sua função social*. 4. ed. Rio de Janeiro: Forense, 2014.

TILBERY, Henry. O conceito de "essencialidade" como critério de tributação. *In*: NOGUEIRA, Ruy Barbosa (coord.). *Estudos tributários*. Em homenagem à memória de Rubens Gomes de Sousa. São Paulo: Resenha Tributária, 1974. p. 307-348.

TOMASEVICIUS FILHO, Eduardo. *O princípio da boa-fé no direito civil*. São Paulo: Almedina, 2020.

TORRES, Ricardo Lobo. *O direito ao mínimo existencial*. Rio de Janeiro: Renovar, 2009.

TOURAINE, Alain. *La société post-industrielle*. Paris: Denoël, 1969.

TRABUCCHI, Giuseppe. *Istituzioni di diritto civile*. 45. ed. Padova: Cedam, 2012.

TRABUCCHI, Alberto. Buon costume. *In*: CALASSO Francesco (coord.). *Enciclopedia del diritto*. Milano: Giuffrè, 1969. v. V, p. 700-706.

UPLOAD: realidade virtual. Direção: Greg Daniels e Howard Klein. Culver City, CA: Amazon Studios, 2020. Disponível em: https://www.primevideo.com/detail/0NQ1QFP6B4R6TM8O2590IV5716/ref=atv_sr_def_c_unkc__1_1_1?s-r=1-1&pageTypeIdSource=ASIN&pageTypeId=B084YBPV5H&qid=1599973429. Acesso em: 12 set. 2020.

VAMPRÉ, Spencer. *Do nome civil*: sua origem e significação sociológica; teorias que explicam; suas alterações; direitos e deveres correlativos. Rio de Janeiro: Brighiet, 1935.

VAMPRÉ, Spencer. *Institutas do imperador Justiniano*. São Paulo: Livraria e Officinas Magalhães, 1915.

VANZELLA, Rafael Domingos Faiardo. *O contrato e os direitos reais*. São Paulo: RT, 2012.

VARELA, João de Matos Antunes. *Das obrigações em geral*. 10. ed. Coimbra: Almedina, 2008. v. 1.

VASCONCELOS, Pedro Pais de. *Contratos atípicos*. 2. ed. Coimbra: Almedina, 2009.

VASCONCELOS, Pedro Pais de. *Direito de personalidade*. Reimpressão da edição de novembro de 2006. Coimbra: Almedina, 2019.

VELOSO, Zeno. *Invalidade do negócio jurídico*: nulidade e anulabilidade. 2. ed. Belo Horizonte, Del Rey, 2005.

VIANA, Raphael Fraemam Braga. *Contratos existenciais, de lucro e híbridos*: desdobramentos da classificação de Antônio Junqueira de Azevedo à luz do solidarismo jurídico. 2018. 136 f. Dissertação (Mestrado) – Faculdade de Direito, Universidade Federal de Pernambuco, Recife, 2018.

VIANA, Rui Geraldo Camargo. Novos direitos da personalidade: direito à identidade sexual. *In*: CORREIA, Atalá; CAPUCHO, Fábio Jun (coord.). *Direitos da personalidade*: a contribuição de Silmara J. A. Chinellato. São Paulo: Manole, 2019. p. 87-100.

VILANOVA, Lourival. *As estruturas lógicas e o sistema de direito positivo*. 4. ed. São Paulo: Noeses, 2010.

VILLELA, João Baptista. O novo Código Civil brasileiro e o direito à recusa de tratamento médico. *In*: GOZZO, Débora; LIGIERA, Wilson Ricardo (org.). *Bioética e direitos fundamentais*. São Paulo: Saraiva, 2014. p. 114-125.

VILLEY, Michel. *Critique de la pensée juridique moderne*. Douze autres essais. Préface de Michel Bastit. Reimpression de l'édition de 1976. Paris: Dalloz, 2009.

VILLEY, Michel. *La formation de la pensée juridique moderne*. Paris: Presses Universitaires de France, 2003.

VILLEY, Michel. *Leçon d'histoire de la philosophie du droit*. Paris: Dalloz, 2002.

VIEHWEG, Theodor. *Tópica e jurisprudência*: uma contribuição à investigação dos fundamentos jurídicos científicos. Tradução Kelly Susane Alflen da Silva. 5. ed. Porto Alegre: Fabris, 2008.

VON TUHR, Andreas. *Tratado de las obligaciones*. Traducción Wenceslao Roces. Granada: Comares, 2006.

WIEACKER, Franz. *El principio general de la buena fe*. Traducción Luis Díez-Picazo. Santiago: Ediciones Olejnik, 2019.

WIEACKER, Franz. *História do direito privado moderno*. Tradução A. M. Botelho Hespanha. Lisboa: Fundação Calouste Gulbenkian, 2010.

WIENER, Norbert. *Cibernética*: ou controle e comunicação no animal e na máquina. Tradução Gita K. Guinsburg. São Paulo: Perspectiva, 2017.

WINDSCHEID, Bernardo. *Diritto delle pandette*. Traduzione Carlo Fadda e Paolo Emilio Bensa, con note e riferimenti al diritto civile italiano. Torino: UTET, 1925. v. 1.

WINDSCHEID, Bernhard. *Diritto delle pandette*. Parte II. Traduzione Carlo Fadda e Paolo Emilio Bensa con note e riferimenti al diritto italiano vigente. Torino: UTET, 1904. v. 2.

ZANINI, Leonardo Estevam de Assis. *Direito da personalidade*. São Paulo: Saraiva, 2011.